NICOLE REESE/STEPHAN HÖFLER/TORSTEN KÖLLE

DAS RECHT DER LANDES- UND KOMMUNALBEAMTEN

Herausgegeben vom

NSI

Kommunale **Hochschule**
für Verwaltung in Niedersachsen

Maximilian Verlag
Hamburg

SCHRIFTENREIHE
KOMMUNALE HOCHSCHULE FÜR VERWALTUNG IN NIEDERSACHSEN

NICOLE REESE
STEPHAN HÖFLER
TORSTEN KÖLLE

DAS RECHT DER LANDES- UND KOMMUNALBEAMTEN

2. überarbeitete und erweiterte Auflage

Die vorliegende Ausgabe erscheint als Band 6 in der Schriftenreihe der Kommunalen Hochschule für Verwaltung in Niedersachsen, herausgegeben von Prof. Dr. Michael Koop und Prof. Holger Weidemann.

ISBN 978-3-7869-1027-5

Stadthausbrücke 4, 20355 Hamburg
Ein Unternehmen der Tamm Media

Layout: Nicole Laka, Produktion: Fred Uhde
Druck und Weiterverarbeitung: GRASPO CZ, a.s.
Pod Šternberkem 324
763 02 Zlín, Czech Republic

FSC www.fsc.org MIX Papier | Fördert gute Waldnutzung FSC® C010798

Printed in Europe

INHALT

LITERATURVERZEICHNIS

Auerbach, Bettina, Das Beamtenstatusgesetz in der Praxis, ZBR 2009, S. 217-222

Baßlsperger, Maximilian, Einführung in das neue Beamtenrecht, 1. Auflage, Heidelberg, München, Landsberg, Frechen, Hamburg 2009

ders., Topfwirtschaft: Leistungsprinzip versus Praktikabilität, ZBR 2012, S. 109-117

ders., Die Beendigung von Beamtenverhältnissen wegen Krankheit, ZBR 2010, S. 73-88

ders., Nebentätigkeiten von Beamten; Rechtsprobleme – Lösungsansätze, ZBR 2004, S. 369-384

ders., Beurlaubung und Teilzeitbeschäftigung im Beamtenrecht, ZBR 2001, S. 417-428

ders., Außerdienstliche Pflichtverletzungen von Beamten, PersV 2015 S. 10-18

ders., Personalauswahlinstrumente, ZBR 2014, S. 73-80

Baßlsperger, Maximilian/Labenski, Stefan, Beamtenrecht, München 2011

Battis, Ulrich, Bundesbeamtengesetz-Kommentar, 4. Auflage, München 2009

Beck'scher Online-Kommentar Arbeitsrecht, (Hrsg.) Rolfs, Christian/Kreikebohm, Ralf/Giesen, Richard/Udsching, Peter, 41. Edition, Stand: 01.09.2016, München 2016

Beck'scher Online-Kommentar Grundgesetz, (Hrsg.) Epping, Volker/Hillgruber, Christian, 30. Edition, Stand: 01.09.2016, München 2016

Bieler, Frank/Lukat, Otto, Das behördliche Disziplinarverfahren, 4. Auflage, Berlin 2012

dies., Niedersächsisches Disziplinargesetz – Kommentar, Loseblattsammlung, 13. Nachlieferung, Stand: November 2014, Wiesbaden

Bieler, Frank/Müller-Fritzsche, Erich, Niedersächsisches Personalvertretungsgesetz: Kommentar, 16. Auflage, Wiesbaden 2013

Biletzki, Gregor, Beamtenrechtliche Pflicht zu würdevollem Verhalten, ZBR 1998, S. 84-92

Bitsch, Christian, Streikrecht für Beamte?, ZTR 2012, S. 78-85

Budjarek, Lucia, Die Neukategorisierung der hergebrachten Grundsätze des Berufsbeamtentums nach dem Maß ihrer institutsprägenden Wirkung, ZBR 2010, S. 229-237

Bludau, Thorsten, Gesetzentwurf zur Modernisierung des Niedersächsischen Beamtenrechts, Nds. VBl. 2009, S. 1-6

Blum, Peter/Häusler, Bernd/Meyer, Hubert (Hrsg.), Niedersächsisches Kommunalverfassungsgesetz (NKomVG) – Kommentar, 2. Auflage, Wiesbaden 2012

Brinktrine, Ralf/Schollendorf, Kai, Beck'scher Online-Kommentar, Beamtenrecht Bund, 4. Auflage, München 2016

Brock, Martin, Neue Regeln für Whistleblower im öffentlichen Dienst – Folgen der Heinisch-Entscheidung des EuGH vom 21.07.2011, öAT 2011, S. 243-247

Claussen, Hans R./Benneke, Friedhelm/Schwandt, Ernst-Albrecht, Das Disziplinarverfahren, 6. Auflage, Köln 2010

Dembowski, Eckart/Ludwig, Hasso/Sellmann, Klaus-Albrecht, Das Personalvertretungsrecht in Niedersachsen – Kommentar, Loseblattsammlung, Stand August 2016, Berlin

Dreier, Horst (Hrsg.), Grundgesetz-Kommentar, Band II, Artikel 20-82, 2. Auflage, Tübingen 2006

Eckstein, Christoph, Der Grundsatz der Bestenauslese nach Art. 33 Abs. 2 GG in der neuesten verfassungs- und verwaltungsgerichtlichen Rechtsprechung, ZBR 2009, S. 86-89

Epping, Volker/ Hillgruber, Christian, Beck'scher Online-Kommentar Grundgesetz, 30. Edition, Stand: 01.09.2016, München 2016

Fleig, Meinrad, Mißbilligende Äußerungen im Beamten- und Disziplinarrecht, DöD 1992, S. 129-133

Frank, Götz/Heinicke, Thomas, Die Auswirkungen der Föderalismusreform auf das öffentliche Dienstrecht – das neue Spannungsfeld von Solidarität, Kooperation und Wettbewerb zwischen den Ländern, ZBR 2009, S. 34-39

Fricke, Detlef/Dierßen, Martina/Otte, Karl/Sommer, Herbert/Thommes, Klaus, Niedersächsisches Personalvertretungsgesetz Basiskommentar, 4. Auflage, Frankfurt am Main 2012

Fürst, Walther (Begr.), Gesamtkommentar Öffentliches Dienstrecht GÖKD, Band I, Beamtenrecht des Bundes und der Länder, Richterrecht und Soldatenrecht, Loseblattsammlung, Stand 2016, Berlin

Gooren, Paul, Das Ende des Beamtenstreikverbots, ZBR 2011, S. 400-406

Günther, Hellmuth, Der Beamte, seine Folgepflicht und die fachliche Weisung eines gekauften Vorgesetzten, Jura 2013, S. 672-679

ders., Remonstration als Pflicht, Obliegenheit, Recht des Beamten, DÖD 2013, S. 309-315

ders., Gesetzgebungskompetenzen für das Beamtenrecht, Kodifikationen des allgemeinen Beamtenrechts – Vom Kaiserreich bis zur Bundesrepublik nach der Föderalismusreform, ZBR 2010, S. 1-21

ders., Entlassung auf Antrag, ZBR 1994, S. 194-223

ders., Residenzpflicht, ZBR 1993, S. 225-239

ders., Spezifika der Entlassung von Probebeamten, ZBR 1985, S. 321-337

Gunkel, Alfons/Hoffmann, Boris, Beamtenrecht in Nordrhein-Westfalen, 6. Auflage, Witten, 2014

Haller, Robert/Steffens, Rainer, die beamtenrechtliche Mißbilligung, DöD 1994, S. 224-229

Hamm, Margot, Vom Fürstendiener zum Staatsdiener, ZBR 1998, S. 154-159

Hattenhauer, Hans, Geschichte des Beamtentums, Köln, Berlin, Bonn, München 1980

Haug, Volker, Funktionsvorbehalt und Berufsbeamtentum als Privatisierungsschranken, NVwZ 1999, S. 816-820

Hebeler, Timo/Knappstein, Julia, Horizontale Personallenkungsmaßnahmen im Beamtenrecht – Grundsätzliche Überlegungen und die neue Rechtslage nach dem novellierten Bundesbeamtengesetz, ZBR 2010, S. 217-228

Herrmann, Gunnar, Grundzüge des beamtenrechtlichen Disziplinarverfahrens, StRR 2015, S. 1-5

Herrmann, Klaus/Soiné, Michael, Aufklärung von Dienstvergehen außerhalb des Disziplinarrechts?, NVwZ 2012, S. 845-850

Herold, Nico, Die beamtenrechtliche Zulässigkeit des „Whistleblowing", ZBR 2013, S. 8-14

Hilg, Günter, Grundstrukturen des neuen Dienstrechts im Bund und in den Ländern, Teil 1, apf 2011, S. 167-172

ders., Grundstrukturen des neuen Dienstrechts im Bund und in den Ländern, Teil 6, apf 2012, S. 1-7

ders., Grundstrukturen des neuen Dienstrechts im Bund und in den Ländern, Teil 7, apf 2012, S. 33-44

ders., Grundstrukturen des neuen Dienstrechts im Bund und in den Ländern, Teil 8, apf 2012, S. 65-73

ders., Grundstrukturen des neuen Dienstrechts im Bund und in den Ländern, Teil 9, apf 2012, S. 97-104

ders., Grundstrukturen des neuen Dienstrechts im Bund und in den Ländern, Teil 10, apf 2012, S. 129-133

ders., Grundstrukturen des neuen Dienstrechts im Bund und in den Ländern, Teil 11, apf 2012, S. 161-168

ders., Grundstrukturen des neuen Dienstrechts im Bund und in den Ländern, Teil 12, apf 2012, S. 193-201

ders., Grundstrukturen des neuen Dienstrechts im Bund und in den Ländern, Teil 13, apf 2012, S. 225-232

ders., Grundstrukturen des neuen Dienstrechts im Bund und in den Ländern, Teil 16, apf 2012, S. 330-336

Höfling, Wolfram, Verfahrensrechtliche Garantien des Art. 33 II GG, ZBR 1999, S. 73-76

Hoffmann, Boris, Ausgewählte Prüfungsprobleme des Beamtenrechts – Teil 1: Ernennungsrecht, apf 2012, S. 73-78

Hoffmann, Boris/Gourmelon, Andreas (Hrsg.), Rechtssichere Personalauswahl in der öffentlichen Verwaltung, Band 8, Köln 2013

Hoffmann, Jan Martin, Das Verbot der Führung der Dienstgeschäfte nach § 39 BeamtStG und die vorläufige Dienstenthebung, NdsVBl. 2014, S. 39-44

Hopp, Helmut/Göbel, Astrid, Management in der öffentlichen Verwaltung, 4. Auflage, Stuttgart 2013

Ipsen, Jörn, Staatsrecht II, 15. Auflage, München 2012

Isensee, Josef/Kirchhof, Paul (Hrsg.), Handbuch des Staatsrechts, Band V, 3. Auflage, Heidelberg 2007

Isensee, Josef, Affekt gegen Institutionen – Überlebt das Berufsbeamtentum?, ZBR 1998, S. 295-312

Jehke, Christian/Gallert, Jan, Disziplinarrechtliche Konsequenzen von Steuerhinterziehung und Selbstanzeige durch Beamte, DStR 2014, S. 1476-1481

Kämmerling, Guido, Kommunale Eigenheiten bei der Auswahl- und Beförderungspraxis in Nordrhein-Westfalen, ZBR 2016, S. 224-235

Koops, Markus, Die Fortentwicklung des Berufsbeamtentums unter Einbeziehung aktueller Tendenzen im Beamtenrecht, 2011

Krause, Ferdinand, Die hergebrachten Grundsätze des Berufsbeamtentums, Frankfurt a.M. 2008

Kühling, Jürgen/Bertelsmann, Klaus, Höchstaltersgrenzen bei der Einstellung von Beamten, NVwZ 2010, S. 87-94

Kümmel, Wilhelm (Hrsg.), Beamtenrecht – Kommentar in 10 Bänden, 98. Ergänzungslieferung, Stand April 2013, Hannover 2013

Kumpfert, Volkmar, Zur Residenzpflicht des Schulleiters, RdJB 1992, S. 109-111

Kunz, Wolfgang, Die Kleiderordnung des öffentlichen Dienstes, RiA 1993, S. 21-25

Kutzki, Jürgen, Beamte und Streikrecht – eine aktuelle Bestandsaufnahme, DöD 2011, S. 169-171

Lambrecht, Ute, Der Verlust der Beamtenrechte als Folge einer Straftat, ZBR 2001, S. 194-204

Landau, Herber/Steinkühler, Martin, Zur Zukunft des Berufsbeamtentums in Deutschland, DVBl 2007, S. 133-143

Landwehr, Michael, Die föderale Neuordnung des Laufbahnrechts unter dem Einfluss des Bologna-Prozesses sowie dessen Auswirkungen auf die Bachelorisierung von Verwaltungsstudiengängen im Bund, im Freistaat Bayern und im Bundesland Niedersachsen, ZBR 2012, S. 297-304

Lenders, Dirk, Beamtenstatusgesetz, Kommentar, 1. Auflage, Siegburg 2012

Lenders, Dirk/Peters, Cornelia/Weber, Klaus, Das neue Dienstrecht des Bundes, Köln 2009

Leppek, Sabine, Beamtenrecht, 12. Auflage, Heidelberg, München, Landsberg, Frechen, Hamburg 2015

dies., Das Ernennungsrecht im Bundesbeamtengesetz und Beamtenstatusgesetz – Ernennung und Ernennungsfehler unter besonderer Berücksichtigung von Formfehlern, ZBR 2010, S. 397-406

Leuze, Dieter, Hierarchie, Gehorsams- und Remonstrationspflicht des Beamten, DÖD 1995, S. 1-9

Lindner, Josef Franz, Grundrechtssicherung durch das Berufsbeamtentum, ZBR 2006, S. 1-13

ders., Dürfen Beamte doch streiken?, DÖV 2011, 305-309

Ling, Michael A., Kirchenamt und Kirchenbeamte in der katholischen Kirche Deutschlands, ZBR 2006, S. 238-248

Linke, Tobias, Alimentation in Zeiten knapper öffentlicher Kassen, NVwZ 2007, S. 902-906

Lorse, Jürgen, Funktionswert von Stellenausschreibungen im öffentlichen Dienst, ZTR 2006, 14-27

ders., Das Streikverbot für Beamte im Lichte der aktuellen Rechtsprechung des Bundesverwaltungsgerichts zu Art. 11 EMRK, ZBR 2015, S. 109-120

v. Mangoldt, Herrmann/Klein, Friedrich/Starck, Christian, Kommentar zum Grundgesetz: GG, Band 2: Artikel 20 bis 82, 6. Auflage, München 2010

Manssen, Gerrit, Der Funktionsvorbehalt des Art. 33 Abs. 4 GG, ZBR 1999, S. 253-257

Maunz, Theodor/Dürig, Günter, Grundgesetz – Kommentar, 6. Auflage, München 2012

Mayer, Otto, Deutsches Verwaltungsrecht, Band 1, 1. Auflage, München 1895

Metzler-Müller, Karin/Rieger, Reinhard/Seeck, Erich/Zentgraf, Renate, Beamtenstatusgesetz, Kommentar, 3. Auflage, Wiesbaden 2014

Metzler-Müller, Karin/Zentgraf, Renate, Hessisches Beamtengesetz, Kommentar, 10. Nachlieferung, Stand Juni 2016, Wiesbaden 2016

Müller, Carsten, Richtiger Umgang mit den Förderpflichten öffentlicher Arbeitgeber in §§ 81 I, 82 SGB XI bei Stellenbesetzungsverfahren, öAT 2012, S. 126-128

v. Münch, Ingo/Kunig, Philipp, Grundgesetz – Kommentar, Band 1, Art. 1-69 GG, 6. Auflage, München 2012

Palandt, Otto (Begr.), Kommentar zum BGB, 74. Auflage, München 2015

Plog, Ernst/Wiedow, Alexander, Kommentar zum Bundesbeamtengesetz mit Beamtenstatusgesetz – Loseblattsammlung, 363. Ergänzungslieferung, Stand 2016

Püttner, Günter, Zur Neutralitätspflicht des Beamten, in: Festschrift für Carl Herman Ule zum 70. Geburtstag 1977, S. 383-398,

Reich, Andreas, Beamtenstatusgesetz, Kommentar, 2. Auflage, Augsburg 2012

Remmert, Barbara, Warum muss es Beamte geben? JZ 2005, S. 53-59

Rieckhoff, Thomas, Die Entwicklung des Berufsbeamtentums in Europa, Baden-Baden 1993

Rittig, Steffen, Die neuen Maßstäbe des Bundesverwaltungsgerichts zur Beurteilung der gesundheitlichen Eignung von Beamten und die prozessualen Folgen, DÖV, S. 1054-1058

v. Roetteken, Torsten (Hrsg.)/Rothländer, Christian (Hrsg.), Kommentar zum Beamtenstatusgesetz, 14. Aktualisierung 2012, Band 1 und 2, Heidelberg, München, Landsberg, Frechen, Hamburg 2012

Rogosch, Konrad, Verbot der Führung der Dienstgeschäfte, HPJ 1996, S. 3-6

Rothländer, Christian, Die Altersteilzeit im Beamtenrecht, PersR 1999, S. 91-106

Rux, Johannes, Zu den Voraussetzungen für die Verbindlichkeit dienstlicher Anordnungen, DÖV 2002, S. 985-991

Sachs, Michael/Battis, Ulrich, Grundgesetz, Kommentar, 5. Auflage, München 2009

Schnelle, Eva Marie/Hopkins, Richard, Ausgewählte Probleme des Nebentätigkeitsrechts, NVwZ 2010, S. 1333-1338

Schnellenbach, Helmut, Beamtenrecht in der Praxis, 8. Auflage, München 2016

Schönke, Adolf/Schröder, Horst, Kommentar zum StGB, 29. Auflage, München 2014

Schönrock, Sabrina, Versetzung und Zuweisung nach neuem Beamtenrecht, ZBR 2010, S. 222-228

Scholler, Heinrich, „Geschichte des öffentlichen Dienstes – Öffentlicher Dienst in der Geschichte", RiA 1979, S. 88-92

Schrapper, Ludger, Wider den Anschein der Käuflichkeit, DÖD 2012, S. 49-55

Schütz; Erwin/Maiwald, Joachim/Brockhaus, Robert, Das Beamtenrecht des Bundes und der Länder, Kommentar, 74. Ergänzungslieferung, Stand: Dezember 2012, Heidelberg 2012

Schweiger, Maximilian D., Der Anspruch des Beamten auf amtsangemessene Beschäftigung, ZBR 2011, S. 238-249

Seeck, Erich/Ciemnyjeweki, Norina/Coenen, Christiane/Scheel, Uta/Schuld/Silvia/Stotz; Michael, Landesbeamtengesetz Schleswig-Holstein, Kommentar, 14. Ergänzungslieferung, Stand: August 2015, Wiesbaden 2015

Siems, Thomas, Der Umgang mit Extremismus im öffentlichen Dienst, DÖV 2014, S. 338-343

Simianer, Robert, Gehorsam und Verantwortung im Beamtenverhältnis, ZBR 2004, S. 149-159

ders., Vermögensrechtliche Haftung des Beamten dem Dienstherrn gegenüber, ZBR 1993, S. 33-48

Statistisches Bundesamt (Hrsg.), Fachserie 14, Reihe 6 für das Jahr 2011, Finanzen und Steuern, Personal des öffentlichen Dienstes, Wiesbaden 2012

Steiner, Harald, Innere Kündigung und beamtenrechtliche Einsatzklausel, ZBR 2013, S. 370-376

ders., Beratung und Unterstützung – Zentrales beamtenrechtliches Handlungsgebot im Beziehungsfeld zum Vorgesetzten, ZBR 2014, S. 109-114

Stelkens, Paul/Bonk, Heinz-Joachim/Sachs, Michael, Verwaltungsverfahrensgesetz – Kommentar, 7. Auflage, München 2008

Suckow, Horst/Weidemann, Holger, Allgemeines Verwaltungsrecht und Verwaltungsrechtsschutz, 16. Auflage, Stuttgart 2014

Summer, Rudolf, Dokumente zur Geschichte des Beamtenrechts, Bonn 1986

ders., Betrachtungen zur Geschichte des deutschen Beamtenrechts, PersV 2005, S. 84-92

ders., Änderungen des Rechts über den Eintritt in den Ruhestand durch die Beamtenversorgungsrechtsreform 1992 – Kuckuckseier im Statusrecht, S. 17-24

Tabarra, Tarik, Zugänge von Ausländern zur Verbeamtung unter besonderer Berücksichtigung der Rechte von Drittstaatsangehörigen, ZBR 2013, S. 109-115

Thiele, Willi, Die Entwicklung des deutschen Berufsbeamtentums, Herford 1981

Ullrich, Norbert, „Extremismus": ein Rechtsbegriff und seine Bedeutung, JZ 2016, S. 169-176

ders., Nicht strafbares Verhalten im privaten Bereich als Verstoß gegen beamtenrechtliche Pflichten, ZBR 2015, S. 73-80

Wagner, Fritjof, Die Anwendung des Verwaltungsverfahrensgesetzes des Bundes im Beamtenrecht, DÖV 1988, S. 277-284

Wahlers, Wilhelm, Das äußere Erscheinungsbild uniformierter Beamter, ZBR 2009, S. 116-121

Weiß, Hans/Niedermaier, Franz/Summer, Rudolf/Zängl, Siegfried/Baßlsperger, Maximilian/Conrad, Michael, Beamtenrecht in Bayern, Kommentar, 180. Ergänzungslieferung, Stand Mai 2012, München 2012

Werres, Stefan, Beamtenverfassungsrecht, Heidelberg, München, Landsberg, Frechen, Hamburg 2011

Wichmann, Manfred/Langer, Karl-Ulrich, Öffentliches Dienstrecht, 7. Auflage, Stuttgart 2014

ABKÜRZUNGSVERZEICHNIS

Nach Kirchner, Hildebert
Abkürzungsverzeichnis der Rechtssprache, 8. Auflage, Berlin/Boston, 2015

ABBILDUNGSVERZEICHNIS

VORWORT

Die nun vorliegende 2. Auflage dieses Buches richtet sich nach wie vor gleichsam an Studierende und Praktiker. Die Struktur des Buches wurde zwar insgesamt beibehalten, allerdings wurden viele Teile inhaltlich erheblich ausgeweitet und durch zahlreiche Beispielsfälle und Fälle aus der Rechtsprechung ergänzt, um die Anschaulichkeit zu verbessern.

Kapitel 2, das sich mit dem Ernennungsrecht befasst, wurde neu geordnet. Im Kapitel 3 wurden die Ausführungen zu den Rechten und Pflichten vertieft und enthalten nunmehr auch Erläuterungen zu den Themen: Teilzeitanspruch des Beamten in den verschiedenen Lebensphasen, Nebentätigkeitsrecht und Personalaktenrecht.

Im Nachgang zu den dargestellten Pflichten wurde der Part über die Folgen von Pflichtverletzungen neu gegliedert und um Ausführungen zum formellen Disziplinarrecht, zur Haftung des Beamten, zu sonstigen vermögensrechtlichen Folgen, zum Verbot der Führung der Dienstgeschäfte und zu strafrechtlichen Folgen erweitert.
Schlussendlich wurde mit Kapitel 5 ein erster Überblick über den Rechtsschutz des Beamten hinzugefügt.

Die wohl größte Änderung im Hinblick auf die Handhabbarkeit ist jedoch die Umstellung auf Randnummern, die aus Sicht der Autoren ein schnelleres Arbeiten im Buch ermöglicht und eine komplizierte Verweistechnik entbehrlich macht.

Die Ausführungen basieren auf dem Gesetzesstand von Oktober 2016, d.h., das neue niedersächsische Personalvertretungsrecht wurde bereits berücksichtigt. Das anstehende neue Besoldungsrecht in Niedersachsen, das bislang nur im Entwurf zur Verfügung steht, wurde in Teilen bereits mitgenannt.

Im Anhang befindet sich eine Gesetzessynopse für die „Norddeutschen" Küstenländer mit dem Stand Juli 2016 für die Länder Mecklenburg-Vorpommern, Hamburg, Bremen und Schleswig-Holstein.

Danken möchten die Autoren all denen, die sie beim Schreiben und der Korrektur unterstützt haben. Dank gebührt auch unseren wissenschaftlichen Hilfskräften, die im Rahmen ihrer Tätigkeit bei der Erstellung der Neuauflage unterstützend mitgewirkt haben.

Zu den Autoren:

Prof. Dr. Nicole Reese ist Professorin an der Kommunalen Hochschule für Verwaltung in Niedersachsen in Hannover. Sie lehrt dort und am niedersächsischen Studieninstitut für kommunale Verwaltung e.V. seit mehr als acht Jahren, insbesondere in allen Bereichen des öffentlichen Dienstrechts. Sie ist als Fachkoordinatorin für den Bereich des öffentlichen Dienstrechts an der Kommunalen Hochschule und dem Niedersächsischen Studieninstitut verantwortlich. Sie studierte Jura in Göttingen und absolvierte dort auch ihr Referendariat. Sodann arbeitete sie zunächst als wissenschaftliche Mitarbeiterin an den Universitäten Osnabrück und Bielefeld. Zwischenzeitlich war sie Justiziarin an der Universität Bielefeld. Danach war Sie als Rechtsanwältin und Lehrbeauftragte an verschiedenen Hochschulen tätig.

Stephan Höfler ist Hochschuldozent an der Kommunalen Hochschule für Verwaltung in Niedersachsen sowie am Niedersächsischen Studieninstitut für kommunale Verwaltung e.V. und war langjährig im Personalbereich der Stadt Ronnenberg tätig. Ferner ist er als Fortbildungsreferent u.a. für den Themenbereich Beamtenrecht, als Fachkoordinator für den gesamten Bereich des öffentlichen Dienstrechts und als ständiges Prüfungsausschussmitglied an der Kommunalen Hochschule sowie am Niedersächsischen Studieninstitut für kommunale Verwaltung e.V. eingesetzt. Darüber hinaus ist er seit vielen Jahren Sachverständiger im Unterausschuss des Landespersonalausschusses beim Niedersächsischen Ministerium für Inneres und Sport.

Torsten Kölle ist Erster Stadtrat der Stadt Ronnenberg und langjähriger nebenamtlicher Lehrbeauftragter für den gesamten Bereich des öffentlichen Dienstrechts an der Kommunalen Hochschule für Verwaltung in Niedersachsen sowie am Niedersächsischen Studieninstitut für kommunale Verwaltung e.V. Darüber hinaus ist er als ständiges Prüfungsausschussmitglied an der Kommunalen Hochschule, am Niedersächsischen Studieninstitut für kommunale Verwaltung e.V. sowie als Mitglied in einem Prüfungsausschuss beim Nds. Studieninstitut für kommunale Verwaltung e.V. für das Abnehmen von Prüfungen im Ausbildungsberuf „Verwaltungsfachangestellte/r in der Fachrichtung Landes- und Kommunalverwaltung“ tätig.

KAPITEL 1 ALLGEMEINES/GRUNDBEGRIFFE

Um das Beamtenrecht verstehen zu können, ist es erforderlich, zunächst die wesentlichen Begrifflichkeiten zu klären, sich einen Überblick über die historische Entwicklung des Beamtentums zu verschaffen sowie die gesetzlichen Grundlagen und Gesetzgebungskompetenzen zu kennen. 1

A. BEGRIFF DES ÖFFENTLICHEN DIENSTES

Literaturhinweis zur Vertiefung: Hilg, Günter, Grundstrukturen des neuen Dienstrechts im Bund und in den Ländern, Teil 1, apf 2011, S. 167 ff.

Der Begriff des **„Öffentlichen Dienstes"** wird im Grundgesetz (Art. 33 Abs. 3 und 4) und einfachgesetzlich – mit unterschiedlichem Inhalt – verwendet. Mangels einer Definition im Grundgesetz bietet es sich an, zunächst vom Wortlaut auszugehen. Danach umfasst der öffentliche Dienst all jene Menschen, die den öffentlich-rechtlichen „Einrichtungen" dienen. Daran schließen sich zwei weitere Fragen an. Wer sind diese öffentlich-rechtlichen „Einrichtungen", und wer „dient" diesen? 2

I. Öffentlich-rechtliche Einrichtungen

Nach Ansicht des BVerfG unterfallen dem **öffentlichen Dienst im weiteren Sinne** alle Dienstverhältnisse der Beschäftigten bei juristischen Personen des öffentlichen Rechts, also all denen, die auch befugt sind, Beamte zu haben.[1] Zu den juristischen Personen des öffentlichen Rechts gehören somit der **Bund und die Länder, die Gemeinden und Gemeindeverbände sowie die sonstigen Körperschaften, Anstalten und Stiftungen des öffentlichen Rechts**. Alle Beschäftigungsverhältnisse, die von diesen Einrichtungen eingegangen werden, mithin also auch die Tätigkeit in Regie- und Eigenbetrieben sowie in Kommunalunternehmen (in Niedersachsen also bei einer kommunalen Anstalt des öffentlichen Rechts) werden als dem öffentlichen Dienst zugehörig erfasst.[2] 3
Nicht hierunter fallen infolgedessen alle Beschäftigungsverhältnisse mit **juristischen Personen des Privatrechts**, und zwar selbst dann, wenn diese wie die Post oder „Die Bahn" aus

---

1 BVerfG 6, 257, 267; 55, 207, 221; Hilg; apf 2011, S. 167, 168
2 Suckow/Weidemann, Rn. 10 ff.

juristischen Personen des öffentlichen Rechts hervorgegangen sind oder von einer solchen getragen werden (Bsp. Stadtwerke GmbH). Ausnahmsweise kann bei Letzteren im Wege der Zuweisung gemäß § 20 BeamtStG der Beamtenstatus (siehe Rn. 208) erhalten bleiben. **Nicht** zum öffentlichen Dienst gehören auch die Beschäftigungsverhältnisse der öffentlich-rechtlichen Religionsgemeinschaften und ihrer Verbände. Dies ist begrifflich zwar gerade nicht vorgegeben, entspricht aber der verfassungsrechtlich vollzogenen grundsätzlichen Trennung von Kirche und Staat.[3]

Entscheidend für die Frage, ob ein Beschäftigungsverhältnis dem öffentlichen Dienst zugehörig ist, ist demnach die Rechtsform des Arbeitgebers bzw. Dienstherrn.

II. Angehörige des öffentlichen Dienstes

4 Angehörige des öffentlichen Dienstes dienen also einer der o. g. Einrichtungen. **Dienen** bedeutet laut Duden[4] u.a. „in abhängiger Stellung [gegen Lohn, Gehalt] bestimmte Pflichten erfüllen, bestimmte Arbeiten verrichten, bei jemandem Dienst tun, in jemandes Dienst stehen; Militärdienst tun; (gehoben) sich einer Sache oder Person freiwillig unterordnen und für sie wirken; für jemanden, etwas eintreten, nützlich, vorteilhaft sein; für etwas bestimmt sein, jemandem behilflich sein, helfen, gebraucht, benutzt, verwendet werden; einen bestimmten Zweck haben oder erfüllen".
Angehörige des öffentlichen Dienstes helfen somit den o.g. Einrichtungen bei ihrer Aufgabenerfüllung und sind diesen also auf Dauer beruflich verbunden. In einem derartigen Rechtsverhältnis stehen einerseits die Beschäftigten, die ein privatrechtliches Arbeitsverhältnis eingegangen sind, und andererseits die Richter, Soldaten und Beamten, deren Dienstverhältnisse öffentlich-rechtlich ausgestaltet sind.[5]

5 Die **Beschäftigten** nehmen grundsätzlich privatrechtliche und nur ausnahmsweise hoheitliche Aufgaben der Verwaltung wahr (siehe Art. 33 Abs. 4 GG). Sie schließen mit ihrem Arbeitgeber ein privatrechtliches Arbeitsverhältnis auf Grundlage von § 611 BGB. Dem folgend stehen der Austausch von Arbeitsleistung und Lohn im Vordergrund. Derartige Beschäftigungsverhältnisse werden zudem durch die großen Tarifvertragswerke (TV-L und TVöD) ergänzt, soweit die Vertragsparteien den tarifvertragsschließenden Parteien angehören und in den jeweiligen Geltungsbereich fallen oder das Vertragswerk vertraglich vereinbart haben. Zu den Beschäftigungsverhältnissen gehören auch die **Ausbildungsverhältnisse** derer, die einen staatlich anerkannten Ausbildungsberuf erlernen. Rechtliche Grundlage hierfür ist das BBiG. Eine Sonderstellung nehmen sog. „**Dienstordnungsgemäße Angestellte**" ein.[6] Diese vereinbaren mit ihrem Arbeitgeber, dass per Dienstordnung beamtenrechtliche Vorschriften gelten.[7]

6 Dem gegenüber stehen diejenigen Rechtsverhältnisse der Richter, Soldaten und Beamten. Diese sind öffentlich-rechtlich ausgestaltet und unterliegen somit nicht der Privatautonomie. Während

---

[3] BVerfGE 55, 207; Ling, ZBR 2006, S. 238 ff.
[4] http://www.duden.de/rechtschreibung/dienen
[5] Leppek, Rn. 2; Baßlsperger, Kap. 2, Rn. 8 ff.
[6] Baßlsperger, Kap. 2, Rn. 18
[7] v. Roetteken in v. Roetteken/Rothländer, § 1 BeamtStG, Rn. 9

die Richter nach Art. 97 Abs. 1 GG persönlich unabhängig und nur dem Gesetz unterworfen sind, stehen die anderen beiden Gruppen in einem besonderen Dienst- und Treueverhältnis zu ihrem Dienstherrn. Bei den Beamten der Länder, Gemeinden und Gemeindeverbände sowie der sonstigen der Aufsicht eines Landes unterstehenden Körperschaften, Anstalten und Stiftungen des öffentlichen Rechts (siehe hierzu § 1 BeamtStG) folgt dies aus § 3 Abs. 1 BeamtStG. Den Beamten ist nach Art. 33 Abs. 4 GG die Ausübung hoheitsrechtlicher Befugnisse übertragen, d.h., sie nehmen vor allem die Aufgabe des Gesetzesvollzugs und Verwaltungsaufgaben wahr. Hingegen ist es die Pflicht der Soldaten, das Land „tapfer zu verteidigen" (Art. 87 a Abs. 2 GG). Damit einhergehend gelten für sie besondere Regeln, die den Verteidigungsauftrag sichern sollen.

> **Merke:** Das öffentliche Dienstrecht ist folglich das Recht aller Beschäftigten, die sich in einem beruflichen Rechtsverhältnis mit einer juristischen Person des öffentlichen Rechts befinden.[8]

Auch § 15 Abs. 2 ArbPlSchG folgt diesem Verständnis. Danach ist „Öffentlicher Dienst im Sinne dieses Gesetzes ... die Tätigkeit im Dienst des Bundes, eines Landes, einer Gemeinde (eines Gemeindeverbandes) oder anderer Körperschaften, Anstalten und Stiftungen des öffentlichen Rechts oder der Verbände von solchen; ausgenommen ist die Tätigkeit bei öffentlich-rechtlichen Religionsgesellschaften oder ihren Verbänden".

III. Öffentlicher Dienst im engeren Sinne

Da für Richter und Soldaten Sonderregelungen gelten (siehe Rn. 6), machen letztlich die 7
Beamten und Beschäftigten den Kern des öffentlichen Dienstes aus und werden daher auch als **öffentlicher Dienst im engeren Sinne** bezeichnet. Während für die Beschäftigten das zum Privatrecht gehörende Arbeitsrecht des öffentlichen Dienstes gilt, welches im Vergleich zum allgemeinen Arbeitsrecht zahlreiche Besonderheiten aufweist und vormals stark an die Beamtengesetze angelehnt war, gilt für die Beamten, je nach Dienstherrn, das Bundesbeamtengesetz oder das Beamtenstatusgesetz nebst Landesbeamtengesetz. Zusammen mit den beamtenrechtlichen Vorschriften des Grundgesetzes bilden diese Vorschriften das Beamtenrecht.[9]

Soldaten	**Richter**	**Beamte**	**Beschäftigte**
• Verteidigung	• entscheiden Rechtsstreitigkeiten	• nehmen hoheitliche Aufgaben wahr • dürfen aber auch privatrechtliche Verwaltungsaufgaben erfüllen • § 3 Abs. 2 BeamtStG	• nehmen privatrechtliche Aufgaben wahr • hoheitliche nur ausnahmsweise
Öffentlich-rechtliches Dienst- und Treueverhältnis Art. 33 Abs. 4 GG, § 3 Abs. 1 BeamtStG			**Privatrechtliches Arbeitsverhältnis § 611 BGB, TVöD, TV-L**

Abbildung 1 – Die Angehörigen des öffentlichen Dienstes

[8] So auch Hilg, apf 2011, S. 167, 169
[9] Werres, Rn. 3

Insgesamt sind im öffentlichen Dienst der Länder 2,34 Mill. und im kommunalen Bereich 1,43 Mill. Beschäftigte[10] tätig.[11] In den Ländern sind hiervon 1,27 Mill. Beamte bzw. Richter und 1,07 Mill. Arbeitnehmer. Im kommunalen Bereich arbeiten 186.090 Beamte und 1,25 Mill. Arbeitnehmer.[12]

IV. Unterschiede Beamte und Beschäftigte

8 Auch wenn es sich bei dem vorliegenden Grundriss um einen beamtenrechtlichen Leitfaden handelt, soll an dieser Stelle noch einmal auf die privatrechtlichen Beschäftigungsverhältnisse eingegangen werden, nämlich insoweit, als dass auf bestehende Unterschiede zum Beamtenverhältnis hingewiesen werden soll. Insgesamt ist festzustellen, dass die Beschäftigungsverhältnisse im öffentlichen Dienst im Vergleich zu Arbeitsverhältnissen in der Privatwirtschaft zahlreichen Besonderheiten unterliegen und dass sich, trotz der wesentlichen Änderung durch die Tarifwerke (TV-L, TVöD), noch immer Anlehnungen an die beamtenrechtlichen Grundlagen finden. Zu großen Teilen üben Beamte und Beschäftigte sogar die gleichen Aufgaben aus, was einerseits die Angleichung erklärt, andererseits aber zu der Frage führt, warum das eine Beschäftigungsverhältnis privatrechtlich und das andere beamtenrechtlich eingestuft wird.

	Beamtenverhältnis	**Arbeitnehmerverhältnis (Beschäftigte n. TVöD, TV-L)**
1. Rechtsgebiet	Öffentliches Recht (Beamtenrecht = besonderes Verwaltungsrecht)	Privatrecht (Arbeitsrecht)
2. Wodurch wird das Rechtsverhältnis gestaltet/ geregelt?	Gesetze, Verordnungen Spitzenorganisationen der Beamten müssen angehört werden, keine individuellen Gestaltungsmöglichkeiten (§§ 53 BeamtStG, 96 NBG)	Gesetze, Tarifverträge (TVöD, TV-L) Gestaltungsmöglichkeiten durch Verträge/Tarifverträge
3. Art des Rechtsverhältnisses (RV)	Öffentlich-rechtliches Dienst- und Treueverhältnis Art. 33 Abs. 4 GG/§ 3 Abs. 1 BeamtStG	Privatrechtliches Vertrags- bzw. Arbeitsverhältnis § 611 BGB
4. Art des Rechtsaktes, der dieses RV begründet	Verwaltungsakt Über- und Unterordnungsverhältnis	(Arbeits-)Vertrag Gleichberechtigung der Partner
5. Wodurch entsteht das RV? Gibt es dabei Formerfordernisse?	Aushändigung einer Ernennungsurkunde/Formstrenge s. § 8 Abs. 2 S. 1 BeamtStG	Abschluss Arbeitsvertrag nach BGB und TVöD bzw.TV-L, weitgehende Formfreiheit § 2 TVöD/ TV-L
6. Ist ein Schwur erforderlich?	Diensteid §§ 38 BeamtStG, 47 NBG	Kein Gelöbnis mehr erforderlich

[10] Der Begriff des Beschäftigten ist hier nicht dem Begriff des Beschäftigten iSd TV-L bzw. TVöD gleichzusetzen, sondern umfasst alle Rechtsverhältnisse im öffentlichen Dienst.

[11] Statistisches Bundesamt, Fachserie 14, Reihe 6 für das Jahr 2015, Finanzen und Steuern, Personal des öffentlichen Dienstes, Wiesbaden 2016, S. 58 ff.

[12] ebenda

7. Sanktionsmöglichkeiten bei Pflichtverletzungen/Vertragsverletzungen	Disziplinarrecht Abgestufte Disziplinarmaßnahmen, §§ 47 BeamtStG, 6 NDiszG	Kündigung (i. d. R. nach vorheriger Abmahnung) – ordentlich = § 620 Abs. 2 BGB, § 1 KSchG – außerordentlich = § 626 BGB
8. Sozialversicherungspflicht	Sozialversicherungsfreiheit in der Renten-, Arbeitslosen-, Kranken-und Pflegeversicherung (§ 6 Abs. 1 Nr. 2 SGB V)	Sozialversicherungspflichtig Beitragsleistungen von Arbeitgeber und Arbeitnehmer – Krankenversicherung: § 5 SGB V – Pflegeversicherung: § 20 f. SGB XI – Rentenversicherung: §§ 1 f. SGB VI – Arbeitslosenversicherung: §§ 25ff. SGB III – Unfallversicherung: § 2 SGB VII
9. Was geschieht bei Erreichen der gesetzlichen Altersgrenze (Ende des Monats)?	Eintritt in den Ruhestand §§ 25 BeamtStG, 35 NBG Versorgung durch den Dienstherrn (Versorgungsprinzip)	Beendigung des Arbeitsverhältnisses § 33 Abs.1 a TVöD/TV-L Rente durch Deutsche Rentenversicherung und evtl. Zusatzversorgung, z.B. VBL
10. Beendigung wodurch möglich?	Nur nach Gesetz §§ 21 ff. BeamtStG, 30 ff. NBG Entlassung, Tod, Verlust der Beamtenrechte, disziplinarische Entfernung aus dem Beamtenverhältnis	– Kündigung – Aufhebungsvertrag – Ende der Befristung – Anfechtung – Tod – Auflösung durch Gerichtsentscheid – Auflösende Bedingung
11. Welcher Rechtsweg muss beschritten werden?	Verwaltungsrechtsweg §§ 54 BeamtStG, 105 NBG (grds. kein Vorverfahren!)	Rechtsweg zum Arbeitsgerichte § 1 ArbGG
12. Streikrecht gegeben?	Streikverbot – Pflicht zum vollen persönlichen Einsatz (sog. Hingabepflicht), § 33 S. 1 BeamtStG – Hergebrachte Grundsätze des Berufsbeamtentums nach Art. 33 Abs. 5 GG	Streikrecht Art. 9 Abs. 3 GG
13. Welches Prinzip gilt bei der Bezahlung?	Alimentationsprinzip Art. 33 Abs. 5 GG Amtsangemessene Alimentation nur nach Gesetz	„Gegenleistungsprinzip" – § 611 BGB – nach Vereinbarung (Tarif-, Arbeitsvertrag) – Tarifautomatik § 12 Abs. 2 S. 1 TVöD, § 12 Abs. 1 S. 3 TV-L

B. HISTORISCHE ENTWICKLUNG DES BEAMTENTUMS

Literaturhinweise zur Vertiefung: Koops, Markus, Die Fortentwicklung des Berufsbeamtentums unter Einbeziehung aktueller Tendenzen im Beamtenrecht, 2011; Hamm, Margot, Vom Fürstendiener zum Staatsdiener, ZBR 1998, S. 154 ff.; Hattenhauer, Hans, Geschichte des deutschen Beamtentums, 1993; Krause, Ferdinand, Die hergebrachten Grundsätze des Berufsbeamtentums, 2008; Rieckhoff, Thomas, Die Entwicklung des Berufsbeamtentums in Europa,1993; Summer, Rudolf, Betrachtungen zur Geschichte des deutschen Beamtenrechts, PersV 2005, S. 84 ff.; Thiele, Willi, Die Entwicklung des deutschen Berufsbeamtentums – Preußen als Ausgangspunkt modernen Beamtentums, 1981; Ule, Carl Hermann, Grundlegende Beiträge zum Beamtenrecht, DÖD 2015, S. 284 ff.

9 Auch wenn die ersten beamtenrechtlichen Strukturen bereits in der Antike entstanden sind, nahm die Entwicklung zu einem Beamtentum nach heutigem Verständnis seinen Lauf mit der Entstehung einer neuzeitlichen Verwaltung und den sich durchsetzenden Ideen der Aufklärung.[13]

I. Zeitalter des Absolutismus

10 Unter Friedrich Wilhelm I. von Preußen (1713-1740) begann die Umgestaltung des Beamtentums, wobei es diesem vorrangig darum ging, einen leistungsfähigen Beamtenstand zu etablieren.[14] Er erließ daher Regelungen, die den Zugang zum Beamtentum, die Amtspflichten sowie die Kontrolle über Letztere beinhalteten. Darüber hinaus waren die Beamten verpflichtet, einen Eid auf den König und die Pflichterfüllung zu leisten.[15] Erstmals kristallisierten sich die heute als typische Beamtentugenden bekannten Attribute wie Pünktlichkeit, Sparsamkeit und Genauigkeit heraus, d.h., es stand das dienende Element im Vordergrund vor dem Verdienen.[16]

Während diese Beamten noch dem König dienten, wandelte sich unter dem Sohn, Friedrich II. von Preußen (1740-1786), dieses Verständnis. Im Zeitalter der Aufklärung setzte sich der Gedanke durch, dass die Beamten, ebenso wie der Regent selbst, dem Staat dienen.[17] Diesem modernen Staatsverständnis folgend entwickelte sich das Beamtenverhältnis vom privatrechtlichen Anstellungsverhältnis zu einem öffentlich-rechtlichen Dienstverhältnis. Die Beamten waren nunmehr Staatsdiener und gerade nicht mehr statusmäßig dem König verpflichtet.[18] Das Dienstverhältnis wurde nunmehr durch staatlichen Hoheitsakt begründet, und es konnte nicht mehr willkürlich zu einer Entlassung kommen. Das auf Betreiben von Friedrich II. begründete Preußische Allgemeine Landrecht von 1794 enthielt erstmals eine gesetzliche Regelung des Beamtenverhältnisses, das den öffentlich-rechtlichen Charakter hervorhob.[19] Es führte zudem das Lebenszeitprinzip ein und statuierte zugunsten der Beamten Rechte.[20] Es enthielt zudem ein umfassendes Disziplinarrecht und legte fest, dass nur „befähigten" Beamten

[13] Rieckhoff, S. 17; Scholler, RiA 1979, S. 88, 89

[14] Thiele, S. 16

[15] Thiele, S. 16

[16] So auch Thiele, S. 19

[17] Thiele, 20; so auch Hamm, ZBR 1998, S. 154, 156

[18] Hattenhauer, S. 134; Thiele, S. 22; Scholler, RiA 1979, S. 88, 89, Summer, PersV 2005, S. 84, 85 f.

[19] Thiele, S. 21

[20] Preuß. ALR 1974, Titel 10, Teil II „Von den Rechten und Pflichten der Diener des Staates", nachzulesen bei Summer, Dokumente, S. 291 ff.; Scholler, RiA 1979, S. 88, 89

ein Amt übertragen werden sollte.[21] Aber nicht nur in Preußen, sondern auch in Bayern und Österreich entwickelte sich ein vergleichbares Beamtenrecht, und es entstand beispielsweise 1805 die Bayerische Hauptlandes-Pragmatik, die ebenfalls das Lebenszeitprinzip verankerte, ein Versorgungssystem für den Beamten und seine Angehörigen schaffte und letztlich **die erste gesetzliche Regelung enthielt, die das öffentlich-rechtliche Dienstverhältnis explizit erwähnte.**[22]

II. Das 19. Jahrhundert (von der Aufklärung bis zum Kaiserreich)

Im weiteren Verlauf etablierte sich im Zuge der Verfassungsbewegung die Stellung der Beamten 11
weiterhin, was insbesondere auf die zahlreichen Landesbeamtengesetze zurückzuführen ist.[23] Diese Entwicklung fand ihren vorübergehenden Abschluss im Reichsbeamtengesetz von 1873[24], das an der Gesetzeskompetenz der Länder für ihre Beamten zwar nichts änderte, aber doch als Leitbild für die Ländergesetze fungierte.[25] Nach alledem gehörten nun auch die volle Verantwortlichkeit für das Handeln des Beamten, die Öffentlich-Rechtlichkeit und damit der Zugang zu den neu geschaffenen Verwaltungsgerichten, eine gesicherte Hinterbliebenenversorgung, aber auch eine stark eingeschränkte Position in Bezug auf die Freiheitsrechte zum Beamtenstatus.[26]

III. Weimarer Zeit

Mit dem Untergang des Kaiserreichs und der Gründung der Weimarer Republik zeichnete 12
sich ein weiterer Wandel des Beamtenstatus ab, allerdings unter Beibehaltung der wohlerworbenen Rechte.[27] Der große Wurf eines neuen Beamtenverständnisses gelang also nicht, obwohl mit der Begründung der Demokratie die große Chance bestanden hätte, ein neues, der Demokratie zugewandtes Beamtentum zu schaffen. Ursache hierfür war wohl in erster Linie, dass man für die Beibehaltung des Beamtentums nur deshalb votierte, weil man meinte, dass ansonsten das Staatsleben nicht aufrecht zu erhalten gewesen wäre, nicht weil man glaubte, dass ein an Gesetz und Recht gebundener Beamter die Demokratie sichern könne.[28]

Die Weimarer Reichsverfassung vom 11.08.1919 enthielt in den Artikeln 128 bis 130 folgende wesentliche Regelungen:
- Leistungsgrundsatz
- Lebenszeitprinzip
- Verbot der willkürlichen Beendigung der Beamtenverhältnisse
- Versorgungsprinzip

[21] Preuß. ALR 1974, Titel 10, Teil II „Von den Rechten und Pflichten der Diener des Staates", nachzulesen bei Summer, Dokumente, S. 291 ff.; Thiele, S. 23 f.
[22] Summer, PersV 2005, S. 84, 87; Rieckhoff, S. 2; Thiele, S. 27
[23] Rieckhoff, S. 2
[24] RGBl. 1873 Teil 1, S. 61. Dieses galt bis 1937.
[25] Summer, PersV 2005, S. 84, 88; Krause, S. 10
[26] Krause, S. 23 f.; Rieckhoff, S. 19
[27] Summer, PersV 2005, S. 84, 88; Rieckhoff, S. 19
[28] Summer, Dokumente, S. 31; Thiele, S. 41 f.

- Rechtsweggarantie für vermögensrechtliche Ansprüche
- Unverletzlichkeit der wohlerworbenen Rechte
- Grundzüge des Personalaktenrechts und Einsichtsrecht in die eigene Personalakte
- Freiheit der politischen Gesinnung
- Vereinigungsfreiheit
- Recht auf Beamtenvertretungen

Eine nähere Ausgestaltung sollte durch ein Reichsgesetz erfolgen, das jedoch nie erlassen wurde. Obwohl die Beamtenschaft in der Weimarer Republik sehr konservativ eingestellt war und zum Teil erhebliche Zweifel an der Demokratie hegte, konnten sich die besonderen Statusrechte weiter festigen und **bestehen in Gestalt der hergebrachten Grundsätze des Berufsbeamtentums bis heute fort.**[29] Auf der anderen Seite wurde versäumt, die Beamten genügend in die Demokratie einzubinden, was zusammen mit den politischen und personellen Rahmenbedingungen dazu führte, dass innerhalb der Beamtenschaft die Akzeptanz gegenüber dem Weimarer Staat abnahm.[30]

IV. NS-Zeit

13 Schon am 07.04.1933 wurde das „Gesetz zur Wiederherstellung des Berufsbeamtentums“[31] erlassen. Das Gesetz hatte jedoch ganz im Gegensatz zu seinem Titel allein das Ziel, unerwünschte Beamte zu entfernen und erwünschten Personen einen adäquaten Beamtenposten zu verschaffen.[32] Im Beamtenrechtsänderungsgesetz vom 30.06.1933[33] wurden erstmals eine Begriffsbestimmung des Beamten eingeführt und das Urkundsverfahren für die Ernennung endgültig festgelegt. Damit wurden in Teilen Regelungen geschaffen, die den Beamtenstatus durchaus aufwerteten.[34] Auf der anderen Seite hielt sich der Machtapparat allzu oft nicht an seine eigenen Gesetze; vielmehr gab es Einstellungen zumeist nach parteipolitischem Gusto, Ämterpatronage war an der Tagesordnung.[35] Damit einhergehend forderte Hitler, dass der Beamte rückhaltlos für den nationalen Staat einzustehen habe. Der Beamte verpflichtete sich im Rahmen eines persönlichen Treue- und Gehorsamseides persönlich gegenüber Hitler, wodurch die rechtliche Situation der Beamten weiter ausgehöhlt wurde.[36] Schließlich waren die Beamten nur noch Verpflichtete Hitlers und mussten jederzeit für dessen „nationale Gesinnung“ eintreten.[37] Wer das nicht tat, konnte nach § 4 Abs. 1 dieses Gesetzes ohne weiteres entlassen werden. D.h. mit Hilfe dieses Gesetzes wurde der verfassungsmäßige Schutz der Beamten aufgehoben.
Nach Erlass dieses Gesetzes traten ca. 300.000 Beamte der NSDAP bei, ob aus Überzeugung, Angst oder Pragmatismus, ist ungeklärt. Trotz dieser Beitrittswelle waren aber gerade einmal 4 bis 5 % der Gesamtmitglieder der Partei Beamte, was im Verhältnis zur Gesamtbevölkerung

29 Rieckhoff, S. 19; Thiele, S. 42
30 Koops, S. 33 f.
31 RGBl. I, 1933, S. 175
32 Thiele, S. 52; Leppek, S. 16
33 RGBl. I, 1933, S. 433
34 Thiele, S. 55
35 Thiele, S. 56; Summer, PersV, 2005, S. 84, 88 f.
36 Thiele, S. 57; Scholler, RiA, 88, 89; Leppek, S. 16
37 Siehe Deutsches Beamtengesetz v. 26.01.1937 (RGBl. I, 1937, S. 39)

eine mittlere Beitrittsquote ist.[38] Gleichwohl ist die Haltung der Beamtenschaft zum Nationalismus in ihrer Gesamtheit bis heute schwer einzuordnen.[39]

V. Nachkriegszeit

Die Siegermächte einigten sich nach der deutschen Kapitulation am 07. bzw. am 08./09.05.1945 14
darauf, dass alle Beamten, die mehr als „nominelle Teilnehmer der NSDAP" gewesen sind, aus dem Beamtenverhältnis zu entfernen seien. Dies wurde zunächst per Fragebogen ermittelt, d.h., es wurde aufgrund formaler Kriterien entschieden, mit der Folge, dass so mancher Beamte unzutreffend eingestuft wurde.[40] Die Beamten wurden – ob zu Recht oder Unrecht, ist hier nicht entscheidend – schweren Eingriffen ausgesetzt, einerseits weil man zum Teil kein Verständnis für die deutschen Besonderheiten des Beamtenrechts entwickelte, andererseits auch deshalb, weil man nicht wusste, wo man sie einsetzen sollte. Es waren ja nicht nur zahlreiche Behörden aufgelöst worden, zusätzlich kamen auch noch die zahlreichen „vertriebenen" Beamten aus den Ostgebieten hinzu.
Erst mit der fortschreitenden Etablierung der Besatzungsmächte und den von den Siegermächten erlassenen Entnazifizierungsvorschriften ersetzte eine Einzelfallprüfung die oben dargestellte pauschale Vorgehensweise mit der Folge, dass viele Beamte ihren Status zurückerhielten. Fraglich war indes, ob die Beamtenverhältnisse bereits durch die pauschalen Entlassungen beendet worden waren (so in der amerikanischen Zone) oder ob lediglich eine Suspendierung erfolgt war (so in der französischen und der britischen Zone).
Neben diesen eher konkreten Fragen stellte sich jedoch durchweg die viel wesentlichere Frage, ob an einem Beamtentum festgehalten werden sollte. Während es in der sowjetischen Zone kategorisch abgeschafft wurde, modifizierten die Amerikaner und Briten das Beamtentum und schufen beispielsweise eine Zweiteilung in Beamte und Arbeiter, die dem deutschen öffentlichen Dienst bis dato wesensfremd war. Einige deutsche Länder, die ja nun wieder Dienstherren der Beamten waren, schafften das Beamtentum ebenfalls ab, andere erließen hingegen neue Beamtengesetze. Doch nicht nur die Besatzungsmächte hatten Schwierigkeiten mit dem deutschen Beamtentum, auch seitens der SPD gab es zahlreiche kritische Stimmen, die für die Abschaffung votierten. Dennoch wurde am 06.05.1949 die grundlegende Fassung des Art. 33 GG vom Hauptausschuss des Parlamentarischen Rates beschlossen.
Auch wenn sich die junge Republik mit Inkrafttreten des Grundgesetzes am 23.05.1949 auf den Fortbestand des Beamtentums geeinigt hatte, da man die Auffassung vertrat, dass dieses eine unverzichtbare Institution sei und der Stabilisierung der Demokratie diene, entschied das BVerfG am 26.02.1954, dass alle Beamtenverhältnisse erloschen seien.[41] Es vertrat die Auffassung, dass sich das Beamtenverhältnis mit dem Treueeid auf den Führer so wesentlich gewandelt habe, dass selbst das vor 1933 begründete Beamtenverhältnis nicht mehr den Anforderungen des Rechtscharakters eines Beamtenverhältnisses neuer Prägung genüge. Diametral entgegengesetzt entschied der Bundesgerichtshof am 20.05.1954.[42] Er war der Ansicht, dass der deutsche Gesamtstaat die Ereignisse von 1945 überdauert habe und daher im Rechtssinne

[38] Hattenhauer, S. 396
[39] Leppek, Rn. 20
[40] Leppek, Rn. 21
[41] BVerfG, Urt. v. 26.02.1954, Az. 1 BvR 371/52 (juris) = BVerfGE 3, 288-352
[42] BGH, Beschl. v. 20.05.1954, AZ. GSZ 6/53 (juris)

noch fortbestehe, was übrigens auch das BVerfG so annimmt. Allerdings meinte er, dass das Beamtenrechtsverhältnis unabhängig von der Staatsform bestehe und auch den Wechsel der Staatsform überdauere, denn der Beamte binde sich dem Staate gegenüber sein ganzes Leben und stelle ihm lebenslang alle seine Kräfte zur Verfügung, wofür ihm der Staat wiederum lebenslange Treue und die lebenslange Gewährung ausreichenden Unterhalts für ihn und seine Familie schulde, was nur dann möglich sei, wenn das Beamtenverhältnis fortbestehe.[43]
Trotz dieser Differenzen im Detail war 1949 die Entscheidung für den Fortbestand des Beamtentums – und zwar Weimarer Prägung – gefallen. Mit dem in Art. 33 GG eingeführten Funktionsvorbehalt standen die Ländergesetze, die die Abschaffung des Beamtentums vorgesehen hatten, im Widerspruch mit der Folge, dass sie gegenstandslos wurden. Im Nachgang zu dieser grundgesetzlichen Entscheidung wurde das Beamtentum auf eine neue gesetzliche Grundlage gestellt. Zunächst wurde das Bundespersonalgesetz von 1950 erlassen, welches die Fortgeltung des Reichsrechts, bereinigt von den nationalsozialistischen Änderungen, vorsah.[44] Neben weiteren Gesetzen, die vor allem Regelungen in Bezug auf die Vergangenheit enthielten, markierte das Bundesbeamtengesetz von 1953[45] einen gesetzlichen Neubeginn.

C. RECHTLICHE GRUNDLAGEN DES BEAMTENRECHTS

15 Das Beamtenrecht ist in seinen wesentlichen Grundzügen zwar grundgesetzlich geregelt, erfordert aber eine weitergehende Normierung durch den Bundes- und Landesgesetzgeber, je nach Gesetzgebungskompetenz; ansonsten käme es zu einer Überfrachtung des Grundgesetzes. Da Bundes- und Landesrecht die verfassungsrechtlichen Vorgaben beachten müssen, die den Rahmen abstecken, soll zunächst auf diese eingegangen werden.

I. Verfassungsrechtliche Grundlagen

16 Zentrale Vorschrift für das Beamtenrecht ist Art. 33 GG. Daneben finden sich Regelungen zum Beamtenrecht auch in den Grundrechten, in Art. 34, 36, 131 und 137 GG sowie in den Gesetzgebungsvorschriften (Art. 70 ff. GG). Sämtliche Regelungen sind unmittelbar zu beachtendes Recht im Bund und in den Ländern.[46]
Im Folgenden sollen die Kerninhalte des Art. 33 GG einer genaueren Betrachtung unterzogen werden, da ohne tiefere Kenntnisse wesentliche Regelungen des Beamtenrechts nicht nachvollzogen werden können. Das Sonderstatusverhältnis, also die Frage nach der Geltung der Grundrechte bzw. deren Einschränkung wird hingegen erst im Abschnitt über die Rechte und Pflichten der Beamten behandelt, da die Grundrechte dort ihren eigentlichen Wirkungsort haben.

---

[43] BGH, Beschl. v. 20.05.1954, AZ. GSZ 6/53, Rn. 63, 72 (juris)
[44] BGBl. I, 1950, S. 207
[45] BGBl. I, 1953, S. 551
[46] BVerfGE 8, 1, 11 ff.; 9, 268, 286; Lecheler in Isensee/Kirchof, § 110, Rn. 6

1. INSTITUTIONELLE GARANTIE DES BERUFSBEAMTENTUMS UND FUNKTIONSVORBEHALT

Literaturhinweise zur Vertiefung: Bull, Hans Peter, Beamte – die vernachlässigten Hüter des Gemeinwohls?, DÖV 2007, S. 1029 ff.; Haug, Volker, Funktionsvorbehalt und Berufsbeamtentum als Privatisierungsschranken, NVwZ 1999, S. 816 ff.; Isensee, Josef, Affekt gegen Institutionen – überlebt das Berufsbeamtentum?, ZBR 1998, S. 295 ff.; Jachmann, Monika, Das Berufsbeamtentum – Säule der Rechtsstaatlichkeit?, ZBR 2000, S. 181 ff.; Manssen, Gerrit, Der Funktionsvorbehalt des Art. 33 Abs. 4 GG, ZBR 1999, S. 253 ff.; Landau, Herber/Steinkühler, Martin, Zur Zukunft des Berufsbeamtentums in Deutschland, DVBl 2007, S. 133 ff.; Leppek, Sabine/Nübel, Jacob, Art. 33 Abs. 4 GG als Inhaltsnorm und Grundlage der Treuepflicht des Dienstherrn?!, ZBR 12/2015, S. 397 ff.; Lindner, Josef Franz, Grundrechtssicherung durch das Berufsbeamtentum, ZBR 2006, S. 1 ff.; Remmert, Barbara, Warum muss es Beamte geben?, JZ 2005, S. 53 ff.; Werres, Beamtenverfassungsrecht, 2011

Art. 33 Abs. 4 und 5 GG[47] enthalten eine **institutionelle Garantie des Beamtentums** einher- 17
gehend mit einem **Funktionsvorbehalt** (Abs. 4) für den Kernbestand an hoheitsrechtlichen Aufgaben.[48] **Die Verfassung garantiert somit das Berufsbeamtentum** als Einrichtung, und zwar in ihrer prägenden Form und unter Berücksichtigung der hergebrachten Grundsätze.[49] D. h. der Gesetzgeber kann das Beamtentum weder durch einfaches Gesetz abschaffen, noch darf er die tragenden Grundsätze derart verändern, dass von dem Beamtentum heutiger Prägung nichts mehr übrig bliebe.[50] Gleichwohl hat er den Regelungsauftrag, das Beamtenrecht unter Berücksichtigung dieser Grundsätze zukunftsfähig zu gestalten und „fortzuentwickeln".[51]

Streitig ist, ob Art. 33 Abs. 4 und 5 GG von der Ewigkeitsgarantie des Art. 79 Abs. 3 GG erfasst sind oder eine Abschaffung dieser Garantie mit Zweidrittelmehrheit möglich wäre. Letzteres ist, sieht man sich den Wortlaut an, der Fall.[52] Hinterfragt man aber den Zweck der institutionellen Garantie, ist das Beamtentum zumindest Bestandteil des Rechtsstaatsprinzips[53] und damit mittelbar von der Ewigkeitsgarantie erfasst.[54] Zweck des Beamtentums ist nämlich die Sicherung der Demokratie. Ausgehend davon, dass in der Demokratie Herrschaft immer nur auf Zeit vergeben wird, ist es unabdingbar, dass man eine allein an Gesetz und Gemeinwohl orientierte Verwaltung vorfindet, die unabhängig von politischer Ausrichtung dauerhaft die – übrigens immer zahlreicheren Verwaltungsaufgaben übernimmt.[55]
Das Bundesverfassungsgericht hat hierzu ausgeführt, dass „*die Übernahme der funktionswesentlichen tradierten Grundstrukturen des Berufsbeamtentums in das Grundgesetz auf einer Bestimmung des Berufsbeamtentums als Institution beruht, die gegründet auf Sachwissen, fachliche Leistung und loyale Pflichterfüllung, eine stabile Verwaltung sichern und damit einen ausgleichenden Faktor gegenüber den das Staatswesen gestaltenden politischen*

---

47 Es wird darüber gestritten, ob die institutionelle Garantie aus den Abs. 4 und 5 oder allein aus Abs. 4 folgt. Da sich hieraus aber keinerlei Unterschiede ergeben, wird dieser Streit hier nicht weiter berücksichtigt. Siehe auch Hilg, apf 2012, S. 129, 133.

48 BVerfGE 106, 225, 331; BVerfG, Beschl. v. 19.09.2007, Az. BvF 3/02, Rn. 45 (juris); Masing in Dreier, Art. 33, Rn. 53; Werres, Rn. 4; Baßlsperger, Kap. 5, Rn. 18; Landau/Steinkühler, DVBl 2007, S. 133, 135; Manssen, ZBR 1999, S. 253, 253

49 BVerfG, Beschl. v. 19.09.2007, Az. BvF 3/02, (juris) Rn. 46; Badura in Maunz-Dürig, Art. 33, Rn. 49

50 Badura in Maunz-Dürig, Art. 33, Rn. 49; Hilg, apf 2012, S. 129, 133; Leppek, Rn. 27

51 Siehe hierzu unten unter hergebrachte Grundsätze.

52 So die **h.M.**: Vgl. Werres, Rn. 8; Münch/Kunig, Art. 33 GG, Rn. 41; Leppek, Rn. 27

53 Landau/Steinkühler, DVBl 2007, S. 133, 137 f.

54 Werres, Rn. 38

55 BVerfG, Beschl. v. 19.09.2007, Az. BvF 3/02, Rn.47 (juris); Werres, Rn. 8; Badura in Maunz-Dürig, Art. 33, Rn. 51

Kräften bilden soll".[56] Damit steht fest, dass das Beamtentum im Kern nicht abgeschafft werden kann bzw. an seine Stelle eine andere vergleichbare Einrichtung treten müsste.[57]

18 Neben die institutionelle Garantie tritt der **Funktionsvorbehalt** aus Art. 33 Abs. 4 GG. Die Wahrnehmung der hoheitlichen Aufgaben als ständige Aufgabe **ist danach in der Regel Angehörigen des öffentlichen Dienstes zu übertragen, die in einem öffentlich-rechtlichen Dienst- und Treueverhältnis** stehen. Das bedeutet, die Ausübung der hoheitsrechtlichen Befugnisse ist – von Ausnahmen abgesehen – Aufgabe der Beamtenschaft, die neben den Beschäftigten die tragende Säule des öffentlichen Dienstes ist. Mit dieser Zuweisung erkennt das Grundgesetz aber nicht nur das Berufsbeamtentum an, sondern auch die **Zweiteilung des öffentlichen Dienstes**, und damit die Beschäftigten als zweite Säule.[58] Daraus folgt einerseits, dass Beamten auch nicht hoheitliche Aufgaben übertragen werden dürfen, allerdings nicht ausschließlich (§ 3 Abs. 2 Nr. 1 BeamtStG), und dass andererseits Hoheitsaufgaben ausnahmsweise auch durch Beschäftigte oder Beliehene ausgeübt werden können.[59] Überträgt der Dienstherr einem Beschäftigten gleichwohl ausschließlich oder zumindest überwiegend Hoheitsaufgaben und einem Beamten gerade keine derartigen Aufgaben, besitzen beide **keinen subjektiv-rechtlichen** Anspruch gegen den Dienstherrn auf Verbeamtung bzw. Übertragung von Hoheitsaufgaben. Insoweit ist Art. 33 Abs. 4 GG nur eine objektiv-rechtlich wirkende **Organisationsnorm**, die die Staatsgewalt bindet.[60]

Fraglich ist mangels einer Definition, welche Aufgaben bzw. Befugnisse zu diesem hoheitsrechtlichen Aufgabenkreis gehören. Einigkeit besteht darüber, dass hoheitsrechtliche Aufgaben solche der **Eingriffs- bzw. Hoheitsverwaltung sind**, also solche, in denen der Staat als übergeordneter Rechtsträger gebietend, eingreifend, verbietend und notfalls mit Zwang eingreifend tätig wird.[61] Hierunter fallen vor allem die Bereiche Ordnung, Polizei, Strafvollzug, Justiz und Steuern, einschließlich der Wahrnehmung von Leitungs- und Aufsichtsfunktionen.[62] Umstritten ist allerdings, ob man diesen Aufgabenkreis insbesondere im Hinblick auf die **Leistungsverwaltung** erweitern muss.[63] Zur Leistungsverwaltung gehören u.a. die Bereiche Daseinsfürsorge (Sicherung der wirtschaftlichen und sozialen Existenz, Versorgung der Bevölkerung mit Energie, Wasser etc.) und Subventionen.[64] Nach der überwiegenden Meinung wird die Leistungsverwaltung (schlicht hoheitliches Handeln) zumindest, soweit sie in öffentlich-rechtlicher Form erfolgt, den hoheitsrechtlichen Aufgaben zugeordnet.[65]
Dies ist sachgerecht, wenn die jeweilige Aufgabe aufgrund ihrer Bedeutung (beispielsweise weil Grundrechte betroffen sind) eine Bearbeitung durch Personen erfordert, denen eine besondere Verlässlichkeit, Stetigkeit und Rechtsstaatlichkeit zugeschrieben wird.[66] Derartige

---

[56] BVerfGE 7, 155, 162; 117, 372, 380; BVerfG, Beschl. v. 19.09.2007, Az. BvF 3/02, Rn. 46 (juris)
[57] LAG Hannover v. 27.05.1994, NVwZ-RR 1995, 584, 585 f.
[58] Letzteres wird auch in Art. 137 GG deutlich; siehe auch Reich, § 3 BeamtStG, Rn. 7
[59] Hierzu und zu der Frage, wann das Regel-Ausnahme-Verhältnis überschritten wird vgl. Werres, Rn. 25 ff.; Manssen, ZBR 1999, S. 253, 254
[60] Baßlsperger, Kap. 5, Rn. 24 f.; Werres, Rn. 12 ff.
[61] BVerwGE 34, 123, 126; v. Roetteken in v. Roetteken/Rothländer, § 3 BeamtStG, Rn. 126; Zentgraf in Metzler-Müller/Rieger/Seeck/Zentgraf, § 3 BeamtStG, Anm. 2.3; Werres, Rn. 18
[62] v. Roetteken in v. Roetteken/Rothländer, § 3 BeamtStG, Rn. 137; Zentgraf in Metzler-Müller/Rieger/Seeck/Zentgraf, § 3 BeamtStG, Anm. 2.3
[63] Battis, § 5 BBG, Rn. 6; Haug, NVwZ 1999, S. 816, 818; Isensee, ZBR 1998, S. 295, 304
[64] Zentgraf in Metzler-Müller/Rieger/Seeck/Zentgraf, § 3 BeamtStG, Anm. 2.3; Werres, Rn. 20
[65] Zentgraf in Metzler-Müller/Rieger/Seeck/Zentgraf, § 3 BeamtStG, Anm. 2.3
[66] BVerfG, Beschl. v. 19.09.2007, Az. BvF 3/02, Rn. 48 (juris); Werres, Rn. 19 f.; Haug, NVwZ 1999, S. 816, 817;

grundrechtsrelevante Befugnisse werden heutzutage gerade im Bereich der Leistungsverwaltung wahrgenommen, schließlich kann die Gewährung von sozialen Hilfen oder Subventionen enorme Auswirkungen auf die Rechtsverhältnisse einer Person oder von Dritten haben.[67] Nicht darunter fällt regelmäßig die reine **Fiskalverwaltung**; hier tritt die Verwaltung wie ein Privatrechtssubjekt auf.[68] Ebenfalls nicht erfasst werden auch Hilfstätigkeiten sowie die eigene erwerbswirtschaftliche Betätigung.[69]

Sehr streitig ist hingegen die Frage, ob auch Lehrer überwiegend hoheitsrechtliche Aufgaben wahrnehmen und daher zu verbeamten sind.[70] Die Rechtsprechung geht überwiegend davon aus, dass die Einstellung von Lehrern im Angestelltenverhältnis den Vorgaben des Art. 33 Abs. 4 GG entspricht, da die Tätigkeit der Lehrkraft nicht schwerpunktmäßig hoheitlich sei.[71] Während sich ein Teil der Literatur der Rechtsprechung anschließt, gibt es auch diejenigen Stimmen, die die Auffassung vertreten, dass Lehrer auch an hoheitlichen Befugnissen und Maßnahmen mitwirken, die für die Schüler erhebliche grundrechtliche Bedeutung haben (wie beispielsweise die Versetzungserheblichkeit der Noten, Ordnungsmaßnahmen etc.) mit der Folge, dass Lehrer zu verbeamten sind.[72]

Eingriffsverwaltung = **Hoheitsrechtliche Tätigkeit**	Leistungsverwaltung = **Hoheitsrechtliche Tätigkeit (str.)**	Schlichtes Verwaltungshandeln = **keine** hoheitsrechtliche Tätigkeit	Fiskalverwaltung = **keine** hoheitsrechtliche Tätigkeit
• Eingriffsverwaltung • Über-/Unterordnungsverhältnis	• Daseinsvorsorge im Bereich des Gesundheitswesens, des Bildungswesens und der Wohlfahrtspflege	• Mechanische Hilfeleistungen (Botendienste oder einfache Bürotätigkeiten wie Schreib- oder Telefondienst)	• Teilnahme als gleichgeordneter Rechtsträger am privatrechtlichen Geschäftsverkehr

Abbildung 2: Einteilung des Verwaltungshandelns

Zweck des Art. 33 Abs. 4 GG ist vor allem die Sicherung des Grundsatzes der Gesetzmäßigkeit der Verwaltung in allen grundrechtsrelevanten Bereichen,[73] der durch den Einsatz von Beamten als gewährleistet angesehen wird. Hat die Aufgabe gerade keine Grundrechtsrelevanz, können Aufgaben, was zunehmend diskutiert wird, sogar in Gänze privatisiert werden.[74] Art. 33 Abs. 4 GG setzt dem Privatisierungsgedanken aber insoweit eine Schranke, als dass hoheitsrechtliche Aufgaben im oben beschriebenen Sinne grundsätzlich von Beamten wahrzunehmen sind.[75]

Zentgraf in Metzler-Müller/Rieger/Seeck/Zentgraf, § 3 BeamtStG, Anm. 2.3; Remmert, JZ 2005, S. 53, 55

67 So auch Werres, Rn. 20

68 Zentgraf in Metzler-Müller/Rieger/Seeck/Zentgraf, § 3 BeamtStG, Anm. 2.3; Haug, NVwZ 1999, S. 816, 818

69 Haug, NVwZ 1999, S. 816, 818; Manssen, ZBR 1999, S, 253, 256

70 Statt vieler Manssen, ZBR 1999, S. 253, 253 ff.. Hierauf fußt auch die Diskussion, ob nicht zumindest Lehrer streiken dürfen.

71 BVerfGE 119, 247, 267

72 Werres, Rn. 23

73 Remmert, JZ 2005, S. 53, 58

74 Landau/Steinkühler, DVBl 2007, S. 133, 143.

75 Haug, NVwZ 1999, S. 816, 818; Werres, Rn. 29; Hense in Beck'scher Online-Kommentar Grundgesetz, Epping/Hillgruber, Art. 33, Rn. 31

2. LEISTUNGSGRUNDSATZ (LEISTUNGSPRINZIP)

Literaturhinweise zur Vertiefung: Baßlsperger, Maximilian, Topfwirtschaft: Leistungsprinzip versus Praktikabilität, ZBR 2012, S. 109 ff.; Eckstein, Christoph, Der Grundsatz der Bestenauslese nach Art. 33 Abs. 2 GG in der neuesten verfassungs- und verwaltunsgerichtlichen Rechtsprechung, ZBR 2009, S. 86 ff.; Höfling, Wolfram, Verfahrensrechtliche Garantien des Art. 33 II GG, ZBR 1999, S. 73 ff.; Laber, Jörg/Gerdom, Thomas, Die Bedeutung des Anforderungsprofils bei der Stellenbesetzung im öffentlichen Dienst, öAT 2010, S. 51 ff.; Linder, Franz, Der beamtenrechtliche Bewerbungsanspruch, ZBR 2012, S. 181 ff.; Kühling, Jürgen/Bertelsmann, Klaus, Höchstaltersgrenzen bei der Einstellung von Beamten, NVwZ 2010, S. 87 ff.; Zeiler, Horst, Bestenauslese nach Art. 33 Abs. 2 GG und Anforderungsprofil – ein unlösbarer Zwiespalt?, ZBR 2010, S. 191 ff.

19 Nach Art. 33 Abs. 2 GG hat jeder Deutsche (siehe Art. 116 GG) nach seiner Eignung, Befähigung und fachlichen Leistung gleichen Zugang zu jedem öffentlichen Amte. Es handelt sich damit um einen speziellen Gleichheitsgrundsatz, der lex specialis zu Art. 3 Abs. 1 GG ist.[76] Bei Absatz 2 handelt es sich mithin um eine umfassende Auswahlvorschrift, die für alle Fälle der Ernennung gilt, also gerade auch für Beförderungen (selbst dann, wenn Beförderungsdienstposten zunächst nur übertragen werden),[77] nicht aber für Umsetzungen oder Versetzungen,[78] da diese gerade keine Ernennungen sind (siehe 205 f.). Einfachgesetzlich findet sich der **Leistungsgrundsatz** oder auch **Grundsatz der Bestenauslese** in § 9 BeamtStG wieder. Da der Begriff des „öffentlichen Amtes" in Art. 33 Abs. 2 GG weit zu verstehen ist, erstreckt sich der Leistungsgrundsatz auch auf die Auslese bei der Besetzung von Beschäftigtenstellen oder die Verleihung von besonderen öffentlichen Ämtern. Nicht unter den Begriff fallen kirchliche Ämter.[79] Bei der Anwendbarkeit auf Ausbildungsverhältnisse wird differenziert.[80] Sinn und Zweck dieser Regelung ist die bestmögliche Besetzung von Stellen im öffentlichen Dienst.[81] Nur wenn die besten Bewerber eingestellt werden, kann die Verwaltung qualitativ hochwertige Leistungen erbringen und die Funktionsfähigkeit der Verwaltung sichergestellt werden.

20 Neben dieser staatsorganisatorischen Dimension weist Art. 33 Abs. 2 GG aber auch eine subjektiv-rechtliche Komponente auf.[82] Demzufolge ist Art. 33 Abs. 2 GG als grundrechtsgleiches Recht ausgestaltet, das jedem Bewerber garantiert, dass der Dienstherr seine Bewerbung nur aus Gründen, die vom Leistungsgrundsatz gedeckt sind, zurückweist (**sog. Bewerberverfahrensanspruch**).[83] Einen positiv-rechtlichen Anspruch auf Einstellung gibt es hingegen grundsätzlich nicht. Es besteht vielmehr nur „das Recht der gleichen Chance"[84] beim Zugang zu öffentlichen Ämtern. Davon erfasst werden bereits die Stellenausschreibungen an sich,[85] d.h. auch diese müssen so gefasst sein, dass grundsätzlich jeder die Möglichkeit der Bewerbung hat.

Ausweislich seines Wortlautes bezieht sich der Leistungsgrundsatz in seinen Facetten nur auf Deutsche, doch ist er wegen Art. 45 Abs. 1 des Vertrages über die Arbeitsweise der Europäi-

[76] Ipsen, Rn. 861; Werres, Rn. 116
[77] Baßlsperger, Kap. 5, Rn. 10
[78] BVerfG, Beschl. v. 28.11.2007 – 2 BvR 1431/07 in NJW 2008, S. 909-910
[79] Masing in Dreier, Art. 33, Rn. 38; Kunig in v. Münch/Kunig, Art. 33 GG, Rn. 20
[80] Masing in Dreier, Art. 33, Rn. 39
[81] Badura in Maunz-Dürig, Art. 33 GG, Rn. 27
[82] Kunig in v. Münch/Kunig, Art. 33 GG, Rn. 15; Werres, Rn. 137
[83] Linder, ZBR 2012, S. 181, 181; Werres, Rn. 137
[84] Kunig in v. Münch/Kunig, Art. 33 GG, Rn. 18
[85] Kunig in v. Münch/Kunig, Art. 33 GG, Rn. 18

schen Union (AEUV) europarechtskonform zu interpretieren.[86] Diesem europäischen Freizügigkeitsgedanken ist der Gesetzgeber durch § 7 Abs. 1 Nr. 1 a BeamtStG gerecht geworden, der normiert, dass auch zum Beamten ernannt werden kann, wer die Staatsangehörigkeit eines anderen Mitgliedstaates der Europäischen Gemeinschaften besitzt. Der Vorbehalt des Art. 45 Abs. 4 AEUV, der aussagt, dass die Freizügigkeit nicht für Beschäftigte in der öffentlichen Verwaltung angewendet wird, gilt nämlich nur für den Kernbereich hoheitlicher Aufgaben. An diese restriktive Interpretation durch den EuGH hat sich der Gesetzgeber bei der Gestaltung von § 7 Abs. 2 BeamtStG gehalten (siehe Rn. 148).

Eignung, Befähigung und fachliche Leistung sind **unbestimmte Rechtsbegriffe**, die einer 21
Auslegung bedürfen, bei der die einstellende Behörde einen ihr **eigenen Beurteilungsspielraum** hat, der letztlich gerichtlich nicht überprüft werden kann. Auf Bundesebene finden sich in § 2 BLVO einfachgesetzliche Definitionen. Auch wenn die o.g. Verordnung nicht für die Beamten in den Ländern gilt, kann man sich bei der Definition der Begriffe hieran gleichwohl orientieren.

Unter **Eignung** werden gemeinhin Persönlichkeitsmerkmale verstanden, d.h. charakterliche Merkmale wie intellektuelle Fähigkeiten sowie physische und psychische Fähigkeiten, also die Gesundheit.[87]

Befähigung meint das Vorliegen der für die konkrete dienstliche Verwendung benötigten Fähigkeiten, Kenntnisse und Fertigkeiten, insbesondere auch die erforderliche Schul- bzw. Ausbildung und die dazu gehörige Laufbahnbefähigung.[88]

Die **fachliche Leistung** wird anhand der praktischen Arbeitsergebnisse bewertet und findet i.d.R. ihren Ausdruck in den Beurteilungen der Beamten.[89]
Da die vorgenannten Kriterien zugleich die Aufgabe haben, sachfremde Erwägungen auszuschließen und die Chancengleichheit aller potentiellen Bewerber zu gewährleisten sowie die Funktionsfähigkeit der Verwaltung sicherzustellen, müssen sich die Einstellungsbehörden im gesamten Verfahren an diese Grundsätze halten,[90] um nicht der „Ämterpatronage" Vorschub zu leisten. D.h., schon der **Ausschreibungstext** darf nicht so gefasst sein, dass potentielle Bewerber ausgegrenzt werden oder auf einen Wunschkandidaten zugeschnitten ist.[91] Darüber hinaus müssen insbesondere bei Beförderungsentscheidungen **Beurteilungen** ausreichend differenziert und aussagekräftig sein.[92] Problematisch sind insoweit auch Quotenregelungen, z. B. zur Frauenförderung[93], oder Altersgrenzen[94].

Schlussendlich erfasst der Leistungsgrundsatz auch den **Abschluss des Auswahlverfahrens**. Aufgrund dessen haben die Gerichte aus Art. 33 Abs. 2 i.V.m. Art. 19 Abs. 4 GG eine **Infor-**

---

86 Badura in Maunz-Dürig, Art. 33 GG, Rn. 22
87 Kunig in v. Münch/Kunig, Art. 33 GG, Rn. 26; Baßlsperger, Kap. 5, Rn. 5; Detaillierte Ausführungen erfolgen im Rahmen der persönlichen Einstellungsvoraussetzungen unter Rn. 138.
88 Kunig in v. Münch/Kunig, Art. 33 GG, Rn. 26; Baßlsperger, Kap. 5, Rn. 6; Battis, § 9 BBG, Rn. 9
89 Baßlsperger, Kap. 5, Rn. 7; Zentgraf in Metzler-Müller/Rieger/Seeck/Zentgraf, § 9 BeamtStG, Anm. 2.3
90 BVerfGE, 56, 146, 163
91 Zentgraf in Metzler-Müller/Rieger/Seeck/Zentgraf, § 9 BeamtStG, Anm. 5; Zeiler, ZBR 2010, S. 191, 195
92 BVerfG, DVBL 2003, S. 1524, 1525; Eckstein, ZBR 2009, S. 86, 87
93 Hilg, apf 2012, S. 129, 131
94 Siehe hierzu ausführlich Kühling/Bertelsmann, NVwZ 2010, S. 87 ff.

mationspflicht des Dienstherren an die unterlegenen Bewerber abgeleitet, und zwar vor Ernennung oder Einstellung des bevorzugten Bewerbers, damit der unterlegene Bewerber noch gerichtlichen Rechtsschutz in Anspruch nehmen kann.[95] Zur Möglichkeit der Konkurrentenklage siehe Rn. 90.

3. GLEICHHEITSGRUNDSATZ

22 Art. 33 Absatz 3 GG enthält eine – eigentlich überflüssige – Regelung, die als lex specialis Art. 3 Abs. 1 und Abs. 3 GG verdrängt und klarstellt, dass gerade das religiöse Bekenntnis oder die Weltanschauung nicht als Auswahl- oder Differenzierungskriterium taugen.[96] Diese Vorgaben hat der Bundesgesetzgeber bei der Schaffung von § 9 BeamtStG weiter konkretisiert und ist damit auch den Vorgaben des Allgemeinen Gleichbehandlungsgesetzes (AGG) gerecht geworden.
Zu den Einzelheiten siehe Rn. 90.

4. HERGEBRACHTE GRUNDSÄTZE DES BERUFSBEAMTENTUMS

Literaturhinweise zur Vertiefung: Budjarek, Lucia, Die Neukategorisierung der hergebrachten Grundsätze des Berufsbeamtentums nach dem Maß ihrer institutsprägenden Wirkung, ZBR 2010, S. 229 ff.; Günther, Hellmuth, Zum Verfassungsort der Fürsorgepflicht des Dienstherrn gegenüber Beamten, ZBR 2013, S. 14 ff.; ders., Das öffentlich-rechtliche Dienst- und Treueverhältnis i.S.v. Art. 33 Abs. 4 GG, DÖV 2012, S. 678 ff.; Hilg, Günter, Grundstrukturen des neuen Dienstrechts im Bund und in den Ländern, Teil 12, apf 2012, S. 193 ff.; Kenntner, Markus, Sinn und Zweck der Garantie des hergebrachten Berufsbeamtentums, DVBl. 2007, S. 1321 ff.; Summer, Rudolf, Die Fortentwicklung der hergebrachten Grundsätze des Berufsbeamtentums und Auswirkungen des Europarechts auf das deutsche Beamtenrecht, PersV 2007, S. 223 ff.

23 Art. 33 Abs. 5 GG beinhaltet einen Regelungsauftrag an den Gesetzgeber, die Dienstverhältnisse der Beamten und Richter, die – anders als privatrechtliche Beschäftigungsverhältnisse – nicht durch Vertrag geregelt werden können –, anhand der hergebrachten Grundsätze zu regeln und fortzuentwickeln.[97] Das bedeutet, die ebenfalls durch Abs. 5. garantierte institutionelle Garantie (siehe Rn. 137) soll durch den Gesetzgeber ausgestaltet werden. Darüber hinaus wird diese Norm als grundrechtsgleiches Recht der Beamten verstanden, welches ihnen, soweit ein solcher hergebrachter Grundsatz ihre persönliche Rechtsstellung betrifft, die Möglichkeit gibt, Verstöße mittels Verfassungsbeschwerde geltend zu machen.[98] Dieses Recht steht allein den Beamten zu und kann durch kollidierendes Verfassungsrecht – wie jedes andere Grundrecht auch – eingeschränkt werden.
Unter den **hergebrachten Grundsätzen des Berufsbeamtentums** im Sinne des Art. 33 Abs. 5 GG ist nach Auffassung des Bundesverfassungsgerichts nicht jede überkommene einfachgesetzliche Ausgestaltung des Beamtenverhältnisses zu verstehen, sondern lediglich der Kernbestand von Strukturprinzipien gemeint, die allgemein oder doch ganz überwiegend während eines längeren, traditionsbildenden Zeitraums, mindestens seit der Reichsverfas-

[95] Masing in Dreier, Art. 33, Rn. 350; Werres, Rn. 154 ff.; Höfling, ZBR 1999, S. 73, 76
[96] So auch Hilg, apf 2012, S. 129, 132; Baßlsperger, Kap. 5, Rn. 14
[97] BVerfGE 15, 167, 196; Lecheler in Isensee/Kirchhof, § 10, Rn. 39; Werres, Rn. 31
[98] BVerfGE 8, 1, 17 f.; 43, 154, 167; 64, 367, 375; Werres, Rn. 31 f.; kritisch Masing in Dreier, Art. 33, Rn. 71

sung von Weimar, als verbindlich anerkannt und gewahrt worden sind.[99] Voraussetzung ist also, dass der Grundsatz einerseits „hergebracht" ist, also eine gewisse Tradition aufweist, und andererseits so wesentlich oder fundamental für das Berufsbeamtentum ist, dass eine Änderung dieses selbst massiv verändern würde.[100] Erst wenn beide Aspekte kumulativ vorliegen, kann von einem hergebrachten Grundsatz ausgegangen werden. Traditionsbildend ist ein Grundsatz nach der Rechtsprechung des Bundesverfassungsgerichts dann, wenn er zumindest auch schon unter Geltung der Weimarer Reichsverfassung Bestand hatte.[101] Inwieweit neuere Entwicklungen unter der Ägide des Grundgesetzes als hergebracht angesehen werden können, ist umstritten.[102] Allerdings spricht der Zweck der Vorschrift für eine Erweiterung des Anwendungsbereichs auch auf solche neueren Grundsätze. Andernfalls würde nur der status quo ante gesichert werden, der gerade nicht die neueren Entwicklungen berücksichtigt.
Gerade diese „Fortentwicklungs"-funktion wird durch die **sog. Fortentwicklungsklausel**, die 2006 im Zuge der Föderalismusreform in Art. 33 Abs. 5 GG integriert wurde, bestätigt. Zwar, darüber besteht weitgehend Einigkeit, hat der Zusatz „... *und fortzuentwickeln*" kaum eigenständige Bedeutung, doch bekräftigt diese Formel die bereits zuvor bestehende Rechtslage, in der der Gesetzgeber nicht nur die Pflicht zur Regelung des öffentlichen Dienstes hat, sondern auch die Pflicht, diesen fortzuentwickeln.[103]

Schließlich sind die hergebrachten Grundsätze des Berufsbeamtentums nach dem Wortlaut des Art. 33 Abs. 5 GG *„zu berücksichtigen"*. Während das BVerfG diese Formulierung, ohne dass dies vom Wortlaut her vorgesehen ist, in die Kategorien „zu beachten" und „nur zu berücksichtigen" aufspaltet, gibt es Stimmen in der Literatur, die für ein einheitliches Berücksichtigungsgebot votieren.[104] Ungeachtet dieses Streits, ob ein Grundsatz so wesentlich ist, dass er nach Auffassung des BVerfG nicht angetastet werden darf und somit zu beachten ist, oder ob er zumindest moderat modifiziert werden kann, also nur berücksichtigt werden muss, ist festzuhalten, dass sämtliche hergebrachte Grundsätze des Berufsbeamtentums nicht vordringlich das Ziel haben, die Grundrechtsposition eines jeden Beamten zu sichern. Vielmehr haben sie den Zweck, den Auftrag des Beamtentums, „... nämlich die Sicherung einer stabilen Verwaltung gegründet auf Sachwissen, fachliche Leistung und loyale Pflichterfüllung als ausgleichenden Faktor gegenüber dem Staatswesen gestaltenden politischen Kräften ..."[105], zu sichern.[106]

Als beachtenswert und damit vorrangig bei einer Kollision mit anderen verfassungsrechtlichen Belangen[107] nennt das Bundesverfassungsgericht ausdrücklich

- das Alimentationsprinzip[108],
- die Fürsorgepflicht[109],

[99] BVerfGE 8, 332, 343; 70, 69, 79; 83, 89, 98; 106, 225, 232
[100] Werres, Rn. 37; Masing in Dreier, Art. 33 GG, Rn. 74 f.
[101] BVerfGE 8, 332, 343
[102] Werres, Rn. 39
[103] BVerfGE 119, 247, 272 f.; Werres, Rn. 34 f.; Hilg, apf 2012, S. 161, 162; Jachmann in v. Mangoldt/Klein/Starck, Art. 33, Rn. 54
[104] Masing in Dreier, Art. 33, Rn. 80 f.; Budjarek, ZBR 2010, S. 229, 232; Kunig in v. Münch-Kunig, Art. 33, Rn. 59
[105] BVerfGE 7, 155, 162; 56, 146, 162; 64, 367, 379; 117, 372, 380
[106] Masing in Dreier, Art. 33, Rn. 71; Hilg, apf 2012, S. 161, 162; Baßlsperger, Kap. 5, Rn. 26; Jachmann in v. Mangoldt/Klein/Starck, Art. 33, Rn. 40
[107] So Jachmann in v. Mangoldt/Klein/Starck, Art. 33, Rn. 53
[108] BVerfGE 8, 1, 14, 16 ff.; 76, 256, 298; 99, 300, 314; BVerfG, Urt. v. 14.02.2012, Az. 2BvL 4/10 (juris)
[109] BVerfGE 43, 154, 165 f.; 46, 97, 117; 83, 89, 100

- das Laufbahnprinzip[110],
- das Leistungsprinzip[111],
- das Lebenszeitprinzip[112] und
- das Prinzip der amtsangemessenen Amtsbezeichnung[113].

Weitere hergebrachte Grundsätze sind u.a.
- die öffentlich-rechtliche Rechtsnatur des Beamtenverhältnisses[114],
- die Treuepflicht[115],
- der Grundsatz der Hauptberuflichkeit,
- der Schutz gegen willkürliche Beendigung des Dienstverhältnisses,
- die Rechtsschutzgarantie,[116]
- die Koalitionsfreiheit und
- das Streikverbot.

Keine hergebrachten Grundsätze sind beispielsweise
- das Beihilfesystem[117],
- das Recht am Amt[118],
- die wöchentliche Arbeitszeit[119],
- gesetzliche Altersgrenzen[120] sowie
- die deutsche Staatsangehörigkeit[121].

a. Alimentationsprinzip

24 Das Alimentationsprinzip ist Ausfluss der allgemeinen Fürsorgepflicht des Dienstherrn und Pendant zur Hingabepflicht, mit der sich der Beamte verpflichtet, grundsätzlich auf Lebenszeit seine Arbeitskraft zur Verfügung zu stellen.[122] Es sichert dem Beamten (nicht darunter fallen Widerrufsbeamte im Vorbereitungsdienst)[123] und seiner Familie ein lebenslanges Auskommen, d. h. der Dienstherr ist verpflichtet, amtsangemessene Dienst- und Versorgungsbezüge zu entrichten.[124] Ebenfalls erfasst werden die Hinterbliebenenversorgung, die Unfallfürsorge und das Übergangsgeld. Die Höhe der jeweiligen Leistungen ist wegen Art. 74 Abs. 1 Nr. 27 GG Sache der Länder. Da Niedersachsen zwischenzeitlich

---

110 BVerfGE 62, 374, 383; 71, 255, 268
111 BVerfGE 62, 374, 383; 71, 255, 268; 110, 353, 365 f.
112 BVerfGE 9, 268, 286; 71, 39, 60; BVerfG Beschl. v. 28.05.2008, Az. 2 BvL 11/07 (juris)
113 BVerfGE 62, 374, 383; 71, 255, 268
114 Leppek, Rn. 30; Hilg, apf, 2012, S. 162, 163 f.; H. Lecheler in Isensee/Kirchhof, § 110, Rn. 41
115 BVerfGE 39, 334, 346
116 BVerwGE 28, 1, 11; Wichmann in Wichmann/Langer, Abschnitt 2, Rn. 34; Hilg, apf 2012, S. 193, 198
117 BVerfG, Beschl. v. 16.08.2011, Az.2 BvR 287/10, Rn. 20 ff. (juris); Wichmann in Wichmann/Langer, Abschnitt 2, Rn. 39
118 BVerfGE 56, 146, 162; Werres, Rn. 105; Hilg, apf 2012, S. 193, 200
119 BVerfGE 44, 249, 263; Werres, Rn. 106; Leppek, Rn. 31
120 BVerfGE 71, 255, 270; Werres, Rn. 107 ff.
121 Werres, Rn. 111; Hilg, apf 2012, S. 193, 200
122 Masing in Dreier, Art. 33, Rn. 87; Kunig in v. Münch-Kunig, Art. 33, Rn. 63
123 BVerfG, Beschl. v. 20.02.2008 in ZBR 2008, S. 350, 351
124 BVerfGE 7, 155, 163; Hilg, apf 2012, S. 193, 198; Zentgraf in Metzler-Müller/Rieger/Seeck/Zentgraf, § 3 BeamtStG, Anm. 1.2 „Alimentationsprinzip“

eigene Besoldungs- und Versorgungsgesetze erlassen hat, kommt es auf die Fortgeltung von Bundesrecht insoweit nicht mehr an. Das Einkommen des Beamten muss seine wirtschaftliche und rechtliche Unabhängigkeit gewährleisten und somit eine neutrale und am Allgemeinwohl orientierte Amtsführung erlauben sowie ein Minimum an Lebenskomfort ermöglichen.[125] Hierbei hat der Gesetzgeber das jeweilige Amt, den Ort und das Nettoprinzip zu berücksichtigen[126] und darf die Beamten nicht von der allgemeinen Lebensentwicklung der Bevölkerung abhängen.[127] Im Übrigen hat er allerdings einen weiten Gestaltungs- und Entscheidungsspielraum.[128]
Der Versorgungsanspruch richtet sich nach dem zuletzt ausgeübten Amt,[129] darf aber abgesenkt werden, da der finanzielle Bedarf eines Ruhestandsbeamten typischerweise unter dem eines aktiven Beamten liegt. Wie hoch der Versorgungssatz indes sein muss, gibt das Grundgesetz nicht vor. Das Ruhegehalt ist in Niedersachsen gemäß § 16 NBeamtVG abhängig von der ruhegehaltfähigen Dienstzeit, beträgt mindestens aber 35 % und höchstens 71,75 % der ruhegehaltfähigen Dienstbezüge.

b. Treuepflicht

Zu den Kernpflichten des Beamtenverhältnisses gehört die Treuepflicht.[130] Diese Treueverpflichtung ergibt sich bereits aus Art. 33 Abs. 4 GG, denn dort ist ebenso wie in § 3 Abs. 1 BeamtStG von einem öffentlich-rechtlichen Dienst- und Treueverhältnis die Rede. Die Treuepflicht ist eine umfassende Verpflichtung gegenüber dem Dienstherrn und beinhaltet verschiedenste Aspekte. Hierunter fallen sowohl die politische Treuepflicht oder auch Verfassungstreuepflicht (§ 33 Abs. 1 S. 3 BeamtStG) als auch die Gehorsams- und Folgepflicht (§ 35 BeamtStG) und die Neutralitätspflicht (§ 33 Abs. 1 S. 1 und 2 BeamtStG).[131] Zu den Einzelheiten siehe Rn. 239 ff. 25

c. Fürsorgepflicht

Die Fürsorgepflicht korrespondiert auf der Seite des Dienstherrn mit der Treuepflicht bzw. steht in einer Wechselwirkung zu dieser. Sie umfasst gemäß § 45 BeamtStG ganz allgemein die Verpflichtung, für das Wohl des Beamten und seiner Familie zu sorgen (Abs. 1) und ihn bei seiner amtlichen Tätigkeit und in seiner Stellung zu schützen (Abs. 2). Sie ist also eine generalklauselartige Verbürgung[132] diverser – mittlerweile weitgehend einfachgesetzlich – geregelter Pflichten (wie Mutterschutz und Elternzeit (§ 46 BeamtStG), Erholungsurlaub (§ 44 BeamtStG), Teilzeitanspruch (§ 43 BeamtStG), u.a. Da der Alimentationsgrundsatz als eigenständiger Grundsatz Bedeutung erlangt hat (s.o.), ist die allgemeine Fürsorgepflicht 26

[125] Werres, Rn. 81; Zentgraf in Metzler-Müller/Rieger/Seeck/Zentgraf, § 3 BeamtStG, Anm. 1.2 „Alimentationsprinzip"
[126] Zu den Einzelheiten siehe Werres, Rn. 85 f.
[127] BVerfGE 114, 258, 289 f.
[128] BVerfGE 8, 1, 22; 43, 154, 168; 76, 256, 295; Werres, Rn. 93
[129] BVerfGE 61, 43, 58
[130] BVerfGE 39, 334, 346
[131] So auch Werres, Rn. 42; Hilg, apf 2012, S. 161, 165 f.; Zentgraf in Metzler-Müller/Rieger/Seeck/Zentgraf, § 3 BeamtStG, Anm. 1.2 „Treuepflicht ..."
[132] Schnellenbach, § 9 Rn. 5 f.

insbesondere im Hinblick auf Schutz von Leben und Gesundheit, Eigentum und Ehre sowie hinsichtlich von Anhörungs-, Beratungs- und Förderpflichten relevant.[133]

d. Laufbahnprinzip

27 Dieses Prinzip besagt, dass statusrechtliche Ämter in verschiedene, nach bestimmten Kriterien festgelegte, Laufbahnen zusammengefasst werden.[134] Der Laufbahnbewerber – als Regeltypus des Beamten – wird für eine seiner Vorbildung entsprechende Laufbahn in der von ihm gewünschten Fachrichtung ausgebildet und durchläuft diese nach Abschluss der Laufbahnprüfung in formalisierten Schritten.[135] Im Rahmen seiner Laufbahn ist der Beamte überall einsetzbar, was einen flexiblen Personaleinsatz ermöglicht. Wie dies im Detail erfolgt, ist jedoch nicht von der Verfassung vorgegeben, was sich auch an den unterschiedlichen Entwicklungen in den Ländern nach der Föderalismusreform zeigt.[136] Das Laufbahnprinzip steht in einem engen sachlichen Zusammenhang mit dem unten näher erläuterten Leistungs- und dem Lebenszeitprinzip.[137] Ein Amt einer Laufbahn kann nur mit entsprechender Befähigung verliehen werden, und zwar grundsätzlich im Einstiegsamt (§ 18 S. 1 HS 2 NBG). D.h., im Laufe seines Berufslebens arbeitet sich der Beamte „auf der Leiter“ von unten nach oben (vgl. § 3 Abs. 1 NLVO).

e. Leistungsgrundsatz (Leistungsprinzip)

28 Das ohnehin schon in Art. 33 Abs. 2 GG festgeschriebene Leistungsprinzip ist ebenfalls ein hergebrachter Grundsatz des Berufsbeamtentums.[138] Art. 33 Abs. 5 GG kommt nur insoweit eine Auffangfunktion zu, als Art. 33 Abs. 2 GG nicht greift.[139] Dies ist bei fast allen personalwirtschaftlichen Maßnahmen, wie Umsetzung, Versetzung etc., der Fall.[140] Überdies ist es Interpretationshilfe im Rahmen der anderen hergebrachten Grundsätze.[141]

f. Lebenszeitprinzip

29 Das Lebenszeitprinzip, das bereits in Art. 129 Abs. 1 WRV verankert war, besagt, dass der Beamte grundsätzlich auf Lebenszeit in sein Amt berufen wird. Dass dieses Beamtenverhältnis der Grundtypus ist, ergibt sich zudem aus § 4 Abs. 1 S. 2 BeamtStG. Es beinhaltet auch den Schutz vor willkürlicher Beendigung des Beamtenverhältnisses.[142] Damit wird dem Beamten

---

133 Werres, Rn. 54; Zentgraf in Metzler-Müller/Rieger/Seeck/Zentgraf, § 3 BeamtStG, Anm. 1.2 „Fürsorgepflicht des Dienstherrn; Lenders, § 45 BeamtStG, Rn. 716 ff.; Schnellenbach, § 9 Rn. 13 ff.

134 Werres, Rn. 76

135 Wichmann in Wichmann/Langer, Abschnitt 6, Rn. 157

136 Streitig ist allerdings, ob auch das Laufbahngruppenprinzip von Art. 33 Abs. 5 GG erfasst ist. Hierzu Hilg, apf 2012, S. 193, 193 f. m.w.N.

137 Werres, Rn. 76; Hilg, apf 2012, S. 193, 194

138 BVerfGE 71, 255, 268; Werres, Rn. 71; Baßlsperger, ZBR 2012, S. 109, 110

139 So Werres, Rn. 71 und Hilg, apf 2012, S. 193, 193. Anders Baßlsperger, ZBR 2012, S. 109, 110, der Art. 33 Abs. 2 GG als hergebrachten Grundsatz gemäß Art. 33 Abs. 5 GG ansieht

140 Werres, Rn. 71; Hilg, apf 2012, S. 193, 193

141 Werres, Rn. 71

142 BVerfGE 7, 155, 163; Wichmann in Wichmann/Langer, Abschnitt 1, Rn. 24; Werres, Rn. 64

die erforderliche persönliche Unabhängigkeit und Unparteilichkeit gewährt, die er für seine Amtsführung benötigt[143], und sichert die Kontinuität und Neutralität der Verwaltung,[144] denn nur eine Lebenszeitanstellung sichert eine an Recht und Gemeinwohl orientierte Amtsführung, unabhängig von politischen Einflüssen.
Das Lebenszeitprinzip kann jedoch in vielerlei Hinsicht eingeschränkt werden. Zum einen ist es – zumindest nach vorherrschender Auffassung – zulässig, Altersgrenzen für den Eintritt in den Ruhestand zu erlassen, da ab einem gewissen Alter typischerweise von einer verminderten Leistungsfähigkeit ausgegangen werden kann, die es rechtfertigt, den Beamten aus dem aktiven Dienstverhältnis zu entlassen.[145] Zum anderen können Beamtenverhältnisse aus Ausbildungsgründen oder zum Zwecke der Erprobung auf Zeit angelegt sein.

Als problematisch wird allerdings die Vergabe von Führungsämtern auf Zeit angesehen.[146] Wenn ein Führungsamt nur für eine bestimmte Zeit vergeben wird und unklar ist, ob der Beamte nach Ablauf der Amtszeit dieses Führungsamt lebenszeitig übertragen bekommt, ist er bei seiner Amtsführung nicht rechtlich und wirtschaftlich unabhängig, da er immer damit rechnen muss, in das alte – zumeist schlechter bezahlte – Amt „zurückzufallen".[147] Eine derartige „Herabstufung" eröffnet sonst nur das Disziplinarrecht. Nach Auffassung des Bundesverfassungsgerichts ist daher für die Zeitbegrenzung regelmäßig eine besondere Rechtfertigung erforderlich. Eine derartige Rechtfertigung ist nach allgemeiner Meinung bei „kommunalen" Wahlbeamten und politischen Beamten gegeben.[148] Der **kommunale Wahlbeamte** ist ein politischer Vertreter, der demokratisch gewählt wurde. Da demokratische Legitimation aber nur für eine gewisse festgelegte Zeitspanne gilt, ist es denknotwendig erforderlich, dass das Amt mit Ablauf der Wahlperiode erlischt, es sei denn, der Wahlbeamte wird wiedergewählt. **Politische Beamte** i.S.v. § 30 Abs. 1 BeamtStG, § 39 S. 1 NBG, also beispielsweise Staatssekretäre und Polizeipräsidenten, haben eine Mittlerfunktion zwischen politischer Führung und Verwaltung.[149] Sie sollen die Verwaltungen – im Rahmen des gesetzlich Zulässigen – nach der Intention der politischen Führung gestalten. Da hierfür ein besonderes Vertrauensverhältnis zu der jeweiligen Führung unabdingbar ist,[150] müssen diese Beamten jederzeit abgelöst werden können, was durch die jederzeitige Versetzung in den Ruhestand erreicht wird.

g. Hauptberuflichkeit

Der Grundsatz der Hauptberuflichkeit ist die Kehrseite der „Hingabepflicht". Da der Beamte 30
gemäß § 34 S. 1 BeamtStG verpflichtet ist, sich mit vollem persönlichem Einsatz seinem Beruf zu widmen, also seine volle Arbeitskraft für diesen verwenden soll,[151] ist ihm hierfür

143 BVerfGE 107, 218, 237; 114, 258, 287; Lenders, § 4 BeamtStG, Rn. 79; Wichmann in Wichmann/Langer, Abschnitt 1, Rn. 24; Werres, Rn. 64
144 BVerfG in ZBR 2008, S. 310, 313 f.
145 BVerfGE 71, 255, 268; Kunig in v. Münch-Kunig, Art. 33, Rn. 63; Werres, Rn. 65
146 BVerfGE in NVwZ 2008, S. 873, 873 ff.; Battis/Grigoleit, ZBR 2008, S. 1, 5; für Führungsämter auf Zeit Wichmann in Wichmann/Langer, Abschnitt 2, Rn. 63 (allerdings vor der Entscheidung des BVerfG aus 2008)
147 Zentgraf in Metzler-Müller/Rieger/Seeck/Zentgraf, § 4 BeamtStG, Anm. 3.2
148 Zentgraf in Metzler-Müller/Rieger/Seeck/Zentgraf, § 4 BeamtStG, Anm. 3.2; Werres, Rn. 66 f.
149 Seeck in Metzler-Müller/Rieger/Seeck/Zentgraf, § 30 BeamtStG, Anm. 2.1; Werres, Rn. 67
150 BVerfGE 7, 155, 166
151 St. Rspr. (statt vieler) BVerfGE 21, 329, 345

auch der nötige Rahmen, d.h. eine Vollzeitstelle, zu gewähren.[152] Steht eine solche nicht zur Verfügung, wäre seine Lebensgrundlage nicht ausreichend gesichert mit der Folge, dass er quasi in eine Nebentätigkeit gedrängt würde, die sich wiederum nicht mit seiner aus § 34 S. 1 BeamtStG resultierenden Pflicht vereinbaren ließe.[153] Zudem gäbe es dann keine wirtschaftlich ausreichend unabhängigen Beamten, die ihre Aufgabe, im politischen Kräftespiel eine stabile, gesetzestreue Verwaltung zu sichern, erfüllen könnten. Damit ist eine **antraglose Teilzeitverbeamtung** unzulässig.
Keinen Verstoß stellt hingegen die **antragsgemäße Teilzeitbeschäftigung**, die der Gesetzgeber aus verschiedenen – zumeist familienpolitischen – Gründen anbieten kann, dar. Hier verzichtet der Beamte nämlich freiwillig auf einen Teil seiner Bezüge und gibt damit zu erkennen, dass er auf diesen Teil verzichten kann, ohne seine wirtschaftliche Unabhängigkeit zu verlieren, die unverzichtbare Voraussetzung für die Funktionserfüllung des Beamten ist.[154]
Wie bereits angedeutet, stehen **Nebentätigkeiten** grundsätzlich dem Grundsatz der Hauptberuflichkeit entgegen.[155] Sobald ein Beamter neben seinem Amt weiteren Tätigkeiten nachgeht, kann er sich gerade nicht mehr mit vollem Einsatz seinem Amt widmen und gefährdet – zumindest bei der uferlosen Inanspruchnahme des Rechts auf Nebentätigkeit – die bereits vielfach angeführte Funktionsfähigkeit der öffentlichen Verwaltung.[156] Da ihm das Grundgesetz in Art. 2 Abs. 1 im Rahmen der allgemeinen Handlungsfreiheit jedoch die Verwertung seiner Arbeitskraft zugesteht,[157] müssen die allgemeine Handlungsfreiheit einerseits und der Grundsatz der Hauptberuflichkeit in Einklang gebracht werden. Aufgrund dessen ist das Recht zur Nebentätigkeit nicht ausgeschlossen, sondern lediglich eingeschränkt gewährleistet. Zu den Einzelheiten siehe Rn. 213 ff.

h. Prinzip der amtsangemessenen Amtsbezeichnung

31 Der Beamte hat das Recht auf Führung einer seinem Amt angemessenen Amtsbezeichnung,[158] und zwar innerhalb und außerhalb seines Dienstes (siehe hierzu § 57 NBG). Die Amtsbezeichnung gibt in der Öffentlichkeit einerseits Auskunft darüber, wo im Amtsgefüge der Beamte einzuordnen ist und über welche Befähigung er verfügt.[159] Dieses Recht steht dem Beamten auch noch nach dem Ende seiner aktiven Dienstzeit zu (§ 57 Abs. 3 NBG).

i. Koalitionsfreiheit und Streikverbot

Literaturhinweise zur Vertiefung: Battis, Ulrich, Streikrecht für Beamte?, ZBR 2011, S. 397 ff.; Bitsch, Christian, Streikrecht für Beamte?, ZTR 2012, S. 78 ff.; Böhm, Monika, Abschied vom Streikverbot im Beamtenrecht?, Die Personalvertretung 2012, S. 164 ff.; Gooren, Paul, Das Ende des Beamtenstreikverbots, ZBR 2011, S. 400 ff.; Hoffmann, Martin,

[152] BVerfGE 119, 247, 266 ff.
[153] BVerfGE 119, 247, 266 ff.; Werres, Rn. 72
[154] BVerwG, Urt. v. 30.10.2008, Az. 2 C 48/0, Rn. 12 (juris); Metzler-Müller in Metzler-Müller/Rieger/Seeck/Zentgraf, § 43 BeamtStG, Anm. 1; Reich, § 43 BeamtStG, Rn. 2
[155] BVerfGE 119, 247, 266 ff.
[156] BVerfGE 55, 207, 236
[157] BVerwGE 60, 254, 256
[158] BVerfGE 62, 374, 383; Wichmann in Wichmann/Langer, Abschnitt 5, Rn. 239
[159] Wichmann in Wichmann/Langer, Abschnitt 5, Rn. 239; BVerfGE 64, 323, 352

Zum Streikrecht der Beamten: § 31 I BVerfGG und die konventionskonforme Auslegung von Verfassungsrecht durch die Fachgerichte, NdsVBl. 2012, S. 151 ff.; Kutzki, Jürgen, Beamte und Streikrecht – eine aktuelle Bestandsaufnahme, DöD 2011, S. 169 ff.; Lindner, Franz, Dürfen Beamte doch streiken?, DÖV 2011, S. 305 ff.; Lörcher, Klaus, Beamtenstreikrecht zum ersten Mal grds. anerkannt, Der Personalrat 2011, S. 452 ff.; Niedobitek, Matthias, Denationalisierung des Streikrechts – auch für Beamte? – Tendenzen im europäischen und im internationalen Recht –, ZBR 2010, S. 361 ff.; Werres, Stefan, Der Einfluss der Menschenrechtskonvention auf das Beamtenrecht, DÖV 2011, S. 873 ff.

Das in Art. 9 Abs. 3 GG statuierte Recht, sich zu Koalitionen zusammenzuschließen, findet sich in § 52 BeamtStG wieder und wird dort auf Gewerkschaften und Berufsverbände konkretisiert. Beamte dürfen sich also zu Arbeitnehmervertretungen zusammenschließen, dort Mitglied werden und sich aktiv an den Aktivitäten der Vereinigungen beteiligen.[160] 32

Anders als Beschäftigten steht den Beamten (bislang) indes **kein Streikrecht** zu. Hiervon erfasst sind auch streikähnliche Maßnahmen wie „Bummelstreik" oder „Dienst nach Vorschrift".[161] Begründet wird dies einerseits mit der besonderen Stellung der Beamten im Staatsgefüge[162] und andererseits damit, dass bei Beamten keine Vertragsbedingungen zwischen den Arbeitgeber- und Arbeitnehmervertretungen ausgehandelt werden, sondern das Gesetz das Dienstverhältnis der Beamten einseitig regelt. Während vormals in Bayern und jetzt nur noch im Saarland (Art. 56 S. 3 Saarländische Verfassung) und in Rheinland-Pfalz (§ 64 Abs. 2 LBG Rheinland-Pfalz) ausdrücklich das Streikverbot geregelt war bzw. ist, folgt dies nach der Rechtsprechung des Bundesverfassungs- und des Bundesverwaltungsgerichts unmittelbar aus Art. 33 Abs. 5 GG.[163] Neben dieser verfassungsunmittelbaren Herleitung hat der Gesetzgeber nach Auffassung der Befürworter eines Streikverbots dieses auch in § 54 BBG und § 34 S. 1 BeamtStG verankert.[164] Denn der darin zum Ausdruck kommenden Pflicht zum vollen persönlichen Einsatz stünde ein Nichterscheinen oder auch nur ein „Dienst nach Vorschrift" oder „Bummelstreik" entgegen, da dann nicht die von dem Beamten abverlangte zumutbare individuell beste Leistung erbracht wird.[165] Außerdem widerspräche es der Treuepflicht des Beamten[166] und der Pflicht zur uneigennützigen Diensterfüllung am ganzen Volk, wenn er zur Verbesserung von Partikularinteressen seinen Dienst vernachlässigt.[167] 33
Diese bislang allgemein anerkannte Auffassung gerät allerdings immer mehr ins Wanken.

Nachdem der *Europäische Gerichtshof* in seinen Entscheidungen Enerji Yapi-Yol Sen v. Türkei[168] und Demir und Baykara v. Türkei[169] das Recht auf Kollektivverhandlungen sowie ein Streikrecht, das lediglich im Rahmen von Art. 11 Abs. 2 EMRK eingeschränkt werden könne, anerkannte, trafen in den Jahren 2010 und 2011 die Verwaltungsgerichte Düsseldorf[170],

160 Reich, § 52 BeamtStG, Rn. 2; Rieger in Metzler-Müller/Rieger/Seeck/Zentgraf, § 52 BeamtStG, Anm. 2
161 Werres, Rn. 59; Hilg, apf 2012, S. 193, 196
162 Siehe Lindner, DÖV 2011, S. 305, 306
163 BVerfGE 8, 1, 17; 19, 303, 322; 44, 249, 269; BVerwGE 53, 330, 331; 63, 293, 300; 73, 97, 102
164 Lindner, DÖV 2011, S. 305, 306; Reich, § 33 BeamtStG, Rn. 1; Metzler-Müller in Metzler-Müller/Rieger/Seeck/Zentgraf, § 34 BeamtStG, Anm. 2.6
165 BVerfGE 8, 1, 17; BVerwGE 73, 97, 102; BGH NJW 1987, S. 816 ff.; Metzler-Müller in Metzler-Müller/Rieger/Seeck/Zentgraf, § 34 BeamtStG, Anm. 2.6; Leppek, Rn. 172
166 Leppek, Rn. 172; Reich, § 33 BeamtStG, Rn. 1; Baßlsperger, Kap. 13, Rn. 26
167 Schellenbach, § 6, Rn. 30
168 EGMR Urt. v. 21.04.2009, Enerji Yapi-Yol Sen v. Türkei; Beschwerde Nr. 68959/01 in NZA 2010, S. 1423 ff.
169 EGMR, Urt. v. 12.11.2008, Demir und Baykara v. Türkei; Beschwerde Nr. 34503/97 juris
170 VG Düsseldorf, Urt. v. 15.12.2010, Az. 31 K 3904/10, ZBR 2011, S. 177 ff.

Kassel[171] und Osnabrück[172] – geprägt von der Rechtsprechung des EGMR – sehr unterschiedliche Entscheidungen über die Existenz eines Streikrechts für Beamte. In allen Fällen hatten verbeamtete Lehrer an Streikmaßnahmen der Gewerkschaft teilgenommen und wurden anschließend disziplinarrechtlich belangt.

Das *VG Düsseldorf*, dessen Entscheidung als erste vorlag, vertrat eine vermittelnde Meinung. Einerseits bestätigte es das Streikverbot und die Einordnung als Dienstvergehen. Andererseits meinte es, dass dann, wenn die Streikenden nicht zum Kernbereich der Hoheitsverwaltung (nach Auffassung des Gerichts gehören Lehrer also nicht zu diesem Kernbereich) gehören, ausnahmsweise das Disziplinarverfahren einzustellen sei.[173]

Das *VG Kassel* hingegen meinte, dass ein generelles Streikverbot gegen Art. 11 Abs. 2 EMRK verstoße und das Koalitionsrecht nur ganz ausnahmsweise eingeschränkt werden könne. Aufgrund dessen seien Streikmaßnahmen bei Lehrern, die der Auffassung des Gerichts nicht zum hoheitlichen Bereich gezählt werden könnten, disziplinarisch nicht zu ahnden. Zudem stünde Beamten unter bestimmten Voraussetzungen ein Streikrecht zu.[174]

Das *VG Osnabrück* hingegen lehnte ein Streikrecht rundherum ab und gab der von den anderen Gerichten vorgenommenen funktionsbezogenen Differenzierung eine Absage.[175]

Auch die beiden zweitinstanzlichen Urteile des *OVG Münster*[176] und des *OVG Lüneburg*[177] bestätigten das Streikverbot. Das OVG Münster hob das erstinstanzliche Urteil aus Düsseldorf auf und begründete die Fortgeltung des Streikrechts vor allem damit, dass die EMRK in Deutschland nur den Rang eines einfachen Bundesgesetzes habe und sich deshalb am Grundgesetz messen lassen müsse, das ein umfassendes Streikverbot enthalte. Das niedersächsische OVG in Lüneburg lehnte ein aus der Menschenrechtskonvention folgendes Streikrecht zwar nicht rundheraus ab, doch vertrat es die Meinung, dass eine völkerrechtsfreundliche Auslegung des Grundgesetzes nicht Aufgabe des Oberverwaltungsgerichts als Fachgericht sei.[178]

Im Zuge der Rechtsprechung wurde und wird das Streikverbot auch in der Literatur unterschiedlich beurteilt. Letztlich haben sich drei verschiedene Optionen herauskristallisiert. Die wohl **überwiegende Mehrheit** will kategorisch an dem hergebrachten Streikverbot festhalten.[179] Eine **vermittelnde Ansicht** favorisiert eine funktionsbezogene Differenzierung[180] und **einige wenige** sind der Auffassung, der Gesetzgeber müsse die Verfassung ändern[181]. Da letzteres bisher nicht erfolgt ist, besteht derzeit ein allgemeines Streikverbot für alle Beamten fort. Allerdings hat das BVerwG[182] die Revision über das Urteil des OVG Münster nunmehr zugelassen, „weil die

[171] VG Kassel, Urt. v. 27.07.2011, Az. 28 K 1208/10.KS.D, ZTR 2012, S. 59 ff.
[172] VG Osnabrück, Urt. v. 19.08.2011, Az. 9 A 1/11 (juris)
[173] VG Düsseldorf, Urt. v. 15.12.2010, Az. 31 K 3904/10, ZBR 2011, S. 177
[174] VG Kassel, Urt. v. 27.07.2011, Az. 28 K 1208/10.KS.D, ZTR 2012, S. 59
[175] VG Osnabrück, Urt. v. 19.08.2011, Az. 9 A 1/11, Rn. 31 (juris)
[176] OVG Münster, Urt. v. 07.03.2012, Az. 3d A 317/11.O (juris) = ZBR 2012, S. 170 ff.
[177] OVG Lüneburg, Urt. v. 12.06.2012, Az. 20 BD 7/11 und 20 BD 8/11 (juris) = DÖV 2012, S. 776 ff.
[178] OVG Münster, Urt. v. 07.03.2012, Az. 3d A 317/11.O (juris) = ZBR 2012, S. 170, 176
[179] Battis, ZBR 2011, S. 397, 398; Bitsch, ZTR 2012, S. 78, 85; Lindner, DÖV 2011, S. 305, 309
[180] Kutzki, DöD 2011, S. 169, 171; Werres, Rn. 58; Hilg, apf 2012, S. 193, 197
[181] Gooren, ZBR 2011, S. 400, 405
[182] BVerwG, Beschl. v. 02.01.2013, Az. 2 B 46.12, Entscheidungsarchiv des BVerwG (http://www.bverwg.de/entscheidungen/entscheidung.php?ent=020113B2B46.12.0)

Rechtssache grundsätzliche Bedeutung hat und in einem Revisionsverfahren geklärt werden kann, ob der Rechtsprechung des Europäischen Gerichtshofs für Menschenrechte zum Streikrecht für Angehörige des öffentlichen Dienstes (vgl. Urteil vom 21.04.2009 - 68959/01 - NZA 2010, 1423) Bedeutung für die Geltung des verfassungsrechtlichen Streikverbots für Beamte oder für die disziplinarrechtliche Sanktionierung von Verstößen gegen das Streikverbot zukommt" und am 27.02.2014 darüber entschieden.[183] Das BVerwG hat entschieden, *dass das beamtenrechtliche Streikverbot aus den hergebrachten Grundsätzen des Berufsbeamtentums und an den Status als Beamter und nicht an die Funktion des Beamten anknüpft, sodass es weiterhin ein allgemeines Streikverbot für alle Beamten gibt.* Allerdings erkennt das Gericht auch die Rechtsprechung der EGMR an und schließt sich dessen Auffassung, dass ein absolutes Streikverbot nur für die originäre Hoheitsverwaltung (hierzu gehören nach dem Urteil gerade nicht die Lehrer) zulässig ist und damit das umfassende Verbot kollektiver Kampfmaßnahmen nach Art. 33 Abs. 5 GG und die nach Art. 11 Abs. 2 EMRK zulässigen Einschränkungen der konventionsrechtlichen Koalitionsfreiheit inhaltlich unvereinbar sind.[184] Diese Kollisionslage kann nach Auffassung des Gerichts jedoch nur der Bundesgesetzgeber kraft seiner Gesetzgebungszuständigkeit in diesem Bereich beseitigen.[185] Es besteht daher der Auftrag an den Gesetzgeber, diese Kollisionslage durch gesetzliche Vorschriften aufzulösen. Hierbei besteht allerdings die Gefahr, dass eine Zweiklassengesellschaft entsteht, mit der Folge, dass diejenigen, die in der Hoheitsverwaltung eingesetzt werden, kein Streikrecht haben, die anderen – vornehmlich Lehrer – aber trotz ihres Beamtenstatus streiken dürfen. Da in dieser Hinsicht bislang weder der Gesetzgeber aktiv geworden ist noch sich das BVerfG oder der EGMR mit der nationalen Rechtslage befasst hat, gilt in Deutschland jedenfalls weiterhin ein umfassendes Streikverbot für Beamte.

II. Gesetzgebungskompetenzen und Föderalismus

Literaturhinweise zur Vertiefung: Auerbach, Bettina, Das Beamtenstatusgesetz in der Praxis, ZBR 2009, S. 217 ff.; Battis, Ulrich, Reform des Beamtenrechts – eine Zwischenbilanz, ZBR 2010, S. 21 ff.; Bludau, Thorsten, Gesetzentwurf zur Modernisierung des Niedersächsischen Beamtenrechts, Nds. VBl. 2009, S. 1 ff.; Dillenburger, Anja, Das Beamtenstatusgesetz als neues Beamtenbundesrecht für die Beamtinnen und Beamten der Länder, NJW 2009, S. 1115 ff.; Götz, Frank/ Heinicke, Thomas, Die Auswirkungen der Föderalismusreform auf das öffentliche Dienstrecht – das neue Spannungsfeld von Solidarität, Kooperation und Wettbewerb zwischen den Ländern, ZBR 2009, S. 34 ff.; Günther, Hellmuth, Gesetzgebungskompetenzen für das Beamtenrecht, Kodifikationen des allgemeinen Beamtenrechts – Vom Kaiserreich bis zur Bundesrepublik nach der Föderalismusreform, ZBR 2010, S. 1 ff.; Hilg, Günter, Grundstrukturen des neuen Dienstrechts im Bund und in den Ländern, Teil 20, apf 2013, S. 119 ff.; Tetzlaff, Thilo, Nds. VBl. 2012, S. 232 ff.

Bis zur Föderalismusreform I[186] stand die Gesetzgebungskompetenz bezüglich der im 34
öffentlichen Dienst der Länder, Gemeinden und Gemeindeverbände sowie der sonstigen der Aufsicht eines Landes unterstehenden Körperschaften, Anstalten und Stiftungen des öffentlichen Rechts beschäftigten Beamten dem Bund innerhalb der Rahmengesetzgebung aus Art. 75 Nr. 1, 72 GG a.F. zu. Der Bund konnte somit Rahmenrecht erlassen, soweit die „Wahrung der Einheitlichkeit der Lebensverhältnisse" dies erforderte. Gerade im Bereich der Besoldung gab es jedoch immer wieder Kompetenzstreitigkeiten, die letztlich auch dazu

[183] BVerwG, Urt. v. 27.02.2014, Az. 2 C 1/13 (juris) = BVerwGE 149, 117-139
[184] BVerwG, Urt. v. 27.02.2014, Az. 2 C 1/13, Rn. 47 (juris) = BVerwGE 149, 117-139
[185] BVerwG, Urt. v. 27.02.2014, Az. 2 C 1/13, Rn. 57 ff. (juris) = BVerwGE 149, 117-139
[186] Gesetz v. 28.08.2006, BGBl. I S. 2034

führten, dass die Kompetenz zur Besoldungsregelung der konkurrierenden Gesetzgebung des Bundes zugeschlagen wurde. Verständlich ist dieses Ringen um die Besoldung dann, wenn man sich deren finanzielle Auswirkungen auf die Länderhaushalte vor Augen führt. Im Rahmen der Föderalismusdebatte ging es den Befürwortern der „Reföderalisierung" also vor allem auch darum, die Kompetenz für finanzwirksame Regelungen zurückzuerhalten.[187] Darüber hinaus sollte durch die Zuweisung des Laufbahnrechts den Ländern ein wesentliches Personalsteuerungsinstrument zur Verfügung gestellt werden,[188] das ihre Personal- und Organisationshoheit stärken sollte.[189]

Im Zuge der Föderalismusreform I wurde durch das Gesetz zur Änderung des Grundgesetzes vom 28.08.2006[190] mit Wirkung zum 01.09.2006 die Gesetzgebungskompetenz sodann neu gestaltet. Dem Bund steht gemäß Art. 74 Abs. 1 Nr. 27 GG nunmehr die ausschließliche Gesetzgebungskompetenz im Bereich der Statusrechte und -pflichten der Beamten der Länder, Gemeinden und Gemeindeverbände sowie der sonstigen der Aufsicht eines Landes unterstehenden Körperschaften, Anstalten und Stiftungen des öffentlichen Rechts zu. Hierauf fußende Gesetze des Bundes bedürfen allerdings wegen Art. 74 Abs. 2 GG der Zustimmung des Bundesrates und damit der Länder. Nicht von Art. 74 Abs. 1 Nr. 27 GG erfasst sind die Bereiche Laufbahnen, Besoldung und Versorgung, auch wenn es sich hierbei um wesentliche Statusfragen handelt, da diese Bereiche ausdrücklich den Ländern zugewiesen sind. Insoweit bleibt es bei der Grundregel aus Art. 70, 30 GG, nach der die Gesetzgebungskompetenz grundsätzlich den Ländern obliegt.[191]

Die neu eingeführte Begrifflichkeit des **„Status" der Beamten** ist nicht definiert und im Ergebnis umstritten. Ein Indiz für den Umfang gibt der Gesetzgeber in seiner Gesetzesbegründung. Zu den wesentlichen Statusrechten und -pflichten, die von der Kompetenz aus Art. 74 Abs. 1 Nr. 27 GG erfasst sind, zählt er – allerdings nicht abschließend[192] –

- Wesen, Voraussetzung, Rechtsform der Begründung und Arten des Beamtenverhältnisses,
- Nichtigkeits- und Rücknahmegründe,
- Abordnungen und Versetzungen innerhalb verschiedener Länder und zwischen Bund und Land,
- Voraussetzungen und Form der Beendigung,
- Statusprägende Rechte und Pflichten sowie Folgen der Nichterfüllung,
- Bestimmung der Dienstherrnfähigkeit sowie
- den Spannungs- und Verteidigungsfall und die Verwendung im Ausland.[193]

Das Grundgesetz gibt dem Bund also das Recht, die soeben genannten Grundstrukturen oder den wesentlichen Kernbereich des Beamtenstatus festzulegen, um einen Mindeststandard an Einheitlichkeit des Dienstrechts zu gewährleisten.[194] Da, wo der Bund seine Regelungskompetenz nicht ausschöpft, steht den Ländern das Recht zur Gesetzgebung zu. Dies geschieht entweder dadurch, dass der Bund ausdrücklich abweichende oder ergänzende Vorschriften der Länder gestattet oder schlichtweg keine Regelung vornimmt.

---

187 Auerbach, ZBR 2009, S. 217, 217; Frank/Heinicke, ZBR 2009, S. 34, 35; Linke, NVwZ 2007, S. 902, 903
188 Auerbach, ZBR 2009, S. 217, 217
189 Günther, ZBR 2010, S. 1, 15
190 Gesetz v. 28.08.2006, BGBl. I S. 2034
191 Leppek, Rn. 24
192 Günther, ZBR 2010, S. 1, 16 m.w. N.
193 Gesetzesbegründungen, BT-Drs. 16/813, S. 14 bzw. 16/4027, S. 2
194 v. Roetteken in v. Roetteken/Rothländer, § 1 BeamtStG, Rn. 5

Nicht zu den wesentlichen Statusrechten und -pflichten gehören Rechte, die lediglich aus dem Beamtenverhältnis abgeleitet werden, wie beispielsweise Regelungen zu Arbeitszeit, Reise- und Umzugskosten sowie Regelungen zu Nebentätigkeiten.[195] Diese sind mithin in alleiniger Länderbefugnis zu erlassen. Dies gilt auch für Zuständigkeitsfragen, da gerade hier landestypische Besonderheiten existieren.

III. Das Beamtenstatusgesetz

Mit der Verabschiedung des Beamtenstatusgesetzes, das am 01.04.2009 in Kraft getreten ist, 35
hat der Bund von der ihm zugeschriebenen Kompetenz Gebrauch gemacht. Für den Bereich des Bundes, das sei hier der Vollständigkeit halber erwähnt, trat zeitgleich das Dienstrechtsneuordnungsgesetz vom 05.02.2009[196] in Kraft. Das BeamtStG regelt damit für das gesamte Bundesgebiet einheitlich und unmittelbar die oben genannten wesentlichen Statusfragen der Beamten der Länder, Gemeinden und Gemeindeverbände sowie der sonstigen der Aufsicht eines Landes unterstehenden Körperschaften, Anstalten und Stiftungen des öffentlichen Rechts, § 1 BeamtStG. Offen gelassen hat der Bund die landesinterne Versetzung und Abordnung, die Festlegung der gesetzlichen Altersgrenze, das Nebentätigkeitsrecht, die Teilzeitbeschäftigung und den Urlaub, das Personalaktenrecht und die Frage der Einrichtung und der Rechte eines Landespersonalausschusses.[197] Zudem hat er in weiten Teilen Verfahrensfragen und Fristen sehr zurückhaltend normiert, um den schon lange existierenden länderrechtlichen Regelungen den Vorzug zu gewähren.

Neben das BeamtStG treten die **jeweiligen Ländergesetze zum Beamtenrecht**. In Nieder- 36
sachsen sind die wichtigsten Regelungen im Niedersächsischen Beamtengesetz (NBG) und in der Niedersächsischen Laufbahnverordnung (NLVO) enthalten. Es ist also bei der Bearbeitung beamtenrechtlicher Fragestellungen stets zu fragen, ob es sich um eine Statusfrage handelt oder nicht. Lautet die Antwort ja, ist in einem nächsten Schritt zu klären, ob diese Statusfrage im BeamtStG geregelt wurde und wenn ja, ob abschließend oder nur partiell. Je nachdem sind dann die beamtenrechtlichen Reglungen der Länder entweder als allein maßgebendes Recht oder zur Lückenfüllung heranzuziehen.

Beispiel:
Nach § 38 Abs. 1 S. 1, 2 BeamtStG haben Beamte einen Diensteid zu leisten, der eine Verpflichtung auf das Grundgesetz zu enthalten hat. § 47 Abs. 1 S. 1 NBG ergänzt die Regelung des § 38 BeamtStG, in dem in der Vorschrift der konkrete Wortlaut des Diensteides vorgegeben wird.

Hinweis: Soweit die Regelungen im NBG im inhaltlichen Zusammenhang mit dem Beamtenstatusgesetz stehen, wird – zur Vereinfachung für die Rechtsanwender – durch einen Klammerzusatz auf die bundesrechtliche Vorschrift hingewiesen.

---

[195] Siehe mit weiteren Nachweisen Kunig in v. Münch-Kunig, Art. 74 GG, Rn. 116
[196] BGBl. 2009 Teil I, S. 160 ff.
[197] Bludau, Nds. VBl. 2009, S. 1, 1

Daneben gilt wegen Art. 125 a GG noch im Rahmen der Bundeskompetenz erlassenes Recht fort, bis die Länder eigene Gesetze erlassen haben. Niedersachsen hat zwischenzeitlich nicht nur sein Laufbahnrecht, sondern auch das Besoldungs- und Versorgungsrecht geregelt, sodass ein Rückgriff auf Art. 125 a GG nicht mehr von Nöten ist.

Das **Beamtenrechtsrahmengesetz (BRRG)** ist mit Inkrafttreten des BeamtStG am 01.04.2009 – bis auf Kapitel II und § 135 BRRG – außer Kraft getreten. Diese Regelungen können dann endgültig außer Kraft treten, wenn die Landesgesetzgeber den ihnen dort eingeräumten Spielraum ins jeweilige Landesrecht umgesetzt haben. Bis dahin sind Kollisionen dahingehend aufzulösen, dass grundsätzlich das BeamtStG gegenüber dem BRRG gilt, wenn im Wesentlichen gleiche Regelungsbereiche erfasst sind, da das BeamtStG das speziellere und das jüngere Gesetz ist.[198]

IV. Landesgesetzliche Regelungen

37 Niedersachsen hat am 25.03.2009 sein Beamtenrecht an das BeamtStG angepasst und sein neues Beamtengesetz (**NBG**)[199] erlassen. Dieses trat ebenso wie die **Niedersächsische Laufbahnverordnung (NLVO)**[200] zum 01.04.2009 in Kraft. Niedersachsen hat zusammen mit den anderen Norddeutschen Küstenländern eng bei der Neugestaltung zusammengearbeitet und Anfang 2008 einen gemeinsamen Musterentwurf für ein Landesbeamtengesetz präsentiert.[201] Die Länder haben ihrem Wunsch folgend nunmehr zwar einen weiteren Gestaltungsspielraum im Bereich ihrer Personal- und Organisationshoheit, allerdings müssen die Regelungen nicht nur den Vorgaben des BeamtStG genügen, sondern vor allem den grundgesetzlichen Gewährleistungen aus Art. 33 Abs. 4 und 5 GG. Das Landesbeamtenrecht muss demzufolge die bereits erwähnten Strukturprinzipien wahren und die hergebrachten Grundsätze berücksichtigen. Auch wenn im Zuge der Föderalismusreform Art. 33 Abs. 5 GG um die Worte „... fortzuentwickeln" ergänzt wurde, ist damit kein Systemwechsel verbunden gewesen.[202] Vielmehr sollte, was aber ohnehin schon möglich war, die Weiterentwicklung des Dienstrechts durch einfaches Gesetzesrecht erleichtert werden, nicht aber sollten die hergebrachten Grundsätze des Berufsbeamtentums zur Disposition stehen.[203]

38 Zwischenzeitlich ist in Niedersachsen ein eigenes – wenn auch derzeit noch rudimentäres – **Besoldungs-(NBesG)**[204] und **Versorgungsrecht (NBeamtVG)**[205] in Kraft. Eine umfassende Neuregelung des Besoldungsrechts, die auf einen Entwurf aus Mai 2015 zurückgeht, steht kurz vor dem Abschluss. Weitere Regelungen zum Beamtenverhältnis finden sich u.a. in den verschiedenen Ausbildungs- und Prüfungsordnungen. Eine der wichtigsten, die **Verordnung über die Ausbildung und Prüfung für den allgemeinen Verwaltungsdienst in den Lauf-**

[198] Auerbach, ZBR 2009, S. 217, 217
[199] Nds. GVBl. Nr. 6/2009, ausgegeben am 27.03.2009, S. 72
[200] Nds. GVBl. Nr. 7/2009, ausgegeben am 31.03.2009, S. 118
[201] Diese Zusammenarbeit wird auch aus der Gesetzessynopse im Anhang deutlich. Zum genauen Vorgehen vgl. Bludau, Nds. VBl. 2009, S. 1, 2 ff.
[202] Leppek, Rn. 10
[203] Werres, Rn. 34 f.; Leppek, Rn. 10; BVerfGE 97, 350, 376 f.
[204] Nds. GVBl. 2008, S. 334
[205] Nds. GVBl. 2008, S. 334

bahnen der Fachrichtung Allgemeine Dienste (APVO-AD-VerwD)[206] vom 23.05.2012, ist zum 01.08.2012 in Kraft getreten, nachdem sämtliche Prüfungsordnungen in diesem Bereich zusammengeführt worden sind. Sie hat schrittweise die Ausbildungs- und Prüfungsverordnungen des einfachen, mittleren und gehobenen Dienstes im nichttechnischen Verwaltungsdienst sowie die Übergangsverordnung über die Ausbildung und Prüfung für den allgemeinen Verwaltungsdienst in der Laufbahn der Laufbahngruppe 2 der Fachrichtung Allgemeine Dienste (APVO-AVD-LG 2) abgelöst. Überdies finden sich landesrechtliche Regelungen das Beamtenverhältnis betreffend im **Niedersächsischen Disziplinargesetz (NDiszG)**, im **Niedersächsischen Personalvertretungsgesetz (NPersVG)** sowie in weiteren ergänzenden Bestimmungen, wie z.B. der Niedersächsischen Erholungsurlaubsverordnung (NEUrlVO), der Beihilfeverordnung etc. Formelle Fragen, wie die Zuständigkeit, sind für Kommunalbeamte im **Niedersächsischen Kommunalverfassungsgesetz (NKomVG)** geregelt; eine weitergehende Regelungskompetenz folgt aus Art. 28 GG, Art. 57 NV nicht, da die Personalhoheit gemäß Art. 28 Abs. 2 S. 1 GG ausschließlich im Rahmen der Gesetze ausgeübt werden darf.

V. Das Beamtenrecht in der Rechtsordnung

Das Beamtenrecht bezieht sich auf alle Regelungen, die die Rechtsverhältnisse der Beamten erfassen.[207] Es ist **Teil des öffentlichen Rechts**. Zum einen ist es Verwaltungsrecht, zum anderen Verfassungsrecht. Soweit es um die wesentlichen Funktionen des Beamtenrechts im Staat geht, handelt es sich also um Verfassungsrecht.[208] Betreffen die Vorschriften die Ausgestaltung des Beamtenverhältnisses sowie Rechte und Pflichten, ist es dem Verwaltungsrecht zuzuordnen. 39

VI. Ausblick auf das europäische Recht

Literaturhinweise zur Vertiefung: Battis, Ulrich, Reform des Beamtenrechts – eine Zwischenbilanz, ZBR 2010, S. 21 ff.; Korn, Juhani M.V., Das Beamtenrecht im Fokus des Unionsrechts – Eine Einführung anhand ausgewählter unionsrechtlicher Problemstellungen im Beamtenrecht, ZBR 2013, S. 155 ff.; Reithmann, Ulrich, Die Rechtsprechung des Gerichts für den öffentlichen Dienst der Europäischen Union 2010/2011, EuR 2012, S. 696 ff.; Tabarra, Tarik, Zugänge von Ausländern zur Verbeamtung unter besonderer Berücksichtigung der Rechte von Drittstaatsangehörigen, ZBR 2013, S. 109 ff.

Das EU-Recht beeinflusst mehr und mehr das Recht der Beamten in Deutschland. Nach Art. 45 Abs. 1 des Vertrages über die Arbeitsweise der Europäischen Union (AEUV) besteht innerhalb Europas das Prinzip der Arbeitnehmerfreizügigkeit. Dem Wortlaut nach gilt das Recht auf Freizügigkeit innerhalb der Europäischen Union (EU) gemäß Art. 45 Abs. 4 AEUV nicht für den öffentlichen Dienst. Der Europäische Gerichtshof (EuGH) hat jedoch entschieden, dass der Begriff der „öffentlichen Verwaltung" hier restriktiv ausgelegt werden muss und nur die originäre hoheitliche Aufgabenwahrnehmung erfasst.[209] Infolgedessen wurden beispielsweise 40

[206] Nds. GVBl. 2012, S. 168
[207] Leppek, Rn. 22
[208] Baßlsperger, Kap. 4, Rn. 3
[209] EuGH, DVBl. 2000, S. 1272

die persönlichen Zugangsvoraussetzungen für eine Verbeamtung gelockert (siehe § 7 Abs. 1 Nr. 1 BeamtStG).
Auch in anderen Bereichen spielt das europäische Recht zunehmend eine Rolle. Das Gleichstellungsrecht, das sich bislang eher auf den Bereich des Arbeitsrechts konzentrierte, wirkt sich nunmehr auch im Bereich des Beamtenrechts aus. Infolge der hierzu ergangenen EU-Richtlinien wurde u.a. ein Teilzeitanspruch formuliert, die Gleichstellung von Männern und Frauen forciert[210] und zuletzt die zahlreichen Altersgrenzen überprüft. Hierbei ging es vor allem um die Einstellungsgrenzen für Beamte[211] sowie die Regelaltersgrenze für den Eintritt in den Ruhestand. Im Zuge der Föderalismusreform wurde aber auch das Laufbahnrecht umgestaltet, um es den Folgen des Bologna-Prozesses anzupassen, d.h. den Zugang zu den Laufbahnen im Falle eines Bachelor- oder Masterabschlusses zu regeln.[212]
Das Dauerthema „**Streikrecht der Beamten**" (s.o.) kann ebenfalls nicht losgelöst vom europäischen Recht betrachtet werden.

D. ÖFFENTLICH-RECHTLICHES DIENST- UND TREUEVERHÄLTNIS
(Begriff des Beamten und Wesen des Beamtenverhältnisses)

Literaturhinweise zur Vertiefung: Battis, Ulrich, Reform des Beamtenrechts – eine Zwischenbilanz, ZBR 2010, S. 21ff.; Hilg, Günter, Grundstrukturen des neuen Dienstrechts im Bund und in den Ländern, Teil 10, apf 2012, S. 129 ff.

41 Aus Art. 33 Abs. 4 GG ergibt sich ein Funktionsvorbehalt zugunsten des Berufsbeamten. Danach ist die Ausübung hoheitsrechtlicher Befugnisse als ständige Aufgabe in der Regel Angehörigen des öffentlichen Dienstes zu übertragen, die in einem **öffentlich-rechtlichen Dienst- und Treueverhältnis** stehen (so auch Art. 60 S. 1 NV, § 3 Abs. 1 und 2 Nr. 1 BeamtStG).
Dabei besteht das Beamtenverhältnis zwischen einer natürlichen Person, dem Beamten, und einer juristischen Person des öffentlichen Rechts mit Dienstherrnfähigkeit (§ 2 BeamtStG), einem Dienstherrn.[213] Durch das Beamtenverhältnis ergeben sich wechselseitige Rechte und Pflichten zwischen dem Dienstherrn und seinem Beamten (siehe §§ 33-53 BeamtStG, ergänzt um §§ 46-95 NBG). Das Beamtenverhältnis wird in der Regel begründet oder umgestaltet durch einseitigen Hoheitsakt (Verwaltungsakt; § 35 S. 1 VwVfG). Die Intensität der Bindung zwischen dem Beamten und dem Dienstherrn bestimmt sich dabei aus der Art des Beamtenverhältnisses (§ 4 BeamtStG), wobei der Grundstatus geändert werden kann, indem das bestehende Beamtenverhältnis in ein Beamtenverhältnis anderer Art umgewandelt wird. Während bei einer Umwandlung das in der Regel zugrundeliegende Beamtenverhältnis auf Probe gemäß § 19 Abs. 1 NBG der Feststellung der Bewährung dient und bei entsprechendem Misserfolg auch zur Beendigung des Beamtenverhältnisses gemäß § 23 Abs. 3 S. 1 Nr. 2 BeamtStG führen kann, ist das auf das Beamtenverhältnis auf Probe regelmäßig folgende Beamtenverhältnis auf Lebenszeit schon per Definition auf Dauer angelegt.

---

210 EuGH, NJW 1997, S. 3429 zur Frauenförderungsregel
211 Zur Vertiefung Kühling/Bertelsmann, NVwZ 2010, S. 87 ff.
212 Zur Vertiefung Landwehr, ZBR 2012, S. 297 ff.
213 Hilg, apf 2012, S. 161, 163

Gemäß § 3 Abs. 2 Nr. 1 BeamtStG ist die Berufung in ein Beamtenverhältnis nur zulässig zur Wahrnehmung hoheitsrechtlicher Aufgaben. Zum **Begriff der hoheitsrechtlichen Aufgaben** siehe Rn. 18. 42

Ausnahmsweise ist die Berufung in das Beamtenverhältnis gemäß § 3 Abs. 2 Nr. 2 BeamtStG auch zulässig zur Wahrnehmung solcher Aufgaben, die aus Gründen der Sicherung des Staates oder des öffentlichen Lebens nicht ausschließlich Personen übertragen werden dürfen, die in einem privatrechtlichen Arbeitsverhältnis stehen. Dieser Bereich der Beamtenaufgaben wird auch als Sicherungsaufgaben bezeichnet.[214] Die Berufung in das Beamtenverhältnis erfolgt hier insoweit maßgeblich aufgrund der besonderen gesetzlichen beamtenrechtlichen Rahmenbedingungen sowie aufgrund der hergebrachten Grundsätze des Berufsbeamtentums (insbesondere Streikverbot), um die dauerhafte Sicherstellung von Aufgaben mit besonderem Sicherungsinteresse jederzeit gewährleisten zu können (siehe Rn. 133).

E. DER AMTSBEGRIFF

Literaturhinweis zur Vertiefung: Hilg, Günter, Grundstrukturen des neuen Dienstrechts im Bund und in den Ländern, Teil 2, apf 2011, S. 225 ff.

Der Begriff des Amtes wird sowohl innerhalb seiner rechtlichen Bedeutung als auch im täglichen Sprachgebrauch verwendet. Darüber hinaus wird der Begriff sowohl in Bezug auf die Bezeichnung einzelner Behördenteile als auch im Umgang mit dem Beamten als solchem vielfältig eingesetzt. In den nachfolgenden Ausführungen soll insbesondere dem **statusrechtlichen Amtsbegriff** Rechnung getragen werden, der maßgeblich für die rechtliche Stellung des Beamten ist, sowie auf den **funktionellen Amtsbegriff**, der wiederum stärker auf die dienstliche Verwendung des Beamten auf dem ihm zugeordneten Dienstposten abstellt. 43

I. Statusrechtlicher Amtsbegriff

Das **Amt im statusrechtlichen Sinne** beschreibt die besondere Rechtsstellung des Beamten, die durch die Ernennung verliehen worden ist.[215] Es charakterisiert sich durch die Amtsbezeichnung (Art. 33 Abs. 5 GG, § 57 NBG), die Laufbahngruppe (§ 13 NBG) und die Besoldungsgruppe (§ 2 NBesG [216]).[217] Diese besondere Rechtsstellung dokumentiert den Verantwortungs- und Schwierigkeitsgrad des wahrgenommenen Amtes innerhalb des Ämtergefüges der öffentlichen Verwaltung.[218] Durch die Rechtsprechung des Bundesverfassungsgerichts ist der Grundsatz geklärt, dass Richtern und Beamten eine amtsangemessene Amtsbezeichnung gebührt, die 44

[214] Zentgraf in Metzler-Müller/Rieger/Seeck/Zentgraf, § 3 BeamtStG, Anm. 2.4

[215] Baßlsperger, Kap. 3, Rn. 26; Zentgraf in Metzler-Müller/Rieger/Seeck/Zentgraf, § 8 BeamtStG, Anm. 1.4

[216] Mit Verweis auf § 1 Abs. 2 NBesG und hierüber auf § 20 Abs. 2 BBesG in der Fassung v. 31.08.2006 zur Anwendung der Besoldungsordnungen A, B, W und R; siehe auch § 21 den Entwurfes zum NBesG (Nds. LT-Drs. 17/3512).

[217] Baßlsperger, Kap. 3, Rn. 27

[218] Kümmel, § 57 NBG, Rn. 2

im Rahmen des Möglichen ausweist, wo der Amtsinhaber seiner Befähigung und Leistung entsprechend im Gefüge der Stufung und Gliederung innerhalb des Gerichtswesens bzw. der Verwaltung „hingehört".[219]

Das Recht zur Festsetzung der Amtsbezeichnungen steht gemäß § 57 Abs. 1 NBG, soweit gesetzlich nichts anderes bestimmt ist, der Landesregierung bei den Landesbeamten und der obersten Dienstbehörde bei den Kommunalbeamten sowie den Körperschaftsbeamten zu. Die Landesregierung hat dabei von diesem Recht über die Landesbesoldungsordnungen A, B, C und W über § 2 NBesG[220] Gebrauch gemacht. Soweit diese keine besonderen Regelungen enthalten, richten sich die Amtsbezeichnungen nach den Bundesbesoldungsordnungen. Damit läuft grundsätzlich das der obersten Dienstbehörde zustehende Recht der eigenständigen Festsetzungsbefugnis von Amtsbezeichnungen in der Praxis weitestgehend ins Leere. Dies insbesondere vor dem Hintergrund, dass nach Anlage I, Bundesbesoldungsordnungen A und B, Anlage I, Vorbemerkungen, I. Allgemeine Vorbemerkungen, 1. Amtsbezeichnungen, die Möglichkeit besteht, Zusätze in Amtsbezeichnungen zu ergänzen.
Die in der Bundesbesoldungsordnung A g e s p e r r t gedruckten Amtsbezeichnungen sind Grundamtsbezeichnungen gemäß Anlage I BBesG, Bundesbesoldungsordnungen A und B, I. Allgemeine Vorbemerkungen, 1. Amtsbezeichnungen Abs. 2 S. 1.

Den Grundamtsbezeichnungen können nach Abs. 2 S. 2 Zusätze, die

1. auf den Dienstherrn oder den Verwaltungsbereich,
2. auf die Laufbahn,
3. auf die Fachrichtung

hinweisen, beigefügt werden.

Die **Grundamtsbezeichnungen** „Rat", „Oberrat", „Direktor" und „Leitender Direktor" dürfen nach Abs. 2 S. 3 nur in Verbindung mit einem Zusatz nach Satz 2 verliehen werden. Weibliche Beamte führen gemäß Abs. 1 dieser Vorschrift die Amtsbezeichnung – soweit möglich – in der weiblichen Form.[221]

Hinweis: Der Entwurf des NBesG führt in § 21 Abs. 2 S. 2 die Zusätze auf, die den Grundamtsbezeichnungen beigefügt werden können. Die Zusätze, die bei ***Landesbeamten*** *den Grundamtsbezeichnungen beigefügt werden können, ergeben sich zusätzlich aus Anlage 3 des Entwurfes (Nds. LT-Drs. 17/3512).*

Für den Beamten besteht aus einem der hergebrachten Grundsätze des Berufsbeamtentums aus Art. 33 Abs. 5 GG das Recht auf Führung einer dem statusrechtlichen Amt entsprechenden Amtsbezeichnung. Dieses Recht wird näher in § 57 Abs. 2 NBG geregelt.
Ein Ruhestandsbeamter darf gemäß § 57 Abs. 3 S. 1 NBG die ihm bei der Versetzung in den Ruhestand zustehende Amtsbezeichnung mit dem Zusatz „**außer Dienst**" oder „**a. D.**" und die im Zusammenhang mit dem Amt verliehenen Titel weiter führen. Ein ganz ähnliches Recht ergibt sich für einen entlassenen Beamten aus § 57 Abs. 4 NBG. Das Recht für die Erlaubnis-

219 BVerfG, Beschl. v. 27.06.1974, Az. 2 BvR 429/72 (juris) = BVerfGE 38, 1-22
220 Siehe auch § 23 des Entwurfes zum NBesG (Nds. LT-Drs. 17/3512)
221 In der Besoldungsordnung A (Anlage 1) sowie Besoldungsordnung B (Anlage 2) des Entwurfes zum NBesG (Nds. LT-Drs. 17/3512) sind die (Grund-)amtsbezeichnungen in der weiblichen Form ausgewiesen.

erteilung steht bei den Kommunalbeamten dabei dem Hauptausschuss gemäß § 107 Abs. 6 S. 1 NKomVG zu.

Abzugrenzen vom Begriff der Amtsbezeichnung ist der Begriff der **Dienstbezeichnung**. Diese führen alle Beamten während des Vorbereitungsdienstes dem Grunde nach gemäß § 17 Abs. 2 NLVO. Für die Anwärter der Laufbahnen der Fachrichtung Allgemeine Dienste für den allgemeinen Verwaltungsdienst ergibt sich das Führen der Dienstbezeichnung aus § 17 Abs. 2 NLVO sowie § 2 APVO-AD-VerwD. Nach § 17 Abs. 2 NLVO führen die Beamten in einem Vorbereitungsdienst für das zweite Einstiegsamt der Laufbahngruppe 2 die Dienstbezeichnung „Referendar" jeweils nach näherer Bestimmung durch die Ausbildungs- und Prüfungsverordnung. Die Beamten im Vorbereitungsdienst für das erste und zweite Einstiegsamt der Laufbahngruppe 1 sowie das erste Einstiegsamt der Laufbahngruppe 2 führen gemäß § 2 APVO-AD-VerwD als Dienstbezeichnung die Amtsbezeichnung ihres Einstiegsamtes (siehe Rn. 68) mit dem Zusatz „Anwärter". Daraus sowie im Umkehrschluss aus § 8 Abs. 3 BeamtStG ergibt sich, dass den Referendaren und Anwärtern noch kein Amt im statusrechtlichen Sinn zukommt. Gemäß § 18 S. 1 NBG ist eine Ernennung unter Begründung eines Beamtenverhältnisses (Einstellung) im Beamtenverhältnis auf Probe oder auf Lebenszeit nur in einem Einstiegsamt zulässig. Insoweit ersetzt diese erste Verleihung eines statusrechtlichen Amtes den bis zur Novellierung des Landesbeamtenrechts bestehenden Ernennungsfall der Anstellung. 45

Gleichzeitig ergibt sich aus den hergebrachten Grundsätzen des Berufsbeamtentums auch ein **Anspruch auf amtsangemessene Beschäftigung**.[222] Dieser Anspruch begründet allerdings grundsätzlich keinen Anspruch auf Beförderung (siehe Rn. 173), obwohl gemäß § 9 Abs. 1 NBesG[223] jeder Dienstposten, der mit einem Beamten besetzt ist oder besetzt werden soll, nach sachgerechter Bewertung einem der in den Besoldungsordnungen aufgeführten Ämter zuzuordnen ist (Dienstpostenbewertung). Der Dienstherr hat die Behörde so zu organisieren, dass er seinen sich aus diesem Grundsatz ergebenden Pflichten nachkommen kann. Zugleich besteht eine Bringschuld des Dienstherrn, seine Behörde so zu organisieren, dass Beamte möglichst nicht unterwertig beschäftigt werden.[224] Die Besoldungsgruppe und damit das Grundgehalt des Beamten bestimmt sich nach dem dem Beamten verliehenen Amt (§ 1 Abs. 2 NBesG, § 19 Abs. 1 S. 1 BBesG).[225] Gemäß § 2 NBesG, § 20 Abs. 1 BBesG[226] werden die Ämter und ihre zugehörigen Besoldungsgruppen in den jeweiligen Anlagen zum NBesG bzw. BBesG geregelt. Die Höhe des Grundgehalts ist dabei für niedersächsische Beamte über § 12 NBesG[227] bestimmt. 46

Der Inhaber eines statusrechtlichen Amts kann gemäß Art. 33 Abs. 5 GG beanspruchen, dass ihm ein amtsangemessenes abstrakt-funktionelles Amt sowie ein amtsangemessenes konkret-funktionelles Amt, d.h. ein entsprechender Dienstposten, übertragen werden. Er ist erst dann mit der durch Art. 33 Abs. 5 GG gewährleisteten Amtsposition ausgestattet, wenn dieser Anspruch erfüllt ist.[228]

[222] BVerfG, Beschl. v. 27.06.1974, Az. 2 BvR 429/72 (juris) = BVerfGE 38, 1-22
[223] Siehe auch § 18 den Entwurfes zum NBesG (Nds. LT-Drs. 17/3512)
[224] Schweiger in ZBR 2011, S. 245 ff.
[225] Siehe auch § 22 des Entwurfes zum NBesG (Nds. LT-Drs. 17/3512)
[226] Siehe auch § 21 des Entwurfes zum NBesG (Nds. LT-Drs. 17/3512)
[227] Siehe auch § 22 des Entwurfes zum NBesG (Nds. LT-Drs. 17/3512)
[228] BVerwG, Urt. v. 18.09.2008, Az. 2 C 8.07 (juris); Baßlsperger, Kap. 3, Rn. 31

II. Funktioneller Amtsbegriff

47 Das funktionelle Amt des Beamten richtet sich auf seine Verwendung innerhalb der Behörde. Es unterteilt sich in die Begriffe des **abstrakt-funktionellen** sowie des **konkret-funktionellen Amtes.**[229]

1. ABSTRAKT-FUNKTIONELLES AMT

48 Das abstrakt-funktionelle Amt knüpft an die Beschäftigung des Beamten an. Gemeint ist der dem statusrechtlichen Amt entsprechende Aufgabenkreis, der einem Inhaber dieses Statusamts bei einer bestimmten Behörde auf Dauer zugewiesen ist.[230] Das abstrakt-funktionelle Amt wird dem Beamten durch gesonderte Verfügung des Dienstherrn übertragen.[231] Es ist das rechtliche Bindeglied, das den Beamten an eine bestimmte Behörde bindet und zugleich in abstrakter Form seinen Tätigkeitsbereich bei dieser Behörde umschreibt. In abstrakter Weise wird dadurch seine Wertigkeit in Relation zu anderen Ämtern zum Ausdruck gebracht.[232] Erst aus dem abstrakt-funktionellen Amt lassen sich die Kriterien gewinnen, anhand derer sich die Amtsangemessenheit des konkret-funktionellen Amts beurteilen lässt. Das abstrakt-funktionelle Amt ist zudem der Garant der sachlichen Unabhängigkeit des Beamten, weil es die Grenzen definiert, innerhalb derer der Dienstherr dem Beamten Dienstgeschäfte zuweisen und entziehen kann. Auf die Einweisung des Beamten in ein abstrakt-funktionelles Amt kann nicht dauerhaft verzichtet werden.[233]
Bei der insoweit angesprochenen Verfügung bzw. Einweisung handelt es sich entweder um die beamtenrechtliche Ernennung im Sinne des § 8 Abs. 1 BeamtStG, die auch die statusrechtliche Stellung des Beamten begründet oder umwandelt, oder aber um eine Versetzung gemäß § 28 NBG bzw. § 15 BeamtStG.

> **Beispiel für ein abstrakt-funktionelles Amt:**
> Aufgabenkreis eines Stadtinspektors bei der Stadt X; Aufgabenkreis eines Samtgemeindesekretärs bei der Samtgemeinde E.

2. KONKRET-FUNKTIONELLES AMT

49 Das konkret-funktionelle Amt, der Dienstposten, bezeichnet die dem Beamten tatsächlich übertragene Funktion, seinen Aufgabenbereich.[234] Der Dienstherr hat aufgrund der seinem Beamten gegenüber bestehenden Weisungsbefugnis das Recht, ihm ein konkret-funktionelles Amt zu übertragen.

---

229 Zentgraf in Metzler-Müller/Rieger/Seeck/Zentgraf, § 8 BeamtStG, Anm. 1.4
230 Leppek, Rn. 56
231 BVerwG, Urt. v. 18.09.2008, Az. 2 C 8.07 (juris)
232 BVerwG, Urt. v. 25.10.2007, Az. 2 C 30.07 (juris)
233 BVerwG, Urt. v. 22.06.2006, Az. 2 C 1/06 (juris); BVerwG, Urt. v. 18.09.2008, Az. C 8.07 (juris)
234 BVerwG, Urt. v. 18.09.2008, Az. 2 C 8.07 (juris); Leppek, Rn. 57

Der Beamte hat keinen Rechtsanspruch auf sein Amt im konkret-funktionellen Sinne.[235] Nach dem Amt im konkret-funktionellen Sinne richten sich die näheren Pflichten des Beamten. Die Verfügung, mit der die konkret-funktionelle Übertragung des Dienstpostens vorgenommen wird, ist die Planstelleneinweisung im Sinne des § 49 Abs. 1 S. 1 LHO, der über § 11 NBesG[236] auch für die dort aufgeführten Beamten Anwendung findet, **oder** aber eine Dienstpostenübertragung im Wege einer Umsetzung als Akt der Organisationsfreiheit des Dienstherrn. Zur Abgrenzung siehe auch Rn. 134.

Beispiel für ein konkret-funktionelles Amt:
Sachbearbeiter im Team Ordnung der Stadt K.; Sachbearbeiter im Personalamt des Landkreises W.

F. LAUFBAHN

Literaturhinweise zur Vertiefung: Hilg, Günter, Grundstrukturen des neuen Dienstrechts im Bund und in den Ländern, Teil 12, apf 2012, S. 193 ff.; Hilg, Günter, Grundstrukturen des neuen Dienstrechts im Bund und in den Ländern Teil 20, apf 2013, S. 119 ff.; Landwehr, Michael, Die föderale Neuordnung des Laufbahnrechts unter dem Einfluss des Bologna-Prozesses sowie dessen Auswirkungen auf die Bachelorisierung von Verwaltungsstudiengängen im Bund, im Freistaat Bayern und im Bundesland Niedersachsen, ZBR 2012, S. 297 ff.

Einer der hergebrachten Grundsätze des Berufsbeamtentums ist das **Laufbahnprinzip**. 50
Insoweit ist es notwendig, die verschiedenen Anforderungskriterien hinsichtlich des berufsspezifischen Einsatzes des Beamten und der damit verbundenen qualitativen Anforderungen zu definieren und zu differenzieren. Diesen Erfordernissen entsprechend ist der Landesgesetzgeber gehalten gewesen, hierzu eine konkrete Ausgestaltung über die Generierung von Fachrichtungen und Laufbahngruppen vorzunehmen. Ergänzt wird dieses Thema durch die qualitativen Anforderungen an die Beamten für den Einsatz in einer Laufbahngruppe, die über die jeweilige Laufbahnbefähigung definiert wird. Durch das Laufbahnprinzip soll eine bestmögliche Auslese und Steuerung des Personaleinsatzes gewährleistet sein.[237]

I. Begriff

Gemäß Art. 74 Abs. 1 Nr. 27 GG liegt die Gesetzgebungskompetenz u.a. für das Laufbahn- 51
recht bei den Ländern. Im Zuge der zum 01.04.2009 vorgenommenen Novellierung des Laufbahnrechts ist es gelungen, die Anzahl der Laufbahnen erheblich zu reduzieren. Grundlage ist dabei das Laufbahnprinzip als hergebrachter Grundsatz des Berufsbeamtentums aus Art. 33 Abs. 5 GG, wonach alle Ämter derselben Laufbahn die gleiche Ausbildung oder eine gleichwertige Befähigung erfordern. Dies dient der Durchsetzung des Leistungsprin-

[235] Zentgraf in Metzler-Müller/Rieger/Seeck/Zentgraf, § 8 BeamtStG, Anm. 1.4
[236] Siehe auch § 19 des Entwurfes zum NBesG (Nds. LT-Drs. 17/3512).
[237] Zentgraf in Metzler-Müller/Rieger/Seeck/Zentgraf, § 3 BeamtStG, Anm. 1.2

zips, welches den grundgesetzlich verankerten Zugang zu allen öffentlichen Ämtern beim Eintritt in den Staatsdienst und beim Aufstieg sichert und beherrscht (Art. 33 Abs. 2 GG, § 9 BeamtStG, § 2 NLVO).
Der Begriff der Laufbahn umfasst gemäß § 13 Abs. 1 S. 1 NBG alle Ämter, die derselben Fachrichtung und derselben Laufbahngruppe angehören. Zur Laufbahn gehören nach § 13 Abs. 1 S. 2 NBG auch Vorbereitungsdienst und Probezeit.
Im Hinblick darauf, dass es nach § 13 Abs. 3 NBG nur noch zwei Laufbahngruppen gibt und alle der Fachrichtung „Bildung" zuzuordnenden Laufbahnen der Laufbahngruppe 2 angehören, bestehen seit dem 01.04.2009 nur noch 19 Laufbahnen in Niedersachsen.

1. FACHRICHTUNGEN

52 Gemäß § 13 Abs. 2 NBG gibt es in Niedersachsen die nachfolgenden Fachrichtungen:

1. Justiz,
2. Polizei,
3. Feuerwehr,
4. Steuerverwaltung,
5. Bildung,
6. Gesundheits- und soziale Dienste,
7. Agrar- und umweltbezogene Dienste,
8. Technische Dienste,
9. Wissenschaftliche Dienste,
10. Allgemeine Dienste.

Der Fachrichtung „**Allgemeine Dienste**" werden in erster Linie die Dienste zugerechnet, deren Tätigkeit durch allgemeines Verwaltungshandeln geprägt wird. Hierzu zählen die Verwaltungsdienste in den unterschiedlichen Bereichen (z.B. allgemeine Verwaltung, Polizeiverwaltung, Kranken- und Rentenversicherung, statistischer und stenographischer Dienst). Weiter werden die Informations- und Kommunikationstechnischen Dienste dieser Fachrichtung zugerechnet.[238]
Die am 31.03.2009 bestehenden Laufbahnen sind gemäß § 121 NBG nach Maßgabe der Überleitungsübersicht (Anlage zu § 121 NBG) in Laufbahnen nach § 13 NBG übergeleitet worden.

2. LAUFBAHNGRUPPEN

53 Es gibt gemäß § 13 Abs. 3 S. 1 NBG die Laufbahngruppen 1 und 2. Innerhalb der Laufbahngruppen gibt es nach Maßgabe des Besoldungsrechts erste und zweite Einstiegsämter (§ 13 Abs. 1 S. 2 NBG). Nach § 13 Abs. 3 S. 3 NBG unterliegt der Zugang zu den einzelnen Laufbahngruppen für die jeweiligen Einstiegsämter unterschiedlichen Zugangsvoraussetzungen.
Der bis zum 31.03.2009 existierende einfache und mittlere Dienst wurde in die Laufbahngruppe 1 sowie der gehobene und höhere Dienst in die Laufbahngruppe 2 überführt.[239]

[238] Nds. LT- Drs. 16/655, S. 94
[239] Siehe Anlage zu § 121 NBG.

Für den **Begriff des Einstiegsamtes** fehlt eine entsprechende Legaldefinition. § 18 S. 1 NBG bestimmt lediglich, dass eine Ernennung unter Begründung eines Beamtenverhältnisses (Einstellung) im Beamtenverhältnis auf Probe oder auf Lebenszeit dem Grunde nach nur in einem Einstiegsamt zulässig ist (siehe Rn. 163). 54

Die Bestimmung der Einstiegsämter erfolgt über das Besoldungsrecht. Einstiegsämter nach § 13 Abs. 3 S. 2 NBG stehen gemäß § 15 Abs. 5 S. 1 NBesG Eingangsämtern im Sinne der besoldungsrechtlichen Vorschriften gleich. Wenn sich aus den Besoldungsordnungen nichts anderes ergibt, stehen gleich

1. das **erste Einstiegsamt der Laufbahngruppe 1** den Eingangsämtern der Laufbahngruppe des einfachen Dienstes,
2. das **zweite Einstiegsamt der Laufbahngruppe 1** den Eingangsämtern der Laufbahngruppe des mittleren Dienstes,
3. das **erste Einstiegsamt der Laufbahngruppe 2** den Eingangsämtern der Laufbahngruppe des gehobenen Dienstes und
4. das **zweite Einstiegsamt der Laufbahngruppe 2** den Eingangsämtern der Laufbahngruppe des höheren Dienstes.

Eine besondere Regelung zumindest für die Fachrichtung der Allgemeinen Dienste wird gemäß § 2 NBesG durch das NBesG und seine Anlagen nicht getroffen, im Übrigen ist auf Anlage 1 zu verweisen. Damit kommen entsprechend der Regelung des zweiten Halbsatzes die Bundesbesoldungsordnungen[240] zum Tragen. Die Bundesbesoldungsordnung A – aufsteigende Gehälter – und die Bundesbesoldungsordnung B – feste Gehälter – sind gemäß § 20 Abs. 2 S. 1 BBesG Anlage I. Hier finden sich die jeweiligen Ämter und ihre Besoldungsgruppen wieder. Die Eingangsämter für Beamte sind gemäß § 23 Abs. 1 BBesG folgenden Besoldungsgruppen zuzuweisen:

1. in Laufbahnen des einfachen Dienstes der Besoldungsgruppe A 2, A 3 oder A 4,
2. in Laufbahnen des mittleren nichttechnischen Dienstes der Besoldungsgruppe A 6, in Laufbahnen des mittleren technischen Dienstes der Besoldungsgruppe A 6 oder A 7,
3. in Laufbahnen des gehobenen Dienstes der Besoldungsgruppe A 9,
4. in Laufbahnen des höheren Dienstes der Besoldungsgruppe A 13.

Daraus resultierend ergibt sich abschließend:

- Der Sekretär ist das zweite Einstiegsamt der Laufbahngruppe 1.
- Der Inspektor ist das erste Einstiegsamt der Laufbahngruppe 2.[241]
- Der Rat[242] ist das zweite Einstiegsamt der Laufbahngruppe 2.[243]

In Ermangelung einer entsprechenden praktischen Anwendung wird auf das erste Einstiegsamt der Laufbahngruppe 1 an dieser Stelle verzichtet.

240 Gemäß § 1 Abs. 2 NBesG in der Fassung vom 31.08.2006.

241 Beachte § 23 Abs. 2 BBesG in Bezug auf die Fachrichtung Technische Dienste.

242 Jeweils zu ergänzen gemäß Anlage I Bundesbesoldungsordnungen A und B, I. Allgemeine Vorbemerkungen, 1. Amtsbezeichnungen, Abs. 2 S. 3.

243 Siehe auch § 23 des Entwurfes zum NBesG (Nds. LT-Drs. 17/3512).

II. Laufbahnbefähigung

55 Die Laufbahnbefähigung (§ 4 NLVO) eröffnet dem Beamten den Zugang zu allen Ämtern seiner Laufbahn mit Ausnahme von Ämtern, für die eine bestimmte Vorbildung oder Ausbildung oder das Bestehen einer Prüfung

1. durch fachgesetzliche Regelung vorgeschrieben ist (z.B. für Staatsanwälte, Rechtspfleger oder Ärzte)[244] oder
2. aufgrund der Eigenart der wahrzunehmenden Aufgaben erforderlich ist (z.B. bei der Tätigkeit von Amtsanwälten).

§ 15 NLVO stellt die Möglichkeiten dar, wie Laufbahnbewerber die Befähigung für eine Laufbahn erwerben können. Andere Möglichkeiten des Befähigungserwerbs bestehen für Laufbahnbewerber nicht. Eine weitere Möglichkeit des Befähigungserwerbs besteht nur für die sogenannten anderen Bewerber; sie erwerben die Laufbahnbefähigung durch Lebens- und Berufserfahrung. Zum Befähigungserwerb wird auf die konkreten Ausführungen unter Rn. 153 ff. verwiesen.

G. UNTERSCHEIDUNG DER BEAMTEN NACH DIENSTHERRN

56 Eine grundsätzliche Differenzierung zwischen den Beamten nimmt § 1 des BeamtStG vor, indem er zwischen Landesbeamten sowie den Beamten der Gemeinden und Gemeindeverbänden und den der Aufsicht des Landes unterstehenden Körperschaften, Anstalten und Stiftungen des öffentlichen Rechts unterscheidet.
Das Niedersächsische Beamtenrecht greift dies in § 1 NBG auf und nennt darüber hinaus drei Gruppen von Beamten, bezeichnet diese näher und ersetzt damit die bis zum 31.03.2009 geltenden Begrifflichkeiten der unmittelbaren und mittelbaren Landesbeamten:

Die Beamten werden neu unterschieden nach Beamten

1. des Landes (Landesbeamte)[245],
2. der Gemeinden und Gemeindeverbände[246] (Kommunalbeamte) sowie
3. der sonstigen der Aufsicht des Landes unterstehenden Körperschaften, Anstalten und Stiftungen des öffentlichen Rechts.[247]

---

244 Begründung zu § 4 NLVO, Anlage zur Kabinettsvorlage (nicht veröffentlicht)

245 Kümmel, § 1 BeamtStG, Rn. 7

246 Siehe § 2 Abs. 3 NKomVG bei Samtgemeinden, § 3 Abs. 1 NKomVG bei Landkreisen und der Region Hannover.

247 Kümmel, § 1 BeamtStG, Rn. 8

H. OBERSTE DIENSTBEHÖRDE/HÖHERER DIENSTVORGESETZTER

Literaturhinweis zur Vertiefung: Hilg, Günter, Grundstrukturen des neuen Dienstrechts im Bund und in den Ländern, Teil 2, apf 2011, S. 226 ff.

Der obersten Dienstbehörde stehen die wichtigsten beamtenrechtlichen Entscheidungen zu.[248] 57
Oberste Dienstbehörde ist gemäß § 3 Abs. 1 NBG die oberste Behörde des Dienstherrn, in deren Dienstbereich der Beamte ein Amt bekleidet. Die Zuständigkeiten nach den Absätzen 1 bis 3 richten sich gemäß § 3 Abs. 4 S. 1 NBG nach dem Aufbau der öffentlichen Verwaltung. Bei der Vielzahl der Dienstherren und der Vielgestaltigkeit der Organisation ist eine konkretere Bestimmung und Festlegung der Zuständigkeiten im allgemeinen Beamtenrecht nicht möglich. Im Übrigen greift für Landesbeamte an dieser Stelle der Beschluss der Landesregierung vom 17.05.2016 (Nds. MBl. Nr. 23/2016, S. 648) zur Ausübung dienstrechtlicher Befugnisse. Oberste Dienstbehörde für alle Kommunalbeamten (Beamte der Gemeinden, Samtgemeinden, Landkreise und der Region Hannover) ist gemäß § 107 Abs. 5 S. 1, 3 NKomVG die Vertretung. Hier wird insoweit nicht zwischen Hauptverwaltungsbeamten und übrigen Beamten unterschieden. Der Begriff der Vertretung ergibt sich aus § 7 Abs. 1 NKomVG und bezeichnet das Hauptorgan (§ 45 Abs. 1 S. 1 NKomVG) der Kommune. Die darüber hinausgehende konkrete Bezeichnung ist § 7 Abs. 2 Ziffern 1-5 NKomVG zu entnehmen und abhängig von der jeweiligen Art der Gemeinde (vgl. §§ 14-16 NKomVG).

Die originäre Zuständigkeit des höheren Dienstvorgesetzten ist im allgemeinen Beamtenrecht ersatzlos entfallen. Sonderbestimmungen hierzu befinden sich noch im Niedersächsischen Personalvertretungsgesetz (NPersVG), im Niedersächsischen Disziplinargesetz (NDiszG) sowie im Kommunalrecht. Maßgeblich ist insoweit § 107 Abs. 6 S. 1 NKomVG. Danach ist in den Fällen, in denen beamtenrechtliche Vorschriften die oberste Dienstbehörde ermächtigen, die ihr obliegenden Aufgaben auf andere Behörden zu übertragen, die oder der höhere Dienstvorgesetzte zuständig; diese oder dieser kann einzelne Befugnisse auf die Dienstvorgesetzte oder den Dienstvorgesetzten übertragen. § 107 Abs. 6 S. 1 NKomVG dient der Entlastung der Vertretung und eröffnet die Möglichkeit der Aufgabendelegierung.[249]

Höherer Dienstvorgesetzter ist gemäß § 107 Abs. 5 S. 1 NKomVG für den Hauptverwaltungs- 58
beamten die Vertretung sowie für die übrigen Beamten gemäß § 107 Abs. 5 S. 3 NKomVG der Hauptausschuss. Der Begriff des Hauptausschusses ergibt sich ebenfalls aus § 7 Abs. 1 NKomVG und bezeichnet ein weiteres Organ der Kommune. Die darüber hinausgehende konkrete Bezeichnung ist § 7 Abs. 2 Ziffern 1-5 NKomVG zu entnehmen und abhängig von der jeweiligen Art der Gemeinde (vgl. §§ 14-16 NKomVG). Exemplarisch für solche automatische Verlagerungen der Zuständigkeit auf den höheren Dienstvorgesetzten seien die §§ 49 Satz 2, 57 Abs. 4 S. 1 NBG, §§ 33 Abs. 2, 34 Abs. 4 S. 1 NLVO genannt.

---

248 Baßlsperger, Kap. 3, Rn. 51

249 Weidemann in Blum/Häusler/Meyer, § 107 NKomVG, Rn. 24

I. DIENSTVORGESETZTER

59 **Dienstvorgesetzter** ist gemäß § 3 Abs. 2 NBG, wer für **beamtenrechtliche Entscheidungen** über die **persönlichen Angelegenheiten** der ihm nachgeordneten Beamten zuständig ist.[250]
Unter die hier aufgeführten beamtenrechtlichen Entscheidungen fallen alle Entscheidungen und sonstigen Maßnahmen nach diesem Gesetz und nach dem Beamtenstatusgesetz, die, wenn nichts anderes bestimmt ist, die oder der Dienstvorgesetzte und nach Beendigung des Beamtenverhältnisses die oder der Dienstvorgesetzte der Behörde, der der Beamte zuletzt angehört hat, trifft.
Im **Bereich des Landes** greift die Reglung des § 3 Abs. 4 S. 2 NBG. Sofern kein Dienstvorgesetzter vorhanden und auch nicht gesetzlich geregelt ist, wer die Aufgaben wahrnimmt, bestimmt die zuständige oberste Landesbehörde, im Übrigen die oberste Aufsichtsbehörde, wer hierfür zuständig ist.
Im **Kommunalbereich** ist Dienstvorgesetzter des Hauptverwaltungsbeamten gemäß § 107 Abs. 5 S. 1 NKomVG die Vertretung. Nur Entscheidungen, die mit der Versetzung in den Ruhestand oder der Entlassung des Hauptverwaltungsbeamten zusammenhängen, sowie Entscheidungen nach § 56 Abs. 1 Satz 1 NBeamtVG, trifft gemäß § 107 Abs. 5 S. 2 NKomVG die Kommunalaufsichtsbehörde. Für die übrigen Beamten der Kommune ist Dienstvorgesetzter der Hauptverwaltungsbeamte gemäß § 107 Abs. 5 S. 3 NKomVG.

J. VORGESETZTER

60 **Vorgesetzter** ist gemäß § 3 Abs. 3 NBG, wer dafür zuständig ist, dem Beamten **für die dienstliche Tätigkeit Weisungen** zu erteilen.[251] Es handelt sich dabei um Entscheidungen des Vorgesetzten, deren Rechtswirkung nach innen zielt.[252]
Dem Grunde nach ist der Beamte gemäß § 36 Abs. 1 BeamtStG für die Rechtmäßigkeit seiner dienstlichen Handlungen voll persönlich verantwortlich. Die daneben stehende Weisungsgebundenheit (auch Gehorsamspflicht) ergibt sich dabei originär aus § 35 S. 2 BeamtStG. Der Beamte ist danach verpflichtet, dienstliche Anordnungen des Vorgesetzten auszuführen und dessen allgemeine Richtlinien zu befolgen. Die Weisungsgebundenheit ist Ausfluss der in Art. 33 Abs. 5 GG niedergelegten Treuepflicht der Beamten und ihrer Verpflichtung, die Vorgesetzten zu beraten und zu unterstützen, § 35 S. 1 BeamtStG.
Eine Ausnahme hierzu bildet z.B. § 99 Abs. 1 S. 1 NBG, wonach die Mitglieder des Landespersonalausschusses in dieser Eigenschaft unabhängig und nur dem Gesetz unterworfen sind.
Dabei müssen sich dienstliche Weisungen auf die dienstliche Tätigkeit beschränken und dürfen sich keinesfalls auf die persönliche Rechtsstellung des Beamten beziehen. Diese bleiben auf der Basis der entsprechenden spezialgesetzlichen Zuweisungen ausschließlich der obersten Dienstbehörde, dem höheren Dienstvorgesetzten und dem Dienstvorgesetzten vorbehalten.
Die Weisung kann sich sowohl aus einer konkreten Einzelweisung als innerbehördliche Maßnahme ohne Verwaltungsaktqualität[253] heraus ergeben als auch aus allgemeinen Richtlinien,

[250] Baßlsperger, Kap. 3, Rn. 57
[251] Baßlsperger, Kap. 3, Rn. 70
[252] Metzler-Müller/Zentgraf, § 3 HBG, Anm. 4
[253] Kümmel, § 3 NBG, Rn. 19

die vom Vorgesetzten erlassen worden sind. Unter allgemeinen Richtlinien sind Vorschriften zu verstehen, die eine unbestimmte Zahl von Fällen oder Angelegenheiten betreffen, ohne diese in allen Einzelheiten zu regeln (abstrakt-generell). Hierzu zählen z. B. Dienstvorschriften, Dienstanweisungen und Verwaltungsvorschriften.[254]

[254] Metzler-Müller in Metzler-Müller/Rieger/Seeck/Zentgraf, § 35 BeamtStG, Anm. 3.2

KAPITEL 2 DER BEAMTENRECHTLICHE WERDEGANG (ERNENNUNGSRECHT)

Literaturhinweise zur Vertiefung: Hilg, Günter, Grundstrukturen des neuen Dienstrechts im Bund und in den Ländern Teil 3, apf 2011, S. 257 ff.; Hilg, Günter, Grundstrukturen des neuen Dienstrechts im Bund und in den Ländern, Teil 4, apf 2011, S. 289 ff.; Hoffmann, Boris, Ausgewählte Prüfungsprobleme des Beamtenrechts, apf 2012, S. 73 ff.; Leppek, Sabine, Das Ernennungsrecht in Bundesbeamtengesetz und Beamtenstatusgesetz – Ernennung und Ernennungsfehler unter besonderer Berücksichtigung der Heilbarkeit von Formfehlern, ZBR 2010, S. 397 ff.

Der beamtenrechtliche Werdegang ist maßgeblich geprägt durch das beamtenrechtliche 61
Laufbahnprinzip. Die Ernennung ist hierbei von zentraler Bedeutung.[255]

A. ALLGEMEINES

Wie bereits dargelegt, befindet sich der Beamte zu seinem Dienstherrn in einem öffentlich- 62
rechtlichen Dienst- und Treueverhältnis (§ 3 Abs. 1 BeamtStG). Dieses wird durch die Ernennung begründet oder verändert. Einer Ernennung bedarf es in den in § 8 Abs. 1 Nrn. 1 bis 4 BeamtStG abschließend aufgeführten (Ernennungs-)Fällen. Außerhalb der in § 8 Abs. 1 BeamtStG genannten Fälle kommt eine Ernennung nicht in Betracht.

I. Rechtscharakter der Ernennung

Bei der Ernennung handelt es sich um einen **rechtsgestaltenden, mitwirkungsbedürftigen, bedingungsfeindlichen und formgebundenen Verwaltungsakt** im Sinne des § 35 63
S. 1 VwVfG.[256] Ein Verwaltungsakt ist danach jede Verfügung, Entscheidung oder andere hoheitliche Maßnahme, die eine Behörde zur Regelung eines Einzelfalls auf dem Gebiet des öffentlichen Rechts trifft und die auf unmittelbare Rechtswirkung nach außen gerichtet ist. Die Außenwirkung einer Ernennung ist gegeben, weil der ernannte Beamte in seiner persönlichen Rechtsstellung gegenüber dem Dienstherrn berührt ist.[257]

---

[255] Leppek, ZBR 2010, S. 397, 397

[256] Hilg, apf 2011, S. 289, 289

[257] Hoffmann, apf 2012, S. 66, 73

Der **rechtsgestaltende Charakter** der Ernennung ergibt sich aus der Begründung oder Veränderung des Beamtenverhältnisses. Dadurch entsteht eine Rechtsbeziehung zwischen dem Beamten und dem Dienstherrn, die entsprechende Rechte und Pflichten der Beteiligten beinhaltet.[258]

Die Ernennung ist **mitwirkungsbedürftig**, d.h., die zu ernennende Person muss in die Ernennung über die Annahme der Urkunde einwilligen. Die Einwilligung (Mitwirkung) erfolgt in der Regel konkludent durch die widerspruchslose Entgegennahme der Urkunde bzw. durch die Unterzeichnung eines Empfangsbekenntnisses oder des Aushändigungsvermerks auf dem Entwurf der Ernennungsurkunde. Bei der Einwilligung handelt es sich um eine Willenserklärung, die den allgemeinen Regelungen der §§ 104 ff. BGB in analoger Anwendung unterliegt. Bei Minderjährigen ist die Einwilligung des gesetzlichen Vertreters erforderlich.[259]

Bei Beamten auf Zeit, bei denen die Begründung des Beamtenverhältnisses auf einer Wahl durch die Bürger beruht, bedarf es gemäß § 7 Abs. 4 NBG **keiner Ernennung**. Diese Regelung enthält eine Ausnahme von dem grundsätzlichen Erfordernis einer Ernennung zur Begründung eines Beamtenverhältnisses. Beamte auf Zeit, bei denen die Begründung des Beamtenverhältnisses **unmittelbar** auf einer Wahl durch die Bürger beruht, sind die Inhaber der im Kommunalrecht vorgesehenen Spitzenämter (Hautverwaltungsbeamte). An die Stelle der Ernennung tritt die Benachrichtigung über den Wahlerfolg zusammen mit der Erklärung über die Annahme der Wahl (siehe § 80 Abs. 6 S. 3 NKomVG).[260]

Die nach § 37 Abs. 2 S. 1 VwVfG grundsätzlich bei Verwaltungsakten bestehende Formfreiheit wird durch die Regelung des § 8 BeamtStG eingeschränkt. So muss – mit Ausnahme der Begründung eines Beamtenverhältnisses auf Zeit bei Hauptverwaltungsbeamten – nach § 8 Abs. 2 S. 1 BeamtStG eine Ernennungs**urkunde** ausgehändigt werden, an die besondere inhaltliche Anforderungen (siehe Rn. 117 ff.) bestehen. Die Ernennung stellt somit einen **formgebundenen Verwaltungsakt** dar.

Die Ernennung ist daneben **bedingungsfeindlich**. So darf diese keine Bedingungen oder Auflagen i.S.d. § 36 Abs. 2 Nrn. 2 und 4 VwVfG enthalten.[261] Es würde dem Gedanken der Rechtssicherheit und -klarheit zuwiderlaufen, wenn die Wirksamkeit einer Ernennung von dem ungewissen Eintritt eines zukünftigen Ereignisses (Bedingung) oder der Vornahme eines dem Ernannten vorgeschriebenen Tuns, Duldens oder Unterlassens (Auflage) abhängig gemacht wird.[262] Mit Ausnahme der Berufung in das Beamtenverhältnis auf Zeit, welche einer Befristung nach § 36 Abs. 2 Nr. 1 VwVfG entspricht, sind Nebenbestimmungen in Ernennungsurkunden unzulässig.

Beispiel für eine unzulässige aufschiebende Bedingung:
Einem Stadtinspektor-Anwärter wird eine Ernennungsurkunde mit dem Inhalt ausgehändigt, dass er – unter der Voraussetzung, dass er seine Laufbahnbefähigung erwirbt – zum Stadtinspektor ernannt wird.

---

258 Leppek, ZBR 2010, S. 397, 397

259 Zentgraf in Metzler-Müller/Rieger/Seeck/Zentgraf, § 8 BeamtStG, Anm. 1.1; zur Aushändigung der Ernennungsurkunde siehe Rn. 115

260 Nds. LT- Drs. 16/665, Ausführungen zu § 7 NBG

261 Zentgraf in Metzler-Müller/Rieger/Seeck/Zentgraf, § 8 BeamtStG, Anm. 1.1

262 Leppek, ZBR 2010, S. 397, 400

II. Anspruch auf Ernennung

Grundsätzlich hat der Beamte **keinen Anspruch auf Ernennung**, sehr wohl aber einen Anspruch auf eine ermessensfehlerfreie Entscheidung im Rahmen eines Personalauswahlverfahrens (siehe Rn. 77)[263] Dennoch gibt es gegenüber diesem Grundsatz auch einige gesetzlich geregelte Ausnahmen, wonach der Beamte einen Anspruch auf Ernennung geltend machen kann. 64

Nach § 10 S. 1 BeamtStG ist die Ernennung zum **Beamten auf Lebenszeit** nur zulässig, wenn der Beamte sich in einer Probezeit von mindestens sechs Monaten und höchstens fünf Jahren bewährt hat. Aufgrund der Höchstdauerbegrenzung der Probezeit hat der Beamte nach fünf Jahren, wenn ihm nicht die Nichtbewährung nachgewiesen wird, einen Anspruch auf Übernahme in ein Beamtenverhältnis auf Lebenszeit.[264]
Sofern einer Ernennung der **Beschluss des Landespersonalausschusses** vorangestellt ist, so bindet dieser die betroffene Verwaltung, eine positive Beschlusslage voraussetzend, aus § 101 Abs. 2 NBG dahingehend, die Ernennung auch vollziehen zu müssen. Insoweit erscheint es auch nur konsequent, dass die entsprechende beamtenrechtliche Entscheidung als Vorbehaltsbeschluss von der Dienststelle im Vorhinein zu treffen ist und dies auch gegenüber dem Landespersonalausschuss zu bestätigen ist.[265]
Wenn der Staat ein **Ausbildungsmonopol** besitzt (beispielsweise bei Lehrer und Volljuristen), der Vorbereitungsdienst also Allgemeine Ausbildungsstätte im Sinne des Art. 12 GG ist, besteht ein Anspruch auf Übernahme in den entsprechenden Vorbereitungsdienst. Wird dieser Vorbereitungsdienst von staatlicher Stelle im Beamtenverhältnis auf Widerruf durchgeführt, so besteht ein klagbarer Rechtsanspruch auf die Begründung eines solchen Ausbildungs-Beamtenverhältnisses.[266]
Abschließend kann sich ein Anspruch auf eine Ernennung aus einer **Zusage** im Sinne des § 38 S. 1 VwVfG ergeben.[267] Hat der Dienstherr eine Ernennung zugesichert, die im Rahmen der beamtenrechtlichen Vorschriften rechtsfehlerfrei wäre, so kann der Berechtigte aus der Zusicherung diesen Anspruch spätestens im Wege der Verpflichtungsklage geltend machen. Relevant ist insoweit, dass die Zusage durch das für die Ernennung zuständige Organ (vgl. § 107 Abs. 4 S. 1 NKomVG für Kommunalbeamte) abgegeben worden ist.

III. Rückernennung

Sofern ein bereits in ein Statusamt berufener Beamter sich erfolgreich um ein niedrigeres Statusamt, dem eine niedrigere Besoldungsgruppe zugeordnet ist, bemüht, erfolgt eine sogenannte Rückernennung. Diese unterscheidet sich von der Beförderung im Sinne des § 8 Abs. 1 Nr. 3 BeamtStG i.V.m. § 20 Abs. 1 NBG maßgeblich dadurch, dass zwar ebenfalls wie bei der Beförderung ein anderes Amt verliehen wird, dies jedoch im Fall der Rückernennung nicht mit einem höheren Endgrundgehalt verbunden ist, sondern hier eben mit einem niedrigeren Endgrundgehalt. Ein solcher Fall ist in aller Regel mit persönlichen Motiven des Beamten versehen, die die Entwicklung 65

---

[263] Kümmel, § 8 BeamtStG, Rn. 8
[264] Reich, § 10 BeamtStG, Rn. 2; Battis; OVG Rheinland-Pfalz, Urt. v. 07.11.1984, Az. 2A 134/83 (juris)
[265] § 2 Abs. 1 S. 5 der Geschäftsordnung des Landespersonalausschusses, Nds. MBl. 25/2009, S. 570
[266] Baßlsperger, Kap. 9, Rn. 88
[267] Baßlsperger, Kap. 9, Rn. 90

der persönlichen Situation von höherer Bedeutung erscheinen lassen als die Beibehaltung des bereits erworbenen statusrechtlichen und unter Umständen auch konkret-funktionellen Amtes. Auch die Rückernennung bedarf der Aushändigung einer entsprechenden Ernennungsurkunde.[268]

IV. Wirkung der Ernennung

66 Mit der Ernennung wird ein Beamtenverhältnis begründet (Einstellung, § 8 Abs. 1 Nr. 1 BeamtStG, § 18 S. 1 HS 1 NBG) oder verändert (Umwandlung, § 8 Abs. 1 Nr. 2 BeamtStG oder ein Fall von § 8 Abs. 1 Nr. 3 oder 4 BeamtStG) und damit einhergehend der **Grundstatus** des Beamten bestimmt.[269] Der Grundstatus stellt auf die Art des Beamtenverhältnisses ab. Aus der Art des Beamtenverhältnisses (§ 4 BeamtStG) ergibt sich die Intensität der Bindung zwischen dem Beamten und seinem Dienstherrn. Unter anderem mit der Einstellung in das Beamtenverhältnis auf Probe erfolgt die Bestimmung des Grundstatus erneut, da das ggf. vorher bestehende Beamtenverhältnis kraft Gesetzes geendet hat (§ 22 Abs. 4 BeamtStG i.V.m. § 30 Abs. 4 NBG).

Eine weitere Wirkung kann unter anderem in der Veränderung des **Amtsstatus** durch einen Laufbahnwechsel, eine Beförderung oder Rückernennung bestehen (§ 8 Abs. 1 Nrn. 3, 4 BeamtStG). Der Amtsstatus richtet sich nach dem Amt im statusrechtlichen Sinne, welches durch die Ernennung verliehen wird.
Mit Ausnahme der Berufung des Beamten in ein Beamtenverhältnis auf Widerruf wird mit jeder Begründung eines Beamtenverhältnisses ein statusrechtliches Amt verliehen. Bei Beamten auf Widerruf im Vorbereitungsdienst tritt an die Stelle des Amtsstatus ein **amtsähnlicher Status**. Dieser ergibt sich aus der Zugehörigkeit zur jeweiligen Laufbahn.[270]

Mit der Verleihung eines Amtes durch Ernennung ist in der Regel auch immer eine positive Veränderung der Besoldung verbunden. Ausnahmen stellen hierbei Fälle wie der Laufbahnwechsel (Wechsel der Laufbahngruppe aus dem Spitzenamt der Laufbahngruppe 1 heraus in das Einstiegsamt der Laufbahngruppe 2) und die Rückernennung dar.

Mit der Begründung des Beamtenverhältnisses **erlischt gemäß § 8 Abs. 5 S. 1 NBG ein privatrechtliches Arbeitsverhältnis** zum (und nur zu diesem) Dienstherrn. Folglich bedarf es in einem solchen Fall weder einer Kündigung durch den Beschäftigten noch eines Aufhebungsvertrages. Es lebt auch im Fall der Rücknahme der Ernennung nicht wieder auf. Es müsste in einem solchen Fall ein neues Arbeitsverhältnis begründet werden.[271] Auch kann die Ernennung zum Beamten auf Zeit bei demselben Dienstherrn sowie die Begründung eines öffentlich-rechtlichen Dienst- oder Amtsverhältnisses zu einem anderen Dienstherrn oder zu einer Einrichtung ohne Dienstherrneigenschaft Auswirkungen auf ein bestehendes Beamtenverhältnis haben (siehe Rn. 314 f.).

Weiterhin ist eine Folge der Ernennung die **Versicherungsfreiheit** in der gesetzlichen Sozialversicherung. Nach § 6 Abs. 1 Nr. 2 SGB V besteht für Beamte, Richter, Soldaten auf Zeit

268 VG Braunschweig, Urt. v. 28.06.2005, Az. 7 A 17/05 (juris)
269 Kümmel, § 4 BeamtStG, Rn. 3
270 Baßlsperger in Weiß/Niedermaier/Summer/Zängl, § 8 BeamtStG, Rn. 4
271 Nds. LT-Drs. 16/665, Ausführungen zu § 8 NBG

sowie Berufssoldaten der Bundeswehr und sonstige Beschäftigte des Bundes, eines Landes, eines Gemeindeverbandes, einer Gemeinde, von öffentlich-rechtlichen Körperschaften, Anstalten, Stiftungen oder Verbänden öffentlich-rechtlicher Körperschaften oder deren Spitzenverbänden, wenn sie nach beamtenrechtlichen Vorschriften oder Grundsätzen bei Krankheit Anspruch auf Fortzahlung der Bezüge und auf Beihilfe oder Heilfürsorge haben, Versicherungsfreiheit in der **gesetzlichen Krankenversicherung**. Da demnach u.a. für Beamte keine Pflicht in der gesetzlichen Krankenversicherung besteht, sind diese auch nicht in der **sozialen Pflegeversicherung** versicherungspflichtig (Umkehrschluss aus § 20 Abs. 1 SGB XI). Auch besteht für Beamte und Richter auf Lebenszeit, auf Zeit oder auf Probe, Berufssoldaten und Soldaten auf Zeit sowie Beamte auf Widerruf im Vorbereitungsdienst Versicherungsfreiheit in der **gesetzlichen Rentenversicherung**. Die Versicherungsfreiheit in der **gesetzlichen Arbeitslosenversicherung** ergibt sich bei Beamten aus § 27 Abs. 1 Nr. 1 SGB III.
Abschließend ist das **Entstehen des Anspruchs auf Besoldung** aus § 3 Abs. 1 S. 2 BBesG[272] als maßgebliche Wirkung der Ernennung zu nennen.
Die Ernennung begründet einen Anspruch auf Einweisung in die dem statusrechtlichen Amt des Beamten zugehörige Planstelle und auf eine amtsangemessene Beschäftigung.[273]

V. Arten des Beamtenverhältnisses

67 Die Arten des Beamtenverhältnisses ergeben sich aus § 4 BeamtStG und § 5 BeamtStG und sind dort abschließend aufgeführt. Sie bestimmen die Intensität der gesetzlichen Bindungswirkung zwischen dem Beamten und seinem Dienstherrn, insbesondere in Bezug auf den Grundstatus und die zeitliche Bindungsdauer.[274]
Orientiert am beamtenrechtlichen Regelwerdegang eines Laufbahnbeamten treten die Arten des Beamtenverhältnisses zumindest überwiegend in der nachfolgenden Reihenfolge auf.

1. BEAMTENVERHÄLTNIS AUF WIDERRUF

68 Das Beamtenverhältnis auf Widerruf dient gemäß § 4 Abs. 4 a BeamtStG u.a. **der Ableistung eines Vorbereitungsdienstes**. Hier steht der Ausbildungszweck des Beamten im Vordergrund. Gemäß § 2 APVO-AD-VerwD führen die Beamten im Vorbereitungsdienst als Dienstbezeichnung die Amtsbezeichnung ihres Einstiegsamtes mit dem Zusatz „**Anwärter**“[275]. Die ausgewählten Laufbahnbewerber werden gemäß § 17 Abs. 1 S. 2 NVO als Beamte auf Widerruf in einen Vorbereitungsdienst der Laufbahn eingestellt. Beamte auf Widerruf können jederzeit gemäß § 23 Abs. 4 BeamtStG entlassen werden. Die Gelegenheit zur Beendigung des Vorbereitungsdienstes und zur Ablegung der Prüfung soll gegeben werden. Das Ende des Beamtenverhältnisses auf Widerruf richtet sich nach §§ 22 Abs. 4 BeamtStG i.V.m. 30 Abs. 4 NBG.

---

272 In der Fassung vom 31.08.2006; siehe auch § 4 Abs. 1 S. 2 des Entwurfes zum NBesG (Nds. LT-Drs. 17/3512)
273 Reich, § 8 BeamtStG, Rn. 1
274 Hilg, apf 2011, S. 257, 257
275 Gemäß § 17 Abs. 2 HS 2 NLVO führen die Beamten in einem Vorbereitungsdienst für das zweite Einstiegsamt der Laufbahngruppe 2 die Dienstbezeichnung „Referendarin“ oder „Referendar“, jeweils nach näherer Bestimmung durch die jeweilige Ausbildungs- und Prüfungsverordnung.

Weiterhin dient das Beamtenverhältnis auf Widerruf gemäß § 4 Abs. 4 b BeamtStG der **nur vorübergehenden Wahrnehmung von Aufgaben nach § 3 Abs. 2 BeamtStG** (Hoheitliche Aufgaben). Diese Art des Beamtenverhältnisses spielt in der beruflichen Praxis in aller Regel nur eine untergeordnete Rolle. Sie richtet sich vorrangig auf die Wahrnehmung hoheitlicher Aufgaben mit Projektcharakter (z.B. Mikrozensuserhebung). Die Übertragung der nur vorübergehend wahrzunehmenden Tätigkeiten rechtfertigt nämlich keine Berufung in das Regelbeamtenverhältnis.[276]

2. BEAMTENVERHÄLTNIS AUF PROBE

69 Das Beamtenverhältnis auf Probe dient gemäß § 4 Abs. 3 a BeamtStG u.a. der **Ableistung einer Probezeit** zur späteren Verwendung auf Lebenszeit. Probezeit ist gemäß § 19 Abs. 1 NBG die Zeit im Beamtenverhältnis auf Probe, während der sich der Beamte nach Erwerb oder Feststellung der Befähigung für die Laufbahn bewähren soll. Zum Erwerb der Laufbahnbefähigung ist auf § 15 NLVO zu verweisen, der in seinen Absätzen die Voraussetzungen für den Erwerb der jeweiligen Laufbahnbefähigung beschreibt. Die Dauer der Probezeit ergibt sich grundsätzlich aus § 19 Abs. 2 und 4 NBG. Sie deckt sich im Regelfall mit der Zeit im Beamtenverhältnis auf Probe.[277] Da die Ernennung zum Beamten auf Lebenszeit gemäß § 10 BeamtStG nur zulässig ist, wenn der Beamte sich in einer Probezeit bewährt hat, muss diese in jedem Fall vor Berufung in das Beamtenverhältnis auf Lebenszeit abgeleistet werden.

Das Beamtenverhältnis auf Probe dient darüber hinaus gemäß § 4 Abs. 3 b BeamtStG alternativ der Ableistung **einer Probezeit zur Übertragung eines Amtes mit leitender Funktion**. An herausgehobene Führungsfunktionen in der öffentlichen Verwaltung werden zusätzliche Anforderungen gestellt, die an die frühere Verwendung des künftigen Führungspersonals regelmäßig nicht geknüpft worden sind. Führungspositionen werden deshalb zunächst für die Dauer von zwei Jahren im Beamtenverhältnis auf Probe vergeben. Während dieser Zeit soll geprüft werden, ob der Beamte sich in den speziellen Anforderungen der neuen Führungsfunktion bewährt.[278]
Grundsätzliche Ausführungen zur Übertragung von Ämtern mit leitenden Funktionen trifft § 5 NBG. So bestimmt der § 5 Abs. 1 S. 1 NBG als Grundlage für die Regelung des Buchstaben b, dass ein Amt mit leitender Funktion zunächst unter Berufung in das Beamtenverhältnis auf Probe übertragen wird. Die regelmäßige Probezeit dauert gemäß § 5 Abs. 1 S. 2 NBG zwei Jahre. Anrechnungstatbestände ergeben sich aus den Sätzen 3 und 4 des Absatzes 2 zu § 5 NBG. Eine Verlängerung ist im Gegensatz zur Probezeit im Sinne des § 9 NLVO nicht zulässig. Eine abschließende Aufzählung der Ämter mit leitender Funktion im Sinne des Absatzes 1 erfolgt in § 5 Abs. 2 NBG. Die Ziffern 1 und 2 beziehen sich dabei auf Landesbeamte und die Ziffer 3 auf Kommunalbeamte. Eine Besonderheit dieser Art des Beamtenverhältnisses ist, dass im Fall des Bestehens eines Beamtenverhältnisses auf Lebenszeit vor Berufung in das Beamtenverhältnis auf Probe bei demselben Dienstherrn, dieses weiterläuft und insoweit zwei Arten des Beamtenverhältnisses zeitgleich bestehen (§ 5 Abs. 4 S. 1 NBG).[279]
Mit dem erfolgreichen Abschluss der Probezeit ist dem Beamten das Amt mit leitender Funktion auf Dauer im Beamtenverhältnis auf Lebenszeit gemäß § 5 Abs. 6 S. 1 NBG zu übertragen.

[276] Zentgraf in Metzler-Müller/Rieger/Seeck/Zentgraf, § 4 BeamtStG, Anm. 5.2
[277] BVerwG, Beschl. v. 01.09.1988, Az. 2 B 105/88 (juris)
[278] Nds. LT-Drs. 16/655, Ausführungen zu § 5 Abs. 1 NBG, S. 83
[279] Baßlsperger, Kap. 6, Rn. 14

3. BEAMTENVERHÄLTNIS AUF LEBENSZEIT

Das Beamtenverhältnis auf Lebenszeit dient gemäß § 4 Abs. 1 BeamtStG der **dauernden Wahrnehmung von Aufgaben nach § 3 Abs. 2 BeamtStG**. Es bildet die Regel.[280] 70
Der Begriff der Berufung auf Lebenszeit basiert auf dem hergebrachten Grundsatz des Berufsbeamtentums der grundsätzlichen Anstellung auf Lebenszeit. Dieser sichert gleichzeitig die ebenfalls als hergebrachten Grundsatz des Berufsbeamtentums normierte Neutralitätspflicht des Beamten, seine unparteiische Amtsführung sowie sein Eintreten für die freiheitliche demokratische Grundordnung (vgl. § 33 BeamtStG). Wie bereits unter dem Beamtenverhältnis auf Probe geschildert, setzt die Berufung in das Beamtenverhältnis auf Lebenszeit die zwingende Ableistung einer Probezeit voraus.

4. BEAMTENVERHÄLTNIS AUF ZEIT

Das Beamtenverhältnis auf Zeit dient unter anderem gemäß § 4 Abs. 2 a BeamtStG **der befristeten Wahrnehmung von Aufgaben nach § 3 Abs. 2 BeamtStG.** 71
Die befristete Wahrnehmung hoheitlicher Aufgaben entspricht dabei der inhaltlichen Logik des Beamtenverhältnisses auf Zeit, die gleichsam durch die genaue Bestimmung der Dauer des Beamtenverhältnisses dem Begriff der Befristung als Nebenbestimmung aus § 36 Abs. 2 Nr. 1 VwVfG gleichkommt. Für die Rechtsverhältnisse der Beamten auf Zeit gelten gemäß § 6 BeamtStG die Vorschriften für Beamte auf Lebenszeit entsprechend, soweit durch Landesrecht (hier § 7 NBG) nichts anderes bestimmt ist.[281] Ein Beamtenverhältnis auf Zeit kann gemäß § 7 Abs. 1 S. 1 NBG nur begründet werden, wenn dies gesetzlich bestimmt ist. Für Kommunalbeamte als Beamte auf Zeit gelten insoweit die §§ 80, 108, 109 NKomVG.

Das Beamtenverhältnis auf Zeit dient weiterhin gemäß § 4 Abs. 2 b BeamtStG **der zunächst befristeten Übertragung eines Amtes mit leitender Funktion**.[282] Diese Konstellation entspricht dem Grunde nach dem § 4 Abs. 3 b BeamtStG, wobei der maßgebliche Unterschied darin besteht, dass in dem dortigen Fall zunächst eine Verbeamtung auf Probe aus einem Beamtenverhältnis auf Lebenszeit vorgesehen ist, die nach erfolgreicher Bewährung auch in der Führungsposition in das Beamtenverhältnis auf Lebenszeit umzuwandeln ist. Dagegen baut der Fall des § 4 Abs. 2 b BeamtStG schon von vornherein auf eine Verbeamtung auf Zeit auf, wobei diese eben zunächst gemäß § 5 Abs. 1 S. 2 NBG nur auf zwei Jahre übertragen wird. Aufgrund einer Entscheidung des Zweiten Senats des Bundesverfassungsgerichts[283], der sich mit der Frage zu beschäftigen hatte, ob die Übertragung von Ämtern mit leitender Funktion im Beamtenverhältnis auf Zeit gemäß § 25 b Landesbeamtengesetz Nordrhein-Westfalen (LBG NRW) mit dem Grundgesetz vereinbar ist, und der insoweit verneinenden Entscheidung wird aktuell in Niedersachsen auf die Anwendung der Regelung aus § 4 Abs. 2 b BeamtStG gänzlich verzichtet.
Die Landesregierung wird gemäß § 20 Abs. 1 NBesG ermächtigt, durch Verordnung die Ämter der Beamten auf Zeit der Kommunen, der übrigen kommunalen Dienstherren sowie des Bezirksverbandes Oldenburg den Besoldungsgruppen der Besoldungsordnungen A und B

280 Baßlsperger, Kap. 6, Rn. 13; Kümmel, § 4 BeamtStG, Rn. 1
281 Kümmel, § 4 BeamtStG, Rn. 11
282 Kümmel, § 4 BeamtStG, Rn. 14
283 BVerfG, Beschl. v. 28.05.2008, Az. 2 BvL 11/07 (juris)

zuzuordnen. Hiervon hat der Gesetzgeber durch die Schaffung der Niedersächsischen Kommunalbesoldungsverordnung Gebrauch gemacht.

5. EHRENBEAMTENVERHÄLTNIS

72 Als Ehrenbeamter kann gemäß § 5 Abs. 1 BeamtStG berufen werden, wer Aufgaben im Sinne des § 3 Abs. 2 (hoheitsrechtliche Aufgaben) **unentgeltlich** wahrnehmen soll. Das Ehrenbeamtenverhältnis wird neben dem eigentlichen Beruf ausgeübt. Es ist von der ehrenamtlichen Tätigkeit abzugrenzen.[284]
Gemäß § 6 Abs. 1 NBG gelten für Ehrenbeamte das Beamtenstatusgesetz und die Vorschriften des NBG nach Maßgabe der Absätze 2 bis 4. Das Ehrenbeamtenverhältnis begründet keinen Anspruch auf Besoldung[285]; es ist jedoch möglich, dass eine Aufwandsentschädigung, die durch Satzung (vgl. § 44 Abs. 2 S. 1 NKomVG für Ortsbürgermeister bzw. Ortsvorsteher oder § 33 Abs. 1 S.1 NBrandSchG für Mitglieder der Freiwilligen Feuerwehr) zu regeln ist, gewährt wird. Für das Ehrenbeamtenverhältnis gilt nicht das grundsätzliche Verbot des Doppelbeamtenverhältnisses, da hier insoweit die Ausnahme aus § 22 Abs. 2 S. 2 BeamtStG greift, wonach die gesetzliche Folge der Entlassung aus § 22 Abs. 2 S. 1 BeamtStG bei Begründung eines öffentlich-rechtlichen Dienst- oder Amtsverhältnisses zu einem anderen Dienstherrn oder zu einer Einrichtung ohne Dienstherrneigenschaft in Bezug auf den Eintritt in ein Ehrenbeamtenverhältnis nicht zum Tragen kommt.[286] Ein Ehrenbeamtenverhältnis kann gemäß § 5 Abs. 3 BeamtStG nicht in ein Beamtenverhältnis anderer Art, ein solches Beamtenverhältnis nicht in ein Ehrenbeamtenverhältnis umgewandelt werden.[287]
Der Einsatz von Ehrenbeamten ist überwiegend im kommunalen Bereich zu finden. Dabei regeln sich die Rechtsverhältnisse gemäß § 6 Abs. 6 NBG nach den für die Ehrenbeamten geltenden besonderen Rechtsvorschriften. So sind Ortsbürgermeister gemäß § 95 Abs. 2 S. 1 NKomVG (gilt gemäß § 96 Abs. 1 S. 3 NKomVG auch für Ortsvorsteher) in das Ehrenbeamtenverhältnis zu berufen. Gleiches gilt ebenfalls gemäß § 20 Abs. 4 S. 1 NBrandSchG und § 21 Abs. 3 NBrandSchG für ehrenamtliche Führungskräfte der Freiwilligen Feuerwehr bzw. Kreisfeuerwehr (§ 21 Abs. 10 NBrandSchG verweist auf die Bezeichnungen innerhalb der Region Hannover). Im Bereich des Landes sind gemäß § 22 Abs. 3 S. 1 NBrandSchG Regierungsbrandmeister in das Ehrenbeamtenverhältnis zum Land zu berufen.

6. DOPPELBEAMTENVERHÄLTNIS

73 Wird ein Beamter gemäß § 47 S. 1 NLVO zur Ableistung des Vorbereitungsdienstes oder einer Probezeit beurlaubt und in ein Beamtenverhältnis auf Widerruf oder auf Probe berufen, so bleibt das bereits bestehende Beamtenverhältnis unberührt, siehe auch § 22 Abs. 1 Nr. 2 BeamtStG. Aus dieser Regelung resultiert in Niedersachsen die Möglichkeit, sich zeitgleich in zwei Beamtenverhältnissen zu befinden. Maßgeblich wird hier auf zwei denkbare Fallkonstellationen abgestellt. Das ist zum Ersten die **Ableistung eines Vorbereitungsdienstes zum Erwerb der Laufbahnbefähigung** (entweder für eine andere Laufbahn oder für ein anderes

[284] Conrad in Weiß/Niedermaier/Summer/Zängl, § 5 BeamtStG, Rn. 5
[285] Baßlsperger, Kap. 6, Rn. 23
[286] Kümmel, § 5 BeamtStG, Rn. 4
[287] Kümmel, § 5 BeamtStG, Rn. 17

Einstiegsamt derselben Laufbahn) sowie zum Zweiten die **Ableistung einer Probezeit**, die sich wiederum entweder an den Vorbereitungsdienst anschließt oder aber auf der Berufung in ein Amt mit leitender Funktion beruht. An der Stelle des Vorbereitungsdienstes können auch andere berufliche oder schulische Qualifizierungsmaßnahmen im Sinne der Ziffer 1 des § 8 Abs. 1 Nds. SUrlVO stehen.

Urlaub unter Wegfall der Bezüge kann gemäß § 8 Abs. 1 Nds. SUrlVO erteilt werden:

1. zum Erwerb der Befähigung für eine andere Laufbahn oder zum Erwerb der Zugangsvoraussetzungen für ein anderes Einstiegsamt für die Dauer
   a) einer Schul- oder Hochschulausbildung,
   b) einer unmittelbar für eine Laufbahn qualifizierenden beruflichen Aus- oder Fortbildung nach § 22 der NLVO, einer beruflichen Tätigkeit, die in Verbindung mit einer Berufsausbildung oder einem Studium den Zugang zu einer Laufbahn eröffnet (§§ 23 und 25 NLVO) oder eines Vorbereitungsdienstes,
2. für eine Prüfung zur Zulassung zum Aufstieg oder für einen Laufbahnwechsel und für die hierfür notwendige Vorbereitung,
3. zur Ableistung einer Probezeit für eine neue Laufbahn oder ein anderes Einstiegsamt, im Fall eines Dienstherrnwechsels nach Maßgabe des § 22 Abs. 2 Satz 1 des Beamtenstatusgesetzes.

In diesem Fall wird einem Beamten mit einem Amt der Laufbahngruppe 1 die Möglichkeit gewährt, die Laufbahnbefähigung für das erste Einstiegsamt der Laufbahngruppe 2 seiner Fachrichtung zu erwerben. Dabei verliert er für den Zeitraum des Erwerbs der Laufbahnbefähigung den Anspruch auf seine Besoldung, erhält gleichsam „nur" Anwärterbezüge aus der Berufung in das Beamtenverhältnis auf Widerruf (zur Ausnahme der Weitergewährung von Bezügen siehe § 8 Abs. 3 Nds. SUrlVO). Insoweit unterscheidet sich dieser Fall vom Regelaufstieg aus § 33 NLVO. Möglich ist insoweit, dass der Beamte von seinen persönlichen Voraussetzungen zwar nicht für die Teilnahme am Regelaufstieg in Frage kommt, dennoch aber die Gelegenheit erhalten soll, die nächsthöhere Laufbahnbefähigung seiner Fachrichtung zu erwerben. Allerdings ist die Gewährung des Sonderurlaubs nur unter den Voraussetzungen des Absatzes 2 aus § 8 Nds. SUrlVO möglich.

Urlaub nach Absatz 1 Nrn. 1 und 2 darf gemäß § 8 Abs. 2 Nds. SUrlVO nur erteilt werden, wenn

1. dienstliche Gründe der Beurlaubung nicht entgegenstehen und
2. ein dienstliches Interesse für eine Beschäftigung in der anderen Laufbahn oder in einem anderen Einstiegsamt von der für die Wahrnehmung der dienstrechtlichen Befugnisse zuständigen Behörde, in deren Bereich der Beamte später verwendet werden will, festgestellt wird.

Hinsichtlich der dienstlichen Gründe, die einer Beurlaubung nicht entgegenstehen dürfen, handelt es sich um einen unbestimmten Rechtsbegriff. Auch muss ein dienstliches Interesse (ebenfalls ein unbestimmter Rechtsbegriff) gegeben sein. Erst, wenn diese Anforderungen als erfüllt gelten können, ist die Gewährung des Sonderurlaubs möglich und damit auch die Begründung des Doppelbeamtenverhältnisses. Dann besteht die Möglichkeit, im Doppelbeamtenverhältnis den Vorbereitungsdienst (§ 8 Abs. 1 Nr. 1b Nds. SUrlVO) zu absolvieren und danach die laufbahnrechtliche Probezeit (§ 8 Abs. 3 Nds. SUrlVO) abzuleisten.

Beispiel für ein Doppelbeamtenverhältnis:
Einem Stadtobersekretär (Beamter auf Lebenszeit) wird auf Antrag Sonderurlaub gemäß § 8 Abs. 1 Nr. 1 b Nds. SUrlVO zur Ableistung eines Vorbereitungsdienstes für das 1. Einstiegsamt der Laufbahngruppe 2 gewährt. Einher geht die Berufung in ein Beamtenverhältnis auf Widerruf (§ 4 Abs. 4 a BeamtStG).

Wird die Bewährung am Ende der Probezeit festgestellt, so ist der Beamte gemäß § 47 S. 2 NLVO auf Antrag aus dem zusätzlichen Beamtenverhältnis zu entlassen und anschließend in die neue Laufbahn oder in ein anderes Einstiegsamt seiner Laufbahn zu übernehmen. Diese Vorschrift korrespondiert insoweit mit der Vorschrift des § 3 Abs. 4 NLVO, wonach dem Beamten, der die Einstellungsvoraussetzungen für das zweite Einstiegsamt seiner Laufbahn erfüllt, dieses Amt übertragen werden kann, ohne dass die noch nicht durchlaufenen Ämter der Laufbahn durchlaufen sind. Absatz 4 ermöglicht eine Sprungbeförderung in den Fällen, in denen ein Beamter die Einstellungsvoraussetzungen für ein höheres Einstiegsamt in seiner Laufbahn erfüllt. In diesen Fällen bedarf es demzufolge nicht mehr wie bislang einer Einstellung mit der Folge einer erneuten Probezeit, wobei es der Entscheidung des Dienstherrn obliegt, ob er in solchen Fällen eine Beförderung oder eine Einstellung vornimmt.[288]
Ein weiterer möglicher Fall für das Vorliegen eines Doppelbeamtenverhältnisses ist die Übertragung eines Amtes mit leitender Funktion, welches gemäß § 5 Abs. 1 S. 1 NBG zunächst unter Berufung in das Beamtenverhältnis auf Probe (§ 4 Abs. 3 b BeamtStG) übertragen wird. Gemäß § 5 Abs. 4 NBG besteht das Beamtenverhältnis auf Lebenszeit oder das Richterverhältnis auf Lebenszeit bei demselben Dienstherrn neben dem Beamtenverhältnis auf Probe fort. Mit dem erfolgreichen Abschluss der Probezeit ist dem Beamten gemäß § 5 Abs. 6 S. 1 NBG das Amt mit leitender Funktion auf Dauer im Beamtenverhältnis auf Lebenszeit zu übertragen. Alternativ endet nach Satz 3 dieser Vorschrift der Anspruch auf Besoldung aus diesem Amt, sofern nach Ablauf der Probezeit das Amt mit leitender Funktion nicht auf Dauer übertragen wird.

VI. Rückernennung

74 Sofern ein bereits in ein Statusamt berufener Beamter sich erfolgreich um ein niedrigeres Statusamt, dem eine niedrigere Besoldungsgruppe zugeordnet ist, bemüht, erfolgt eine sogenannte Rückernennung. Diese unterscheidet sich von der Beförderung im Sinne des § 8 Abs. 1 Nr. 3 BeamtStG i.V.m. § 20 Abs. 1 NBG maßgeblich dadurch, dass zwar ebenfalls wie bei der Beförderung ein anderes Amt erlangt wird, dies jedoch im Fall der Rückernennung nicht mit einem höheren Endgrundgehalt verbunden ist, sondern hier eben mit einem niedrigeren Endgrundgehalt. Ein solcher Fall ist in aller Regel mit persönlichen Motiven des Beamten versehen, die die Entwicklung der persönlichen Situation von höherer Bedeutung erscheinen lassen, als die Beibehaltung des bereits erworbenen statusrechtlichen und unter Umständen auch konkret-funktionellen Amtes.
Eine Rückernennung bedarf der Aushändigung einer entsprechenden Ernennungsurkunde (siehe Rn. 115).[289]

[288] Begründung zu § 3 Abs. 4 NLVO, Anlage zur Kabinettsvorlage (nicht veröffentlicht)
[289] VG Braunschweig, Urt. v. 28.06.2005, Az. 7 A 17/05 (juris)

B. STELLENBESETZUNG

Literaturhinweise zur Vertiefung: Baßlsperger, Maximilian, Personalauswahlinstrumente, ZBR 2014, S. 73 ff.; Hilg, Günter, Grundstrukturen des neuen Dienstrechts im Bund und in den Ländern, Teil 10, apf 2012, S. 129 ff.; Lorse, Juergen, Leistungsbezogene Bestenauslese am Maßstab des Statusamtes oder des Anforderungsprofils?, ZBR 2014, S. 289 ff.; Reese, Arnd/Thiel, Andreas, Grundlagen und Instrumente der Personalauswahl – Auswirkungen der jüngeren Rechtsprechung des Bundesverwaltungsgerichts, RiA 2015, S. 145 ff.

Stellenbesetzungen im Bereich des öffentlichen Dienstes, unabhängig von den individuellen persönlichen Voraussetzungen bzw. Kompetenzen, über die der Stelleninhaber letztlich verfügen soll, bekommen im Zuge der demographischen Auswirkungen eine immer höhere Bedeutung. Der Wettbewerb zwischen den Dienstherrn und Arbeitgebern des öffentlichen Dienstes um qualifizierte Fachkräfte erschwert die Besetzung vakanter Stellen mit geeignetem Personal. Darüber hinaus werden an die Stellenbesetzungen, die dazu dienlich sind, jene Kandidaten zu berücksichtigen, die angesichts der Anforderungsmerkmale am besten auf die vakante Stelle passen[290], hohe rechtliche Anforderungen gestellt.[291] 75

I. Stellenausschreibung

Stellenausschreibungen sind nicht nur für die Vorbereitung von Personalauswahlentscheidungen, sondern auch für den Aufbau einer gezielten Personalplanung und -entwicklung von grundlegender Bedeutung. Sie dienen dazu, das Leistungsprinzip, das in Art. 33 Abs. 2 GG verankert ist, zu stärken, das Risiko von Fehlbesetzungen zu minimieren und die Transparenz der Bewerberauswahl zu verbessern.[292] 76
So dient die Stellenausschreibung nicht nur als Vorbereitungsmaßnahme, sondern auch der Nachvollziehbarkeit des Stellenbesetzungsverfahrens.

Der Dienstherr muss im Einzelfall prüfen, ob er nach **gesetzlichen Vorschriften** oder im Hinblick auf eine **Selbstbindung der Verwaltung** verpflichtet ist, eine Stelle auszuschreiben.[293] 77
Aus dem Leistungsgrundsatz des Art. 33 Abs. 2 GG, nach dem jeder Deutsche nach seiner Eignung, Befähigung und fachlichen Leistung gleichen Zugang zu jedem öffentlichen Amt hat, folgt keine Verpflichtung zur Stellenausschreibung.[294] Erst wenn sich der Dienstherr entschieden hat, auszuschreiben, verpflichtet Art. 33 Abs. 2 GG ihn, nicht nur die konkrete Besetzungsentscheidung, sondern auch alle vorbereitenden Maßnahmen (wie Ausschreibung u.ä.), ermessens- und beurteilungsfehlerfrei durchzuführen (sog. Bewerbungsverfahrensanspruch).[295] Aus dem Bewerberverfahrensanspruch steht dem Bewerber lediglich ein formelles subjektives öffentliches Recht auf leistungsgerechte Einbeziehung in die Bewerberauswahl und auf er-

---

290 Hopp/Göbel, S. 288
291 Laber/Gerdom, öAT 2010, S. 51, 51
292 Nds. LT-Drs. 16/655, S. 88
293 Hoffmann, S. 46
294 **H.M.** BVerwG, Urt. v. 16.10.1975, Az. II C 43.73 Rn. 48 ff. = BVerwGE 49, 232-240 ;Maunz-Dürig, Art. 33 GG, Rn. 27; **a. A.** Sächsisches Oberverwaltungsgericht, Beschl. v. 11.04.2001, Az. 3 BS 83/01, Rn. 8 (juris); Reich, § 9 BeamtStG, Rn. 1
295 BeckOK-GG/Hense, Art. 33 GG, Rn. 11; Maunz-Dürig, Art. 33 GG, Rn. 36

messens- und beurteilungsfehlerfreie Entscheidung über seine Bewerbung zu (siehe hierzu Rn. 20).[296]

Eine Stellenausschreibungspflicht kann sich jedoch im Bereich des Landes Niedersachsen für Beamtenstellen aus einfachgesetzlichen Regelungen ergeben.
So sollen gemäß § 9 Abs. 1 S. 1 NBG Bewerber durch Stellenausschreibungen ermittelt werden.[297] Diese **Soll-Vorschrift** bezieht sich sowohl auf Einstellungen als auch Beförderungen, was sich aus dem Regelungszusammenhang aus § 9 Abs. 1 S. 1 und S. 2 NBG ergibt.[298]
Sollen bedeutet in diesem Kontext, dass grundsätzlich auszuschreiben ist,[299] es sei denn, es liegt ein atypischer Fall vor.[300] Ein solcher Fall liegt u.a. bei der Besetzung von Stellen der sog. politischen Beamten im Sinne des § 31 BeamtStG vor.[301]
Der Gesetzgeber lässt in § 9 Abs. 1 S. 1 NBG offen, ob im Falle einer Ausschreibungspflicht die Ausschreibung **öffentlich** (extern) oder **intern** erfolgen muss. Dies liegt im Organisationsermessen des Dienstherrn.[302] Entscheidet sich der Dienstherr für eine interne Ausschreibung, so muss er die Stelle nicht auch öffentlich ausschreiben.
Öffentliche (externe) Stellenausschreibungen richten sich an Personen, die außerhalb der Organisation bzw. Behörde stehen, und zielen darauf ab, geeignete Personen im Zusammenhang mit einer erstmaligen Einstellung zur Abgabe einer Bewerbung zu bewegen. Hinsichtlich der Veröffentlichungsmöglichkeiten einer externen Stellenausschreibung besteht beim Dienstherrn Ermessen.[303] Entscheidend ist jedoch, dass die Stellenausschreibung der Öffentlichkeit zugänglich ist. Ein Aushang in den Diensträumen der Behörde genügt nach herrschender Meinung nicht.[304]
Interne Stellenausschreibungen richten sich an die vorhandenen Mitarbeiter der Organisation bzw. Behörde.[305]
Die Ermessensentscheidung, ob eine Stelle öffentlich oder intern aus geschrieben wird, wird durch die Reglung des § 9 Abs. 1 S. 2 NBG eingeschränkt, da hiernach bei einer Einstellung (siehe Rn. 92) eine Stelle öffentlich ausgeschrieben werden soll. Hier wird im Falle der Stellenausschreibungspflicht folglich die Form der Ausschreibung vom Landesgesetzgeber vorgegeben.

78 Eine weitere gesetzliche (zumindest interne) Ausschreibungspflicht enthält § 11 Abs. 1 S. 1 NGG für Niedersachsen. Hiernach ergibt sich eine **grundsätzliche Ausschreibungspflicht** für sämtliche Stellen in der öffentlichen Verwaltung, wenn in dem Bereich, in dem die Stelle ausgeschrieben wird, ein Geschlecht – also Männer oder Frauen – unterrepräsentiert ist. Eine öffentliche Ausschreibung ist jedoch nicht mehr gesetzlich gefordert. Die Dienststelle kann in diesem Zusammenhang selbst entscheiden, ob eine öffentliche oder interne Ausschreibung erfolgen soll.[306]

[296] Hilg, apf 2012, S. 129, 130
[297] Reich vertritt die Auffassung, dass bereits aus § 9 BeamtStG eine grundsätzliche Stellenausschreibungspflicht folgt; siehe Reich, § 9 BeamtStG, Rn. 1.
[298] Nds. LT-Drs. 16/1088, S. 5
[299] Nds. LT-Drs. 16/655, S. 90
[300] Zum Charakter einer Soll-Vorschrift siehe Suckow/Weidemann, Rn. 258 ff.
[301] Nds. LT-Drs. 16/655, S. 88
[302] Hoffmann, S. 47
[303] Kümmel, § 9 NBG, Rn. 4
[304] Nds. LT-Drs. 16/655, S. 88
[305] Fricke/Dierßen/Otte/Sommer/Thomes, § 65, Rn. 59
[306] Ausführungen zu § 11 NGG in der Arbeitshilfe zum NGG des Niedersächsischen Ministeriums für Soziales, Frauen, Familie, Gesundheit und Integration; Lorse, ZTR 2006, S. 14 ff. unter Ziff. 3.2.

In der Stellenausschreibung ist nach § 11 Abs. 1 S. 2 NGG das unterrepräsentierte Geschlecht ausdrücklich anzusprechen und dadurch zur Abgabe einer Bewerbung zu motivieren. Eine Unterrepräsentanz eines Geschlechts im Sinne der vorgenannten Vorschriften liegt vor, wenn der Frauen- und Männeranteil in einem Bereich[307] einer Dienststelle[308] unter 45 vom Hundert liegt (§ 3 Abs. 3 NGG). In welchen Bereichen eine Unterrepräsentanz besteht, ist dem jeweiligen Gleichstellungsplan der Behörde zu entnehmen (siehe § 15 Abs. 2 NGG). Nach § 16 Abs. 1 S. 1 NGG müssen die im Gleichstellungsplan festgelegten Zielvorgaben und Maßnahmen u.a. bei der Besetzung von Ausbildungsplätzen, Einstellung, Beförderung oder Übertragung höherwertiger Tätigkeiten beachtet werden.
Die Gleichstellungsbeauftragte kann gemäß § 11 Abs. 2 NGG eine zweite Ausschreibung verlangen, wenn sich nach erfolgter Ausschreibung keine Person des unterrepräsentierten Geschlechts beworben hat.
Die Angabe des unterrepräsentierten Geschlechts entbindet jedoch nicht von der Pflicht, die später auf Grundlage einer Stellenausschreibung vorzunehmende Bestenauslese nach den Kriterien der Eignung, Befähigung und fachlichen Leistung vorzunehmen (siehe Rn. 137ff.).

Aus § 81 Abs. 1 SGB IX ergeben sich für alle Arbeitgeber[309] besondere Förderpflichten gegen- 79
über schwerbehinderten Menschen. § 82 SGB IX konkretisiert diese Förderpflichten für **öffentliche Arbeitgeber** durch zusätzliche Vorgaben. So sind nach § 82 S. 1 SGB IX die Dienststellen der öffentlichen Arbeitgeber verpflichtet, den Agenturen für Arbeit frühzeitig frei werdende und neu zu besetzende sowie neue Arbeitsplätze[310] zu melden. Sofern der Dienstherr eine Stelle nur intern ausschreibt, besteht keine Meldepflicht nach § 82 S. 1 SGB IX.[311] Aus der aus § 82 S. 1 SGB IX resultierenden Meldepflicht ist der Dienstherr nicht ganz frei in seiner Entscheidung, wo er die Stelle ausschreibt.

Weitere Besonderheiten ergeben sich im Kommunalbereich für die Stellen der Beamten auf 80
Zeit (siehe Rn. 71). Diese Stellen sind gemäß § 109 Abs. 1 S. 3 HS 1 NKomVG grundsätzlich öffentlich auszuschreiben.
Nach § 109 Abs. 1 S. 3 HS 2 NKomVG kann die Vertretung im Einvernehmen mit dem Hauptverwaltungsbeamten beschließen, von der Ausschreibung abzusehen, wenn sie beabsichtigt,

1. den bisherigen Stelleninhaber erneut zu wählen oder
2. einen bestimmten Bewerber zu wählen, und nicht erwartet, dass sich im Ausschreibungsverfahren eine andere Person bewerben würde, die wegen ihrer Eignung, Befähigung und Sachkunde vorzuziehen wäre.

Für den Beschluss nach Nr. 2 ist gemäß § 109 Abs. 1 S. 4 NKomVG eine Mehrheit von drei Vierteln der Mitglieder der Vertretung[312] erforderlich.
Weiterhin kann eine Ausschreibungspflicht für Beamtenstellen aus dem **Grundsatz der Selbstbindung der Verwaltung** hergeleitet werden, wenn dies vom Dienstherrn früher regelmäßig so gehandhabt wurde. Durch eine allgemeine Neuregelung kann diese Selbst-

---

307 Bereiche im Sinne des NGG sind u.a. Besoldungsgruppen (siehe § 3 Abs. 4 NGG).
308 Zum Begriff der Dienststelle siehe § 3 Abs. 2 NGG.
309 Vom Begriff des Arbeitgebers sind auch Dienstherrn erfasst. Dies ergibt sich aus dem Kontext mit § 73 Abs. 1 SGB IX.
310 Arbeitsplätze sind auch Stellen, auf denen Beamte beschäftigt werden (siehe § 73 Abs. 1 SGB IX).
311 Müller, öAT 2012, S. 126, S. 126
312 § 45 Abs. 1 S. 2 NKomVG

bindung generell für die Zukunft aufgehoben bzw. geändert werden. Dies würde jedoch dem Gleichbehandlungsgebot aus Art. 3 Abs. 1 GG widersprechen, sofern dies nur in einzelnen Fällen geschieht.[313]
Abgesehen von diesen wenigen Sonderfällen ist die Entscheidung, ob und wie, also intern oder extern, ausgeschrieben wird, in das Organisationsermessen des Dienstherrn gestellt. Der häufigste – durch Gründe der Personalplanung beeinflusste – Anwendungsfall eines Absehens von einer Stellenausschreibung ist die „wertgleiche" Nachbesetzung des Dienstpostens. Es handelt sich mithin nicht um einen Beförderungsdienstposten im eigentlichen Sinne, weil es die Absicht des Dienstherrn ist, durch Um- oder Versetzung ohne Änderung des Besoldungsniveaus die Nachfolge zu regeln. Dies ist wiederum Ausfluss der allgemeinen Organisationsgewalt des Dienstherrn. Ein schutzwürdiger Individualanspruch, einen vakanten Dienstposten für mögliche Beförderungsbewerber zu öffnen, ist nicht zu erkennen.[314]

Der Verzicht auf eine Ausschreibung einer Beamtenstelle bedarf nach § 65 Abs. 1 Nr. 20 NPersVG der Zustimmung der Personalvertretung, es sei denn, der zu besetzende Dienstposten soll mit einem Beamten der entsprechenden Besoldungsgruppe besetzt werden.[315]

81 Bei der **Ausgestaltung der Stellenausschreibungen** ist die Behörde aufgrund der sich aus Gesetzen und Rechtsprechung ergebenden rechtlichen Rahmenbedingungen nicht völlig frei, gleichwohl muss sie mittels der Stellenausschreibung versuchen, qualifizierte Bewerber anzusprechen und zur Abgabe einer Bewerbung zu motivieren. Hierbei ist vor allem darauf zu achten, dass konstitutive und beschreibende Anforderungskriterien genau benannt und entsprechend bezeichnet werden.[316] Aus der Stellenausschreibung muss sich ergeben, welche Anforderungen von allen Bewerbern zwingend erwartet werden und welche Kriterien zwar nicht notwendig für eine Einbeziehung in das Auswahlverfahren sind, bei im Wesentlichen gleicher Eignung der Bewerber aber maßgeblich berücksichtigt werden.[317]

82 Daneben sind Stellenausschreibungen unter Berücksichtigung des § 11 AGG[318] benachteiligungsfrei bzw. neutral zu formulieren.[319] Um mögliche „Benachteiligungen" insbesondere beim Zugang zur Erwerbstätigkeit zu vermeiden, sollten Stellenausschreibungen sorgfältig auf mögliche „Benachteiligungssachverhalte" im Ausschreibungstext geprüft werden. Allerdings stellt nicht jede Ungleichbehandlung automatisch eine unzulässige Benachteiligung dar. Das AGG erlaubt Ungleichbehandlungen (siehe §§ 5, 8 bis 10 AGG). Hier geht es um die Rechtfertigung der unmittelbaren Benachteiligung.
Ausschreibungen sind grundsätzlich nach § 11 i.V.m. § 24 Nr. 1 AGG geschlechtsneutral zu verfassen. Von diesem Grundsatz darf nur abgewichen werden, wenn hierfür ein sachlicher Grund besteht. Sollte kein sachlicher Grund vorliegen, so ist die Stellenausschreibung stets geschlechtsneutral zu verfassen: weibliche und männliche Form bzw. geschlechtsneutrale Formulierung. Hiervon bleibt jedoch das Recht, ein unterrepräsentiertes Geschlecht mittels der Ausschreibung in besonderer Weise anzusprechen, unberührt.

313 VGH Kassel, Beschl. v. 18.02.1991, Az. 1 TG 85/91 (juris); Zentgraf in Metzler-Müller/Rieger/ Seeck/Zentgraf, § 9 BeamtStG, Anm. 4.1; Hoffmann, S. 50
314 BVerwG, Urt. v. 25.11.2004, Az. 2 C 17/03 (juris) = ZTR 2005, 275 f.; **a.A.** BAGE 103, 212
315 Beachte § 65 Abs. 3 NPersVG.
316 Hoffmann, S. 50
317 BVerwG, Beschl. v. 20.06.2013, Az. 2 VR 1/13 (juris) = BVerwGE 147, 20-37
318 Über § 24 AGG sind die Vorschriften des AGG u.a. für Beamte entsprechend anzuwenden.
319 BeckOK ArbR/Roloff, § 11 AGG, Rn. 1-2

Auch darf nach dem AGG in der Stellenausschreibung grundsätzlich **kein Altersbezug** (Mindest- und Höchstalter) enthalten sein. Jedoch sind Altersgrenzen[320] für die Einstellung oder Übernahme in eine Beamtenlaufbahn durch das AGG nicht ausgeschlossen.[321] Eine Ausschreibung, in der ein Hinweis enthalten ist, dass ausdrücklich „junge" Beamte gesucht werden, verletzt die Pflicht zur neutralen Stellenausschreibung, wenn hierfür keine Rechtfertigungsgründe nach dem AGG vorliegen.[322]

In der Stellenausschreibung ist auf eine **mögliche Teilzeitbeschäftigung** gemäß § 11 Abs. 1 S. 3 NGG hinzuweisen.

Es empfiehlt sich, die Stellenausschreibungen *grundsätzlich* wie folgt vorzunehmen:
- geschlechtsneutral (z. B. Personalsachbearbeiterin/Personalsachbearbeiter)
- kein Altersbezug, d.h. keine Angabe eines Höchst- oder Mindestalters
- kein Abstellen auf Rasse, ethnische Herkunft; ein Lichtbild darf nicht gefordert werden
- auf die – auch mittelbare – Anknüpfung an eine bestimmte Herkunft sollte verzichtet werden
- auf unmittelbare oder mittelbare Anknüpfung an Behinderungsmerkmale (z. B. „belastbar", Körpergröße/-gewicht) sollte verzichtet werden
- einen Hinweis auf eine mögliche Teilzeitbeschäftigung zu geben

Bei der in der Stellenausschreibung anzugebenden **Bewerbungsfrist**, also dem Zeitpunkt, bis zu dem die Bewerbung vorliegen muss, handelt es sich nicht um eine Ausschlussfrist, sondern um eine Ordnungsfrist mit der Folge, dass es im pflichtgemäßen Ermessen der zuständigen Behörde liegt, ob sie eine verspätete Bewerbung noch berücksichtigt oder zurückweist. Ist das Stellenbesetzungsverfahren im Zeitpunkt der Bewerbung bereits so weit fortgeschritten, dass deren Berücksichtigung die legitimen Interessen des Dienstherrn an einer möglichst zügigen Stellenbesetzung beeinträchtigen würde, ist die Zurückweisung der Bewerbung in der Regel nicht ermessensfehlerhaft.[323]

II. Anforderungsprofil

Im Anforderungsprofil werden die Ausprägungen von Anforderungskriterien, bezogen auf 83
die Aufgaben einer Stelle, differenziert dargestellt. Das Anforderungsprofil stellt dar, welche formalen Voraussetzungen, Kenntnisse und Fähigkeiten Bewerber mitbringen sollten, um für die Stellenbesetzung in Frage zu kommen.[324]

---

[320] Siehe u.a. § 16 NLVO.

[321] BVerwG, Urt. v. 19.12.2009, Az. 2 C 18/07; BVerwGE 133, 143-153 (juris)

[322] VG Mainz, Urt. v. 21.01.2009, Az. 7 K 484/08, BeckRS 2009, 313-16

[323] BVerwG, Beschl. v. 30.04.2012, Az. 2 VR 6/11 (juris)

[324] Hopp/Göbel, S. 289

Aus Art. 33 Abs. 2 GG resultiert die Pflicht des Dienstherrn, ein Anforderungsprofil für die zu besetzende Stelle festzulegen.[325] Unstrittig ist, dass das Anforderungsprofil vor der Auswahlentscheidung vorliegen muss.[326] Es empfiehlt sich jedoch in der Praxis, das Anforderungsprofil bereits bei der Stellenausschreibung erstellt zu haben und auf Basis desselbigen die Stellenausschreibung zu fertigen.
Bei der Festlegung des Anforderungsprofils besteht ein **organisations- und verwaltungspolitisches Ermessen** des Dienstherrn, wie er einen Dienstposten zuschneiden will und welche Anforderungen er der Bewerberauswahl zugrunde legen möchte. Dieses Ermessen besteht jedoch nicht uneingeschränkt, sondern die Festlegung des Anforderungsprofils muss anhand sachlicher Erwägungen erfolgen.[327] Sollte sich das Anforderungsprofil nicht am Leistungsgrundsatz des Art. 33 Abs. 2 GG orientieren, ist nicht nur das Anforderungsprofil, sondern das gesamte Auswahlverfahren fehlerhaft.[328]

84 Strittig ist, ob sich das Anforderungsprofil darüber hinaus am Aufgabenprofil der konkreten Stelle oder an dem angestrebten Statusamt orientierten soll. Das **BVerfG** hat sich in seinem Beschluss vom 07.03.2013 mit der Frage beschäftigt, auf welcher Grundlage ein Anforderungsprofil basieren soll, um einen Leistungsvergleich i.S.d. Art. 33 Abs. 2 GG sicherzustellen. Nach der Entscheidung des BVerfG muss dem Anforderungsprofil ein konkreter Aufgabenbereich des Statusamtes entnommen werden können. Aus der Stellenausschreibung muss sich also ergeben, welche Anforderungen von allen Bewerbern zwingend erwartet werden und welche Kriterien zwar nicht notwendig für eine Einbeziehung in das Auswahlverfahren sind, bei im Wesentlichen gleicher Eignung der Bewerber aber maßgeblich berücksichtigt werden. Bei der inhaltlichen Gestaltung des Anforderungsprofils ist folglich das Amt im abstrakt-funktionellen Sinne[329] zu Grunde zu legen.[330]
Eine andere Auffassung vertritt das **BVerwG**. Nach Entscheidung des BVerwG vom 20.06.2013 hat die Auswahlentscheidung stets in Bezug auf das konkret angestrebte statusrechtliche Amt zu erfolgen. Eine Einengung des Bewerberfeldes auf Grund der besonderen Anforderungen eines bestimmten Dienstpostens ist mit dem aus Art, 33 Abs. 2 GG resultierenden Grundsatz der Bestenauslese grundsätzlich nicht vereinbar.

Bezugspunkt der Auswahlentscheidung nach Art. 33 Abs. 2 GG ist nicht die Funktionsbeschreibung des konkreten Dienstpostens, sondern das angestrebte Statusamt. Hiermit ist nicht vereinbar, einen Bewerber vom Auswahlverfahren auszuschließen, nur wenn er den besonderen Anforderungen des aktuell zu besetzenden Dienstpostens nicht entspricht. Dies steht mit dem Laufbahnprinzip nicht in Einklang. Ausnahmen hiervon sind nur zulässig, wenn die Wahrnehmung der Aufgaben eines Dienstpostens zwingend besondere Kenntnisse oder Fähigkeiten voraussetzt, die ein Laufbahnbewerber regelmäßig nicht mitbringt und sich in angemessener Zeit und ohne unzumutbare Beeinträchtigung der Aufgabenwahrnehmung auch nicht verschaffen kann. Diese Voraussetzungen hat der Dienstherr darzulegen, sie unterliegen voller gerichtlicher Kontrolle.[331]

---

[325] BAG Urt. v. 21.01.2003, BeckRs 2003, 30302259 Rn. 2 (1); Müller, öAT 2012, S. 126, 12; Hoffmann vertritt die Auffassung, dass der Dienstherr nicht verpflichtet ist, Anforderungsprofile zu erstellen, siehe Hoffmann, S. 26.
[326] Hoffmann, S. 133
[327] BVerfG, ZBR 2000, S. 377 ff.
[328] BVerfG, Beschl. v. 08.10.2007, NVwZ 2008, S. 69 f.
[329] Siehe Rn. 48
[330] BVerfG, Beschl. v. 07.03.2013, NVwZ 2013, S. 1603 f., Rn. 16-19; Lorse, ZBR 2014, S. 289, 293 f.
[331] BVerwG, Beschl. v. 20.06.2013, BeckRS 2013, 53574, Rn. 28-31; Lorse, ZBR 2014, S. 289, 292 f.

Da der Dienstherr durch die Bestimmung des Anforderungsprofils die Auswahlentscheidung vorprägt, hier eine gewissermaßen „antizipierte Auswahlentscheidung" verfolgt, bleibt das Anforderungsprofil für das Auswahlverfahren verbindlich.[332] Eine Änderung des Anforderungsprofils im laufenden Auswahlverfahren durch Hinzufügen oder Streichen von Kriterien ist unzulässig. Zieht der Dienstherr in Erwägung, das Anforderungsprofil nach Beginn des Auswahlverfahrens zu modifizieren, so muss dieser das Auswahlverfahren abbrechen.[333]
Zur Bindungswirkung des Dienstherrn an das Anforderungsprofil im Rahmen der Auswahlentscheidung wird auf die Entscheidung des BayVGH (Beschl. v. 11.05.2009, Az. 3 CE 09.596 [juris]), die zwischen konstitutivem und beschreibendem Anforderungsprofil differenziert, verwiesen.[334]
Das konstitutive Anforderungsprofil (auch als spezielles Anforderungsprofil bezeichnet) begründet einen eigenen, von der dienstlichen Beurteilung getrennten und objektiv überprüfbaren Auswahlmaßstab für den konkret zu besetzenden Dienstposten. Es unterliegt der vollen gerichtlichen Überprüfbarkeit.[335] Als konstitutiv einzustufen sind dabei diejenigen Merkmale des Anforderungsprofils, die zwingend vorgegeben und anhand objektiv überprüfbarer Kriterien als tatsächlich gegeben letztlich eindeutig und unschwer feststellbar sind.[336]

Beispiele für konstitutive Merkmale:
Fremdsprachenkenntnisse, Word- und Excel-Kenntnisse, Höchstaltersgrenzen, Bildungsvoraussetzungen (Hoffmann, S. 32).

Das beschreibende Anforderungsprofil (auch als deklaratorisches oder deskriptives Anforderungsprofil bezeichnet) beinhaltet die in der Stellenausschreibung mitgeteilten Qualifikationswünsche, also allgemeine, beschreibende Eigenschaften, Kenntnisse und Fertigkeiten. Es beinhaltet Kriterien, die nicht den Ansprüchen des konstitutiven Anforderungsprofils entsprechen. D.h., die Kriterien müssen nicht zwingend vom Bewerber erfüllt werden. Sie erlangen erst dann Bedeutung, wenn der Bewerber das konstitutive Anforderungsprofil erfüllt. Die beschreibenden Merkmale unterliegen im Gegensatz zu den Kriterien des konstitutiven Anforderungsprofils nur einer eingeschränkten gerichtlichen Überprüfung.[337]

Beispiele für beschreibende Merkmale:
Aktive und passive Kritikfähigkeit, Teamfähigkeit, allgemeine soziale Kompetenzen (Hoffmann, S. 32).

332 OVG Lüneburg, Beschl. v. 24.08.2004, Az. 5 ME 92/04 (juris); Baßlsperger, ZBR 2014, S. 73, 73; Hoffmann, S. 33
333 Hoffmann, S. 33
334 Zentgraf in Metzler-Müller/Rieger/Seeck/Zentgraf, § 9 BeamtStG, Anm. 4.1
335 Baßlsperger, ZBR 2014, S. 73, 74
336 VGH Baden-Württemberg, Beschl. v. 07.12.2010, Az. 4 S 2057/10 (juris)
337 OVG Münster, Beschl. v. 08.09.2008, Az. 1 B 910/08 (juris); Hoffmann, S. 31

III. Auswahlgrundsätze und Hilfskriterien

85 In Art. 33 Abs. 2 GG ist das sog. Leistungsprinzip verankert, welches auch als Bestenauslese bezeichnet wird. Hiernach richtet sich der Zugang zu jedem öffentlichen Amt nach den Kriterien der Eignung, Befähigung und fachlichen Leistung. Einfachgesetzliche Regelungen finden sich daneben in §§ 9 BeamtStG, 2 Abs. 1 NLVO wieder.[338]
Der Dienstherr muss bei der Besetzung einer Stelle einen Leistungsvergleich vornehmen. Dieser muss anhand aussagekräftiger, d.h. aktueller, hinreichend differenzierter und auf gleichen Bewertungsmaßstäben beruhenden dienstlichen Beurteilungen vorgenommen werden.[339]
Ergibt sich aus den aktuellen Beurteilungen kein Vorsprung zugunsten eines Bewerbers nach den materiellen Kriterien der Bestenauslese, muss der Dienstherr zunächst auf andere leistungs- und eignungsbezogene Auswahlkriterien zurückgreifen und darf nur dann sogenannte Hilfskriterien heranziehen, wenn andere Auswahlkriterien nicht zur Verfügung stehen oder aber ebenfalls einen Leistungsvorsprung eines Bewerbers nicht erkennen lassen. Als weitere leistungsbezogene Kriterien kommen u.a. ältere Beurteilungen oder auch die Ergebnisse eines strukturierten Auswahlgesprächs in Betracht, wobei dem Dienstherrn bei der Heranziehung weiterer leistungsbezogener Erkenntnisquellen ein Ermessensspielraum zusteht. Das Auswahlgespräch stellt nach Ansicht des OVG Lüneburg kein Hilfskriterium dar, sondern ist eine leistungsbezogene Erkenntnisquelle, der gemessen an den Kriterien der Bestenauslese Aussagekraft zukommt.[340]

86 Sollte der Dienstherr nach dem Leistungsvergleich feststellen, dass mehrere Bewerber von ihrer Leistung her im Wesentlichen gleich sind, darf der Dienstherr zur weiteren Schärfung des Leistungsprofils auf nicht leistungsbezogene Hilfskriterien zurückgreifen.[341] Der Dienstherr kann nach sachgerechten Gesichtspunkten und in den Grenzen des Willkürverbots grundsätzlich frei darüber befinden, welche Hilfskriterien für die Auswahlentscheidung den Ausschlag geben sollen.[342] Bei der Heranziehung der Hilfskriterien ist der Dienstherr nicht an eine bestimmte Reihenfolge gebunden, gleichwohl an den Gleichbehandlungsgrundsatz (s. Art. 3 Abs. 1 GG).[343] Hat er eine bestimmte Reihenfolge gewählt, so darf der Dienstherr jedoch nicht ohne sachlichen Grund davon abweichen.[344] Ein nicht leistungsbezogenes Hilfskriterium darf jedoch bei einer Auswahlentscheidung nicht auschlaggebendes Auswahlkriterium sein.[345]
Zulässige Hilfskriterien stellen insbesondere die Unterrepräsentanz eines Geschlechts, eine vorliegende Behinderung oder das Lebens- und Dienstalter dar.
Nach § 13 Abs. 5 S. 1 NGG darf zur Erreichung des in § 1 Abs. 1 Nr. 2 NGG genannten Ziels bei der Einstellung, Beförderung und Übertragung höherwertiger Tätigkeiten eine Person des unterrepräsentierten Geschlechts bei gleicher Eignung, Befähigung und fachlicher Leistung gegenüber einer Person des anderen Geschlechts bevorzugt werden. Diese Bevorzugung ist nach § 13 Abs. 5 S. 2 NGG nicht zulässig, wenn bei der Person des anderen Geschlechts

[338] Siehe Rn. 137
[339] BVerwG, Urt. v. 04.11.2010, NJW 2011, S. 695 ff.; BVerwG, Beschl. v. 27.09.2011, NVwZ-RR, S. 71 f.; BVerwG, Urt. v. 19.12.2002, BeckRS 2003, 21261; BVerwG, Urt. v. 27.02.2003, BeckRS 2003, 30309316
[340] OVG Lüneburg, Beschl. v. 09.07.2009, Az. 5 LA 142/07 (juris)
[341] Hoffmann, S. 90
[342] OVG NRW, Beschl. v. 30.11.2015, Az. 6 B 1080/15, DÖD 2016, S. 160, 164
[343] Baßlsperger, ZBR 2014, S. 73, 77; Schnellenbach, § 3, Rn. 65
[344] Baßlsperger, ZBR 2014, S. 73, 77
[345] VGH Kassel, NVwZ 1996, S. 49

schwerwiegende persönliche Gründe vorliegen, hinter denen das in Satz 1 genannte Ziel zurücktreten muss und die durch persönliche Gründe, die bei der Person des unterrepräsentierten Geschlechts vorliegen, nicht aufgewogen werden.
Es besteht zwar kein gesetzlich normierter Rechtsanspruch eines schwerbehinderten Bewerbers auf bevorzugte Einstellung oder Beförderung, jedoch darf bei einem Qualifikationsgleichstand mehrerer Bewerber die Schwerbehinderung als Hilfskriterium mit sozialem Belang herangezogen werden.[346] Der Schwerbehinderteneigenschaft kommt bei der Auswahl um eine Beförderungsstelle als Hilfskriterium gegenüber leistungsbezogenen Kriterien jedoch kein Vorrang zu.[347]
Eine in der Praxis eher selten auftretende Konstellation wäre, dass ein schwerbehinderter Bewerber und ein nichtschwerbehinderter Bewerber, der dem unterrepräsentierten Geschlecht i.S.d. NGG zugeordnet ist, nach den Kriterien der Bestenauslese von ihrer Leistung her gleichauf sind. In diesem Falle wäre eine bevorzugte Einstellung eines schwerbehinderten Bewerbers nur im Nachrang zur Berücksichtigung des unterrepräsentierten Geschlechts zulässig, da die Schutzvorschriften behinderter Bewerber schwächer als die Regelungen aus dem NGG zur Privilegierung zur Unterrepräsentanz ausgestaltet sind.[348]
Auch das Lebens- oder Dienstalter können bei einer Auswahlentscheidung als Hilfskriterien mit herangezogen werden, dürfen jedoch nicht von ausschlaggebender Bedeutung sein, da dies in der Regel nicht mit dem Grundsatz der Bestenauslese vereinbar ist.[349]

IV. Auswahlverfahren

Um dem Anspruch, „den besten Bewerber rechtssicher zu finden", gerecht zu werden, müs- 87
sen die Bewerber ein Auswahlverfahren durchlaufen, das sich an die Stellenausschreibung anschließt.
Dieses kann von der Analyse und Bewertung der Bewerbungsunterlagen bis hin zum Assessment-Center reichen. Dabei sind neben dem Leistungsgrundsatz, resultierend aus Art. 33 Abs. 2 GG, weitere gesetzliche Regelungen durch den Dienstherrn zu beachten.

Neben den bereits erörterten beamtenrechtlichen Vorschriften ist insbesondere § 12 Abs. 1 88
S. 1 NGG zu berücksichtigen.
Hiernach sollen nach § 12 Abs. 1 S. 1 NGG bei der Besetzung von Stellen in Bereichen, in denen ein Geschlecht unterrepräsentiert ist, mindestens zur Hälfte Personen dieses Geschlechts, die die in der Stellenausschreibungen angegebenen Mindestvoraussetzungen erfüllen, in die engere Wahl einbezogen und zu einem Vorstellungsgespräch eingeladen werden. Dies gilt gemäß § 12 Abs. 1 S. 2 NGG für die Übertragung einer höherwertigen Tätigkeit und die Besetzung eines Dienstpostens ohne Stelle (z.B. Ausbildungsplätze der Anwärter) entsprechend.
Haben schwerbehinderte Menschen sich um einen Arbeitsplatz beworben oder sind sie von der Bundesagentur für Arbeit oder einem von dieser beauftragten Integrationsfachdienst vorgeschlagen worden, werden sie gemäß § 82 S. 2 SGB IX zu einem Vorstellungsgespräch eingeladen. Eine Einladung ist entbehrlich, wenn die fachliche Eignung offensichtlich fehlt (§ 82 S. 3 SGB IX). An

346 Hoffmann, S. 112
347 OVG Lüneburg, Beschl. v. 14.04.2003, Az. 2 ME 129/03 (juris)
348 BVerwG, Urt. v. 30.06.2011, Az. 2 C 19.10 (juris)
349 Reich, § 9 BeamtStG, Rn. 6; BVerwG, Urt. v. 25.08.1988, Az. 2 C 51/86 (juris)

die fachliche Eignung sollten keine großen Anforderungen gestellt werden. Hierbei sollte sich der Dienstherr an den Ausbildungs- und Prüfungsvoraussetzungen orientieren.[350]
Zu den Beteiligungsrechten bzw. -erfordernissen der Personalvertretung, Gleichstellungsbeauftragten sowie Schwerbehindertenvertretung wird auf die Ausführungen unter Rn. 102 ff. verwiesen.

89 Der Dienstherr ist grundsätzlich verpflichtet, ein einmal eingeleitetes Stellenbesetzungsverfahren zu beenden. Der Abbruch eines Stellenbesetzungsverfahrens stellt die Ausnahme dar und bedarf eines sachlichen Grundes.[351] Unsachlich ist ein Grund, wenn er nicht aus Art. 33 Abs. 2 GG abgeleitet werden kann.
Stützt der Dienstherr den Abbruch auf einen unsachlichen Grund, so darf er das Stellenbesetzungsverfahren nicht erneut durchführen, da er ansonsten den Bewerberverfahrensanspruch der Bewerber des vorangegangenen Auswahlverfahrens verletzen würde.[352]

Gründe für einen Abbruch können z.B. sein:
- das Anforderungsprofil muss optimiert werden[353]
- es sind Verfahrensfehler aufgetreten[354]
- haushaltswirtschaftliche Gründe[355]
- die Stellenbewertung hat sich geändert[356]
- der Dienstherr möchte die Stelle nicht mehr nachbesetzen[357]
- das Anforderungsprofil wird von keinem Bewerber erfüllt[358][359]

Über den Abbruch müssen alle in das Auswahlverfahren einbezogenen Kandidaten rechtzeitig und unmissverständlich informiert werden; der Abbruch muss grundsätzlich in den Akten dokumentiert sein.[360] Wird das Stellenbesetzungsverfahren aus einem sachlichen Grund abgebrochen, so erlischt der Bewerberverfahrensanspruch.[361]

90 Aus Art. 33 Abs. 2 GG in Verbindung mit Art. 19 Abs. 4 GG folgt die Pflicht, dass der Dienstherr seine wesentlichen Auswahlerwägungen schriftlich niederzulegen hat.[362] Die Dokumentation muss bis zum Abschluss des Stellenbesetzungsverfahrens erfolgen.[363]
Nach Abschluss des Auswahlverfahrens sind unterlegene Mitbewerber über das Ergebnis desselbigen zu unterrichten. Diese Mitteilung stellt einen belastenden Verwaltungsakt für den unterlegenen Bewerber dar.[364]

---

350 LAG Rheinland-Pfalz, Urt. v. 10.02.2015, Az. 6 Sa 465/14 (juris); Günther, öAT 2015, S. 236; Müller, öAT 2012, S. 126, 12
351 BVerfG, Urt. v. 26.01.2012, BeckRS 2012, 50028, Rn. 27; BVerwG, Urt. v. 31.03.2011, NVwZ 2011, S. 1528, Rn. 16; Hoffmann, S. 117
352 BVerfG, Beschl. v. 28.11.2011, NVwZ 2012, S. 366 f. Rn. 22; Baßlsperger, ZBR 2014, S. 73, 77
353 OVG Rheinland-Pfalz, Beschl. v. 30.06.1997, Az. 2 B 11 653/97 (juris)
354 BVerwG, Urt. v. 26.01.2012, Az. 2 A 7/09 (juris)
355 Kümmel, § 9 NBG; Rn. 13
356 LAG Rheinland-Pfalz, Beschl. v. 09.02.2012, BeckRS 2012 67720
357 BVerwG, Urt. v. 19.11.2012, NVwZ 2013, S. 955 f. Rn. 16
358 BVerwG, Urt. v. 25.04.1996, NVwZ 1997, S. 283 f.
359 Hoffmann, S. 118 f.
360 BVerwG, Urt. v. 26.01.2012, Az. 2 A 7/09 (juris); Hoffmann, S. 117
361 OVG Koblenz, NVwZ 1999, S. 49
362 BVerfG, Beschl. v. 09.07.2007, Az. 2 BvR 206/07 (juris)
363 Hoffmann, S. 113
364 BVerwG, Urt. v. 25.08.1988, Az. 2 C 62/85 (juris)

Der Dienstherr ist darüber hinaus verpflichtet, vor Aushändigung einer Ernennungsurkunde einen ausreichenden Zeitraum zu warten, um dem unterlegenen Bewerber die Möglichkeit zu geben, im Rahmen seines Bewerbungsverfahrensanspruchs nach § 123 Abs. 1 VwGO den Bewerbungsverfahrensanspruch gerichtlich überprüfen zu lassen und auf diesem Wege die beabsichtigte Personalmaßnahme zu verhindern.[365] In der Praxis der Verwaltungsgerichte hat sich eine Wartezeit von zwei Wochen ab Zugang der Mitteilung über die Ablehnung der Bewerbung als angemessen herausgebildet.[366] Während der Wartezeit ist der Dienstherr verpflichtet, alle Beförderungen, auf die sich der Rechtschutzantrag erstreckt, zu unterlassen.[367] Die Auswahlentscheidung selbst ist im Hauptsacheverfahren anzufechten.[368] Dazu muss eine sog. beamtenrechtliche Konkurrentenklage beim zuständigen Verwaltungsgericht eingereicht werden.[369]

C. DIE ERNENNUNGSFÄLLE IM ÜBERBLICK

Nach § 8 Abs. 1 BeamtStG bedarf es in den dort aufgeführten Fällen einer Ernennung. Die beamtenrechtlichen Ernennungsfälle sind in dieser Norm **abschließend** aufgezählt. Folgende Ernennungsfälle sind in der Praxis denkbar. 91

1. § 8 Abs. 1 Nr. 1 BeamtStG i.V.m. § 18 S. 1 HS 1 NBG = **Begründung eines Beamtenverhältnisses (sog. Einstellung)** 92

Die Beamtenverhältnisse, die durch eine Ernennung begründet werden können, ergeben sich aus den §§ 4 und 5 BeamtStG.

Der Ernennungsfall der Begründung eines Beamtenverhältnisses setzt **in der Regel** voraus, dass zum Zeitpunkt des Wirksamwerdens der Ernennung kein Beamtenverhältnis **bei demselben Dienstherrn** besteht oder aber zu diesem Zeitpunkt bereits beendet ist.

Beispiel 1:
H., der sich noch nie in einem Beamtenverhältnis befunden hat, wird nach Erwerb der allgemeinen Hochschulreife im Juni 2016 mit Wirkung vom 01.08.2016 zum Stadtinspektor-Anwärter (Beamtenverhältnis auf Widerruf) ernannt.

Beispiel 2:
Das Beamtenverhältnis auf Widerruf der Kreisinspektor-Anwärterin Z. endete nach Ableistung des Vorbereitungsdienstes mit Ablauf des 31.07.2016. Z. wird mit Wirkung vom 01.08.2016 zur Kreisinspektorin (Beamtenverhältnis auf Probe) ernannt.

---

365 Zentgraf in Metzler-Müller/Rieger/Seeck/Zentgraf, § 9 BeamtStG, Anm. 5.; Kümmel, § 9 NBG, Rn. 51
366 BVerwG, Urt. v. 04.11.2010, Az. 2 C 16/09 (juris)
367 BVerwG, Urt. v. 22.11.2012, Az. 2 VR 5.12 (juris)
368 Hoffmann, S. 131 f.
369 Zentgraf in Metzler-Müller/Rieger/Seeck/Zentgraf, § 9 BeamtStG, Anm. 5.

Eine Ausnahme, dass die Begründung eines Beamtenverhältnisses auch zulässig ist, obwohl bereits ein Beamtenverhältnis bei demselben Dienstherrn besteht, stellt u.a. die Berufung in ein Beamtenverhältnis **auf Zeit** dar. In diesem Falle ist der Beamte gemäß § 22 Abs. 3 BeamtStG mit der Berufung in ein Beamtenverhältnis auf Zeit aus dem anderen Beamtenverhältnis bei demselben Dienstherrn kraft Gesetz entlassen.[370]

Beispiel:
B., die als Beamtin auf Lebenszeit bei der Stadt K. tätig ist, wird zur Ersten Stadträtin (Beamtenverhältnis auf Zeit) bei der Stadt K. ernannt. Das Beamtenverhältnis auf Lebenszeit endet mit der Berufung in das Beamtenverhältnis auf Zeit.

Zur Möglichkeit der Begründung eines sog. Doppelbeamtenverhältnisses wird auf die Ausführungen unter Rn. 73 verwiesen.

93 2. § 8 Abs. 1 Nr. 2 BeamtStG = **Umwandlung**

Dieser Ernennungsfall, mit dem die Veränderung des Grundstatus einhergeht, setzt voraus, dass zum Zeitpunkt der Ernennung bereits ein Beamtenverhältnis bestanden hat. Der in § 8 Abs. 1 Nr. 2 BeamtStG in Klammern angeführte Verweis auf § 4 BeamtStG hat zur Folge, dass eine Umwandlung nur in eines der dort aufgeführten Beamtenverhältnisse zulässig ist. Ausgenommen von der Umwandlung ist folglich das Ehrenbeamtenverhältnis nach § 5 BeamtStG.[371] Nach § 5 Abs. 3 BeamtStG kann ein Ehrenbeamtenverhältnis nicht in ein Beamtenverhältnis anderer Art, ein solches nicht in ein Ehrenbeamtenverhältnis umgewandelt werden.[372]

Der in der Praxis sicherlich relevanteste Fall der Umwandlung ist die Umwandlung des Beamtenverhältnisses auf Probe (§ 4 Abs. 3 a BeamtStG) in das auf Lebenszeit (§ 4 Abs. 4 S. 1 BeamtStG).

94 3. § 8 Abs. 1 Nr. 3 BeamtStG i.V.m. § 20 Abs. 1 NBG = Übertragung eines anderen Amtes mit höherem Endgrundgehalt (**Beförderung**)

Auch dieser Ernennungsfall setzt voraus, dass zum Zeitpunkt des Wirksamwerdens der Ernennung ein Beamtenverhältnis besteht und der zu Ernennende bereits ein Amt im statusrechtlichen Sinne innehat.[373] Nur so besteht die Möglichkeit, ein **anderes Amt** zu verleihen. Bei einer Beförderung erhält der Ernannte durch die Amtsverleihung ein höheres Endgrundgehalt.[374] Abzugrenzen hiervon ist der Fall, in dem dem Beamten zwar ein höheres Endgrundgehalt gewährt wird, ihm aber durch die Übertragung des anderen Amtes keine andere Amtsbezeichnung verliehen wird (beförderungsgleiche Maßnahme).[375]

---

370 Seeck in Metzler-Müller/Rieger/Seeck/Zentgraf, § 22 BeamtStG, Anm. 5

371 Zentgraf in Metzler-Müller/Rieger/Seeck/Zentgraf, § 8 BeamtStG, Anm. 2.2

372 Zentgraf in Metzler-Müller/Rieger/Seeck/Zentgraf, § 5 BeamtStG, Anm. 3

373 Zentgraf in Metzler-Müller/Rieger/Seeck/Zentgraf, § 8 BeamtStG, Anm. 2.3

374 Der Begriff des Endgrundgehaltes ist in den besoldungsrechtlichen Vorschriften nicht definiert. Es handelt sich bei dem Endgrundgehalt um den in der jeweiligen Besoldungsgruppe ausgewiesenen Grundgehaltssatz, der den höchsten Wert ausweist.

375 Baßlsperger, § 8 BeamtStG, Anm. 2.3

Beispiel:
Ein Ministerialrat der Besoldungsgruppe A 16 wird zum Ministerialrat der Besoldungsgruppe B 2 ernannt. Die Verleihung dieses Amtes bedarf einer Ernennung.

Nach § 42 Abs. 2 S. 2 BBesG[376] gehört zum Grundgehalt des Beamten auch die Amtszulage, so dass die Gewährung oder Streichung einer Amtszulage zu einer Änderung des Grundgehalts führt und somit einer Ernennung bedarf.

Beispiel:
Einem Kreisamtsinspektor (Besoldungsgruppe A 9) wird eine Amtszulage gewährt.

4. § 8 Abs. 1 Nr. 3 BeamtStG = Übertragung eines anderen Amtes mit anderem Grundgehalt **(Rückernennung)** 95

Erneut setzt dieser Ernennungsfall voraus, dass bis dahin bereits ein Beamtenverhältnis bestanden hat, da nur im Fall des bereits bestehenden Beamtenverhältnisses ein anderes Amt mit niedrigerem Endgrundgehalt verliehen werden kann. Die Rückernennung ist – wie jede Ernennung – zustimmungsbedürftig, so dass diese nur mit Willen des Beamten erfolgen kann.[377]

Beispiel für eine Rückernennung:
Ein Stadtamtmann (Besoldungsgruppe A 11) wird auf eigenen Antrag hin zum Stadtoberinspektor (Besoldungsgruppe A 10) ernannt.

5. § 8 Abs. 1 Nr. 4 BeamtStG = **Verleihung eines anderen Amtes mit anderer Amtsbezeichnung (Laufbahngruppenwechsel)**, soweit das Landesrecht dies bestimmt. 96

Eine solche landesrechtliche Regelung trifft § 8 Abs. 3 NBG. Danach bedarf es einer Ernennung außer in den Fällen des § 8 Abs. 1 Nrn. 1 bis 3 BeamtStG zur Verleihung eines anderen Amtes mit anderer Amtsbezeichnung beim Wechsel der Laufbahngruppe.
Abzugrenzen ist dieser Ernennungsfall von der Beförderung, da hier mit der Verleihung eines anderen Amtes keine Veränderung der Höhe des Endgrundgehaltes verbunden ist. Der über § 8 Abs. 1 Nr. 4 BeamtStG i.V.m. § 8 Abs. 3 NBG abgedeckte Fall ist der Wechsel eines Beamten aus dem Spitzenamt der Laufbahngruppe 1 in das 1. Einstiegsamt der Laufbahngruppe 2 (sofern dieses der Besoldungsgruppe A 9 zugeordnet ist).

Beispiel:
Ein Stadtamtsinspektor (Endamt der Laufbahngruppe 1, Besoldungsgruppe A 9) wird nach Absolvierung des Aufstiegs zum Stadtinspektor (Erstes Einstiegsamt der Laufbahngruppe 2, Besoldungsgruppe A 9) ernannt.

---

376 In der Fassung vom 31.08.2006; siehe auch § 39 S. 2 des Entwurfes zum NBesG (Nds. LT-Drs. 17/3512)

377 Baßlsperger in Weiß/Niedermaier/Summer/Zängl, § 8 BeamtStG, Rn. 10

Denkbar ist für einen Laufbahngruppenwechsel auch der umgekehrte Fall zu der zuvor beschriebenen Ausgangskonstellation. Wenn sich ein Beamter, der die Laufbahnbefähigung für das 1. Einstiegsamt der Laufbahngruppe 2 erfolgreich erworben hat, nicht innerhalb der vorgeschriebenen Probezeit bewährt (siehe § 10 S. 1 BeamtStG), dann besteht gemäß § 9 Abs. 2 S. 1 NLVO die Möglichkeit, sofern anderweitige Alternativen im Zusammenhang mit der Probezeit bereits ausgeschlossen sind und ein Verbleib im Beamtenverhältnis dennoch möglich erscheint, dem Beamten mit seiner Zustimmung ein Amt der Laufbahngruppe 1 derselben Fachrichtung zu übertragen. Denn mit dem Erwerb der Befähigung für die Laufbahn der Laufbahngruppe 2 der Fachrichtung Allgemeine Dienste wird gemäß § 36 S. 1 APVO-AD-VerwD auch die Befähigung für die Laufbahn der Laufbahngruppe 1 der Fachrichtung Allgemeine Dienste erworben. Dieser beschriebene Fall entspricht dann den Anforderungen an einen Laufbahngruppenwechsel, allerdings nur dann, wenn es sich dabei um eine Ernennung vom Inspektor zum Amtsinspektor (also den Verzahnungsämtern) handelt, da ansonsten bereits ein Fall der Rückernennung aufgrund der dann niedrigeren Besoldungsgruppe gegeben wäre.

Übersicht Ernennungsfälle, § 8 Abs. 1 Nrn. 1 bis 4 BeamtStG				
Begründung eines Beamtenverhältnisses (Einstellung), § 8 Abs. 1 Nr. 1 BeamtStG; § 18 S. 1 HS 1 NBG	**Umwandlung,** § 8 Abs. 1 Nr. 2 BeamtStG	**Übertragung eines anderen Amtes mit höherem Endgrundgehalt (Beförderung),** § 8 Abs. 1 Nr. 3 BeamtStG, § 20 Abs. 1 NBG	**Übertragung eines anderen Amtes mit anderem Grundgehalt (Rückernennung),** § 8 Abs. 1 Nr. 3 BeamstG	**Verleihung eines anderen Amtes mit anderer Amtsbezeichnung (Laufbahngruppenwechsel),** § 8 Abs. 1 Nr. 4

Abbildung 3 – Übersicht über die Ernennungsfälle

Die nachfolgenden Ausführungen gehen differenziert auf die jeweiligen spezifischen formellen und materiellen (sachlich, persönlich) Ernennungsvoraussetzungen ein.

I. Formelle Ernennungsvoraussetzungen

97 Im Rahmen der formellen Ernennungsvoraussetzungen ist, da es sich bei der Ernennung um einen Verwaltungsakt i.S.d. § 35 S. 1 VwVfG handelt, auf die Vorschriften zur Zuständigkeit, zum Verfahren und zur Form einzugehen.

1. SACHLICHE ZUSTÄNDIGKEIT

98 Die sachliche Zuständigkeit befasst sich mit der Frage, wer für die Entscheidung über die Ernennung zuständig ist.

Entsprechend der in Art. 57 Abs. 1 NV geregelten Selbstverwaltung der Gemeinden, Landkreise und sonstigen öffentlich-rechtlichen Körperschaften ist es notwendig, zumindest in Bezug auf die jeweiligen Ernennungszuständigkeiten gesonderte Regelungen für die einzelnen Dienstherren zu treffen. Der Gesetzgeber ist dem mit § 8 NBG nachgekommen.

Danach werden **die Landesbeamten**, soweit verfassungsrechtlich nichts anderes bestimmt ist, 99
gemäß § 8 Abs. 1 S. 1 NBG von der Landesregierung ernannt. Eine solche anderweitige verfassungsrechtliche Regelung trifft Art. 18 Abs. 3 NV, wonach der Präsident das Land in Angelegenheiten des Landtages vertritt, dessen Verwaltung leitet und die dienstrechtlichen Befugnisse ausübt. Er ist dabei nur an Gesetz und Recht gebunden. Wichtige Personalentscheidungen trifft er im Benehmen mit dem Präsidium. § 8 Abs. 1 S. 2 NBG beinhaltet das Recht der Landesregierung, ihre Befugnis auf einzelne Mitglieder der Landesregierung oder auf andere Stellen zu übertragen. Diese Übertragungsregelung wird mit dem Beschluss der Landesregierung vom 17.05.2016 zur Ausübung dienstrechtlicher Befugnisse[378] getroffen. Zur Definition des Begriffs der dienstrechtlichen Befugnisse wird auf den diesbezüglichen Runderlass[379] verwiesen.

Die **Kommunal- sowie die Körperschaftsbeamten** werden gemäß § 8 Abs. 2 NBG von 100
der *obersten Dienstbehörde ernannt, soweit durch Gesetz, Verordnung oder Satzung nichts anderes bestimmt ist.* Oberste Dienstbehörde ist gemäß § 3 Abs. 1 NBG die oberste Behörde des Dienstherrn, in deren Dienstbereich der Beamte ein Amt bekleidet, wobei sich nach Abs. 4 die Zuständigkeiten nach den Absätzen 1 bis 3 nach dem Aufbau der öffentlichen Verwaltung richten. Die oberste Dienstbehörde ist dabei für die Kommunalbeamten, die nicht Hauptverwaltungsbeamte der Kommune sind (siehe § 107 Abs. 5 S. 1 NKomVG), gemäß § 107 Abs. 5 S. 3 NKomVG die Vertretung, die gemäß § 45 Abs. 1 S. 1 NKomVG das Hauptorgan der Kommune ist.

Eine hierzu **abweichende gesetzliche Regelung** wird im Kommunalbereich durch § 107 Abs. 4 S. 1 NKomVG getroffen, wonach im Regelfall die Vertretung im Einvernehmen mit dem Hauptverwaltungsbeamten u.a. über die Ernennung der Beamten beschließt. Zwar wird auch nach dieser Vorschrift die Vertretung im Rahmen der Ernennung tätig, im Fall des § 107 Abs. 4 S. 1 NKomVG allerdings eben nur im Einvernehmen mit dem Hauptverwaltungsbeamten, so dass – abweichend von § 8 Abs. 2 NBG – durch Gesetz etwas anderes geregelt ist.

Diese Vorschrift enthält in § 107 Abs. 4 S. 1 HS 2 NKomVG überdies zwei Delegierungsmöglichkeiten. Danach kann die Vertretung alternativ durch einen sog. Delegierungsbeschluss ihre Befugnisse für bestimmte Gruppen von Beamten auf den Hauptausschuss übertragen, der dann im Einvernehmen mit dem Hauptverwaltungsbeamten über die Ernennung beschließt. Eine weitere Delegierungsmöglichkeit aus § 107 Abs. 4 S. 1 HS 2 NKomVG ist die Übertragung der Befugnisse auf den Hauptverwaltungsbeamten. Für die zweite Alternative entfällt dann naturgemäß das an sich geforderte Einvernehmen mit dem Hauptverwaltungsbeamten.
Die Gruppen i.S.d. § 107 Abs. 4 S. 1 NKomVG werden in der Regel über Besoldungs- oder Laufbahngruppen definiert.

Sofern die Befugnisse auf den Hauptverwaltungsbeamten übertragen werden, besteht für diesen wiederum die Möglichkeit der Weiterdelegierung im Rahmen der Geschäftsverteilungskompetenz gemäß § 85 Abs. 3 S. 1 NKomVG. Davon unberührt ist die Vertretungsmacht

378 Nds. MBl. Nr. 23/2016, S. 648
379 Gem. RdErl. d. MI, d. StK u. d. übr. Min. v. 28.11.2012, Nr. 46, S. 1242, ber. 2013 S. 891, geändert durch Verwaltungsvorschrift vom 17.05.2016 (Nds. MBl. 2016 Nr. 23, S. 648)

des allgemeinen Stellvertreters, der den Hauptverwaltungsbeamten als Organ in Personalgelegenheiten gemäß § 81 Abs. 3 S. 1 NKomVG vertritt.

Die näheren Bezeichnungen der Organe der Kommunen im Rahmen der Ernennungszuständigkeit ergeben sich aus den §§ 7 Abs. 1 u. 2 Nrn. 1 bis 5, 14 bis 16 NKomVG.

2. VERFAHREN

101 Im Rahmen der anzuwendenden Verfahrensvorschriften wird in den nachfolgenden Ausführungen insbesondere auf die im Vorfeld der Ernennung zu berücksichtigenden Beteiligungsrechte des Personalrates, aber auch auf andere zu beteiligende verwaltungsinterne Stellen eingegangen. Das gilt im gleichen Maße auch für die Themen, die im unmittelbaren Zusammenhang mit der Aushändigung der Urkunde (Aushändigung selbst und Beteiligter) stehen.

a. Beteiligungsrechte

102 Unter dem Thema Beteiligungsrechte bei Ernennungen sind insbesondere mit Hinweis auf die Wirkung für den Fall der nicht ordnungsgemäßen Beteiligung die Beteiligungsrechte des Personalrates (vgl. § 63 S. 1 Nr. 1 NPersVG) zu erörtern. Aber auch weitere Beteiligungsrechte, wie das der Gleichstellungsbeauftragten aus § 9 Abs. 5 NKomVG oder auf Landesebene in Niedersachsen aus § 20 Abs. 1 S. 2 NGG sowie die Anhörungsverpflichtung des Dienstherrn aus § 95 Abs. 2 S. 1 SGB IX gegenüber der Schwerbehindertenvertretung, die indes beide keine Vetoqualität im Gegensatz zur Personalratsbeteiligung besitzen, werden erörtert.

aa. Beteiligung des Personalrates

103 Die Beteiligung des Personalrates bei einer Ernennung richtet sich nach § 65 Abs. 1 NPersVG. Sofern eine Personalmaßnahme der Mitbestimmung unterliegt, bedarf sie nach § 68 Abs. 1 NPersVG der Zustimmung des Personalrates.

Die Aufzählung des Mitbestimmungskataloges des § 65 Abs. 1 NPersVG ist **nicht abschließend**, was aus dem Wort „insbesondere“ abzuleiten ist. Gemäß § 64 Abs. 3 S. 1 NPersVG handelt es sich im § 65 NPersVG um eine beispielhafte Aufzählung, die die Mitbestimmung bei **Maßnahmen** von ähnlichem Gewicht nicht ausschließt. Folglich könnten auch nicht in § 65 Abs. 1 NPersVG aufgeführte Ernennungsfälle der Mitbestimmung unterliegen, wenn sie qualitativ den dort aufgeführten Ernennungsfällen gleichzusetzen sind.[380] Ähnliches oder qualitativ gleiches Gewicht haben jedoch nur die Maßnahmen, die den in den Mitbestimmungskatalogen aufgezählten auch in ihren Auswirkungen entsprechen. Hierbei ist jedoch zu berücksichtigen, inwieweit die Mitbestimmungskataloge abschließende Regelungen treffen. Nach § 64 Abs. 3 S. 2 NPersVG regelt u.a. der § 65 NPersVG die dort aufgeführten **Sachverhalte** abschließend. Während eine Maßnahme eine konkrete Entscheidung bezeichnet, erfasst der Begriff des Sachverhaltes einen Geschehensablauf. D.h. die in den Mitbestimmungskatalogen genannten

[380] Dembowski/Ladwig/Sellmann, § 65, Rn. 2

Maßnahmen regeln das von ihnen betroffene tatsächliche Geschehen abschließend und lassen für die Erweiterung von Mitbestimmungstatbeständen unter dem Gesichtspunkt des gleichen oder ähnlichen Gewichts keinen Raum. Eine Erweiterung ist nur dann zulässig, wenn die Mitbestimmungstatbestände keine oder nur eine eingegrenzte Regelung getroffen haben.[381]

Der Ernennungsfall der **Umwandlung** (§ 8 Abs. 1 Nr. 2 BeamtStG) ist auch nach der zum 01.01.2016 erfolgten Novelle des NPersVG weiterhin nicht im Katalog des § 65 Abs. 1 NPersVG aufgeführt. Aufgrund der persönlichen Voraussetzungen, die bei einer Umwandlung beim zu Ernennenden vorliegen müssen (u.a. Bewährung während der Probezeit), sowie einer fehlenden Wettbewerbssituation, vergleichbar bei z.B. Einstellungen, ist es nachvollziehbar, dass der Gesetzgeber diesen Ernennungsfall nicht im Katalog des § 65 Abs. 1 NPersVG explizit aufgeführt hat. Diese „Nichtregelung" macht auch schon deshalb Sinn, da bei erfolgreicher Bewährung ein Rechtsanspruch auf die Umwandlung seitens des Bediensteten besteht[382] und damit eine darüber hinausgehende Beteiligung des Personalrates mangels Alternative für die Dienststelle obsolet wäre. Qualitativ ist die Umwandlung somit nach herrschender Meinung keinem der in § 65 Abs. 1 NPersVG aufgeführten Ernennungsfälle gleichzusetzen.
Ferner ist in den Fällen des § 65 Abs. 1 NPersVG der Ernennungsfall des § 8 Abs. 1 Nr. 4 BeamtStG i.V.m. § 8 Abs. 3 NBG nicht aufgeführt, mit dem dem Beamten, der das Spitzenamt der Laufbahngruppe 1 (Besoldungsgruppe A 9) innehat, das erste Einstiegsamt der Laufbahngruppe 2 (sofern dieses der Besoldungsgruppe A 9 zugehörig ist) verliehen wird. Dieser Ernennungsfall stellt – wie unter Rn. 96 beschrieben – keine Beförderung dar und fällt daher nicht unter die Ziffer 2 des § 65 Abs. 1 NPersVG. Somit ist dieser insoweit nicht mitbestimmungspflichtig.

Dieser Ernennungsfall setzt das erfolgreiche Ableisten eines Aufstiegs i.S.d. §§ 33, 34 NLVO voraus. Die **Zulassung zum Aufstieg**, die **keinen Ernennungsfall** darstellt, unterliegt gemäß § 65 Abs. 1 Nr. 6 NPersVG der Mitbestimmung des Personalrates.

Unabhängig davon, dass der Ernennungsfall des § 8 Abs. 1 Nr. 4 BeamtStG i.V.m. § 8 Abs. 3 NBG nicht im Katalog des § 65 Abs. 1 NPersVG aufgeführt ist, sollte auf Basis der grundsätzlichen Bedeutung dieser beamtenrechtlichen Maßnahme und der Formulierung „insbesondere" im § 65 Abs. 1 NPersVG auch dieser Fall dem Personalrat zur Mitbestimmung vorgelegt werden.
Das novellierte NPersVG sieht nach § 65 Abs. 1 NPersVG nunmehr bei folgenden Ernennungsfällen konkret die Beteiligung des Personalrates in Form der Mitbestimmung vor.
§ 65 Abs. 3 NPersVG regelt die persönlichen Ausnahmen der personellen Mitbestimmung.[383]
Eine Ausnahme bildet insoweit der § 65 Abs. 3 NPersVG, wonach sich die Mitbestimmung nicht auf personelle Maßnahmen erstreckt für:

1. Beschäftigte[384], soweit Stellen der Besoldungsgruppe A 16, der Besoldungsordnung B und der Besoldungsordnung R von der Besoldungsgruppe R 3 an aufwärts sowie entsprechender Vergütungs- oder Entgeltgruppen betroffen sind,
2. Leiterinnen oder Leiter von Dienststellen und ständige Vertreterinnen oder Vertreter sowie Beschäftigte, die in Personalangelegenheiten der Dienststelle entscheiden.

---

381 Bieler/Müller-Fritzsche, § 64, Rn. 23 f.
382 Reich, § 10 BeamtStG, Rn. 2; Battis; OVG Koblenz, Urt. v. 07.11.1984, Az. 2 A 134/83 (juris)
383 Bieler/Müller-Fritzsche, § 65, Rn. 8
384 Beschäftigte im Sinne des NPersVG sind gemäß § 4 Abs. 1 S. 1 NPersVG auch Beamte.

§ 65 Abs. 3 NPersVG ist in Gemeinden, Landkreisen und kommunalen Zusammenschlüssen gemäß § 107 Abs. 4 NPersVG u.a. auch für Dezernenten, Amtsleiter und Beschäftigte in vergleichbaren Funktionen anzuwenden. Damit dürfte die Beteiligung des Personalrates bei der Einstellung von Beamten auf Zeit zumindest im kommunalen Bereich keinerlei praktische Bedeutung entwickeln. Zum Personenkreis, die im Sinne des § 65 Abs. 3 Nr. 2 NPersVG in Personalangelegenheiten entscheiden, gehören diejenigen, die stellenplanmäßig bzw. geschäftsordnungsmäßig die Befugnis haben, in Personalangelegenheiten in eigener Verantwortung zu entscheiden. Hierzu zählen nicht Personen, die solche Entscheidungen lediglich vorbereiten.[385]

Soweit eine Maßnahme der Mitbestimmung des Personalrats unterliegt, bedarf sie gemäß § 68 Abs. 1 NPersVG seiner Zustimmung. Der Mitbestimmung des Personalrates kommt jedoch keine Bedeutung als Wirksamkeitsvoraussetzung für beamtenrechtliche Maßnahmen und folglich für Ernennungen, bei denen die Mitbestimmung gesetzlich vorgeschrieben ist, zu.[386] Somit wäre eine ohne ordnungsgemäße Beteiligung des Personalrates durchgeführte Ernennung formell rechtswidrig, aber wirksam. Die Zustimmung des Personalrates ist auch zu beantragen, wenn der von der Maßnahme betroffene Beamte mit dieser einverstanden ist.[387]
Die Zustimmung ist kein Verwaltungsakt, sondern eine verwaltungsinterne Verfahrenshandlung in Form einer öffentlich-rechtlichen Willenserklärung.[388]
Das Verfahren für die Mitbestimmung richtet sich nach § 68 Abs. 2 NPersVG (siehe hierzu Rn. 109 ff.).

104 Der Personalrat ist gemäß **§ 65 Abs. 1 Nr. 1 NPersVG** bei **Einstellungen** von Beamten zu beteiligen. Damit ist die Einstellung als die Begründung eines Beamtenverhältnisses (vgl. § 18 S. 1 HS 1 NBG) zustimmungspflichtig.
Durch die zum 01.01.2016 erfolgte Novelle des NPersVG unterliegt nunmehr auch der Fall der Einstellung eines Beamten in das Beamtenverhältnis auf Widerruf zur Ableistung eines Vorbereitungsdienstes (§ 4 Abs. 4 a BeamtStG) der Mitbestimmung und folglich der Zustimmung des Personalrates. Die Streichung der bis zum 31.12.2015 existierenden Ausnahme für diesen Einstellungsfall begründet sich aus der vom Gesetzgeber angestrebten Gleichbehandlung zwischen Anwärtern und Auszubildenden.[389]

105 Der Ernennungsfall der **Beförderung** (§ 20 Abs. 1 NBG) wird ausdrücklich in **§ 65 Abs. 1 Nr. 2 NPersVG** genannt und ist damit zustimmungspflichtig.

106 Im Zuge der Novelle des NPersVG wurde nunmehr im Katalog des § 65 Abs. 1 NPersVG die Übertragung eines Amtes mit niedrigerem Endgrundgehalt, sog. Rückernennung, aufgenommen. Nach **§ 65 Abs. 1 Nr. 3 NPersVG** unterliegt dieser Ernennungsfall grundsätzlich der Mitbestimmung. Da jedoch bei diesem Ernennungsfall weniger die Interessen der anderen Beschäftigten (§ 4 NPersVG) als vielmehr der Schutz des betroffenen Beamten im Vordergrund steht, ist die Mitbestimmung des Personalrates **nur auf Antrag** des Beamten vorgesehen.[390]
Die Dienststelle hat auf das Antragsrecht rechtzeitig hinzuweisen.

---

385 BVerwG, Beschl. v. 16.05.2012, Az. 6 PB 3.12 (juris)
386 Bieler/Müller-Fritzsche, § 63, Rn. 109
387 Bieler/Müller-Fritzsche, § 59, Rn. 5
388 OVG Nordrhein-Westfalen, Urt. v. 22.10.1984, Az. 6 A 2239/82 (juris)
389 Nds. LT-Drs. 17/4741, Ausführungen zu § 65 NPersVG
390 Nds. LT-Drs. 17/4741, Ausführungen zu § 65 NPersVG

Auch die Übertragung eines Amtes, das mit einer Amtszulage oder Stellenzulage verbunden ist, unterliegt gemäß **§ 65 Abs. 1 Nr. 4 NPersVG** der Mitbestimmung des Personalrates. 107

Die Übertragung eines Amtes, die den Wegfall einer Amts- oder Stellenzulage zur Folge hat, ist nach **§ 65 Abs. 1 Nr. 5 NPersVG** mitbestimmungspflichtig, wenn dies wiederum vom Beamten beantragt wird. Auch hier hat die Dienststelle rechtzeitig auf das Antragsrecht hinzuweisen. 108

Das Verfahren der Beteiligung des Personalrates bei Maßnahmen, die der Mitbestimmung unterliegen, richtet sich nach § 68 Abs. 2 NPersVG. 109
Gemäß § 68 Abs. 2 S. 1 NPersVG hat die Dienststelle den Personalrat über die beabsichtigte Maßnahme zu unterrichten und die Zustimmung **schriftlich** oder **durch E-Mail** zu beantragen. Die bei vorgeschriebener Schriftform erforderliche Signatur (vgl. § 3 a VwVfG) ist hier entbehrlich.[391]

Der Beschluss des Personalrates ist der Dienststelle grundsätzlich nach § 68 Abs. 2 S. 3 NPersVG innerhalb von **zwei Wochen** mitzuteilen. Diese Frist kann durch die Dienststelle gemäß § 68 Abs. 2 S. 4 in dringenden Fällen auf eine Woche verkürzt werden. Ob ein dringender Fall vorliegt, ist im Einzelfall zu beurteilen. Hierzu müssen gewichtige Gründe und außergewöhnliche Umstände vorliegen. Die Einhaltung der Regelfrist (siehe § 68 Abs. 2 S. 3 NPersVG) muss nach Lage der Dinge in zumutbarer Weise nicht möglich sein oder jedenfalls zu einer erheblichen Beeinträchtigung öffentlicher Belange führen.[392]

Auch besteht die Möglichkeit, die Frist im Einzelfall im **beiderseitigen Einvernehmen** um eine Woche zu verlängern (§ 68 Abs. 3 NPersVG).

Im Zusammenhang mit der Fristberechnung äußert sich der Gesetzgeber allerdings nur zum **Beginn der Frist** in § 68 Abs. 2 S. 5 NPersVG. Die Frist beginnt dementsprechend mit dem Zeitpunkt, in dem der Antrag dem Vorsitzenden des Personalrats zugeht, also mit der Möglichkeit der Kenntnisnahme (z. B. Eingang im Geschäftszimmer des Personalrates). Von einem Zugang ist nur auszugehen, wenn die Dienststelle den Eingang während der normalen Dienststunden beim Vorsitzenden des Personalrates bewirkt. Außerhalb der Dienststunden kann der Vorsitzende die Annahme verweigern; nimmt er jedoch den Antrag an, so beginnt die Frist zu laufen.[393]

Weitergehende Ausführungen zum Fristende erfolgen dagegen im NPersVG nicht. Damit bestimmt sich das Fristende aus § 188 Abs. 2 Alt. 1 BGB analog. Eine Frist, die nach Wochen bestimmt ist, endigt mit dem Ablauf desjenigen Tages der letzten Woche, welcher durch seine Benennung dem Tage entspricht, in den das Ereignis fällt. Das Ereignis stellt hierbei der Zugang des Zustimmungsersuchens beim Personalratsvorsitzenden dar. Hinsichtlich des Fristendes ist erforderlichenfalls auch die Regelung des § 193 BGB analog heranzuziehen.

[391] Nds. LT-Drs. 17/4741, Ausführungen zu § 68 NPersVG
[392] Dembowski/Ladwig/Sellmann, § 68; Rn. 28
[393] Bieler/Müller-Fritzsche, § 68, Rn. 5

Beispiel für Fristberechnung:
Dem Personalratsvorsitzenden wird am 19.09.2016 (Montag) ein Antrag auf Zustimmung zu einer Beförderung persönlich übergeben.
Die 2-Wochen-Frist nach § 68 Abs. 2 S. 3 NPersVG beginnt gemäß § 68 Abs. 2 S. 5 NPersVG am 19.09.2016.
Die Frist endet analog § 188 Abs. 2 Alt. 1 BGB grundsätzlich mit Ablauf des 03.10.2016 (Montag). Da der 03.10.2016 ein gesetzlicher Feiertag ist, endet die Frist analog § 193 BGB mit Ablauf des nächsten Werktages, hier mit Ablauf des 04.10.2016.

Sofern der Personalrat dem Zustimmungsersuchen innerhalb der gesetzlich vorgeschriebenen Frist ordnungsgemäß seine **Zustimmung** erteilt, kann die Maßnahme von Seiten der Dienststelle vollzogen werden. In diesem Falle ist § 68 Abs. 2 S. 7 NPersVG zu beachten. Hiernach ist die beantragte Maßnahme in angemessener Frist durchzuführen, oder dem Personalrat sind die Hinderungsgründe mitzuteilen.[394]

110 Maßnahmen, bei denen die gesetzlich vorgeschriebene Beteiligung unterlassen wurde, dürfen nach § 63 S. 1 Nr. 1 NPersVG nicht vollzogen werden. Nach dem Wortlaut dieser Regelung greift diese nur bei einem gänzlichen Unterlassen der gesetzlich vorgeschriebenen Beteiligung. Nach § 63 S. 1 Nr. 2 NPersVG dürfen ferner Maßnahmen, die gegen wesentliche Verfahrensvorschriften verstoßen, nicht vollzogen werden. Dies ist der Fall bei Verstößen gegen wesentliche Vorschriften, die das Verfahren der Beteiligung des Personalrates regeln.[395]
Nach § 63 S. 2 NPersVG sind Maßnahmen, die entgegen § 63 S. 1 NPersVG durchgeführt worden sind, zurückzunehmen, soweit nicht Rechte Dritter oder öffentliche Interessen entgegenstehen. Die Rücknahme einer Ernennung wird hiernach nicht in Betracht kommen, da es hierzu einer entsprechenden Rücknahmemöglichkeit im BeamtStG mangelt. In § 12 BeamtStG sind alle Rücknahmemöglichkeiten abschließend aufgeführt. Eine Rücknahme der Ernennung aufgrund einer z. B. nicht ordnungsgemäßen Beteiligung ist jedoch in dieser Vorschrift nicht vorgesehen.[396]

111 Sollten sich auf **Kommunalebene** der Personalrat und die Dienststelle nicht über einen Mitbestimmungsfall einigen, so können sie gemäß § 107 b Abs. 1 S. 1 NPersVG die Angelegenheit innerhalb von zwei Wochen nach Zugang der ablehnenden Entscheidung dem höheren Dienstvorgesetzten (siehe § 107 Abs. 5 S. 1, 3 NKomVG) vorlegen.
Auf **Landesebene** richtet sich das Einigungsverfahren nach den §§ 70 ff. NPersVG.
Die Zustimmung gilt nach § 68 Abs. 2 S. 6 NPersVG als erteilt, wenn der Personalrat sie nicht innerhalb der Frist **schriftlich** oder **durch E-Mail unter Angabe von Gründen** verweigert oder die aufgeführten Gründe **offensichtlich außerhalb der Mitbestimmung nach den §§ 64 bis 67** liegen (sog. **Zustimmungsfiktion**).

---

[394] Bieler/Müller-Fritzsche, § 68, Rn. 32 ff.
[395] Bieler/Müller-Fritzsche, § 63, Rn. 9 ff.
[396] Bieler/Müller-Fritzsche, § 63, Rn. 12

Folgende Konstellationen sind im Zusammenhang mit der sog. Zustimmungsfiktion in der Praxis denkbar:

Konstellation 1:
Innerhalb der gesetzlich vorgeschriebenen Frist erfolgt **keine Rückäußerung**.[397] Dies stellt in der Praxis sicherlich die wichtigste Alternative, die zu einer Zustimmungsfiktion führt, dar.

Konstellation 2:
Der Personalrat lehnt zwar innerhalb der gesetzlich vorgeschriebenen Frist die von der Dienststelle beantragte Maßnahme ab, **begründet jedoch diese Ablehnung nicht**. Gleiches gilt, wenn die bei einer Ablehnung angeführten Gründe offensichtlich neben der Sache liegen. Sollte der Personalrat nicht innerhalb der Frist die Ablehnungsgründe schriftlich nachreichen, so tritt auch hier nach Ablauf der Frist die Zustimmungsfiktion des § 68 Abs. 2 S. 6 NPersVG ein.[398]

Konstellation 3:
Der Personalrat lehnt innerhalb der gesetzlich vorgeschriebenen Frist die beantragte Maßnahme ab, **die aufgeführten Gründe liegen offensichtlich außerhalb der Mitbestimmung nach den §§ 64 bis 67 NPersVG**. Gründe liegen außerhalb der Mitbestimmung, wenn sie keinen Bezug mehr zur Mitbestimmung der gesetzlichen Vorschriften haben. So muss zwischen der Maßnahme, den Mitbestimmungstatbeständen und der Begründung ein logischer Zusammenhang bestehen.[399] Daher kann der Personalrat nicht aus jedem von ihm beachtlich erscheinenden Grunde seine Zustimmung verweigern. Vom Personalrat angeführte Ablehnungsgründe liegen außerhalb der Mitbestimmungstatbestände, wenn diese einen solchen Tatbestand, dessen Inhalt, insbesondere Sinn und Schutzzweck, nicht mehr zuordnen lassen.[400]

bb. Andere Beteiligungsrechte

Neben der Beteiligung des Personalrates bestehen verwaltungsintern nur noch zwei weitere Beteiligungsnotwendigkeiten; die gegenüber der Gleichstellungsbeauftragten sowie die gegenüber der Schwerbehindertenvertretung. Die Beteiligung der Jugend- und Auszubildendenvertretung (§§ 50 ff. NPersVG) bei Ernennungen ist hingegen gesetzlich nicht vorgesehen. 112

(1) Beteiligung der Gleichstellungsbeauftragten

Auf **Kommunalebene** hat der Hauptverwaltungsbeamte die Gleichstellungsbeauftragte in allen Angelegenheiten, die den Aufgabenbereich der Gleichstellungsbeauftragten berühren, gemäß § 9 Abs. 5 S. 1 NKomVG rechtzeitig zu beteiligen und ihr die erforderlichen Auskünfte zu erteilen. Dies gilt gemäß § 9 Abs. 5 S. 2 NKomVG insbesondere in Personalangelegenheiten. Der Begriff der Personalangelegenheiten umfasst das Personalwesen in einem umfassenden Sinne, keineswegs nur die abschließende Entscheidung.[401] Eine rechtzeitige Beteiligung der 113

[397] Bieler/Müller-Fritzsche, § 68, Rn. 20
[398] Bieler/Müller-Fritzsche, § 68, Rn. 21
[399] Bieler/Müller-Fritzsche, § 68, Rn. 23 f.
[400] Dembowski/Ladwig/Sellmann, § 68, Rn. 37
[401] Meyer in Blum/Häusler/Meyer, § 9, Rn. 28

Gleichstellungsbeauftragten kann nur in einem Stadium erfolgen, in dem die Gleichstellungsbeauftragte noch Einfluss auf die Personalangelegenheit nehmen kann.[402]

Die Gleichstellungsbeauftragte ist in dem für die sachgerechte Wahrnehmung ihrer Aufgaben erforderlichen Umfang gemäß § 9 Abs. 5 S. 3 NKomVG berechtigt, die Akten der Kommunalverwaltung einzusehen. Personalakten darf sie gemäß § 9 Abs. 5 S. 4 NKomVG nur mit Zustimmung der betroffenen Beschäftigten einsehen.

In diesem Zusammenhang kann die Gleichstellungsbeauftragte ihre Beteiligungsrechte nicht ohne einen entsprechenden gesetzlichen Handlungsrahmen ausüben. Gemäß § 11 Abs. 2 NGG kann die Gleichstellungsbeauftragte eine zweite Ausschreibung verlangen, wenn sich keine Person des unterrepräsentierten Geschlechts (siehe hierzu § 3 Abs. 3 S. 1 NGG) beworben hat. Es bleibt festzuhalten, dass es sich bei der Beteiligung der Gleichstellungsbeauftragten auf kommunaler Ebene nur um eine interne Mitwirkung bei der Entscheidungsfindung handelt. Die Argumente der Gleichstellungsbeauftragten sollen im weiteren Gang des Verfahrens wirksam zur Kenntnis genommen werden können.[403] Gleichzeitig räumt § 9 Abs. 4 NKomVG der Gleichstellungsbeauftragten dennoch kein Vetorecht vergleichbar der Zustimmungsverweigerung durch den Personalrat ein.

Auf **Landesebene** ist die Gleichstellungsbeauftragte in Niedersachsen aus den Regelungen des Niedersächsischen Gleichberechtigungsgesetzes (NGG) heraus unter anderem an allen personellen Maßnahmen auf Dienststellenebene zu beteiligen. Dies ergibt sich aus § 20 Abs. 1 S. 2 NGG. Die verschiedenen denkbaren personellen Maßnahmen sind exemplarisch („insbesondere") in Satz dieser Vorschrift benannt. Der Begriff der Dienststelle wird dabei in § 3 Abs. 2 NGG näher definiert. Der weitere Umfang der Einbindung der Gleichstellungsbeauftragten auf Landesebene ergibt sich aus § 20 Abs. 4 NGG. Allerdings steht der Gleichstellungsbeauftragten trotz ihrer umfassenden Beteiligungsmöglichkeiten in allen Personalangelegenheiten auch auf Landesebene – wie bereits zuvor umfänglich ausgeführt – kein Vetorecht zu.

(2) Beteiligung der Schwerbehindertenvertretung

114 Die Schwerbehindertenvertretung fördert gemäß § 95 Abs. 1 S. 1 SGB IX die Eingliederung schwerbehinderter Menschen in die Dienststelle, vertritt ihre Interessen in der Dienststelle und steht ihnen beratend und helfend zur Seite. Menschen sind gemäß § 2 Abs. 2 SGB IX im Sinne des Teils 2 (§§ 68-160 SGB IX) des SGB IX **schwerbehindert**, wenn bei ihnen ein Grad der Behinderung von wenigstens 50 vorliegt und sie ihren Wohnsitz, ihren gewöhnlichen Aufenthalt oder ihre Beschäftigung auf einem Arbeitsplatz im Sinne des § 73 SGB IX rechtmäßig im Geltungsbereich dieses Gesetzbuches haben.

Schwerbehinderten Menschen **gleichgestellt** werden sollen gemäß § 2 Abs. 3 SGB IX behinderte Menschen mit einem Grad der Behinderung von weniger als 50, aber wenigstens 30, bei denen die übrigen Voraussetzungen des Absatzes 2 vorliegen, wenn sie infolge ihrer Behinderung ohne die Gleichstellung einen geeigneten Arbeitsplatz im Sinne des § 73 SGB IX nicht erlangen oder nicht behalten können (gleichgestellte behinderte Menschen).

[402] Meyer in Blum/Häusler/Meyer, § 9, Rn. 29
[403] Meyer in Blum/Häusler/Meyer, § 9, Rn. 27

So hat der Arbeitgeber die Schwerbehindertenvertretung gemäß § 95 Abs. 2 S. 1 SGB IX in allen Angelegenheiten, die einen einzelnen oder die schwerbehinderten Menschen als Gruppe berühren, **unverzüglich** (ohne schuldhaftes Zögern im Sinne des § 121 Abs. 1 S. 1 BGB analog) **und umfassend zu unterrichten** und vor einer Entscheidung **anzuhören**; er hat ihr die getroffene Entscheidung unverzüglich mitzuteilen. Zu den Angelegenheiten i.S.d. § 95 Abs. 2 S. 1 SGB IX gehören insbesondere Einstellungen.

Die **Anhörungsverpflichtung** ist dabei analog zur Anhörung des Personalrates aus § 76 Abs. 1 S. 1 NPersVG angelegt, wonach die Anhörung die Gelegenheit zur Stellungnahme bietet. Dazu muss die Schwerbehindertenvertretung Gelegenheit haben, mit dem schwerbehinderten Betroffenen zu sprechen und sich umfassend zu informieren. Der schwerbehinderte Mensch hat gemäß § 95 Abs. 3 S. 1 SGB IX das Recht, bei Einsicht in die über ihn geführte Personalakte oder ihn betreffende Daten des Arbeitgebers die Schwerbehindertenvertretung hinzuzuziehen.

Dabei ist das Instrument der Anhörung von seiner rechtlichen Bedeutung her deutlich schwächer ausgelegt als vergleichsweise das Zustimmungserfordernis des Personalrates und damit keinesfalls mit dem Instrument der Mitbestimmung vergleichbar. Die Durchführung oder Vollziehung einer ohne Beteiligung nach Satz 1 getroffenen Entscheidung ist gemäß § 95 Abs. 2 S. 2 SGB IX auszusetzen, die Beteiligung ist innerhalb von sieben Tagen nachzuholen; sodann ist endgültig zu entscheiden. Ein Vetorecht ist im Fall der Anhörungsverpflichtung gegenüber der Schwerbehindertenvertretung damit nicht verbunden. Die fehlende Beteiligung der Schwerbehindertenvertretung führt dementsprechend nicht dazu, dass die angestrebte Personalangelegenheit unwirksam wird.

Wie bereits unter Rn. 79 ausgeführt, sind die Arbeitgeber darüber hinaus gemäß § 81 Abs. 1 S. 1 SGB IX **verpflichtet zu prüfen, ob freie Arbeitsplätze mit schwerbehinderten Menschen**, insbesondere mit bei der Agentur für Arbeit arbeitslos oder arbeitsuchend gemeldeten schwerbehinderten Menschen, **besetzt werden können**. Über die Vermittlungsvorschläge und vorliegende Bewerbungen von schwerbehinderten Menschen haben die Arbeitgeber gemäß § 81 Abs. 1 S. 4 SGB IX die Schwerbehindertenvertretung und die in § 93 SGB IX genannten Vertretungen unmittelbar nach Eingang zu unterrichten. Bei der Prüfung nach Satz 1 beteiligen die Arbeitgeber gemäß § 81 Abs. 1 S. 6 SGB IX die Schwerbehindertenvertretung nach § 95 Abs. 2 SBG IX und hören die in § 93 SGB IX genannten Vertretungen an.

Die besonderen Vorschriften und Grundsätze für die Besetzung der Beamtenstellen sind gemäß § 128 Abs. 1 SGB IX unbeschadet der Geltung des Teils 2 auch für schwerbehinderte Beamte so zu gestalten, dass die Einstellung und Beschäftigung schwerbehinderter Menschen gefördert und ein angemessener Anteil schwerbehinderter Menschen unter der Beamtenschaft erreicht wird.

b. Aushändigung der Ernennungsurkunde

Die Ernennung erfolgt gemäß § 8 Abs. 2 S. 1 BeamtStG durch **Aushändigung einer Ernennungsurkunde**. Wie bereits unter Rn. 63 ausgeführt, ist die Ernennung ein mitwirkungsbedürftiger Verwaltungsakt. Dies bedingt, dass die Ernennungsurkunde von dem zu Ernennenden persönlich und mit seinem Willen in Empfang zu nehmen ist. So dies geschehen ist, tritt die Wirkung ohne weiteres Tun ein (nicht vollstreckungsfähiger Verwaltungsakt). 115

Das bedeutet, dass dem zu Ernennenden willentlich der **körperliche Besitz an der Urkunde** zu verschaffen ist.[404] Dies bedeutet, dass nur das Original der Ernennungsurkunde übergeben werden darf.[405] In der Praxis geschieht dies in der Regel, in dem die Urkunde von Hand zu Hand durch einen dazu berechtigten Vertreter (grundsätzlich durch den Leiter der Dienstelle)[406] an den zu Ernennenden übergeben wird.[407] Aus Beweissicherungsgründen ist die Übergabe zu dokumentieren. Dazu wird gewöhnlich ein Vermerk auf dem Entwurf der Ernennungsurkunde (sog. Aushändigungsvermerk) angebracht, aus dem hervorgeht, dass der zu Ernennende die Urkunde unter Angabe des Übergabedatums erhalten hat und dies durch seine Unterschrift bestätigt. Dies kann aber auch dadurch geschehen, dass der Vertreter der Dienststelle die Übergabe unter ansonsten gleichen Bedingungen bestätigt.

Eine Ernennung kann im Ausnahmefall auch mittels Postzustellungsurkunde vorgenommen werden, jedoch nur, wenn sich der Zugang der Urkunde belegen lässt, d.h. die Zustellung an den Adressaten erfolgt ist. Damit ist eine Ersatzzustellung durch Einwurf in den Briefkasten ausgeschlossen.[408] Möglich ist auch ein Einschreiben mit Rückschein.[409] Streitig ist, ob eine Urkunde auch in elektronischer Form erstellt werden kann.[410]

Eine Ausnahme von der Pflicht zur Aushändigung einer Ernennungsurkunde ergibt sich aus § 7 Abs. 4 S. 1 NBG. Bei Beamten auf Zeit, bei denen die Begründung des Beamtenverhältnisses auf einer Wahl durch die Bürger beruht, bedarf es keiner Ernennung. Exemplarisches Beispiel ist die Wahl des Hauptverwaltungsbeamten einer Kommune (vgl. § 80 Abs. 1 S. 1 und Abs. 5 S. 3 NKomVG).

Mit der Aushändigung tritt zumindest **die äußere Wirksamkeit gemäß § 8 Abs. 2 S. 1 BeamtStG** ein.[411] So der Tag der Aushändigung der Ernennungsurkunde mit dem Tag übereinstimmt, an dem der Verwaltungsakt seine rechtgestaltende Wirkung entfalten soll, ergibt sich hieraus gleichzeitig die **innere Wirksamkeit** der Ernennung, die sich wiederum beamtenrechtlich aus **§ 8 Abs. 4 NBG** ergibt. Die Ernennung wird danach mit dem Tag der Aushändigung der Ernennungsurkunde wirksam, wenn nicht in der Urkunde ausdrücklich ein späterer Tag bestimmt ist. Die Aushändigung der Ernennungsurkunde auf einen zurückliegenden Zeitpunkt führt nicht zur Unwirksamkeit der Ernennung als solcher, sondern hat lediglich gemäß § 8 Abs. 4 BeamtStG Auswirkungen auf den Zeitpunkt des Wirksamwerdens. Eine Ernennung auf einen zurückliegenden Zeitpunkt ist unzulässig und **insoweit unwirksam**. D. h. die innere Wirksamkeit der Ernennung tritt in diesem Fall mit der Aushändigung der Ernennungsurkunde ein. Hiervon bleibt jedoch die formelle Rechtmäßigkeit der Ernennung unberührt.

c. Adressat der Ernennung

116 In Ermangelung einer speziellen beamtenrechtlichen Regelung ist hier auf § 13 Abs. 1 Nr. 2 Alt. 2 VwVfG zurückzugreifen, wonach u.a. derjenige **Beteiligter** ist, an den die Behörde den

---

404 BT-Drs. 16/1427, Begründung zu § 8 BeamtStG, S. 23

405 Zentgraf in Metzler-Müller/Rieger/Seeck/Zentgraf, § 8 BeamtStG, Anm. 3.1

406 Gem. RdErl. d. MI, d. StK u. d. übr. Min. v. 28.11.2012, Nr. 46, S. 1242, ber. 2013 S. 891, geändert durch Verwaltungsvorschrift vom 17.05.2016 (Nds. MBl. 2016 Nr. 23, S. 648)

407 Zentgraf in Metzler-Müller/Rieger/Seeck/Zentgraf, § 8 BeamtStG, Anm. 3.1

408 VG Würzburg, Urt. v. 08.05.2012, Az. W 1 K 11.207 (juris)

409 Zentgraf in Metzler-Müller/Rieger/Seeck/Zentgraf, § 8 BeamtStG, Anm. 3.1

410 Hilg, apf 2011, S. 289, 291; Zentgraf in Metzler-Müller/Rieger/Seeck/Zentgraf, § 8 BeamtStG, Anm. 3

411 Baßlsperger, Kap. 7, Rn. 91 f.

Verwaltungsakt i.S.d. § 35 S. 1 VwVfG, hier die Ernennungsurkunde, gerichtet hat. Dies bedingt zwingend, wenn auch nicht explizit in den Texterfordernissen aus § 8 Abs. 2 S. 2 BeamtStG aufgeführt, dass in den Text der Ernennungsurkunde auch der Vor- und Nachname des zu ernennenden Beamten aufzunehmen ist, da ansonsten aus dem Verwaltungsakt nicht zu entnehmen wäre, an wen die Ernennung gerichtet war. Auch wird in der Regel – zumindest im kommunalen Bereich – zusätzlich zum Vor- und Nachnamen des Ernannten sein Geburtsdatum sowie -ort angegeben, was der Bestimmtheit des Verwaltungsaktes nach § 37 Abs. 1 VwVfG dient.
Darüber hinaus ist die Urkunde dem Beteiligten – wie bereits unter Rn. 115 ausgeführt – auszuhändigen.

3. FORM DER ERNENNUNG/INHALT DER ERNENNUNGSURKUNDE

Wie bereits unter Rn. 63 ausgeführt, unterliegen Verwaltungsakte grundsätzlich der aus § 37 Abs. 2 S. 1 VwVfG resultierenden Formfreiheit. Jedoch bedarf es nach § 8 Abs. 2 S. 1 BeamtStG bei der Ernennung eines Beamten der Aushändigung einer Ernennungsurkunde. Zwar erfolgt in dieser Norm kein konkreter Verweis auf die Schriftform, jedoch ergibt sich aus dem Hinweis auf eine Ernennungsurkunde das **Schriftformerfordernis.**[412] Folglich wird dem Dienstherrn gesetzlich auferlegt, dass die Ernennung gegenüber dem zu Ernennenden schriftlich zu erfolgen hat. Das Ermessen, das der Behörde durch § 37 Abs. 2 S. 1 VwVfG bei Verwaltungsakten eingeräumt wird, wird hier durch die spezialgesetzliche Regelung des § 8 Abs. 2 S.1 BeamtStG insoweit auf die Schriftform eingeschränkt. 117
Durch das Schriftformerfordernis greift § 37 Abs. 3 S. 1 VwVfG, wonach u.a. ein schriftlicher Verwaltungsakt die **erlassende Behörde erkennen** lassen muss. Zum Unterschriftserfordernis wird auf die Ausführungen unter Rn. 125 verwiesen.
Neben dem Schriftformerfordernis bestehen auch inhaltliche Anforderungen an eine Ernennungsurkunde, die sich nach dem Beamtenstatusgesetz und weiteren ergänzenden Vorschriften richten.
In den Vorschriften nicht explizit angesprochene Inhalte (u.a. Dienstsiegel, Wappen) müssen nicht zwingend in der Ernennungsurkunde enthalten sein. Eine Aufnahme der selbigen ist jedoch praxisüblich und rechtlich unbedenklich. Insoweit hat der Dienstherr unter Beachtung der gesetzlichen Vorgaben einen gewissen Spielraum bezüglich der Gestaltung der Ernennungsurkunde.

a. Erkennbarkeit der Behörde

§ 37 Abs. 3 S. 1 VwVfG bestimmt, dass u.a. schriftliche Verwaltungsakte die erlassende Behörde (Ernennungsbehörde) erkennen lassen müssen. Aufgrund der aus § 8 Abs. 2 S. 1 BeamtStG resultierenden Schriftförmlichkeit trifft dies auch auf Ernennungsurkunden zu, wobei die erlassende Behörde dem Dienstherrn (also nicht den für die Behörde handelnden Organen) gleichzusetzen ist. 118
Ein Verstoß gegen die Norm des § 37 Abs. 3 S. 1 VwVfG, also die Nichterkennbarkeit der Behörde, stellt einen Nichtakt dar.[413]

[412] Zentgraf in Metzler-Müller/Rieger/Seeck/Zentgraf, § 8 BeamtStG, Anm. 3
[413] Baßlsperger, Kap. 8, Rn. 47

b. Texterfordernisse

119 Es besteht das rechtliche Erfordernis, abhängig vom jeweiligen Ernennungsfall, in der Ernennungsurkunde einen **formalisierten Text** auszuweisen. Die Formulierung dieses Textes richtet sich abschließend und alternativ nach den Ziffern 1 bis 3 des § 8 Abs. 2 S. 2 BeamtStG.[414]
Auch durch diese Vorschrift wird die inhaltliche Bestimmtheit von Verwaltungsakten über § 37 Abs. 1 VwVfG weiter konkretisiert und führt dazu, dass der getroffene Inhalt der Regelung für die Beteiligten vollständig, klar verständlich und unzweideutig erkennbar ist. Verstöße gegen das Texterfordernis nach § 8 Abs. 2 S. 2 BeamtStG haben nicht nur die formelle Rechtswidrigkeit der Ernennung zur Folge, sondern führen gemäß § 11 Abs. 1 Nr. 1 BeamtStG zur Nichtigkeit und folglich zur Unwirksamkeit (siehe § 43 Abs. 3 VwVfG) der Ernennung.[415]

aa. Begründung eines Beamtenverhältnisses

120 Bei der Einstellung eines Beamten, die die **Begründung eines Beamtenverhältnisses** nach § 8 Abs. 1 Nr. 1 BeamtStG darstellt, müssen gemäß § 8 Abs. 2 S. 2 Nr. 1 BeamtStG die Wörter „**unter Berufung in das Beamtenverhältnis**" mit dem die Art des Beamtenverhältnisses bestimmenden Zusatz „**auf Lebenszeit**", „**auf Probe**", „**auf Widerruf**", „**als Ehrenbeamter**" oder „**auf Zeit**" mit der Angabe der Zeitdauer der Berufung in der Ernennungsurkunde enthalten sein.[416] Ähnliche Formulierungen sind unzulässig.

Wird zugleich mit der Begründung eines Beamtenverhältnisses ein (statusrechtliches) Amt verliehen, ist die entsprechende Amtsbezeichnung gemäß § 8 Abs. 2 Nr. 3 BeamtStG zusätzlich zu dem o.g. Text in der Ernennungsurkunde anzugeben. Zwar ergibt sich aus § 8 Abs. 2 BeamtStG nicht das Erfordernis, bei der Begründung eines Beamtenverhältnisses auf Widerruf die Dienstbezeichnung des Beamten anzugeben, jedoch ist dieses erforderlich, um die Laufbahn, für die sich der Beamte qualifizieren möchte, herleiten zu können.

bb. Umwandlung

121 Beim Ernennungsfall der **Umwandlung** nach § 8 Abs. 1 Nr. 2 BeamtStG müssen gem. § 8 Abs. 2 S. 2 Nr. 2 BeamtStG **die diese Art bestimmenden Wörter** nach § 8 Abs. 2 S. 2 Nr. 1 BeamtStG in der Urkunde enthalten sein. D. h. bei einer Umwandlung muss in der Ernennungsurkunde der die Art des Beamtenverhältnisses bestimmende Zusatz des Beamtenverhältnisses enthalten sein, in das das bisherige Beamtenverhältnis umgewandelt wird.[417] Einer Aufnahme der Wendung „unter Berufung in das Beamtenverhältnis" bedarf es entgegen nicht.

---

[414] Kümmel, § 8 BeamtStG, Rn. 20 ff.
[415] Reich, § 8 BeamtStG, Rn. 7
[416] Zentgraf in Metzler-Müller/Rieger/Seeck/Zentgraf, § 8 BeamtStG, Anm. 3.2
[417] Zentgraf in Metzler-Müller/Rieger/Seeck/Zentgraf, § 8 BeamtStG, Anm. 3.3

> **Beispiel:**
> Der Regierungsinspektor L. (Beamter auf Probe) wird nach erfolgreicher Ableistung der laufbahnrechtlichen Probezeit zum Beamten auf Lebenszeit ernannt.
> In der Urkunde müssen die Worte „auf Lebenszeit" enthalten sein.

Unter Berücksichtigung des § 5 Abs. 3 BeamtStG, der die Umwandlung eines Ehrenbeamtenverhältnisses in ein Beamtenverhältnis anderer Art und ein solches Beamtenverhältnis in ein Ehrenbeamtenverhältnis ausschließt, sowie der weiteren rechtlich eingeräumten Möglichkeiten der Umwandlung von Beamtenverhältnissen, handelt es sich bei dem im § 8 Abs. 2 S. 2 Nr. 2 BeamtStG angesprochenen Fall **im Regelfall** um die Ernennung zum Beamten „auf Lebenszeit", da die Berufung in das Beamtenverhältnis auf Widerruf voraussetzt, dass zum Zeitpunkt des Wirksamwerdens der Ernennung kein Beamtenverhältnis zum Dienstherrn bestanden hat. Die Berufung in das Beamtenverhältnis auf Probe käme dem Grunde nach aufgrund des in der Regel vorher bestehenden Beamtenverhältnisses auf Widerruf für eine Umwandlung ebenfalls in Betracht, allerdings endet das Beamtenverhältnis auf Widerruf kraft Gesetz (siehe Rn. 318 ff.), sodass regelmäßig kein Fall der Umwandlung vorliegen wird.

Bei einer Beförderung bleibt die Art des Beamtenverhältnisses grundsätzlich unangetastet, es sei denn, mit dieser geht innerhalb derselben Urkunde die Umwandlung einher.
Bei der Berufung in das Beamtenverhältnis auf Zeit, ist der Beamte gemäß § 22 Abs. 3 S. 1 BeamtStG mit der Berufung in ein Beamtenverhältnis auf Zeit aus einem anderen Beamtenverhältnis bei demselben Dienstherrn (ansonsten gilt für den Wechsel zu einem anderen Dienstherrn § 22 Abs. 2 BeamtStG) entlassen. Dies entspricht auch dem Regelungsinhalt des § 7 Abs. 6 NBG, wonach ein Beamtenverhältnis auf Lebenszeit nicht in ein Beamtenverhältnis auf Zeit umgewandelt werden kann.

cc. Beförderung

Die Beförderung eines Beamten ist stets mit der Verleihung eines anderen Amtes mit höherem Endgrundgehalt verbunden und stellt somit einen Unterfall des § 8 Abs. 1 Nr. 3 BeamtStG dar. 122
Nach § 8 Abs. 2 S. 2 Nr. 3 BeamtStG muss in einem solchen Fall **die Amtsbezeichnung**, die dem Beamten mit der Beförderung verliehen wird, in der Urkunde enthalten sein.[418] Hinsichtlich der Anforderungen an die Amtsbezeichnungen wird auf die Erläuterungen unter Rn. 44 verwiesen.

dd. Rückernennung

Da auch bei der Rückernennung als weiterer Unterfall des § 8 Abs. 1 Nr. 3 BeamtStG die Verleihung eines anderen Amtes erfolgt, muss ebenso bei dieser nach § 8 Abs. 2 S. 2 Nr. 3 BeamtStG die Amtsbezeichnung, die verliehen wird, in der Urkunde aufgeführt sein. 123

---

[418] Zentgraf in Metzler-Müller/Rieger/Seeck/Zentgraf, § 8 BeamtStG, Anm. 3.3; Reich, § 8 BeamtStG, Rn. 12

ee. Laufbahngruppenwechsel

124 Mit dem sog. **Laufbahngruppenwechsel**, der sich im Geltungsbereich des niedersächsischen Beamtenrechts aus § 8 Abs. 1 Nr. 4 BeamtStG i. V. m. § 8 Abs. 3 NBG ergibt, geht stets die Verleihung eines Amtes einher. Daher ist es gemäß § 8 Abs. 2 S. 2 Nr. 3 BeamtStG erforderlich, die **neue Amtsbezeichnung**, die dem Beamten im Zuge des Laufbahngruppenwechsels verliehen wird, in der Urkunde auszuweisen.
Der Laufbahngruppenwechsel (in der Regel Wechsel von der Laufbahngruppe 1 in die Laufbahngruppe 2) wird vorrangig die Konstellation zur Folge haben, dass der Beamte bereits das Endamt der Laufbahngruppe 1 (Besoldungsgruppe A 9) innehat und ihm nach erfolgreichem Aufstieg das erste Einstiegsamt der Laufbahngruppe 2 (in der Regel auch Besoldungsgruppe A 9) verliehen wird. Denkbar wäre auch der umgekehrte Fall des Laufbahngruppenwechsels (siehe Rn. 96).

c. Unterschrift

125 Die Urkunde muss wegen § 37 Abs. 3 S. 1 VwVfG bzw. entsprechender landesrechtlicher Regelungen unterschrieben werden.[419]
Für den **Landesbereich** ergeben sich die Unterschriftsbefugnisse im Rahmen der dienstrechtlichen Befugnisse aus dem Gem. RdErl. d. MI, d. StK u. d. übr. Min. v. 28.11.2012, Nr. 46, S. 1242, ber. 2013 S. 891, geändert durch Verwaltungsvorschrift vom 17.05.2016 (Nds. MBl. 2016 Nr. 23, S. 648) bezieht.
Im **Kommunalbereich** richtet sich das Unterschriftserfordernis auf Ernennungsurkunden alleinig nach § 86 Abs. 2 NKomVG. Diese Vorschrift stellt eine spezialgesetzliche Regelung zu § 37 Abs. 3 S. 1 VwVfG dar. Da die Kommune durch die Ernennung u.a. zur Zahlung der Besoldung bzw. Anwärterbezüge gegenüber ihrem Beamten verpflichtet wird, handelt es sich um eine verpflichtende Erklärung im Sinne des § 86 Abs. 2 NKomVG, wonach der Hauptverwaltungsbeamte[420] die Ernennungsurkunde **alternativ** handschriftlich, also durch eigenhändige Namensunterschrift, unterzeichnen muss. D. h. die Unterschrift muss den Aussteller erkennen lassen, so dass eine Paraphe daher nicht ausreichend wäre. § 86 Abs. 2 NKomVG lässt daneben die gerichtliche und notarielle Beurkundung sowie die qualifizierte elektronische Signatur als Äquivalent zu.

d. Erforderlichkeit des Ernennungsbegriffs

126 Die Verwendung der wörtlichen Formulierung des Begriffs der Ernennung in Form der Formulierung „ernenne ich/ernennen wir“ dient ebenfalls ausschließlich der Erfüllung der Forderung des § 37 Abs. 1 VwVfG nach der notwendigen inhaltlichen Bestimmtheit des Verwaltungsaktes. Damit ist auch dem Wortsinn nach sichergestellt, dass es sich bei dem Verwaltungsakt um eine Ernennung handelt.

---

[419] Zentgraf in Metzler-Müller/Rieger/Seeck/Zentgraf, § 8 BeamtStG, Anm. 3

[420] Die konkrete Bezeichnung des Hauptverwaltungsbeamten richtet sich nach § 7 Abs. 1 u. 2 Nrn. 1 bis 5 NKomVG.

e. Hinreichende Bestimmtheit des Regelungsadressaten

Aus dem Erfordernis der Bestimmtheit von Verwaltungsakten gemäß § 37 Abs. 1 VwVfG ergibt 127
sich auch, dass der Regelungsadressat eines Verwaltungsaktes hinreichend bestimmt ist. Hierzu genügt, dass der Adressat der Ernennungsurkunde, also der zu Ernennende, durch sein Geburtsdatum und seinen Geburtsort hinreichend bestimmt bzw. konkretisiert wird. Das soll insbesondere in Behörden eine Verwechslungsgefahr vermeiden. Zwingend erforderlich sind diese Angaben jedoch nicht.

f. Muster für Ernennungsurkunden

Die nachstehenden Muster für Ernennungsurkunden berücksichtigen die vorstehenden 128
Ausführungen und somit inhaltlichen Anforderungen, die das Gesetz an Ernennungsurkunden stellt. Darüber hinaus enthalten die Muster praxisübliche Formulierungsvorschläge, die jedoch für die erlassende Behörde nicht bindend sind und reine Empfehlungen darstellen.

aa. Allgemeines

Die nachfolgenden Mustertexte für Ernennungen orientieren sich durchgängig am Gem. RdErl. 129
d. MI, d. StK u. d. übr. Min. v. 28.11.2012, Nr. 46, S. 1242, ber. 2013 S. 891, geändert durch Verwaltungsvorschrift vom 17.05.2016 (Nds. MBl. 2016 Nr. 23, S. 648)

bb. Einstellung in das Beamtenverhältnis auf Widerruf

(Behörde) Hiermit ernenne(n) ich/wir Frau/Herrn ...., geb. am .... in ...., unter Berufung in das Beamtenverhältnis auf Widerruf zur/zum ....inspektor-Anwärter/in (Ort und Datum) (Siegel) Unterschrift

cc. Einstellung in das Beamtenverhältnis auf Probe

(Behörde) Hiermit ernenne(n) ich/wir Frau/Herrn ...., geb. am .... in ...., unter Berufung in das Beamtenverhältnis auf Probe zur/zum ....inspektor/in (Ort und Datum) (Siegel) Unterschrift

dd. Einstellung in das Beamtenverhältnis auf Zeit / Verlängerung

(Behörde) Hiermit ernenne(n) ich/wir Frau/Herrn ...., geb. am .... in ...., unter Berufung in das Beamtenverhältnis auf Zeit für die Dauer (Angabe der Zeitdauer) zur/zum .... (Ort und Datum) (Siegel) Unterschrift

(Behörde) Hiermit verlängere/verlängern ich/wir die Amtszeit und damit das Beamtenverhältnis auf Zeit der/des Frau/Herrn ...., geb. am .... in ...., bis zum .... (Ort und Datum) (Siegel) Unterschrift

ee. Einstellung in das Beamtenverhältnis auf Lebenszeit

(Behörde) Hiermit ernenne(n) ich/wir Frau/Herrn ...., geb. am .... in ...., unter Berufung in das Beamtenverhältnis auf Lebenszeit zur/zum .... (Ort und Datum) (Siegel) Unterschrift

ff. Einstellung in das Ehrenbeamtenverhältnis

(Behörde) Hiermit ernenne(n) ich/wir Frau/Herrn ...., geb. am .... in ...., unter Berufung in das Beamtenverhältnis als Ehrenbeamtin/Ehrenbeamter zur/zum .... (Ort und Datum) (Siegel) Unterschrift

gg. Umwandlung

(Behörde) Hiermit verleihe(n) ich/wir Frau/Herrn ...., geb. am .... in ...., die Eigenschaft einer/eines Beamtin/Beamten auf Lebenszeit (Ort und Datum) (Siegel) Unterschrift

hh. Beförderung/Rückernennung

(Behörde) Hiermit ernenne(n) ich/wir Frau/Herrn ...., geb. am .... in ...., zur/zum .... (Neue Amtsbezeichnung einsetzen) (Ort und Datum) (Siegel) Unterschrift

ii. Laufbahnwechsel

(Behörde) Hiermit ernenne(n) ich/wir Frau/Herrn ...., geb. am .... in ...., zur/zum .... (Neue Amtsbezeichnung einsetzen) (Ort und Datum) (Siegel) Unterschrift

jj. Verleihung eines anderen Amtes mit anderem Endgrundgehalt unter Beibehaltung der Amtsbezeichnung

(Behörde) Hiermit verleihe(n) ich/wir Frau/Herrn ...., geb. am .... in ...., das Amt einer/eines .... der Besoldungsgruppe .... (Ort und Datum) (Siegel) Unterschrift

kk. Verleihung eines anderen Amtes mit gleicher Amtsbezeichnung und Gewährung einer Amtszulage

(Behörde) Hiermit verleihe(n) ich/wir Frau/Herrn ...., geb. am .... in ...., das Amt einer/eines .... mit Amtszulage (Ort und Datum) (Siegel) Unterschrift

ll. Verleihung eines anderen Amtes mit anderem Endgrundgehalt und Gewährung einer Amtszulage

(Behörde) Hiermit verleihe(n) ich/wir Frau/Herrn ...., geb. am .... in ...., das Amt einer/eines .... der Besoldungsgruppe .... mit Amtszulage (Ort und Datum) (Siegel) Unterschrift

mm. Verleihung eines Amtes mit leitender Funktion unter Berufung in das Beamtenverhältnis auf Probe

(Behörde) Hiermit ernenne(n) ich/wir Frau/Herrn ...., (bisherige Amtsbezeichnung) .... geb. am .... in ...., unter Berufung in das Beamtenverhältnis auf Probe (§ 5 NBG) zur/zum (Amtsbezeichnung einsetzen) .... (Ort und Datum) (Siegel) Unterschrift

nn. Verleihung eines Amtes mit leitender Funktion im Beamtenverhältnis auf Lebenszeit

(Behörde) Hiermit ernenne(n) ich/wir Frau/Herrn ...., geb. am .... in ...., zur/zum (Amtsbezeichnung einsetzen) .... im Beamtenverhältnis auf Lebenszeit (Ort und Datum) (Siegel) Unterschrift

II. Materielle Ernennungsvoraussetzungen

Neben den zuvor erörterten formellen Ernennungsvoraussetzungen müssen bei der Ernennung von Beamten die **materiellen Voraussetzungen** gegeben sein, damit die Ernennung rechtmäßig erfolgt.Die materiellen Voraussetzungen umfassen die **sachlichen sowie persönlichen Voraussetzungen**. 130

Sachliche Ernennungsvoraussetzungen	Persönliche Ernennungsvoraussetzungen
• Dienstherrnfähigkeit • Hoheitsrechtliche Aufgaben • Haushaltsrechtliche Voraussetzungen/Stellenplan und Dienstpostenübertragung	• Individuell je nach Ernennungsfall

Abbildung 4 – Übersicht über die materiellen Ernennungsvoraussetzungen

1. SACHLICHE ERNENNUNGSVORAUSSETZUNGEN

Die sachlichen Voraussetzungen müssen bei jeder Ernennung vorliegen. Sie liegen nicht in der Person des Beamten, sondern müssen von dem Dienstherrn, der die Ernennung vornehmen möchte, erfüllt werden.[421] 131

a. Dienstherrnfähigkeit

Erforderlich ist, dass eine ernennende Stelle **dienstherrnfähig** ist, denn nur dann hat sie das Recht, Beamte zu haben.[422] Unter der Dienstherrnfähigkeit ist gemäß § 2 BeamtStG das Recht zu verstehen, Beamte zu haben. Die Dienstherrnfähigkeit ist als Unterfall der Personalhoheit zu sehen.[423] Dienstherrnfähigkeit können nur juristische Personen des öffentlichen Rechts besitzen.[424] 132

[421] Baßlsperger, Kap. 7, Rn. 60
[422] Reich, § 2 BeamtStG, Rn. 1
[423] Weiß/Niedermaier/Summer/Zängl, § 2 BeamtStG, Rn. 3
[424] Hilg, apf 2011, S. 225, 226

Das Recht, Beamte zu haben, besitzen gemäß § 2 BeamtStG

1. Länder, Gemeinden und Gemeindeverbände,
2. sonstige Körperschaften, Anstalten und Stiftungen des öffentlichen Rechts, die dieses Recht im Zeitpunkt des Inkrafttretens dieses Gesetzes besitzen oder denen es durch ein Landesgesetz oder aufgrund eines Landesgesetzes verliehen wird.

Nach § 2 Nr. 1 BeamtStG sind im Geltungsbereich des BeamtStG nur die **Länder** i.S.d. Art. 30 GG originäre Dienstherrn, die **Gemeinden und Gemeindeverbände**[425] sind unmittelbar durch § 2 Nr. 1 BeamtStG bundesgesetzlich ausdrücklich bestimmte Dienstherrn. Allen anderen juristischen Personen des öffentlichen Rechts (Körperschaften, Anstalten und Stiftungen des öffentlichen Rechts) muss die Dienstherrnfähigkeit durch materielles Gesetz (Gesetz, Rechtsverordnung oder Satzung) des Bundes oder Landes verliehen worden sein.[426]

Beispiel für die Erlangung der Dienstherrnfähigkeit durch Gesetz:
Niedersächsische Landesmedienanstalt (siehe § 37 Abs. 1 S. 4 NMedienG), Technische Informationsbibliothek (siehe § 11 Abs. 1 S. 1 Gesetz über die Stiftung „Technische Informationsbibliothek (TIB)")

Nach § 2 NBG kann die Dienstherrnfähigkeit auch **durch Satzung** verliehen werden. Diese bedarf der Genehmigung der obersten Aufsichtsbehörde, die im Einvernehmen mit dem für Inneres zuständigen Ministerium entscheidet.

Beispiel für die Erlangung der Dienstherrnfähigkeit durch Satzung:
Niedersächsische Versorgungskasse (siehe § 1 Abs. 1 S. 1 Satzung der Niedersächsischen Versorgungskasse), Handwerkskammer Hannover (siehe § 1 Abs. 3 der Satzung der Handwerkskammer Hannover)

b. Hoheitsrechtliche Aufgaben

133 Nach § 3 Abs. 2 BeamtStG ist die Berufung in das Beamtenverhältnis nur zulässig zur Wahrnehmung

1. hoheitsrechtlicher Aufgaben oder
2. solcher Aufgaben, die aus Gründen der Sicherung des Staates oder des öffentlichen Lebens nicht ausschließlich Personen übertragen werden dürfen, die in einem privatrechtlichen Arbeitsverhältnis stehen.

Durch § 3 Abs. 2 BeamtStG wird der aus Art. 33 Abs. 4 GG resultierende Funktionsvorbehalt (siehe hierzu Rn. 18) einfachgesetzlich umgesetzt. Die Normierung in Art. 33 Abs. 4 GG besagt, dass die hoheitsrechtlichen Befugnisse als ständige Aufgabe **in der Regel** Beamten zu übertragen sind. Zwar ist diese Formulierung nicht in § 3 Abs. 2 BeamtStG aufgenommen worden, jedoch ist dies insoweit unerheblich, als der verfassungsrechtlich garantierte Funk-

[425] Unter die Gemeindeverbände fallen die Samtgemeinden, siehe § 2 Abs. 3 NKomVG.
[426] Rieger in Metzler-Müller/Rieger/Seeck/Zentgraf, § 2 BeamtStG, Anm. 3

tionsvorbehalt uneingeschränkt Geltung besitzt. Jeder Dienstherr soll nach den Vorgaben der Verfassung in eigener Verantwortung entscheiden, welche hoheitsrechtlichen Befugnisse von Beamten wahrgenommen werden sollen.[427]

Die Aufzählung in § 3 Abs. 2 BeamtStG zeigt abschließend die Gründe auf, die eine Berufung in das Beamtenverhältnis erlauben.[428] Mit dieser Norm sollen die **sachlichen Voraussetzungen** festgelegt werden, unter denen die Begründung eines Beamtenverhältnisses zulässig ist.[429] Eine Aufgabenübertragung nach § 3 Abs. 2 BeamtStG schließt jedoch nicht aus, dass Beamte auch fiskalische Aufgaben übertragen bekommen.[430] Aus der Regelung des § 3 Abs. 2 BeamtStG resultiert kein Anspruch auf Begründung eines Beamtenverhältnisses oder auf Übertragung hoheitsrechtlicher Befugnisse.[431] Vielmehr handelt es sich um eine vom Dienstherrn einzuhaltende Voraussetzung. Die Nichtbeachtung dieser Vorschrift führt zwar zur Rechtswidrigkeit der Ernennung, nicht jedoch zu deren Unwirksamkeit.[432]

Der Begriff der hoheitsrechtlichen Aufgaben i.S.d. **§ 3 Abs. 2 Nr. 1 BeamtStG** ist nicht weiter definiert, inhaltlich entspricht der Begriff jedoch dem Begriff der hoheitlichen Befugnisse des Art. 33 Abs. 4 GG. Bei hoheitsrechtlichen Aufgaben tritt die Behörde dem Einzelnen nicht gleichgeordnet gegenüber, sondern es besteht ein Überordnungsverhältnis. Zu den Einzelheiten siehe Ausführungen bei Rn. 42.

Die Berufung in ein Beamtenverhältnis ist gemäß § 3 Abs. 2 Nr. 2 BeamtStG ferner zur Wahrnehmung von Aufgaben zulässig, die **aus Gründen** der **Sicherung des Staates** oder des **öffentlichen Lebens** nicht ausschließlich Personen übertragen werden dürfen, die in einem privatrechtlichen Arbeitsverhältnis stehen. Bei diesen Aufgaben handelt es sich nicht um hoheitsrechtliche Aufgaben i.S.d. § 3 Abs. 2 Nr. 1 BeamtStG. Dennoch sollen diese Aufgaben durch Beamte wahrgenommen werden, um eine Aufrechterhaltung dieser Aufgaben – z.B. im Streikfall – zu gewährleisten. Beispiele hierfür sind z. B. Aufgaben des Verkehrs- und Versorgungswesens, Katastrophenschutzes sowie Gesundheitswesens.[433]

c. Exkurs: Haushaltsrechtliche Voraussetzungen

Im Geltungsbereich des NKomVG haben die Kommunen nach § 107 Abs. 3 S. 1 NKomVG 134
einen **Stellenplan** aufzustellen. Dieser ist gemäß § 113 Abs. 2 S.2 NKomVG Bestandteil des Haushaltsplans der Kommune. Nach § 5 Abs. 1 S. 1 GemHKVO weist dieser die erforderlichen Stellen der Beamten, denen ein Amt verliehen ist (**Planstellen**) aus. Der Stellenplan ist nach § 107 Abs. 3 S. 3 NKomVG einzuhalten; Abweichungen sind nur zulässig, soweit sie aufgrund gesetzlicher oder tarifrechtlicher Vorschriften zwingend erforderlich sind.

---

427 Zentgraf in Metzler-Müller/Rieger/Seeck/Zentgraf, § 3 BeamtStG, Anm. 2.1
428 Reich, § 3 BeamtStG, Rn. 5
429 Summer in Weiss/Niedermaier/Summer/Zängl, § 3 BeamtStG, Rn. 51
430 Reich, § 3 BeamtStG, Rn. 5
431 BVerwG, Urt. v. 26.10.2000, Az. 2 C 31/99 (juris)
432 Zentgraf in Metzler-Müller/Rieger/Seeck/Zentgraf, § 3 BeamtStG, Anm. 2.2
433 Battis, § 5 BBG, Rn. 9; Zentgraf in Metzler-Müller/Rieger/Seeck/Zentgraf, § 3 BeamtStG, Anm. 2.4

Im Bereich des Landes Niedersachsen sind die Planstellen gemäß § 17 Abs. 5 S. 1 LHO nach Besoldungsgruppen und Amtsbezeichnungen auszubringen.

Mit der Begründung eines Beamtenverhältnisses auf Probe, Lebenszeit und Zeit wird gemäß § 8 Abs. 3 BeamtStG gleichzeitig ein Amt verliehen. Aus haushaltsrechtlichen Bestimmungen ergibt sich in diesem Zusammenhang die Notwendigkeit der **sog. Planstelleneinweisung.**[434] Im **Landesbereich** ergibt sich das Erfordernis der Planstelleneinweisung unmittelbar aus § 49 LHO. Im Interesse einer einheitlichen Personalwirtschaft finden für die **Gemeinden, die Landkreise und die sonstigen der Aufsicht des Landes unterstehenden Körperschaften, Anstalten und Stiftungen des öffentlichen Rechts** die Absätze 1 und 2 des § 49 LHO über § 11 NBesG[435] entsprechend Anwendung.

Bezogen auf den Regelwerdegang eines Beamten, der mit der Ableistung eines Vorbereitungsdienstes beginnt, wäre im Fall der Berufung in das Beamtenverhältnis auf Widerruf die Einweisung in eine Planstelle nicht erforderlich, da der Beamte bei dieser Ernennung nur eine Dienstbezeichnung (siehe § 17 Abs. 2 NLVO) verliehen bekommt.[436] Erst mit der sich im Regelfall anschließenden Berufung in das Beamtenverhältnis auf Probe bekommt er gemäß § 8 Abs. 3 BeamtStG erstmalig ein Amt verliehen, sodass dann gemäß § 49 LHO die Einweisung in eine Planstelle erfolgen muss.[437] Die Planstelle, in die der Beamte eingewiesen wird, muss von der Wertigkeit mindestens dem zu verleihenden Amt entsprechen. Erfolgt mit der Planstelleneinweisung die Einweisung in eine Planstelle, die von der Wertigkeit höher ist als das zu verleihende Amt, so ist eine erneute Planstelleneinweisung für alle sich anschließenden Amtsverleihungen (im Regelfall Beförderung) entbehrlich, soweit diese noch über die Wertigkeit der Planstelle abgedeckt sind.

Beispiel:
K. wird mit Wirkung vom 01.08.2016 zur Stadtinspektorin (Amt der Besoldungsgruppe A 9) ernannt. Zeitgleich erfolgt die Einweisung in eine Planstelle der Besoldungsgruppe A 10. Bei der sich anschließenden Ernennung zur Stadtoberinspektorin (Amt der Besoldungsgruppe A 10) wäre eine erneute Planstelleneinweisung entbehrlich.

Der Beamte kann gemäß § 49 Abs. 2 LHO bei einer Beförderung mit Wirkung vom ersten des Monats, in dem die Ernennung wirksam geworden ist, in die entsprechende, zu diesem Zeitpunkt besetzbare Planstelle eingewiesen werden.
Zwar richten sich das Grundgehalt und folglich die Besoldung des Beamten über § 19 Abs. 1 Satz 1 BBesG[438] nach dem ihm verliehenen Amt im statusrechtlichen Sinne. Jedoch entsteht der Anspruch des Beamten auf die im Regelfall höhere Besoldung bei einer rückwirkend vorgenommenen Einweisung in die Planstelle nach § 3 Abs. 1 Satz 3 BBesG[439] mit dem Tag, der in der Einweisungsverfügung bestimmt ist.

---

434 Baßlsperger, Kap. 7, Rn. 77
435 Siehe auch § 23 des Entwurfes zum NBesG (Nds. LT-Drs. 17/3512).
436 Leppek, ZBR 2010, S. 397, 400
437 Kümmel, § 8 BeamtStG, Rn. 27
438 In der Fassung vom 31.08.2006; siehe auch § 22 Abs. 1 S. 1 des Entwurfes zum NBesG (Nds. LT-Drs. 17/3512).
439 In der Fassung vom 31.08.2006; siehe auch § 4 Abs. S. 3 des Entwurfes zum NBesG (Nds. LT-Drs. 17/3512).

Beispiel:
Die Stadtinspektorin L. wird mit Wirkung vom 15.11.2016 zur Stadtoberinspektorin (Amt der Besoldungsgruppe A 10) ernannt. Die Einweisung in die Planstelle der Besoldungsgruppe A 10 erfolgt gemäß § 49 Abs. 2 Satz 1 LHO rückwirkend zum 01.11.2016, so dass ab diesem Zeitpunkt ein Anspruch auf Besoldung nach Besoldungsgruppe A 10 besteht.

§ 49 Abs. 2 S. 2 LHO lässt darüber hinaus eine rückwirkende Einweisung für bis zu drei Monate zu. Sie ist jedoch nur zulässig, wenn der Beamte während dieser Zeit die Obliegenheiten dieses oder eines gleichwertigen Amtes wahrgenommen und die beamtenrechtlichen Voraussetzungen für die Beförderung erfüllt hat. Im RdErl. d. MF vom 12.12.2012 (Nds. MBl. Nr. 7/2013, S. 156) hat die Landesregierung unter Ziffer 7.2 der Richtlinien für die Haushaltsführung im Personalwirtschaftlichen Bereich **erneut** festgestellt, dass von der gegebenen Möglichkeit, Beamte bis zu drei Monaten rückwirkend in eine Planstelle einzuweisen, weiterhin kein Gebrauch zu machen ist. Eine **Empfehlung** an die der Aufsicht des Landes unterstehenden Körperschaften, entsprechend zu verfahren, erging bereits mit RdErl. d. MF v. 07.10.1975 (Nds. MBl. Nr. 45/1975 S. 1610).

Die haushaltsrechtliche Einweisung in eine Planstelle stellt weder eine Ernennung noch einen ernennungsähnlichen Fall dar. Aus ihr lässt sich auch seitens des Beamten kein Anspruch auf eine amtsangemessene Beschäftigung herleiten, da dieser von dem statusrechtlichen Amt, das er innehat, abhängig ist.[440] Folglich ist es für den Dienstherrn unbedenklich, den Beamten in eine höherwertige Planstelle einzuweisen.

Erfolgt im Zuge einer Ernennung die Verleihung eines Amtes, ohne dass die hierzu erforderliche Planstelleneinweisung vorgenommen wird, so hat dies auf die Rechtmäßigkeit der Ernennung keine Auswirkungen, und deshalb ist sie auch **keine „echte" Ernennungsvoraussetzung**.

Abzugrenzen von der Planstelleneinweisung ist die Übertragung des Amtes im konkret-funktionellen Sinne, die auch als **Dienstpostenübertragung** bezeichnet wird. Mit der Dienstpostenübertragung wird dem Beamten eine neue Funktion übertragen. Diese kann, muss jedoch nicht, mit der Planstelleneinweisung zeitlich einhergehen. Der Zeitpunkt der Dienstpostenübertragung ist nach § 20 Abs. 2 NBG für die Erprobungszeit bei Beförderungen von Relevanz (siehe Rn. 174).

Nach § 49 Abs. 3 S. 1 LHO, der nach § 11 NBesG u.a. keine entsprechende Anwendung im Kommunalbereich findet, dürfen die im Haushaltsplan vorgesehenen Planstellen auch mit Beamten einer niedrigeren Besoldungsgruppe derselben Laufbahn oder einer anderen Laufbahn derselben Laufbahngruppe besetzt werden, soweit das dienstliche Bedürfnis es zulässt. Entsprechendes gilt gem. S. 2 für Beamte einer niedrigeren Laufbahn, die zum Aufstieg in die nächsthöhere Laufbahn zugelassen sind, wenn sie in die Aufgaben der neuen Laufbahn eingeführt worden sind. Bei Unterbesetzung einer Planstelle nach § 49 Abs. 3 LHO ist in der Planstelleneinweisung stets die Besoldungsgruppe anzugeben, nach der der Beamte Dienstbezüge erhalten soll. Eine vergleichbare Regelung für den Kommunalbereich ergibt sich aus § 5 Abs. 3 GemHKVO.

---

[440] Hilg, apf 2011, S. 225, 226, Zentgraf in Metzler-Müller/Rieger/Seeck/Zentgraf, § 8 BeamtStG, Anm. 1.4; VG Minden, Urt. v. 06.12.2006, Az. 4 K 1930/05 (juris)

Beispiel einer Planstelleneinweisung entsprechend der Empfehlung des Urkundenerlasses des Landes Niedersachsen Gem. RdErl. d. MI, d. StK u. d. übr. Min. v. 28.11.2012, Nr. 46, S. 1242, ber. 2013 S. 891, geändert durch Verwaltungsvorschrift vom 17.05.2016 (Nds. MBl. 2016 Nr. 23, S. 648).

(Behörde)
Hiermit übertrage ich Ihnen das Amt einer/eines

....

(Amtsbezeichnung – ggf. Zus. der Besoldungsgruppe)
bei/an der .... (Behörde usw.)
Ich weise Sie mit Wirkung vom ....
in eine Planstelle der Besoldungsgruppe .... ein.

2. PERSÖNLICHE ERNENNUNGSVORAUSSETZUNGEN

135 Entgegen der sachlichen müssen die persönlichen Einstellungsvoraussetzungen als Bestandteil der materiellen Voraussetzungen in der Person des Beamten vorliegen. Die persönlichen Voraussetzungen richten sich nach dem individuellen Ernennungsfall.

Einstellung BaW	Einstellung BaP	Umwandlung	Beförderung
– § 9 BeamtStG – § 2 Abs. 1 NLVO – § 10 NBG – § 7 BeamtStG – § 16 Abs. 1 NLVO	– § 9 BeamtStG – § 2 Abs. 1 NLVO – § 10 NBG – § 7 BeamtStG – § 16 Abs. 2 NLVO – § 18 NBG	– § 9 BeamtStG – § 10 NBG – § 10 BeamtStG (§ 19 NBG)	– § 9 BeamtStG – § 2 Abs. 1 NLVO – § 10 NBG – § 20 NBG – § 10 NLVO – § 11 NLVO (fakultativ) – § 12 NLVO (fakultativ) – § 13 NLVO (fakultativ)

Abbildung 5 – Übersicht über die materiellen Rechtsgrundlagen im Rahmen der persönlichen Ernennungsvoraussetzungen

a. Voraussetzungen für alle Ernennungsfälle

136 Unabhängig vom Ernennungsfall und der Art des Beamtenverhältnisses hat jede Ernennung nach dem Grundsatz der Bestenauslese (Art. 33 Abs. 2 GG, § 9 BeamtStG) und unter Beachtung der Benachteiligungsverbote aus § 9 BeamtStG und § 10 NBG zu erfolgen.

aa. Bestenauslese

Wie bereits oben unter Rn. 77 ausgeführt, ergibt sich aus Art. 33 Abs. 2 GG der **sog. Leistungsgrundsatz** (Leistungsprinzip), wonach jeder Deutsche nach seiner **Eignung, Befähigung und fachlichen Leistung** gleichen Zugang zu jedem öffentlichen Amt hat. Nach dieser Regelung sind öffentliche Ämter nach Maßgabe des Bestenauslesegrundsatzes zu besetzen. Die Geltung dieses Leistungsgrundsatzes wird nach Art. 33 Abs. 2 GG unbeschränkt und vorbehaltlos gewährleistet. Die Vorschrift dient zum einen dem öffentlichen Interesse der bestmöglichen Besetzung des öffentlichen Dienstes; dessen fachliches Niveau und rechtliche Integrität sollen gerade durch die ungeschmälerte Anwendung des Grundsatzes der Bestenauslese gewährleistet werden.[441] Andererseits trägt Art. 33 Abs. 2 GG dem berechtigten Interesse der Beamten an einem angemessenen beruflichen Fortkommen dadurch Rechnung, dass er grundrechtsgleiche Rechte auf ermessens- und beurteilungsfehlerfreie Einbeziehung in die Bewerberauswahl begründet (**sog. Bewerbungsverfahrensanspruch**).[442] 137

Art. 33 Abs. 2 GG gibt somit die entscheidenden Beurteilungsgesichtspunkte für die Bewerberauswahl zur Besetzung von öffentlichen Ämtern abschließend vor. Die von Art. 33 Abs. 2 GG erfassten Auswahlentscheidungen können grundsätzlich nur auf Gesichtspunkte gestützt werden, die unmittelbar Eignung, Befähigung und fachliche Leistung der Bewerber betreffen. Anderen Gesichtspunkten darf nur Bedeutung beigemessen werden, wenn sich aus dem Vergleich anhand von unmittelbar leistungsbezogenen Gesichtspunkten kein Vorsprung von Bewerbern ergibt.[443]
Der Gesetzgeber spricht zwar in Art. 33 Abs. 2 GG vom Zugang zu einem öffentlichen Amt, vom Leistungsgrundsatz wird jedoch nicht nur der Ernennungsfall der Begründung eines Beamtenverhältnisses erfasst. Vielmehr wird durch § 9 BeamtStG verdeutlicht, dass die vorstehenden Kriterien der Bestenauslese bei **allen Ernennungen** zu berücksichtigen sind. Danach sind alle Ernennungen nach Eignung, Befähigung und fachlicher Leistung ohne Rücksicht auf Geschlecht, Abstammung, Rasse oder ethnische Herkunft, Behinderung, Religion oder Weltanschauung, politische Anschauungen, Herkunft, Beziehungen oder sexuelle Identität vorzunehmen. Die Vorschrift des § 9 BeamtStG enthält demnach zudem Diskriminierungsverbote, die an Art. 3 GG anknüpfen[444], jedoch Einschränkungen unterliegen.

Art. 33 Abs. 2 GG und § 9 BeamtStG begründen kein materielles subjektives öffentliches Recht auf Ernennung, und zwar auch dann nicht, wenn der Bewerber sämtliche persönliche Voraussetzungen erfüllt. Dem Bewerber bzw. dem Beamten steht hinsichtlich seiner Beförderung lediglich ein formelles subjektives öffentliches Recht auf leistungsgerechte Einbeziehung in die Bewerberauswahl und auf ermessens- und beurteilungsfehlerfreie Entscheidung über seine Bewerbung zu. Zum möglichen Rechtsanspruch auf Ernennung wird auf die Ausführungen unter Rn. 64 verwiesen.

Im Geltungsbereich des Landes Niedersachsen wird durch § 2 Abs. 1 S. 1 NLVO über § 9 BeamtStG hinaus klargestellt, dass **Auswahlmaßstab** sowohl bei der Einstellung, Beförderung und Zulassung zum Aufstieg der Beamten Eignung, Befähigung und fachliche Leistung sind.

[441] BVerfG, Beschl. v. 08.10.2007, Az. 2 BvR 1846/07 (juris)
[442] Kämmerling, ZBR 2016, S. 224, 224
[443] BVerfG, Beschl. v. 08.10.2007, Az. 2 BvR 1846/07 (juris)
[444] BT-Drs. 16/4027, Ausführungen zu § 9 BeamtStG, S. 23

Unberührt bleiben dabei die §§ 5 und 9 des NGG, die eine ähnliche Stoßrichtung aufweisen. Nicht erfasst von § 2 Abs. 1 S. 1 NLVO wird der Ernennungsfall der Umwandlung gemäß § 8 Abs. 1 Nr. 2 BeamtStG. Die Zulassung zum Aufstieg, die im § 2 Abs. 1 S. 1 NLVO neben der Einstellung und Beförderung genannt wird, stellt keinen Ernennungsfall im Sinne des § 8 Abs. 1 BeamtStG dar.

§ 2 Abs. 1 S. 2 NLVO zeigt auf, dass die Merkmale Eignung, Befähigung und fachliche Leistung verwendungs- und entwicklungsbezogen durch Personalentwicklungs- und Personalführungsmaßnahmen gefördert werden sollen. Dies korrespondiert mit dem „Grundsatz des lebenslangen Lernens". § 2 Abs. 2 NLVO unterstreicht die Bedeutung der Personalentwicklungs- und -führungsmaßnahmen für die moderne öffentliche Verwaltung und nennt beispielhaft einzelne Instrumente, darunter auch die sog. Vorgesetzteneinschätzungen (Nr. 6), die sog. Rotation (Nr. 7) und Mentoring-Programme (Nr. 8), um Eignung, Befähigung und fachliche Leistung der Beamten zu fördern. Die Förderung soll sich auf der Grundlage von Anforderungsprofilen auf die derzeitige Verwendung beziehen bzw. die Einsatzfähigkeit für andere Verwendungen erhöhen.[445]

Die Kriterien der Eignung, Befähigung und fachlichen Leistung stellen materielle Aspekte einer beabsichtigten bzw. erfolgten Ernennung dar. Sie sind **unbestimmte Rechtsbegriffe**, die als Akte wertender Erkenntnis des Dienstherrn nicht der uneingeschränkten verwaltungsgerichtlichen Nachprüfung unterliegen.

Im Einzelnen steht den Gerichten lediglich die Kontrolle zu, ob der Dienstherr
- die Begriffe der Eignung, Befähigung und fachlichen Leistung verkannt,
- der Beurteilung einen unrichtigen Sachverhalt zu Grunde gelegt,
- allgemein gültige Wertmaßstäbe nicht beachtet oder
- sachwidrige Erwägungen angestellt hat.[446]

Diese Merkmale gewähren der Ernennungsbehörde einen **Beurteilungsspielraum**. Der Wertungsvorgang wird durch ein Auswahlermessen ergänzt und teilweise überlagert, d.h., es bleibt dem Dienstherrn überlassen, welchen (sachlichen) Umständen er bei einer Auswahlentscheidung das größere Gewicht beimisst.[447] Es ist also dem pflichtgemäßen Ermessen des Dienstherrn überlassen, welchen (sachlichen) Umständen er bei seiner Auswahlentscheidung das größere Gewicht beimisst und in welcher Weise er den Grundsatz des gleichen Zugangs zu jedem öffentlichen Amt nach Eignung, Befähigung und fachlicher Leistung verwirklicht,[448] sofern nur das Prinzip selbst nicht in Frage gestellt ist.[449]

(1) Eignung

138 Entsprechend den Ausführungen unter Rn. 21 werden unter dem Begriff der Eignung die Eigenschaften, die die Persönlichkeit und Person des Bewerbers betreffen, verstanden. Hier-

---

445 Im Ganzen siehe Begründung zu § 2 NLVO, Anlage zur Kabinettsvorlage (nicht veröffentlicht).

446 BVerfGE 61, 176, 186; 68, 109, 110; 86, 244, 246; st. Rspr, zuletzt bestätigt durch BVerfGE 108, 282, 296 = Schütz/Maiwald, ES/A II 1.5 Nr. 51 = ZBR 2004, S. 137 ff. = DÖV 2004, S. 30 ff.

447 Siehe Werres, Rn. 130; Zängl, in: Weiß/Niedermaier/Summer/Zängl, § 9 BeamtStG, Rn. 23-31; BVerfG vom 24.09.2003, ZBR 2004, S. 137 f. = NJW 2003, S. 3111

448 Kümmel, § 9 BeamtStG, Rn. 24

449 OVG Münster, Beschl. v. 23.05.2013, Az. 6 B 335/13, Orientierungssatz (juris)

unter sind die persönlichen, charakterlichen und gesundheitlichen Eigenschaften zu sehen.[450] Die Eignung stellt das Kriterium der Bestenauslese dar, das am wenigsten durch Zeugnisse und Prüfungen konkretisiert werden kann. Subjektive Beurteilungen und Eindrücke spielen eine wichtige Rolle, hier ist der Beurteilungsspielraum des Dienstherrn am größten.

Der Begriff „Eignung" stellt das **umfassendste Qualifikationsmerkmal** dar, das die gesamte Persönlichkeit eines Bewerbers über rein fachliche Gesichtspunkte hinaus erfasst und damit die beiden anderen Merkmale der „Befähigung" und „fachlichen Leistung" bereits umschließt. Bei der Beurteilung der Frage, ob die Eignung des Bewerbers gegeben ist, ist eine **Zukunftsprognose** dahingehend zu treffen, ob dieser den Anforderungen des künftig wahrzunehmenden Dienstpostens gerecht werden wird.[451]

Die **geistige** Eignung wird im Rahmen des Einstellungsverfahrens i.d.R. durch Auswahlgespräche oder besonders fundierte Einstellungstests beurteilt.[452]

An der **charakterlichen** Eignung kann es u.a. im Hinblick auf bestehende Vorstrafen des Bewerbers mangeln. Allerdings können sich auch bereits aus einem staatsanwaltschaftlichen Ermittlungsverfahren im Einzelfall Zweifel an der charakterlichen Eignung des Bewerbers ergeben.[453] Da der Dienstherr die charakterliche Eignung positiv feststellen muss, ist der Bewerber verpflichtet, ein polizeiliches Führungszeugnis[454] vorzulegen.[455] Ausführungen zu der bei Bewerbern erforderlichen Amtsfähigkeit und -würdigkeit erfolgen unter Rn. 198. Auch spricht gegen die charakterliche Eignung eines Bewerbers, wenn dieser nicht in geordneten wirtschaftlichen Verhältnissen lebt. Eine objektive Überschuldung oder auch das Vorliegen unklarer wirtschaftlicher Verhältnisse sprechen gegen die charakterliche Eignung.[456] In der Praxis wird bei Neueinstellungen vom Bewerber eine entsprechende Erklärung über die wirtschaftlichen Verhältnisse abverlangt.

Bei der Eignungsbeurteilung hat der Dienstherr auch immer eine Feststellung zu treffen, ob der Bewerber den Anforderungen des jeweiligen Amtes im konkret-funktionellen Sinn (siehe Rn. 49)in gesundheitlicher Hinsicht entspricht. Hierbei ist die körperliche und psychische Konstitution relevant.[457] Bei der Beurteilung der **gesundheitlichen Eignung** steht dem Dienstherrn **kein Beurteilungsspielraum** zu. Dementsprechend überprüft die Rechtsprechung die Entscheidung des Dienstherrn vollständig. Die Beweislast liegt beim Dienstherrn.[458] Gesundheitlich ungeeignet ist der Bewerber, wenn tatsächliche Anhaltspunkte die Annahme rechtfertigen, dass mit überwiegender Wahrscheinlichkeit vor Erreichen der Altersgrenze Dienstunfähigkeit eintreten wird.[459] Auch fehlt die gesundheitliche Eignung, wenn der Bewerber mit überwiegender Wahrscheinlichkeit bis zum Erreichen der gesetzlichen Altersgrenze über Jahre hinweg regelmäßig krankheitsbedingt ausfallen und deshalb eine erheblich gerin-

---

450 Zentgraf in Metzler-Müller/Rieger/Seeck/Zentgraf, § 9 BeamtStG, Anm. 2.1
451 Zentgraf in Metzler-Müller/Rieger/Seeck/Zentgraf, § 9 BeamtStG, Anm. 2.1
452 BVerwG, DVBl. 1982, S. 198 ff.
453 OVG Münster, RiA 2005, S. 253 ff.
454 Auszug aus dem Bundeszentralregister
455 Hoffmann, apf 2012, S. 73, 75
456 VG Münster, Urt. v. 04.12.2012, Az. 13 K 2879/10.0 (juris)
457 BVerfG, Beschl. v. 10.12.2008, Az. 2 BvR 2571/07 (juris)
458 Kathke, DÖD 2016, S. 173, 173
459 BVerwG, Urt. v. 25.07.2013, Az. 2 C 12/11, NVwZ 2014, 300-305, Rn. 16

gere Lebensdienstzeit aufweisen wird. Die wahrscheinlich erwartbaren Fehlzeiten müssen in der Summe ein Ausmaß erreichen, das einer Pensionierung wegen Dienstunfähigkeit etliche Jahre vor Erreichen der gesetzlichen Altersgrenze gleichkommt.[460]
Die gesundheitliche Eignung für eine Berufung in das Beamtenverhältnis auf Lebenszeit oder in ein anderes Beamten- oder Beschäftigungsverhältnis mit dem Ziel der späteren Verwendung im Beamtenverhältnis auf Lebenszeit ist gemäß § 9 Abs. 2 NBG aufgrund einer ärztlichen Untersuchung festzustellen.[461] Für die ärztliche Untersuchung gilt § 45 NBG entsprechend. Danach ist die Untersuchung grundsätzlich von Amtsärzten oder beamteten Ärzten durchzuführen. Dieser muss ggfs. einen Facharzt hinzuziehen. Dies bedeutet jedoch nicht, dass diesem die Entscheidungsverantwortung für das Gesundheitsurteil übertragen werden darf.

Die Beantwortung der Frage der gesundheitlichen Eignung ist eine **behördliche Entscheidung**. Der Arzt verschafft der Behörde als Sachverständiger lediglich die **wissenschaftliche Basis** für ihre Entscheidung mittels einer medizinischen Prognose.[462] Die Behörde muss den ärztlichen Befund vollständig nachvollziehen, sich hieraus ein eigenes Urteil bilden und über die gesundheitliche Eignung entscheiden.[463] Die Behörde darf, vor allem in ablehnenden Bescheiden, nicht den Eindruck erwecken, die negative Entscheidung sei bereits durch den Arzt getroffen worden.[464]

Während grundsätzlich bei Einstellungen von Beamten die körperliche Eignung für die gesamte Laufbahn mit allen Ämtern und den diesen zugeordneten Dienstposten vorliegen muss, gilt dies **bei schwerbehinderten Bewerbern**[465] nicht. Hinsichtlich der Feststellung der Eignung gelten andere Maßstäbe als bei nicht behinderten Bewerbern.[466] Nach § 14 Abs. 1 NLVO darf bei einer Einstellung nur das Mindestmaß körperlicher Eignung für die Wahrnehmung von Laufbahnaufgaben verlangt werden. Eine im Vergleich zu anderen Bewerbern geringere Eignung, die auf die Schwerbehinderung zurückzuführen ist, darf nicht zum Nachteil gewertet werden, es sei denn, dass gerade die fehlenden Eigenschaften oder Fähigkeiten für die Erfüllung der Aufgaben unverzichtbar sind und nicht durch technische Arbeitshilfen oder Maßnahmen ausgeglichen werden können.[467] Die körperliche Eignung muss ausreichen, um dem Bewerber eine amtsangemessene Beschäftigung zuweisen zu können, die mit dienstlichen Bedürfnissen im Einklang steht.[468] Bei schwerbehinderten Bewerbern muss die körperliche Eignung mindestens in Bezug auf die zu besetzende Stelle gewahrt sein.[469]

Aus beamtenrechtlichen Vorschriften ergeben sich keine Hinweise zum konkreten Durchführungszeitpunkt der ärztlichen Untersuchung, gleichwohl sollte diese immer in einem engen zeitlichen Zusammenhang mit der daraus resultierenden beamtenrechtlichen Maßnahme

460 BVerwG, Urt. v. 30.10.2013, Az. 2 C 16/12, NVwZ 2014, 372-376, Rn. 23
461 Kümmel, § 9 BeamtStG, Rn. 16
462 Zängl in Weiß/Niedermaier/Summer/Zängl, § 9 BeamtStG, Rn. 44
463 BVerwG, Urt. v. 25.07.2013, Az. 2 C 12/11 (juris)
464 Rittig, DÖV 2014, S. 1054, 1057
465 Zum Begriff des schwerbehinderten Bewerbers siehe § 2 Abs. 2 und 3 SGB IX.
466 OVG Berlin, Urt. v. 08.01.2003, Az. 4 B 37.02 Rn. 45 (juris); Kümmel, § 9 BeamtStG, Rn. 19 ff.
467 Richtlinien zur gleichberechtigten und selbstbestimmten Teilhabe schwerbehinderter und ihnen gleichgestellter Menschen am Berufsleben im öffentlichen Dienst, Ziffer 3.4 Nds. MBl. 2004, S. 783 ff.
468 BVerfG, Beschl. v. 10.12.2008, Az. 2 BvR 2571/07 (juris); BVerwG, Urt. v. 21.06.2007, Az. 2 A 6.06 (juris)
469 Zängl in Weiß/Niedermaier/Summer/Zängl, § 9 BeamtStG, Rn. 40; Zentgraf in Metzler-Müller/Rieger/Seeck/Zentgraf, § 9 BeamtStG, Anm. 2.1

stehen. Konkrete zeitliche Vorgaben können sich jedoch aus den Satzungen der Versorgungskassen ergeben.[470]

(2) Befähigung

Die Befähigung im Sinne des § 9 BeamtStG (§ 2 Abs. 1 S. 1 NLVO) stellt darauf ab, ob beim Bewerber die für die konkrete dienstliche Verwendung benötigten **Fähigkeiten, Kenntnisse und Fertigkeiten**, die insbesondere durch Aus- und Fortbildung erworben worden sind, vorhanden sind.[471] Es geht hier im Gegensatz zum Begriff der Befähigung nach § 7 Abs. 1 Nr. 3 BeamtStG nicht nur um das Vorhandensein der Bildungs- und/oder sonstigen Voraussetzungen, sondern um die **Qualität aller** allgemein der Tätigkeit zugutekommenden Fähigkeiten wie Begabung, Allgemeinwissen, Lebenserfahrung und allgemeine Ausbildung.[472] Somit ist die Befähigung nach § 9 BeamtStG bzw. § 2 Abs. 1 S. 1 NLVO weitergehender als die Befähigung i.S.d. § 7 Abs. 1 Nr. 3 BeamtStG.[473] Auch hier ist wie bei der Beurteilung der Eignung eine **Zukunftsprognose** hinsichtlich der Befähigung zu treffen.[474] 139

(3) Fachliche Leistung

Auch wenn dem Grunde nach die Bundeslaufbahnvorschriften im Landesrecht nicht einschlägig sind, wird dennoch an dieser Stelle auf die Definition des Begriffs der fachlichen Leistungen aus § 2 Abs. 4 BLV zurückgegriffen. Danach ist die fachliche Leistung insbesondere nach den Arbeitsergebnissen, der praktischen Arbeitsweise, dem Arbeitsverhalten und für Beamtinnen und Beamte, die bereits Vorgesetzte sind, nach dem Führungsverhalten zu beurteilen. Die fachliche Leistung beinhaltet die **praktische Arbeitsleistung** des Bewerbers im Berufsleben, also seine Arbeitsergebnisse aufgrund praktischer Tätigkeiten.[475] Hierbei geht es um die Qualität und Quantität der tatsächlich erbrachten Arbeitsergebnisse – sogenannter „Output". Die Prüfung über das Vorliegen der fachlichen Leistung erfolgt vergangenheitsbezogen. In diesem Zusammenhang werden insbesondere Beurteilungen (§ 44 NLVO) und Dienstzeugnisse (§ 59 NBG) herangezogen. 140

Der dienstlichen Beurteilung kommt bei der Bestenauslese maßgebliche Bedeutung zu.[476] Um einen Leistungsvergleich nach den Grundsätzen des Leistungsprinzips vornehmen zu können, werden an die entscheidungsrelevanten dienstlichen Beurteilungen rechtliche Anforderungen gestellt. Danach müssen diese aussagekräftig sein, d.h. aktuell, hinreichend differenziert und auf gleichen Bewertungsmaßstäben beruhen.[477]

Zwischen der dienstlichen Beurteilung und der Auswahlentscheidung darf keine so große Zeitspanne liegen, dass die dienstliche Beurteilung ihre Aktualität einbüßt und nicht mehr

---

[470] Nach § 17 Abs. 1 S. 4 der Satzung der Niedersächsischen Versorgungskasse ist der Anmeldung eines Beamten bei derselben ein amtsärztliches Gutachten nach §§ 9 Abs. 2, 45 NBG beizufügen, das nicht älter als drei Monate sein darf.

[471] Zentgraf in Metzler-Müller/Rieger/Seeck/Zentgraf, § 9 BeamtStG, Anm. 2.2

[472] BVerfG, Beschl. v. 27.05.2013, Az. 2 BvR 462/13 (juris)

[473] Zängl in Weiß/Niedermaier/Summer/Zängl, § 9 BeamtStG, Rn. 58

[474] Kümmel, § 9 BeamtStG, Rn. 20

[475] Zentgraf in Metzler-Müller/Rieger/Seeck/Zentgraf, § 9 BeamtStG, Anm. 2.2; Kümmel, § 9 BeamtStG, Rn. 21

[476] BVerwG, Urt. v. 27.02.2003, NVwZ 2003, S. 1397

[477] BVerwG, Urt. v. 04.11.2010, NJW 2011, S. 695, S. 699; BVerwG, Beschl. v. 27.09.2011, NVwZ-RR, S. 71, S. 72; BVerwG, Urt. v. 19.12.2002, BeckRS 2003, 21261; BVerwG, Urt. v.27.02.2003, BeckRS 2003, 30309316

aussagefähig in Bezug auf Art. 33 Abs. 2 GG ist.[478] Der Rechtsprechung zu Art. 33 Abs. 2 GG lässt sich insgesamt die Tendenz entnehmen, dass eine dienstliche Beurteilung aktuell ist, wenn diese nicht älter als drei Jahre ist.[479] Allerdings ist der Dienstherr berechtigt und gehalten, je länger der Beurteilungszeitpunkt zurückliegt, zu prüfen, ob das in der Regelbeurteilung vergebene Urteil noch dem aktuellen Leistungsstand des Beurteilten entspricht.[480]
Sofern zum Zeitpunkt der Auswahlentscheidung bei einzelnen Bewerbern keine dienstlichen Beurteilungen vorliegen sollten, die das Aktualitätserfordernis erfüllen, ist eine gesonderte Anlassbeurteilung[481] zu erstellen.[482]

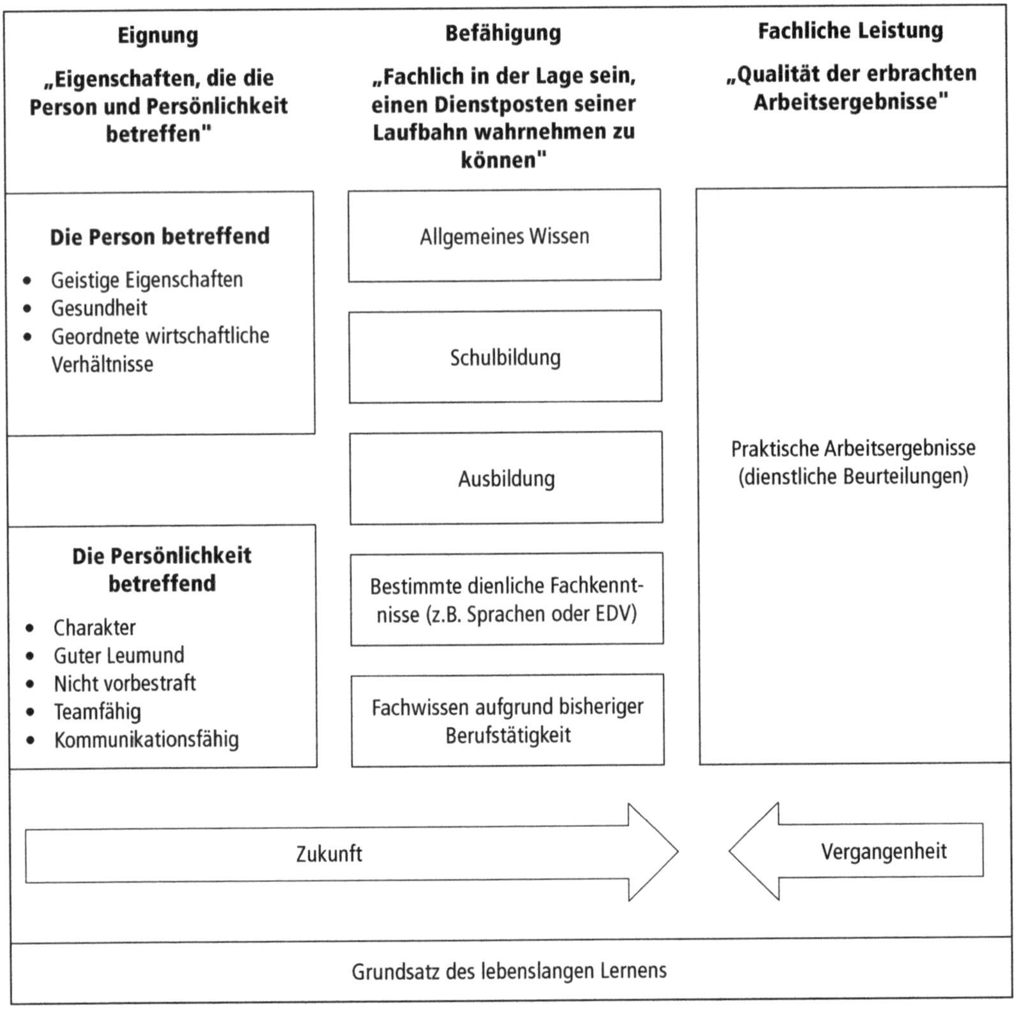

Abbildung 6 – Kriterien der Bestenauslese

478 OVG Koblenz, Beschl. v. 23.11.2011, BeckRS 2011, 56580
479 OVG Münster, NVwZ-RR 2002, S. 594; RP OVG, RiA 2008, S. 31; BW VGH, NVwZ-RR 2004, S. 120; gegen eine starre Zeitgrenze BayVGH, BayVBl. 2011, S. 24 f.
480 OVG Sachsen, Beschl. v. 05.03.2010, Az. 2 B 2/10 (juris)
481 Zum Begriff der Anlassbeurteilung siehe § 44 Abs. 1 S. 4 NLVO.
482 VGH Baden-Württemberg., Beschl. v. 15.03.2007, Az. 4 S 339/07 (juris)

bb. Benachteiligungsverbote

Wie eingangs des Kapitels ausgeführt, sind alle Ernennungen gemäß § 9 BeamtStG nach Eignung, Befähigung und fachlicher Leistung ohne Rücksicht auf Geschlecht, Abstammung, Rasse oder ethnische Herkunft, Behinderung, Religion oder Weltanschauung, politische Anschauungen, Herkunft, Beziehungen oder sexuelle Identität vorzunehmen. Das hieraus abzuleitende Diskriminierungsverbot, das sich an den Vorgaben des § 1 AGG[483] orientiert, kann jedoch unter bestimmten Voraussetzungen eingeschränkt werden. 141

In beamtenrechtlichen Vorschriften bilden § 9 BeamtStG und § 10 NBG die Diskriminierungsverbote nach dem AGG ab. Die Bestimmung des § 10 NBG enthält im Hinblick auf die Einstellung und das berufliche Fortkommen ein allgemeines Benachteiligungsverbot bei Schwangerschaft, Mutterschutz, Elternzeit, Teilzeit, Telearbeit und familienbedingter Beurlaubung. § 10 Abs. 1 S. 1 NBG trifft eine Regelung, wonach sich Schwangerschaft, Mutterschutz und Elternzeit bei der Einstellung und der beruflichen Entwicklung nicht nachhaltig auswirken dürfen. Hierbei handelt es sich um das Verbot unmittelbarer Diskriminierung (§ 3 Abs. 1 Satz 2 AGG). § 10 Abs. 1 Satz 2 NBG regelt Tatbestände der **mittelbaren Diskriminierung**.
Eine mittelbare Diskriminierung ist gemäß § 3 Abs. 2 AGG zulässig, wenn es einen zwingenden sachlichen Grund für eine unterschiedliche Behandlung gibt. Zu beachten ist, dass nach der Rechtsprechung des EuGH[484] der zwingende sachliche Grund, der die unterschiedliche Behandlung gebietet, in keinem Zusammenhang mit dem Geschlecht stehen darf und zur Zielerreichung notwendig und im Verhältnis zur Ungleichbehandlung verhältnismäßig und angemessen sein muss.[485] Die Bestimmungen des NGG bleiben unberührt. Mit der Regelung wird klargestellt, dass weder eine Schwangerschaft noch Mutterschutz oder Elternzeit einen Grund darstellen, von einer Einstellung abzusehen oder die Einstellung bis zum Ablauf eines Beschäftigungsverbotes zurückzustellen. Entsprechendes gilt für das berufliche Fortkommen. Auch in den Fällen, in denen Bewerber nach der Einstellung für die Betreuung von Kindern oder zur Pflege von Angehörigen familienbedingte Beurlaubung beanspruchen wollen, darf sich dies nicht nachteilig auswirken. Dieses Benachteiligungsverbot gilt auch für Teilzeit- und Telearbeit. Anderes gilt nur, wenn – in den Fällen des Satzes 2 – zwingende sachliche Gründe vorliegen. Eine unterschiedliche Behandlung von Beamten mit Teilzeitbeschäftigung und mit regelmäßiger Arbeitszeit ist deshalb nur zulässig, wenn zwingende sachliche Gründe dies erfordern. Unabhängig vom Benachteiligungsverbot des AGG ist zu beachten, dass eine sachlich nicht gerechtfertigte unterschiedliche Behandlung von Beamten mit Teilzeitbeschäftigung einerseits und Beamten mit regelmäßiger Arbeitszeit anderseits schon nach § 10 NBG verboten ist.[486]

Der oben beschriebene Leistungsgrundsatz nach Art. 33 Abs. 2 GG kann bei einer Einstellung oder Übernahme in eine Laufbahn durch Altersgrenzen beschränkt werden, weil sie im Lebenszeitprinzip als einem durch Art. 33 Abs. 5 GG hergebrachten Grundsatz des Berufsbeamtentums angelegt sind. Die Gewichtung der beiden gegenläufigen Verfassungsgrundsätze, wie sie in der Festsetzung von Altersgrenzen zum Ausdruck kommt, erfordert eine normative Regelung.[487]

---

483 Das AGG findet entsprechende Anwendung für Beamte über § 24 AGG.
484 EuGH, Urt. v. 13.05.1986, Az. 170/84 (juris)
485 Nds. LT-Drs. 16/665, S. 89
486 Nds. LT-Drs. 16/655, zu § 10 NBG, S. 89
487 BVerwG, Urt. v. 19.02.2009, Az. 2 C 18/07 (juris) = BVerwGE 133, 143-153

Im Geltungsbereich des Landes Niedersachsen enthalten die laufbahnrechtlichen Vorschriften u.a. Regelungen zu den Höchstaltersgrenzen bei der Einstellung in ein Beamtenverhältnis auf Widerruf und Probe (vgl. § 16 NLVO). Der Zweck, eine solche Regelung hinsichtlich des Einstiegsalters durch eine Verordnung zu treffen, besteht darin, ein angemessenes Verhältnis zwischen der noch erbringbaren Arbeitsleistung des Beamten und den Versorgungsansprüchen herzustellen. Eine solche Regelung steht auch mit den Regelungen des AGG im Einklang. Darüber hinaus ist es unter Umständen zulässig, bei Ausschreibungen ein Mindestdienstalter oder Mindestlebensalter in der Ausschreibung aufzunehmen (vgl. § 13 Abs. 2 NGG).[488]

(1) Geschlecht

142 Nach § 3 Abs. 1 S. 1 AGG würde eine unmittelbare Benachteiligung vorliegen, wenn ein Bewerber wegen seines Geschlechts bei einer Auswahlentscheidung unberücksichtigt bleibt. *„Der Begriff des Geschlechts definiert sich aus einer biologischen Zuordnung in eine der Geschlechtsgruppen (männlich, weiblich, zwischengeschlechtlich) und meint nicht die sexuellen Neigungen der Betroffenen."*[489] Eine unmittelbare Benachteiligung würde gemäß § 3 Abs. 1 S. 2 AGG auch im Falle einer ungünstigeren Behandlung einer Frau wegen Schwangerschaft und Mutterschutz vorliegen. Nach § 13 Abs. 1 NGG sind im Auswahlverfahren für die Beurteilung von Eignung, Befähigung und fachlicher Leistung ausschließlich die Anforderungen der zu besetzenden Stelle, der zu übertragenden Tätigkeit, des zu besetzenden Dienstpostens, der Laufbahn oder des Berufs maßgebend. Das NGG trifft jedoch in § 13 Abs. 5 NGG eine Regelung, wonach das Geschlecht bei der Besetzung einer Stelle ausschlaggebend sein darf (siehe Rn. 86).

(2) Behinderung

143 Art. 3 Abs. 3 S. 2 GG bestimmt, niemand dürfe wegen seiner Behinderung benachteiligt werden. Wie bereits ausgeführt, müssen an schwerbehinderte Bewerber hinsichtlich ihrer gesundheitlichen Eignung geringere Anforderungen gestellt werden (siehe Rn. 138). Kommt eine schwerbehinderte Person in die nähere Auswahl, so hat sie bei gleicher Eignung gleichwohl **keinen Anspruch**, gegenüber den nichtbehinderten Personen bevorzugt zu werden.[490] Die Schwerbehinderung kann jedoch als Hilfskriterium herangezogen werden.[491] Etwas anderes ergibt sich jedoch aus der niedersächsischen Richtlinie zur gleichberechtigten und selbstbestimmten Teilhabe schwerbehinderter und ihnen gleichgestellter Menschen am Berufsleben im öffentlichen Dienst.[492]

(3) Religion oder Weltanschauung

144 Die Religion und Weltanschauung[493] dürfen grundsätzlich kein Eignungsmerkmal darstellen. Nur ausnahmsweise ist dies zulässig, wenn eine bestimmte Konfessionszugehörigkeit für die sachgerechte Erfüllung mit den Dienstaufgaben erforderlich ist.[494] So kann die Konfessionszugehörigkeit Eignungsvoraussetzung für Religionslehrer, Lehrer an Bekenntnisschulen und Theologieprofessoren sein.[495]

---

488 Ausführungen zu § 13 NGG in der Arbeitshilfe zum NGG des Niedersächsischen Ministeriums für Soziales, Frauen, Familie, Gesundheit und Integration.

489 Dieterich/Schlachter, § 1 Rn. 5

490 BVerwG, Beschl. v. 15.02.1990, Az. 1 WB 36/88 (juris)

491 Hoffmann, S. 112

492 Richtlinien zur gleichberechtigten und selbstbestimmten Teilhabe schwerbehinderter und ihnen gleichgestellter Menschen am Berufsleben im öffentlichen Dienst, Ziffer 3.4 Nds. MBl. 2004, S. 783 ff.

493 Zum Begriff siehe Zentgraf in Metzler-Müller/Rieger/Seeck/Zentgraf, § 9 BeamtStG, Anm. 3.5.

494 Zängl in Weiß/Niedermaier/Summer/Zängl, § 9 BeamtStG, Rn. 93

495 Hilg, apf 2012, S. 129, 135; Plog/Wiedow, § 8 BBG, Rn. 16

(4) Politische Anschauung

Durch den Ausschluss der politischen Anschauung als Auslesekriterium soll insbesondere 145
Ämterpatronage unterbunden werden.[496] Die politische Anschauung kann nur in Ausnahmefällen eine Rolle spielen. So bei der Besetzung der Stellen von sog. politischen Beamten (siehe § 30 Abs. 1 BeamtStG, § 39 S. 1 NBG), da diese kraft ihrer besonderen Regierungsnähe auch die politischen Ziele und Ansichten der Regierung teilen müssen. Insoweit ist die politische Anschauung Teil der Eignung zur Wahrnehmung der politischen Beamtenstelle.[497]

b. Voraussetzungen bei der Begründung eines Beamtenverhältnisses

Eine Berufung in ein Beamtenverhältnis ist nur zulässig, wenn die Voraussetzungen des § 7 146
BeamtStG erfüllt sind. Diese umfassen in den Ziffern 1 bis 3 des Absatzes 1 neben der Staatsangehörigkeit die Aspekte des Eintretens für die freiheitliche demokratische Grundordnung sowie die nach Landesrecht vorgeschriebene Befähigung. Die Voraussetzungen des § 7 BeamtStG müssen bei der erstmaligen und erneuten Begründung des Beamtenverhältnisses vorliegen und gelten **für alle Arten** des Beamtenverhältnisses.[498]

aa. Staatsangehörigkeit

§ 7 Abs. 1 BeamtStG regelt, welche Staatsangehörigkeiten bei einer Berufung in das Beamten- 147
verhältnis vorliegen dürfen, damit diese materiell rechtmäßig ist. Es besteht demnach kein Deutschenvorbehalt, auch wenn das deutsche Beamtenrecht von einem generellen Verzicht auf bestimmte Staatsangehörigkeitserfordernisse noch weit entfernt ist.[499]

In ein Beamtenverhältnis darf gem. § 7 Abs. 1 Nr. 1 BeamtStG nur berufen werden, wer **Deutscher i.S.d. Art. 116 des Grundgesetzes** ist.

Alternativ muss der zu Ernennende die Staatsangehörigkeit

- eines **anderen Mitgliedstaates der Europäischen Union** (§ 7 Abs. 1 Nr. 1 a BeamtStG) *oder*
- eines **anderen Vertragsstaates des Abkommens über den Europäischen Wirtschaftsraum** (§ 7 Abs. 1 Nr. 1 bBeamtStG) *oder*
- eines **Drittstaates**, dem Deutschland und die Europäische Union vertraglich einen entsprechenden Anspruch auf Anerkennung von Berufsqualifikationen eingeräumt haben, besitzt (§ 7 Abs. 1 Nr. 1 c BeamtStG).

Nach **Art. 116 Abs. 1 GG ist Deutscher**, vorbehaltlich anderweitiger gesetzlicher Regelung, wer die deutsche Staatsangehörigkeit besitzt oder als Flüchtling oder Vertriebener deutscher Volkszugehörigkeit oder als dessen Ehegatte oder Abkömmling in dem Gebiete des Deutschen Reiches nach dem Stande vom 31.12.1937 Aufnahme gefunden hat (sog. Statusdeutsche)[500].

[496] Zängl in Weiß/Niedermaier/Summer/Zängl, § 9 BeamtStG, Rn. 95
[497] Hilg, apf 2012, S. 129, 135; Zentgraf in Metzler-Müller/Rieger/Seeck/Zentgraf, § 9 BeamtStG, Anm. 3.6
[498] Zentgraf in Metzler-Müller/Rieger/Seeck/Zentgraf, § 7 BeamtStG, Anm. 1
[499] Tabarra, ZBR 2013, S. 109, 110
[500] Hillgruber in Epping/Hillgruber, Art. 116 GG, Rn. 5

In § 3 StAG sind die Fälle abschließend aufgeführt, in denen die deutsche Staatsangehörigkeit erworben wird, in § 17 StAG die Fälle, in denen diese verloren geht.

Aus der Formulierung des § 7 Abs. 1 Nr. 1 a BeamtStG ist zu entnehmen, dass auch **Staatsangehörige eines anderen Mitgliedstaates der Europäischen Union** als der Bundesrepublik Deutschland in ein Beamtenverhältnis berufen werden dürfen. Die Europäische Union hat derzeit neben der Bundesrepublik Deutschland weitere 27 Mitgliedstaaten[501] (Belgien, Bulgarien, Dänemark, Estland, Finnland, Frankreich, Griechenland, Irland, Italien, Kroatien, Lettland, Litauen, Luxemburg, Malta, Niederlande, Österreich, Polen, Portugal, Rumänien, Schweden, Slowakei, Slowenien, Spanien, Tschechische Republik, Ungarn, Vereinigtes Königreich, Zypern).

Nach § 7 Abs. 1 Nr. 1 b BeamtStG dürfen **Staatsangehörige eines anderen Vertragsstaates des Abkommens über den Europäischen Wirtschaftsraum (EWR)**[502] in ein Beamtenverhältnis berufen werden. Dies soll die Handels- und Wirtschaftsbeziehungen zwischen der Europäischen Union und den Staaten der Europäischen Freihandelsassoziation (EFTA) stärken. Neben den Mitgliedstaaten der Europäischen Union sind von diesem Abkommen die Staaten **Island, Liechtenstein und Norwegen** erfasst.[503] Folglich können auch Angehörige der letztgenannten Staaten in ein Beamtenverhältnis berufen werden. Eine Gleichstellung erfahren nach § 7 Abs. 1 Nr. 1 c BeamtStG auch die **Staatsangehörigen solcher Drittstaaten, denen die Europäische Union und Deutschland eine vertragliche Anerkennung von Berufsqualifikationen**[504] eingeräumt hat Diese Regelung trifft derzeit allein auf die **Schweiz** zu.[505]

148 Nach § 7 Abs. 2 BeamtStG wird die rechtliche Möglichkeit, Bewerber, die nicht Deutsche im Sinne des Art. 116 GG sind, in ein Beamtenverhältnis zu berufen, eingeschränkt. Diese Möglichkeit der Einschränkung ergibt sich aus Art. 39 Abs. 4 des Vertrags zur Gründung der Europäischen Gemeinschaft.[506] Hiernach darf nur ein Deutscher im Sinne des Art. 116 GG in ein Beamtenverhältnis berufen werden, wenn die Aufgaben es erfordern. Dabei muss also eine dringende Notwendigkeit vorliegen, die die nationale Bindung rechtfertigt und die es verbietet, andere Personen als Deutsche mit der Wahrnehmung dieser Aufgaben zu betrauen.[507]

Das Bundesministerium des Innern hat zur Ausführung des § 7 BBG bzw. § 7 Abs. 2 BeamtStG durch Verwaltungsvorschrift u.a. folgende Aufgabenbereiche grundsätzlich der Ausübung durch Deutsche vorbehalten:[508]

- Kernbereich der Staatstätigkeit,
- Gebiet der militärischen und zivilen Verteidigung,

[501] Präambel der Konsolidierten Fassung des Vertrages über die Europäische Union (veröffentlicht im Amtsblatt der Europäischen Union 2010/C 83/01)
[502] ABL. Nr. L 001 v. 03.01.1994, S. 3 ff.
[503] BT-Drs. 16/4027, Ausführungen zu § 7 BeamtStG, S. 22
[504] Richtlinie 2005/36/EG des Europäischen Parlaments und des Rates v. 07.09.2005 über die Anerkennung von Berufsqualifikationen
[505] BT-Drs. 16/4027, Ausführungen zu § 7 BeamtStG, S. 22
[506] BT-Drs. 16/4027, Ausführungen zu § 7 BeamtStG, S. 22 f.
[507] Zentgraf in Metzler-Müller/Rieger/Seeck/Zentgraf, § 7 BeamtStG, Anm. 2.3
[508] Bundesministerium des Innern, RdSchr. v. 20.05.1996 – D I 1 – 210 107/96

- Bereich der Eingriffsverwaltung oder
- Tätigkeiten bei den Landeskriminalämtern.

Der Regelung des § 7 Abs. 2 BeamtStG kommt in der kommunalen Praxis keine Bedeutung zu, jedoch im Bereich der Landesbehörden (z. B. im Bereich des Niedersächsischen Verfassungsschutzes).

Nach § 7 Abs. 3 BeamtStG können Ausnahmen von § 7 Abs. 1 Nr. 1 und Abs. 2 BeamtStG zugelassen werden, wenn 149

- für die Gewinnung des Beamten ein **dringendes dienstliches Interesse** besteht (Nr. 1) oder
- bei der **Berufung von Hochschullehrern und anderen Mitarbeitern des wissenschaftlichen und künstlerischen Personals** in das Beamtenverhältnis andere Gründe vorliegen (Nr. 2).

Ein dringendes dienstliches Interesse an der Gewinnung des Beamten i.S.d. **§ 7 Abs. 3 Nr. 1 BeamtStG** ist gegeben, wenn besonders wichtige Interessen, die über die Interessen der jeweiligen Verwaltung hinausgehen, in die der Beamte eingestellt werden soll, vorliegen. Für ein solches Bedürfnis kommen insbesondere sicherheitsrelevante Aufgabenbereiche in Betracht. [509]

Beispiel:
Ein türkischer Staatsangehöriger, der für den Ordnungsbereich (Stelle für Ausländerangelegenheiten) einer Kommune dienstlich benötigt wird.

Die Ausnahmeregelung des **§ 7 Abs. 3 Nr. 2 BeamtStG** hat Relevanz bei der Gewinnung hochqualifizierter ausländischer Hochschullehrer. Für diesen Personenkreis gelten die Sonderregelungen für wissenschaftliches Hochschulpersonal nach § 61 BeamtStG.[510]

Eine Ausnahme nach § 7 Abs. 3 BeamtStG ist vor der Berufung in das Beamtenverhältnis einzuholen. Die Zuständigkeit für die Ausnahme richtet sich nach Landesrecht.[511] Da in den beamtenrechtlichen Vorschriften des Landes Niedersachsen keine Regelungen zur Zuständigkeit getroffen wurde, liegt die Entscheidung bei der für die Einstellungsernennung zuständigen Stelle.[512] Im **Landesbereich** hat die niedersächsische Landesregierung durch Beschluss die Zuständigkeit für diese Entscheidung auf die obersten Landesbehörden und diesen nachgeordneten Behörden übertragen.[513] Im Kommunalbereich ist die für die Ernennung zuständige Stelle (siehe Rn. 100) für die Entscheidung zuständig.

Erfolgt eine Ernennung ohne die erforderliche Ausnahmegenehmigung, so wäre die Ernennung in den Fällen des § 7 Abs. 1 Nr. 1 BeamtStG nach § 11 Abs. 1 Nr. 3 a BeamtStG nichtig, in

---

509 BT-Drs. 16/4027, Ausführungen zu § 7 BeamtStG, S. 23; Zentgraf in Metzler-Müller/Rieger/Seeck/Zentgraf, § 7 BeamtStG, Anm. 2.4

510 Zentgraf in Metzler-Müller/Rieger/Seeck/Zentgraf, § 7 BeamtStG, Anm. 2.4

511 Zentgraf in Metzler-Müller/Rieger/Seeck/Zentgraf, § 7 BeamtStG, Anm. 2.4; Lemhöfer in Plog/Wiedow, § 7 BeamtStG, Rn. 6

512 v. Roetteken in v. Roetteken/Rothländer, § 7 BeamtStG, Rn. 89

513 Siehe Ziffer 1.1.1 b) Gem. RdErl. d. MI, d. StK u. d. übr. Min. v. 28.11.2012, Nr. 46, S. 1242, ber. 2013 S. 891, geändert durch Verwaltungsvorschrift vom 17.05.2016 (Nds. MBl. 2016 Nr. 23, S. 648)

den Fällen des § 7 Abs. 2 BeamtStG ist diese gemäß § 12 Abs. 1 Nr. 3 BeamtStG mit Wirkung für die Vergangenheit zurückzunehmen, sofern die Ausnahme nicht nachträglich von der zuständigen Stelle erteilt wird.

bb. Eintreten für die freiheitliche demokratische Grundordnung

150 Gemäß § 7 Abs. 1 Nr. 2 BeamtStG darf in das Beamtenverhältnis nur berufen werden, wer die Gewähr dafür bietet, **jederzeit** für die **freiheitliche demokratische Grundordnung** im Sinne des Grundgesetzes einzutreten.
Die geistige Haltung des Bewerbers muss also dadurch geprägt sein, dass er aktiv für die staatliche Grundordnung eintritt und sich mit der freiheitlichen, demokratischen und sozialstaatlichen Ordnung des Staates identifiziert (sog. Verfassungstreue). Dies beinhaltet, dass der Beamte die bestehenden verfassungsrechtlichen und gesetzlichen Vorschriften beachtet und erfüllt und sein Amt aus dem Geist dieser Vorschriften heraus führt.[514] „Gewähr bieten" bedeutet keine Sicherheit, sondern nur ein Wahrscheinlichkeitsurteil, da menschliches Verhalten im Voraus nicht sicher prognostizierbar ist.[515]

Das Bundesverfassungsgericht versteht die freiheitliche demokratische Grundordnung als eine Ordnung, „die unter Ausschluss jeglicher Gewalt- und Willkürherrschaft eine rechtsstaatliche Herrschaftsordnung auf der Grundlage der Selbstbestimmung des Volkes nach dem Willen der jeweiligen Mehrheit und der Freiheit und Gleichheit darstellt".[516] Dazu zählen die Achtung vor den im Grundgesetz konkretisierten Menschenrechte, vor allem vor dem Recht der Persönlichkeit auf Leben und freie Entfaltung, die Volkssouveränität, die Gewaltenteilung, die Verantwortlichkeit der Regierung, die Gesetzmäßigkeit der Verwaltung, die Unabhängigkeit der Gerichte, das Mehrparteiensystem und die Chancengleichheit für alle politischen Parteien mit dem Recht auf verfassungsgemäße Bildung und Ausübung einer Opposition.[517]

Die Übereinstimmung mit der freiheitlichen demokratischen Grundordnung ist in der Praxis am ehesten über die Vorlage eines aktuellen Führungszeugnisses zu überprüfen und korrespondiert insoweit mit dem Tatbestandsmerkmal der Eignung aus den Kriterien der Bestenauslese. Denn nur der Beamte, der die Gewähr dafür bietet, jederzeit für die freiheitliche demokratische Grundordnung im Sinne des Grundgesetzes einzutreten, vermag auch hinsichtlich seines Persönlichkeitsbildes (Charakter, guter Leumund, etc.) zu überzeugen. Sofern die Verfassungstreue nicht gewährleistet ist oder an dieser Zweifel bestehen, ist die Einstellung abzulehnen.[518]

Die Frage nach einer Mitgliedschaft in einer konkreten Organisation, die verfassungsfeindliche Ziele verfolgt, ist zulässig und vom Bewerber wahrheitsgemäß zu beantworten.[519] Sollte eine entsprechende Frage wahrheitswidrig vom Bewerber beantwortet werden, so wäre sie gemäß § 12 Abs. 1 Nr. 1 BeamtStG für die Vergangenheit zurückzunehmen.

[514] Reich, § 7 BeamtStG, Rn. 7; Zentgraf in Metzler-Müller/Rieger/Seeck/Zentgraf, § 7 BeamtStG, Anm. 3; BVerfGE 39, S. 334

[515] Plog/Wiedow, § 7 BBG, Rn. 15

[516] BVerfGE 2, 1 Leitsatz-SRP-Verbot

[517] BVerfGE 2, 1, 12 f.-SRP-Verbot; BVerfGE 5, 85, 140-KPD-Verbot

[518] BVerwG, Beschl. v. 22.05.1975, Az. 2 BvL 13/73 (juris)

[519] Zentgraf in Metzler-Müller/Rieger/Seeck/Zentgraf, § 7 BeamtStG, Anm. 3; BAG, Urt. v. 28.05.1998, Az. 2 AZR 549/97 (juris)

cc. Befähigung nach Landesrecht

Nach § 7 Abs. 1 Nr. 3 BeamtStG muss bei der Berufung in ein Beamtenverhältnis die **nach Landesrecht vorgeschriebene Befähigung** beim Bewerber vorliegen. Hier erfolgt durch den Gesetzgeber ein konkreter Verweis auf das Landesrecht. 151

Darüber hinaus verwendet der Gesetzgeber den Begriff der Befähigung als Auslesekriterium innerhalb des § 9 BeamtStG und somit zusätzlich in einem anderen Kontext. Zur Verdeutlichung wird daher an dieser Stelle zunächst eine Abgrenzung der Begrifflichkeiten vorgenommen. Die Befähigung im Sinne des § 9 BeamtStG (siehe Rn. 139) umfasst **alle** für die dienstliche Verwendung wesentlichen Fähigkeiten und Kenntnisse in qualitativer Hinsicht. Daher ist diese im Vergleich zur Befähigung des § 7 Abs. 1 Nr. 3 BeamtStG weitergehender und kommt **bei allen Ernennungsfällen** und folglich nicht nur bei der Begründung eines Beamtenverhältnisses (Einstellung) zum Tragen. Mit der nach Landesrecht vorgeschriebenen Befähigung wird lediglich ein Aspekt aus dem in § 9 BeamtStG aufgezählten Kriterien der Ernennung aufgegriffen.[520]

Die Prüfung, ob die nach Landesrecht vorgeschriebene Befähigung nach § 7 Abs. 1 Nr. 3 BeamtStG bei der Berufung in ein Beamtenverhältnis vorliegt, stellt dagegen darauf ab, ob der Bewerber **die Bildungsvoraussetzungen und** ggf. – abhängig vom zu begründenden Beamtenverhältnis – **sonstigen Voraussetzungen erfüllt**. Die Frage, in welcher Qualität diese vorliegen, ist dabei zunächst unbeachtlich und ausschließlich im Rahmen der Prüfung der Befähigung nach § 9 BeamtStG als Auslesekriterium der Bestenauslese zu beurteilen. Zu den Einzelheiten der Bestenauslese wird auf die Ausführungen unter Rn 137 ff. verwiesen. Unter **Befähigung** im Sinne des § 7 Abs. 1 Nr. 3 BeamtStG ist nicht bei jeder Berufung in ein Beamtenverhältnis die Laufbahnbefähigung (siehe Rn. 55) zu verstehen, denn die Voraussetzung des § 7 Abs. 1 Nr. 3 BeamtStG muss z. B. auch bei der Begründung eines Beamtenverhältnisses auf Widerruf, das im Regelfall dem Erwerb der Laufbahnbefähigung dient, erfüllt sein. Sofern eine Einstellung in ein Beamtenverhältnis auf Probe oder Lebenszeit erfolgen soll, muss im Rahmen des § 7 Abs. 1 Nr. 3 BeamtStG beurteilt werden, ob der Bewerber die Bildungsvoraussetzungen und sonstigen Voraussetzungen für die Berufung in ein Beamtenverhältnis erfüllt. Hier kommt es in der Regel auf die Laufbahnbefähigung im Sinne des § 15 NLVO an.

(1) Bildungsvoraussetzungen bei der Einstellung ins Beamtenverhältnis auf Widerruf

Bei der Einstellung in ein Beamtenverhältnis auf **Widerruf zur Ableistung eines Vorbereitungsdienstes** muss nach § 17 Abs. 1 S. 1 NLVO der Bewerber die für die Laufbahn und das Einstiegsamt vorgeschriebenen **Bildungsvoraussetzungen** erfüllen. Die Bildungsvoraussetzungen richten sich folglich nach der Laufbahn (§ 13 NBG) und dem Einstiegsamt, für das sich der Beamte im Rahmen seines Vorbereitungsdienstes als Anwärter bzw. Referendar qualifizieren möchte. 152

- Bildungsvoraussetzungen für das **erste Einstiegsamt der Laufbahngruppe 1**:
  Zur Ausbildung im Vorbereitungsdienst für das erste Einstiegsamt der Laufbahngruppe 1 kann gemäß § 4 APVO-AD-VerwD zugelassen werden, wer die Bildungsvoraussetzungen

[520] Reich, § 7 BeamtStG, Rn. 8

nach § 20 Abs. 1 NLVO erfüllt. Dies ist ein Hauptschulabschluss oder ein als gleichwertig anerkannter Bildungsstand.[521]

- Bildungsvoraussetzungen für das **zweite Einstiegsamt der Laufbahngruppe 1**:
  Nach § 7 Abs. 1 S. 1 APVO-AD-VerwD kann derjenige zur Ausbildung im Vorbereitungsdienst für das zweite Einstiegsamt der Laufbahngruppe 1 zugelassen werden, wer die Bildungsvoraussetzungen nach § 20 Abs. 2 NLVO erfüllt.

Nach § 20 Abs. 2 NLVO sind das alternativ
1. ein Realschulabschluss,
2. ein Hauptschulabschluss und
   a) eine für die Laufbahn förderliche Berufsausbildung *oder*
   b) eine Ausbildung in einem öffentlich-rechtlichen Ausbildungsverhältnis *oder*
3. ein als gleichwertig anerkannter Bildungsstand (§ 2 Abs. 2 BB-GVO).[522]

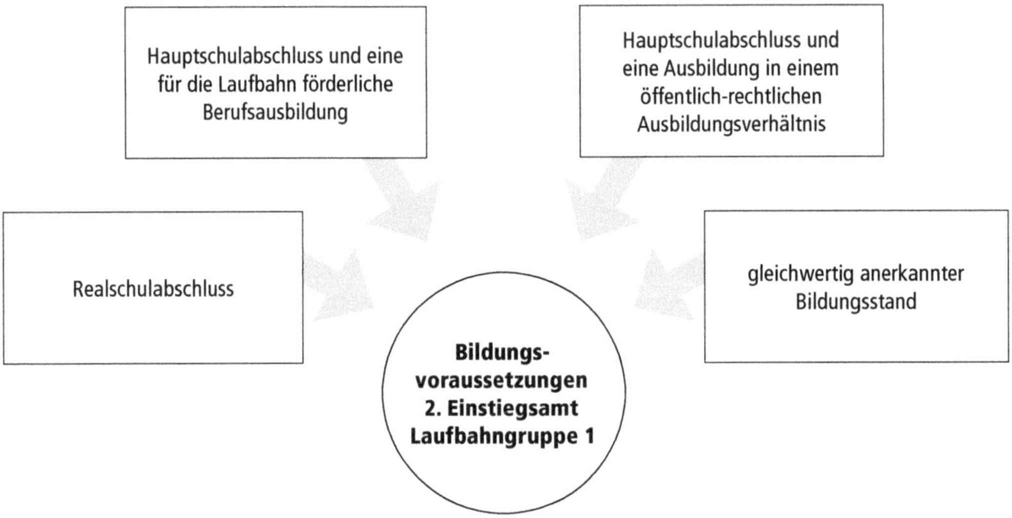

Abbildung 7 – Bildungsvoraussetzungen für das 2. Einstiegsamt der Laufbahngruppe 1

Als **förderlich** ist eine **Berufsausbildung** anzusehen, die Kenntnisse und Fähigkeiten vermittelt, wie sie für die Laufbahn erforderlich sind. Diese Berufsausbildung kann innerhalb oder außerhalb des öffentlichen Dienstes absolviert worden sein und muss geeignet sein, den Bewerber in Verbindung mit der laufbahnmäßigen Ausbildung im Vorbereitungsdienst die Befähigung für die jeweilige Laufbahn zu vermitteln. Der Begriff der förderlichen Berufsausbildung ist dabei grundsätzlich großzügig auszulegen. Förderlich ist danach jede Berufsausbildung, in der ein bestimmtes Maß an Verwaltungstätigkeiten vorkommt. Dies umschließt gleichsam keinen abschließenden Katalog an zutreffenden Ausbildungsgängen.

521 Siehe § 2 BB-GVO, Nds. GVBl. Nr. 1/2008, S. 2
522 Siehe § 2 BB-GVO, Nds. GVBl. Nr. 1/2008, S. 2

- Bildungsvoraussetzungen für das **erste Einstiegsamt der Laufbahngruppe 2**:
  Nach § 26 APVO-AD-VerwD (siehe auch § 24 Abs. 1 S. 2 NLVO) kann derjenige zur Ausbildung im Vorbereitungsdienst für das erste Einstiegsamt der Laufbahngruppe 2 zugelassen werden, wer über eine **Hochschulzugangsberechtigung nach § 18 NHG** verfügt, die zum Studium an der Kommunalen Hochschule für Verwaltung in Niedersachsen berechtigt. Gemäß § 18 Abs. 1 S 1 NHG 1 ist zum Studium in einem grundständigen Studiengang derjenige berechtigt, wer über die entsprechende deutsche Hochschulzugangsberechtigung verfügt.

Nach § 18 Abs. S. 2 NHG hat eine Hochschulzugangsberechtigung, wer
1. a) die allgemeine Hochschulreife,
   b) die fachgebundene Hochschulreife,
   c) die Fachhochschulreife,
   d) eine von dem für die Schulen zuständigen Ministerium allgemein oder für bestimmte Studiengänge als gleichwertig anerkannte schulische Vorbildung *oder*
2. eine berufliche Vorbildung nach Absatz 4 besitzt.

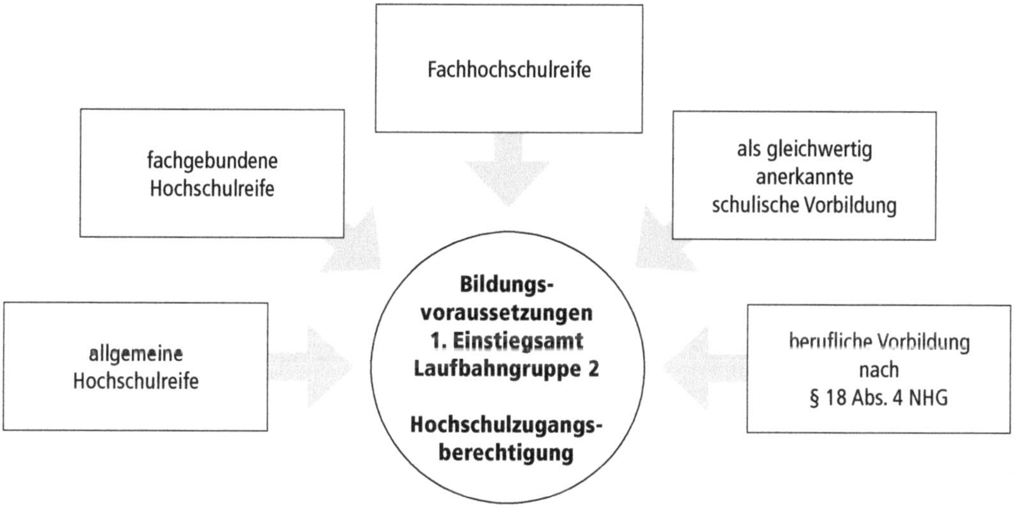

Abbildung 8 – Bildungsvoraussetzungen 1. Einstiegsamt Laufbahngruppe 2

- Bildungsvoraussetzungen für das **zweite Einstiegsamt der Laufbahngruppe 2**:
  Bildungsvoraussetzung für das zweite Einstiegsamt der Laufbahngruppe 2 ist nach § 24 Abs. 2 NLVO ein mit einem Mastergrad oder einem gleichwertigen Abschluss abgeschlossenes Hochschulstudium. Bestehende Abschlüsse, insbesondere an Universitäten, sowie mit einem Staatsexamen abschließende Studiengänge bleiben als gleichwertige Abschlüsse anerkannt.[523]

[523] Begründung zu § 24 NLVO, Anlage zur Kabinettsvorlage (nicht veröffentlicht)

(2) Vorliegen der Laufbahnbefähigung bei der Begründung eines Beamtenverhältnisses auf Probe

153 Die Voraussetzungen für den Befähigungserwerb ergeben sich aus den in § 15 NLVO im Einzelnen genannten Vorschriften.[524] Darüber hinaus findet die APVO-AD-VerwD als speziellere Vorschrift zur Regelung der Ausbildung und Prüfung im Vorbereitungsdienst für den Bereich allgemeine Dienste (ergänzend) Anwendung. Bei den nachstehenden Ausführungen wird stets zwischen **Bildungsvoraussetzungen** und **sonstigen Voraussetzungen**, die für den Erwerb der Laufbahnbefähigung vorliegen müssen, unterschieden.

(a) Laufbahnbefähigung für das erste Einstiegsamt der Laufbahngruppe 1

154 Die Befähigung für eine Laufbahn der Laufbahngruppe 1 für den Zugang für das erste Einstiegsamt hat gemäß § 15 Abs. 1 HS 1 NLVO erworben, **wer die Bildungsvoraussetzungen nach § 20 NLVO** erfüllt und nach § 15 Abs. 1 Nr. 1 NLVO (*als* ***sonstige Voraussetzung***)

a) einen Vorbereitungsdienst abgeleistet hat (§ 21) *oder*
b) eine unmittelbar für die Laufbahn qualifizierende Berufsausbildung abgeschlossen hat (§ 22).

Bildungsvoraussetzungen nach § 20 NLVO:
Die Bildungsvoraussetzungen ergeben sich für die Fachrichtung Allgemeine Dienste aus § 4 APVO-AD-VerwD, wonach zur Ausbildung im Vorbereitungsdienst für das erste Einstiegsamt der Laufbahngruppe 1 zugelassen werden kann, wer die Bildungsvoraussetzungen nach § 20 Abs. 1 NLVO erfüllt (siehe Rn. 152).

Sonstige Voraussetzungen:
Zu a): Gemäß § 6 APVO-AD-VerwD schließt der Vorbereitungsdienst mit der Feststellung ab, ob der Anwärter das Ziel des Vorbereitungsdienstes erreicht hat. Hier besteht kein weitergehendes Prüfungserfordernis. Die Dauer des Vorbereitungsdienstes richtet sich nach § 5 S. 1 APVO-AD-VerwD und beträgt sechs Monate.

Zu b): Es gibt nach der Anlage 1 zu § 22 NLVO keine unmittelbar für das 1. Einstiegsamt der Laufbahngruppe 1 qualifizierende Berufsausbildung für die Fachrichtung Allgemeine Dienste.

(b) Laufbahnbefähigung für das zweite Einstiegsamt der Laufbahngruppe 1

155 Die Befähigung für eine Laufbahn der Laufbahngruppe 1 für den Zugang für das zweite Einstiegsamt hat gemäß § 15 Abs. 1 NLVO erworben, wer die **Bildungsvoraussetzungen** nach § 20 erfüllt und (*als* ***sonstige Voraussetzung***)

a) eine für die Laufbahn qualifizierende Berufsausbildung abgeschlossen, erforderlichenfalls eine Zusatzqualifikation erworben und eine berufliche Tätigkeit ausgeübt hat (§ 23),
b) einen mit einer Laufbahnprüfung abgeschlossenen Vorbereitungsdienst abgeleistet hat (§ 21) *oder*
c) eine unmittelbar für die Laufbahn qualifizierende berufliche Ausbildung oder Fortbildung abgeschlossen hat (§ 22).

[524] Begründung zu § 15 NLVO, Anlage zur Kabinettsvorlage (nicht veröffentlicht)

Bildungsvoraussetzungen nach § 20 NLVO:
Die Bildungsvoraussetzung ergibt sich aus § 7 Abs. 1 APVO-AD-VerwD, wonach zur Ausbildung im Vorbereitungsdienst für das zweite Einstiegsamt der Laufbahngruppe 1 zugelassen werden kann, wer die Bildungsvoraussetzungen nach § 20 Abs. 2 NLVO erfüllt.

Bildungsvoraussetzung für das zweite Einstiegsamt der Laufbahngruppe 1 ist demnach,
1. ein Realschulabschluss,
2. ein Hauptschulabschluss und
   a) eine für die Laufbahn förderliche Berufsausbildung *oder*
   b) eine Ausbildung in einem öffentlich-rechtlichen Ausbildungsverhältnis *oder*
3. ein als gleichwertig anerkannter Bildungsstand.[525]

Als förderlich ist eine Berufsausbildung anzusehen, die Kenntnisse und Fähigkeiten vermittelt, wie sie für die Laufbahn erforderlich sind. Diese Berufsausbildung kann innerhalb oder außerhalb des öffentlichen Dienstes absolviert worden sein und muss geeignet sein, den Bewerber in Verbindung mit der laufbahnmäßigen Ausbildung im Vorbereitungsdienst die Befähigung für die jeweilige Laufbahn zu vermitteln. Der Begriff der förderlichen Berufsausbildung ist dabei grundsätzlich großzügig auszulegen. Förderlich ist danach jede Berufsausbildung, in der ein bestimmtes Maß an Verwaltungstätigkeiten vorkommt. Dies umschließt gleichsam keinen abschließenden Katalog an zutreffenden Ausbildungsgängen.

Sonstige Voraussetzungen:
Zu a): Dabei regelt die Anlage 2 zu § 23 NLVO, welche Berufsausbildungen, erforderlichenfalls mit Zusatzqualifikation in Verbindung mit einer beruflichen Tätigkeit für das zweite Einstiegsamt einer Laufbahn der Laufbahngruppe 1 qualifizieren. Für die Fachrichtung Allgemeine Dienste wird dort keine geeignete Berufsausbildung genannt, sodass dieser Fall für die berufliche Praxis zu vernachlässigen ist.

Zu b): Regelungen zur Ableistung des Vorbereitungsdienstes sowie zur Laufbahnprüfung treffen die §§ 7-25 APVO-AD-VerwD.

Die Dauer des abzuleistenden Vorbereitungsdienstes ergibt sich dabei aus § 8 Abs. 1 APVO-AD-VerwD und beträgt in der Regel 24 Monate. Anrechnungsmöglichkeiten ergeben sich aus § 8 Abs. 4 APVO-AD-VerwD. Das Ende des Vorbereitungsdienstes bestimmt sich aus § 17 Abs. 4 S. 2 NLVO. Im Fall des Bestehens der den Vorbereitungsdienst abschließenden Prüfung endet der Vorbereitungsdienst jedoch frühestens mit Ablauf der im Allgemeinen oder im Einzelfall festgesetzten Zeit. Im Wiederholungsfall endet der Vorbereitungsdienst mit Ablauf des Tages, an dem das Bestehen der den Vorbereitungsdienst abschließenden Prüfung oder endgültige Nichtbestehen der den Vorbereitungsdienst abschließenden Prüfung oder einer Zwischenprüfung bekannt gegeben wird. Die Laufbahnprüfung ist gemäß § 20 Abs. 4 APVO-AD-VerwD bestanden, wenn das Ergebnis mindestens „ausreichend (4)“ lautet.

Zu c): Aus der Anlage 1 Buchstabe b) zu § 22 NLVO gehen die unmittelbar für das zweite Einstiegsamt einer Laufbahn der Laufbahngruppe 1 qualifizierenden, mit einer Prüfung abgeschlossenen beruflichen Ausbildungen und Fortbildungen hervor. Aus der lfd. Nr. 5 sind

---
[525] Siehe § 2 BB-GVO, Nds. GVBl. Nr. 1/2008, S. 2

dies für die Fachrichtung Allgemeine Dienste eine mit einer Prüfung abgeschlossene Fortbildung zur Verwaltungswirtin oder zum Verwaltungswirt bei dem Studieninstitut des Landes Niedersachsen, einem niedersächsischen Studieninstitut für kommunale Verwaltung oder dem Berufsförderungswerk Bad Pyrmont sowie nach der lfd. Nr. 6 eine mit einer Prüfung abgeschlossene Ausbildung zur oder zum Fachangestellten für Medien- und Informationsdienste – Fachrichtung Archiv.

(c) Laufbahnbefähigung für eine Laufbahn der Laufbahngruppe 2

156 Die Befähigung für eine Laufbahn der Laufbahngruppe 2 hat erworben, wer nach § 15 Abs. 2 S. 1 HS 1 NLVO die **Bildungsvoraussetzungen** nach § 24 Abs. 1 bis 3 NLVO erfüllt und gemäß § 15 Abs. 2 S. 1 HS 2 NLVO (*als **sonstige Voraussetzung***)

1. eine berufliche Tätigkeit ausgeübt hat (§ 25) *oder*
2. einen mit einer Prüfung abgeschlossenen Vorbereitungsdienst abgeleistet hat (§ 26).

Die Befähigung hat gemäß § 15 Abs. 2 S. 2 NLVO auch erworben, wer die Bildungsvoraussetzungen nach § 24 Abs. 4 erfüllt.

Bildungsvoraussetzungen nach § 24 Abs. 1 bis 3 NLVO:
Bildungsvoraussetzung für das **erste Einstiegsamt** der Laufbahngruppe 2 ist gemäß § 24 Abs. 1 S. 1 NLVO ein mit einem Bachelorgrad abgeschlossenes Hochschulstudium oder ein gleichwertiger Abschluss. Der Erwerb des Bachelorgrades setzt das Bestehen der Bachelorprüfung (siehe § 33 Abs. 1, 2 APVO-AD-VerwD) voraus.
Aufgrund einer Hochschulprüfung, mit der ein erster berufsqualifizierender Abschluss erworben wird, verleiht die Hochschule gemäß § 8 Abs. 1 NHG einen Diplom- oder Bachelorgrad mit Angabe der Fachrichtung; Fachhochschulen verleihen den Diplomgrad mit dem Zusatz „FH“ (Fachhochschule).

Nach § 24 Abs. 3 NLVO müssen die Studiengänge geeignet sein, in Verbindung mit einem Vorbereitungsdienst oder einer beruflichen Tätigkeit die Laufbahnbefähigung zu vermitteln. Nach § 27 Abs. 2 S. 1, 2 APVO-AD-VerwD hat die Befähigung für das **erste Einstiegsamt** der Laufbahn der Laufbahngruppe 2 der Fachrichtung Allgemeine Dienste derjenige, der den Vorbereitungsdienst mit der Bachelorprüfung als Hochschulprüfung nach den Anforderungen der APVO-AD-VerwD abgeschlossen und dafür ein Studium absolviert hat, das den Anforderungen dieser Verordnung entspricht. Die Kommunale Hochschule für Verwaltung in Niedersachsen (HSVN) ist gemäß § 67a Abs. 1 NHG eine für die Ausbildung für die Laufbahn der Laufbahngruppe 2 der Fachrichtung Allgemeine Dienste anerkannte Fachhochschule in nichtstaatlicher Verantwortung (siehe hierzu auch § 24 Abs. 1 NLVO). Der von der HSVN u.a. angebotene Bachelorstudiengang erfüllt somit die Voraussetzungen des § 24 Abs. 3 NLVO. Als gleichwertiger Abschluss stellt sich der Abschluss als Diplom-Verwaltungswirt (FH) dar.

Bildungsvoraussetzung für das **zweite Einstiegsamt** der Laufbahngruppe 2 ist gemäß § 24 Abs. 2 NLVO ein mit einem Mastergrad oder einem gleichwertigen Abschluss abgeschlossenes Hochschulstudium. Auch hierbei ist die Geeignetheit des Studiengangs i.S.d. § 24 Abs. 3 NLVO Voraussetzung.

Sonstige Voraussetzungen:

Zu 1.): Ein Bewerber hat nach § 15 Abs. 2 S. 1 Nr. 1 NLVO die sonstigen Voraussetzungen erfüllt, wenn dieser eine berufliche Tätigkeit i.S.d. § 25 NLVO aufweist. Die berufliche Tätigkeit muss nach § 25 Abs. 2 S. 1 NLVO 157

1. fachlich an das Hochschulstudium und eine erforderliche Zusatzqualifikation anknüpfen sowie den fachlichen Anforderungen für das jeweilige Einstiegsamt der Laufbahn entsprechen,
2. nach ihrer Art und Bedeutung der Tätigkeit im jeweiligen Einstiegsamt der Laufbahn entsprechen und
3. im Hinblick auf Aufgaben der Laufbahn die Fähigkeit der Bewerberin oder des Bewerbers zu fachlich selbständiger Berufsausübung erwiesen haben.

Die berufliche Tätigkeit kann gemäß § 25 Abs. 2 S. 2 NLVO innerhalb oder außerhalb des öffentlichen Dienstes ausgeübt worden sein, soweit nicht in der Anlage 4 zu § 25 NLVO anderes bestimmt ist. Nach § 25 Abs. 3 S. 1 NLVO muss die berufliche Tätigkeit für das erste Einstiegsamt einer Laufbahn zwei Jahre (§ 25 Abs. 3 S. 1 Nr. 1 NLVO) und für das zweite Einstiegsamt einer Laufbahn drei Jahre (§ 25 Abs. 3 S. 1 Nr. 2 NLVO) gedauert haben, wenn nicht in der Anlage 4 zu § 25 NLVO etwas anderes bestimmt ist.

In Anlage 4 zu § 25 NLVO ist geregelt, welche Studiengänge, in denen ein Hochschulstudium, erforderlichenfalls mit Zusatzqualifikation, **in Verbindung mit einer beruflichen Tätigkeit** für eine Laufbahn der Laufbahngruppe 2 qualifizieren.

Dies sind nach der lfd. Nr. 12 der Anlage 4 in der Fachrichtung Allgemeine Dienste für das **erste Einstiegsamt** der Laufbahngruppe 2 Studiengänge mit überwiegend verwaltungswissenschaftlichen, sozialwissenschaftlichen, politikwissenschaftlichen, wirtschaftswissenschaftlichen, gesundheitswirtschaftlichen oder sozialversicherungsrechtlichen Inhalten; Informatik, andere naturwissenschaftliche Studiengänge mit informationstechnischer oder kommunikationstechnischer Prägung; Archivwesen. Bei diesen Studiengängen muss grundsätzlich eine berufliche Tätigkeit i.S.d. § 25 NLVO im Umfang von zwei Jahren abgeleistet werden. Eine Ausnahme stellt hierbei der Studiengang an der HSVN dar. Sollte der Studiengang im öffentlichen Dienst abgeleistet werden, so ist lediglich eine sechsmonatige berufliche Tätigkeit erforderlich.

Nach der lfd. Nr. 13 der Anlage 4 in der Fachrichtung Allgemeine Dienste für das **zweite Einstiegsamt** der Laufbahngruppe 2 sind dies Studiengänge mit überwiegend verwaltungswissenschaftlichen, sozialwissenschaftlichen, politikwissenschaftlichen oder wirtschaftswissenschaftlichen Inhalten; Statistik; Informatik, andere naturwissenschaftliche Studiengänge mit informationstechnischer oder kommunikationstechnischer Prägung. Ebenso gilt dies nach der lfd. Nr. 14 für die Studiengänge Geschichtswissenschaft oder Rechtswissenschaft. Hier allerdings verbunden mit einer erforderlichen Zusatzqualifikation in Form eines Doktorgrades auf der Grundlage einer Dissertation über ein geschichtliches Thema, Latinum und Kenntnisse der französischen Sprache sowie Fortbildung an einer archivwissenschaftlichen Einrichtung im Gesamtumfang von mindestens drei Monaten.

Zu 2.): Alternativ zu einer beruflichen Tätigkeit hat ein Bewerber gemäß § 15 Abs. 2 S. 1 Nr. 2 NLVO die sonstigen Voraussetzungen erfüllt, wenn dieser einen mit einer Prüfung abgeschlossenen Vorbereitungsdienst abgeleistet hat (§ 26 NLVO).

Der Bewerber muss den Vorbereitungsdienst abgeschlossen, folglich abgeleistet haben. Dieser beginnt mit der Ernennung zum Anwärter bzw. Referendar.

Die Dauer des Vorbereitungsdienstes für das **erste Einstiegsamt** der Laufbahngruppe 2 in der Fachrichtung Allgemeine Dienste beträgt nach § 28 Abs. 1 S. 1 APVO-AD-VerwD in der Regel drei Jahre. Das Ende des Vorbereitungsdienstes bestimmt sich aus § 17 Abs. 4 S. 2 NLVO. Im Fall des Bestehens der den Vorbereitungsdienst abschließenden Prüfung endet der Vorbereitungsdienst jedoch frühestens mit Ablauf der im Allgemeinen oder im Einzelfall festgesetzten Zeit. Im Wiederholungsfall endet der Vorbereitungsdienst mit Ablauf des Tages, an dem das Bestehen der den Vorbereitungsdienst abschließenden Prüfung oder endgültige Nichtbestehen der den Vorbereitungsdienst abschließenden Prüfung oder einer Zwischenprüfung bekannt gegeben wird.

Der Vorbereitungsdienst muss mit einer Prüfung abgeschlossen sein. In § 27 Abs. 2 APVO-AD-VerwD ist der Erwerb der Laufbefähigung für das **erste Einstiegsamt** der Laufbahngruppe 2 geregelt. Danach hat die Befähigung für die Laufbahn der Laufbahngruppe 2 der Fachrichtung Allgemeine Dienste erworben, wer den Vorbereitungsdienst mit der Bachelorprüfung als Hochschulprüfung nach den Anforderungen dieser Verordnung abgeschlossen hat und dafür ein Studium absolviert hat, das den Anforderungen dieser Verordnung entspricht. § 33 Abs. 1, 2 APVO-AD-VerwD regeln hierzu ergänzend, wann die Bachelorprüfung bestanden ist.
Der Vorbereitungsdienst für das **zweite Einstiegsamt** einer Laufbahn der Laufbahngruppe 2 dauert gemäß § 26 Abs. 3 NLVO in der Regel zwei Jahre.

Weitere Möglichkeiten des Erwerbs der Laufbahnbefähigung:
158 Anlage 3 zu § 24 Abs. 4 NLVO bestimmt, in welchen Studiengängen ein abgeschlossenes Hochschulstudium **unmittelbar** für eine Laufbahn der Laufbahngruppe 2 qualifiziert und in welchen dieser Fälle mit welcher Dauer eine Einführung in die Laufbahnaufgaben erforderlich ist.
Nach der lfd. Nr. 3 ist dies u.a. der Bachelorstudiengang „Öffentliche Verwaltung" an der Fachhochschule Osnabrück, der eine zusätzliche Einführungszeit von sechs Monaten erfordert. Nach § 24 Abs. 4 S. 2 NLVO erfolgt eine erforderliche Einführung in die Laufbahnaufgaben in einem öffentlich-rechtlichen Ausbildungsverhältnis, auf das die für Beamtinnen und Beamte auf Widerruf im Vorbereitungsdienst geltenden Vorschriften einschließlich der Vorschriften über Unfallfürsorge entsprechend anzuwenden sind. Das bedeutet, dass der Absolvent zwar nicht in ein Beamtenverhältnis berufen wird, für ihn allerdings die rechtlichen Vorschriften für Beamtenanwärter entsprechend gelten.[526]

Darüber hinaus kann gemäß § 15 Abs. 3 NLVO die Befähigung für eine Laufbahn auch

1. durch die Entscheidung, dass ein Laufbahnwechsel zulässig ist (§ 23 Abs. 2 NBG),
2. für eine Laufbahn der Laufbahngruppe 1 durch Bestehen der Laufbahnprüfung der Laufbahngruppe 2 derselben Fachrichtung nach § 18 Abs. 2 Nr. 1 NLVO,
3. durch Zuerkennung nach § 18 Abs. 2 Nr. 2 NLVO,
4. durch Aufstieg nach § 33 oder 34 NLVO oder
5. durch Anerkennung von Berufsqualifikationen nach den §§ 35 bis 42 NLVO

erworben werden.

---

526 Siehe hierzu RdErl. d. MI v. 12.08.2013 – Nds. MBl. 2013 Nr. 30. S. 578

Zu 1: Die Befähigung kann auch durch die Entscheidung über einen Laufbahnwechsel erworben werden. Unter einem Laufbahnwechsel ist gemäß § 23 Abs. 1 HS 1 NBG der Wechsel von einer Laufbahn in eine andere Laufbahn derselben Laufbahngruppe zu verstehen. Ein Laufbahnwechsel ist zulässig, wenn der Beamte die Befähigung für die neue Laufbahn besitzt. Aufgrund der zum 01.04.2009 erfolgten Reduzierung der Laufbahngruppen sowie Fachrichtungen wird ein Laufbahnwechsel seltener als bisher erforderlich sein.

Besitzt der Beamte die Befähigung für die neue Laufbahn nicht, so ist ein Laufbahnwechsel zulässig, wenn die für die Wahrnehmung der Aufgaben in der Laufbahn erforderlichen Fähigkeiten und Kenntnisse

1. durch Unterweisung oder andere Qualifizierungsmaßnahmen oder
2. aufgrund der Wahrnehmung von Tätigkeiten, die mit den Anforderungen der neuen Laufbahn vergleichbar sind,

erworben worden sind oder werden können.

Über die Zulässigkeit des Laufbahnwechsels entscheidet gemäß § 23 Abs. 2 S. 2 NBG das für die Laufbahn zuständige Ministerium; es kann die Befugnis auf andere Behörden übertragen. Bei der Entscheidung ist stets im Einzelfall zu prüfen, ob und inwieweit unter Berücksichtigung der persönlichen Qualifikation die für die Wahrnehmung der Laufbahnaufgaben nötigen Kenntnisse und Fähigkeiten durch praktische Unterweisung, andere geeignete Qualifizierungsmaßnahmen und/oder die beruflichen Erfahrungen erworben werden können oder worden sind. Als „Qualifizierungsmaßnahmen" kommen z. B. in Betracht die Teilnahme an Aus- und Fortbildungslehrgängen, die Teilnahme an Vorlesungen einer Hochschule oder die Teilnahme an Umschulungslehrgängen. Daneben oder an dessen Stelle kann eine praktische Unterweisung auf einem oder mehreren Arbeitsplätzen gefordert werden. Beamte, die bereits erfolgreich Tätigkeiten wahrgenommen haben, die mit den Anforderungen der neuen Laufbahn vergleichbar sind, können – gegebenenfalls ebenfalls flankiert durch Unterweisung und/ oder weitere Qualifizierungsmaßnahmen – gleichfalls einen Laufbahnwechsel vollziehen.[527]

Zu 2: Die Ausbildungs- und Prüfungsverordnungen können Regelungen enthalten, die den Erwerb der Befähigung für die Laufbahn der Laufbahngruppe 1 derselben Fachrichtung vorsehen, sofern die Laufbahnprüfung der Laufbahngruppe 2 bestanden worden ist. Eine entsprechende Regelung sieht § 36 APVO-AD-VerwD vor. Hiernach erwirbt der Beamte mit der Befähigung für die Laufbahn der Laufbahngruppe 2 der Fachrichtung Allgemeine Dienste auch die Befähigung für die Laufbahn der Laufbahngruppe 1 der Fachrichtung Allgemeine Dienste. Die Befähigung eröffnet den Zugang für das zweite Einstiegsamt der Laufbahngruppe 1.

Zu 3: Ferner haben Beamte, die nach dem Nichtbestehen der Laufbahnprüfung der Laufbahngruppe 2 auch die Wiederholungsprüfung nicht bestehen oder auf die Wiederholung der Prüfung verzichten, die Befähigung für die Laufbahn der Laufbahngruppe 1 derselben Fachrichtung durch Zuerkennung durch einen Prüfungsausschuss, **wenn die Ausbildungs- und Prüfungsverordnung dies vorsieht**. Eine entsprechende Regelung – vergleichbar § 21 APVOgehD[528] – ist in der APVO-AD-VerwD für die Fachrichtung Allgemeine Dienste nicht enthalten.

---

[527] Im Ganzen siehe Nds. LT-Drs. 16/655, Ausführungen zu § 23 NBG.
[528] Mit Wirkung vom 01.08.2011 außer Kraft getreten, s. § 14 APVO AVD-LG 2.

Zu 4: Zu den Möglichkeiten des Erwerbs der Laufbahnbefähigung im Zuge eines Regelaufstiegs (§33 NLVO) bzw. Praxisaufstiegs (§ 34 NLVO) wird auf die Ausführungen bei den Rn. 182 f. verwiesen.

Zu 5: Der sechste Abschnitt der NLVO, der die §§ 35 bis 42 NLVO umfasst, dient der Umsetzung der Richtlinie 2005/36/EG des Europäischen Parlaments und des Rates vom 07.09.2005 über die Anerkennung von Berufsqualifikationen (ABl. EU Nr. L 255 S. 22; 2007 Nr. L 271 S. 18; 2008 Nr. L 93 S. 28), zuletzt geändert durch die Verordnung (EG) Nr. 755/2008 der Kommission vom 31.07.2008 (ABl. EU Nr. L 205 S. 10).

Ziel dieser Richtlinie ist es, die Flexibilität der Arbeitsmärkte zu erhöhen sowie die Liberalisierung im Dienstleistungssektor voranzutreiben und die automatische Anerkennung von Qualifikationen zu erleichtern bzw. die Verwaltungsverfahren zu vereinfachen. Dies bedeutet für die Staatsangehörigen der Mitgliedstaaten insbesondere die Möglichkeit, als Selbstständige oder abhängig Beschäftigte einen Beruf in einem anderen Mitgliedstaat als dem auszuüben, in dem sie ihre Berufsqualifikationen erworben haben. Die Richtlinie gilt in allen EU-Mitgliedstaaten (siehe Rn. 147) sowie den EWR-Staaten Island, Liechtenstein und Norwegen.
Unter welchen Voraussetzungen im Ausland erworbene Berufsqualifikationen anerkannt werden können, richtet sich nach den §§ 35 ff. NLVO.

(d) Anderer Bewerber

159 Gemäß § 15 Abs. 4 S. 1 NLVO ist u.a. Laufbahnbewerber, wer sich um eine Einstellung bewirbt und die Befähigung für die Laufbahn gemäß den Absätzen 1 bis 3 des § 15 NLVO erworben hat. Außerhalb dieses Befähigungserwerbs besteht die Möglichkeit zur Verbeamtung über den Weg des **anderen Bewerbers**.

In das Beamtenverhältnis kann danach gemäß § 17 Abs. 1 S. 1 NBG auch berufen werden, wer, ohne die Zugangsvoraussetzungen zu erfüllen, die Laufbahnbefähigung durch Lebens- und Berufserfahrung innerhalb oder außerhalb des öffentlichen Dienstes erworben hat (anderer Bewerber). Im Rahmen der Bestenauslese können sie gleichrangig mit Laufbahnbewerbern berücksichtigt werden. Satz 1 verdeutlicht, dass – entsprechend der bisherigen Praxis – die Feststellung der Befähigung nur dann möglich ist, wenn auch die Einstellung des Bewerbers erfolgen soll. Außerhalb konkreter Einstellungsverfahren besteht keine Möglichkeit, die Befähigung feststellen zu lassen.[529]

Dies gilt gemäß § 17 Abs. 1 S. 2 NBG nicht, wenn eine bestimmte Vorbildung, Ausbildung oder Prüfung durch fachgesetzliche Regelung vorgeschrieben oder nach der Eigenart der Laufbahnaufgaben erforderlich ist. Für die Feststellung der Laufbahnbefähigung von anderen Bewerbern ist gemäß § 17 Abs. 2 NBG der Landespersonalausschuss zuständig. Antragsberechtigt gegenüber dem Landespersonalausschuss ist gemäß § 2 S. 3 der Geschäftsordnung des Landespersonalausschusses[530] für die Landesbeamten die zuständige oberste Dienstbehörde und für die Kommunalbeamten der Dienstherr. Abweichend von der Regelung in Abs. 2 ist gemäß § 17 Abs. 4 NBG die Landesregierung zuständig, wenn es sich um eines der in § 39 NBG genannten Ämter (politische Beamte) handelt.

---

[529] Nds. LT-Drs. 16/655, Ausführungen zu § 17 Abs. 1 NBG
[530] Nds. MBl. Nr. 25/2009, S. 570

Als anderer Bewerber darf in das Beamtenverhältnis nur berufen werden, wer gemäß § 17 Abs. 3 S. 1 NBG noch nicht das 50. Lebensjahr vollendet hat. Der Landespersonalausschuss kann nach S. 2 im Einzelfall Ausnahmen zulassen. Mit Blick auf die Aufgabenstellung des Landespersonalausschusses aus § 97 NBG, der Sicherstellung der einheitlichen Durchführung der beamtenrechtlichen Vorschriften, kommt eine diesbezügliche Ausnahme vorrangig in vergleichbaren Fällen zu § 16 Abs. 5 NLVO (Ausnahmefallgestaltung für Laufbahnbewerber) in Betracht oder aber wenn bereits ein Beamtenverhältnis bestanden hatte und lediglich die Voraussetzungen für einen Laufbahnwechsel geschaffen werden sollen.

dd. Höchstalter

Losgelöst vom grundsätzlichen Diskriminierungsverbot in Bezug auf das Alter des zu 160
Ernennenden, besteht dennoch hinsichtlich der Berufung in das Beamtenverhältnis auf Widerruf bzw. auf Probe die Möglichkeit der **Festlegung von Höchstaltersgrenzen.**[531] Das AGG schließt nicht die Festlegung von Altersgrenzen bei Einstellungen in ein Beamtenverhältnis aus.[532]

Eine Einstellung in das **Beamtenverhältnis auf Widerruf zur Ableistung eines Vorberei-** 161
tungsdienstes (§ 4 Abs. 4 a BeamtStG) kann gemäß § 16 Abs. 1 S. 1 NLVO grundsätzlich nur erfolgen, wenn der Bewerber zum Zeitpunkt des Wirksamwerdens der Ernennung (Eintreten der inneren Wirksamkeit) noch nicht das 40. Lebensjahr, als Schwerbehinderter das 45. Lebensjahr, vollendet hat.

Nach § 16 Abs. 1 S. 2 NLVO gelten diese Höchstaltersgrenzen nicht

1. für einen Vorbereitungsdienst, dessen Abschluss gesetzliche Voraussetzung für die Ausübung eines Berufes außerhalb des öffentlichen Dienstes ist,
2. in den Fällen, in denen die Voraussetzungen des § 7 Abs. 6 SVG vorliegen, und
3. für Inhaber eines Eingliederungs- oder Zulassungsscheins nach § 9 SVG.

Zu 1.: Von der Ausnahme des § 16 Abs. 1 S. 2 Nr. 1 NLVO sind Einstellungen in Vorbereitungsdienste, die Ausbildungsgänge umfassen, deren erfolgreiches Durchlaufen die Voraussetzung für die Ausübung eines Berufes auch außerhalb des öffentlichen Dienstes ist, und bei denen sich der Staat – wie zum Beispiel bei Lehrern und Juristen – die Ausbildung allein vorbehalten hat (sog. Monopolausbildungen), erfasst.

Zu 2.: Die Höchstaltersgrenzen gelten ferner nicht bei Laufbahnbewerbern, bei denen die Voraussetzungen des § 7 Abs. 6 SVG vorliegen. Hierbei handelt es sich um Soldaten auf Zeit, deren Dienstzeit für einen Zeitraum von zwölf oder mehr Jahren festgesetzt worden ist. Wenn diese sich gemäß § 7 Abs. 6 S. 1 SVG bis zum Ablauf von sechs Monaten nach Beendigung ihres Wehrdienstverhältnisses oder dem Ende der Förderung einer Bildungsmaßnahme um Einstellung in den öffentlichen Dienst bewerben, so steht die Höchstaltersgrenze nach § 16 Abs. 1 NLVO einer Einstellung nicht entgegen.

---

[531] BVerfG, Urt. v. 24.09.2009, Az. 2 C 31/08 Rn. 22 ff. (juris)
[532] BVerwG, Urt. v. 19.02.2009, Az. 2 C 18/07 (juris)

Zu 3.: Bei den Laufbahnbewerbern, die Inhaber eines Eingliederungs- oder Zulassungsscheins nach § 9 SVG sind, handelt es sich um Soldaten auf Zeit, die im unmittelbaren Anschluss an ihr Wehrdienstverhältnis Beamte werden wollen. Diese erhalten auf Antrag unter bestimmten Voraussetzungen einen Eingliederungs- oder Zulassungsschein.

Hat ein Laufbahnbewerber wegen der tatsächlichen Betreuung oder Pflege eines Kindes unter 18 Jahren oder der Pflege eines nach ärztlichem Gutachten pflegebedürftigen sonstigen Angehörigen von einer Bewerbung um Einstellung in einen Vorbereitungsdienst vor Vollendung des 40. Lebensjahres, als schwerbehinderter Mensch des 45. Lebensjahres, abgesehen, so erhöht sich die Höchstaltersgrenze nach § 16 Abs. 1 S. 1 NLVO gemäß § 16 Abs. 1 S. 3 NLVO je Kind oder Pflegefall um drei Jahre bis zu einem Höchstalter von 46 Jahren.

	Allgemeine Höchstaltersgrenze [§ 16 Abs. 1 S. 1 NLVO]	**Höchstaltersgrenze bei Kindesbetreuung oder Pflegefall [§ 16 Abs. 1 S. 3 NLVO]**
Nichtschwerbehinderte	Vollendung des 40. Lebensjahr	Vollendung des 40. Lebensjahr + 3 Jahre je Kind oder Pflegefall; Höchstalter 46. Lebensjahr
Schwerbehinderte	Vollendung des 45. Lebensjahr	Vollendung des 45. Lebensjahr + 1 Jahr je Kind oder Pflegefall; Höchstalter 46. Lebensjahr
	[§ 16 Abs. 2 S. 1 NLVO]	**[§ 16 Abs. 2 S. 3 NLVO]**
Nichtschwerbehinderte	Vollendung des 45. Lebensjahr	Individuelle Höchstaltersgrenze nach § 16 Abs. 1 S. 3 NLVO + 3 Jahre je Kind oder Pflegefall
Schwerbehinderte	Vollendung des 48. Lebensjahr	Vollendung des 49. Lebensjahr

Abbildung 9 – Übersicht über die Höchstgrenzen bei Einstellungen in das Beamtenverhältnis auf Widerruf

162 Bei der Einstellung von **Laufbahnbewerbern in das Beamtenverhältnis auf Probe** richten sich die Höchstaltersgrenzen nach § 16 Abs. 2 NLVO. Da sich die vorstehende Vorschrift ausschließlich auf Laufbahnbewerber bezieht, ist bei anderen Bewerbern die sich aus § 17 Abs. 3 S. 1 NBG ergebende Höchstaltersgrenze anzuwenden.

Nach § 16 Abs. 2 S. 1 NLVO können in das Beamtenverhältnis auf Probe Laufbahnbewerber eingestellt werden, wenn sie das 45. Lebensjahr, als schwerbehinderter Mensch das 48. Lebensjahr, noch nicht vollendet haben. Die Regelungen des § 16 Abs. 1 S. 2 Nr. 1 und 2 NLVO sind nach § 16 Abs. 2 S. 2 NLVO entsprechend anzuwenden, so dass in den Fällen, in denen die Voraussetzungen des § 7 Abs. 6 SVG vorliegen, sowie für Inhaber eines Eingliederungs- oder Zulassungsscheins nach § 9 SVG die Höchstaltersgrenze des § 16 Abs. 2 S. 1 NLVO nicht gilt. Bei einem Laufbahnbewerber, der aufgrund der Bestimmung des Absatzes 1 Satz 3 nach dem vollendeten 40. Lebensjahr, als schwerbehinderter Mensch nach Vollendung des 45.

Lebensjahres, in den Vorbereitungsdienst eingestellt worden ist, erhöht sich die sich aus Absatz 1 Satz 3 ergebende Höchstaltersgrenze um drei Jahre. Für Laufbahnbewerber, die einen Vorbereitungsdienst nach Absatz 1 Satz 2 Nr. 1 abgeleistet haben und die Voraussetzungen des Absatzes 1 Satz 3 erfüllen, ist Satz 3 entsprechend anzuwenden.

Die Absätze 1 und 2 des § 16 NLVO gelten gemäß § 16 Abs. 3 NLVO nicht für Beamte eines niedersächsischen Dienstherrn, die zur Ableistung eines Vorbereitungsdienstes oder einer Probezeit beurlaubt und in ein Beamtenverhältnis auf Widerruf oder auf Probe berufen worden sind (sog. Doppelbeamtenverhältnis, siehe Rn. 73).

Weitere Besonderheiten ergeben sich aus § 16 Abs. 4 NLVO für einen Laufbahnbewerber, der die Höchstaltersgrenze nach § 16 Abs. 1 oder 2 NLVO überschritten hat, wenn er

1. an dem Tag, an dem der Antrag auf Einstellung gestellt wird, die Höchstaltersgrenze noch nicht überschritten hatte und die Einstellung innerhalb eines Jahres nach Antragstellung erfolgt oder
2. ein früherer Beamter ist und innerhalb eines Jahres nach der Entlassung wieder eingestellt wird.

Nach § 16 Abs. 5 S. 1 NLVO können **Ausnahmen von den Höchstaltersgrenzen** nach den Absätzen 1 und 2 zugelassen werden, und zwar

1. für einzelne Fälle oder Gruppen von Fällen, wenn der Dienstherr ein erhebliches dienstliches Interesse daran hat, Bewerber als Fachkräfte zu gewinnen oder zu behalten, oder
2. für einzelne Fälle, wenn sich nachweislich der berufliche Werdegang aus von dem Bewerber nicht zu vertretenden Gründen in einem Maß verzögert hat, dass die Anwendung der Höchstaltersgrenze unbillig erscheinen ließe.

Bei der **Einstellung von Landesbeamten** ist nach Absatz 5 Satz 1 das Finanzministerium zuständig. Die Ausnahme kann auf Vorschlag der obersten Dienstbehörde zugelassen werden. Betrifft die **Ausnahme einen Kommunalbeamten** oder **einen Körperschaftsbeamten**, so entscheidet die oberste Aufsichtsbehörde (Absatz 5 Satz 3) über den Antrag, der formlos auf dem Dienstweg über die Kommunalaufsicht gestellt wird. Die bislang vorgeschriebene Beteiligung des für die Laufbahn zuständigen Ministeriums entfällt.[533] Zuständig für den Vorschlag, eine Ausnahme nach § 16 Abs. 5 S. 1 NLVO zuzulassen, ist gemäß § 107 Abs. 6 S. 1 NKomVG der höhere Dienstvorgesetzte, da die oberste Dienstbehörde nach § 16 Abs. 5 S. 2 HS 2 NLVO ermächtigt ist, diese Befugnis zu übertragen.

ee. Einstellung im Einstiegsamt (einschl. Ausnahmeregelungen)

Nach § 18 S. 1 NBG ist eine Ernennung unter Begründung eines Beamtenverhältnisses (Einstellung) im Beamtenverhältnis auf Probe oder auf Lebenszeit **nur in einem Einstiegsamt** zulässig. Dies gilt nicht gemäß § 18 S. 2 NBG für die Einstellung in einem in § 39 NBG genannten Amt[534] oder im Amt des Direktors beim Landtag. 163

533 Begründung zu § 16 NLVO, Anlage zur Kabinettsvorlage (nicht veröffentlicht)

534 Staatssekretär, Sprecher der Landesregierung, Präsident des Landespräsidiums für Polizei, Brand und Katastrophenschutz, Verfassungsschutzpräsident sowie Polizeipräsident

Abweichend von § 18 S. 1 NBG kann gemäß **§ 18 S. 3 Nr. 1 NBG** eine **Einstellung in einem höheren Amt** (als dem Einstiegsamt) bei beruflichen Erfahrungen oder sonstigen Qualifikationen, die über die Zugangsvoraussetzungen des § 14 NBG hinaus erworben wurden, vorgenommen werden, wenn die Laufbahnvorschriften dies bestimmen.

§ 5 NLVO als laufbahnrechtliche Bestimmung ermöglicht unter bestimmten Voraussetzungen eine Einstellung in einem höheren Amt, jedoch beschränkt auf das **erste Amt über dem Einstiegsamt**. Dies wäre ein Amt der Besoldungsgruppe A 7 beim 2. Einstiegsamt der Laufbahngruppe 1, in der Regel ein Amt der Besoldungsgruppe A 10[535] beim 1. Einstiegsamt der Laufbahngruppe 2 sowie ein Amt der Besoldungsgruppe A 14 beim 2. Einstiegsamt der Laufbahngruppe 2.

Nach **§ 5 Abs. 1 Nr. 1 NLVO** ist u.a. eine Einstellung im ersten Amt über dem Einstiegsamt zulässig, wenn der Bewerber eine den Anforderungen des höheren Amtes entsprechende berufliche Erfahrung besitzt und das höhere Amt nach dem individuellen fiktiven Werdegang bei einer früheren Einstellung hätte erreicht werden können. Eine entsprechende berufliche Erfahrung liegt nach § 5 Abs. 2 S. 1 NLVO vor, wenn für die beruflichen Tätigkeiten Anforderungen zu erfüllen waren, die nach Art, Schwierigkeit und Dauer den Eignungsvoraussetzungen für das höhere Amt mindestens gleichwertig sind. Nach Satz 2 können die beruflichen Tätigkeiten innerhalb oder außerhalb des öffentlichen Dienstes berücksichtigt werden. Berufliche Bildungsgänge und Zeiten, die nach den Laufbahn-, Ausbildungs- oder Prüfungsvorschriften auf eine Ausbildungszeit angerechnet worden sind oder Voraussetzung für den Erwerb der Befähigung sind, dürfen nach § 5 Abs. 2 S. 3 NLVO nicht berücksichtigt werden.

Das Beförderungsamt muss nach dem individuellen fiktiven Werdegang erreichbar sein, d.h., bei einer fiktiven Nachzeichnung des beruflichen Werdegangs muss das Beförderungsamt in dem Zeitraum erreichbar sein, den der Bewerber nach Erwerb der Befähigung – so er denn unmittelbar in ein Beamtenverhältnis eingestellt worden wäre – mindestens nach den beamtenrechtlichen Vorschriften hätte zurücklegen müssen. Zu berücksichtigen sind daher die abzuleistende Probezeit sowie die einschlägigen Beförderungsvoraussetzungen. Für eine Einstellung in ein Amt der Besoldungsgruppe A14 wäre dementsprechend eine berufliche Tätigkeit von mindestens vier Jahren (Probezeit und Beförderungsverbot nach § 20 Abs. 3 S. 1 Nr. 1 NBG), die einer Tätigkeit in einem Amt der Besoldungsgruppe A13 entspricht, sowie mindestens sechs Monate (Erprobungszeit, siehe § 10 Abs. 1 S. 2 NLVO), die einer Tätigkeit in einem Amt der Besoldungsgruppe A14 entspricht, nachzuweisen. Es ist nicht erforderlich, dass der gesamte Zeitraum der erforderlichen beruflichen Tätigkeit den Anforderungen des angestrebten Beförderungsamtes entspricht.

Darüber hinaus eröffnet **§ 5 Abs. 1 Nr. 2 NLVO** die weitere Möglichkeit, eine Einstellung im ersten Amt über dem Einstiegsamt vornehmen zu können, wenn der Beamte über eine für die Laufbahn förderliche, über die Einstellungsvoraussetzungen erheblich hinausgehende berufliche Qualifikation verfügt. Eine über die Einstellungsvoraussetzungen erheblich hinausgehende Qualifikation könnte beispielsweise für das erste Einstiegsamt der Laufbahngruppe 2

---

535 Beachte § 23 Abs. 2 BBesG (in der Fassung v. 31.08.2006) in Bezug auf die Fachrichtung Technische Dienste; siehe auch § 23 S. 2. des Entwurfes zum NBesG (Nds. LT-Drs. 17/3512).

der Abschluss zweier mit Bachelor abgeschlossener Studiengänge sein. Diese müssen jedoch besonders für die Wahrnehmung der Laufbahnaufgaben qualifizieren.[536]

Soll die Einstellung in das Beamtenverhältnis auf Probe oder Lebenszeit in einem höheren Amt als das erste Beförderungsamt erfolgen, so muss gemäß **§ 18 S. 3 Nr. 2 NBG** – sofern keine der oben erläuterten Ausnahmen greift – eine Ausnahme durch den Landespersonalausschuss zugelassen werden. Würde diese Ausnahme durch den Landespersonalausschuss bei der Ernennung nicht vorliegen, so wäre diese materiell rechtswidrig. Sofern der Landespersonalausschuss die Ausnahme als unabhängige Stelle (siehe § 99 Abs. 1 S. 1 NBG) nicht erteilt, wäre die Ernennung gemäß § 12 Abs. 1 Nr. 4 BeamtStG für die Vergangenheit zurückzunehmen.

c. Sonstige Voraussetzungen bei der Ernennung auf Lebenszeit

Die Ernennung zum Beamten auf Lebenszeit (im Regelfall der Ernennungsfall der Umwandlung) setzt – neben der Beachtung des Leistungsgrundsatzes – gemäß § 10 S. 1 BeamtStG zusätzlich die Bewährung in einer Probezeit voraus. Nach § 7 Abs. 1 S. 1 NLVO soll der Beamte zeigen, dass er nach Einarbeitung die übertragenen Aufgaben erfüllen kann sowie die erforderliche **Fach-, Methoden- und Sozialkompetenz** besitzt, um Anforderungen der Laufbahn erfüllen zu können. 164

aa. Absolvieren der beamtenrechtlichen Probezeit

Die Probezeit, die sich grundsätzlich an das Beamtenverhältnis auf Widerruf anschließt, deckt sich im Regelfall mit dem Beamtenverhältnis auf Probe. Das Weiterbestehen des Beamtenverhältnisses auf Probe über das Ende der Probezeit hinaus stellt dagegen eher eine Ausnahme dar, ist jedoch unter bestimmten Voraussetzungen rechtlich zulässig.[537] So wird dem Dienstherrn zugestanden, dass er die Feststellung über die erfolgte (Nicht-)Bewährung des Beamten erst nach Ablauf der Probezeit trifft, jedoch muss er dieses aus Gründen der Fürsorgepflicht unverzüglich tun.[538] 165

Bei **hervorragenden Leistungen** in der Probezeit ist eine Beförderung gemäß § 20 Abs. 3 S. 3 NBG unmittelbar nach Ablauf der Mindestprobezeit unter Fortführung des Beamtenverhältnisses auf Probe zulässig. Auch bei der Anrechnung von beruflichen Zeiten auf die Probezeit besteht nunmehr die Möglichkeit, Zeiten gem. § 7 Abs. 5 S. 1 NLVO, die innerhalb und **außerhalb** des öffentlichen Dienstes abgeleistet worden sind, im Rahmen des eingeräumten Ermessens anzurechnen. Vor der zum 01.04.2009 erfolgten Novelle der Laufbahnvorschriften bestand diese Möglichkeit nur für Tätigkeiten im öffentlichen Dienst.

---

536 Im Ganzen siehe Begründung zu § 5 NLVO, Anlage zur Kabinettsvorlage (nicht veröffentlicht).

537 BVerwG, Beschl. v. 01.09.1988, Az. 2 B 105/88 (juris)

538 BVerwG, Urt. v. 25.02.1993, Az. 2 C 27.90, Rn. 11 f. und 14 (juris); BVerwG, Urt. v. 31.05.1990, Az. 2 C 35.88, Rn. 22 (juris); BVerwG, Urt. v. 29.10.1964, Az. II C 219.62 (juris); Seeck in Seeck/Ciemnyjeweki/Scheel; § 19 LBG SH, Anm. 4.2

(1) Begriff

166 In § 19 Abs. 1 NBG erfolgt die Legaldefinition der Probezeit. Danach ist Probezeit die Zeit im Beamtenverhältnis auf Probe, während der sich der Beamte nach Erwerb oder Feststellung der Befähigung für die Laufbahn bewähren soll. Hierdurch wird klargestellt, dass die Probezeit erst nach Vorliegen der Laufbahnbefähigung abgeleistet werden kann. Die **Probezeit beginnt** mit der wirksamen Ernennung zum Beamten auf Probe. Dies geschieht regelmäßig im Einstiegsamt der jeweiligen Laufbahngruppe gemäß § 18 S. 1 NBG, kann aber auch im Ausnahmefall in einem höheren Amt erfolgen (siehe § 14 NBG/§ 5 NLVO). Darüber hinaus ist eine Einstellung in einem höheren Amt auch dann zulässig, wenn ein nach einer Laufbahn – und besoldungsrechtlichen Zuordnung ein entsprechendes Amt in einem früheren Beamtenverhältnis aus Lebenszeit erreicht worden ist.

Nach § 19 Abs. 3 S. 1 NBG sind Eignung, Befähigung und fachliche Leistung des Beamten während der Probezeit mehrfach zu beurteilen. Gemäß § 8 S. 2 NLVO soll die erste Beurteilung vor Ablauf der Hälfte der Probezeit erstellt werden.

Insbesondere aufgrund des nach § 19 Abs. 3 S. 1 NBG anzulegenden strengen Maßstabes, mit dem das Leistungsprinzip auch während der Probezeit stärker betont werden soll, ist eine frühzeitige Rückkopplung der Einschätzung über Eignung, Befähigung oder fachliche Leistung erforderlich. Durch das Erfordernis mehrerer Beurteilungen wird vermieden, dass eine zu späte Feststellung von Mängeln oder Defiziten erfolgt und eine diesbezügliche Erörterung mit dem Probebeamten unterbleibt. Dem Beamten soll der Maßstab der Bewährungsfeststellung verdeutlicht und zugleich die Möglichkeit eingeräumt werden, die Defizite abzustellen. Da entsprechende Hinweise im Beurteilungsverfahren dies nicht vollständig gewährleisten können, insbesondere wenn die Beurteilung zeitlich mit der Übertragung eines anderen Dienstpostens einhergeht (siehe § 7 Abs. 1 S. 3 NLVO), sind Umstände, die einer Feststellung der Bewährung entgegenstehen können, unabhängig von Beurteilungen mit dem Beamten zu erörtern.[539]

Am Ende der Probezeit wird nach § 8 S. 1 NLVO unter Berücksichtigung der dienstlichen Beurteilungen festgestellt, ob sich der Beamte bewährt hat. Bei einer Verkürzung der Probezeit genügt gemäß § 19 Abs. 3 S. 2 NBG eine Beurteilung.

(2) Dauer

167 § 10 S. 1 BeamtStG gibt für die Dauer der Probezeit einen zeitlichen Rahmen vor, wonach die Probezeit mindestens sechs Monate und höchstens fünf Jahre betragen darf. Nach § 10 S. 3 BeamtStG können von der Mindestprobezeit durch Landesrecht Ausnahmen bestimmt werden. Auf Grundlage der Vorgabe des § 10 BeamtStG wird die Dauer der Probezeit durch § 19 NBG weiter konkretisiert. Nach § 19 Abs. 2 S. 1 NBG beträgt die **Regeldauer der Probezeit drei Jahre**. Die Mindestdauer der Probezeit richtet sich nach § 19 Abs. 2 S. 3 NBG, die Höchstdauer nach § 19 Abs. 4 NBG. Sowohl die Mindest- als auch die Höchstdauer sind jeweils von der Laufbahngruppe abhängig, der der Beamte zugehörig ist.

(a) Regeldauer

168 Gemäß § 19 Abs. 2 S. 1 NBG dauert die **regelmäßige Probezeit** drei Jahre. Ein Abweichen von der Regeldauer ist durch eine Anrechnung oder Verlängerung möglich, jedoch ist hierbei zu beachten, dass die Regelungen über die Mindest- und Höchstdauer der Probezeit berücksichtigt werden.

---

[539] Kümmel, § 19 NBG, Rn. 12

Laufbahngruppe	**Regeldauer**	**Mindestdauer ***	**Höchstdauer**
Laufbahngruppe 1	3 Jahre [§ 19 Abs. 2 S. 1 NBG]	6 Monate [§ 19 Abs. 2 S. 3 NBG]	5 Jahre [§ 19 Abs. 4 NBG]
Laufbahngruppe 2		1 Jahr [§ 19 Abs. 2 S. 3 NBG]	

* Unterschreitung der Mindestprobezeit nach § 19 Abs. 2 S. 4 NBG zulässig.

Abbildung 10 – Übersicht über die Regel-, Mindest- und Höchstdauer der Probezeit

Sollte der Beamte während der Probezeit einer **Teilzeitbeschäftigung** im Sinne des § 61 NBG mit mindestens der Hälfte der regelmäßigen Arbeitszeit nachgehen, so sind diese Zeiten gemäß § 7 Abs. 2 S. 1 NLVO in vollem Umfang als Probezeit zu berücksichtigen. Unter Zugrundelegung des § 60 Abs. 1 NBG entspricht dies einer Arbeitszeit von mindestens 20 Stunden wöchentlich. Ist der Beamte hingegen während der Probezeit mit weniger als der Hälfte der regelmäßigen wöchentlichen Arbeitszeit (weniger als 20 Stunden wöchentlich) beschäftigt, so verlängert sich die Probezeit **kraft Gesetz** gem. § 7 Abs. 2 S. 2 NLVO in dem Verhältnis der verminderten Arbeitszeit zu hälftiger Arbeitszeit, jedoch auf volle Monate abgerundet und nicht mehr als fünf Jahre. Ergibt sich hiernach eine Verlängerung um nicht mehr als drei Monate, so tritt sie nicht ein.

Mit der Regelung wird der Zweck verfolgt, die Chancen im beruflichen Werdegang zwischen voll- und teilzeitbeschäftigten Beamten möglichst gerecht zu verteilen. Während die Halbtagsbeschäftigung wie eine Vollbeschäftigung gewertet wird, soll durch die vorgesehene Anrechnung der unterhälftigen Teilzeitbeschäftigung gewährleistet werden, dass dem Dienstherrn eine ausreichende Zeitspanne zur Verfügung steht, um sich im Rahmen der Probezeit ein Bild machen zu können, ob der Beamte sich dauerhaft bewähren wird, oder in Zweifelsfällen die Probezeit verlängern oder von einer Lebenszeitverbeamtung absehen zu können. Dadurch, dass die Dauer der unterhälftigen Teilzeitbeschäftigung vom Ergebnis her doppelt gewichtet wird, kurzfristige unterhälftige Teilzeitbeschäftigungen nicht zu einer Verlängerung führen und in jedem Falle § 10 S. 1 BeamtStG bzw. § 19 Abs. 4 NBG zu beachten ist, wonach die Probezeit höchstens fünf Jahre betragen darf, wird auch den Interessen der Betroffenen entsprochen.

Wie bereits oben ausgeführt, verlängert sich nach § 7 Abs. 2 S. 2 NLVO die Probezeit bei unterhälftiger Teilzeit in dem Verhältnis der verminderten Arbeitszeit zu hälftiger Arbeitszeit, jedoch auf volle Monate abgerundet und nicht auf mehr als fünf Jahre. D. h., die Zeit einer Teilzeitbeschäftigung mit 25 v. H. der regelmäßigen Arbeitszeit wird zu 50 v. H., eine Teilzeitbeschäftigung mit 40 v. H. wird zu 80 v. H. angerechnet.[540]

[540] Begründung zu § 7 NLVO, Anlage zur Kabinettsvorlage (nicht veröffentlicht)

Berechnungsbeispiele:
Während der dreijährigen Probezeit ist ein Beamter ein Jahr mit 25 v. H. der regelmäßigen Arbeitszeit beschäftigt.
Im Fall einer Beschäftigung mit mindestens der Hälfte der regelmäßigen Arbeitszeit im Zeitraum der verlängerten Probezeit verlängert sich die Probezeit kraft Gesetzes um sechs Monate.
Im Fall einer Beschäftigung mit 25 v. H. der regelmäßigen Arbeitszeit auch im Zeitraum der verlängerten Probezeit verlängert sich die Probezeit um insgesamt zwölf Monate.

Hinweis: Dauerte die unterhälftige Teilzeitbeschäftigung mit 25 v. H. der regelmäßigen Arbeitszeit während der dreijährigen Probezeit weniger als acht Monate, so betrüge die Verlängerungsdauer nach § 7 Abs. 2 S. 2 NLVO rechnerisch drei Monate. Nach § 7 Abs. 2 S. 3 NLVO kommt daher keine Verlängerung zum Tragen.

Zeiten eines Urlaubs ohne Dienstbezüge und Elternzeit ohne Dienstbezüge gehören gem. § 7 Abs. 3 NLVO nicht zur Probezeit. Hiervon abzugrenzen sind die Zeiten des Beschäftigungsverbotes nach den §§ 3, 6 MuSchG i. V. m. § 1 MuSchEltZV[541] sowie einer Teilzeitbeschäftigung während der Elternzeit (siehe § 7 MuSchEltZV). § 7 Abs. 2 S. 2 NLVO ist hierbei entsprechend zu beachten.

Weiterhin ergeben sich Besonderheiten bei Beurlaubungen ohne Dienstbezüge aus § 7 Abs. 4 S. 1 NLVO. Nach dieser Vorschrift ist die Zeit ohne Dienstbezüge für

1. eine berufliche Tätigkeit in einer öffentlichen zwischenstaatlichen oder überstaatlichen Einrichtung,[542]
2. eine berufliche Tätigkeit in der Entwicklungshilfe und
3. eine sonstige berufliche Tätigkeit, die überwiegend dienstlichen Interessen oder öffentlichen Belangen

dient, auf die Probezeit anzurechnen, wenn die Tätigkeit nach Art und Bedeutung der Tätigkeit in der Laufbahn gleichwertig ist und das Vorliegen der Voraussetzungen spätestens bei Beendigung des Urlaubs festgestellt wird. Die Feststellung trifft gemäß § 7 Abs. 4 S. 3 NLVO die oberste Dienstbehörde oder von ihr bestimmte Stelle.
Nach § 7 Abs. 4 S. 2 NLVO darf durch die Anrechnung die **Mindestprobezeit** gem. § 19 Abs. 2 S. 3 NBG nicht unterschritten werden.

Zeiten eines Urlaubs ohne Dienstbezüge und Elternzeit ohne Dienstbezüge stellen keine Verlängerung der Probezeit kraft Gesetzes dar, da diese Zeiten gemäß § 7 Abs. 3 NLVO bei der Dauer der Probezeit unberücksichtigt bleiben. Eine Beurlaubung kann jedoch eine Verlängerung der Probezeit gemäß § 9 Abs. 1 S. 1 Nr. 5 NLVO begründen und steht insoweit im Ermessen des Dienstherrn. Resultierend aus der Nichtberücksichtigung der Zeiten einer Beurlaubung bzw. Elternzeit ohne Dienstbezüge bei der Probezeit ist es schon direkt aus dem Gesetzestext heraus offensichtlich, dass die Probezeit von ihrer **zeitlichen Lage** her, nicht von der Gesamtdauer, fünf Kalenderjahre überschreiten darf.

---

[541] Die MuSchEltzV ist gemäß § 81 NBG für die unter den Geltungsbereich des § 1 NBG fallenden Beamten entsprechend anzuwenden.

[542] Richtlinien für die Entsendung von Bundesbediensteten in öffentliche zwischenstaatliche oder überstaatliche Organisationen (Entsendungsrichtlinien – EntsR –) vom 26.09.2005, GMBl. 2005 Nr. 53/54, S. 1073-1111

(b) Anrechnungsmöglichkeiten

In den laufbahnrechtlichen Vorschriften werden im Zusammenhang mit der Probezeit sowohl die Termini **Anrechnung** als auch **Verkürzung** verwendet. Vom Sinngehalt bezweckt der Landesgesetzgeber hier keine Unterscheidung. In den nachfolgenden Ausführungen wird jedoch ausschließlich die Begrifflichkeit der Anrechnung verwendet, da in den bis zum 31.03.2009 anzuwendenden Laufbahnvorschriften eine Differenzierung zwischen der Anrechnung und Verkürzung erfolgte und ab dem 01.04.2009 – wie bereits oben erläutert – eine Verkürzungsmöglichkeit gänzlich entfallen ist. 169

Die in § 19 Abs. 2 S. 2 NBG bestehende Vorschrift zur Anrechnungsmöglichkeit von Zeiten beruflicher Tätigkeit auf die Probezeit ist spezieller und weitergehender in **§ 7 Abs. 5 S. 1 NLVO** geregelt, sodass diese Vorschrift bei der Beurteilung von Anrechnungen anzuwenden ist. Nach § 7 Abs. 5 S. 1 NLVO können Zeiten **beruflicher Tätigkeit innerhalb** oder **außerhalb** des **öffentlichen Dienstes** auf die Probezeit angerechnet werden, wenn die Tätigkeit nach **Art** und **Bedeutung** der Tätigkeit in der Laufbahn **gleichwertig ist** und **weder Voraussetzung für den Erwerb der Befähigung war noch als Ausbildungszeit berücksichtigt wurde**. Dem Dienstherrn ist durch die vorstehende Regelung **Ermessen** nach Maßgabe des § 40 VwVfG eingeräumt. Durch die zum 01.04.2009 eröffnete Möglichkeit, auch Zeiten beruflicher Tätigkeiten **außerhalb des öffentlichen Dienstes** auf die Probezeit anzurechnen, entfällt die Privilegierung der Dienstzeiten im öffentlichen Dienst gegenüber den in der privaten Wirtschaft erworbenen Berufserfahrungen. Der Dienstherr muss im Einzelfall entscheiden, ob eine Anrechnung von Tätigkeiten außerhalb des öffentlichen Dienstes unter den Voraussetzungen des Absatzes 5 möglich und sinnvoll ist. Die für eine Anrechnung in Betracht kommenden beruflichen Zeiten, die nicht zwingend hauptberuflich abgeleistet werden müssen, müssen von ihrer Art und Bedeutung der Tätigkeit in der Laufbahn gleichwertig sein. Berufliche Tätigkeiten stellen keine Ausbildungszeiten und Zeiten eines Praktikums dar.

Unter anderem von der **Art** her muss die berufliche Tätigkeit der Tätigkeit der Laufbahn gleichwertig sein, d. h., sie muss der Fachrichtung im Sinne des § 13 Abs. 2 NBG entsprechen; folglich darf es sich nicht um eine fachrichtungsfremde Tätigkeit handeln. Hinweise auf mögliche fachrichtungsgleiche Ausbildungs- bzw. Studiengänge geben die Anlagen 1 bis 4 zu den §§ 22 bis 25 NLVO.[543] Auch von der **Bedeutung** her muss die berufliche Tätigkeit gleichwertig sein, so muss sie mindestens dem jeweiligen Einstiegsamt der Laufbahngruppe entsprechen.[544] Bei Zeiten außerhalb des öffentlichen Dienstes könnte die Prüfung der Bedeutung der Tätigkeit aufgrund eines in der Regel fehlenden bzw. vergleichbaren Tarifvertrages problematisch sein. Hier empfiehlt es sich, diese Tätigkeiten erforderlichenfalls einer fiktiven vergleichenden Bewertung nach öffentlichem Dienst- bzw. Arbeitsrecht (wie wäre der Beschäftigte im öffentlichen Dienst eingruppiert und dementsprechend einer Entgeltgruppe zuzuordnen) zu unterziehen, um eine verlässliche Aussage zur Anrechenbarkeit zu erlangen.

Abweichend von § 19 Abs. 2 S. 2 NBG schränkt § 7 Abs. 5 S. 1 NLVO die Anrechnungsmöglichkeit von Zeiten beruflicher Tätigkeit ein. So dürfen die Tätigkeiten weder Voraussetzung für den Erwerb der Befähigung noch als Ausbildungszeit berücksichtigt worden sein.

---

[543] So auch Kümmel, § 19 NBG, Rn. 8

[544] Kümmel, § 19 NBG, Rn. 8

Nach § 7 Abs. 5 S. 2 NLVO gilt § 7 Abs. 4 S. 2 NLVO entsprechend, sodass **die Mindestprobezeit** grundsätzlich durch die Anrechnung nicht unterschritten werden darf. Eine Unterschreitung ist jedoch gemäß § 19 Abs. 2 S. 4 NBG zulässig, wenn die Zeiten beruflicher Tätigkeit in einem Beamten- oder Richterverhältnis mit Dienstbezügen abgeleistet worden sind.
Eine Anrechnung von Zeiten darf jedoch gemäß § 7 Abs. 5 S. 3 NLVO keinesfalls dazu führen, dass die Bewährung nicht ordnungsgemäß festgestellt werden kann. Die Gründe für eine Anrechnung sind nach § 7 Abs. 5 S. 4 NLVO aktenkundig zu machen.[545]

170 Die Prüfung der Vergleichbarkeit beruflicher Tätigkeiten innerhalb des öffentlichen Dienstes hinsichtlich ihrer Bedeutung wird in der Praxis eher unproblematisch sein, da sich die Beschäftigungsverhältnisse oftmals nach dem TV-L oder TVöD-VKA richten und über die Entgeltgruppe ein Vergleich zu den Besoldungsgruppen hergestellt werden kann. Dabei kann basierend auf der Tarifeinigung über eine Entgeltordnung zum TVöD für den Bereich der VKA, 4. Grundsätzliche Eingruppierungsregelungen (Vorbemerkungen), laufende Nummer 10 sowie auf die Ausgangstabelle zu § 11 Abs. 1 S. 2 BAT (Vergleichbarkeit der Vergütungsgruppen und Besoldungsgruppen) aufgrund der mangelnden weitergehenden Differenzierung in den Entgeltgruppen 9a, 9b und 9c nachfolgende Tabelle zur Vergleichbarkeit von Entgelt- und Besoldungsgruppen entwickelt werden (hier explizit abgestellt auf den **TVÜ-VKA**):

Laufbahngruppe	**Amtsbezeichnung * ****	**Besoldungsgruppe**	**Entgeltgruppe (VKA)**
Zweites Einstiegsamt Laufbahngruppe 2	Ltd. Direktor	A 16	./.
	Direktor	A 15	E 15
	Oberrat	A 14	E 14
	Rat	A 13	E 13
Erstes Einstiegsamt Laufbahngruppe 2	Oberamtsrat	A 13	E 13
	Amtsrat	A 12	E 12
	Amtmann	A 11	E 11
	Oberinspektor	A 10	E 10
	Inspektor	A 9	E 9 b, E 9 c
Zweites Einstiegsamt Laufbahngruppe 1	Amtsinspektor	A 9	E 9 a
	Hauptsekretär	A 8	E 8
	Obersekretär	A 7	E 7
	Sekretär	A 6	E 6
Erstes Einstiegsamt Laufbahngruppe 1	Keine Relevanz im Landes- und Kommunalbereich	A 5	E 5
		A 4	E 4
		A 3	E 3
		A 2	E 2
		A 1	E 1

* Am Beispiel einer Kommune.

** Ohne Zusätze in den Amtsbezeichnungen.

Abbildung 11 – Übersicht zur Vergleichbarkeit von Besoldungs- und Entgeltgruppen

[545] Kümmel, § 19 NBG, Rn. 8

(c) Verlängerungsmöglichkeiten

Die Probezeit **kann** im Einzelfall bei Vorliegen bestimmter Voraussetzungen gemäß § 9 Abs. 1 S. 1 NLVO verlängert werden, wenn die **Bewährung bis zum Ende der Probezeit noch nicht festgestellt werden kann**. Die in der vorstehenden Regelung aufgeführten Gründe sind nicht abschließend, was dem Wort „insbesondere" zu entnehmen ist. Somit handelt es sich um eine beispielhafte Aufzählung. 171

Nach § 9 Abs. 1 S. 1 NLVO kann die die Probezeit bis zur Höchstdauer von fünf Jahren (siehe § 19 Abs. 4 NBG) **insbesondere** wegen

1. Mängeln bei den erbrachten Leistungen,
2. nicht einwandfreier Führung,
3. Krankheit,
4. Wechsel des Dienstherrn oder
5. längerer Beurlaubung

verlängert werden.

Zu 1: Ob **Mängel bei den erbrachten Leistungen** vorliegen, hat der Dienstherr anhand der vom Beamten während der Probezeit erbrachten Arbeitsergebnisse zu beurteilen. Wie bereits unter Rn. 166 erörtert, ergibt sich aus § 8 S. 2 NLVO das Erfordernis, dass der Dienstherr den Beamten zweimal während der Probezeit beurteilen soll. Durch das grundsätzliche Erfordernis mehrerer Beurteilungen wird vermieden, dass eine zu späte Feststellung von Mängeln oder Defiziten erfolgt und eine diesbezügliche Erörterung mit dem Probebeamten unterbleibt.[546] Auf Grundlage der durchgeführten Beurteilungen kann eine Entscheidung des Dienstherrn erfolgen, ob die erbrachten Arbeitsergebnisse für oder gegen eine Bewährung des Beamten sprechen.

Sollte eine Verlängerung der Probezeit erfolgen, so sind den im Zeitraum der Verlängerung erbrachten Leistungen ausschlaggebende Bedeutung beizumessen, wenngleich auch die vorher gezeigten Leistungen nicht unberücksichtigt bleiben dürfen.[547]

Zu 2: Die Feststellung, ob die **Führung** des Beamten einwandfrei ist, orientiert sich vorrangig an seinem Persönlichkeitsbild. So können Charaktermängel zur Feststellung der Nichtbewährung eines Beamten führen und folglich die Verlängerung seiner Probezeit rechtfertigen.[548] Auch hierzu werden die durchgeführten Beurteilungen herangezogen, aus der in der Regel auch Aussagen zu entnehmen sind, wie sich der Beamte geführt hat.

Zu 3: Hierunter fällt zum einen die Konstellation, dass aufgrund krankheitsbedingter Fehlzeiten des Beamten der Dienstherr noch nicht in der Lage ist, eine abschließende Aussage zur Bewährung des Beamten zu treffen. Zum anderen die Konstellation, dass aufgrund einer vorliegenden Erkrankung des Beamten noch keine endgültige Feststellung seiner gesundheitlichen Eignung und folglich Bewährung getroffen werden kann.

Zu 4: **Wechselt der Beamte den Dienstherrn** während seiner Probezeit, so kann dies möglicherweise dazu führen, dass die Dauer der noch abzuleistenden Probezeit nicht auskömmlich

[546] Begründung zu § 8 NLVO, Anlage zur Kabinettsvorlage (nicht veröffentlicht)
[547] Seeck in Seeck/Ciemnyjeweki/Scheel; § 19 LBG SH, Anm. 4.3
[548] VGH Hessen, Urt. v. 25.07.1990, Az. 1 UE 2162/87 (juris); OVG Lüneburg, Beschl. v. 10.07.2008, Az. 5 LA 182/07 (juris)

ist, um eine Feststellung der Bewährung vornehmen zu können. In einem solchen Falle bietet § 9 Abs. 1 S. 1 NLVO die Möglichkeit, die Probezeit zu verlängern.

Zu 5: **Längere Beurlaubungen** und damit einhergehende Abwesenheitszeiten können – genau wie bei einem Dienstherrnwechsel – dazu führen, dass der Dienstherr nicht in der Lage ist, eine abschließende Aussage zur Bewährung des Beamten zu treffen. Hierbei kann es sich nur um Beurlaubungen handeln, die auf die Probezeit anzurechnen sind (siehe hierzu § 7 Abs. 3 NLVO). Zeiten einer Beurlaubung ohne Dienstbezüge gehören nach § 7 Abs. 3 NLVO ohnehin nicht zur Probezeit. Auch kann der dem Beamten zustehende Erholungsurlaub (siehe § 4 NEUrlVO) unstrittig nicht zur Verlängerung der Probezeit führen.

Nach § 9 Abs. 1 S. 3 NLVO ist die Verlängerung der Probezeit nach den **Nrn. 1 und 2** nur zulässig, wenn anzunehmen ist, dass sich der Beamte bis zum Ende der verlängerten Probezeit bewähren wird. Der Dienstherr kann eine abschließende Entscheidung über die Bewährung oder Nichtbewährung des Beamten nicht treffen, hält es jedoch für wahrscheinlich, dass die Bewährung des Beamten in einer verlängerten Probezeit erfolgt. Nur unter dieser Voraussetzung wäre eine Verlängerung der Probezeit rechtmäßig.

Die unter Nrn. 1 und 2 aufgeführten Gründe, die zu einer Verlängerung der Probezeit führen können, sind folglich im Vergleich zu den in den Nrn. 3 bis 5 aufgeführten Beispielen inhaltlich anders gelagert. So hat der Dienstherr bei den Nrn. 3 bis 5 aufgrund der nur vom Beamten tatsächlich geleisteten Probezeit keine Möglichkeit, die Bewährung feststellen zu können. Bei den Nrn. 1 bis 2 dagegen leistet der Beamte seine Probezeit tatsächlich ab, zeigt jedoch während dieser Mängel bei den erbrachten Leistungen oder führt sich nicht einwandfrei.

Denkbar ist im Zusammenhang mit der Regelung des § 9 Abs. 1 S. 1 NLVO auch, dass die Probezeit mehrfach verlängert wird. Diese Entscheidung muss jedoch ermessensfehlerfrei sein. Die Probezeitverlängerung stellt einen belastenden Verwaltungsakt dar.[549] Die Maßnahme der Probezeitverlängerung unterliegt gemäß § 65 Abs. 1 Nr. 8 NPersVG der Mitbestimmung und folglich der Zustimmung des Personalrates (siehe § 68 Abs. 1 NPersVG).

bb Feststellung der Bewährung

172 In der Probezeit muss sich der Beamte bewähren, also nachweisen, dass er die Erwartungen, die hinsichtlich seiner Eignung, Befähigung und fachlichen Leistung bei der Einstellung an ihn gesetzt worden sind, erfüllen wird.[550] Bei der Feststellung der Bewährung handelt es sich um eine **Eignungsbeurteilung**, damit also um eine **Prognoseentscheidung**.[551] Das Urteil über die Bewährung des Probebeamten besteht in der prognostischen Einschätzung des Dienstherrn, ob der Beamte den Anforderungen, die mit der Wahrnehmung der Ämter seiner Laufbahn verbunden sind, voraussichtlich gerecht werden wird.

Zu bewerten sind in der Probezeit **Eignung, Befähigung und fachliche Leistung** (§ 19 Abs. 3 S. 1 NBG). Während die **unbestimmten Rechtsbegriffe** Eignung und Befähigung selbst schon

549 VGH Hessen, Urt. v. 14.07.1982, Az. ES 33, 71 (juris); VGH Hessen, Urt. v. 02.02.1984, DÖD 1984, S. 197
550 Seeck in Metzler-Müller/Rieger/Seeck/Zentgraf, § 23 BeamtStG, Anm. 4.2.1
551 BVerwG, Urt. v. 18.07.2001, Az. 2 A 5/00 (juris)

zukunftsbezogene Begriffe sind, ist der der Leistung vergangenheitsbezogen. Daher reicht es für das Tatbestandsmerkmal der Nichtbewährung nicht aus, festzustellen, dass die fachlichen Leistungen des Beamten mangelhaft waren, es muss auch jeweils gewürdigt werden, warum in Zukunft nicht mit ausreichenden Leistungen zu rechnen ist. Bleiben nach einer sorgfältigen Aufklärung des Sachverhalts noch **berechtigte Zweifel** (es handelt sich ja letztlich um eine Zukunftsprognose, sodass Tatsachen – also dem Beweis zugängliche Lebensumstände – naturgemäß eben noch nicht vorliegen können) bei der Feststellung der Zukunftsprognose, so reicht dies für die Bejahung des Tatbestandsmerkmals „Nichtbewährung" aus, siehe auch § 19 Abs. 3 S. 3 NBG.

Zu beachten ist, dass Beamte, die sich in der Probezeit nicht bewährt haben, grundsätzlich **zu entlassen sind** (siehe Ausführungen unter Rn. 340). Gem. § 9 Abs. 2 S. 1 NLVO kann Beamten der Laufbahngruppe 2, die sich nicht bewährt haben, mit ihrer Zustimmung ein Amt der Laufbahngruppe 1 derselben Fachrichtung übertragen werden, wenn sie dafür die Laufbahnbefähigung besitzen. Falls die vorstehend beschriebene Fallkonstellation tatbestandlich nicht greift oder nicht greifen soll, wird der Dienstherr, wenn er zu der Überzeugung gelangt, dass der Beamte auf Probe hinsichtlich Eignung, Befähigung und fachlicher Leistung nicht behebbare Mängel aufweist, verpflichtet sein, den Beamten zu entlassen.[552] Zeigen sich schon während der Probezeit so schwerwiegende Mängel, dass sie dem Dienstherrn bis zu deren Ablauf nicht behebbar erscheinen, so wird die Probezeit vorzeitig durch Entlassung zu beenden sein.[553]

d. Sonstige Voraussetzungen bei der Beförderung

Bei einer Beförderung i.S.d. § 8 Abs. 1 Nr. 3 BeamtStG i.V.m. § 20 Abs. 1 NBG müssen in jedem 173
Beförderungsfall die **allgemeinen Beförderungsvoraussetzungen** erfüllt sein. Die allgemeinen Beförderungsvoraussetzungen sind abzugrenzen von den **besonderen (fakultativen) Beförderungsvoraussetzungen**, die nur bei bestimmten Fallkonstellationen der Beförderung und folglich nicht in jedem Fall zum Tragen kommen.

Die allgemeinen Beförderungsvoraussetzungen umfassen u.a. die Feststellung der Eignung, das Absolvieren einer Erprobungszeit, beamtenrechtliche Wartezeiten sowie das sog. Verbot der Sprungbeförderung und richten sich nach § 20 Abs. 2, 3 NBG und § 10 NLVO.
Grundsätzlich besteht **kein Anspruch** auf Beförderung, sondern lediglich ein Anspruch auf eine amtsangemessene Beschäftigung. Zu einem dennoch möglicherweise bestehenden Ernennungsanspruch wird auf die Ausführungen unter Rn. 64 verwiesen.

aa. Erprobungszeit

Grundsätzlich ist zunächst der Begriff der Erprobungszeit vom Begriff der beamtenrechtlichen 174
Probezeit abzugrenzen. Während die Probezeit auf eine generelle Bewährung für die jeweilige Laufbahn abzielt, richtet sich die **Erprobungszeit** zielgerichtet **auf die Bewährung** auf dem neu zu übertragenden Dienstposten. Die Erprobungszeit kann während der Probezeit abgeleistet werden.

---

552 OVG Lüneburg, Beschl. v. 10.07.2008, Az. 5 LA 182/07 (juris)

553 VG München, Beschl. v. 23.05.2000, Az. M 5 S 00.1474 (juris)

Nach § 20 Abs. 2 NBG setzt eine Beförderung die **Feststellung der Eignung** für das höhere Amt nach einer **Erprobungszeit von mindestens drei Monaten** voraus. Durch § 10 Abs. 1 S. 1 NLVO wird klargestellt, dass die Feststellung der Eignung für das höhere Amt nur auf einem **mindestens dem höheren Amt zugeordneten Dienstposten** erfolgen kann. Die Erprobungszeit dient dazu, ausreichende Erkenntnisse über die tatsächlichen Leistungen des Beamten in der konkreten Funktion zu erhalten, in der die Beförderung erfolgen soll.[554]
Die Erprobungszeit **beginnt** zu dem Zeitpunkt, zu dem dem Beamten der für die Beförderung maßgebliche Dienstposten übertragen wird. Wie bereits ausgeführt, muss die Dienstpostenübertragung nicht zeitlich mit der Planstelleneinweisung einhergehen. Es empfiehlt sich, aus Beweissicherungsgründen, sofern dies der Fall ist, den Zeitpunkt der Dienstpostenübertragung in jedem Fall aktenkundig zu machen, damit der Beginn der Erprobungszeit nachvollziehbar ist.
Die **Dauer** der vor einer Beförderung abzuleistenden Erprobungszeit wird durch § 10 Abs. 1 S. 2 NLVO konkretisiert. Die Dauer der Erprobungszeit richtet sich nach dem jeweiligen (statusrechtlichen) Amt, das im Zuge der Beförderung verliehen werden soll. Nach § 10 Abs. 1 S. 2 NLVO dauert die Erprobungszeit für Ämter der Besoldungsgruppe A 3 bis A 13 drei und im Übrigen sechs Monate. Hieraus resultiert, dass bei Beförderungen für Ämter der Besoldungsgruppe A 14 und aufwärts in der Regel eine sechsmonatige Erprobungszeit abzuleisten ist. Abweichend von der Regelung des § 10 Abs. 1 S. 2 NLVO dauert gemäß § 10 Abs. 2 NLVO die Erprobungszeit bei der Übertragung eines Amtes der Besoldungsgruppe A 13 sechs Monate, wenn ein nach § 3 Abs. 1 NLVO regelmäßig zu durchlaufendes Amt nach § 3 Abs. 4 NLVO nicht durchlaufen wird (siehe hierzu Rn. 176).

Eine Erprobungszeit ist dann nicht mehr zu fordern, wenn der Beamte einen anderen Dienstposten erhält und sich in Tätigkeiten eines Dienstpostens gleicher Bewertung bereits bewährt hat (siehe Rn. 134).[555] Gleiches gilt, wenn dem Beamten kein Dienstposten übertragen worden ist, wenn er für Tätigkeiten bei einer öffentlichen zwischenstaatlichen oder überstaatlichen Einrichtung oder als Assistent oder Geschäftsführer bei einer Fraktion der Volksvertretung des Bundes oder eines Landes beurlaubt ist, und die ausgeübten Tätigkeiten nach Art und Bedeutung mindestens den Anforderungen eines dem höheren Amt zugeordneten Dienstpostens entsprechen (siehe § 10 Abs. 3 NLVO).

Der Landespersonalausschuss kann **Ausnahmen** gemäß § 20 Abs. 4 S. 1 NBG von der Mindesterprobungszeit zulassen.

Die Erprobungszeit kann gemäß § 10 Abs. 1 S. 2 NLVO in entsprechender Anwendung des § 9 Abs. 1 NLVO verlängert werden (siehe hierzu Ausführungen unter Rn. 171).

Abschließend ist anzumerken, dass diese positive Beförderungsvoraussetzung des § 20 Abs. 2 NBG stets neben den nachfolgend zu erörternden negativen Beförderungsvoraussetzungen (**sog. Beförderungsverbote**) des § 20 Abs. 3 S. 1 Nr. 1 und 2, S. 2 NBG erfüllt sein müssen.

---

554 Begründung zu § 10 NLVO, Anlage zur Kabinettsvorlage (nicht veröffentlicht); Kümmel, § 20 NBG, Rn. 11
555 Begründung zu § 10 NLVO, Anlage zur Kabinettsvorlage (nicht veröffentlicht)

bb. Wartezeiten

Aus § 20 Abs. 3 S. 1 Nr. 1 und 2 NBG ergeben sich **sogenannte Wartezeiten**, die als allgemeine negative Beförderungsvoraussetzungen zu berücksichtigen sind. 175
Nach § 20 Abs. 3 S. 1 Nr. 1 NBG ist eine Beförderung u.a. nicht zulässig **vor Ablauf eines Jahres seit Beendigung der Probezeit**. Somit muss grundsätzlich zwischen dem Ende der Probezeit und der Beförderung ein Zeitraum von einem Jahr liegen. Betrachtet man den Regelwerdegang eines Laufbahnbeamten (siehe Rn. 55), so dürfte demnach die erste Beförderung in der Regel frühestens ein Jahr nach der Ernennung zum Beamten auf Lebenszeit erfolgen und damit sieben Jahre nach der erstmaligen Berufung in ein Beamtenverhältnis (Ernennung zum Anwärter unter Berufung in das Beamtenverhältnis auf Widerruf).
Hiervon abweichend ist gemäß § 20 Abs. 3 S. 3 NBG eine Beförderung bereits nach Ablauf der in § 19 Abs. 2 S. 3 NBG vorgeschriebenen Mindestprobezeit zulässig, wenn der Beamte **hervorragende Leistungen**, also durchgängig Spitzenleistungen, gezeigt hat. D.h., der Beamte kann bereits während der Probezeit (ggf. auch mehrmals!) befördert werden. Das Beamtenverhältnis auf Probe, in dem die Probezeit abgeleistet wird, bleibt hiervon jedoch unberührt. Dieses könnte nur unter Anrechnung entsprechender Vordienstzeiten gemäß § 7 Abs. 5 S. 1 NLVO enden. In diesem Fall wäre maximal (ohne Berücksichtigung der Alternative aus § 19 Abs. 2 S. 4 NBG) zeitgleich eine Beförderung (in der Regel in das erste Beförderungsamt der jeweiligen Laufbahngruppe) sowie eine Umwandlung nach einem Jahr Probezeit möglich.

Beispiel:
Der Stadtinspektor K. leistet seit dem 01.08.2015 seine Probezeit als Beamter auf Probe ab. Dieser weist anrechenbare berufliche Zeiten i.S.d. § 7 Abs. 5 S. 1 NLVO im Umfang von drei Jahren auf.
Unter Berücksichtigung der von K. abzuleistenden Mindestprobezeit von einem Jahr in der Laufbahngruppe 2 (siehe § 19 Abs. 2 S. 3 NBG) endete seine Probezeit mit Ablauf des 31.07.2016. Mit Wirkung vom 01.08.2016 erfolgte die Ernennung des K. zum Beamten auf Lebenszeit.
Da K. während der Probezeit hervorragende Leistungen erbracht hat, wurde er abweichend von der Wartezeit des § 20 Abs. 3 S. 1 Nr. 1 NLVO bereits mit Wirkung vom 01.08.2016 – zeitgleich mit der Ernennung zum Beamten auf Lebenszeit – zum Stadtoberinspektor ernannt.

Ferner ergibt sich bei Beförderungen eine weitere Wartezeitregelung aus § 20 Abs. 3 S. 1 Nr. 2 NBG. Hiernach ist eine Beförderung vor Ablauf **eines Jahres seit der letzten Beförderung unzulässig**, es sei denn, dass das derzeitige Amt nicht durchlaufen werden muss. Das Durchlaufen eines Amtes ist beim Laufbahngruppenaufstieg gemäß § 3 Abs. 3 NLVO entbehrlich.[556]

[556] Kümmel, § 20 NBG, Rn. 21

Beispiel:
Der Stadtoberinspektor A. (Besoldungsgruppe A 11) wird mit Wirkung vom 01.04.2016 zum Stadtamtmann (Besoldungsgruppe A 11) befördert. A. erfüllt die Einstellungsvoraussetzungen für das zweite Einstiegsamt der Laufbahngruppe 2 (Städtischer Rat/Besoldungsgruppe A 13).
Abweichend von der Wartezeitregelung des § 20 Abs. 3 S. 1 Nr. 2 NBG, wonach eine Beförderung nicht vor Ablauf eines Jahres seit der letzten Beförderung zulässig ist (folglich mit Wirkung vom 01.04.2017), wird K. bereits mit Wirkung vom 01.11.2016 zum Städtischen Rat ernannt, weil A. nach § 3 Abs. 4 NLVO die noch nicht durchlaufenen Ämter der Laufbahn nicht mehrfach durchlaufen muss.

Der Landespersonalausschuss kann gemäß § 20 Abs. 4 S. 1 NBG Ausnahmen von den Regelungen des § 20 Abs. 3 S. 1 Nr. 1 und 2 NBG zulassen. Hierbei ist jedoch wieder in der praktischen Anwendung der § 97 NBG – die einheitliche Anwendung der beamtenrechtlichen Vorschriften – zu berücksichtigen.

Abweichend von § 20 Abs. 3 S. 1 Nr. 1 NBG ist gemäß § 20 Abs. 5 S. 1 NBG eine Beförderung zum Ausgleich von Verzögerungen des beruflichen Werdegangs unter den dort genannten Tatbestandsmerkmalen möglich (siehe hierzu Rn. 180). Gleiches gilt gemäß § 20 Abs. 5 S. 2 NBG in den Fällen des Nachteilsausgleichs für ehemalige Soldaten nach dem ArbPlSchG und dem SVG, ehemalige Zivildienstleistende nach dem ZDG und ehemalige Entwicklungshelfer nach dem EhfG.

cc. Verbot der Sprungbeförderung

176 Nach § 20 Abs. 3 S. 2 NBG dürfen Ämter, die regelmäßig zu durchlaufen sind, nicht übersprungen werden. Welche Ämter zu durchlaufen sind, bestimmt § 3 Abs. 1 NLVO. Hiernach sind die Ämter einer Laufbahn, die in der Besoldungsordnung A und in der Besoldungsordnung R in den Besoldungsgruppen R 1 und R 2 – jeweils ohne Amtszulage – aufgeführt sind, zu durchlaufen. Die Absätze 2 und 3 des § 3 NLVO sehen Ausnahmen vom Grundsatz des regelmäßigen Durchlaufens der Ämter vor. Nach § 3 Abs. 2 NLVO sind beim Laufbahnwechsel Ämter, die den in der bisherigen Laufbahn durchlaufenen Ämtern entsprechen, nicht mehr zu durchlaufen.

Ist dem Beamten in der Laufbahngruppe 1 bereits ein Amt mit mindestens demselben Endgrundgehalt (Spitzenamt der Laufbahngruppe 1/Besoldungsgruppe A 9) wie das erste Einstiegsamt der Laufbahngruppe 2 derselben Fachrichtung übertragen worden, so muss gemäß **§ 3 Abs. 3 S. 1 NLVO** nach einem Aufstieg das erste Einstiegsamt der Laufbahngruppe 2 nicht mehr durchlaufen werden. Die vorstehende Regelung bezieht sich sowohl auf den Regelaufstieg (§ 33 NLVO) als auch auf den Praxisaufstieg (§ 34 NLVO).[557] Aus der Regelung resultiert, dass einem Beamten, der bereits das Amt eines Amtsinspektors (Spitzenamt der Laufbahngruppe 1/Besoldungsgruppe A 9) inne hat, nach einem Regel- oder Praxisaufstieg das erste Einstiegsamt der Laufbahngruppe 2 (im Regelfall der Inspektor/Besoldungs-

[557] Kümmel, § 20 NBG, Rn. 24

gruppe A 9) nicht mehr verliehen werden muss, bevor ihm das erste Beförderungsamt der Laufbahngruppe 2 (im Regelfall der Oberinspektor/Besoldungsgruppe A 10) im Zuge einer Beförderung verliehen wird.

§ 3 Abs. 3 S. 2 NLVO regelt eine weitere Ausnahme vom Verbot der Sprungbeförderung. Hiernach müssen bei einem Regelaufstieg die noch nicht durchlaufenen Ämter der Laufbahngruppe 1 nicht durchlaufen werden. D.h., z. B. einem Obersekretär (Besoldungsgruppe A 7) kann nach erfolgter Bewährung in der neuen Laufbahn bereits das erste Einstiegsamt der Laufbahngruppe 2 verliehen werden, ohne dass dieser vorher die Ämter der Laufbahngruppe 1 (hier Hauptsekretär und Amtsinspektor), die er noch nicht durchlaufen hat, noch durchlaufen muss.

§ 3 Abs. 4 NLVO ermöglicht eine Sprungbeförderung in den Fällen, in denen ein Beamter die Einstellungsvoraussetzungen für ein höheres Einstiegsamt in seiner Laufbahn erfüllt. In diesen Fällen bedarf es demzufolge nicht mehr wie bislang einer Einstellung mit der Folge einer erneuten Probezeit, wobei es der Entscheidung des Dienstherrn obliegt, ob er in solchen Fällen eine Beförderung oder eine Einstellung vornimmt.[558]

dd. Besondere fakultative Beförderungsvoraussetzungen

Wie bereits eingangs in diesem Abschnitt ausgeführt, kommen in bestimmten Fallkonstellati- 177 onen neben den allgemeinen die **besonderen Beförderungsvoraussetzungen** zum Tragen. Diese sind einzelfallabhängig und ergeben sich aus den §§ 11 bis 13 NLVO. Sie sind im Rahmen der materiellen Voraussetzungen der Ernennung (Beförderung) zu berücksichtigen.

(1) Wahrnehmung von Ämtern mit Führungsverantwortung

Hohe Führungskompetenz ist ein entscheidender Faktor für die Leistungsfähigkeit des öffent- 178 lichen Dienstes.[559] Um dieser Bedeutung angemessen Rechnung zu tragen, wird in § 11 S. 1 NLVO bestimmt, dass die Wahrnehmung eines Amtes mit Führungsverantwortung eine **Führungskräftequalifizierung** voraussetzt. Die Festlegung, welche Ämter mit Führungsverantwortung verbunden sind, sowie die inhaltliche Ausgestaltung der Führungskräftequalifizierung stehen im Ermessen des jeweiligen Dienstherrn des Beamten. Nicht zwingend erforderlich ist, dass die Führungskräftequalifizierung zeitlich vor der Übertragung einer Funktion mit Führungsverantwortung durchgeführt wird. Liegt sie bei der Übertragung des Amtes noch nicht vor, so muss sie gemäß § 11 S. 2 NLVO nachgeholt werden.[560]

Solche Qualifizierungsmaßnahmen können nachfolgende Inhalte vermitteln:

- Ethische und soziale Kompetenz
- Kommunikative Kompetenz
- Strategische Kompetenz
- Vorbildfunktion
- Selbstdisziplin
- Interessenausgleich

[558] Begründung zu § 3 NLVO, Anlage zur Kabinettsvorlage (nicht veröffentlicht)
[559] Begründung zu § 11 NLVO, Anlage zur Kabinettsvorlage (nicht veröffentlicht)
[560] Kümmel, § 20 NBG, Rn. 14

- Offenheit
- Aufrichtigkeit
- Aufmerksamkeit
- Fehlertoleranz
- Wille zur Führung.

(2) Beförderungsvoraussetzungen A 7/A 14

179 Die Übertragung eines Amtes der Besoldungsgruppe A 7 oder A 14 im Rahmen einer Beförderung setzt ebenfalls weitere besondere Beförderungsvoraussetzungen voraus, die sich nach § 12 NLVO richten. § 12 NLVO dient innerhalb der (zusammengefassten) Laufbahngruppen der Qualitätssicherung, aber auch der Betonung des Leistungsprinzips und der stetig wachsenden Anforderungen an die öffentliche Aufgabenwahrnehmung.[561] In den Absätzen 1 und 2 werden die Voraussetzungen für die Übertragung bestimmter Ämter festgelegt: in Absatz 1 innerhalb der Laufbahngruppe 1 für Ämter der Besoldungsgruppe A 7 und in Absatz 2 innerhalb der Laufbahngruppe 2 für Ämter der Besoldungsgruppe A 14. Die Qualifizierungserfordernisse sollen allgemeine, fachübergreifende wie auch fachspezifische Qualifizierungserfordernisse berücksichtigen. Durch den Wegfall des Aufstiegs alter Art innerhalb der zusammengefassten Laufbahngruppen kann künftig die bislang als „Block" bezeichnete erforderliche Einführungszeit entfallen und durch anforderungsgerechte, auch modularisierte „Qualifizierungs-Bausteine" ersetzt werden, ohne dass auf die Einhaltung von Qualitätsmaßstäben verzichtet wird.[562]

Gemäß § 12 Abs. 1 S. 1 NLVO setzt die Übertragung eines Amtes der Besoldungsgruppe A 7 durch eine Beförderung voraus, dass der Beamte

1. im zweiten Einstiegsamt der Laufbahngruppe 1 eingestellt worden ist oder
2. einer von der obersten Dienstbehörde bestimmte Qualifizierung erfolgreich abgeschlossen hat.

Die Übertragung eines Amtes der Besoldungsgruppe A 7 (Obersekretär) setzt alternativ also die Einstellung im zweiten Einstiegsamt der Laufbahngruppe 1 (Sekretär/Besoldungsgruppe A 6) oder den erfolgreichen Abschluss einer bestimmten Qualifizierung voraus. Die Qualifizierung muss nach § 12 Abs. 1 S. 2 NLVO die Maßnahmen der fachtheoretischen Fort- und Weiterbildung beinhalten, die erforderlich sind, um in Verbindung mit der bisherigen Ausbildung, den sonstigen Qualifizierungen und den bisherigen beruflichen Tätigkeiten zur erfolgreichen Wahrnehmung des höheren Amtes zu befähigen. Dem Erfordernis der Qualifizierung nach § 12 Abs. 1 S. 1 Nr. 2 NLVO als besondere Beförderungsvoraussetzung kommt in der Praxis eher eine untergeordnete Rolle zu, da in der Regel die Beamten, denen ein Amt der Besoldungsgruppe A 7 übertragen werden soll, im zweiten Einstiegsamt der Laufbahngruppe 1 eingestellt worden sind und somit die Voraussetzungen der § 12 Abs. 1 S. 1 Nr. 1 NLVO erfüllen.

Wie bereits oben ausgeführt, ergeben sich aus § 12 Abs. 2 NLVO besondere Beförderungsvoraussetzungen bei der Übertragung eines Amtes der Besoldungsgruppe A 14 (Oberrat).

---

[561] Begründung zu § 12 NLVO, Anlage zur Kabinettsvorlage (nicht veröffentlicht)

[562] Begründung zu § 12 NLVO, Anlage zur Kabinettsvorlage (nicht veröffentlicht)

Nach § 12 Abs. 2 S. 1 NLVO setzt die Übertragung eines Amtes der Besoldungsgruppe A 14 durch eine Beförderung voraus, dass der Beamte

1. im zweiten Einstiegsamt der Laufbahngruppe 2 eingestellt worden ist,
2. die Bildungsvoraussetzungen für eine Einstellung im zweiten Einstiegsamt der Laufbahngruppe 2 erfüllt oder
3. eine von der obersten Dienstbehörde bestimmte Qualifizierung erfolgreich abgeschlossen hat.

zu 1.: Wenn der Beamte im zweiten Einstiegsamt der Laufbahngruppe 2 (Rat/Besoldungsgruppe A 14) eingestellt worden ist, ist die Übertragung eines Amtes der Besoldungsgruppe A 14 zulässig, sofern er die allgemeinen Beförderungsvoraussetzungen (Rn. 173) erfüllt.

zu 2.: Eine Übertragung eines Amtes der Besoldungsgruppe A 14 setzt alternativ voraus, dass der Beamte die Bildungsvoraussetzungen für eine Einstellung im zweiten Einstiegsamt der Laufbahngruppe 2 erfüllt. Wie bereits unter Rn. 156 ausgeführt, 2 ist gemäß § 24 Abs. 2 NLVO Bildungsvoraussetzung für das zweite Einstiegsamt der Laufbahngruppe ein mit einem Mastergrad oder einem gleichwertigen Abschluss abgeschlossenes Hochschulstudium. Diese Voraussetzung ist u.a. erfüllt, wenn der berufsbegleitende Master-Studiengang "Kommunales Verwaltungsmanagement" an der HSVN erfolgreich absolviert wird.

zu 3.: Nach § 12 Abs. 2 S. 2 NLVO muss die Qualifizierung nach § 12 Abs. 2 S. 1 Nr. 3 NLVO die Maßnahmen der Fort- und Weiterbildung beinhalten, die erforderlich sind, um in Verbindung mit der bisherigen Ausbildung, den sonstigen Qualifizierungen und den bisherigen beruflichen Tätigkeiten zu einer erfolgreichen Wahrnehmung des höheren Amtes zu befähigen. Die oberste Dienstbehörde kann gemäß § 12 Abs. 2 S. 3 NLVO für Beamte, die unter Satz 1 Nr. 2 oder 3 fallen, als weitere Voraussetzung das Durchlaufen eines Auswahlverfahrens vorschreiben.[563]

Gemäß § 12 Abs. 4 NLVO ist bei den Bestimmungen der Qualifizierungen nach § 12 Abs. 1 S. 1 Nr. 2 (bei Übertragung eines Amtes der Besoldungsgruppe A 7), Abs. 2 S. 1 Nr. 3 (bei Übertragung eines Amtes der Besoldungsgruppe A 14) sowie eines Auswahlverfahrens nach Abs. 2 S. 3 NLVO (bei Übertragung eines Amtes der Besoldungsgruppe A 14) darauf zu achten, dass

1. die Vereinbarkeit von Familien- und Erwerbsarbeit gefördert und erleichtert wird,
2. Frauen und Männern eine gleiche Stellung in der öffentlichen Verwaltung verschafft wird,
3. weder Frauen noch Männer benachteiligt werden und
4. Teilzeitkräfte nicht benachteiligt werden.

Die Regelung des § 12 Abs. 4 NLVO betont **das Benachteiligungsverbot für Teilzeitkräfte** und das **Erfordernis der geschlechter- und familiengerechten Ausgestaltung** der dort genannten Inhalte.

§ 12 Abs. 3 NLVO eröffnet ferner die Möglichkeit, Qualifizierungserfordernisse für andere als in den Absätzen 1 und 2 genannte Ämter (A 7 bzw. A 14) festzulegen. Denkbar ist beispielsweise eine Festlegung in Personalentwicklungskonzepten. Werden Qualifizierungserfordernisse festgelegt, müssen auch Beamte, die die Voraussetzungen nach § 12 Abs. 1 Nr. 1 bzw. Abs. 2

[563] Kümmel, § 20 NBG, Rn. 18

Nrn. 1 und 2 erfüllen, diesen Erfordernissen genügen.[564] Sofern für bestimmte Ämter Qualifizierungserfordernisse im Sinne des § 12 Abs. 3 NLVO festgelegt werden, setzt die Übertragung eines solchen Amtes durch eine Beförderung voraus, dass diese Qualifizierungserfordernisse erfüllt sind. Zuständig für die Bestimmung der Qualifizierungen sind die **obersten Dienstbehörden** (siehe § 12 Abs. 1 S. 1 Nr. 2, Abs. 2 S. 1 Nr. 3 NLVO.).

Nach § 12 Abs. 5 NLVO tritt an die Stelle der obersten Dienstbehörde für die Bestimmungen der Qualifizierungen nach Abs. 1 S. 1 Nr. 2 und Abs. 2 S. 1 Nr. 3 sowie eines Auswahlverfahrens nach Abs. 2 S. 3 **bei den Gemeinden** der Verwaltungsausschuss[565], bei den Gemeindeverbänden das dem Verwaltungsausschuss entsprechende Organ, wenn die oberste Dienstbehörde dies bestimmt. Originär zuständig für die Bestimmung der Qualifizierung ist die Vertretung (siehe § 107 Abs. 5 S. 3 NKomVG). Eine Delegierung dieser Befugnis auf den Hauptausschuss ist nach § 12 Abs. 5 NLVO zulässig, bedarf jedoch eines sog. Delegierungsbeschlusses. Die Regelung des § 107 Abs. 6 S. 1 NKomVG ist nach herrschender Meinung hier nicht einschlägig. Eine Übertragung der Befugnisse auf den Hauptverwaltungsbeamten kommt nicht in Betracht.

(3) Beförderung zum Ausgleich von Verzögerungen des beruflichen Werdegangs

180 Eine weitere Ausnahme, eine Beförderung abweichend von der Regelung des § 20 Abs. 3 S. 1 Nr. 1 NBG bereits vor Ablauf eines Jahres seit Beendigung der Probezeit vornehmen zu können, ergibt sich aus § 20 Abs. 5 S. 1 NBG.

Hiernach ist eine Beförderung **zum Ausgleich von Verzögerungen des beruflichen Werdegangs** durch die Geburt eines Kindes, durch die Betreuung oder Pflege eines Kindes unter 18 Jahren oder durch die Pflege einer oder eines nach ärztlichem Gutachten pflegebedürftigen Angehörigen bereits vor Ablauf eines Jahres seit Beendigung der Probezeit zulässig. Gleiches gilt gemäß § 20 Abs. 5 S. 2 NBG in den Fällen des Nachteilsausgleichs für ehemalige Soldaten nach dem ArbPlSchG oder dem SVG, ehemalige Zivildienstleistende nach dem ZDG und ehemalige Entwicklungshelfer nach dem EhfG.[566]

§ 13 NLVO konkretisiert die Möglichkeit des § 20 Abs. 5 NBG, als Maßnahme des Nachteilsausgleichs eine Beförderung in der Probezeit oder vor Ablauf eines Jahres nach ihrer Beendigung vorzunehmen. Die Vorschrift soll sicherstellen, dass der Zusammenhang zwischen Geburt, Kinderbetreuung oder Pflege und der beruflichen Verzögerung noch hinreichend kausal hergestellt werden kann.[567]

Nach § 13 Abs. 1 S. 1 NLVO setzt eine Beförderung nach § 20 Abs. 5 Satz 1 NBG zum Ausgleich von Verzögerungen des beruflichen Werdegangs durch die Geburt eines Kindes voraus, dass

1. die Beamtin sich
   a) innerhalb von sechs Monaten oder
   b) im Fall fester Einstellungstermine zum nächsten Einstellungsterminnach der Geburt oder dem Abschluss einer innerhalb von sechs Monaten nach der Geburt begonnenen

[564] Begründung zu § 12 NLVO, Anlage zur Kabinettsvorlage (nicht veröffentlicht)
[565] Aufgrund des erst nach der Novellierung der NLVO geschaffenen Kommunalverfassungsrechts, wäre hier an sich auf den Hauptausschuss abzustellen.
[566] Siehe auch Kümmel, § 20 NBG, Rn. 28 ff.
[567] Begründung zu § 13 NLVO, Anlage zur Kabinettsvorlage (nicht veröffentlicht)

oder fortgesetzten Ausbildung, die für die Erfüllung der Einstellungsvoraussetzungen erforderlich ist, beworben hat und

2. diese Bewerbung zur Einstellung geführt hat oder, wenn die Beamtin trotz einer fristgerechten Bewerbung nicht eingestellt worden ist, aufrechterhalten oder zu jedem festen Einstellungstermin erneuert worden ist.

§ 13 Abs. 1 S. 1 NLVO ist zum Ausgleich von Verzögerungen des beruflichen Werdegangs durch die tatsächliche Betreuung oder Pflege eines Kindes unter 18 Jahren oder durch die Pflege einer oder eines nach ärztlichem Gutachten pflegebedürftigen sonstigen Angehörigen auf Beamte mit der Maßgabe entsprechend anzuwenden, dass nicht auf die Geburt, sondern auf Beendigung der Betreuung oder Pflege oder den Abschluss der Ausbildung abzustellen ist. Gemäß § 13 Abs. 2 S. 1 NLVO verkürzt sich die Dauer des Beförderungsverbotes nach § 20 Abs. 3 Satz 1 Nr. 1 NBG je Kind um die tatsächliche Verzögerung, höchstens jedoch um ein Jahr, bei mehreren Kindern höchstens um drei Jahre, wenn die Voraussetzungen des § 13 Abs. 1 NLVO vorliegen. Werden in einem Haushalt mehrere Kinder gleichzeitig betreut oder gepflegt, so wird der Zeitraum nur einmal berücksichtigt (§ 13 Abs. 2 S. 2 NLVO). Nach § 13 Abs. 2 S. 3 NLVO gelten die Sätze 1 und 2 für die Pflege einer oder eines pflegebedürftigen sonstigen Angehörigen entsprechend.

Beispiel:
K. bewirbt sich am 15.10.2015 um eine Einstellung als Stadtinspektor-Anwärterin bei der Stadt D.. K. hatte am 15.06.2015 eine Tochter geboren. Aufgrund der Bewerbung vom 15.10.2015 wird K. mit Wirkung vom 01.08.2016 als Stadtinspektor-Anwärterin bei der Stadt D. eingestellt.
Ihr Regelwerdegang würde sich wie folgt darstellen:

01.08.2016 bis 31.07.2019	Ableistung Vorbereitungsdienst
01.08.2019	Ernennung zur Stadtinspektorin (Beamtin auf Probe)
01.08.2022	Ernennung zur Beamtin auf Lebenszeit
01.08.2023	Beförderung zur Stadtoberinspektorin (unter Berücksichtigung der Wartezeit nach § 20 Abs. 3 S. 1 NBG)

Aufgrund der Geburt des Kindes konnte K. zum 01.08.2015 ihre Ausbildung als Stadtinspektor-Anwärterin nicht beginnen. Gemäß § 20 Abs. 5 S. 1 NBG i. V. m. § 13 Abs. 2 S. 1 NLVO kann K. daher bereits mit Wirkung vom 01.08.2022 zur Stadtoberinspektorin befördert werden.

Kann die Probezeit aufgrund einer Elternzeit ohne Dienstbezüge oder einer Beurlaubung ohne Dienstbezüge zur tatsächlichen Betreuung oder Pflege eines Kindes oder zur Pflege einer oder eines pflegebedürftigen sonstigen Angehörigen nicht begonnen oder fortgesetzt werden oder verlängert sie sich nach § 7 Abs. 2 Satz 2 NLVO (siehe Rn. 168), so ist gemäß § 13 Abs. 3 NLVO Absatz 2 entsprechend anzuwenden.

Die Absätze 4 und 5 des § 13 NLVO treffen zu § 20 Abs. 5 S. 2 NBG ergänzende Regelungen zu den Nachteilsausgleichen, die die gesetzliche Möglichkeit einräumen, Verzögerungen nach dem ArbPlSchG, SVG, ZDG, SG und EhfG bei Beförderungen auszugleichen.

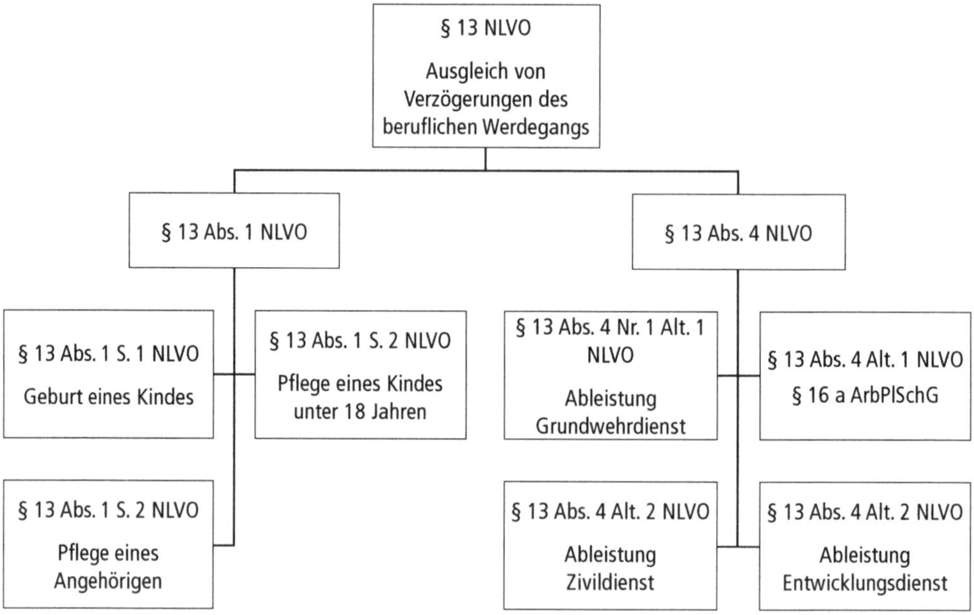

Abbildung 12 – Übersicht der Anwendungsfälle aus § 20 Abs. 5 NBG / § 13 NLVO

e. Laufbahnwechsel

181 Beim Laufbahnwechsel wird zwischen dem **vertikalen** und **horizontalen Laufbahnwechsel** unterschieden.

Ein **vertikaler Laufbahnwechsel** liegt vor, wenn der Beamte innerhalb derselben Fachrichtung die Laufbahngruppe wechselt (sog. Aufstieg). Hierbei wird zwischen dem **Regelaufstieg** (§ 33 NLVO) und dem **Praxisaufstieg** § 34 NLVO) unterschieden. Nach § 21 S. 1 NBG können Beamte mit der Befähigung für eine Laufbahn der Laufbahngruppe 1 auch ohne Erfüllung der Zugangsvoraussetzungen durch Aufstieg die Befähigung für eine Laufbahn der Laufbahngruppe 2 erwerben. Diese Befähigung kann auch gemäß § 21 S. 2 NBG eine auf Ämter oder Aufgabenbereiche beschränkt werden.

Als Folge der Reduzierung der Anzahl der Laufbahngruppen findet der Aufstieg künftig nur noch zwischen den Laufbahngruppen 1 und 2 statt.[568] Die Voraussetzungen und das Verfahren für den Aufstieg ist in §§ 33, 34 NLVO sowie für den **Regelaufstieg ergänzend** in §§ 12, 13 APVO-AD-VerwD geregelt.

Ein **horizontaler Laufbahnwechsel** ist gegeben, wenn einem Beamten ein anderes Amt derselben Laufbahngruppe, das jedoch einer anderen Fachrichtung zuzuordnen ist, übertragen wird.[569] Vollzogen wird der Laufbahnwechsel durch eine Versetzung gemäß § 28 NBG.[570]

568 Nds. LT-Drs. 16/655, S. 104
569 Kümmel, § 23 NBG, Rn. 3
570 Kümmel, § 23 NBG, Rn. 9

aa. Regelaufstieg (Vertikaler Laufbahnwechsel)

Das Regelaufstiegsverfahren ist dem Grunde nach in drei Teile aufgespalten, **der Zulassung zum Aufstiegsverfahren** (§ 33 Abs. 2 NLVO), **der Teilnahme am Aufstiegslehrgang** (§ 33 Abs. 4 NLVO) sowie **der Bewährungszeit in den Aufgaben der neuen Laufbahn** (§ 33 Abs. 6 NLVO). 182

Die Voraussetzungen für eine Zulassung zum Regelaufstieg richten sich nach § 33 Abs. 1 NLVO. Gemäß § 33 Abs. 1 NLVO kann ein Beamter mit der Befähigung für die Laufbahngruppe 1 zum Aufstieg in die Laufbahngruppe 2 zugelassen werden, wenn er

1. nach seiner Persönlichkeit und seinen bisherigen Leistungen geeignet erscheint, Aufgaben der Laufbahngruppe 2 wahrzunehmen,
2. sich in seiner bisherigen Dienstzeit mindestens in einem Amt der Besoldungsgruppe A 7 bewährt hat und
3. zum Zeitpunkt der Zulassung zum Aufstieg das 58. Lebensjahr noch nicht vollendet hat.

Zu 1.: Die Feststellung, ob der Beamte geeignet ist, Aufgaben der Laufbahngruppe 2 wahrzunehmen, muss sich unter Berücksichtigung des § 2 Abs. 1 S. 1 NLVO mit Blick auf künftig wahrzunehmende Aufgaben an den Kriterien der Eignung, Befähigung und fachlichen Leistung orientieren.

Zu 2.: Der Beamte muss sich mindestens in einem Amt der Besoldungsgruppe A 7 bewährt haben, d.h., ihm muss bereits ein **statusrechtliches Amt der Besoldungsgruppe A 7** verliehen worden sein; nur die Wahrnehmung eines Dienstpostens der Besoldungsgruppe A 7 ist dagegen unzureichend.

Zu 3.: Entscheidend für die Beurteilung der Altersgrenze ist der Zeitpunkt der Zulassung zum Aufstieg und folglich nicht der Beginn des Aufstiegsverfahrens bzw. Zeitpunkt der Bewährungsfeststellung.

Nach § 33 Abs. 2 NLVO entscheidet über die **Zulassung zum Aufstieg** die oberste Dienstbehörde oder die von ihr bestimmte Stelle, nachdem der Beamte ein von der obersten Dienstbehörde vorgeschriebenes Auswahlverfahren durchlaufen hat. Die oberste Dienstbehörde legt also ein Auswahlverfahren fest, das die Grundlage für die Entscheidung über die Zulassung zum Aufstieg bildet. Aufgrund der für den **Kommunalbereich** bestehenden Zuständigkeitsregelung nach § 107 Abs. 6 S. 1 NKomVG trifft die Entscheidung über die Zulassung zum Aufstieg der Hauptausschuss als höherer Dienstvorgesetzter.
Zum Regelaufstieg zugelassene Beamte werden gemäß § 33 Abs. 3 S. 1 NLVO in die Aufgaben der neuen Laufbahn in einem höchstens achtzehnmonatigen Aufstiegslehrgang, der mindestens 1.100 Unterrichtsstunden umfasst, und durch eine mindestens sechsmonatige berufspraktische Tätigkeit eingeführt, wenn die Ausbildungs- und Prüfungsordnung dies vorsieht. Nach § 12 Abs. 1 APVO-AD-VerwD umfasst die Einführung in die Aufgaben des allgemeinen Verwaltungsdienstes der Laufbahngruppe 2 der Fachrichtung Allgemeine Dienste als fachtheoretische Ausbildung die Teilnahme an einem Aufstiegslehrgang mit einer Dauer von höchstens 18 Monaten bei einem Studieninstitut (§ 12 Abs. 1 Nr. 1 APVO-AD-VerwD) und eine berufspraktische Tätigkeit am Arbeitsplatz mit einer Dauer von sechs Monaten (§ 12 Abs. 1 Nr. 2 APVO-AD-VerwD). Die berufspraktische Tätigkeit soll gem. § 12 Abs. 3 APVO-AD-VerwD

zwischen Grund- und Abschlusslehrgang geleistet werden; ein Teil dieser Tätigkeit kann vor Beginn des Grundlehrgangs geleistet werden. § 13 APVO-AD-VerwD trifft Regelungen zu den Leistungen während der theoretischen und praktischen Ausbildung für den Aufstieg.

Die Ausgestaltung der fachtheoretischen Ausbildung richtet sich nach § 12 Abs. 2 APVO-AD-VerwD. Nach § 12 Abs. 2 S. 2 APVO-AD-VerwD schließt sich an den Abschlusslehrgang die Aufstiegsprüfung an.

Nach § 33 Abs. 5 S. 1 NLVO kann von der Aufstiegsprüfung abgesehen werden, wenn der Beamte

1. zum Zeitpunkt der Zulassung zum Aufstieg das 50. Lebensjahr vollendet hat und
2. zu erwarten ist, dass er nach den in der Einführungszeit gezeigten Leistungen Aufgaben der neuen Laufbahn wahrnehmen kann.

In diesen Fällen stellt der Dienstvorgesetzte die Befähigung für die neue Laufbahn fest, § 33 Abs. 5 S. 2 NLVO.

Nach § 33 Abs. 6 S. 1 NLVO darf ein Amt der Laufbahngruppe 2 erst verliehen werden, wenn sich der Beamte nach Erwerb der Laufbahnbefähigung in Aufgaben der neuen Laufbahn bewährt hat. Nach Satz 2 soll die Bewährungszeit ein Jahr nicht überschreiten. Hinsichtlich der Besonderheiten bei der Verleihung eines Amtes der Laufbahngruppe 2 wird auf die Ausführungen zu den Ausnahmen vom Verbot der Sprungbeförderung verwiesen (siehe Rn. 176).

bb. Praxisaufstieg (Vertikaler Laufbahnwechsel)

183 Neben dem zuvor beschriebenen Regelaufstieg kommt in der adressatengerechten Anwendung der beamtenrechtlichen Vorschriften auch dem Praxisaufstieg nach § 34 NLVO eine Bedeutung zu. Diese Form des Aufstiegs, der einen Laufbahngruppenwechsel (von der Laufbahngruppe 1 in die Laufbahngruppe 2) zur Folge hat, war bereits vor dem 01.04.2009 in den niedersächsischen Laufbahnvorschriften vorgesehen.[571] Dieser wurde jedoch als Aufstieg für besondere Verwendungen bezeichnet.

Die in §§ 12, 13 APVO-AD-VerwD enthaltenen Regelungen zum Aufstieg beziehen sich ausschließlich auf den Regelaufstieg und sind folglich beim Praxisaufstieg im Sinne des § 34 NLVO nicht einschlägig. Eine weitere Unterscheidung zwischen den beiden Aufstiegsvarianten ergibt sich auch aus § 34 Abs. 5 NLVO, wonach Beamten mit einer beschränkten Laufbahnbefähigung, wie sie im Zuge des Praxisaufstiegs zuerkannt wird, höchstens ein Amt der Besoldungsgruppe A 11 übertragen werden darf. Eine entsprechende Einschränkung findet sich jedoch nicht in den Regelungen zum Regelaufstieg, sodass Beamte, die den Regelaufaufstieg im Sinne des § 33 NLVO absolviert haben, auch Ämter oberhalb der Besoldungsgruppe A 11 im Zuge einer Beförderung übertragen werden dürfen.

Nach § 34 Abs. 2 NLVO dürfen Beamten der Laufbahngruppe 1 nur Aufgaben der Laufbahngruppe 2 übertragen werden, wenn sie nach ihrer Persönlichkeit und ihren bisherigen Leistungen (dies gilt vorrangig für besonders leistungsstarke Beamte) geeignet erscheinen, diese Aufgaben wahrzunehmen. Sie müssen also in der Lage sein, diese Aufgaben erfolgreich wahrzunehmen.

[571] Vgl. hierzu § 32 d NLVO (in der Fassung bis zum 31.03.2009)

Dies setzt voraus, dass sie nach ihrer Persönlichkeit und den bisherigen Leistungen geeignet erscheinen, diese Aufgaben erfolgreich wahrzunehmen.[572]

Nach § 34 Abs. 1 S. 1 NLVO können Beamte mit der Befähigung für eine Laufbahn der Laufbahngruppe 1 eine auf einen bestimmten Aufgabenbereich beschränkte Laufbahnbefähigung für die Laufbahn der Laufbahngruppe 2 derselben Fachrichtung durch Feststellung des Dienstvorgesetzten erwerben, wenn

1. sie sich in einem Amt der Besoldungsgruppe A 9 oder mindestens fünf Jahre in einem Amt der Besoldungsgruppe A 8 bewährt haben,
2. sie seit mindestens zwei Jahren und sechs Monaten überwiegend Aufgaben der Laufbahngruppe 2 wahrgenommen und sich dabei bewährt haben und auch künftig diese Aufgaben wahrnehmen sollen und
3. die oberste Dienstbehörde oder die von ihr bestimmte Stelle ein dienstliches Bedürfnis für den Einsatz des Beamten in dem Aufgabenbereich festgestellt hat.

Zu 1.: Der Beamte muss sich mindestens in einem Amt der Besoldungsgruppe A 9 bewährt haben, d. h., er muss das statusrechtliche Amt eines Amtsinspektors (Spitzen- bzw. Endamt der Laufbahngruppe 1) inne haben und sich in diesem Amt bewährt haben. Nur die Wahrnehmung eines entsprechenden Dienstpostens der Besoldungsgruppe A 9 ist dagegen unzureichend. Eine Vorgabe zur Dauer der Wahrnehmung trifft § 34 Nr. 1 NLVO nicht. Alternativ reicht die fünfjährige Bewährung in einem Amt der Besoldungsgruppe A 8.

Zu 2.: Ferner muss der Beamte seit mindestens zwei Jahren und sechs Monaten überwiegend Aufgaben der Laufbahngruppe 2 wahrgenommen und sich dabei bewährt haben und auch künftig diese Aufgaben wahrnehmen sollen. Die Regelung stellt darauf ab, dass die vom Beamten wahrgenommenen Aufgaben von ihrer Bedeutung bzw. Wertigkeit her der Laufbahngruppe 2 zuzuordnen sind.

Zu 3.: Eine weitere Voraussetzung für die Durchführung eines Praxisaufstiegs ist, dass die oberste Dienstbehörde oder die von ihr bestimmte Stelle ein **dienstliches Bedürfnis** für den Einsatz des Beamten in dem Aufgabenbereich feststellt. Wie bei dem bisherigen Aufstieg für besondere Verwendungen kommen nicht alle Aufgabenbereiche für den Praxisaufstieg in Betracht. Ein dienstliches Bedürfnis kann nach § 34 Abs. 3 NLVO nur für Aufgabenbereiche festgestellt werden, bei denen eine langjährige berufliche Erfahrung ein wesentliches Merkmal des Anforderungsprofils darstellt und der Beamte die fachlichen Anforderungen aufgrund der Ausbildung, die zum Erwerb der bisherigen Laufbahnbefähigung (Befähigung für die Laufbahngruppe 1) geführt hat, der sonstigen Qualifizierungen und der bisherigen beruflichen Tätigkeit erfüllt.[573]

Nach der für den Kommunalbereich sich aus § 107 Abs. 6 S. 1 NKomVG resultierenden Zuständigkeitsregelung muss der Hauptausschuss als höherer Dienstvorgesetzter diese Feststellung treffen.

Der Praxisaufstieg schließt mit der Feststellung, ob der Beamte im Zuge des Praxisaufstiegs eine beschränkte Laufbahnbefähigung erworben hat, ab und obliegt – wie bereits eingangs des Kapitels ausgeführt – dem Dienstvorgesetzten.

---

572 Begründung zu § 34 NLVO, Anlage zur Kabinettsvorlage (nicht veröffentlicht)

573 Begründung zu § 34 NLVO, Anlage zur Kabinettsvorlage (nicht veröffentlicht)

Der Dienstvorgesetzte des Beamten kann gemäß § 34 Abs. 4 S. 1 NLVO die Feststellung nach § 34 Abs. 1 NLVO um einen Aufgabenbereich erweitern, wenn dem Beamten ein Amt der Laufbahngruppe 2 übertragen wurde und die oberste Dienstbehörde oder von ihr bestimmte Stelle ein dienstliches Bedürfnis für den Einsatz in dem anderen Aufgabenbereich festgestellt hat. § 34 Abs. 3 NLVO ist entsprechend anzuwenden (§ 34 Abs. 4 S. 2 NLVO).

cc. Horizontaler Laufbahnwechsel

184 Die Verbreiterung der Laufbahnen auf der Grundlage von nur noch zwei Laufbahngruppen und zehn Fachrichtungen (siehe § 13 NBG), statt der bisher vorhandenen vier Laufbahngruppen und vielfältigen Fachrichtungen, wird ein Laufbahnwechsel seltener als bisher erforderlich sein. Welche der bisherigen Laufbahnen in welche neue Laufbahn übergeleitet worden ist, bestimmt die Anlage zu § 122 NBG. So verweist der Begründungstext zu § 23 NBG der entsprechenden Landtagsdrucksache darauf, dass nicht nur der bisherige Laufbahnwechsel in eine gleichwertige Laufbahn entfällt, weil bisherige Laufbahnen, die eine im Wesentlichen gleiche Vor- und Ausbildung erforderten, in den neuen verbreiterten Laufbahnen zusammengefasst worden sind. Darüber hinaus ist auch innerhalb der neuen Fachrichtungen ein Wechsel in andere Aufgabenbereiche – auch in einen anderen Laufbahnzweig – ohne das Erfordernis eines formalen Laufbahnwechsels möglich, wobei auch insoweit im Einzelfall eine Einführung in die neuen Aufgaben sinnvoll sein kann.[574]

Ein Wechsel von einer Laufbahn in eine andere Laufbahn derselben Laufbahngruppe (Laufbahnwechsel) ist gemäß § 23 Abs. 1 zulässig, wenn der Beamte die Befähigung für die neue Laufbahn besitzt.

Besitzt der Beamte die Befähigung für die neue Laufbahn nicht, so ist gemäß § 23 Abs. 2 S. 1 NBG ein Laufbahnwechsel zulässig, wenn die für die Wahrnehmung der Aufgaben in der Laufbahn erforderlichen Fähigkeiten und Kenntnisse

1. durch Unterweisung oder andere Qualifizierungsmaßnahmen oder
2. aufgrund der Wahrnehmung von Tätigkeiten, die mit den Anforderungen der neuen Laufbahn vergleichbar sind,

erworben worden sind oder werden können. Für die Entscheidung, ob ein Laufbahnwechsel nach § 23 Abs. 2 Satz 1 NBG zulässig ist, sind gemäß § 6 NLVO die Ausbildung, die zum Erwerb der bisherigen Laufbahnbefähigung geführt hat, die sonstigen Qualifizierungen und die bisherigen beruflichen Tätigkeiten zu berücksichtigen.[575]

Als „Qualifizierungsmaßnahmen" kommen z. B. in Betracht die Teilnahme an Aus- und Fortbildungslehrgängen, die Teilnahme an Vorlesungen einer Hochschule (z. B. als Gasthörer) oder die Teilnahme an Umschulungslehrgängen.[576] Daneben oder an dessen Stelle kann eine **praktische Unterweisung** auf einem oder mehreren Arbeitsplätzen gefordert werden. Beamte, die bereits erfolgreich Tätigkeiten wahrgenommen haben, die mit den Anforderungen der neuen Laufbahn vergleichbar sind, können – gegebenenfalls ebenfalls flankiert durch Unterweisung und/oder weitere Qualifizierungsmaßnahmen – gleichfalls einen Laufbahn-

---

[574] Nds. LT-Drs. 16/655, S. 106; Kümmel, § 23, Rn. 1
[575] Kümmel, § 23 NBG, Rn. 7
[576] Nds. LT-Drs. 16/655, S. 106

wechsel vollziehen.[577] Dauer und Umfang der Unterweisungszeit sind individuell in Bezug auf die jeweilige Qualifikation des Beamten abzustimmen.[578]

Über die Zulässigkeit des Laufbahnwechsels entscheidet gemäß § 23 Abs. 2 S. 2 NBG das für die Laufbahn zuständige Ministerium; es kann die Befugnis auf andere Behörden übertragen. Bewerber, die eine Laufbahnbefähigung nach den Vorschriften eines anderen Landes oder des Bundes erworben haben und in ein Beamtenverhältnis berufen sind, besitzen gemäß § 43 Abs. 1 NLVO, soweit erforderlich nach einer Unterweisung oder Durchführung von Qualifizierungsmaßnahmen (siehe vorstehende Ausführungen), die Befähigung für die Laufbahn nach § 13 NBG, die der Laufbahn, für die eine Befähigung erworben wurde, unter Berücksichtigung der Bildungsvoraussetzungen und der fachlichen Ausrichtung zuzuordnen ist.[579]

Das für die Laufbahn zuständige Ministerium entscheidet gemäß § 43 Abs. 4 NLVO darüber, welcher Fachrichtung nach § 13 Abs. 2 NBG die nach den Vorschriften eines anderen Landes oder des Bundes erworbene Laufbahnbefähigung zuzuordnen ist. Ein entsprechender Runderlass zur **Fachrichtung Allgemeine Dienste** ist durch das MI am 06.09.2006 ergangen.[580]

III. Ernennungsfehler und deren Rechtsfolgen

Aus Gründen der Rechtssicherheit und -klarheit sowie des Grundsatzes der Ämterstabilität 185
sollte im Regelfall die einmal ausgesprochene Ernennung wirksam bleiben. Nur in wenigen Ausnahmefällen soll ein Ernennungsfehler zur Unwirksamkeit der Ernennung führen. Dies bedeutet auch, dass nicht jeder Ernennungsfehler, der zur formellen oder materiellen Rechtswidrigkeit führt, automatisch die Unwirksamkeit der Ernennung zur Folge hat.[581]

Der Ernennungsfall als Verwaltungsakt kann mit drei verschiedenen Arten von Fehlern versehen sein, die zu unterschiedlichen Rechtsfolgen führen können. Diese reichen vom **Nichtakt**,[582] also dem Umstand, dass ein Verwaltungsakt gar nicht erst zustande kommt, über die **Nichtigkeit (§ 11 BeamtStG)**, der obligatorischen Rücknahme bis hin zur ermessensbehafteten (fakultativen) **Rücknahme (§ 12 BeamtStG)** des Verwaltungsakts. Insoweit sind die Regelungen der §§ 11, 12 BeamtStG in Bezug auf Nichtigkeit und Rücknahme **abschließend**. Die Vorschriften aus §§ 44, 48 VwVfG sind nicht einschlägig.[583]

---

[577] Nds. LT-Drs. 16/655, S. 106
[578] Kümmel, § 23 NBG, Rn. 8
[579] Kümmel, § 23 NBG, Rn. 5
[580] Rd. Erl. d. MI. v. 10.06.2009, 15.42-03111/2.43, Nds. MBl. 2009, S. 537
[581] Leppek, ZBR 2010, S. 397, 401
[582] Streitig; siehe abweichende Auffassung Zentgraf in Metzler-Müller/Rieger/Seeck/Zentgraf, § 11 BeamtStG, Anm. 1; Baßlsperger in Weiß/ Niedermaier/Summer/Zängl, § 11 BeamtStG, Rn. 5
[583] Baßlsperger in Weiß/Niedermaier/Summer, Zängl, § 11 BeamtStG, Rn. 8, § 12 BeamtStG, Rn. 1 a; Battis, § 11 BeamtStG, Rn. 2; Hilg, apf 2011, S. 289, 291; BT-Drs. 16/4027, Begründung zu § 11 BeamtStG

1. NICHTIGKEIT

186 Ein Verwaltungsakt ist nichtig, soweit er an einem besonders schwerwiegenden Fehler leidet und dies bei verständiger Würdigung aller in Betracht kommenden Umstände offensichtlich ist. Die Nichtigkeit nach § 11 BeamtStG unterscheidet sich in seinem Rechtsfolgegehalt nicht von der Nichtigkeit nach dem allgemeinen Verwaltungsrecht, jedoch von den tatbestandlichen Voraussetzungen.[584]

Sofern eine Ernennung nichtig ist, ist sie nach § 43 Abs. 3 VwVfG nichtig. Für die Fälle der beamtenrechtlichen Ernennung definiert § 11 BeamtStG diese Art von besonders schwerwiegenden Fehlern. Dabei unterscheidet § 11 BeamtStG dem Grunde nach zwei verschiedene Arten der Nichtigkeitskonstellationen. Diejenigen, für die das Gesetz die Möglichkeit der **Wirksamkeitsfiktion** geschaffen hat (siehe § 11 Abs. 2 BeamtStG), bzw. diejenigen Fälle, in denen diese nicht angeboten wird. Im Zusammenhang mit dem Begriff der Wirksamkeitsfiktion wird verschiedentlich in der Kommentierung bzw. Literatur auch von der Heilung gesprochen.[585] § 11 Abs. 2 BeamtStG sieht für bestimmte Fallkonstellationen „Korrekturmöglichkeiten" vor, die im Falle der erfolgreichen Korrektur zur Folge haben, dass die Ernennung zwar weiterhin formell und/oder materiell rechtswidrig ist, aber von Anfang an (maßgeblich ist hierbei der Eintritt der inneren Wirksamkeit, siehe Rn. 201) **als wirksam anzusehen** ist. Der Gesetzgeber verwendet hier bewusst nicht den Begriff der Wirksamkeit, sondern die Formulierung „die Ernennung ist von Anfang an als wirksam anzusehen". Bis zu einer Bestätigung durch die zuständige Stelle (siehe § 11 Abs. 2 Nrn. 1 und 2 BeamtStG) bleibt die Ernennung nichtig.[586]

Die Nichtigkeit bezieht sich zunächst auf die konkrete Ernennung, für die die Nichtigkeitsgründe festgestellt worden sind. Ist jedoch eine Ernennung, mit der ein Beamtenverhältnis begründet wird, nichtig, so sind alle Folgeernennungen nichtig, da sie nicht losgelöst von der Ausgangsernennung rechtliche Wirkung entfalten können.[587]

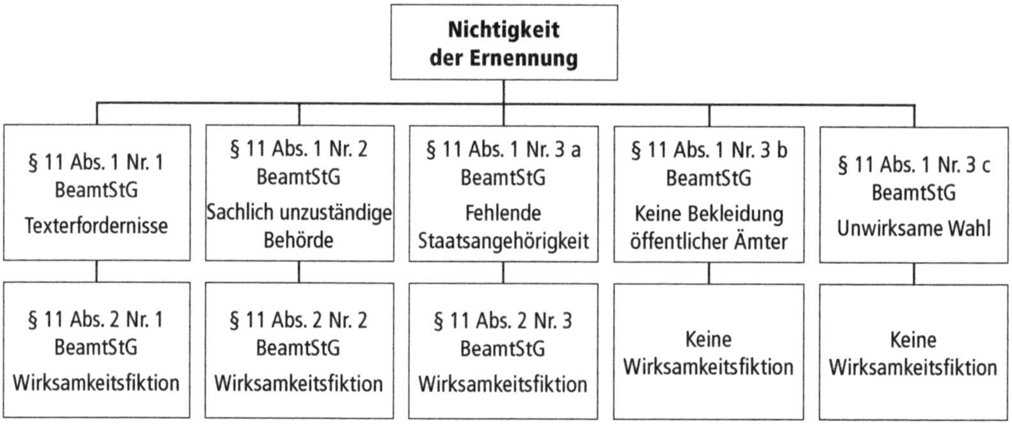

Abbildung 13 – Übersicht zur Nichtigkeit von Ernennungen

[584] Baßlsperger in Weiß/Niedermaier/Summer, Zängl, § 11 BeamtStG, Rn. 4
[585] Battis, § 11, Rn. 9; Kümmel, § 11 BeamtStG, Rn. 6; Hilg, apf 2011, S. 289, 292; Zentgraf in Metzler-Müller/Rieger/Seeck/Zentgraf, § 11 BeamtStG, Anm. 1
[586] Baßlsperger in Weiß/Niedermaier/Summer, Zängl, § 11 BeamtStG, Rn. 17
[587] Baßlsperger in Weiß/Niedermaier/Summer, Zängl, § 11 BeamtStG, Rn. 20

Die Ernennung ist gemäß **§ 11 Abs. 1 Nr. 1 BeamtStG** nichtig, wenn sie **nicht der in § 8 Abs. 2 BeamtStG vorgeschriebenen Form** entspricht. Inhaltlich geht es nur um Formerfordernisse, die ausdrücklich in § 8 Abs. 2 BeamtStG genannt sind. Hierzu zählt auch das Erfordernis, nach § 8 Abs. 2 S. 1 BeamtStG eine Ernennungsurkunde auszuhändigen. Die Aushändigung selbst ist jedoch ein Aspekt des Verfahrens (siehe Rn. 115). Da die Aushändigung jedoch eine körperliche Übergabe verlangt, muss diese **schriftlich ausgestellt** werden.[588] So wäre eine mündlich vorgenommene Ernennung gemäß § 11 Abs. 1 Nr. 1 BeamtStG nichtig. 187

Weiterhin bezieht sich die Alternative der Nichtigkeit nach § 11 Abs. 1 Nr. 1 BeamtStG auf die individuellen **Texterfordernisse** in Bezug auf eine Ernennungsurkunde gem. § 8 Abs. 2 S. 2 Nrn. 1 bis 3 BeamtStG (siehe hierzu Ausführungen unter Rn. 119 ff.). Enthält eine Ernennungsurkunde – abhängig vom jeweiligen Ernennungsfall – nicht den vorgeschriebenen Text nach § 8 Abs. 2 S. 2 Nrn. 1 bis 3 BeamtStG, so ist diese nichtig.

Offensichtliche Schreibfehler in der Urkunde jedoch stehen einer Wirksamkeit der Ernennung nicht entgegen. Offensichtlich bedeutet, dass es sich um einen für jedermann zweifelsfrei erkennbaren Fehler handelt. So stellt u.a. der – anstelle der von § 8 Abs. 2 S. 2 Nr. 1 BeamtStG vorgeschriebenen Formulierung „unter Berufung in **das** Beamtenverhältnis" – in einer Ernennungsurkunde verwendete Wortlaut „unter Berufung in **ein** Beamtenverhältnis" eine offenbare Unrichtigkeit dar, die unschädlich ist.[589]

Beispiel für eine nichtige Ernennung i.S.d. § 11 Abs. 1 Nr. 1 BeamtStG:
K. wurde mit Wirkung vom 01.08.2016 zum Kreisinspektor-Anwärter ernannt. In der Ernennungsurkunde sind lediglich die Worte „unter Berufung in das Beamtenverhältnis" aufgeführt. Die Worte „auf Widerruf" dagegen fehlen.

Die Ernennung ist aus einem formellen Grund rechtswidrig, da das aus § 8 Abs. 2 S. 2 Nr. 1 BeamtStG vorgeschriebene Texterfordernis nicht erfüllt wurde. Auch ist sie gemäß § 11 Abs. 1 Nr. 1 BeamtStG nichtig, weil die Urkunde nicht der in § 8 Abs. 2 BeamtStG vorgeschriebenen Form entspricht.

Die Ernennung ist indes gemäß § 11 Abs. 2 Nr. 1 BeamtStG von Anfang an als wirksam anzusehen, wenn im Fall des Absatzes 1 Nr. 1 **aus der Urkunde** oder **aus dem Akteninhalt** eindeutig hervorgeht, dass die für die Ernennung zuständige Stelle ein **bestimmtes Beamtenverhältnis begründen** oder **ein bestehendes Beamtenverhältnis in ein solches anderer Art umwandeln** wollte, für das die **sonstigen Voraussetzungen** vorliegen, und die für die **Ernennung zuständige Stelle** die **Wirksamkeit schriftlich bestätigt**; das Gleiche gilt, wenn die Angabe der Zeitdauer fehlt, durch Landesrecht aber die Zeitdauer bestimmt ist. 188

Hier kann damit erstmalig die oben beschriebene Wirksamkeitsfiktion greifen. Dies setzt allerdings voraus, dass der beabsichtigte Ernennungsfall eindeutig erkennbar ist.[590] Darüber hinaus kommt dieser Fall der Wirksamkeitsfiktion auch nur für die Ernennungsfälle **Einstellung** und **Umwandlung** in Betracht, da der Gesetzgeber nur diese beiden Ernennungsfälle explizit nennt.

588 Battis, § 8 BeamtStG, Rn. 8
589 OVG Schleswig, Urt. v. 26.11.1993, Az. 3 L 95/93 (juris)
590 Baßlsperger, Kap. 8, Rn. 12

Auch darf der Ernennungsfall nicht mit einem weiteren Ernennungsfehler behaftet sein, da für diesen Fall die sonstigen Voraussetzungen fehlen würden. Hier besteht jedoch die Möglichkeit, so auch dieser „weitere" Ernennungsfehler mit der Möglichkeit der Wirksamkeitsfiktion versehen ist, diese zunächst aufzugreifen, um damit die sonstigen Voraussetzungen wiederherstellen zu können. Im Übrigen greift die Wirksamkeitsfiktion auch für den Fall der Berufung in das Beamtenverhältnis auf Zeit, wenn die Angabe der Zeitdauer fehlt, durch Landesrecht aber die Zeitdauer bestimmt ist. Dies wäre beispielsweise im Fall des § 109 Abs. 1 S. 1 NKomVG bei der Wahl von Beamten auf Zeit gegeben. Hier ist eine Amtszeit von acht Jahren gesetzlich vorgegeben.

Sind die Tatbestandsmerkmale erfüllt, müsste die für die Ernennung zuständige Stelle (siehe Rn. 98 ff.) die Wirksamkeit der Ernennung schriftlich bestätigen.
Ggf. ist ein neuer Gremienbeschluss erforderlich. Auch die schriftliche Bestätigung durch den Hauptverwaltungsbeamten wäre in einem solchen Fall erforderlich, da ja sein Einvernehmen herzustellen ist.[591]

189 Die Ernennung ist gemäß **§ 11 Abs. 1 Nr. 2 BeamtStG** nichtig, wenn sie von einer **sachlich unzuständigen Behörde** ausgesprochen wurde. Sachlich unzuständig ist eine Behörde, wenn sie nach den gesetzlichen Bestimmungen nicht zuständig war, über die Ernennung zu entscheiden (siehe hierzu Rn. 98 ff.). Nicht erfasst vom § 11 Abs. 1 Nr. 2 BeamtStG ist der Fall, dass die örtlich unzuständige Behörde die Ernennung ausgesprochen hat.[592] In diesem Fall wäre die Ernennung formell rechtswidrig, aber wirksam.

Unter der sachlich unzuständigen Behörde ist im kommunalen Bereich die mangelnde Organzuständigkeit (Vertretung, Hauptausschuss, Hauptverwaltungsbeamter) gemäß § 107 Abs. 4 S. 1 NKomVG zu verstehen. Wird diese verletzt, kommt es zur Nichtigkeit der Ernennung gemäß § 11 Abs. 1 Nr. 2 BeamtStG. Unter den Tatbestand des § 11 Abs. 1 Nr. 2 BeamtStG fällt daneben auch die Nichtigkeitsalternative des aus kommunalverfassungsrechtlichen Gründen fehlerhaft und damit unwirksam getroffenen Gremienbeschlusses.

Beispiel für eine nichtige Ernennung i.S.d. § 11 Abs. 1 Nr. 2 BeamtStG:
S. wurde mit Wirkung vom 01.12.2016 bei der Stadt K. zum Stadtoberinspektor ernannt. Die Entscheidung über die Ernennung traf der Bürgermeister der Stadt K. eigenständig, ohne weitere Organe zu beteiligen. Da die Befugnis, über die Ernennung von Beamten zu entscheiden, bei der Stadt K. nicht gemäß § 107 Abs. 4 S. 1 NKomVG delegiert worden ist, wäre der Rat im Einvernehmen mit dem Bürgermeister zuständig gewesen.

Die Ernennung ist daher formell rechtswidrig. Auch ist sie gemäß § 11 Abs. 1 Nr. 2 BeamtStG nichtig, weil sie von der sachlich unzuständigen Behörde ausgesprochen worden ist.

Auch für diesen Sachverhalt besteht die Option der Wirksamkeitsfiktion. Die Ernennung ist gemäß § 11 Abs. 2 Nr. 2 BeamtStG von Anfang an als wirksam anzusehen, wenn im Fall des Absatzes 1 Nr. 2 die **sachlich zuständige Behörde** (siehe Rn. 98 ff.) **die Ernennung bestätigt**. Ergänzend ist hier für den Kommunalbereich anzumerken, dass je nach Organzuständigkeit im Sinne des

[591] Kümmel, § 11 BeamtStG, Rn. 13
[592] Baßlsperger in Weiß/Niedermaier/Summer/Zängl, § 11BeamtStG, Rn. 10; Battis, § 11 BeamtStG, Rn. 4

§ 107 Abs. 4 S. 1 NKomVG der Ernennungsbeschluss durch das bzw. die sachlich zuständigen Organe erneut herbeigeführt wird. Auch ist eine Bestätigung durch den Hauptverwaltungsbeamten erforderlich, sofern die Zuständigkeit bei der Vertretung oder dem Hauptausschuss liegt.

Die Ernennung ist gemäß **§ 11 Abs. 1 Nr. 3 a BeamtStG** ferner nichtig, wenn zum Zeitpunkt der Ernennung nach **§ 7 Abs. 1 Nr. 1 BeamtStG** wegen der fehlenden Staatsangehörigkeit keine Ernennung erfolgen durfte und keine Ausnahme nach § 7 Abs. 3 BeamtStG zugelassen war (siehe hierzu Ausführungen unter Rn. 149). Für diese Fallkonstellation besteht ebenfalls die Korrekturmöglichkeit. Gemäß § 11 Abs. 2 Nr. 3 BeamtStG ist auch diese Ernennung von Anfang an als wirksam anzusehen, wenn im Fall des Absatzes 1 Nr. 3 a eine Ausnahme nach § 7 Abs. 3 nachträglich zugelassen wird. 190

Die Ernennung ist gemäß **§ 11 Abs. 1 Nr. 3 b BeamtStG** darüber hinaus nichtig, wenn nicht die **Fähigkeit zur Bekleidung öffentlicher Ämter** (sog. Amts(un-)fähigkeit) vorlag. Wer wegen eines Verbrechens, siehe § 12 Abs. 1 StGB, zu einer Freiheitsstrafe von mindestens einem Jahr verurteilt wird, verliert gemäß § 45 Abs. 1 StGB für die Dauer von fünf Jahren die Fähigkeit, öffentliche Ämter zu bekleiden und Rechte aus öffentlichen Wahlen zu erlangen. Der Verlust der Fähigkeiten, Rechtsstellungen und Rechte wird nach § 45 a Abs. 1 StGB mit der Rechtskraft des Urteils wirksam und gemäß § 45 a Abs. 2 S. 1 StGB von dem Tage an gerechnet, an dem die Freiheitsstrafe verbüßt, verjährt oder erlassen ist. Der Verlust der Amtsfähigkeit kann auch aufgrund einer Entscheidung des Bundesverfassungsgerichts nach Art. 18 GG i.V.m. § 39 BVerfGG erfolgen, wenn der Beamte ein Grundrecht verwirkt hat. Für diesen Fall der Nichtigkeit besteht **keine Möglichkeit der Wirksamkeitsfiktion**.[593] 191

Die Ernennung ist gemäß **§ 11 Abs. 1 Nr. 3 c BeamtStG** nichtig, wenn eine ihr zu Grunde liegende **Wahl unwirksam ist**. Maßgeblich dürfte diese Fallgruppe für den kommunalen Bereich bei der Wahl von Beamten auf Zeit sein. So werden gemäß § 109 Abs. 1 S. 1 NKomVG Beamte auf Zeit nach § 108 NKomVG auf Vorschlag des Hauptverwaltungsbeamten von der Vertretung für eine Amtszeit von acht Jahren gewählt. Sofern bei einer solchen Wahl gegen die insoweit geltenden kommunalverfassungsrechtlichen Vorschriften (vgl. §§ 67, 109 Abs. 1 S. 2, 3, 4, 5 Abs. 2 S. 2 NKomVG) verstoßen wird, folgt daraus die Unwirksamkeit der ihr zu Grunde liegenden Wahl. Auch für diesen Fall der Nichtigkeit besteht **keine Wirksamkeitsfiktionsalternative**. 192

Das Verfahren und die Rechtsfolgen (z.B. das Verbot der Führung der Dienstgeschäfte, § 11 Abs. 2 NBG) aus der Nichtigkeit der Ernennung ergeben sich aus § 11 NBG. Nach § 11 Abs. 1 NBG stellt die **oberste Dienstbehörde oder die von ihr bestimmte Behörde** die Nichtigkeit durch schriftlichen Verwaltungsakt fest. Obwohl die Nichtigkeit bereits kraft Gesetzes eintritt, stellt der Dienstherr aus Gründen der Rechtssicherheit mittels eines feststellenden Verwaltungsakts die Rechtslage noch einmal verbindlich fest und gibt den Verwaltungsakt dem Beamten schriftlich bekannt.[594] Gegen den feststellenden Verwaltungsakt können der Ernannte oder seine Hinterbliebenen entsprechend § 54 Abs. 1 und 2 BeamtStG, § 105 Abs. 1 S. 1 NBG unmittelbar **Anfechtungsklage** gemäß § 42 Abs. 1 VwGO vor dem Verwaltungsgericht erheben. Eines Vorverfahrens nach § 68 Abs. 1 VwGO bedarf es insoweit nicht. 193

593 Baßlsperger in Weiß/Niedermaier/Summer/Zängl, § 11BeamtStG, Rn. 15
594 Nds. LT-Drs. 16/655, S. 89

§ 11 Abs. 2 NBG beinhaltet ein **spezielles Verbot der Führung der Dienstgeschäfte**. Dieses stellt **eine Art vorbereitende Maßnahme** dar, die dafür sorgen soll, dass der nur scheinbar Ernannte nicht weiter für den Dienstherrn tätig wird, auch wenn die förmliche Feststellung der Nichtigkeit noch aussteht. Zuständig hierfür ist der jeweilige Dienstvorgesetzte. Die Amtshandlungen des Beamten bleiben wirksam, § 11 Abs. 3 NBG. Schlussendlich hat der Dienstherr Ermessen dahingehend, die dem Beamten gewährten Leistungen zu belassen. Nach Abs. 4 können dem Ernannten die **gewährten Leistungen** belassen werden. Dem Dienstherrn steht diesbezüglich Ermessen zu. Übt er dieses pflichtgemäß aus, werden die gewährten Leistungen regelmäßig belassen, wenn der vermeintlich Ernannte seinen Dienst geleistet hat.

2. RÜCKNAHME

194 Die Rücknahme einer beamtenrechtlichen Ernennung wird in § 12 BeamtStG geregelt und verdrängt als spezialgesetzliche Sonderregelung §§ 48, 49 VwVfG.[595] Die Vorschrift unterscheidet zwischen der obligatorischen Rücknahme, also der gebundenen Verwaltung **(„ist")** aus Absatz 1 und der vergleichsweise geringfügig schwächeren fakultativen Rücknahme, also der Ermessensentscheidung **(„soll")** aus Absatz 2. Die Rücknahme der Ernennung aus Absatz 1 erfolgt dabei mit Wirkung für die Vergangenheit und schließt damit eine erneute gleichgelagerte Ernennung für die Zukunft grundsätzlich nicht aus, kann aber auf der anderen Seite auch noch nach der Beendigung des Beamtenverhältnisses erfolgen. Zweck der Rücknahme ist, den Dienstherrn vor persönlich ungeeigneten Beamten zu schützen.[596]

Hinsichtlich der Folgen der Rücknahme einer Ernennung ist auf § 12 Abs. 2 NBG zu verweisen, der die entsprechende Anwendung von Absatz 3 und 4 des § 11 NBG vorsieht. Zuständig für die Rücknahme ist nach § 12 Abs. 1 S. 1 NBG die jeweilige Ernennungsbehörde. Die Rücknahme der Ernennung bedarf der Schriftform.

Für die Rücknahme der Ernennung im Fall des § 12 Abs. 1 Nr. 2 BeamtStG findet § 48 Abs. 4 VwVfG **keine Anwendung**, so dass die Rücknahme nicht innerhalb eines Jahres nach Kenntnis der Tatsachen, die für die Rücknahme relevant sind, erfolgen muss.

595 Leppek, ZBR 2010, S. 397, 404; Hilg, apf 2012, S. 66, 77

596 Im Ganzen Zentgraf in Metzler-Müller/Rieger/Seeck/Zentgraf, § 12 BeamtStG, Anm. 1.

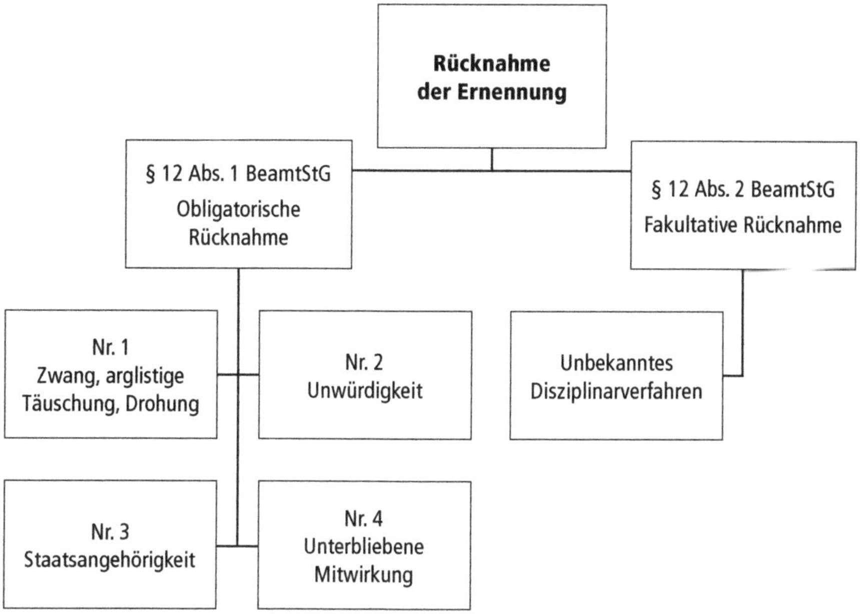

Abbildung 14 – Übersicht der Rücknahmefälle aus § 12 BeamtStG

Die Ernennung **ist** gemäß **§ 12 Abs. 1 Nr. 1 BeamtStG** mit Wirkung für die Vergangenheit zurückzunehmen, wenn sie durch **Zwang**, **arglistige Täuschung** oder **Bestechung** herbeigeführt wurde. Unter Zwang ist gemäß § 240 Abs. 1 StGB die Anwendung physischer Gewalt oder Drohung mit einem empfindlichen Übel zu verstehen. In der beamtenrechtlichen Praxis erscheint eine solche Fallkonstellation im Zusammenhang mit einer Ernennung als eher unwahrscheinlich. 195

Ein deutlich größerer Praxisbezug kommt dagegen der **arglistigen Täuschung** im Sinne von § 123 BGB bzw. § 263 StGB zu. Dabei kann auf zwei Arten eine arglistige Täuschung gegeben sein. Entweder dadurch, dass der zu Ernennende oder ein Dritter durch die Vorspiegelung falscher Tatsachen einen Irrtum bei der Ernennungsbehörde erregt bzw. sich verschafft oder aber diesen dadurch herbeiführt, dass er entscheidungserhebliche Tatsachen, die der Offenbarungspflicht unterliegen, der Ernennungsbehörde gegenüber verschweigt (Täuschung). Dabei richtet sich die Offenbarungspflicht maßgeblich auf solche für den zu Ernennenden ungünstigen Umstände, sofern die von ihm verschwiegenen Umstände die Erfüllung angemessener Leistungserwartungen des Dienstherrn unmöglich machen oder sonst für den in Aussicht genommenen Dienstposten von ausschlaggebender Bedeutung sind.[597]

Arglist selbst erfordert einen Täuschungswillen. Der Handelnde muss die Unrichtigkeit seiner Angaben kennen.[598] Es reicht allerdings bedingter Vorsatz aus, d.h., der Täuschende muss zumindest billigend in Kauf nehmen, dass der Vertreter der Ernennungsbehörde die Ausführungen als wahr annehmen wird. Zwischen der Täuschung und der beabsichtigten Ernennung

597 Zentgraf in Metzler-Müller/Rieger/Seeck/Zentgraf, § 9 BeamtStG, Anm. 4.3
598 Palandt, § 123 BGB, Rn. 2 e

muss zudem ein **Kausalzusammenhang** bestehen, d.h., die Täuschung muss ursächlich dazu beitragen, dass die Ernennung erfolgt.[599] Die Täuschung muss überdies widerrechtlich erfolgen. Diese Voraussetzung ist ungeschriebenes Tatbestandsmerkmal und regelmäßig indiziert, es sei denn, der Beamte kann sein Verhalten rechtfertigen. Stellt der Dienstherr im Auswahlverfahren beispielsweise Fragen, die aus Gründen der Diskriminierung nicht zulässig sind, darf der Bewerber auf solch unzulässige Fragen wahrheitswidrig antworten.

Beispiel:
Ein Beamter auf Probe hat seine Ernennung durch arglistige Täuschung herbeigeführt, wenn er bei seiner Bewerbung die Frage, ob er mit dem Ministerium für Staatssicherheit oder dem Amt für nationale Sicherheit der DDR hauptamtlich/nebenamtlich gegen Vergütung/ohne Vergütung oder in sonstiger Weise zusammengearbeitet habe, bewusst wahrheitswidrig verneint und die Ernennung bei Kenntnis der Zusammenarbeit nicht erreicht hätte (BVerwG, Beschl. v. 14.11.1996, Az. 2 B 16/96 [juris]).

Ein weiterer Rücknahmegrund nach § 12 Abs. 1 Nr. 1 BeamtStG ist das Vorliegen einer **Bestechung**. Diese ist gegeben, wenn ein Bediensteter vom Ernannten oder einem Dritten Vorteile annimmt, fordert oder sich versprechen lässt (siehe § 331 ff. StGB).

196 Die Ernennung **ist** gemäß **§ 12 Abs. 1 Nr. 2 BeamtStG** mit Wirkung für die Vergangenheit zurückzunehmen, wenn **nicht bekannt** war, dass die ernannte Person wegen eines Verbrechens (§ 12 Abs. 1 StGB) oder Vergehens (§ 12 Abs. 2 StGB) rechtskräftig zu einer Strafe verurteilt war oder wird, dass sie für die Berufung in das Beamtenverhältnis nach § 8 Abs. 1 Nr. 1 BeamtStG als unwürdig (**sog. Amts(un-)würdigkeit**) erscheinen lässt. Das Tatbestandsmerkmal der Amtsunwürdigkeit ist ein **unbestimmter Rechtsbegriff**, der im vollen Umfang gerichtlich nachprüfbar ist. Der Dienstherr muss die Unwürdigkeit unter Beachtung der Umstände des Einzelfalls beurteilen. Dabei muss er die strafrechtlichen Aspekte, die das Gericht festgestellt hat, berücksichtigen. Eine Unwürdigkeit wegen eines strafbaren Verhaltens liegt in der Regel immer dann vor, wenn ein erheblicher Eignungsmangel gegeben ist.[600]

Liegt also eine solche Tat vor, ist die Ernennung für die Vergangenheit zurückzunehmen. Entscheidend ist, dass die Tat nicht zum Zeitpunkt der Ernennung, hier ausschließlich der Berufung in das Beamtenverhältnis, bekannt war, so der insoweit eindeutige Gesetzestext. Auch muss die Tat vor der Ernennung begangen worden sein, da ansonsten im Falle einer rechtskräftigen Verurteilung durch ein deutsches Gericht nach § 24 BeamtStG der Verlust des Beamtenstatus mit der Folge der Beendigung des Beamtenverhältnisses greifen würde. Problematisch ist es, wenn der Dienstherr trotz Kenntnis die Ernennung vorgenommen hat und sich dann später unter Rückgriff auf § 12 BeamtStG von dem Beamten trennen möchte.

197 Die Ernennung **ist** gemäß **§ 12 Abs. 1 Nr. 3 BeamtStG** mit Wirkung für die Vergangenheit zurückzunehmen, wenn die Ernennung nach § 7 Abs. 2 nicht erfolgen durfte und eine Ausnahme nach § 7 Abs. 3 nicht zugelassen war und eine Ausnahme nicht nachträglich erteilt wird.

---

599 Baßlsperger, Kap. 8, Rn. 29
600 Kümmel, § 12 BeamtStG, Rn. 12

Mit § 7 Abs. 2 BeamtStG macht Deutschland von der in Artikel 45 Abs. 4 des Vertrags über die Arbeitsweise der Europäischen Union (AEUV) eingeräumten Möglichkeit Gebrauch, für die Wahrnehmung bestimmter Aufgaben die Berufung in das Beamtenverhältnis deutschen Staatsangehörigen im Sinne des Artikels 116 GG vorzubehalten.[601] Eine solche Situation ist gegeben, wenn es die zu übertragenden Aufgaben (Kernbereiche der Verwaltung, Führungspositionen, etc.) erfordern.[602] Es ist also zu prüfen, ob nicht eine Ausnahme nach Absatz 3 vorliegt oder nachträglich zugelassen werden könnte.

Die Ernennung **ist** gemäß **§ 12 Abs. 1 Nr. 4 BeamtStG** mit Wirkung für die Vergangenheit 198
zurückzunehmen, wenn eine **durch Landesrecht vorgeschriebene Mitwirkung einer unabhängigen Stelle** oder **einer Aufsichtsbehörde unterblieben ist** und **nicht nachgeholt wurde**.

Der **Landespersonalausschuss** ist i.S.d. vorstehenden Vorschrift eine unabhängige Stelle. Gemäß § 99 Abs. 1 S. 1 NBG sind die Mitglieder des Landespersonalausschusses in dieser Eigenschaft unabhängig und nur dem Gesetz unterworfen. Damit ist die Funktion der unabhängigen Stelle als gegeben anzusehen. Zielsetzung des Landespersonalausschusses ist dabei gemäß § 97 NBG die Mitwirkung an Personalentscheidungen in den in diesem Gesetz geregelten Fällen mit dem Ziel, die einheitliche Durchführung der beamtenrechtlichen Vorschriften sicherzustellen. Er hat darüber hinaus die Aufgabe, Empfehlungen zur Beseitigung von Mängeln in der Handhabung der beamtenrechtlichen Vorschriften zu geben und Änderungsvorschläge zu unterbreiten. Unterbleibt also die Einschaltung des Landespersonalausschusses und wird diese auch nicht nachgeholt, so ist die Ernennung zurückzunehmen.

Fälle, in denen die **Mitwirkung des Landespersonalausschusses gesetzlich vorgeschrieben ist**, sind u.a. die

- Erteilung einer Ausnahme von der Mindesterprobungszeit nach § 20 Abs. 2 NBG und in den Fällen des § 20 Abs. 3 NBG,
- Erteilung einer Ausnahme zur Einstellung in einem höheren Amt als dem Einstiegsamt nach § 18 S. 2 Nr. 2 NBG,
- Feststellung der Laufbahnbefähigung eines anderen Bewerbers nach § 17 Abs. 2 NBG.

Ein Beispiel, in dem die **Mitwirkung einer Aufsichtsbehörde gesetzlich vorgeschrieben** ist, ist die Erteilung einer Ausnahme gemäß § 16 Abs. 5 NLVO von den Höchstaltersgrenzen nach § 16 Abs. 1, 2 NLVO.

Aus der Formulierung des § 12 Abs.1 Nr. 4 NLVO ist zu entnehmen, dass der Dienstherr vor einer Rücknahme die Mitwirkung der unabhängigen Stelle bzw. Aufsichtsbehörde vor einer Rücknahme. Allerdings gilt gemäß § 12 Abs. 1 S. 2 NBG für alle Fälle der Rücknahme bis auf § 12 Abs. 1 Nr. 2 BeamtStG die Jahresfrist des § 48 Abs. 4 VwVfG mit der Folge, dass nach Ablauf dieser Frist, die ab Kenntnis von den wesentlichen Umständen durch eine personalführende Stelle zu laufen beginnt, eine Rücknahme nicht mehr möglich ist.

Die Ernennung **soll** gemäß **§ 12 Abs. 2 S. 1, 2 BeamtStG** zurückgenommen werden, wenn nicht 199
bekannt war, dass gegen die ernannte Person **in einem Disziplinarverfahren auf Entfernung**

[601] BT-Drs. 16/4027, Begründung zu § 7 Abs. 2 BeamtStG
[602] Kümmel, § 7 BeamtStG, Rn. 28 f.

aus dem Beamtenverhältnis oder auf Aberkennung des Ruhegehalts erkannt worden war. Dies gilt auch, wenn die Entscheidung gegen einen Beamten der Europäischen Gemeinschaften oder eines Staates nach § 7 Abs. 1 Nr. 1 BeamtStG ergangen ist. Die hier angesprochene Fallkonstellation stellt auf die Disziplinarmaßnahmen des § 11 NDiszG (Entfernung aus dem Beamtenverhältnis) und des § 13 NDiszG (Aberkennung des Ruhegehalts) ab.

In der Frage der inhaltlichen Anwendung ist insoweit auf § 14 Abs. 2 NDiszG abzustellen. Ein Beamter, der durch ein schweres Dienstvergehen (zum Begriff des Dienstvergehens siehe § 47 BeamtStG) das Vertrauen des Dienstherrn oder der Allgemeinheit endgültig verloren hat, ist danach aus dem Beamtenverhältnis zu entfernen. Dem Ruhestandsbeamten wird das Ruhegehalt aberkannt, wenn er als aktiver Beamter aus dem Beamtenverhältnis hätte entfernt werden müssen. Die Information des zu Ernennenden über das Vorliegen eines Falles des § 14 Abs. 2 NDiszG dürfte aber in der Praxis immer unter die Offenbarungspflicht des zu Ernennenden im Vorfeld der beabsichtigten Ernennung fallen. Sofern der zu Ernennende dieser Pflicht nicht nachkommt, dürfte bereits der Tatbestand der arglistigen Täuschung erfüllt sein. Daraus wiederum würde die obligatorische Rücknahme der Ernennung aus § 12 Abs. 1 Nr. 1 BeamtStG folgen, die insoweit der fakultativen Rücknahme der Ernennung gem. § 12 Abs. 2 BeamtStG vorzuziehen wäre und damit der Anwendung des § 12 Abs. 2 BeamtStG nur eine sehr geringe Bedeutung in der beamtenrechtlichen Praxis zukommen lässt.

3. NICHT(SCHEIN-)ERNENNUNG/NICHTAKT

200 Im BeamtStG sind lediglich die Ernennungsfehler geregelt, die zur Nichtigkeit (§ 11 BeamtStG) führen oder eine Rücknahme (§ 12 BeamtStG) rechtfertigen. Der Gesetzgeber hat folglich den Fall der Nichternennung aufgegeben.[603] Es können jedoch in der Praxis schwere Ernennungsfehler auftreten, die weder von der Nichtigkeit noch der Rücknahme erfasst sind. Dies hätte zur Folge, dass, sofern die Auffassung vertreten wird, dass nur die in §§ 11, 12 BeamtStG aufgeführten Gründe zur Nichtigkeit oder Rücknahme einer Ernennung führen, eine Ernennung, die an einem schweren Ernennungsfehler leidet, der nicht von den vorstehenden Vorschriften erfasst ist, wirksam ist. Da aber auch die Vorschriften aus §§ 44, 48 VwVfG nicht einschlägig sind[604], kann aus Sicht der Verfasser auf das Instrument der Nichternennung nicht gänzlich verzichtet werden.[605]
Bei der Nichternennung handelt es sich um einen Nichtverwaltungsakt.[606] Bei einem Nichtverwaltungsakt handelt es sich im Allgemeinen Verwaltungsrecht um einen scheinbaren Verwaltungsakt, dem es an der Bekanntgabe gemäß § 43 VwVfG fehlt und der deshalb nicht existent ist. Da rechtlich gar nicht existent, kann er auch nicht rechtswidrig sein und kann daher auch nicht auf dem Verwaltungsrechtsweg angegriffen werden.[607]

---

603 Zentgraf in Metzler-Müller/Rieger/Seeck/Zentgraf, § 11 BeamtStG, Anm. 1

604 Baßlsperger in Weiß/Niedermaier/Summer, Zängl, § 11 BeamtStG, Rn. 8, § 12 BeamtStG, Rn. 1 a; Battis, § 11 BeamtStG, Rn. 2; Hilg, apf 2011, S. 289, 291; BT-Drs. 16/4027, Begründung zu § 11 BeamtStG

605 Siehe abweichende Auffassung Zentgraf in Metzler-Müller/Rieger/Seeck/Zentgraf, § 11 BeamtStG, Anm. 1; Baßlsperger in Weiß/Niedermaier/Summer, Zängl, § 11 BeamtStG, Rn. 5.

606 Hilg, apf 2011, S. 289, 292

607 Kümmel, § 11 BeamtStG, Rn. 3; Hilg, apf 2011, S. 289, 290

Folgende Konstellationen für eine solche Nichternennung sind denkbar:

- Das zu verleihende Amt ist im Zeitpunkt der Aushändigung der Ernennungsurkunde rechtlich nicht mehr vorhanden.
- Die Urkundenform wird überhaupt nicht gewahrt.
- Die Urkunde wird nicht dem zu Ernennenden oder gar nicht ausgehändigt.
- Die Ernennungsurkunde ist von dem Befugten nicht eigenhändig unterschrieben.
- Nicht das Original der Urkunde wurde ausgehändigt.
- Der zu Ernennende hat der Ernennung nicht zustimmt.
- Die Ernennung wird unter Bedingungen oder Auflagen ausgesprochen oder angenommen.
- Der Ernennungsakt geht von einer Privatperson aus.
- Ernennung durch eine nicht dienstherrnfähige Institution.[608]

Alle vorgenannten Fälle haben gemeinsam, dass sie regelmäßig nur den Anschein einer Ernennung erwecken, die verwaltungsrechtlichen bzw. beamtenrechtlichen Anforderungen an eine solche jedoch schon von vornherein nicht erfüllen, sodass die „Scheinernennung" keine rechtliche Existenz erlangen kann. Für eine solche Scheinernennung besteht naturgemäß (es ist ja noch gar kein Verwaltungsakt erlassen worden) auch keine Heilungsmöglichkeit im Sinne des § 45 VwVfG, allerdings besteht für den zu Ernennenden ggf. aus der Fürsorgepflicht des Dienstherrn heraus ein Anspruch darauf, dass die Ernennung nachgeholt wird. Hierbei ist jedoch zu beachten, dass eine Ernennung auf einen zurückliegenden Zeitpunkt gemäß § 8 Abs. 4 BeamtStG unzulässig und insoweit unwirksam ist.

IV. Wirksamwerden von Ernennungen

Beim Zeitpunkt des Wirksamwerdens der Ernennung ist zwischen der **äußeren** und **inneren** 201
Wirksamkeit zu unterscheiden.
Gemäß § 43 Abs. 1 S. 1 VwVfG wird der Verwaltungsakt, hier die Ernennungsurkunde, gegenüber demjenigen, für den er bestimmt ist, im Zeitpunkt der Bekanntgabe wirksam (= **äußere Wirksamkeit**). Die Aushändigung der Ernennungsurkunde gemäß § 8 Abs. 2 S. 1 BeamtStG stellt hierbei die besondere Form der Bekanntgabe dar.
Die **innere Wirksamkeit** richtet sich nicht wie im Allgemeinen Verwaltungsrecht nach § 43 Abs. 1 S. 2 VwVfG. Der Verwaltungsakt wird nach dieser Vorschrift mit dem Inhalt wirksam, mit dem er bekannt gegeben wird. Hier greift die spezialgesetzliche Norm des § 8 Abs. 4 NBG, der das Eintreten der inneren Wirksamkeit abschließend regelt. Hiernach wird die Ernennung mit dem Tag der Aushändigung der Ernennungsurkunde wirksam, wenn nicht in der Urkunde ausdrücklich ein späterer Tag bestimmt ist.

Folgende Alternativen zur Erlangung der inneren Wirksamkeit sind in diesem Zusammenhang denkbar:

1. In der Ernennungsurkunde ist nicht ausdrücklich ein späterer Zeitpunkt als der Tag der Aushändigung bestimmt. In diesem Fall tritt gemäß § 8 Abs. 4 NBG die innere Wirksamkeit

---

608 Baßlsperger in Weiß/Niedermaier/Summer, Zängl, § 11 BeamtStG, Rn. 5; Hilg, apf 2011, S. 289, 292; Leppek, ZBR 2010, S. 397, 404

der Ernennung mit dem Tag der Aushändigung der Urkunde ein. In dieser Fallkonstellation fallen also äußere und innere Wirksamkeit auf ein und dasselbe Datum.

Beispiel:
Am 01.08.2016 wurde H. eine Ernennungsurkunde ausgehändigt, mit der sie zur Regierungsinspektor-Anwärterin ernannt wurde. In der ihr ausgehändigten Ernennungsurkunde ist kein späterer Zeitpunkt bestimmt.

Die äußere Wirksamkeit tritt gemäß § 43 Abs. 1 S. 1 VwVfG, § 8 Abs. 2 S. 1 BeamtStG am 31.07.2016 ein, die innere Wirksamkeit gemäß § 8 Abs. 4 NBG ebenso am 01.08.2016.

2. In der Ernennungsurkunde ist ausdrücklich ein späterer Zeitpunkt als der Tag der Aushändigung bestimmt. In diesem Fall tritt gemäß § 8 Abs. 4 NBG die innere Wirksamkeit der Ernennung mit dem in der Urkunde bestimmten Zeitpunkt ein. Bei dieser Konstellation fallen äußere und innere Wirksamkeit auseinander.

Beispiel:
Am 31.07.2016 wurde K. eine Ernennungsurkunde ausgehändigt, mit der er mit Wirkung vom 01.08.2016 zum Kreisinspektor-Anwärter ernannt wurde.

Die äußere Wirksamkeit tritt gemäß § 43 Abs. 1 S. 1 VwVfG, § 8 Abs. 2 S. 1 BeamtStG am 31.07.2016 ein, die innere Wirksamkeit gemäß § 8 Abs. 4 NBG am 01.08.2016.

3. In der Ernennungsurkunde ist ein früherer Zeitpunkt als der Tag der Aushändigung bestimmt. Diese Fallkonstellation schließt der Gesetzgeber allerdings von vornherein aus: die rückwirkende Ernennung. Eine Ernennung auf einen zurückliegenden Zeitpunkt ist gemäß § 8 Abs. 4 BeamtStG unzulässig und insoweit unwirksam. Der Begriff „insoweit" bezieht sich dabei auf den Zeitraum der ursprünglich beabsichtigten (unwirksamen) inneren Wirksamkeit und dem Zeitpunkt der Übergabe der Ernennungsurkunde, da ab diesem Zeitpunkt ja wieder die innere Wirksamkeit aus § 8 Abs. 4 1. Alt. NBG greifen würde. Die verspätete Aushändigung der Ernennungsurkunde führt gleichsam nicht zur Rechtswidrigkeit der Ernennung an sich, sondern eben lediglich zu einem verspäteten Wirksamwerden. Abzugrenzen hiervon ist die rechtlich mögliche rückwirkende Planstelleneinweisung gemäß § 49 Abs. 2 S. 2 LHO (siehe Rn. 134).

Beispiel:
Am 05.08.2016 wurde N. eine Ernennungsurkunde ausgehändigt, mit der er mit Wirkung vom 01.08.2016 zum Stadtoberinspektor ernannt wurde.

Die äußere Wirksamkeit tritt gemäß § 43 Abs. 1 S. 1 VwVfG, § 8 Abs. 2 S. 1 BeamtStG am 05.08.2016 ein, die innere Wirksamkeit gemäß § 8 Abs. 4 NBG ebenso am 05.08.2016.

Abbildung 15 – Übersicht Wirksamwerden von Ernennungsurkunden

In der Praxis fallen äußere und innere Wirksamkeit häufig auseinander, schon um nach Möglichkeit keinen Fall des § 8 Abs. 4 BeamtStG eintreten zu lassen, wenn der zu Ernennende nicht in der Lage sein sollte, die Ernennungsurkunde persönlich in Empfang nehmen zu können. Daher wird im Regelfall die Ernennungsurkunde vor dem Eintreten der inneren Wirksamkeit übergeben. Für den Fall der gleichzeitigen erstmaligen Berufung in ein Beamtenverhältnis (Einstellung) ist in Bezug auf die Ableistung des Diensteides (§§ 38 BeamtStG, 47 NBG) zu beachten, dass insoweit zunächst die innere Wirksamkeit der Ernennung abzuwarten bleibt.[609]

V. Sonderfall des politischen Beamten

Der **politische Beamte** ist ein besonderes Konstrukt des Beamtenrechts. In der Regel ist er ein 202
Beamter auf Lebenszeit, kann aber, wie § 30 Abs. 2 BeamtStG verdeutlicht, auch ein Beamter auf Probe sein. Nach § 30 Abs. 1 S. 1 BeamtStG bekleiden politische Beamte Ämter, zu deren Ausübung die fortdauernde Übereinstimmung mit den grundsätzlichen politischen Ansichten und Zielen der Regierung erforderlich ist. Sobald diese Übereinstimmung nicht mehr gegeben ist, sieht § 30 Abs. 1 S. 1 BeamtStG die Möglichkeit vor, den politischen Beamten **jederzeit in den einstweiligen Ruhestand** zu versetzen.

Das Beamtenstatusgesetz lässt offen, welche Ämter sich zu jenem besonderen Institut zählen dürfen. Vielmehr darf der Landesgesetzgeber gemäß § 30 Abs. 1 S. 2 BeamtStG solche Ämter im Landesrecht selbst verankern und somit konkretisieren. Bis auf Bayern haben die Landesgesetzgeber sich dieser Norm in unterschiedlicher Weise bedient.[610] Die landesgesetzliche Regelung in Niedersachsen wird in § 39 S. 1 NBG getroffen.[611]

Ämter im Sinne des § 30 Abs. 1 Satz 1 BeamtStG sind gemäß § 39 S. 1 NBG in Niedersachsen

1. die Staatssekretäre,
2. der Sprecher der Landesregierung,
3. die Präsidenten des Landespräsidiums für Polizei, Brand- und Katastrophenschutz,

609 Kümmel, § 38 BeamtStG, Rn. 4
610 Baßlsperger in Weiß/Niedermaier/Summer, Zängl, § 30 BeamtStG, Rn. 2
611 Nds. LT-Drs. 16/655, Ausführungen zu § 39 NBG, S. 116

4. der Verfassungsschutzpräsident sowie
5. der Polizeipräsident.

Auf **kommunaler Ebene** ist das Institut des politischen Beamten **nicht vorgesehen** und somit lediglich ein Konstrukt der Landes- und Bundesebene. Stattdessen besteht hier die Möglichkeit der Abwahl des Hauptverwaltungsbeamten gemäß § 82 NKomVG bzw. der Abberufung eines Beamten auf Zeit gemäß § 109 Abs. 3 NKomVG.

Beamte auf Probe können gemäß § 30 Abs. 2 BeamtStG jederzeit entlassen werden. Da diese Möglichkeit der einstweiligen bzw. endgültigen Beendigung des Beamtenverhältnisses weit über die an sich in § 21 ff. BeamtStG vorgesehenen Beendigungsmöglichkeiten hinausgehen, erscheint es von besonderer Bedeutung, den Kreis der politischen Beamten genau zu bestimmen.

Für den **einstweiligen Ruhestand** gelten dabei die Vorschriften über den Ruhestand (§ 30 Abs. 3 S. 1 BeamtStG).

Der in den einstweiligen Ruhestand versetzte Beamte kann, sobald er nicht in den endgültigen Ruhestand übergegangen ist, jederzeit erneut berufen werden. Eine solche Möglichkeit sehen § 30 Abs. 3 S. 2 in Verbindung mit § 29 Abs. 2 und 6 BeamtStG und § 30 Abs. 3 S. 3 BeamtStG ausdrücklich vor. Sobald der Beamte erneut in das Beamtenverhältnis berufen wurde, gilt nach § 29 Abs. 6 BeamtStG das frühere Beamtenverhältnis als fortgesetzt.

Zuständig für die Versetzung in den einstweiligen Ruhestand nach § 30 Abs. 1 Satz 1 BeamtStG ist gemäß § 39 S. 2 NBG die Landesregierung. Eine Anhörung vor der Versetzung in den einstweiligen Ruhestand bzw. eine Begründung dieser Maßnahme gilt als nicht notwendig.[612] Dennoch erscheint aus der Fürsorgepflicht des Dienstherrn seinem Beamten gegenüber durchaus vertretbar, eine vorherige Anhörung durchzuführen und auch die Entscheidung mit einer Begründung zu versehen.

[612] BVerfG, Beschl. v. 17.10.1957, Az. 1 BvL 1/57 (juris) = BVerfGE 7, 155, 166 f.; BVerwG, Urt. v. 29.10.1964, Az. II C 182/61 (juris) = BVerwGE 19, 332, 336 ff.

KAPITEL 3 DER BEAMTE INNERHALB DES BINNENSYSTEMS VERWALTUNG

Der Personaleinsatz ist nicht nur für den Dienstherrn, sondern auch für den Beamten von hoher Bedeutung. Es geht darum, den richtigen Mitarbeiter auf den richtigen Arbeitsplatz zu bringen. Damit der Mitarbeiter seinen bestmöglichen Einsatz bringen kann, muss er wissen, welche Verpflichtungen aus dem Beamtenverhältnis resultieren und ggf. auch, welche Rechte er von seinem Dienstherrn einfordern kann. Allerdings gibt es nicht nur den motivierten und zu Höherem berufenen Beamten, sondern auch den, der es mit seinen Rechten und Pflichten nicht so genau nimmt und der deswegen mit einem disziplinarrechtlichen Verfahren zu rechnen hat. 203

A. WECHSEL DES DIENSTHERRN BZW. WECHSEL DES DIENSTPOSTENS

Literaturhinweise zur Vertiefung: Baßlsperger, Maximilian, Länderübergreifende Versetzungen ohne des Beamten sind verfassungswidrig, PersV 8 2015, S. 289 ff.; Hebeler, Timo/Knappstein, Julia, Horizontale Personallenkungsmaßnahmen im Beamtenrecht – Grundsätzliche Überlegungen und die neue Rechtslage nach dem novellierten Bundesbeamtengesetz, ZBR 7-8/2010, S. 217 ff.; Hilg, Günter, Grundstrukturen des neuen Dienstrechts im Bund und in den Ländern, apf 2011, S. 289 ff.; Schönrock, Sabrina, Versetzung und Zuweisung nach neuem Beamtenrecht, ZBR 7-8/2010, S. 222 ff.; Wacker, Jörg, Die Zuweisung von Kommunalbeamten an kommunale Gesellschaften – Beamtenbesoldung versus arbeitsvertragliche Vergütung –, DVBl 2015, S. 1023 ff.

Es ist geradezu eine sprichwörtliche Banalität, dass auch Beamte mehr oder weniger regelmäßig ihren jeweiligen Dienstposten im Zuge ihres Berufslebens wechseln. Dies kann auf ganz unterschiedliche Weise geschehen. Die nachfolgende Tabelle soll einen Überblick über mögliche Alternativen zur Besetzung einer beamtenrechtlichen Stelle geben: 204

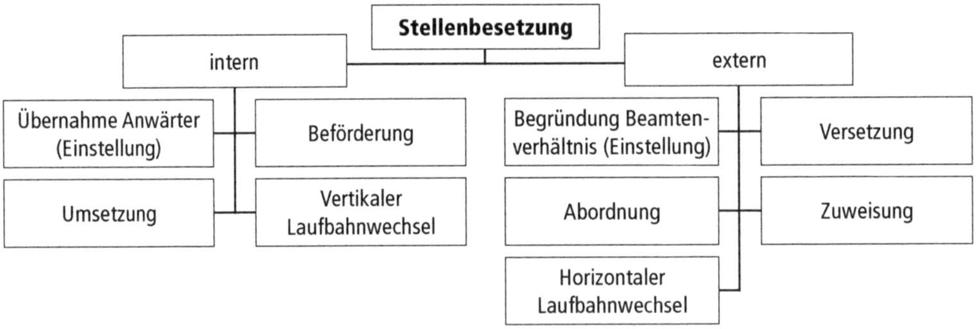

Abbildung 16 – Übersicht Alternativen der Stellenbesetzung

In den nachfolgenden Ausführungen soll explizit auf die Möglichkeiten der beamtenrechtlichen Stellenbesetzung eingegangen werden, die nicht bereits Gegenstand der Betrachtung im beamtenrechtlichen Werdegang gewesen sind. Dieses können sowohl Alternativen der internen als auch der externen Stellenbesetzung sein.
Die nachfolgende Grafik zeigt die Maßnahmen von Versetzung, Abordnung, Zuweisung und Umsetzung im Überblick:

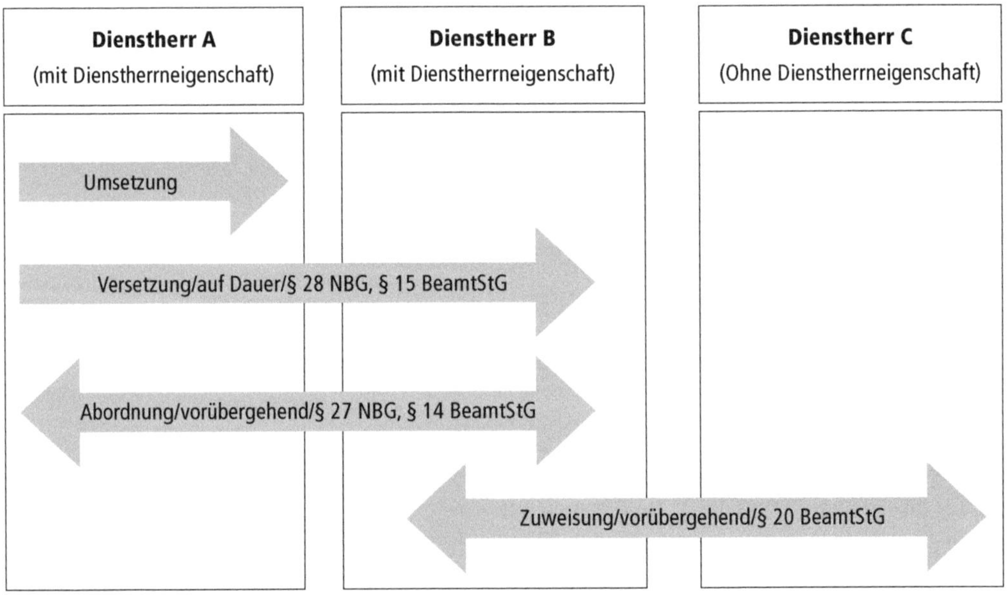

Abbildung 17 – Übersicht zu den Themen Versetzung, Abordnung, Zuweisung und Umsetzung

I. Umsetzung

205 Wie bereits unter Rn. 77 ausgeführt, richtet sich das beamtenrechtliche Stellenbesetzungsverfahren grundsätzlich nach § 9 Abs. 1 NBG. Danach sollen die Bewerber durch Stellenausschrei-

bung ermittelt werden. Einer Einstellung soll eine öffentliche Ausschreibung vorausgehen. Dennoch hat die Behörde im Rahmen des Organisationsermessens immer auch die Möglichkeit, zwischen den verschiedenen Stellenbesetzungsalternativen zu wählen, und damit letztlich auch die Option, gänzlich auf eine Stellenausschreibung zu verzichten und eine Stelle im Wege der **Umsetzung** zu besetzen.[613] Unter das Organisationsermessen fallen alle innerorganisatorischen Entscheidungen des Dienstherrn, soweit sie nur das konkret-funktionelle, nicht aber das statusrechtliche Amt betreffen (siehe hierzu Rn. 47 ff.).

Das Organisationsermessen hat der Dienstherr ermessensgerecht auszuüben.[614] Ein dienstliches Bedürfnis ist für eine Umsetzung erforderlich. Der Dienstherr kann vielmehr den Beamten statusgerecht auf allen Stellen verwenden, auf denen er gebraucht wird oder für die er geeignet ist.[615] Zur Stellenausschreibungspflicht siehe Rn. 77 ff.

Die **Umsetzung** ist die Übertragung eines anderen konkret-funktionellen Amtes (siehe Rn. 49) bei demselben Dienstherrn.[616] Es erfolgt **keine** beamtenrechtliche Ernennung. Die Umsetzung ist kein Verwaltungsakt,[617] sondern ein Instrument der horizontalen Personallenkung.[618] Zulässig ist eine Umsetzung nur auf einen Dienstposten, der über eine vergleichbare Stellenbewertung verfügt wie der bislang innegehabte Dienstposten. Würde ein unterwertiger Dienstposten übertragen werden, wäre dies ein Verstoß gegen den Grundsatz der amtsangemessenen Beschäftigung aus den hergebrachten Grundsätzen des Berufsbeamtentums. Hiergegen könnte der Beamte die Leistungsklage gegen seinen Dienstherrn anstrengen, um dies zu verhindern. Würde ein höherwertiger Dienstposten im Zuge der Umsetzung übertragen werden, bestände für jeden anderweitigen potentiellen Bewerber (auch den Versetzungsbewerber) die Möglichkeit, ein Bewerbungsverfahren durch ein „echtes“ Stellenbesetzungsverfahren (siehe Rn. 75 ff.) über den Bewerberverfahrensanspruch[619] aus Art. 33 Abs. 2 GG bzw. § 9 NBG durchzusetzen. Denn eine Beförderungsstelle darf nur nach den Kriterien der Bestenauslese gemäß § 9 BeamtStG und § 2 NLVO besetzt werden. Diese Möglichkeit bleibt dem potentiellen Mitbewerber allerdings bei einer „nur“ gleichwertigen Stelle dagegen versagt.

Zuständig für Umsetzungsmaßnahmen ist der Dienstvorgesetzte gemäß § 3 Abs. 2 NBG. Auch sind Umsetzungen dem Grunde nach gemäß § 65 Abs. 1 Nr. 12 NPersVG mitbestimmungspflichtig und bedürfen folglich grundsätzlich der Zustimmung des Personalrates (siehe § 68 Abs. 1 NPersVG). Danach sind Umsetzungen innerhalb der Dienststelle, wenn die neue Dienststätte auf einer üblicherweise befahrenen Strecke mindestens 15 Kilometer von der bisherigen Dienststätte entfernt liegt, die Umsetzung den Zeitraum von drei Monaten überschreitet und der Beamte ihr nicht zustimmt, mitbestimmungspflichtig. Aufgrund der getroffenen Einschränkungen schon hinsichtlich der genannten Mindestentfernung hat diese Vorschrift nur noch eine sehr untergeordnete Bedeutung im kommunalen Sektor, im Gegensatz zu den Landesbeamten Niedersachsens als echtem Flächenland.

---

613 Zentgraf in Metzler-Müller/Rieger/Seeck/Zentgraf, § 8 BeamtStG, Anm. 1.4
614 BVerwGE 60, 144
615 Schönrock, ZBR 2010, S. 217, 222
616 BVerwG, Urt. v. 22.05.1980, Az. 2 C 30/78 (juris)
617 BVerwG, NJW 1981, S. 67
618 Hebeler/Knappstein, ZBR 2010, S. 217, 221
619 Anspruch eines Beförderungsbewerbers auf ermessens- und beurteilungsfehlerfreie Entscheidung über seine Bewerbung.

Da es sich bei der Umsetzung nicht um einen Verwaltungsakt handelt, erscheint auch eine vorherige Anhörung gemäß § 28 VwVfG des Beamten obsolet, allerdings erscheint eine solche dennoch im Rahmen der Fürsorgepflicht in jedem Fall angezeigt. Wie bereits weiter oben ausgeführt, handelt es sich bei der Umsetzung um eine Ermessensentscheidung des Dienstherrn, d.h., es müssen **dienstliche Gründe** für eine Umsetzung gegeben sein.[620] Einer der gängigsten Gründe dürfte die Umsetzung im Nachgang zu einer gesetzlich bedingten Veränderung des Aufgabenportfolios des Dienstherrn sein. Dabei wird eine aus einer solchen Situation entstehende vorübergehende personelle Überbesetzung in einem Teilbereich der Verwaltung dadurch wieder kompensiert, dass der nächste von der Stellenbewertung vergleichbare Dienstposten im Zuge der Umsetzung besetzt wird. Daneben kommen aber auch andere dienstliche Gründe in Betracht, wie z.B. ein besonderes Fachwissen für eine bestimmte Aufgabenwahrnehmung oder aber ein auch in der beamtenrechtlichen Praxis immer relevanterer Grund, den der Wahrung des Betriebsfriedens in einer Dienststelle, oder andere in der Person des Beamten liegende Gründe. Will sich der Beamte gegen die Umsetzung zur Wehr setzen, muss er eine allgemeine Leistungsklage gemäß § 43 VwGO einreichen oder vorläufigen Rechtsschutz nach § 123 VwGO begehren.[621]

II. Versetzung

206 Die Grundlagen für eine Versetzung finden sich in den §§ 15 BeamtStG sowie 28 NBG. Welche dieser vorstehenden Regelungen Anwendung findet, ist davon abhängig, ob es sich um eine Versetzung innerhalb des Landes Niedersachsen oder um eine länderübergreifende Versetzung bzw. Versetzung aus einem Land in die Bundesverwaltung handelt.

Die Vorschrift des § 15 BeamtStG ist nach § 13 BeamtStG u.a. **nur bei einer landesübergreifenden Versetzung sowie bei einer Versetzung aus einem Land in die Bundesverwaltung** einschlägig. § 28 NBG – als Teil des 3. Kapitels des NBG (Abordnung, Versetzung und Körperschaftsumbildung innerhalb des Landes) – regelt dagegen die Fälle der Versetzung **innerhalb des Landes Niedersachsen**.

Beamte können gemäß **§ 15 Abs. 1 BeamtStG** auf Antrag oder aus dienstlichen Gründen in den Bereich eines Dienstherrn eines anderen Landes oder des Bundes in ein Amt einer Laufbahn versetzt werden, für die sie die Befähigung besitzen.

Die Versetzung ist im BeamtStG gesetzlich nicht definiert. Daher wird an dieser Stelle auf die Definition des § 28 Abs. 1 NBG zurückgegriffen. Danach ist die Versetzung die **auf Dauer** angelegte Übertragung eines anderen Amtes bei demselben oder einem anderen Dienstherrn. In dieser Definition der Versetzung sind bereits die maßgeblichen Unterschiede zur Abordnung sowie zur Zuweisung zu erkennen. Während die Versetzung auf Dauer angelegt ist, zielt die Abordnung (siehe Rn. 207) auf einen vorübergehenden Zeitraum ab (§ 27 Abs. 1 NBG). Bei der Zuweisung gemäß § 20 BeamtStG (siehe Rn. 208) fehlt es der aufnehmenden öffentlichen oder anderen Einrichtung darüber hinaus an der Dienstherrneigenschaft. Das durch § 15 Abs. 1 BeamtStG eingeräumte Ermessen wird außer durch den Grundsatz der Selbstbindung

620 Kümmel, § 28 NBG, Rn. 9
621 Baßlsperger in Weiss/Niedermaier/Summer/Zängl, § 54 BeamtStG, Rn. 106

durch die hergebrachten Grundsätze des Berufsbeamtentums aus Art. 33 Abs. 5 GG und den Verhältnismäßigkeitsgrundsatz bestimmt.[622] Hierbei hat der Dienstherr den individuellen Besonderheiten des Falles stets Rechnung zu tragen.[623]
§ 15 Abs. 1 BeamtStG sieht vor, dass eine Versetzung gegen den Willen des Beamten aus dienstlichen Gründen oder auf Antrag oder zumindest mit seiner Zustimmung durchgeführt werden kann.[624]

Der **Antrag** des Beamten auf Versetzung stellt eine Willenserklärung dar und ist unbedingte Voraussetzung für die Versetzung, soweit **keine dienstlichen Gründe** vorliegen.[625] Der Antrag kann nur gegenüber dem abgebenden Dienstherrn erklärt werden und ist bis zur Erklärung der Versetzung frei widerruflich.[626]

Dienstliche Gründe i.S.d. § 15 Abs. 1 BeamtStG sind solche, die in der jeweiligen Verwaltung vorliegen müssen, in der der Beamte tätig wird oder werden soll. Hierbei handelt es sich um einen gerichtlich überprüfbaren unbestimmten Rechtsbegriff.[627] Dienstliche Gründe sind enger zu verstehen als öffentliche Belange, da diese in der Regel arbeitsplatzbezogen sein müssen.[628]

Dienstliche Gründe stellen beispielsweise
- die mangelnde Verwendbarkeit des Beamten beim Dienstherrn
- ein dringender Personalbedarf auf Dauer beim aufnehmenden Dienstherrn
- die Beeinträchtigung des reibungslosen Ablaufs des Dienstbetriebes durch ein (außer-) dienstliches Verhalten des Beamten

dar.[629]

§ 15 Abs. 2 S. 1 BeamtStG setzt in diesem Falle **grundsätzlich** die Zustimmung des Beamten voraus. Abweichend von Satz 1 ist die Versetzung auch ohne Zustimmung zulässig, wenn das neue Amt mit mindestens demselben Grundgehalt verbunden ist wie das bisherige Amt. Stellenzulagen gelten hierbei nach § 15 Abs. 2 S. 3 BeamtStG nicht als Bestandteile des Grundgehalts. Somit ist auch eine Versetzung möglich, wenn sich durch diese das Grundgehalt nicht ändert, jedoch eine bislang gewährte Stellenzulage entfällt. Hierzu wird die Rechtsauffassung vertreten, dass eine **länderübergreifende Versetzung nach § 15 BeamtStG ohne Zustimmung des Beamten** rechtswidrig ist und § 15 BeamtStG in dieser Hinsicht sogar verfassungswidrig ist.[630]

Die Versetzung nach § 15 Abs. 1 BeamtStG setzt stets voraus, dass der Beamte nur in ein Amt einer Laufbahn versetzt werden kann, wenn er für diese die Befähigung hat. Der Gesetzgeber verlangt zwar ausdrücklich die Befähigung, meint hier jedoch die **Laufbahn**befähigung i.S.d. § 7 Abs. 1 Nr. 3 BeamtStG.[631]

---

622 Rieger in Metzler-Müller/Rieger/Seeck/Zentgraf, § 15 BeamtStG, Anm. 2.3
623 VG Frankfurt, Urt. v. 08.02.2007, Az. 9 E 3882/06 (juris)
624 Baßlsperger in Weiss/Niedermaier/Summer/Zängl, § 15 BeamtStG, Rn. 5
625 Rieger in Metzler-Müller/Rieger/Seeck/Zentgraf, § 15 BeamtStG, Anm. 2.1.2
626 Reich, § 15 BeamtStG, Rn. 3
627 Siehe hierzu BVerwG, Urt. v. 30.10.2008, Az. 2 C 48/07 (juris)
628 BT-Drs. 16/4027, Ausführungen zu § 15 BeamtStG, S. 25; Reich, § 15 BeamtStG, Rn. 4
629 Rieger in Metzler-Müller/Rieger/Seeck/Zentgraf, § 15 BeamtStG, Anm. 2.1.1
630 Baßlsperger, PersV 2015, S. 289, 289 ff.
631 Baßlsperger in Weiss/Niedermaier/Summer/Zängl, § 15 BeamtStG, Rn. 4; Schönrock, ZBR 2010, S. 217, 226; Reich vertritt die Auffassung, dass unter dem Begriff der Befähigung auch die Befähigung i.S.d. § 9 BeamtStG zu verstehen ist, siehe Reich, § 15 BeamtStG, Rn. 6

Die Versetzung wird gemäß § 15 Abs. 3 BeamtStG von dem abgebenden im Einverständnis mit dem aufnehmenden Dienstherrn verfügt. Das Beamtenverhältnis wird mit dem neuen Dienstherrn fortgesetzt. Einer Ernennung bedarf es im Fall einer Versetzung grundsätzlich nicht.[632] Auch ist das Ableisten eines Diensteides bei einer länderübergreifenden Versetzung nicht erforderlich, da dieser keinen Bezug zum jeweiligen Dienstherrn hat.[633] Für eine Versetzung vom Bund zum Land gelten die Vorschriften des BBG.
Nach § 28 Abs. 2 S. 1 NBG kann – wie bei § 15 Abs. 1 BeamtStG – der Beamte innerhalb des Landes Niedersachsen **auf Antrag** oder **aus dienstlichen Gründen** (siehe hierzu obige Ausführungen) versetzt werden.

Die Versetzung auf Antrag ist gemäß § 28 Abs. 2 S. 2 NBG nur zulässig, wenn der Beamte die für das neue Amt erforderliche Laufbahnbefähigung (siehe Rn. 55) besitzt. Wird der Beamte dagegen aus dienstlichen Gründen versetzt, ohne dass er die für das neue Amt erforderliche Laufbahnbefähigung besitzt, so ist er gemäß § 28 Abs. 2 S. 3 NBG verpflichtet, an Maßnahmen zu deren Erwerb teilzunehmen (siehe hierzu §§ 15 NBG, 43 NLVO).

Die Versetzung bedarf gemäß § 28 Abs. 3 S. 1 NBG der **Zustimmung des Beamten**, wenn er nicht in ein Amt mit mindestens demselben Endgrundgehalt versetzt wird. Im Umkehrschluss bedeutet dies, dass der Beamte nicht zustimmen muss, wenn er in ein Amt mit mindestens demselben Endgrundgehalt versetzt wird; gleichwohl wäre er in diesem Fall immer noch gemäß § 28 VwVfG vorher anzuhören.

Bei der Auflösung[634] oder einer wesentlichen Änderung des Aufbaus oder der Aufgaben einer Behörde[635] oder der Verschmelzung von Behörden kann ein Beamter, dessen Aufgabengebiet davon berührt ist, gemäß § 28 Abs. 4 S. 1 NBG auch ohne seine Zustimmung in ein anderes Amt mit geringerem Endgrundgehalt derselben oder einer anderen Laufbahn im Bereich desselben Dienstherrn versetzt werden, wenn eine dem bisherigen Amt entsprechende Verwendung nicht möglich ist. Das Endgrundgehalt muss gemäß Satz 2 dieser Vorschrift mindestens dem des Amtes entsprechen, das der Beamte vor dem bisherigen Amt innehatte. D. h., der Beamte hat keinesfalls einen Anspruch auf eine entsprechende Verwendung in Bezug auf sein funktionelles Amt (sowohl konkret als auch abstrakt), sehr wohl aber einen Anspruch auf sein statusrechtliches Amt. Erfolgt dementsprechend eine Verwendung des Beamten in einem Amt mit geringerem Endgrundgehalt, so hat der Dienstherr alles daranzusetzen, dem Beamten alsbald erneut eine amtsangemessene Beschäftigung zu bieten. Die Versetzung muss gemäß § 28 Abs. 4 S. 3 NBG innerhalb eines Jahres nach der Auflösung oder Umbildung ausgesprochen werden. Auch hier ist ggf. an Maßnahmen teilzunehmen, die den Erwerb der Laufbahnbefähigung ermöglichen, falls das neue Amt dies erfordert.

Wird der Beamte in ein Amt bei einem anderen Dienstherrn versetzt, so bedarf die Versetzung gemäß § 28 Abs. 5 NBG dessen schriftlichen Einverständnisses; das Beamtenverhältnis wird mit dem neuen Dienstherrn fortgesetzt. Insoweit tritt der neue Dienstherr nur in die Rechte und Pflichten des bisherigen Dienstherrn ein, ohne dass es einer erneuten Ernennungsurkunde

---

632 Im Ganzen Reich, § 15 BeamtStG, Rn. 10 ff.; Schönrock vertritt dagegen die Auffassung, dass eine Versetzung in den Bereich eines anderen Landes oder des Bundes mit abweichendem Besoldungsrecht stets einer Ernennung bedarf, siehe Schönrock, ZBR 2010, S. 217, S. 227
633 Reich, § 38 BeamtStG, Rn. 3
634 Nds. LT-Drs. 16/655, S. 110
635 Nds. LT-Drs. 16/655, S. 111

bedarf.[636] Nur für den Fall einer gleichzeitigen Beförderung durch den neuen Dienstherrn wird vom Fall der **qualifizierten Versetzung** gesprochen, für diesen Fall ist dann entsprechend der ernennungsrechtlichen Vorschriften eine Beförderungsurkunde zu erstellen.

Beispiel für eine qualifizierte Versetzung:
Der Stadtinspektor K. wird mit Wirkung vom 01.11.2016 auf eigenen Antrag hin innerhalb Niedersachsens von der Stadt A. zum Landkreis B. versetzt. K. erhält vom Landkreis B. eine Ernennungsurkunde, mit der er mit Wirkung vom 01.11.2016 zum Kreisoberinspektor ernannt wird.

Versagt der bisherige Dienstherr sein schriftliches Einverständnis zur Versetzung, ist diese nicht möglich.[637] In der beamtenrechtlichen Praxis würde diese Regelung indes durch die Anwendung des § 22 Abs. 2 S. 1 BeamtStG ins Leere laufen. Der Beamte ist nämlich entlassen, wenn ein öffentlich-rechtliches Dienst- oder Amtsverhältnis zu einem anderen Dienstherrn oder zu einer Einrichtung ohne Dienstherrneigenschaft begründet wird, sofern nicht im Einvernehmen mit dem neuen Dienstherrn oder der Einrichtung die Fortdauer des Beamtenverhältnisses neben dem neuen Dienst- oder Amtsverhältnis angeordnet oder durch Landesrecht etwas anderes bestimmt wird. D.h., der Beamte könnte sich alternativ auch durch den neuen Dienstherrn einstellen lassen.

Zuständig für Versetzungen als aufnehmender Dienstherr ist der Dienstvorgesetzte (für Kommunalbeamte, mit Ausnahme des Hauptverwaltungsbeamten, siehe § 107 Abs. 5 S. 3 NKomVG) gemäß § 3 Abs. 5 NBG. Hinsichtlich der Zuständigkeit als abgebender Dienstherr für Kommunalbeamte ergibt sich diese explizit aus § 107 Abs. 4 S. 1 NKomVG. D. h., zuständig ist die Vertretung im Einvernehmen mit dem Hauptverwaltungsbeamten.

Die Versetzung ist ein Verwaltungsakt.[638] Damit steht dem Beamten gegen eine solche Maßnahme gemäß § 54 Abs. 1 BeamtStG mit der Anfechtungsklage der **Verwaltungsrechtsweg offen**. Nach § 105 Abs. 1 NBG bedarf es vor Erhebung einer Klage keiner Nachprüfung in einem Vorverfahren. Wendet sich der Beamte gegen seine Versetzung, so kommt die Anfechtungsklage in Betracht – falls sein Antrag auf Versetzung abgelehnt wird, die Verpflichtungsklage. Die Anfechtungsklage hat allerdings gemäß § 54 Abs. 4 BeamtStG, § 105 Abs. 2 NBG keine aufschiebende Wirkung, sodass zur Erlangung der aufschiebenden Wirkung ein Antrag gemäß § 80 Abs. 5 VwGO erforderlich wäre.

Die Versetzung zu einer anderen Dienststelle (zum Begriff der Dienststelle siehe § 6 NPersVG) unterliegt der personalvertretungsrechtlichen Mitbestimmung (Zustimmung nach § 68 Abs. 1 NPersVG) gemäß § 65 Abs. 1 Nr. 9 NPersVG.

In der Praxis empfiehlt es sich, vor der Zustimmung zu einer Versetzung, die zur Folge hat, dass mit einem Beamten ein Beamtenverhältnis fortgesetzt wird, die gesundheitliche Eignung des zu Ernennenden amtsärztlich überprüfen zu lassen, um mögliche Hemmnisse bei der Aufnahme in die jeweilige Versorgungskasse zu vermeiden.

---

636 Sehr streitig für den Fall der länderübergreifenden Versetzung.

637 Hinsichtlich der Ermessensentscheidung und der diesbezüglichen Interessen des Beamten siehe OVG Münster, Beschl. v. 28.07.1993, Az. 1 B 1582/93 (juris).

638 Rieger in Metzler-Müller/Rieger/Seeck/Zentgraf, § 15 BeamtStG, Anm. 4.2

III. Abordnung

207 Zur Definition des Begriffs der Abordnung wird hier § 27 Abs. 1 BBG herangezogen. Danach ist eine Abordnung die vorübergehende Übertragung einer dem Amt des Beamten entsprechenden Tätigkeit bei einer anderen Dienststelle desselben oder eines anderen Dienstherrn unter Beibehaltung der Zugehörigkeit zur bisherigen Dienststelle. Die Abordnung kann ganz oder teilweise erfolgen.

Die Rechtsgrundlagen für die Abordnung eines Beamten finden sich in den §§ 14 BeamtStG und 27 NBG. Die Regelung des **§ 14 BeamtStG** findet nach § 13 BeamtStG u.a. **nur bei landesübergreifender Abordnung sowie bei einer Abordnung aus einem Land in die Bundesverwaltung** Anwendung. § 27 NBG dagegen regelt die Abordnung **innerhalb des Landes Niedersachsen** (siehe Kapitel 3 des NBG).

Nach **§ 14 Abs. 1 BeamtStG** können Beamte aus **dienstlichen Gründen** vorübergehend ganz oder teilweise zu einer dem übertragenen Amt entsprechenden Tätigkeit in den Bereich eines Dienstherrn eines anderen Landes oder des Bundes abgeordnet werden. Entgegen der Definition des § 27 Abs. 1 BBG sieht die Regelung des § 14 Abs. 1 BeamtStG lediglich die dienstherrnübergreifende Abordnung vor.

Das im Zuge der Abordnung neue übertragene (funktionale) Amt muss dem statusrechtlichen Amt, das der Beamte innehat, entsprechen. Der zeitliche Umfang der Abordnung kann bezogen auf die Vollzeitbeschäftigung beschränkt werden, was den Worten „ganz oder teilweise" in § 14 Abs. 1 BeamtStG zu entnehmen ist.

Dienstliche Gründe i.S.d. § 14 Abs.1 BeamtStG sind u.a.

- die Vorbereitung einer Versetzung,
- der Abbau eines bei der abgebenden Behörde bestehenden Personalüberhangs,
- die allgemeine Wissenserweiterung bei einem anderen Dienstherrn (anderes Bundesland oder Bund).[639]

Aus dienstlichen Gründen ist eine Abordnung gemäß § 14 Abs. 2 S. 1 BeamtStG vorübergehend ganz oder teilweise auch zu einer nicht dem Amt entsprechenden Tätigkeit zulässig, wenn dem Beamten die Wahrnehmung der neuen Tätigkeit aufgrund der Vorbildung oder Berufsausbildung zuzumuten ist. Der Gesetzgeber normiert hiernach eine statusgerechte Abordnung, jedoch darf die in diesem Zuge übertragene Tätigkeit einer anderen Fachrichtung (siehe Rn. 52) der Laufbahn entsprechen.

Nach § 14 Abs. 2 S. 2 BeamtStG ist auch die Abordnung zu einer Tätigkeit, die nicht einem Amt mit demselben Grundgehalt entspricht, zulässig. Hier wird dem Dienstherrn die Möglichkeit eingeräumt, dem Beamten eine nicht amtsangemessene Beschäftigung und folglich unterwertige Tätigkeit zuzuweisen.

Die Abordnung bedarf gemäß § 14 Abs. 3 S. 1 BeamtStG grundsätzlich der Zustimmung des Beamten. Abweichend von Satz 1 ist die Abordnung auch ohne Zustimmung zulässig, wenn

---

[639] Rieger in Metzler-Müller/Rieger/Seeck/Zentgraf, § 14 BeamtStG, Anm. 3.1

die neue Tätigkeit zuzumuten ist und einem Amt mit demselben Grundgehalt entspricht und die Abordnung die Dauer von fünf Jahren nicht übersteigt.[640]

Die Abordnung wird gemäß § 14 Abs. 4 S. 1 BeamtStG von dem abgebenden im Einverständnis mit dem aufnehmenden Dienstherrn verfügt. Soweit zwischen den Dienstherren nichts anderes vereinbart ist, sind die für den Bereich des aufnehmenden Dienstherrn geltenden Vorschriften über die Pflichten und Rechte der Beamten mit Ausnahme der Regelungen über Diensteid, Amtsbezeichnung, Zahlung von Bezügen, Krankenfürsorgeleistungen und Versorgung entsprechend anzuwenden, § 14 Abs. 4 S. 2 BeamtStG. Nach § 14 Abs. 4 S. 3 BeamtStG hat auch der Dienstherr, zu dem die Abordnung erfolgt ist, die Verpflichtung zur Bezahlung.

Für eine Abordnung vom Bund in das Land Niedersachsen gelten wiederum die Vorschriften des BBG.

Eine **Abordnung** gemäß § 27 Abs. 1 NBG ist die **vorübergehende Übertragung einer Tätigkeit** bei einer anderen Dienststelle desselben oder eines anderen in § 1 NBG genannten Dienstherrn unter Beibehaltung der Zugehörigkeit zur bisherigen Dienststelle.[641] Damit kommt ihre Wirkung der einer Versetzung nur in einem sehr begrenzten Maß gleich, verbleibt der Beamte doch bei seiner bisherigen Dienststelle, und die Tätigkeit bei einer anderen Dienststelle ist nur von vorübergehender Dauer.

Der Beamte kann gemäß § 27 Abs. 2 NBG aus dienstlichen Gründen **ganz** oder **teilweise** zu einer seinem Amt entsprechenden Tätigkeit abgeordnet werden. Zu den **dienstlichen Gründen** wird auf die vorstehenden Ausführungen verwiesen. Im Rahmen der Abordnung erfolgt diese neben den dort genannten Gründen auch vielfach aus Fortbildungsgründen, zur Erprobung im Hinblick auf beabsichtigte personalwirtschaftliche Maßnahmen, zur Vorbereitung einer Versetzung sowie aus organisatorischen Gründen der Personalentwicklung.[642] Die **entsprechende Tätigkeit** bezieht sich dabei auf das Amt im funktionellen Sinn, d.h., es ist auf den übertragenen Aufgabenbereich abzustellen.

Zuständig für Abordnungsmaßnahmen ist der Dienstvorgesetzte (für Kommunalbeamte, mit Ausnahme des Hauptverwaltungsbeamten, siehe § 107 Abs. 5 S. 3 NKomVG) gemäß § 3 Abs. 5 NBG.

> **Beispiel für die Zuständigkeit einer Abordnung im Kommunalbereich:**
> Die Samtgemeindeoberinspektorin L. soll mit Wirkung vom 15.11.2016 zur Stadt B. – mit dem Ziel der Versetzung – für drei Monate abgeordnet werden.
> Nach § 3 Abs. 5 NBG ist für die Entscheidung über die Abordnung der Dienstvorgesetzte zuständig, da (gesetzlich) nichts anderes bestimmt ist. Gemäß § 107 Abs. 5 S. 3 NKomVG ist der Dienstvorgesetzte der L. der Hauptverwaltungsbeamte. Dieser trägt gemäß § 7 Abs. 1, 2 Nr. 3 NKomVG die Bezeichnung Samtgemeindebürgermeister.

640 Siehe auch Kümmel, § 14 BeamtStG, Rn. 13 ff.
641 Nds. LT-Drs. 16/655, S. 109
642 Kümmel, § 27 NBG, Rn. 6

Neben dem Grundsatz aus § 27 Abs. 2 NBG, dass es sich bei der Abordnung um ein Amt mit entsprechenden Tätigkeiten handeln muss, ist eine Abordnung auch zu einer nicht dem Amt entsprechenden Tätigkeit zulässig, wenn dem Beamten die Wahrnehmung der neuen Tätigkeit aufgrund der Vorbildung oder Berufsausbildung zuzumuten ist (§ 27 Abs. 3 NBG). Dies gilt auch, wenn die neue Tätigkeit nicht einem Amt mit demselben Endgrundgehalt entspricht. Eine solche **Zumutbarkeit** sollte immer dann gegeben sein, wenn in der Abwägung der dienstlichen Interessen des Dienstherrn und den Individualinteressen des Beamten die dienstlichen Interessen überwiegen. Die Abordnung bedarf in den Fällen der Sätze 1 und 2 der **Zustimmung** des Beamten, wenn sie die Dauer von zwei Jahren übersteigt.

Die Abordnung zu einem anderen Dienstherrn bedarf gemäß § 27 Abs. 4 S. 1 NBG dessen schriftlichen Einverständnisses und der Zustimmung des Beamten. Abweichend von Satz 1 ist die Abordnung auch ohne die Zustimmung des Beamten zulässig, wenn die neue Tätigkeit einem Amt mit demselben Endgrundgehalt entspricht und die Abordnung die Dauer von fünf Jahren nicht übersteigt.

Wird ein Beamter zu einem anderen Dienstherrn abgeordnet, so finden auf ihn, soweit zwischen den Dienstherren nichts anderes vereinbart ist, gemäß § 27 Abs. 5 NBG die für den Bereich des aufnehmenden Dienstherrn geltenden Vorschriften über die Pflichten und Rechte der Beamten mit Ausnahme der Regelungen über Amtsbezeichnung, Besoldung, Krankenfürsorge, Versorgung und Altersgeld entsprechende Anwendung. Zur Zahlung der ihm zustehenden Leistungen ist auch der Dienstherr verpflichtet, zu dem er abgeordnet ist.

Auch bei der Abordnung handelt es sich um einen **Verwaltungsakt**,[643] sodass für diese – ebenso wie bei der Versetzung – der Verwaltungsrechtsweg eröffnet ist, falls sich der Beamte hiergegen zur Wehr setzen möchte.

Auch die Abordnung unterliegt der Mitbestimmung des Personalrates gemäß § 65 Abs. 1 Nr. 10 NPersVG, § 68 Abs. 1 NPersVG, sofern sie den Zeitraum von drei Monaten überschreitet.

IV. Zuweisung

208 Einem Beamten kann gemäß § 20 Abs. 1 BeamtStG mit seiner Zustimmung vorübergehend ganz oder teilweise eine seinem Amt entsprechende Tätigkeit bei

1. einer öffentlichen Einrichtung ohne Dienstherrneigenschaft oder bei einer öffentlich-rechtlichen Religionsgemeinschaft **im dienstlichen oder öffentlichen Interesse** oder
2. bei einer anderen Einrichtung, wenn **öffentliche Interessen** es erfordern,

zugewiesen werden.

Grundsätzlich liegt mit der Zuweisung ein vergleichbarer Fall zur Abordnung vor, da es sich auch hier um eine **vorübergehende Tätigkeit** handelt. Allerdings mangelt es hier der auf-

[643] Belastender Verwaltungsakt bei Entscheidung gegen den Willen des Beamten. BVerwG, Urt. v. 22.05.1980, Az. 2 C 30/78 (juris); Kümmel, § 14 BeamtStG, Rn. 3

nehmenden Einrichtung an der Dienstherrneigenschaft (siehe hierzu Rn. 132). Die Regelung des § 20 BeamtStG findet sowohl für die Landes- als auch die Kommunalbeamten Anwendung.

Zu 1: Der Begriff der „öffentlichen Einrichtung" ist im BeamtStG nicht definiert. Unter einer öffentlichen Einrichtung ist jede staatliche oder zwischenstaatliche Institution zu verstehen, die keine Dienstherrnfähigkeit hat. Dazu gehören insbesondere internationale, supranationale und zwischenstaatliche Einrichtungen. Die Zuweisung setzt „dienstliche Interessen" oder „öffentliche Interessen" voraus. Darunter sind entweder das Interesse der jeweiligen Dienststelle an der Zuweisung oder darüber hinausgehende allgemeine öffentliche Interessen, z. B. die Stärkung der deutschen Präsenz in internationalen Einrichtungen, zu verstehen.

Zu 2.: Der Begriff der „anderen Einrichtung" ist weit zu verstehen. Hierunter fallen sowohl private Einrichtungen im Inland als auch im Ausland. Für eine solche Zuweisung müssen jedoch „öffentliche Interessen" vorliegen. Der Begriff der „öffentlichen Interessen" ist eng auszulegen. Die Voraussetzungen liegen vor, wenn durch den Austausch z. B. Methoden aus Bereichen außerhalb des öffentlichen Dienstes erlernt und Erfahrungen gesammelt werden können. Durch Regelung des § 20 Abs. 1 Nr. 2 BeamtStG soll der Personalaustausch zwischen öffentlichem Dienst und Privatwirtschaft gefördert werden.[644]

Im Fall der Zuweisung ist in jedem Fall eine dem Beamten seinem Amt (im statusrechtlichen Sinn) entsprechende Tätigkeit erforderlich und **grundsätzlich auch die Zustimmung des Beamten.**[645] Einem Beamten einer Dienststelle, die ganz oder teilweise in eine öffentlich-rechtlich organisierte Einrichtung ohne Dienstherrneigenschaft oder eine privatrechtlich organisierte Einrichtung der öffentlichen Hand umgewandelt wird, kann gemäß § 20 Abs. 2 BeamtStG auch **ohne seine Zustimmung** ganz oder teilweise eine seinem Amt entsprechende Tätigkeit bei dieser Einrichtung zugewiesen werden, wenn öffentliche Interessen es erfordern. Eine solche Fallkonstellation sollte immer dann gegeben sein, wenn in der Abwägung der dienstlichen Interessen des Dienstherrn und der Individualinteressen des Beamten die dienstlichen Interessen überwiegen.

Die Rechtsstellung des Beamten in Bezug auf sein statusrechtliches Amt bleibt gemäß § 20 Abs. 3 BeamtStG unberührt. D. h., dass sich lediglich die Tätigkeit des Beamten, aber nicht sein Status, ändert.[646]

Auch bei der Zuweisung handelt es sich um einen belastenden Verwaltungsakt, sodass auch hier der Verwaltungsrechtsweg eröffnet ist. Allerdings haben Rechtsbehelfe aufschiebende Wirkung, da § 54 Abs. 4 BeamtStG nicht für Zuweisungen gilt.[647] Der Beamte müsste gegen die Zuweisung Anfechtungsklage erheben, die aufschiebende Wirkung hat.

Die Zuweisung unterliegt der Mitbestimmung des Personalrates gemäß § 65 Abs. 1 Nr. 11 NPersVG, wenn sie für eine Dauer von mehr als drei Monaten verfügt wird.

Zuständig für Zuweisungen ist der Dienstvorgesetzte (für Kommunalbeamte, mit Ausnahme des Hauptverwaltungsbeamten, siehe § 107 Abs. 5 S. 3 NKomVG) gemäß § 3 Abs. 5 NBG.

644 Im Ganzen BT-Drs. 16/4027, Ausführungen zu § 21 BeamtStG, S. 26 f.
645 Kümmel, § 20 BeamtStG, Rn. 6
646 Reich, § 20 BeamtStG, Rn. 15
647 Kümmel, § 20 BeamtStG, Rn. 1

B. RECHTE

Literaturhinweise zur Vertiefung: Gas, Tonio, Rädchen im Uhrwerk des Staates – Tauschen Beamte ihre Grundrechte gegen die Ernennungsurkunde?, DVP 2011, S. 241 ff.; Günther, Jörg-Michael, Sichtbare großflächige Tätowierungen kein Einstellungshindernis für Polizeivollzugsbeamte?, ZBR 2013, S. 116 ff.; Hebeler, Timo, Die beamtenrechtliche Versorgungsauskunft, DÖD 2015, S. 301 ff.; Kahl, Wolfgang, Art. 2 Abs. 1 GG – Eine grundrechtsdogmatische Untersuchung unter besonderer Berücksichtigung des Nebentätigkeitsrechts, ZBR 2001, S. 225 ff.; Kathke, Leonard, Die Gesundheit des Beamten – mehr Risiken und mehr Verantwortung beim Dienstherrn!, DÖD 2016, S. 173 ff.; Lindner, Franz, Grundrechtssicherung durch das Berufsbeamtentum, ZBR 2006, S. 1 ff.; Rogosch, Josef Konrad, Der Beamte im Amtsbereich, im Dienstverhältnis und im Privatbereich, DÖD 1996, S. 81 ff.; Summer, Rudolf, Neue Aspekte der Fürsorgepflicht – Einerseits Entzauberung, andererseits weitere Anwendungen, ZBR 1998, S. 151 ff.; Werres, Stefan, Der Beamte als Grundrechtsträger – unter besonderer Berücksichtigung der Religionsausübungsfreiheit, ZBR 2006, S. 288 ff.

209 Der Beamte befindet sich in einem öffentlichen Dienst- und Treueverhältnis zu seinem Dienstherrn und ist daher Träger von besonderen **Rechten** und **Pflichten**. Die rechtliche Einbindung eines Beamten in ein öffentlich-rechtliches Dienst- und Treueverhältnis schreiben die Verfassungen, Art. 33 Abs. 4 GG sowie Art. 60 S. 1 Niedersächsische Verfassung (NV), vor, was den besonderen Stellenwert des Beamtenverhältnisses ausmacht. § 3 BeamtStG greift diese Regelungen inhaltlich auf. Dieses öffentlich-rechtliche Rechtsverhältnis zeichnet sich durch eine besonders enge Bindung zwischen dem Beamten und seinem Dienstherrn aus und nimmt die Beteiligten dabei in umfassender Weise rechtlich in Anspruch. Dies führt dazu, dass sowohl Dienstherr als auch Beamter zahlreiche Pflichten, aber auch Rechte haben. Dieses enge Verhältnis wird maßgeblich von den sog. hergebrachten Grundsätzen des Berufsbeamtentums, Art. 33 Abs. 5 GG, geprägt, welche dem „einfachen“ Gesetzgeber verfassungsrechtliche Grenzen bei der Ausgestaltung dieses öffentlich-rechtlichen Dienst- und Treueverhältnisses setzen.[648] Hinsichtlich der **Rechte** kommen mehrere Arten in Betracht, nämlich **Grundrechte** sowie einfachgesetzliche Rechte des Beamten, die sich in **nichtvermögenswerte** und **vermögenswerte Rechte** aufteilen.

I. Geltung der Grundrechte im Beamtenverhältnis

Literaturhinweise zur Vertiefung: Günther, Hellmuth, Leistungssport und Beamtenpflicht, DöD 1989, 7 ff.; Hilg, Günter, Grundstrukturen des neuen Dienstrechts im Bund und in den Ländern, Teil 13, apf 2012, S. 225 ff.; Graf von Kielmannsegg, Sebastian, Das Sonderstatusverhältnis, JA 2012, S. 881 ff.; Wahlers, Wilhelm, Das äußere Erscheinungsbild uniformierter Beamter, ZBR 2009, S. 161 ff.

210 Nach heutiger Ansicht ist der Beamte wie jedermann zunächst einmal **Träger von Grundrechten**.[649] Noch bei In-Kraft-Treten des Grundgesetzes herrschte die Auffassung vor, der Beamte könne sich gegenüber seinem Dienstherrn nicht auf die Grundrechte berufen, da er sich in einem **besonderen Gewaltverhältnis** befände.[650] Diese Auffassung ist jedoch seit der Strafvollzugsentscheidung des Bundesverfassungsgerichts überholt.[651] Überhaupt ist jegli-

---

648 BVerfGE 8, 16 f.; 9, 286; 11, 215

649 Leppek, Rn. 201; Schnellenbach, § 6, Rn. 2

650 Mayer, Otto, S. 101 ff.

651 BVerfGE 33, 1

che Konstruktion, die einen gänzlichen Verzicht der Grundrechte vorsieht, nicht vertretbar, da die Grundrechte nicht zur Disposition eines Einzelnen stehen.[652] Andererseits steht fest, dass wegen der besonderen Stellung der Beamten in einem Dienst- und Treueverhältnis die Grundrechte begrenzt werden können. Daher wird das Verhältnis der Beamten auch als **sog. Sonderstatusverhältnis** bezeichnet.[653]

Unproblematisch ist eine Begrenzung immer dann, wenn das Grundgesetz einen Gesetzesvorbehalt enthält, wie z.B. bei Art. 2 GG (verfassungsmäßige Ordnung) und Art. 5 GG (allgemeine Gesetze). Diese Schrankenvorbehalte sind die Einfallstore für die beamtenrechtlichen Regelungen. Diese allgemein und nicht nur für den Einzelfall geltenden einschränkenden Regelungen sind dann die einfachgesetzlich geregelten Beamtengesetze und ggf. die hergebrachten Grundsätze des Berufsbeamtentums.[654] 211

Beispiele:
- Das Recht auf informationelle Selbstbestimmung aus Art. 2 Abs. 1 GG kann hinsichtlich solcher Informationen eingeschränkt werden, die der Dienstherr benötigt, um die Sicherheit im öffentlichen Dienst zu gewährleisten (BVerfGE 115, 320, 341).
- Das Recht auf freie Entfaltung der Persönlichkeit verbietet u.a. die Ausübung bestimmter Sportarten bzw. kann ein Alkoholverbot rechtfertigen (BVerwG, NVwZ 2000, 574).
- Ein Beamter im Feuerwehrdienst oder der Polizei muss zur effektiven Wahrnehmung seiner Aufgaben auch Eingriffe in Gesundheit und Leben hinnehmen [RP OVG, Urt. v. 10.05.1999, Az. 3 A 12725/98, Rn. 29 f. [juris]).
- Private Meinungsäußerungen bei Gelegenheit der Dienstausübung können untersagt werden, wenn sie den Betriebsfrieden stören (Schnellenbach, § 6, Rn. 24).

Problematisch ist die Grundrechtsbeschränkung bei den **schrankenlos gewährten Grundrechten** (z.B. Art. 4, 5 Abs. 3 und 6 GG) oder solchen Grundrechten, die eine Einschränkung aus beamtenrechtlichen Gründen nicht vorsehen (Art. 11 GG). Es ist aber gemeinhin unstreitig, dass auch schrankenlos gewährte Grundrechte im Wege der **sog. praktischen Konkordanz** einschränkbar sind, und zwar durch die entgegenstehenden Grundrechte anderer.[655] Danach müssen die widerstreitenden verfassungsrechtlichen Belange in einen angemessenen Ausgleich gebracht werden. Im Beamtenverhältnis ist die kollidierende Verfassungsnorm stets Art. 33 Abs. 5 GG bzw. die daraus abgeleiteten hergebrachten Grundsätze des Berufsbeamtentums.[656] Steht ein Grundrecht also mit einem hergebrachten Grundsatz des Berufsbeamtentums im Widerstreit, so muss für den Einzelfall geprüft werden, welchem Belang das höhere Interesse zukommt.[657] Das Ergebnis kann u.a. von der Funktion oder Stellung des Beamten abhängig sein,[658] aber auch davon, ob der Beamte in seiner persönlichen Rechtsstellung im außerdienstlichen oder innerdienstlichen Bereich betroffen ist.[659]

652 Schnellenbach, § 6, Rn. 2, Battis, § 4 BBG, Rn. 29
653 Werres, Rn. 205
654 Schnellenbach, § 6, Rn. 2
655 BVerfGE 39, 344; 44, 197
656 BVerfGE 19, 322; 39, 334; Schnellenbach, § 6, Rn. 2, Battis, § 4 BBG, Rn. 12
657 Schnellenbach, § 6, Rn. 2
658 Leppek, Rn. 201, Battis, § 4 BBG, Rn. 29
659 Battis, § 4 BBG, Rn. 29

Auf die Darstellung, ob und in welchem Maße welches Grundrecht eingeschränkt werden kann, soll an dieser Stelle verzichtet werden, da viele der im nächsten Gliederungspunkt aufzuzeigenden Pflichten diese Problematik noch einmal aufgreifen, und zum anderen, weil eine abschließende Bearbeitung im Rahmen eines Grundrisses zu weit gehen würde.[660]

II. Nichtvermögenswerte Rechte

212 Nach § 45 BeamtStG hat der Dienstherr im Rahmen des Dienst- und Treueverhältnisses für das Wohl der Beamten und ihrer Familien, auch für die Zeit nach Beendigung des Beamtenverhältnisses, zu sorgen. Er schützt die Beamten bei ihrer amtlichen Tätigkeit und in ihrer Stellung. Diese weitreichende **Fürsorge- und Schutzpflicht** ist hergebrachter Grundsatz des Berufsbeamtentums und stellt eine Art Generalklausel dar, die den Dienstherrn bei all seinen Entscheidungen leiten soll.[661] Überwiegend sind die einzelnen, dem Dienstherrn obliegenden Pflichten einfachgesetzlich geregelt; lediglich dann, wenn es an einer einfachgesetzlichen Ausgestaltung fehlt, kann sich der Beamte direkt auf § 45 BeamtStG bzw. Art. 33 Abs. 5 GG stützen.

In der Praxis hat die Fürsorgepflicht in folgenden Bereichen Bedeutung:
- Recht auf Amtsausübung,
- Umfassende und zutreffende Beratungspflicht in Besoldungs- und Versorgungsfragen,[662]
- Förderung des beruflichen Fortkommens,
- Schutz von Leben und Gesundheit (Gesundheitsförderung), z.B. Schutz vor Mobbing,
- Schutz vor gänzlich ungewöhnlich hohen Belastungen und
- Schutz des Privateigentums des Beamten im Dienst.

Die wichtigsten einfachgesetzlich normierten Rechte sind:
- das Recht auf Ausübung einer Nebentätigkeit, § 40 BeamtStG,
- das Recht auf Teilzeitbeschäftigung, § 43 BeamtStG,
- Erholungsurlaub, § 44 BeamtStG,
- Mutterschutz und Elternzeit, § 46 BeamtStG,
- Rechte in Bezug auf Personalakten, § 50 BeamtStG,
- Recht auf Personalvertretung, § 51 BeamtStG,
- Mitgliedschaft in Gewerkschaften und Spitzenverbänden, § 52 BeamtStG und die Beteiligung in Spitzenorganisationen, § 53 BeamtStG sowie
- das Recht auf Beihilfe, § 80 NBG und
- Beachtung von Arbeitsschutzvorschriften, § 82 NBG.

---

660 Sehr ausführliche Darstellungen mit Beispielen finden sich bei Schnellenbach, § 6, Rn. 1 ff.; Battis, § 4 BBG, Rn. 29-30, Hilg, apf 2012, S. 225 ff. und Werres, S. 113 ff.

661 Baßlsperger, Kap. 16, Rn. 3

662 BVerwG, ZBR 1985, S. 22

1. RECHT AUF AUSÜBUNG EINER NEBENTÄTIGKEIT

Literaturhinweise zur Vertiefung: Baßlsperger, Maximilian, Nebentätigkeiten von Beamten; Rechtsprobleme – Lösungsansätze, ZBR 2004, S. 369 ff.; ders., Die Nebentätigkeit des Beamten als Dienstvergehen; PersV 2015, S. 130 ff.; Günther, Hellmuth, Unterbinden von Nebenbeschäftigung bei Kollision mit dienstlichen Interessen, DöD 1988, 78 ff.; ders. Leistungssport und Beamtenpflicht – Unzeitgemäße Betrachtungen zu Dienstaufgaben, Sonderurlaub und Nebentätigkeit, DÖD 1989, S. 7 ff.; ders. Hergebrachte Grundsätze des Berufsbeamtentums zum Nebentätigkeitsrecht?, ZBR 2012, S. 187 ff.; Hilg, Günter, Fragen und Fälle zum neuen Dienstrecht, apf 2014, S. 331 ff.; Köster, Bernd, Genehmigungs-, Anzeige- und Abführungspflichten für Nebentätigkeiten kommunaler Verwaltungsbeamter in NRW, DöD 2005, S. 189 ff.; Schnelle, Eva Marie/Hopkins, Richard, Ausgewählte Probleme des Nebentätigkeitsrechts, NVwZ 2010, S. 1333 ff.; v. Zwehl, Herwig, Nebentätigkeitsrecht im öffentlichen Dienst, 3. Auflage, 2011

213 Ein Beamter hat einen verfassungsrechtlich in Art. 2 Abs. 1 i.V.m. Art. 1 Abs. 1 GG – Allgemeines Persönlichkeitsrecht (ggf. auch in Art. 12 GG – Recht auf freie Berufsausübung, wenn es für die Erwirtschaftung der Lebensgrundlage Relevanz aufweist)[663] – verankerten Anspruch auf Ausübung einer Nebentätigkeit.[664] Demnach darf er seine Arbeitskraft über das Hauptamt hinaus verwerten, allerdings auch dann grundsätzlich nur außerhalb der Arbeitszeit, siehe § 74 Abs. 1 NBG.

Das Recht auf Ausübung einer Nebentätigkeit steht jedoch in einem Spannungsverhältnis mit den hergebrachten Grundsätzen des Berufsbeamtentums mit der Folge, dass diese und die einfachgesetzlichen Normen des Beamtenrechts eine Einschränkung rechtfertigen können.[665] Im Gegensatz zu einem Beschäftigten im öffentlichen Dienst muss der Beamte weitergehende Einschränkungen bei der Ausübung von Nebentätigkeiten in Kauf nehmen, da die Pflichten zum vollen persönlichen Einsatz und zur unparteiischen Amtsführung ebenso wie der Alimentationsgrundsatz als hergebrachte Grundsätze hierzu im Widerstreit stehen. Allerdings muss hierbei der Verhältnismäßigkeitsgrundsatz gewahrt werden.[666] Was Inhalt und Begrenzung des Allgemeinen Persönlichkeitsrechts im Hinblick auf das Recht zur Nebentätigkeit betrifft, wird allgemein angenommen, dass nur solche Einschränkungen zulässig sind, die den Zweck verfolgen, hergebrachte Strukturen des Berufsbeamtentums aufrecht zu erhalten und effizient zu gestalten. Nicht zulässig ist es dann etwa, angezeigte Nebentätigkeiten aus arbeitsmarktpolitischen Zielen zu verbieten, weil man Arbeitsplätze schaffen möchte.

a. Die gesetzliche Ausgangslage

214 § 40 BeamtStG überlässt es den Ländern, ob sie Nebentätigkeiten, so es sich denn um solche wirtschaftlich relevanten Tätigkeiten handelt und nicht um reine Freizeittätigkeiten, unter Erlaubnis- oder Verbotsvorbehalt stellen. Niedersachsen hat das Nebentätigkeitsrecht in den §§ 70-79 NBG sowie der Niedersächsischen Nebentätigkeitsverordnung (NNVO) abschließend geregelt und sich für die **Verbotslösung** entschieden. Danach muss jede Nebentätigkeit gemäß § 40 S. 1 BeamtStG rechtzeitig angezeigt werden und kann ggf. nach den Vorschriften des § 73 NBG untersagt werden.

---

663 Battis, § 97 BBG, Rn. 5
664 VG Minden, Urt. v. 21.02.2013, Az. 4 K 1627/12, Rn. 19 (juris)
665 Schnelle/Hopkins, NVwZ 2010, S. 1331, 1331
666 Schnelle/Hopkins, NVwZ 2010, S. 1331, 1331

Nach § 23 NHG gelten Sonderregelungen für das **wissenschaftliche Personal**, die die Landesregierung in der HNtVO geregelt hat. Nach § 23 Abs. 2 S. 1 NHG unterliegen Professoren und Juniorprofessoren keiner Anzeigepflicht nach § 40 S. 1 BeamtStG für eine schriftstellerische, wissenschaftliche, künstlerische oder Vortragstätigkeit sowie eine Gutachtertätigkeit.

b. Der Anwendungsbereich des Nebentätigkeitsrechts

215 Dem **Anwendungsbereich** des Nebentätigkeitsrechts unterfallen alle aktiven Beamten sowie nach Maßgabe des § 79 NBG die Ruhestandsbeamten bis zu drei Jahre nach Eintritt in den Ruhestand und auch diejenigen Beamten, deren Beamtenverhältnis beendet ist. Für letztere gilt sogar eine fünfjährige Karenzzeit. Nach § 6 Abs. 4 NBG gelten §§ 72 bis 75 NBG nicht für Ehrenbeamte.

c. Der Nebentätigkeitsbegriff

216 Unter **Nebentätigkeiten** werden nach § 70 Abs. 1 NBG Nebenbeschäftigungen und die Wahrnehmung eines Nebenamtes verstanden.

Nebenamt ist nach Absatz 2 ein nicht zum Hauptamt, also dem konkret funktionellen Amt bzw. Dienstposten, gehörender Kreis von Aufgaben, der aufgrund eines öffentlich-rechtlichen Dienst- oder Amtsverhältnisses wahrgenommen wird. Es geht folglich um solche Tätigkeiten, die der Dienstherr dem Beamten im Rahmen seiner Organisationsgewalt übertragen kann und nicht organisatorisch einem Hauptamt zugeordnet sind, aber zugeordnet werden könnten.[667] Das Nebenamt muss nicht im Beamtenverhältnis und auch nicht zwingend bei demselben Dienstherrn ausgeübt werden.[668] Hierunter fallen bspw. Lehr- oder Prüfertätigkeiten.[669]

Nebenbeschäftigung ist nach Absatz 3 jede sonstige, nicht zu einem Hauptamt gehörende Tätigkeit inner- oder außerhalb des öffentlichen Dienstes. Sie wird also auf privatrechtlicher Grundlage ausgeübt. Welche Nebentätigkeiten solche des öffentlichen Dienstes sind, ergibt sich aus § 3 NNVO. Die **Wahrnehmung von Ehrenämtern**[670] gemäß § 2 NNVO gilt nach Absatz § 70 Abs. 4 nicht als Nebentätigkeit; deren Übernahme muss aber gleichwohl vorher schriftlich mitgeteilt werden.

Da das Gesetz keine genaue Definition des Begriffs „Nebentätigkeit" liefert, stellt sich regelmäßig die Frage, ob es sich bei bestimmten Aktivitäten des Beamten schon um eine Nebentätigkeit handelt oder noch um eine **Freizeitaktivität, Liebhaberei oder gesellschaftliches Engagement**. Letztere gehören nämlich zum persönlichen Lebensbereich des Beamten und sind grundrechtlich geschützt.[671] Eng mit dieser Abgrenzung ist die Frage verknüpft, ob das Nebentätigkeitsrecht nur dann eingreift, wenn die Tätigkeiten von wirtschaftlicher Relevanz sind und wann eine solche Relevanz zu bejahen ist. Eine wirtschaftliche Relevanz haben in der Regel Aktivitäten, die auf einen Güter- und Dienstleistungsaustausch hinauslaufen und die

667 BVerwG, Urt. v. 17.10.1985, Az. 2 C 79/81, Rn. 16 (juris) = BVerwGE 72, 160, 162
668 Schnellenbach, § 7, Rn. 1
669 BVerwG, Urt. v. 23.09.1975, Az. II C 19/71, Rn 35 f. (juris) = BVerwGE 49, 184
670 Zu den einzelnen Ehrenämtern siehe Kümmel, § 70 NBG, Rn. 9 ff.
671 Schnelle/Hopkins, NVwZ 2010, S. 1333, 1334

auf gewisse Dauer angelegt sind.[672] Die Rechtsprechung legt den Begriff z.T. etwas weiter aus und bejaht das Vorliegen einer Nebentätigkeit auch dann, wenn sie den Beamten erheblich in Anspruch nimmt.[673] Im Rahmen der konkreten Einzelfallprüfung kommt es also auf die **Dauer**, die **Häufigkeit** und den **Umfang der Tätigkeit** an. Immer dann, wenn sich die Tätigkeit als Zweitberuf einstufen lässt und Parallelen zum Beamtendienst aufweist, spricht viel für die Annahme einer Nebentätigkeit.[674]

Beispiele:
- Keine Nebentätigkeit liegt vor, wenn eine Beamtin aus ihrer Rassehundezucht einmalig durch einen Wurf von 6 Welpen 6300,– € erzielt hat (Hess. VGH, Urt. v. 24.09.2003, Az. 1 UE 783/02, Rn. 20 [juris]).
- Von einer Nebentätigkeit ist auszugehen, wenn der Beamte über einen langen Zeitraum die Pferdezucht, den Pferdeverkauf und damit einhergehende weitere von ihm selbst erbrachte oder aber vermittelte Dienstleistungen sowie im weitesten Sinn eine landwirtschaftliche Betätigung durch das Vorhalten von großen Weidenflächen und die hierauf durchgeführte Weidehaltung in den Mittelpunkt seiner Betätigung gestellt hat und damit 35.000,– € erzielt hat (VG Trier, Urt. v. 10.11.2009, Az. 3 K 361/09, Rn. 64 [juris]).

d. Anzeigefreie Nebentätigkeiten

Handelt es sich um eine freiwillige Nebentätigkeit, stellt sich sodann die Frage, ob der Beamte 217
diese anzeigen muss oder ob es sich um eine im Katalog des § 72 NBG aufgeführte **anzeigefreie Nebentätigkeit** handelt. Anzeigefrei sind beispielsweise die Verwaltung eigenen Vermögens oder die Mitarbeit in Berufsverbänden sowie unentgeltliche Nebentätigkeiten. Unentgeltliche Tätigkeiten sind bspw. solche in Vereinen und Verbänden mit kulturellen, sozialen oder sportlichen Zielsetzungen, wenn keine Vergütung i.S.v. § 7 NNVO gezahlt wird. Nach § 72 Abs. 1 Ziffer 4 a bis d gibt es jedoch Ausnahmen von den Ausnahmen, u.a. bei der Aufnahme einer gewerblichen oder freiberuflichen Tätigkeit. Bestehen Anhaltspunkte dafür, dass solche anzeigefreie Tätigkeiten dienstliche Interessen beeinträchtigen, kann der Dienstherr nach § 72 Abs. 2 NBG schriftlich Auskunft über die ausgeübte Tätigkeit verlangen.

e. Anzeigepflicht

Da sich Niedersachsen für die Verbotslösung mit Anzeigepflicht entschieden hat, hat der 218
Beamte bei anzeigepflichtigen Nebentätigkeiten diese nach § 40 S. 1 BeamtStG, § 75 NBG einen Monat vor Aufnahme **schriftlich anzuzeigen**. Eine vorzeitige Zulassung ist möglich, die Modalitäten sind in § 5 NNVO genauer geregelt. Die Monatsfrist soll dem Dienstherrn ermöglichen, zu prüfen, ob durch die Nebentätigkeit dienstliche Interessen beeinträchtigt werden und sie deshalb ganz oder teilweise gemäß § 73 NBG zu untersagen ist.

---

[672] VG Trier, Urt. v. 10.11.2009, Az. 3 K 361/09.TR, Rn. 62 (juris); Wichmann in Wichmann/Langer, Abschnitt 8, Rn. 218

[673] Hess. VGH, Urt. v. 24.09.2003, Az. 1 UE 783/02, Rn. 15 (juris)

[674] VG Trier, Urt. v. 10.11.2009, Az. 3 K 361/09, Rn. 62 (juris)

f. Untersagung von Nebentätigkeiten

219 Nach § 73 Abs. 1 NBG **ist** eine Nebentätigkeit zu untersagen, wenn sie geeignet ist, **dienstliche Interessen** zu beeinträchtigen. Nach der Rechtsprechung liegt eine Beeinträchtigung dienstlicher Interessen aber nur dann vor, wenn ein vernünftiger Grund für die Annahme besteht, dass eine solche Beeinträchtigung eintreten könnte.[675] Da § 73 NBG im Spannungsfeld zwischen der Pflicht zum vollen persönlichen Einsatz (aus Art. 33 Abs. 5 GG, § 34 S. 1 BeamtStG) und den Grundrechten des Beamten (Art. 2 Abs. 1 i.V.m. Art. 1 Abs. 1 GG/Art. 12 GG) liegt, reicht nicht die entfernte Möglichkeit einer Beeinträchtigung aus, sondern es muss eine hinreichend konkrete – allerdings keine besonders hohe – Wahrscheinlichkeit bestehen.[676] Für die Beurteilung, ob dienstliche Interessen beeinträchtigt sind, können auch der dem jeweiligen Beamten übertragene Dienstposten oder die einer bestimmten Beamtengruppe übertragenen Aufgaben von Bedeutung sein.[677] Liegt eine Beeinträchtigung nach diesen Grundsätzen vor, steht dem Dienstherrn insoweit kein Entschließungsermessen zu. Allerdings müssen sich **Art und Umfang** der Verbotsmaßnahme entsprechend dem Verhältnismäßigkeitsgrundsatz nach Art und Umfang der zu erwartenden Beeinträchtigung der dienstlichen Interessen richten.[678]

Der Begriff des dienstlichen Interesses ist ein gerichtlich voll überprüfbarer **unbestimmter Rechtsbegriff**,[679] der vom Dienstvorgesetzten, der mangels spezieller Vorschriften gemäß § 3 Abs. 5 NBG für die Untersagungsverfügung zuständig ist, mit Leben gefüllt werden muss. In § 73 Abs. 1 S. 2 Nrn. 1-6 NBG sind die wesentlichen Versagungsgründe aufgeführt. Hierbei handelt es sich um eine beispielhafte Aufzählung und nicht um eine abschließende Regelung.

Die Nummern 1-6 NBG verfolgen dabei im Interesse einer **funktionsfähigen Verwaltung** im Wesentlichen folgende Ziele:

- Erhalt der Arbeitskraft des Beamten,
- Sicherung seiner Unparteilichkeit sowie
- Bewahren des Ansehens der öffentlichen Verwaltung.[680]

Darüber hinaus darf der Beamte seine Nebentätigkeit grundsätzlich nur außerhalb der Arbeitszeit durchführen, § 74 NBG. Weitere Detailregelungen ergeben sich aus den Regelungen zum Nebentätigkeitsrecht im NBG bzw. in der NNVO.

aa. Untersagungsgründe des § 73 Abs. 1 S. 2 Nrn. 1 bis 6 NBG

220 Nach **§ 73 Abs. 1 S. 2 Nr. 1 NBG** ist die Nebentätigkeit zu untersagen, wenn der Beamte nach **Art und Umfang** so stark in Anspruch genommen wird, dass er seine dienstlichen Verpflichtungen nicht mehr ordnungsgemäß erfüllen kann. Es kommt damit auf die individuelle Belastbarkeit

[675] BVerwG, Urt. v. 30.06.1983, Az. 2 C 57/82, Rn. 7 (juris)
[676] BVerwGE 84, 299, 306; OVG Münster, Beschl. v. 13.04.2016, DVP 2016, S. 411, 411
[677] VG Minden, Urt. v. 21.02.2013; Az. 4 K 1627/12, Rn. 24 (juris)
[678] Nds. LT-Drs. 16/655, S. 133
[679] Metzler-Müller in Metzler-Müller/Rieger/Seeck/Zentgraf, § 40 BeamtStG, Anm. 5
[680] Baßlsperger, ZBR 2004, S. 369, 378

im konkreten Einzelfall an.[681] **In der Regel** ist diese nach § 73 Abs. 1 S. 3 NBG erreicht, wenn die Nebentätigkeiten insgesamt mehr als **8 Stunden pro Woche** ausgeübt werden. Bei gewerblicher und freiberuflicher Tätigkeit ist dabei nicht nur auf die Öffnungszeiten abzustellen, sondern es sind auch die Vor- und Nacharbeiten mit einzubeziehen.[682] D.h. wird diese Grenze überschritten, ist die Tätigkeit grundsätzlich zu untersagen. Der Dienstvorgesetzte hat aber gleichwohl die Möglichkeit, in atypischen Fällen diese zeitliche Begrenzung nach oben oder unten zu korrigieren,[683] denn es handelt sich hierbei nur um eine widerlegbare Vermutung. Daher ist es ihm auch unbenommen, sollte die Leistungsfähigkeit beeinträchtigt sein, die Nebentätigkeit auch bei geringerem Umfang zu untersagen.

Die Grenze von 8 Stunden gilt gemäß § 61 Abs. 2 S. 1 NBG auch bei der **voraussetzungslosen Teilzeit**. Dies ist verfassungspolitisch unbedenklich, weil sie auf Konsens beruht und damit verhindert werden soll, dass der Beamte einen Zweitberuf aufbaut und dann schließlich der Grundsatz der Hauptberuflichkeit endgültig ausgehöhlt wird.[684] Etwas anderes gilt hingegen bei der **Ausübung von Nebentätigkeiten im Rahmen von Urlaub und Teilzeit aus familienpolitischen Gründen**. Hier besagt § 62 Abs. 2 NBG, dass die Nebentätigkeit nicht dem Zweck der Nebentätigkeit zuwiderlaufen darf. Dies kann dazu führen, dass bis zu 30 Stunden wöchentlich eine Nebentätigkeit ausgeübt werden kann.[685]

Eine Untersagung kommt in Betracht, wenn die Tätigkeit den Beamten in einen **Widerstreit mit dienstlichen Interessen**, also den Pflichten der §§ 33 bis 43 BeamtStG, bringen kann (**§ 73 Abs. 1. S. 2 Nr. 2 NBG**). Hierbei sollen mögliche Interessenskonflikte zwischen amtlicher Tätigkeit und Nebentätigkeit vermieden werden. Es genügt also, dass so ein Konflikt eintreten kann, er muss also nicht konkret bevorstehen.[686] Allerdings sind solche Interessenskonflikte aber nur möglich, wenn die Nebentätigkeit einen dienstlichen Bezug zur Amtsführung des betreffenden Beamten aufweist.

Beispiele:
- Die Nebentätigkeit als Versicherungsmakler und Finanzberater, die ein Regierungsamtsrat auszuüben beabsichtigt, der im Niedersächsischen Landesamt für Zentrale Soziale Aufgaben u.a. an Pflegesatzvereinbarungen mitwirkt, beeinträchtigt dienstliche Interessen (OVG Lüneburg, Urt. v. 10.05.1994, Az. 5 L 2520/91 [juris]; a.A. Vorinstanz: VG Hannover, Urt. v. 17.01.1991, Az. 2 Hi A 33/89).
- Der legale Waffenhandel durch einen Beamten, der als Händler behördlich zugelassen ist, ist für sich genommen nicht geeignet, ihn in einen Konflikt mit seinen dienstlichen Pflichten zu bringen; es müssen vielmehr zusätzliche Umstände hinzutreten, die zu einer Beeinträchtigung dienstlicher Interessen führen könnten (VG Göttingen, Urt. v. 28.08.2013, Az. 1 A 82/12 [juris]).

Nach **§ 73 Abs. 1 S. 2 Nr. 3 NBG** ist die Nebentätigkeit zu untersagen, wenn sie in einer **Angelegenheit ausgeübt wird, in der die Behörde, der der Beamte angehört, tätig wird**

681 VG Aachen, Urt. v. 19. 03. 2015, Az. 1 K 2258/13 (juris); OVG Rheinland-Pfalz, Urt. v. 20.12.1989, Az. 2 A 67/89 (juris)
682 VG Hannover, NJW 1988, S. 1162, 1163
683 Schnellenbach, § 7, Rn. 18
684 Battis, § 91 BBG, Rn. 19 mit weiteren Nachweisen
685 VG Münster, Urt. v. 20. 01. 2015, Az. 13 K 3168/13.O (juris)
686 Kümmel, § 73, Rn. 17

oder werden kann. D.h. immer dort, wo sich die Nebentätigkeit und der Aufgabenbereich der Behörde im weitesten Sinne auf dieselbe Angelegenheit beziehen könnten, also eine Art Konkurrenzsituation besteht, ist dieser Untersagungsgrund erfüllt.[687] Die Regelung geht damit über den Anwendungsbereich der Nr. 2 hinaus, indem sie jedes Zusammentreffen von Behördenzuständigkeit und Nebentätigkeit per se ausreichen lässt und gerade nicht auf eine wahrscheinliche Interessenskollision abstellt.[688] Im Übrigen schützt aber auch Nr. 3 vordringlich das Interesse der Bürger an einer loyalen Verwaltung.

Beispiele:
- Die (beabsichtigte) Nebentätigkeit einer (beurlaubten) Rechtspflegerin in einem Notariat am Dienstort kann dienstliche Interessen beeinträchtigen, da die Nebentätigkeit in einer Angelegenheiten im Tätigkeitsbereich der eigenen Behörde ausgeübt werden soll und daher auch im Widerstreit zu dienstlichen Interessen steht sowie die Unparteilichkeit beeinflussen kann (OVG Münster, Urt. v. 30.10.1992, Az. 12 A 2202/90 [juris)].
- Die Nebentätigkeit eines beamteten Arztes des Gesundheitsamtes als Gutachter für die private Pflegeversicherung kann die Besorgnis einer Beeinträchtigung dienstlicher Interessen begründen, denn mit der Erstellung von Pflegegutachten über im Gebiet des Beklagten ansässige Personen nimmt der Kläger Angelegenheiten wahr, in denen seine Behörde, die Kreisverwaltung A., tätig wird bzw. werden kann. Zugleich kann diese Befassung ihn als kommissarischen Leiter des Gesundheitsamtes in einen Widerstreit mit seinen dienstlichen Pflichten bringen und damit seine Unparteilichkeit oder Unbefangenheit beeinflussen (OVG Rheinland-Pfalz, Urt. v. 27.09.2011, Az. 2 A 10781/11[juris)].

§ 73 Abs. 1 S. 2 Nr. 4 NBG stellt darauf ab, ob die **Unparteilichkeit oder Unbefangenheit** des Beamten beeinflusst sein kann. Die Beurteilung ist anhand objektiver Maßstäbe vorzunehmen und greift ebenfalls bereits weit im Vorfeld, nämlich dann, wenn die Möglichkeit der Beeinträchtigung sich konkret abzeichnet.[689] Nr. 4 geht allerdings über die sich überschneidenden Versagungsgründe des § 73 Abs. 2 Satz 2 Nr. 2 bis 3 NBG insoweit hinaus, als dass dieser Untersagungsgrund selbst dann erfüllt ist, wenn kein Pflichtenwiderstreit bzw. kein Tätigwerden der Behörde im Raum steht. Grund hierfür ist, dass verhindert werden soll, dass der Beamte Interna zum Vor- oder Nachteil ausnutzt.[690]

§ 73 Abs. 1 S. 2 Nr. 5 NBG erfasst die Fälle, in denen die dienstliche **Verwendbarkeit** des Beamten durch die Nebentätigkeit **wesentlich eingeschränkt** wird. Geschützt ist hier also die Organisationshoheit des Dienstherrn.[691] Kollidiert die gewünschte Nebentätigkeit mit den zukünftigen Laufbahnaufgaben des Beamten, die ihm in absehbarer Zeit mit einer gewissen Wahrscheinlichkeit übertragen werden könnten, rechtfertigt dies eine Untersagung.[692]

687 OVG Rheinland-Pfalz, Urt. v. 27. 09. 2011, Az. 2 A 10781/11, Rn. 30, (juris); Baßlsperger, ZBR 2004, S. 369, 375
688 OVG Rheinland-Pfalz, Urt. v. 27. 09. 2011, Az. 2 A 10781/11, Rn. 30, (juris); Wichmann, in Wichmann/Langer, 8. Abschnitt, Rn. 222
689 Schnellenbach, § 8, Rn. 20; Geis in GKÖD I K, § 65 BBG, Rn. 47; Baßlsperger, ZBR 2004, S. 369, 375
690 BVerwG, Urt. v. 12. 12. 1996, Az. 2 C 37/95, Rn. 18, (juris)
691 BVerwGE 60, 254, 261
692 BeckOK BeamtenR Bund/Brinktrine BBG § 99 Rn. 48

Relevant ist die Untersagung im Falle der Gefährdung des **Ansehens der öffentlichen Verwaltung, § 73 Abs. 1 S. 2 Nr. 6 NBG**. Von einer Gefahr für das Ansehen ist auszugehen, wenn der Eindruck erweckt werden kann, dass die dienstlichen Aufgaben nicht mit vollem persönlichen Einsatz erledigt werden, die Pflichten zur unparteiischen, gerechten und am Gemeinwohl orientierten Amtsführung verletzt oder die für öffentliche Ämter erforderliche persönliche Integrität fehlt.[693] Hierbei wird regelmäßig danach differenziert, ob die Nebentätigkeit **an sich** oder ausnahmsweise **die Höhe der Vergütung** geeignet ist, das Ansehen der gesamten öffentlichen Verwaltung zu beeinträchtigen.[694] Da der Beamte nach § 34 S. 3 BeamtStG innerhalb und außerhalb des Dienstes der Achtung und dem Vertrauen gerecht werden muss, die sein Beruf erfordert, können insbesondere Verstöße hiergegen das Ansehen gefährden. Vorstellungen über das „Ansehen" unterliegen jedoch einem gesellschaftlichen Wandel, sodass dieser Versagungsgrund an die jeweils geltenden Maßstäbe und Vorstellungen anzupassen ist.[695] Regelmäßig dürften aber wohl rechtswidrige oder strafbare Nebentätigkeiten das Ansehen beeinträchtigen.

Beispiele:
- Filmen durch Strafvollzugsbeamten (VG Hannover NJW 1988, S. 1162 ff.).
- Verkauf von Waffen über das Internet durch Strafvollzugsbeamten (VG Minden, Urt. v. 21.02.2013, Az. 4 K 1627/12, [juris]).
- Tätigkeit als „Ebay-Powerseller" während Dienstunfähigkeit (OVG Rheinland-Pfalz, Urt. v. 28.04.2008, Az. 3 A 11334/07 [juris]).
- Vorsitz und Berichterstattung des Präsidenten des OLG Frankfurt in einer von der Gewerkschaft eingesetzten Untersuchungskommission gegen Zahlung von 1,34 Millionen DM (Rudolph, Richteramt und Nebentätigkeit – Gedanken zum Fall Henrichs, NJW 1997, S. 2928 ff.)
- Mitarbeit eines Verwaltungsrichters in einem privaten Repetitorium **keine** Beeinträchtigung (BVerwGE 78, 211).
- Nebentätigkeit eines Polizeibeamten im Rahmen eines Scripted-reality-TV-Formats beeinträchtigt **nicht** das Ansehen (VG Aachen, Urt. v. 12.03.2015, Az. 1 K 1032/14, ZUM 2015, 525)
- Genehmigter Waffenhandel eines Polizeikommissar-Anwärters (BeckRS 2013, 55232).

bb. Untersagung wegen Verletzung der Anzeige- und Mitwirkungspflicht

Nach § 73 Abs. 2 NBG kann die Nebentätigkeit untersagt werden, wenn der Beamte seine Pflichten 221
in Bezug auf die ihm obliegenden Pflichten rund um die Nebentätigkeit verletzt hat. Der Dienstherr hat insoweit Ermessen und bei der Ausübung des Ermessens u.a. die Schwere der Verletzung, die Dauerhaftigkeit eines Verstoßes und die Bedeutung der Nebentätigkeit für den Beamten zu berücksichtigen.[696] Nach § 6 NNVO soll dem Beamten eine angemessene Frist zur Abwicklung der Nebentätigkeit eingeräumt werden, soweit dienstliche Interessen nicht entgegenstehen.

693 Kümmel, § 73, Rn. 25
694 Baßlsperger, ZBR 2004, S. 369, 376
695 BeckOK BeamtenR Bund/Brinktrine BBG § 99 Rn. 49
696 Kümmel, § 73, Rn. 27

cc. Untersagungsverfahren

222 Die Untersagung einer Nebentätigkeit erfolgt durch eine **Untersagungsverfügung**. Sie ist dem Beamten bekanntzumachen und als belastende Entscheidung auch zu begründen. Vor der Untersagung hat die Dienststelle **den Personalrat zu beteiligen**, der nach § 65 Abs. 1 Nr. 19, 68 Abs. 1 NPersVG einer Untersagung zustimmen muss. Die Personalratsbeteiligung soll sicherstellen, dass die Interessen der betroffenen Beamten hinreichend berücksichtigt werden. Gegen die Untersagung als Verwaltungsakt kann sich der Beamte mit der Anfechtungsklage (§ 54 Abs. 1 BeamtStG, § 42 VwGO) zur Wehr setzen. Ein Widerspruchsverfahren ist gemäß §§ 54 Abs. 2 S. 3 BeamtStG, 105 Abs. 1 NBG nicht vorgesehen.

2. TEILZEIT

Literaturhinweise zur Vertiefung: Barlage, Isabel, Teilzeit und Führung – ein Widerspruch?, ZBR 2000, S. 259 ff.; Baßlsperger, Maximilian, Beurlaubung und Teilzeitbeschäftigung im Beamtenrecht, ZBR 2001, S. 417 ff.; ders., Beurlaubung und Teilzeitbeschäftigung im Beamtenrecht, ZBR 2001, S. 417 ff.; Battis, Ulrich, Teilzeitbeschäftigung im Beamtenrecht, ZBR 1991, S. 353; Bürger, Michael, Teilzeitbeschäftigung von Beamten und ihre verfassungsrechtliche Zulässigkeit, NVwZ 1999, S. 820 ff.; ders., Verfassungswidrigkeit der obligatorischen Teilzeitbeschäftigung von neu eingestellten Beamten, ZBR 2001, S. 153 ff.; Kutscha, Martin, Die Einstellungsteilzeit – Rechtslage und Praxis, BRR 2001, S. 156 ff.; v. Mutius, Albert/Röh, Bernd, Obligatorische Teilzeitbeschäftigung im Beamtenrecht 1, ZBR 1990, S. 365 ff.; Rothländer, Christian, Die Altersteilzeit im Beamtenrecht, PersR 1999, S. 91 ff.; Schlacke, Sabine, Teilzeitbeschäftigung gegen den Willen des Beamten, NordÖR 2002, S. 345 ff.; Szalai, Stephan, Beamte in Teilzeit und Versetzung von „Vollzeitbeamten" – Ein Problem nicht nur in Brandenburg, DÖV 2004, S. 311 ff.; Tilp, Helmut, Einstellungsteilzeit – Ende oder Wende? (Zum Urteil des Bundesverwaltungsgerichts vom 2. März 2000), ZBR 2001, S. 161 ff.

223 § 43 BeamtStG normiert, dass Teilzeitarbeit zu ermöglichen ist; Einzelheiten regelt wiederum das Landesrecht. Niedersachsen hat die wesentlichen Grundsätze in den §§ 61 bis 63 NBG niedergelegt und unterscheidet zwischen dem Recht auf **Teilzeit für alle Beamten** (sog. **voraussetzungslose Teilzeit**), die Dienstbezüge erhalten, sowie **Teilzeit und Urlaub aus familienpolitischen Gründen** und der **Altersteilzeit**. Zudem finden sich an vielen weiteren Stellen, bspw. § 10 NBG und § 7 Abs. 2 NLVO, Regelungen zur Teilzeit, aus denen deutlich wird, dass sich Teilzeittätigkeit grundsätzlich nicht nachteilig auf das Beamtenverhältnis auswirken soll. Weitere Ausführungen und Einzelheiten, z.B. zu formalen Anforderungen, ergeben sich aus den vom Landesbetrieb IT.Niedersachsen – in Abstimmung mit dem Ministerium für Inneres und Sport, dem Justiz- und dem Finanzministerium – herausgegebenen Merkblättern.[697] Hiermit kommt das Land auch seiner Pflicht aus § 66 NBG nach, die Beamten, die Teilzeit planen, auf die damit verbundenen Folgen hinzuweisen.

a. Voraussetzungslose Teilzeit

224 Nach § 61 Abs. 1 NBG können Beamte mit Dienstbezügen, ausgenommen sind also Beamte auf Widerruf, auf freiwilliger Basis[698] einen **Antrag auf Teilzeit** für eine bestimmte Dauer

[697] Merkblatt für Beamtinnen, Beamte, Richterinnen und Richter über Teilzeitbeschäftigung und Beurlaubungen nach dem NBG und dem NRiG einschl. Elternzeit (ohne Altersteilzeit), Stand 01.08.2014; Merkblatt über Altersteilzeit für Beamtinnen und Beamte, die nach dem 31.12.2011 beginnt, Stand 01.08.2015

[698] Baßlsperger, ZBR 2001, S. 417, 420

(also nicht unbefristet) mit mindestens der Hälfte der regelmäßigen Arbeitszeit stellen. Der Anspruch auf Teilzeit besteht allerdings nur einseitig zugunsten der Beamten, und zwar dann, wenn keine **dienstlichen Belange entgegenstehen**. Der Rechtsprechung folgend stellt die Gesetzesbegründung zum BeamtStG fest, dass es sich bei der Teilzeitbeschäftigung um eine Ausnahme vom Regeltypus des Vollzeitbeamtenverhältnisses handelt.[699] Es besteht kein hergebrachter Grundsatz auf Teilzeit; Art. 33 Abs. 5 GG verbietet eine solche jedoch auch nicht. Die Schaffung einer Teilzeitregelung für jedermann ist daher als Folge des gesellschaftlichen Wandels als zulässige Fortentwicklung des Beamtenrechts anzusehen.[700]

Nicht aber darf die Einstellungsbehörde den Beamten in **Zwangsteilzeit** einstellen. Dies würde dem Grundsatz der Hauptberuflichkeit und dem Alimentationsgrundsatz zuwiderlaufen.[701] Die in Niedersachsen vor einigen Jahren erfolgte Regelung (§ 80 c NBG a.F.)[702], nach der eine Einstellungsteilzeit möglich sein sollte und auf deren Grundlage ca. 6400 Lehrer in Teilzeit eingestellt wurden, hat das BVerfG für verfassungswidrig erklärt.[703] Eine solche Regelung verstößt nach Auffassung des Gerichts sowohl gegen den Grundsatz der Hauptberuflichkeit als auch den Alimentationsgrundsatz, denn er zwinge den Beamten ja geradezu in die Nebentätigkeit mit der Folge, dass Interessenkonflikte seine Loyalität und Einsatzbereitschaft beeinträchtigen können. Ein solcher Eingriff in die hergebrachten Grundsätze des Berufsbeamtentums kann – anders als die freiwillige Teilzeit – auch nicht mehr als zulässige Interpretation der Fortentwicklungsklausel angesehen werden, da sie sozialpolitisch unerwünscht sei und letztlich nur eine Sparmaßnahme des Landes darstelle.[704] Vielmehr muss der Bewerber die Möglichkeit haben, sich frei zwischen Voll- und Teilzeit zu entscheiden.[705]

Beamte haben – anders als die Beschäftigten – keinen Anspruch auf Teilzeit, sondern nur einen Anspruch auf ermessensfehlerfreie Bescheidung ihres Antrags. Der Antrag muss vollständig sein und sollte auch Angaben über die Verteilung der reduzierten Arbeitszeit enthalten.[706] Eine bestimmte Form ist für den Antrag nicht vorgeschrieben.[707] Das Ermessen ist aber dahingehend eingeschränkt, als dass dem **Antrag auf Teilzeit** nur dann nicht entsprochen werden darf, wenn **dienstliche Belange entgegenstehen**. Wie die anteilsmäßige wöchentliche Arbeitszeit verteilt werden kann, ergibt sich aus § 8 Nds. ArbZVO.

Dienstliche Belange sind solche Belange, die aus den besonderen personalwirtschaftlichen, organisatorischen und fachlichen Anforderungen herrühren, wie sie bei der anstehenden konkreten Besetzungsentscheidung zur Sicherung der Funktionsfähigkeit der öffentlichen Verwaltung zur sachgemäßen und reibungslosen Erfüllung der Verwaltungsaufgaben zu berücksichtigen sind.[708] Hierzu gehört allerdings nicht der mit Teilzeittätigkeit typischerweise verbundene organisatorische Mehraufwand. Unzulässig ist es auch, Führungstätigkeit per se

699 BT-Drs. Drucksache 16/4027, S. 33
700 BT-Drs. Drucksache 16/4027, S. 33; Wichmann in Wichmann/Langer, Abschnitt 8, Rn. 246; vertiefend Battis, § 92 BBG, Rn. 3 und Baßlsperger, ZBR 2001, S. 417, 417 ff.
701 BVerfG, Beschl. v. 19.09.2007, Az. 2 BvF 3/0, (juris) = BVerfGE 119, 247-292
702 Siehe hierzu Kümmel, § 61 NBG, Rn. 3
703 BVerfG, Beschl. v. 19.09.2007, Az. 2 BvF 3/0, (juris) = BVerfGE 119, 247-292
704 BVerfG, Beschl. v. 19.09.2007, Az. 2 BvF 3/0, (juris) = BVerfGE 119, 247-292
705 BVerfG, Beschl. v. 19.09.2007, Az. 2 BvF 3/0, (juris) = BVerfGE 119, 247-292
706 Baßlsperger, ZBR 2001, S. 417, 426
707 Kümmel, § 61 NBG, Rn. 5
708 BVerwGE 120, 382

als nicht teilzeitgeeignet zu qualifizieren.[709] Ein dienstlicher Belang liegt beispielsweise vor, wenn der Dienstherr den Antrag mit dem Hinweis auf einen bestehenden Personalmangel ablehnt.[710] Allerdings haben die Gerichte nicht das Recht – obwohl es sich hierbei um einen **unbestimmten Rechtsbegriff** handelt –, diese Frage gerichtlich voll zu überprüfen, da dem Dienstherrn insoweit ein organisatorisches Ermessen (streitig) zusteht.[711]

Anders als im TzBfG ist das Maß der Teilzeittätigkeit nach § 60 Abs. 1 NBG auf mindestens die Hälfte der regelmäßigen Arbeitszeit beschränkt. Allerdings kann unter den Voraussetzungen der Absätze 3 und 4 dieses Maß auch unterschritten werden.

Eine Ausweitung von **Nebentätigkeiten**[712] – im Vergleich zum Vollzeit-Beamtenverhältnis – ist nach § 61 Abs. 2 S. 1 NBG grundsätzlich nicht gestattet. Grund hierfür ist, dass nicht gewollt ist, dass sich der Beamte aus seinem sicheren Beamtenstatus einen Zweitberuf aufbaut.[713] Um dieser Problematik Herr zu werden, darf dem Teilzeitantrag, wenn keine dienstlichen Belange entgegenstehen, erst entsprochen werden, wenn der Beamte sich mittels einer schriftlichen Erklärung verpflichtet,[714] entgeltliche Nebentätigkeiten nur in dem Maße auszuüben, wie sie auch für Vollzeitbeamte zulässig wäre. Nach Satz 2 kann ausnahmsweise eine Ausweitung der Tätigkeit erfolgen, wenn dies mit dem Beamtenverhältnis vereinbar ist (bspw. Mitwirkung an einem Forschungsprojekt im Bereich der Grundlagenforschung)[715]. Verstößt der Beamte gegen die Pflicht aus Satz 1, soll die Bewilligung widerrufen werden.

Will der Dienstherr den Teilzeitantrag abschlägig bescheiden, hat er gemäß § 65 Abs. 1 Nr. 21, 68 Abs. 1 NPersVG die Zustimmung des Personalrates einzuholen, wenn der Beamte die **Beteiligung des Personalrats** beantragt hat. Auf dieses Recht muss die Dienststelle den Beamten rechtzeitig hinweisen.

Nach Abs. 3 können die **Dauer und der Umfang der Teilzeittätigkeit** aufgrund dienstlicher Erwägungen bzw. auf Wunsch des Beamten **nachträglich verändert** werden. Wünscht der Beamte eine Veränderung, **soll** diese zugelassen werden, wenn die Teilzeitbeschäftigung in dem bisherigen Umfange dem Beamten, z.B. aus finanziellen Gründen, nicht mehr zugemutet werden kann und keine dienstlichen Belange entgegenstehen. Der Maßstab ist hier derselbe wie beim erstmaligen Antrag. Allerdings besteht hier nach Auffassung des BVerwG eine Art Wechselwirkung zwischen den Gründen des Beamten und den dienstlichen Gründen, d.h. je gewichtiger der Grund des Beamten, umso höher sind die Anforderungen an die bestehenden dienstlichen Gründe.[716]

Will hingegen der Dienstherr die Dauer der Teilzeit beschränken oder den Umfang erhöhen, benötigt er hierfür **zwingende dienstliche Belange**. Zwingende Gründe/dienstliche Belange liegen vor, wenn schwerwiegende Nachteile für die Funktionsfähigkeit der Verwaltung drohen.[717]

[709] Battis, § 91 BBG, Rn. 18
[710] OVG Koblenz, NVwZ-RR 2005, S. 51
[711] BVerwGE 120, 382; OVG Lüneburg, NVwZ-RR 1996, S. 677; VG Weimar, Urt. v. 18.02.2003, Az. 4 K 650/02. We, Rn. 29 (juris)
[712] Etwas anderes gilt für unentgeltliche Nebentätigkeiten (Kümmel, § 61 NBG, Rn. 9).
[713] Zum BBG (BT-Drs. 13/3994, S. 28, 34)
[714] Kümmel, § 61 NBG, Rn. 8
[715] Kümmel, § 61 NBG, Rn. 10
[716] BVerwG, Urt. v. 30.10.2008, Az. 2 C 48/07, Rn. 7 (juris) = BVerwGE 132, 243-249
[717] OVG Schleswig-Holstein, Urt. v. 15.01.2015, Az. 2 LB 14/14 (juris)

Könnte der Dienstherr seine Aufgaben nicht mehr sachgerecht erfüllen, lägen derartige zwingende Belange vor (***Beispiel:** Unterrichtsversorgung an Schulen wäre nicht mehr gewährleistet*). Rein finanzielle Erwägungen können eine Veränderung gegen den Willen des Beamten hingegen nicht rechtfertigen.[718] Darum muss der Dienstherr stets darauf achten, dass der Umfang der Teilzeittätigkeit nicht ohne zwingende Gründe verändert wird. Daher müssen Tätigkeiten wie Konferenzen, Vor- und Nachbereitung sowie Funktionszeiten in die Teilzeitquote einbezogen werden.[719]
Die Teilzeitbeschäftigung **endet** mit dem Ende der beantragten Laufzeit oder nach § 61 Abs. 3 S. 2 NBG dann, wenn die Teilzeitbetätigung dem Beamten nicht mehr zugemutet werden kann und dienstliche Belange nicht entgegenstehen (siehe hierzu obige Ausführungen). Ein jederzeitiger Anspruch auf Rückkehr zur Vollzeittätigkeit existiert mithin nicht, da die konkrete Personalplanung vorgeht.

b. Teilzeit und Urlaub aus familiären Gründen

Familien mit Kindern haben grundsätzlich einen besonderen Bedarf an einer Teilzeittätigkeit, 225
um Zeit für ihre Kinder zu haben. Diesem Interesse kommt § 62 NBG nach. Wegen des aus Art. 6 GG resultierenden Schutzes der Familie war die Teilzeitberechtigung auch schon nach früherem Verständnis der hergebrachten Grundsätze des Berufsbeamtentums unproblematisch.[720]

Auf Antrag des Beamten **ist** eine Teilzeitbeschäftigung oder „familienpolitischer" Urlaub ohne Dienstbezüge zu bewilligen, wenn Kinder unter 18 Jahren oder pflegebedürftige (Nachweis durch ärztliches Gutachten erforderlich, § 62 Abs. S. 2 NBG) sonstige Angehörige tatsächlich – also persönlich von dem Beamten – betreut oder gepflegt werden und **zwingende dienstliche Belange** nicht entgegenstehen. Insoweit steht dem Beamten bei Vorliegen der Bewilligungsvoraussetzungen ein Rechtsanspruch zu.

Der Begriff der dienstlichen Belange entspricht dem unter Rn. 224. Damit wird dem besonderen Schutz von Ehe und Familie Rechnung getragen mit der Folge, dass nur bei schwerwiegenden Beeinträchtigungen der Funktionsfähigkeit der Verwaltung der Teilzeitantrag ganz oder teilweise abgelehnt werden darf. Der Dienstherr kann dem Antrag stattgeben, wenn der Beamte mit mindestens einem **Viertel der regelmäßigen Arbeitszeit** seinen Dienst verrichtet (§ 62 Abs. 1 S. 1 Nr. 1 NBG) oder er Urlaub nach Nr. 2 beantragt hat. Die unterhälftige Teilzeit und Urlaub sind allerding gemäß § 65 Abs. 1 S.1 NBG auf eine Maximalzeit von 15 Jahren begrenzt; Teilzeittätigkeit während einer Elternzeit wird jedoch hierbei nicht mitgerechnet.

Anders als bei der voraussetzungslosen Teilzeit können nach Absatz 2 auch **Beamte auf Widerruf** die Teilzeittätigkeit in Anspruch nehmen, wenn dies nach der Struktur der Ausbildung möglich und den Ausbildungserfolg nicht gefährdet ist. Weiterer Unterschied ist, dass bei familienpolitischer Teilzeit und Urlaub nicht so enge Grenzen für **Nebentätigkeiten** gelten. Nach § 62 Abs. 3 NBG gilt daher § 61 Abs. 2 NBG mit der Maßgabe, dass Nebentätigkeiten ausgeübt werden dürfen, wenn sie dem Zweck der Freistellung nicht zuwiderlaufen.
Der Beamte kann in entsprechender Anwendung des § 61 Abs. 3 S. 2 NBG eine Änderung des Teilzeitumfangs oder Dauer verlangen (s.o.).

---

[718] VG Kassel, Urt. v. 01.10. 2009, Az. 1 K 76/08.KS, Rn. 45 (juris)
[719] BVerwG, Urt. v. 17.07.2015, Az. 2 C 16/15 in DÖD 2016, S. 15 ff.
[720] Wichmann in Wichmann/Langer, Abschnitt 8, Rn. 246

Besonders schutzwürdig sind Eltern, wenn es um die Betreuung von Kleinstkindern geht und sich die Eltern deswegen in Elternzeit befinden. Aus diesem Grunde gewährt die Mutterschutz- und Elternzeitverordnung, die für niedersächsische Beamte gilt, weitergehende Sonderregelungen.

c. Altersteilzeit

226 Die Möglichkeit der Altersteilzeit wurde Ende der 90er Jahre im Nachgang zum Altersteilzeitgesetz, welches für privatrechtliche Arbeitsverhältnisse galt, eingeführt.[721] Mit der Einführung verfolgte man zum einen das Ziel, den Beamten den Übergang vom Beruf in den Ruhestand zu erleichtern und zum anderen hatte man arbeitsmarktpolitische Erwägungen im Blick. D.h. man hoffte, dass hierdurch eine Entspannung auf dem Arbeitsmarkt eintreten werde und jüngere Beamte durch freiwerdende Stellen Karriere machen könnten.[722]

Nach § 63 Abs. 1 NBG können Beamte mit Dienstbezügen[723] – also Beamte auf Probe, auf Zeit und Lebenszeitbeamte – Altersteilzeit **beantragen**. Praktische Relevanz hat diese Vorschrift allerdings nur für Beamte auf Lebenszeit. Der Antrag kann nach dem Gesetz grundsätzlich formlos erfolgen und muss den gewünschten Beginn der Altersteilzeit nennen und sich bis auf die Zeit des beginnenden Ruhestands beziehen.[724]

Die Altersteilzeit kann nur dann bewilligt werden, wenn deren Voraussetzungen vorliegen. Positive Voraussetzungen sind u.a., dass der Beamte das 60. Lebensjahr vollendet hat (§ 63 Abs. 1 S. 1NBG) und die Altersteilzeit nicht vor dem 1. Januar 2012 beginnt (siehe Satz 4).[725] Als negative Voraussetzung muss geprüft werden, ob der Bewilligung **dringende dienstliche Belange** entgegenstehen. Dienstliche Belange sind alle personalwirtschaftlichen, organisatorischen und fachlichen Anforderungen, die zur sachgemäßen und reibungslosen Erfüllung der Verwaltungsaufgaben zu berücksichtigen sind und damit der Funktionsfähigkeit dienen.[726] Dringend sind diese Belange, wenn ein ordnungsgemäßer Dienstbetrieb ernsthaft erschwert wird.[727] Hierzu gehören insbesondere auch finanzielle Belange, z.B. fehlende Haushaltsmittel.

Daneben muss sich der Beamte – ebenso wie bei der voraussetzungslosen Teilzeit – **schriftlich verpflichten**, dass er Nebentätigkeiten nur im zulässigen Umfang i.S.d. § 61 Abs. 2, 73 Abs. 1 S. 3 NBG ausübt.

Liegen die Voraussetzungen vor, hat der Beamte gleichwohl keinen Anspruch auf Bewilligung, da dem Dienstherrn insoweit **Ermessen** zusteht. Dieses Ermessen ist allerdings **beschränkt**, da der Gesetzgeber ja ausdrücklich die Möglichkeit einer Altersteilzeit geschaffen hat, sodass in aller Regel eine Bewilligung zu erfolgen hat. Lehnt der Dienstherr mangels Vorliegens der Voraussetzungen oder aus anderen Gründen den Altersteilzeitantrag ab, bedarf es der Zustimmung des Personalrates, §§ 65 Abs. 1 Nr. 21, 68 Abs. 1 NPersVG, wenn der Beamte dessen Beteiligung beantragt.

---

721 Siehe hierzu Baßlsperger, ZBR 2001, S. 417, 417

722 Siehe hierzu Baßlsperger, ZBR 2001, S. 417, 419; Rothländer, PersR 1999, S. 92

723 Ausgenommen sind nach § 109 Abs. 5 NBG Beamte des Polizeivollzugsdienstes.

724 Kümmel, § 63 NBG, Rn. 9

725 Besonderheiten gelten insoweit für Lehrkräfte an Schulen.

726 BVerwGE 120, 382

727 Kümmel, § 63 NBG, Rn. 10

Der Umfang der Arbeitszeit in der Altersteilzeit richtet sich nach § 63 Abs. 1 S. 2 und 3 NBG und beträgt 60% der zuvor geleisteten Dienste. Etwas anderes gilt für beschränkt Dienstfähige, siehe § 63 Abs. 2 Nr. 1 NBG. Nach § 63 Abs. 2 S. 1 NBG wird die Altersteilzeit regelmäßig im „Blockmodell" genommen, d.h., die Arbeitszeit wird in der ersten Hälfte vorgeleistet und anschließend werden die Beamten freigestellt. Ausnahmsweise kann auf Antrag auch ein durchgängiges Teilzeitmodell bewilligt werden.

Die Altersteilzeit endet grundsätzlich mit dem Eintritt in den Ruhestand. Ausnahmsweise endet die Altersteilzeit auch dann, wenn dem Beamten die Teilzeittätigkeit nicht mehr zugemutet werden kann und dienstliche Belange nicht entgegenstehen, § 63 Abs. 1 S. 5 NBG (siehe hierzu oben Rn. 224).

d. Rechtsfolgen der Teilzeitbeschäftigung

Die Teilzeittätigkeit wirkt sich zuvorderst auf die Arbeitszeit aus, die auf Antrag des Beamten 227 herabgesetzt wird. Damit vermindert sich in dem gleichen Maße wie die Arbeitszeit (siehe § 1 NBesG, § 6 BBesG) auch der Anspruch des Beamten auf seine Dienstbezüge (§ 1 NBesG, § 1 Abs. 2 BBesG) und sonstigen Bezüge (§ 1 NBesG, § 1 Abs. 3 BBesG). Die Beihilfeberechtigung bleibt vollumfänglich bestehen.[728]

Versetzung und Abordnung sind ebenfalls möglich, dürfen aber den Interessen der Teilzeit nicht zuwiderlaufen. Dies gilt auch für Mehrarbeit, die nach pflichtgemäßem Ermessen angeordnet werden kann.[729] Der Urlaubsanspruch entspricht bei täglicher verminderter Arbeitszeit dem Urlaubsanspruch von „Vollzeitbeamten". Bei Verteilung auf wenige Tage findet eine entsprechende Minderung statt. Bei der Berechnung der ruhegehaltfähigen Dienstzeiten werden Zeiten einer Teilzeitbeschäftigung nur anteilig mit dem jeweils geleisteten Anteil berücksichtigt. Weitere Einzelheiten hierzu finden sich bei Plog/Wiedow.[730]

3. MUTTERSCHUTZ UND ELTERNZEIT

Literaturhinweis zur Vertiefung: Baßlsperger, Maximilian, Mutterschutz und Elternzeit, ZBR 2010, S. 369 ff.

Mutterschutz und Elternzeit sind nach § 46 BeamtStG zu gewährleisten. Grund für diese Regelung ist u.a. der in Art. 6 Abs. 4 GG normierte Auftrag an den Gesetzgeber, Mütter besonders zu schützen. Diese Pflicht besteht seitens des Dienstherrn überdies auch aus der Fürsorgepflicht für seine Beamtinnen.

Da sowohl das Mutterschutzgesetz als auch das Gesetz zum Elterngeld und zur Elternzeit 228 (BEEG) nur für sozialversicherungspflichtige Arbeitsverhältnisse unmittelbar Anwendung findet, haben der Bund und einige Länder Mutterschutz- und Elternzeitverordnungen erlassen, die weitgehend die entsprechende Anwendung der o.a. gesetzlichen Regelungen vorsehen. Niedersachsen selbst hat keine eigene Verordnung diesbezüglich erlassen, sondern verweist

---

[728] Plog/Wiedow, § 61 NBG, Rn. 17
[729] Plog/Wiedow, § 72 a BBG alt, Rn. 15 ff.
[730] Plog/Wiedow, § 72 a BBG alt, Rn. 19 ff.

in § 81 NBG auf eine entsprechende Anwendung der jeweils geltenden Vorschriften, die der Bund hierzu erlassen hat bzw. erlässt.

Vom **Geltungsbereich** der MuSchEltZV sind alle Arten von Beamtenverhältnissen erfasst, insbesondere also auch Beamte und Beamtinnen auf Widerruf. § 1 MuSchEltZV regelt, dass die bekannten **Beschäftigungsverbote** und **Stillzeiten** des MuSchG auch für Beamtinnen während der Schwangerschaft und der Stillzeit gelten.
Die §§ 6 ff. der MuSchEltZV gewähren der Beamtin oder dem Beamten einen Anspruch auf Freistellung vom Dienst in entsprechender Anwendung der Regelungen des BEEG, wenn dies gemäß § 16 BEEG schriftlich mindestens 7 Wochen vor Beginn der Elternzeit beantragt wird. Zugleich muss erklärt werden, für welchen Zeitraum innerhalb der ersten beiden Jahre Elternzeit genommen werden soll.

Nach § 7 MuSchEltZV steht Beamten in Elternzeit, die Anspruch auf Dienst- oder Anwärterbezüge haben, auf Antrag eine Teilzeitbeschäftigung bei ihrem Dienstherrn bis zu 30 Stunden wöchentlich zu, wenn **zwingende dienstliche Belange** nicht entgegenstehen. Die Vorschrift erfasst demzufolge alle Beamtenverhältnisse, insbesondere auch Beamtenverhältnisse auf Widerruf. Die Höchstdauer entspricht hier der Regelung im BEEG, also maximal drei Jahre. Der Anspruch wird nur durch entgegenstehende zwingende dienstliche Belange gehindert. D.h. es kommt weder auf die Größe des Dienstherrn noch auf eine Wartefrist an. Grund hierfür ist das beamtenrechtliche Dienst- und Treueverhältnis, das dem Dienstherrn in weitergehendem Maße eine Fürsorgepflicht auferlegt, als dies bei einem Arbeitsverhältnis der Fall ist. Zwingende dienstliche Belange liegen nur vor, wenn im Falle einer Genehmigung schwerwiegende Nachteile für die Verwaltungseinheit drohen.[731] Dieser Maßstab muss auch bzgl. der gewünschten zeitlichen Lage der Arbeitszeit gelten, denn wegen des besonderen Schutzes der Familie muss der Dienstherr weitgehend auf die Vorstellungen des Beamten eingehen.[732] Nach § 8 Abs. 5 NdsArbZVO darf der Freistellungszweck (in Fällen des § 62 NBG also familiäre Belange) durch Regelungen zur Verteilung der Arbeitszeit nicht erschwert werden. Wenn dies aber schon für die familienpolitische Teilzeit gilt, dann muss wegen des besonderen Schutzes in den ersten drei Lebensjahren erst recht den Wünschen der Eltern auf Verteilung der Arbeitszeit entsprochen werden.

229 Darüber hinaus dürfen Beamte mit Genehmigung der zuständigen Dienstbehörde während der Elternzeit auch einer **Teilzeitbeschäftigung außerhalb des Beamtenverhältnisses** in einem Umfang von 30 Wochenstunden nachgehen. Der Beamte muss also einen **Antrag** auf Ausübung der Nebentätigkeit stellen und in diesem auch die Art und den Umfang der Tätigkeit sowie den Arbeitgeber angeben.[733] Hier kommt eine Ablehnung allerdings schon in Betracht, wenn **dringende dienstliche Belange** (siehe zum Begriff oben Rn. 224) entgegenstehen. Der Dienstherr muss binnen einer **Frist von vier Wochen** die Genehmigung versagen, andernfalls darf der Beamte die Nebentätigkeit aufnehmen. Die Nebentätigkeit **ist** zu versagen, wenn sie gegen die in § 73 Abs. 1 S. 2 Nr. 1 bis 6 NBG genannten Gründe verstößt.

Nach § 8 MuSchEltZV greift ein besonderer Entlassungsschutz für Beamte auf Probe und Widerruf. Danach ist eine Entlassung gegen ihren Willen unzulässig. Dieser Schutz gilt allerdings

[731] OVG Schleswig-Holstein, Urt. v. 15.01.2015, Az. 2 LB 14/14 (juris); Baßlsperger, ZBR 2010, S. 369, 373
[732] Baßlsperger, ZBR 2010, S. 369, 373
[733] Baßlsperger, ZBR 2010, S. 369, 374

nicht, wenn der Beamte gemäß § 7 Abs. 1 MuSchEltZV einer Teilzeittätigkeit nachgeht oder die Beendigung kraft Gesetzes eintritt oder zwingend vorgesehen ist.

4. RECHT AUF GEWERKSCHAFTLICHE BETÄTIGUNG

Beamte haben das Recht, sich in Gewerkschaften und Berufsverbänden zusammenzuschließen, 230 § 52 BeamtStG. Dieses Recht ergibt sich originär aus Art. 9 Abs. 1 GG, der jedem Deutschen das Recht gewährt, sich zu Vereinigungen zusammenzuschließen, bzw. aus Art. 9 Abs. 3 GG, der die Koalitionsfreiheit aller sichert. Allerdings steht den Beamten nicht das Recht zu, Tarifverträge auszuhandeln; vielmehr ist es Sache des Gesetzgebers, die Rechtsverhältnisse der Beamten und damit auch Fragen der Arbeitsbedingungen und der Besoldung per Gesetz zu regeln.[734] Damit einhergehend wird – zumindest nach der vorherrschenden Rechtsprechung –[735] den Beamten auch ein Streikrecht verwehrt.

5. PERSONALAKTENRECHT

Im Nachstehenden wird ein **Überblick** über das Personalaktenrecht bei Beamten und die 231 daraus resultierenden Rechte und Pflichten des Beamten bzw. Dienstherrn gegeben.
Die Regelungen zum Personalaktenrecht gehören nicht zu den Statusrechten des Beamten. Zur Erleichterung von Dienstherrnwechseln regeln die Sätze 1 und 2 des § 50 BeamtStG, dass für jeden Beamten **eine Personalakte** zu führen ist und welche **Unterlagen** zur Personalakte gehören. Damit soll insbesondere sichergestellt werden, dass bei einem Dienstherrnwechsel die für die Übernahme eines Beamten notwendigen Personaldaten vorliegen. Dies dient u.a. der Gewährleistung der Mobilität.[736]

Jeder Dienstherr ist nach § 50 S. 1 BeamtStG **verpflichtet**, eine Personalakte zu führen. Hieraus resultieren die Verpflichtungen, ggf. bei einer Einstellung vorhandene Unterlagen zusammenzufassen und die Personalakte während des bestehenden Beamtenverhältnisses zu ergänzen[737]. Sollte der Dienstherr dieser Verpflichtung nicht nachkommen, so kann der betroffene Beamte ggf. Schadensersatzansprüche aus Amtspflichtverletzung (§ 839 BGB i.V.m. Art. 33 Abs. 4 GG) beanspruchen. Mit der aus § 50 S. 1 BeamtStG resultierenden Pflicht des Dienstherrn, eine Personalakte zu führen, geht eine Duldungspflicht des Beamten einher. Hiernach muss der Beamte die Führung der Personalakte durch seinen Dienstherrn dulden.

Eine gesetzliche Definition für den Begriff der Personalakte ist nicht vorhanden. Begrifflich wird in der Rechtsprechung zwischen der Personalakte im **formellen** und **materiellen Sinn** unterschieden.[738] Personalakten im **formellen Sinne** sind ausdrücklich als Personalakte bezeichnete Blattsammlungen, die über die persönlichen und dienstlichen Verhältnisse eines Beamten geführt werden.[739] § 50 S. 1 BeamtStG liegt der Begriff der Personalakte im formellen Sinne

---

734 Reich, § 52 BeamtStG, Rn. 2
735 Siehe Rn. 33
736 BT-Drs. 16/4027, Begründung zu § 51 BeamtStG
737 Reich, § 50 BeamtStG, Rn. 2
738 Im Ganzen Metzler-Müller in Metzler-Müller/Rieger/Seeck/Zentgraf, § 50 BeamtStG, Anm. 2.
739 BVerwGE 38, 94; 62, 135

zugrunde, da hiernach die Verpflichtung besteht, eine Personalakte zu führen.[740] Es besteht das Verbot, mehrere Personalakten bzw. sog. „geheime Personalakten" zu führen.[741] Der Begriff der Personalakte im **materiellen Sinne** betrifft den Inhalt des Vorgangs (sog. Personalaktendaten). Hierbei wird zwischen den Vorgängen unterschieden, die in die Personalakte aufgenommen werden **müssen**, und solchen, die in die Personalakte aufgenommen werden **können**. Zu den Vorgängen, die in die Personalakte **aufgenommen werden müssen**, gehören solche, die ihrem Inhalt nach den Beamten in seinem Dienstverhältnis betreffen.[742] § 50 S. 2 BeamtStG liegt der Begriff der Personalakte im materiellen Sinne zugrunde. Die Personalakte kann nach § 88 Abs. 3 S. 1 NBG nach sachlichen Gesichtspunkten in Grundakte und Teilakten gegliedert werden.

Zweck der Personalakte ist es, ein möglichst vollständiges Bild von der Persönlichkeit des Beamten zu geben und vor allem ein lückenloses Bild der Entstehung und Entwicklung des Dienstverhältnisses als historischen Geschehensablauf zu vermitteln.[743] Personalakten dürfen nach § 50 S. 4 BeamtStG **nur für Zwecke der Personalverwaltung und Personalwirtschaft verwendet werden**, es sei denn, der Beamte willigt in eine anderweitige Verwendung ein.

Die Begriffe der Personalverwaltung und Personalwirtschaft sind weit gefasst.
Der Aufgabenbereich der **Personalverwaltung** umfasst das gesamte Dienstverhältnis des Beamten. Dies reicht von der Begründung und Durchführung des Beamtenverhältnisses bis zu dessen Beendigung und Abwicklung. Hierunter fallen alle Entscheidungen, Maßnahmen oder sonstigen Amtshandlungen, die den Beamten in seinem Dienstverhältnis betreffen oder für die das Dienstverhältnis einen rechtlich maßgeblichen Anknüpfungspunkt bildet (z.B. Gewährung von Beihilfen).[744]

Bei der **Personalwirtschaft** ist – im Unterschied zur Personalverwaltung – noch kein Bezug zu einem individuellen Beamtenverhältnis gegeben. Hier kommen allgemeine Planungserwägungen im Vorfeld von Entscheidungen betreffend die Beamtenverhältnisse in Betracht. Dazu gehören alle Fragen der Personalplanung.[745]

§ 30 S. 5 BeamtStG eröffnet dem Landesgesetzgeber die Möglichkeit, **auch ohne Einwilligung** der Betroffenen von der Zweckbindung nach Satz 4 abzuweichen.[746] Hiervon hat der Gesetzgeber in Niedersachsen durch die Regelung des § 92 NBG Gebrauch gemacht. So ist es nach § 92 Abs. 1 S. 1 NBG ohne Einwilligung des Beamten zulässig, für Zwecke der Personalverwaltung oder Personalwirtschaft der obersten Dienstbehörde, dem Landespersonalausschuss oder einer im Rahmen der Dienstaufsicht weisungsbefugten Behörde die Personalakte vorzulegen. Ferner dürfen personenbezogene Daten aus der Personalakte auch ohne Einwilligung des Betroffenen genutzt oder an eine andere Behörde oder beauftragte Stelle übermittelt werden, soweit sie für die Festsetzung oder Berechnung der Besoldung, Versorgung, Beihilfe oder des Altersgeldes oder für die Prüfung der Kindergeldberechtigung erforderlich sind (§ 92 Abs. 2 NBG). Auskünfte an Dritte dürfen gemäß § 92 Abs. 3 NBG nur mit Einwilligung des Betroffenen

740 Zängl in Weiß/Niedermaier/Summer, Zängl, § 50 BeamtStG, Rn. 1
741 Metzler-Müller in Metzler-Müller/Rieger/Seeck/Zentgraf, § 50 BeamtStG, Anm. 2
742 BVerwGE 50, 301, 311
743 BVerwGE 55, 186, 192
744 Zängl in Weiß/Niedermaier/Summer, Zängl, § 50 BeamtStG, Rn. 32
745 Metzler-Müller in Metzler-Müller/Rieger/Seeck/Zentgraf, § 50 BeamtStG, Anm. 5
746 BT-Drs. 16/4027, Begründung zu § 51 BeamtStG

erteilt werden, es sei denn, der Empfänger macht ein rechtliches Interesse an der Kenntnis der zu übermittelnden Daten glaubhaft und es besteht kein Grund zu der Annahme, dass das schutzwürdige Interesse der oder des Betroffenen an der Geheimhaltung überwiegt.

Nach § 88 Abs. 2 S. 1 NBG dürfen andere Unterlagen als Personalaktendaten nicht in die Personalakte aufgenommen werden. Nicht Bestandteil der Personalakte sind nach § 88 Abs. 2 S. 3 NBG Unterlagen, die besonderen, von der Person und dem Dienstverhältnis sachlich trennenden Zwecken dienen, insbesondere Prüfungs-, Sicherheits- und Kindergeldakten. Nicht primär zur Personalakte gehören die Bewerbungsunterlagen, die vorrangig in einer Sachakte zum Bewerbungsverfahren abgelegt werden sollten. Sachakten beinhalten Daten, die keinen maßgeblichen Bezug zum Dienstverhältnis haben und sachlich getrennten Zwecken dienen. **Beihilfeakten** oder vergleichbare Vorgänge sind von der übrigen Personalakte getrennt zu führen und aufzubewahren, damit der Schutz sensibler Gesundheitsdaten gewährleistet wird. Unterlagen über Beihilfen sind nach § 89 S. 1 NBG als Teilakte zu führen. Auch soll so die Möglichkeit der Beeinflussung von Personalentscheidungen ausgeschlossen werden.[747]
Die Personalakte kann nach § 88 Abs. 2 S. 2 NBG in Teilen oder vollständig **elektronisch geführt** werden.
Da die Personalakten in großem Umfang personenbezogene Daten und Informationen enthalten, die teilweise die Intimsphäre des Beamten betreffen, sieht § 50 S. 3 BeamtStG die **vertrauliche Behandlung** der selbigen vor.

Die Einsichtnahme in Personalakten richtet sich nach § 91 NBG. Nach § 91 Abs. 1 NBG haben Beamte, auch nach Beendigung des Beamtenverhältnisses ein Recht auf Einsicht in ihre **vollständige Personalakte**

Gemäß § 93 Abs. 1 S. 1 NBG sind Unterlagen über Beschwerden, Behauptungen und Bewertungen, auf die die Vorschriften des Disziplinarrechts über die Entfernung von Unterlagen aus der Personalakte **keine Anwendung** finden,

1. falls sie sich als unbegründet oder falsch erwiesen haben, mit Zustimmung des Beamten unverzüglich aus der Personalakte zu entfernen und zu vernichten,
2. falls sie für den Beamten ungünstig sind oder ihm nachteilig werden können, auf seinen Antrag nach zwei Jahren zu entfernen; dies gilt nicht für dienstliche Beurteilungen.

Nach § 93 Abs. 2 S. 1 NBG sind Vorgänge über strafrechtliche Verfahren, soweit diese nicht Bestandteil einer Disziplinarakte sind, sowie Auskünfte aus dem Bundeszentralregister, wenn der Beamte dem zustimmt, nach drei Jahren aus der Personalakte zu entfernen und zu vernichten. Zu den Vorgängen über strafrechtliche Verfahren zählen auch die „Mitteilungen in Strafsachen", mithin die Unterrichtungen des Dienstherrn durch die Staatsanwaltschaft über ein gegen den Beamten gerichtetes Ermittlungs- oder Strafverfahren (MiStra).
Personalakten sind nach § 94 Abs.1 S. 1 NBG generell nach ihrem Abschluss von der personalaktenführenden Behörde fünf Jahre aufzubewahren. Der Abschluss der Personalakte richtet sich nach § 94 Abs. 1 S. 2 NBG.

---

[747] Metzler-Müller in Metzler-Müller/Rieger/Seeck/Zentgraf, § 50 BeamtStG, Anm. 2

III. Vermögenswerte Rechte

Literatur zu Vertiefung: Ebenhoch-Combs, Andrea, Die Anknüpfung an das Lebensalter in der Besoldung – Ein Überblick über die Rechtsprechung des Gerichtshofs der Europäischen Union und des Bundesverwaltungsgerichts und seine Folgen für Bund und Länder, RiA 2015, S. 103 ff.; Hebeler, Timo, Verfassungsrechtliche Vorgaben für die Beamtenbesoldung, insbesondere im Hinblick auf die Orientierung der Beamtenbesoldung an der tariflichen Gehaltsentwicklung, ZTR 2016, S. 377 ff.

232 Die wesentlichen vermögenswerten Rechte setzen sich aus dem **Recht auf Besoldung**, dem **Recht auf Versorgung** sowie den **sonstigen geldwerten Leistungen** zusammen und beruhen letztlich auf dem Alimentationsgrundsatz.[748]

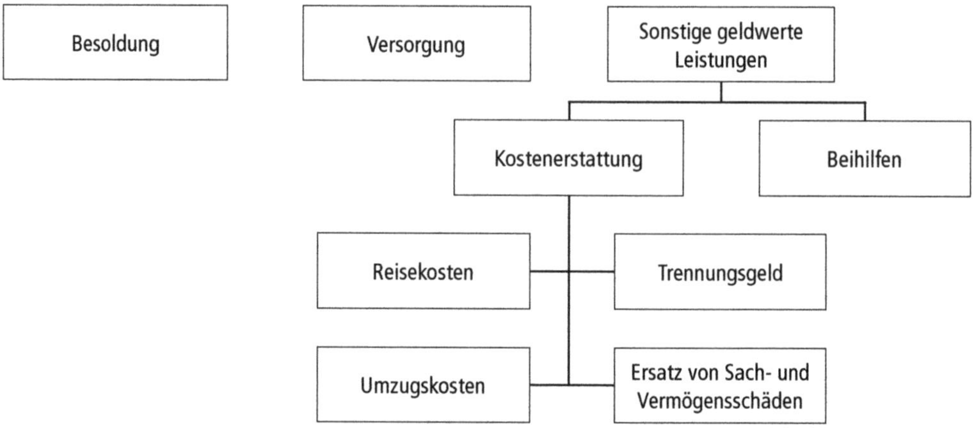

Abbildung 18 – Übersicht über vermögenswerte Rechte

233 Das Recht, Besoldungsgesetze zu erlassen, steht nach der Föderalismusreform gemäß Art. 74 Abs. 1 Nr. 27 GG den Ländern zu. Niedersachsen hat zwischenzeitlich ein Niedersächsisches Besoldungsgesetz (NBesG) erlassen, das in Teilen - siehe § 2 und § 1 Abs. 2 NBesG - auf das Bundesbesoldungsgesetz in seiner Fassung vom 31.08.2006 verweist.

Am 20.05.2015 hat die Landesregierung einen Entwurf eines Gesetzes zur Neuregelung des Besoldungsrechts sowie zur Änderung anderer dienstrechtlicher Vorschriften[749] vorgelegt. Grund hierfür waren u.a. das Urteil des EuGH[750] und das Urteil des BVerwG vom 30.10.2014.[751] Der EuGH hat festgestellt, dass die Regelungen der §§ 27, 28 BBG a.F. altersdiskriminierend waren. Das Urteil des BVerwG befasst sich sodann mit etwaigen Ansprüchen von Besoldungsempfängern, die durch die Regelungen der §§ 27, 28 a.F. BBesG diskriminiert wurden sowie mit der Rechtmäßigkeit von Überleitungsregelungen in die neuen Besoldungssysteme und Möglichkeiten einer rückwirkenden Inkraftsetzung eines neuen Besoldungssystems. Da in Niedersachsen eben diese Regelungen fortgelten, muss das Land eine Regelung treffen, die möglichst günstig und einfach in der verwaltungspraktischen Umsetzung ist. Das Ausschussprotokoll des federführenden Ausschusses Haushalt und Finanzen vom 15.06.2016[752]

---

748 Leppek, Rn. 237 ff.
749 Nds. LT-Drs. 17/3512
750 EuGH, Urt. v. 08.09.2011, Az. Rs C 297/10 - Hennings und Mai (juris)
751 BVerwG, Urt. v. 30.10.2014, Az. 2 C 3/13 (juris) = BVerwGE 150, 255-265
752 Ausschussprotokoll Ausschuss für Haushalt und Finanzen 17/119 (Kurzbericht) vom 15.06.2016

beinhaltet nur den Hinweis, dass die Beratung des Gesetzentwurfes fortgesetzt wird. Das neue niedersächsische Besoldungsgesetz wird aller Voraussicht nach zum 01.01.2017 in Kraft treten, an den Grundzügen des Besoldungsrechts wird sich allerdings nicht viel ändern.

Die Beamten sind amtsangemessen zu besolden.[753] Die **Besoldung** setzt sich u.a. zusammen aus den Grundgehältern, dem Familienzuschlag, möglichen Zulagen, Vergütungen und ggf. der Auslandsbesoldung, § 1 Abs. 2 BBesG. Zu den sonstigen Bezügen gehören die Anwärterbezüge, Sonderzahlungen und vermögenswirksame Leistungen, § 1 Abs. 3 BBesG.

Neben der Besoldung folgt aus dem Alimentationsgrundsatz auch, dass dem Beamten und 234
seiner Familie bei dem Ausscheiden aus dem aktiven Dienst ein angemessener Lebensunterhalt zur Verfügung gestellt werden muss. Wichtigster Bestandteil der **Versorgung** ist das **Ruhegehalt**. Das Ruhegehalt richtet sich nach den letzten Dienstbezügen sowie der aktiven Dienstzeit, wobei auch Zeiten der Ausbildung, Zeiten im öffentlich-rechtlichen Beschäftigungsverhältnis oder sonstige Tätigkeiten berücksichtigungsfähig sein können. Nach § 16 Abs. 1 NBeamtVG beträgt das Ruhegehalt für jedes Jahr ruhegehaltfähiger Dienstzeit 1,79375 Prozent der ruhegehaltfähigen Dienstbezüge (§ 5 NBeamtVG), insgesamt jedoch höchstens 71,75 Prozent. Zur Versorgung gehören auch die Hinterbliebenen- und die Unfallfürsorge.

Neben diesen beiden wesentlichen Säulen können Beamte den **Ersatz von anfallenden Kos-** 235
ten für Reisen (§ 84 NBG), Umzüge (§ 85 NBG), für Trennung (§ 86 NBG) sowie für Sach- und Vermögensschäden (§ 83 NBG) verlangen. Die Einzelheiten ergeben sich aus den jeweiligen gesetzlichen Vorschriften und den dazu erlassenen Verordnungen der Länder.

Daneben wird den Beamten **Beihilfe** in Krankheits-, Geburts- und Pflegefällen gewährt. Die 236
Einzelheiten ergeben sich im Wesentlichen aus § 81 NBG. Der Erlass einer formell-gesetzlichen Grundlage war erforderlich geworden, nachdem das Bundesverwaltungsgericht entschieden hat, dass es an einer solchen bislang fehlte und dies nicht mit Art. 33 Abs. 5 GG zu vereinbaren sei.[754] Gleichwohl hat Niedersachsen, wie die meisten Länder, darüber hinaus zur Regelung der Einzelheiten eine Beihilfeverordnung erlassen. Das Recht auf Beihilfe ist eine Art der Unterstützung des Beamten in den o.g. Fällen, die sich im Wesentlichen erst nach dem Zweiten Weltkrieg herausgebildet hat und damit nicht zu den hergebrachten Grundsätzen des Berufsbeamtentums zählt.[755] Vielmehr ist es dem Gesetzgeber jederzeit unbenommen, die Krankenfürsorge anderweitig zu regeln, wobei er allerdings den Alimentationsgrundsatz zu beachten hat.

[753] BVerfGE 44, 249, 265 f.; 130, 263 ff.
[754] BVerwGE 121, 140, 141
[755] BVerfGE 58, 68, 76

C. PFLICHTEN

Literaturhinweise zur Vertiefung: Günther, Hellmuth, Carl Hermann Ule: Grundlegende Beiträge zum Beamtenrecht, DÖD 2015, S. 284 ff.; Heilbronner, Kay, Der öffentliche Dienst als „pouvoir neutre", ZaöRV 2009, S. 267 ff.; Herold, Nico, Die beamtenrechtliche Zulässigkeit des „Whistleblowing", ZBR 2013, S. 8 ff.; Hilg, Günter, Grundstrukturen des neuen Dienstrechts in Bund und Ländern, Teil 16, apf 2012, S. 330 ff.; Hoffmann, Boris, Ausgewählte Prüfungsprobleme des Beamtenrechts, apf 2012, S. 105 ff.; Leuze, Dieter, Die politischen Pflichten des Beamten in Theorie und Praxis, DÖD 1994, S. 125 ff.; Steiner, Harald, Die Pflichtenstellung des Beamten – Eine strukturrechtliche Analyse der beamtengesetzlichen Beamtenpflichten, ZBR 2014, S. 238 ff.

237 Wie bereits oben unter dem Aspekt der Rechte ausgeführt, zeichnet sich das Verhältnis zwischen Beamten und Dienstherrn durch besondere Rechte, aber vor allem auch einen umfassenden Pflichtenkanon aus. Die Pflichten des Beamten resultieren aus Art. 33 Abs. 4 GG bzw. § 3 BeamtStG. Dabei ist das öffentlich-rechtliche Dienst- und Treueverhältnis bezogen auf die Beamtenpflichten aber eher als Leitlinie für die gesetzgeberische Ausgestaltung von Pflichten denn als eine Bestimmung über das Bestehen konkreter Pflichten des Beamten zu verstehen. Die wesentlichen sich aus dem öffentlich-rechtlichen Dienst- und Treueverhältnis ergebenden Pflichten sind durch den Gesetzgeber ausgestaltet worden, nämlich in der Form, dass in den Beamtengesetzen einerseits generalklauselartige Regelungen ganze Pflichtenbereiche erfassen (z. B. §§ 33, 34 BeamtStG) – sog. **Allgemeine Dienstpflichten** und andererseits – dem Gesetzgeber besonders bedeutend erscheinende **Besondere Dienstpflichten** – zu einem erheblichen Teil bereits erfasst durch die allgemeinen Pflichten – noch einmal besonders normiert worden sind. Soweit eine spezielle Normierung nicht stattgefunden hat, sind durch die Rechtsprechung aus den Generalklauseln spezifische Anforderungen an die Beamten entwickelt worden. Über die in den Beamtengesetzen enthaltenen Pflichten hinaus ergeben sich aber weitere, die sich unmittelbar aus dem Treueverhältnis ableiten lassen. Spezielle Pflichten können sich aber auch aus dem oben beschriebenen Sonderrechtsverhältnis ergeben. Damit kann die Regelung von Pflichten – ohne dem Grundsatz des Vorbehalts des Gesetzes genügen zu müssen – durch **Verwaltungsvorschriften, besondere Dienstanweisungen** sowie durch **Verwaltungsübung** erfolgen.

Originär aus der Treuepflicht sind z.B. folgende Pflichten abzuleiten:

- Die Pflicht, seine ganze Persönlichkeit in den Dienst seines Amtes zu stellen und auch außerhalb seines amtlichen Pflichtenkreises alles zu vermeiden, was die dienstlichen Interessen schädigen und damit das Wohl der Allgemeinheit gefährden könnte.
- Die Pflicht, die Interessen des Dienstherrn zu wahren und vor Schäden zu bewahren.
- Die Pflicht zur Offenheit und Wahrhaftigkeit gegenüber dem Dienstherrn (Dienstvorgesetzte, Vorgesetzte).
- Die Pflicht zur Überprüfung des Besoldungsbescheids auf Richtigkeit und Achtung auf Überzahlung.

I. Allgemeine Dienstpflichten

Die allgemeinen Dienstpflichten lassen sich ihrerseits wiederum in **allgemeine politische Pflichten** sowie **allgemeine Pflichten innerhalb** und **außerhalb des Dienstes** unterteilen. 238

Allgemeine Dienstpflichten		
Allgemeine politische Pflichten	**Allgemeine Pflichten innerhalb des Dienstes**	**Allgemeine Pflichten außerhalb des Dienstes**
a) Pflicht zum Dienst am ganzen Volk (§ 33 Abs. 1 S. 1 BeamtStG) **Neutralitätspflicht** b) Pflicht zum Bekenntnis und zum Eintreten für die freiheitliche demokratische Grundordnung (§ 33 Abs. 1 S. 3 BeamtStG) **Verfassungstreuepflicht** c) Pflicht zur **Mäßigung** und Zurückhaltung **bei politischer Betätigung** (§ 33 Abs. 2 BeamtStG)	a) **Pflicht zum vollem persönlichen Einsatz** (§ 34 S. 1 BeamtStG) b) Pflicht zu gerechter, unparteiicher und uneigennütziger Amtsführung (§ 33 Abs. 1 S. 2, § 34 S. 2 BeamtStG) **Pflicht zum gemeinwohlorientierten Handeln** c) Pflichten gegenüber Vorgesetzten (§ 35 BeamtStG) **Beratungs- und Gehorsamspflicht** d) **Allgemeine Wohlverhaltenspflicht** innerhalb des Dienstes (§ 34 S. 3 BeamtStG) e) Pflicht zur Einhaltung des Dienstweges bei Anträgen und Beschwerden (§ 104 NBG) f) Pflicht zu rechtmäßigem Handeln, **Remonstrationspflicht** (§ 36 BeamtStG)	**Allgemeine Wohlverhaltenspflicht außerhalb des Dienstes** (§ 34 S. 3 BeamtStG)

Abbildung 19 – Allgemeine Dienstpflichten

1. NEUTRALITÄTSPFLICHT

Literaturhinweise zur Vertiefung: Halfmann, Ralf, Der Streit um die „Lehrerin mit Kopftuch" – Die Religionsfreiheit von Beamten im Konflikt mit dem religiös-weltanschaulichen Neutralitätsgebot des Staates, NVwZ 2000, S. 862 ff.; Püttner, Günter, Zur Neutralitätspflicht des Beamten, Öffentlicher Dienst: Festschrift für Carl Hermann Ule zum 70. Geburtstag, S. 383 ff.

Nach § 33 Abs. 1 S. 1 BeamtStG ist der Beamte verpflichtet, dem ganzen Volk, nicht einer 239
Partei, zu dienen. Damit statuiert diese Vorschrift, dass der Beamte als Teil des Berufsbeamtentums bei seiner Tätigkeit dem **ganzen Volk** dient und zur **parteipolitischen Neutralität** verpflichtet ist.[756] Diese Vorschrift ist somit zweigeteilt. Einerseits geht es um die dienende neutrale Amtsführung und andererseits um die parteipolitische Neutralität des Beamten.[757] Diese Neutralitätsverpflichtung ist umfassend zu verstehen, d.h., sie verbietet dem Beamten, sich bei der Amtsführung von parteipolitischen, verbandspolitischen, konfessionellen, verwandtschaftlichen oder sonstigen Interessen leiten zu lassen,[758] und zwar weder zum Nachteil noch zum Vorteil einer Interessengemeinschaft. Damit kommt zum Ausdruck, dass

756 Kohde in v. Roetteken/Rothländer, § 33 BeamtStG, Rn. 6 und 8

757 Püttner, in FS Ule, S. 383, 387

758 Baßlsperger, Kap. 13, Rn. 14

jeder Beamte Teil eines auf das Gemeinwohl verpflichteten Berufsbeamtentums ist und damit Teil der gemeinwohlorientierten Staatsverwaltung.[759]
Soweit es in § 33 Abs. 1 S. 1 BeamtStG heißt: „**nicht einer Partei**", ist damit eine politische Partei gemeint.[760] Der Beamte darf also nicht zugunsten einer Partei handeln, sondern hat jeder verfassungsmäßigen Regierung zur Verfügung zu stehen und damit die Funktionsfähigkeit der Verwaltung zu garantieren.[761] Problematisch ist dies immer dann, wenn der Beamte Aufgaben erfüllen muss, die im Spannungsfeld zwischen dienstlich veranlassten Tätigkeiten und parteipolitischen Aktivitäten liegen.

Nur eingeschränkt gilt die parteipolitische Neutralitätspflicht hingegen für die **politischen Beamten** (§ 30 BeamtStG).[762] Da es ihre Aufgabe ist, ihr Amt in fortdauernder Übereinstimmung mit den grundsätzlichen politischen Ansichten und Zielen der Regierung auszuüben, dürfen sie die Politik der Regierung nicht nur nicht behindern, sondern müssen sie stets aktiv unterstützen.[763]

Möchte der Beamte selbst politisch aktiv sein, ist ihm dies grundsätzlich erlaubt, d.h., es gibt kein generelles parteipolitisches Betätigungsverbot.[764] Der Beamte muss aber gemäß § 33 Abs. 2 BeamtStG das politische Mäßigungsgebot beachten.

> **Beispiel:**
> Der Oberbürgermeister der Stadt Düsseldorf hatte auf der städtischen Internetseite dazu aufgerufen, die Lichter als Zeichen gegen „Pegida" zu löschen und zu Gegendemonstrationen aufgerufen und hiermit gegen die Neutralitätspflicht verstoßen (VG Düsseldorf, Beschl. v. 09.01.2015, Az. 1 L 54/15 [juris]).

2. PFLICHT ZUM GEMEINWOHLORIENTIERTEN HANDELN/UNEIGENNÜTZIGE AMTSFÜHRUNG

Literaturhinweise zur Vertiefung: Lindner, Franz, Der Gerechtigkeitsauftrag des Beamten, ZBR 2016, S. 1 ff.; Steiner, Harald, Uneigennützigkeit und Gewissenhaftigkeit – Die Anforderungen zentraler beamtenrechtlicher Pflichtenkategorien, DÖD 2013, S. 133 ff.

240 Der Beamte hat nach § 33 Abs. 1 S. 2 BeamtStG seine Aufgaben **unparteiisch** und **gerecht zu** erfüllen und sein Amt zum Wohl der Allgemeinheit zu führen. Die **Pflicht zum gemeinwohlorientierten Handeln** ergänzt die Verpflichtung aus Satz 1 und betrifft die Amtsführung selbst.[765]

Unparteiisch und gerecht ist die Amtsführung dann, wenn sich der Beamte bei der Erfüllung seiner dienstlichen Aufgaben strikt an die gesetzlichen Vorgaben hält und nicht an sachfremden Interessen orientiert. Die Unparteilichkeit gewährleistet damit eine möglichst objektive Amtsführung,

---

759 Kohde in v. Roetteken/Rothländer, § 33 BeamtStG, Rn. 5
760 Metzler-Müller in Metzler-Müller/Rieger/Seeck/Zentgraf, § 33 BeamtStG, Anm. 2
761 Battis, § 60 BBG, Rn. 7
762 Seeck in Metzler-Müller/Rieger/Seeck/Zentgraf, § 3 BeamtStG, Anm. 2.2
763 BVerwG, Urt. v. 17.09.1981, Az. 2 C 12/80, Rn. 17 (juris)
764 Kohde in v. Roetteken/Rothländer, § 33 BeamtStG, Rn. 9
765 Kohde in v. Roetteken/Rothländer, § 33 BeamtStG, Rn. 10

losgelöst von den verschiedenen Interessen der am Prozess beteiligten Personen. Voraussetzung ist dementsprechend, dass die Beamten die geltenden Gesetze, Verwaltungsanordnungen und die einschlägige Rechtsprechung kennen.[766] Diese Grundpflicht enthält zudem das an den Beamten gerichtete Gebot, sich nicht in einer die Besorgnis der Parteilichkeit begründenden Weise zu verhalten.[767] Es dürfen keine Zweifel an der unparteiischen Amtsführung entstehen. Eine Besorgnis der Parteilichkeit ist dann indiziert, wenn objektive Gründe vorliegen, die aus Sicht eines vernünftigen Betrachters Misstrauen gegen die Unparteilichkeit des Beamten erregen.[768] Der Beamte darf auch nicht bestechlich sein und muss sein Amt uneigennützig ausüben.[769] Letzteres ist nur sicher gewährleistet, wenn der Beamte unbefangen ist. Sobald seinerseits eine Interessenkollision besteht, hat er diese anzuzeigen und die begehrte Amtshandlung zu unterlassen bzw. an einen unbefangenen Kollegen abzugeben oder die Entscheidung des Vorgesetzten einzuholen.[770]

Beispiel:

- Ein Polizist hielt während des Dienstes in einem Videoüberwachungsfahrzeug ein Fahrzeug an, weil die zulässige Höchstgeschwindigkeit auf der Autobahn um 120 km/h überschritten war. Der Fahrer gab an, im Falle des zu erwartenden Fahrverbots drohe ihm der Verlust seiner Arbeitsstelle. Der Polizist gab die Anzeige nicht in den Geschäftsgang. Stattdessen vereinbarte er telefonisch ein Treffen mit dem Fahrer, bei dem er anbot, gegen Zahlung von 200 bis 250 € an einen namentlich nicht genannten Dritten diesen als Fahrer anzugeben. Der Fahrer bat sich Bedenkzeit aus (BVerwG, Urt. v. 28.02.2013, Az. 2 C 3/12 [juris] = BVerwGE 146, 98-116).
- Ein Beamter hat in Anträgen auf Gewährung von Trennungsgeld, Reisebeihilfe für eine Familienheimfahrt vorsätzlich falsche Angaben zu seinen Wohn- und Familienverhältnissen gemacht hat und dadurch zu Unrecht 22.524,38 DM (11.516,53 €) an Trennungsgeld, Unterkunftskosten und Reisebeihilfen erhalten
- Ein als Leiter des Personalreferats eingesetzter Beamter verletzt das Gebot unparteiischer und gerechter Aufgabenerfüllung im Sinne von § 34 Abs. 1 S. 2 BeamtStG, wenn er sich in einem Kantinengespräch mit anderen Bediensteten über Menschen fremder Staatsangehörigkeit oder über Juden in einer Weise äußert, die die Besorgnis rechtfertigt, er werde bei der Erfüllung seiner dienstlichen Aufgaben Personen solcher Herkunft gegenüber anderen Menschen benachteiligen (BVerwG, Urt. v. 20.02.2001, Az. 1 D 55/99 [juris] = BVerwGE 114, 37-50).

3. VERFASSUNGSTREUEPFLICHT/POLITISCHE TREUEPFLICHT

Literaturhinweise zur Vertiefung: Siems, Thomas, Der Umgang mit Extremismus im öffentlichen Dienst, DÖV 2014, S. 338 ff.; Ullrich, Norbert, „Extremismus": ein Rechtsbegriff und seine Bedeutung, JZ 2016, S. 169 ff.; ders., Nicht strafbares Verhalten im privaten Bereich als Verstoß gegen beamtenrechtliche Pflichten?, ZBR 2015, S. 73 ff.

---

[766] Hilg, apf 2012, S. 330, 332; Battis, § 60 BBG, Rn. 10

[767] BVerwG Urt. v. 11.06.1968, Az. 2 C 101.64, ZBR 1968, S. 279, 280; BVerwG, Urt. v. 20.01.2000, Az. 2 C 19/99 (juris)

[768] BVerwG, Urt. v. 20.02.2001, Az. 1 D 55/99, Rn. 41 (juris) = BVerwGE 114, 37-50

[769] St. Rspr. BVerwG, Urt. v. 28.02.2013, Az. 2 C 3/12 (juris) = BVerwGE 146, 98-116

[770] Battis, § 60 BBG, Rn. 10

241 Alle Beamten sind verpflichtet, sich jederzeit zur freiheitlichen demokratischen Grundordnung zu bekennen und für diese einzutreten, § 33 Abs. 1 S. 3 BeamtStG. Diese hier formulierte **sog. Verfassungstreuepflicht** wird auch als **politische Treuepflicht** bezeichnet und fordert eine Amtsführung im Geiste der freiheitlichen demokratischen Grundordnung. Die politische Treuepflicht fordert von den Beamten mehr als nur eine formal korrekte, im Übrigen uninteressierte, kühle, innerlich distanzierte Haltung gegenüber Staat und Verfassung, sondern sie fordert von ihm, dass er sich eindeutig von Gruppen und Bestrebungen distanziert, die diesen Staat, seine verfassungsmäßigen Organe und die geltende Verfassungsordnung angreifen, bekämpfen und diffamieren.[771]
Diese Verpflichtung ist als hergebrachter Grundsatz des Berufsbeamtentums anerkannt.[772] Zweck dieses Grundsatzes ist die Sicherung einer stabilen und gesetzestreuen Verwaltung, die auch in Krisenzeiten durch integre Beamte aufrecht gehalten werden soll.[773] Während § 7 Abs. 1 Nr. 2 BeamtStG bei der Berufung in das Beamtenverhältnis von der Einstellungsbehörde eine Prognose darüber verlangt, ob der Beamte dieser Verpflichtung nachkommen wird, geht es bei § 33 Abs. 1 S. 3 BeamtStG um das gesamte gegenwärtige Handeln des Beamten, und zwar innerhalb und außerhalb des Dienstes.[774]

Nach der Rechtsprechung ist unter **freiheitlich-demokratischer Grundordnung** eine Ordnung zu verstehen, *„die unter Ausschluss jeglicher Gewalt- und Willkürherrschaft eine rechtsstaatliche Herrschaftsordnung auf der Grundlage der Selbstbestimmung des Volkes nach dem Willen der jeweiligen Mehrheit und der Freiheit und Gleichheit darstellt. Zu den grundlegenden Prinzipien dieser Ordnung sind mindestens zu rechnen: die Achtung vor den im Grundgesetz konkretisierten Menschenrechten, vor allem vor dem Recht der Persönlichkeit auf Leben und freie Entfaltung, die Volkssouveränität, die Gewaltenteilung, die Verantwortlichkeit der Regierung, die Gesetzmäßigkeit der Verwaltung, die Unabhängigkeit der Gerichte, das Mehrparteienprinzip und die Chancengleichheit für alle politischen Parteien mit dem Recht auf verfassungsmäßige Bildung und Ausübung einer Opposition“*.[775]

Der Beamte muss sich demzufolge zur freiheitlichen demokratischen Grundordnung bekennen und für diese eintreten, und zwar auch außerhalb des öffentlichen Dienstes.[776] **Bekennen** meint dabei mehr als eine neutrale Einstellung, sondern vielmehr ein **aktives Eintreten** in Wort und Tat, das so beschaffen sein muss, dass nicht einmal der Verdacht aufkommt, der Beamte identifiziere sich mit verfassungsfeindlichen Inhalten.[777] **Eintreten** fordert den Beamten zu einem aktiven Entgegentreten auf. Dazu muss er sich ggf. nach außen erkennbar von bestimmten Gruppen oder Äußerungen eindeutig distanzieren.[778]

Das **bloße Haben** einer nicht mit der Verfassung im Einklang stehenden radikalen Überzeugung ist allerdings dann noch keine Pflichtverletzung, solange diese noch keine konkreten Auswirkungen auf die Einstellung des Beamten zur verfassungsmäßigen Ordnung hat.[779] Es muss also ein Aktivitätsmoment hinzutreten.[780]

---

771 BVerfGE 39, 334 Leitsatz 2 und S. 12 f.
772 BVerfGE 39, 334
773 Siems, DÖV 2014, S. 338, 339
774 BVerwG, Urt. v. 20.01.1987, Az. 1 D 114/85, Rn. 16 (juris); Kohde in v. Roetteken/Rothländer, § 33, Rn. 17
775 BVerfGE 2, 1 ff., Leitsatz 2 und S. 12 f.
776 Ullrich, ZBR 2015, S. 73, 79
777 Metzler-Müller in Metzler-Müller/Rieger/Seeck/Zentgraf, § 33 BeamtStG, Anm. 4.1
778 Metzler-Müller in Metzler-Müller/Rieger/Seeck/Zentgraf, § 33 BeamtStG, Anm. 4.1
779 BVerfGE 39, 334, 350 f.; BVerwGE 114, 37, 45; Ullrich, JZ 2016, S. 169, 173
780 Ullrich, JZ 2016, S. 169, 173

Aus dieser Verpflichtung resultiert folgerichtig das Verbot, sich verfassungsfeindlich zu betätigen, sei es aktiv oder passiv. Die **Mitgliedschaft oder Betätigung in einer Partei** oder Vereinigung, die verfassungsfeindliche Ziele verfolgt, ist unabhängig davon, ob die Verfassungswidrigkeit festgestellt wurde oder nicht, problematisch. Entscheidend ist aber auch hier, ob der Beamte die verfassungsfeindlichen Bestrebungen unzulässig fördert.[781] Das Vorliegen einer Pflichtverletzung hängt also in der Regel davon ab, ob in dem konkreten Verhalten des Beamten ein Verstoß gegen die freiheitliche demokratische Grundordnung gesehen werden kann.[782]

Beispiele:

- Tritt ein Beamter als hochrangiger Funktionär einer vom Verwaltungsgericht als extremistisch eingestuften Partei (hier Pro NRW) auf, ist mit überwiegender Wahrscheinlichkeit davon auszugehen, dass er sich mit deren mit der Verfassung unvereinbarer Zielsetzung identifiziert (OVG NRW Beschl. v. 07.04.2014, Az. 3 d B 1094/13.O, Rn. 33 [juris]).
- Ein Beamter, der durch die Übernahme von Parteiämtern und Kandidaturen bei allgemeinen Wahlen für die DKP aktiv in der Öffentlichkeit eintritt, handelt allein dadurch seiner politischen Treuepflicht zuwider, ohne dass es darauf ankommt, ob er nach seiner inneren Einstellung das Programm und die Ziele der Partei in ihrer Gesamtheit oder nur insoweit billigt, als er sie für verfassungskonform hält (BVerwG, Urt. v. 10.05.1984, Az. 1 D 7/83 [juris] = BVerwGE 76, 157-172).
- Ein ehrenamtlicher Bürgermeister, der durch zahlreiche Blogs, Chats sowie Ausführung im Internet und Leserbriefen den nationalsozialistischen Massenmord an europäischen Juden in Gaskammern deutscher Konzentrationslager leugnet sowie die Behauptung aufstellt, die diesbezüglichen deutschen Verbrechen seien Lügen, verharmlost und verherrlicht den Nationalsozialismus, was unvereinbar mit der Pflicht eines Beamten, aktiv für die geltende Verfassungsordnung einzutreten, ist (VG Magdeburg, Beschl. v. 26.08.2013, Az. 8 B 13/13 [juris]).
- Das bloße Anbringen/Tragen ggf. verfassungsfeindlicher Tätowierungssymbole an Stellen des Körpers, die nicht öffentlich zur Schau getragen werden, reicht für eine Verletzung der politischen Treuepflicht schon deshalb nicht aus, weil der Beamte sich hierdurch weder in nach außen ersichtlicher Weise zu einer verfassungsfeindlichen Gesinnung bekennt noch politisch auf seine Umgebung einzuwirken beabsichtigt. Dies gilt auch für den privaten Besitz von CDs „rechter" Bands (BVerwG, Beschl. v. 17.05.2001, Az. 1 DB 15/01, Rn. 18 [juris]).
- Ein als Leiter des Personalreferats eingesetzter Beamter verletzt die politische Treuepflicht aus § 33 Abs. 1 S. 3 BeamtStG **nicht**, wenn er sich in einem Kantinengespräch mit anderen Bediensteten über Menschen fremder Staatsangehörigkeit oder über Juden in einer Weise äußert, die das bloße Haben einer Überzeugung und die bloße Mitteilung, dass man diese habe, niemals eine Verletzung der politischen Treuepflicht darstellt (BVerwG, Urt. v. 20.02.2001, Az. 1 D 55/99, Rn. 44 [juris] = BVerwGE 114, 37-50).

---

781 Kohde in v. Roetteken/Rothländer, § 33 BeamtStG, Rn. 23

782 Zu den Einzelheiten siehe Kohde in v. Roetteken/Rothländer, § 33 BeamtStG, Rn. 23 ff.

4. PFLICHT ZUR MÄSSIGUNG BEI POLITISCHER BETÄTIGUNG

Literaturhinweise zur Vertiefung: Förster, Michael, Politische Betätigung innerhalb der Dienststelle – ein schwieriges Terrain für Dienststellenleitung und Personalrat, PersV 2012, S. 444 ff.; Halfmann, Ralf, Der Streit um die „Lehrerin mit Kopftuch" – Die Religionsfreiheit von Beamten im Konflikt mit dem religiös-weltanschaulichen Neutralitätsgebot des Staates, NVwZ 2000, S. 862 ff.; Sendler, Horst, Was dürfen Richter in der Öffentlichkeit sagen?, NJW 1984, 689 ff.; Sieweke, Simon, Die Beschränkung der politischen Äußerungsrechte der Beamten durch die Mäßigungs- und Zurückhaltungspflicht, ZBR 2010, S. 157 ff.

242 Nach § 33 Abs. 2 BeamtStG haben sich die Beamten bei politischer Betätigung **zu mäßigen** und **Zurückhaltung zu wahren**. Hiermit wird deutlich, dass Beamten sehr wohl eine politische Betätigung erlaubt ist, diese aber bestimmten Grenzen unterliegt.[783] Das Recht auf freie Meinungsäußerung und damit einhergehend die Äußerung von politischen Ansichten ist von Art. 2 und 5 GG gedeckt und sichert dem Beamten auch das Recht, sich jeder demokratischen Partei anschließen zu dürfen und in ihr politisch aktiv zu werden.[784] Dieses Recht kann aber wegen Art. 5 Abs. 2 GG aufgrund allgemeiner Gesetze eingeschränkt werden. Ein solches Gesetz stellt § 33 Abs. 2 BeamtStG dar.[785]

Aus dem Mäßigungsgebot folgt, dass der Beamte bei seiner Amtsführung neutral sein muss und sich bei seiner **dienstlichen Tätigkeit** jeder politischen Betätigung zu enthalten hat.[786] Daher sind beispielsweise parteipolitische Aktivitäten in Dienstgebäuden und dienstlichen Anlagen unzulässig.[787] Ebenso ist es den Beamten verwehrt, im Dienst Parteiabzeichen[788] oder eine Anti-Atomkraft-Plakette[789] zu tragen, da auch durch letztere eine politische Anschauung geäußert wird. Das Mäßigungsgebot gilt aber nicht nur innerhalb, sondern auch außerhalb des Dienstes.[790]

243 **Außerdienstliche Aktivitäten** stehen grundsätzlich unter dem Schutz von Art. 5 Abs. 1 GG, denn der Beamte ist in diesem Bereich vorrangig Grundrechtsträger wie jeder andere auch.[791] Politische Meinungen sind nur durch die Verfassungstreuepflicht begrenzt.[792] Aufgrund dessen kann der Beamte in seiner Freizeit seine politischen Anschauungen durchaus zur Schau tragen, Wahlplakate aufhängen, an Wahlkampfveranstaltungen mitwirken und an Wahlständen für seine Partei werben.[793] Hierbei hat er aber – anders als Nichtbeamte – zu beachten, dass seine Äußerungen dem Mäßigungsgebot genügen müssen und nicht zu polemisch oder grob beleidigend sein dürfen.[794] Um das Vertrauen der Bevölkerung in sein Amt zu schützen, darf er insbesondere auch das Ansehen seiner eigenen Verwaltung nicht schädigen.[795] Aus diesem Grunde ist ihm grundsätzlich auch die sog. „**Flucht in die Öffentlichkeit**" verwehrt, um Missstände anzuprangern.

[783] Reich, § 33 BeamtStG, Rn. 9
[784] Baßlsperger, Kap. 13, Rn. 20
[785] Kohde in v. Roetteken/Rothländer, § 33 BeamtStG, Rn. 39
[786] Metzler-Müller in Metzler-Müller/Rieger/Seeck/Zentgraf, § 33 BeamtStG, Anm. 5
[787] Baßlsperger, Kap. 13, Rn. 21
[788] Battis, § 60 BBG, Rn. 20
[789] Hierzu BVerwGE 84, 292
[790] Metzler-Müller in Metzler-Müller/Rieger/Seeck/Zentgraf, § 33 BeamtStG, Anm. 5
[791] BVerfG, NJW 1983, S. 2681; Kohde in v. Roetteken/Rothländer, § 33 BeamtStG, Rn. 46
[792] Metzler-Müller in Metzler-Müller/Rieger/Seeck/Zentgraf, § 33 BeamtStG, Anm. 5.2, Battis, § 60 BBG, Rn. 21
[793] Metzler-Müller in Metzler-Müller/Rieger/Seeck/Zentgraf, § 33 BeamtStG, Anm. 5
[794] EuGH, ZBR 2000, S. 207
[795] Kohde in v. Roetteken/Rothländer, § 33 BeamtStG, Rn. 46

Beispiele:
- Das Tragen einer Anti-Atomkraft-Plakette durch einen Lehrer während des Schuldienstes verstößt gegen das Gebot der Zurückhaltung bei politischer Betätigung (BVerwG, Urt. v. 25.01.1990, Az. 2 C 50/88 [juris] = BVerwGE 84, 292-299).
- Ein Lehrer, der für die Grünen kandidierte, schrieb mehrfach Leserbriefe unter seinem Namen, aber ohne Bezug zu seinem Amt. Diese enthielten u.a. folgende Begriffe: „Spaltpilz", „Volksfront (aus Rumpf-FDP)", „Kraftmeier" und „flegelhaften (Anwürfen)" „„boshaft ignorant", „Miesmacherei und Diffamierung", „perfide (Zielorientierung)" und „Vasallen" genügen dem Gebot der Mäßigung und Zurückhaltung bei politischer Betätigung nicht (VG Münster, Urt. v. 16.10.2009, Az. 4 K 1765/08 (BeckRS 2009, 40114).
- Lehrer kritisieren öffentlich in einer Anzeige die Entlassung eines Kollegen, der Mitglied der DKP ist (VGH Mannheim in NJW 1983, S. 1215 ff.).

5. PFLICHT ZUM VOLLEN PERSÖNLICHEN EINSATZ

Literaturhinweise zur Vertiefung: Günther, Hellmuth, Leistungssport und Beamtenpflicht, DÖD 1989, S. 7 ff.; Kutzki, Jürgen/Hackemann, Martin, Internet und E-Mail am Arbeitsplatz – Was sollten Arbeitnehmer und Arbeitgeber beachten? –, RiA 2004, S. 69 ff.; Steiner, Harald, Innere Kündigung und beamtenrechtliche Einsatzklausel – Die Nichterfüllung der Beamtenpflicht zum „vollen persönlichen Einsatz im Beruf" durch bewussten Verzicht auf Leistungsbereitschaft, ZBR 2013, S. 370 ff.

Nach § 34 S. 1 BeamtStG hat sich der Beamte mit **vollem persönlichen Einsatz** seinem Beruf zu widmen. Diese Regelung entspricht inhaltlich der Vorgängervorschrift in § 36 BRRG, sie wurde aber sprachlich umgestaltet und spricht nunmehr von einem vollen persönlichen Einsatz und nicht mehr von voller Hingabe für den Beruf. Sie umschreibt generalklauselartig die grundsätzlichen Pflichten des Beamten und soll deutlich machen, dass mit der Begründung eines Beamtenverhältnisses auf Lebenszeit ein gesteigerter Einsatz unter Zurückstellung anderer Interessen gefordert wird.[796] 244

Die Pflicht zum vollen persönlichen Einsatz unterteilt sich in folgende, zum Teil durch den Landesgesetzgeber näher spezifizierte Teilpflichten:
- Dienstleistungspflicht, § 60 NBG,
- Anwesenheitspflicht, § 67 NBG,
- Mehrarbeitspflicht, § 60 Abs. 2 und 5 NBG,
- Pflicht zur Übernahme und Einschränkung von Nebentätigkeiten, § 71 NBG, § 40 BeamtStG, § 73 NBG,
- Fortbildungspflicht, § 45 NLVO,
- Gesunderhaltungspflicht und Pflicht zur Wiederherstellung der Dienstfähigkeit,
- das Streikverbot.

Danach hat der Beamte einen **individuell optimalen** und nicht nur generell durchschnittlichen Einsatz im Rahmen seiner individuellen Möglichkeiten zu erbringen.[797] Diesen Einsatz muss er im 245

[796] BT-Drs. 16/4027, S. 31

[797] BVerwG, Urt. v. 26.06.1980, Az. 2 C 13/79, Rn. 36 (juris); Metzler-Müller in Metzler-Müller/Rieger/Seeck/Zentgraf, § 34 BeamtStG, Anm. 2

Rahmen der **Arbeitszeit am rechten Ort** erbringen.[798] Derjenige, der also nicht zur vorgeschriebenen Zeit am Dienstort erscheint, verletzt daher ebenso seine Pflicht wie derjenige, der seine Verhinderung aufgrund Krankheit o.ä. nicht frühzeitig und umfassend anzeigt.[799] Die Dienstleistungspflicht hat neben der zeitlich-örtlichen auch und insbesondere eine inhaltliche Seite. Die Pflicht, sich mit vollem persönlichen Einsatz dem Beruf zu widmen, verletzt der Beamte, der seine Arbeit in quantitativer oder qualitativer Hinsicht schuldhaft nicht oder grob mangelhaft erfüllt. Hierbei bedarf es des „*Nachweises mehrerer einigermaßen gewichtiger Mängel der Arbeitsweise, die insgesamt über das normale Versagen eines durchschnittlichen Beamten eindeutig hinausgehen und sich als echte Schuld von bloßem Unvermögen abgrenzen lassen*".[800] Hierzu gehört auch das bewusst sehr langsame Arbeiten oder das übermäßige Ausnutzen der Dienstzeit für private Zwecke.[801]

Der Beamte ist zudem auch verpflichtet, **Mehrarbeit** zu leisten, wenn zwingende dienstliche Gründe dies erfordern.

Beispiele:

- Dienst nach Vorschrift ist ein Verstoß gegen § 34 S. 1 BeamtStG (BVerwGE 53, 330-332).
- Ein Leiter eines Eigenbetriebs, der die gebotene Kündigung eines Abfallentsorgungsvertrages unterlässt, da es einen wirksamem Abschluss eines entsprechenden Neuvertrages gibt mit der Folge einer zweijährigen Überschneidung der Entsorgungsverträge und erheblichen finanziellen Konsequenzen, handelt grob fahrlässig, sodass eine schuldhafte Schlechtleistung vorliegt (OVG Lüneburg, Urt. v. 28.01.2014, Az. 20 LD 10/13[juris]).
- Permanente private Internetnutzung von nicht unerheblichem zeitlichen Umfang, auch bei Leerlauf, stellt einen Verstoß gegen § 34 S.1 BeamtStG dar, und zwar selbst, wenn der Beamte seine Dienstpflichten erfüllt hat, da er seine Arbeitskraft in den Leerlaufzeiten hätte anbieten müssen (OVG Rheinland-Pfalz, Urt. v. 30.01.2013, Az. 3 A 10684/12[juris]).

246 Da der Beamte seinen vollen Einsatz schuldet, steht eine Nebentätigkeit, die ihn zeitlich und persönlich ja ebenfalls beansprucht, regelmäßig im Widerstreit hierzu. Daher kann in den gesetzlich vorgesehenen Fällen eine **Untersagung oder Beschränkung der Nebentätigkeit** erfolgen, wenn dienstliche Interessen beeinträchtigt werden, beispielsweise die Einsatzfähigkeit des Beamten nicht mehr gewährleistet ist.[802] Auf der anderen Seite kann der Beamte verpflichtet werden, auf Verlangen des Dienstherrn eine **Nebentätigkeit** im öffentlichen Dienst **auszuüben**. Siehe hierzu Rn. 216.

247 Aus § 34 S. 1 BeamtStG folgt auch eine **Fortbildungsverpflichtung**. Denn nur der optimal fortgebildete Beamte ist in der Lage, sein Amt bestmöglich wahrzunehmen. Er muss sich also über Neuerungen angemessen informieren und bei der Übernahme eines neuen Amtes dafür sorgen, dass er sich die erforderlichen Kenntnisse aneignet.[803] Detaillierte Regelungen bezüglich des Rechts auf Fortbildung finden sich in § 45 NLVO.

---

798 Kohde in v. Roetteken/Rothländer, § 34 BeamtStG, Rn. 4 f.
799 Plog/Wiedow, § 61 BBG, Rn. 1
800 BVerwG, Beschl. v. 19.01.2016, Az. 2 B 44/14, Rn. 11 (juris); BVerwG, Urt. v. 23.07.1991, Az. 1 D 40.90 (juris)
801 Steiner, ZBR 2013, S. 370, 374 und 375
802 Metzler-Müller in Metzler-Müller/Rieger/Seeck/Zentgraf, § 34 BeamtStG, Anm. 2. 3
803 Kohde in v. Roetteken/Rothländer, § 34 BeamtStG, Rn. 20; Steiner, ZBR 2013, S. 370, 375

Der Beamte hat zudem die Pflicht zur **Gesunderhaltung**, damit er seiner Dienstleistungsverpflichtung nachkommen kann.[804] Diese Pflicht verlangt einerseits, dass der Beamte alles zu unterlassen hat, was seiner Gesundheit schadet und andererseits muss er alle gebotenen und zumutbaren Maßnahmen ergreifen, um seinen beeinträchtigten Gesundheitszustand zu beseitigen.[805] D.h. Beamte dürfen die üblichen Sportarten betreiben und auch Alkohol und Tabak in normalem Umfang zu sich nehmen, bestimmte besonders gefährliche Extremsportarten sind ihnen hingegen nicht gestattet.[806] Ist ein Beamter nicht mehr oder nicht mehr voll dienstfähig, muss er alle gebotenen und zumutbaren Maßnahmen zur Wiederherstellung der Dienstfähigkeit ergreifen. Dies umfasst die Pflicht, sich untersuchen zu lassen, sich der angeordneten zumutbaren Therapie zu unterziehen und ggf. auch sich einer Operation zu unterziehen.[807] 248

Beispiele:

- Weigerung, eine stationäre orthopädische Behandlung aufzunehmen, stellt Verstoß gegen Gesunderhaltungspflicht dar, wenn hierdurch die orthopädischen Beschwerden gebessert werden können und dadurch zumindest eine Teildienstfähigkeit erreicht werden könnte (VG München, Urt. v. 10.09.2008, Az. M 13 DK 08.2730 [juris]).
- Pflicht eines Beamten, sich die Schleimhautfalte operieren zu lassen, damit er wieder im Außendienst eingesetzt werden kann (BVerwG, Beschl. v. 09.05.1990, Az. 2 B 48/90 [juris]).
- Ein Beamter ist verpflichtet, alle Verhaltensweisen (nicht nur Nebentätigkeiten) zu unterlassen, die seinen Genesungsprozess verhindern oder auch nur verzögern können (OVG Sachsen-Anhalt, Urt. v. 21.04.2015, Az. 10 L 6/14 [juris]).
- Ein sich aufgrund der Dreitageregelung wegen Rückenschmerzen infolge Festhaltens einer rotierenden Waschmaschine dienstunfähig gemeldeter Beamter verstößt **nicht** gegen seine Genesungspflicht, wenn er nach einer Massage und Einnahme einer Schmerztablette abends eine öffentliche Festveranstaltung (Oktoberfest) besucht (VG Magdeburg, Urt. v. 04.06.2014, Az. 8 A 16/13 [juris]).

Der Genuss von **Alkohol** ist grundsätzlich sozial adäquat und stellt keine Dienstpflichtverletzung dar. Etwas anderes gilt allerdings dann, wenn der Beamte sich kurz vor dem Dienst so betrinkt, dass er seine geforderte Leistung nicht erbringen kann oder wenn er hätte erkennen können, dass durch seinen Alkoholkonsum die Gefahr der Alkoholsucht besteht und er dennoch nichts dagegen unternommen hat.[808] Der Konsum harter Drogen stellt einen Verstoß gegen die Gesunderhaltungspflicht dar, wenn es hierdurch zu dienstlich relevanten Einschränkungen der Gesundheit kommt.[809] Ist der Beamte alkohol-, drogen- oder medikamentensüchtig mit negativen Folgen für seinen Dienst, ist er verpflichtet, an geeigneten Entziehungsmaßnahmen mitzuwirken. Unterlässt er dies oder bricht solche Maßnahmen leichtfertig ab, kann hierin ein Verstoß gegen die Gesunderhaltungspflicht gesehen werden.[810] 249

[804] Metzler-Müller in Metzler-Müller/Rieger/Seeck/Zentgraf, § 34 BeamtStG, Anm. 2. 5

[805] Kohde in v. Roetteken/Rothländer, § 34 BeamtStG, Rn. 10 ff.; Metzler-Müller in Metzler-Müller/Rieger/Seeck/Zentgraf, § 34 BeamtStG, Anm. 2. 5

[806] Kohde in v. Roetteken/Rothländer, § 34 BeamtStG, Rn. 14

[807] Sehr ausführlich Kohde in v. Roetteken/Rothländer, § 34 BeamtStG, Rn. 10 ff. sowie Metzler-Müller in Metzler-Müller/Rieger/Seeck/Zentgraf, § 34 BeamtStG, Anm. 2. 5

[808] BVerwGE 91, 133

[809] Kohde in v. Roetteken/Rothländer, § 34 BeamtStG, Rn. 13

[810] Plog/Wiedow, § 54 BBG, Rn. 4

250 Zum Streikverbot[811] siehe Rn. 33.

6. ALLGEMEINE WOHLVERHALTENSPFLICHT INNERHALB UND AUSSERHALB DES DIENSTES

Literaturhinweise zur Vertiefung: Baßlsperger, Außerdienstliche Pflichtverletzungen von Beamten, PersV 2015, S. 10 ff.; ders., Facebook und Beamtenrecht, Wer beleidigt, riskiert Disziplinarmaßnahmen, PersR 2013, S. 282 ff.; Biletzki, Gregor C., Beamtenrechtliche Pflicht zu würdevollem Verhalten?, ZBR 1998, S. 84 ff.; Günther, Jörg-Michael, Sichtbare großflächige Tätowierungen kein Einstellungshindernis für Polizeivollzugsbeamte?, ZBR 2013, S. 116 ff.; Herold, Nico, Die beamtenrechtliche Zulässigkeit des „Whistleblowing", ZBR 2013, S. 8 ff.; Honsa, Hans-Jürgen, Alkohol- und Drogenmissbrauch im öffentlichen Dienst, DÖD 2001, S. 167 ff.; Mayer, Dietrich, Zur Ansehensschädigung des öffentlichen Dienstes und beamtenrechtlichen Wohlverhaltenspflicht in Disziplinarverfahren, NVwZ 2004, S. 949 ff.; Rogosch, Josef, Konrad, Wohlverhaltenspflicht und Erscheinungsbild, Deutsche Polizei 1996, Landesjournal Hamburg, S. 2 f.; Ullrich, Norbert, Nicht strafbares Verhalten im privaten Bereich als Verstoß gegen beamtenrechtliche Pflichten?, ZBR 2015, S. 73 ff.; Wahlers, Wilhelm, Das äußere Erscheinungsbild uniformierter Beamter, ZBR 2009, S. 116 ff.

251 Generalklausel für das Verhalten von Beamten innerhalb und außerhalb des Dienstes ist § 34 S. 3 BeamtStG. Sein Verhalten hat danach der **Achtung** und dem **Vertrauen** gerecht zu werden, die sein Beruf erfordert. § 34 Satz 3 BeamtStG spricht – anders als die Vorgängerregelung – zwar nicht mehr vom Verhalten innerhalb und außerhalb des Dienstes, sondern vom **Verhalten** des Beamten. Gleichwohl bleibt es bei der bekannten Differenzierung zwischen Verhaltensweisen **innerhalb und außerhalb** des Dienstes, siehe § 47 Abs. 1 BeamtStG.[812]

252 Die Unterscheidung zwischen inner- und außerdienstlicher Pflichtverletzung beruht nicht in der Zufälligkeit räumlicher und zeitlicher Beziehungen eines Verhaltens zur Dienstausübung. Das wesentliche Unterscheidungselement ist vielmehr funktionaler bzw. materieller Natur. Entscheidend für die rechtliche Zuordnung zu „innerhalb des Dienstes" ist die kausale und logische Einbindung eines Verhaltens in ein Amt und die damit verbundene dienstliche Tätigkeit. Dies ist auch dann der Fall, wenn das Verhalten lediglich mittelbare Auswirkungen auf die dienstliche Tätigkeit, z. B. auf die Wahrnehmung dienstlicher Aufgaben oder die Vorbildfunktion hat.[813] Nur dann, wenn sich das Verhalten als das eines **Privatmannes** ansehen lässt, ist es ein außerdienstliches.[814] Der enge Zusammenhang zwischen dem Ziel der Aufgabenerfüllung und den Verhaltensanforderungen hat zur Folge, dass an innerdienstliches Verhalten wesentlich höhere Ansprüche gestellt werden als an außerdienstliches Verhalten. Deshalb ist für den Einzelfall zu prüfen, ob das Verhalten als innerdienstliches oder außerdienstliches anzusehen ist. Letzteres stellt nur dann eine Pflichtverletzung dar, wenn es zusätzlich die qualifizierten Anforderungen von § 47 Abs. 1 S. 2 BeamtStG erfüllt.

253 Das Verhalten des Beamten muss der **Achtung** und dem **Vertrauen** gerecht werden, die ihr Beruf erfordert. Unter der **Achtung** ist das Ansehen zu verstehen, das die Bürger – auch wegen der Integrität – den Beamten entgegenbringen.[815] Entscheidend ist dabei das Ansehen, das dem Beamten als Repräsentanten des Staates und damit mittelbar dem

[811] Siehe auch Lorse, ZBR 2015, S. 109 ff.
[812] Metzler-Müller in Metzler-Müller/Rieger/Seeck/Zentgraf, § 34 BeamtStG, Anm. 4
[813] Metzler-Müller in Metzler-Müller/Rieger/Seeck/Zentgraf, § 34 BeamtStG, Anm. 4
[814] BVerwGE 103, 70, 77; Leppek, Rn. 171
[815] Reich, § 34 BeamtStG, Rn. 13

Berufsbeamtentum als Einrichtung entgegengebracht wird.[816] Dieses dient der Erhaltung der Grundlagen eines allgemeinen Vertrauens in eine rechtsstaatliche, gesetzestreue Verwaltung.

Beim **Vertrauen** geht es um eine von subjektiven Momenten befreite, am Allgemeinwohl orientierte Amtsführung.[817] Der Beamte muss also das allgemeine Vertrauen in eine rechtsstaatliche, gesetzestreue Verwaltung erhalten und muss diesem Vertrauen gerecht werden. Er darf durch sein Verhalten nicht dagegen verstoßen.

Während **die Achtung eher außenorientiert** ist und Mindestnormen festlegt, die der Bürger von einem Repräsentanten des Staates erwarten kann, ist **das Vertrauen mehr innenorientiert**, legt also Anforderungen fest, die der Dienstherr von einem Beamten, den er mit der Erledigung der Aufgaben betraut hat, verlangen kann. Die Generalklausel aus § 34 S. 3 BeamtStG verlangt von dem Beamten insgesamt ein respektvolles und achtungswürdiges Verhalten gegenüber den Bürgern, den Mitarbeitern und Vorgesetzten.

Im Einzelnen bestehen folgende charakteristische **Verhaltenspflichten des Beamten innerhalb des Dienstes**:

- Höflichkeit, Hilfsbereitschaft und Vertrauenswürdigkeit gegenüber dem Publikum;
- Kollegialität gegenüber unterstellten und gleichgestellten Bediensteten;[818]
- Vorgesetzten muss der Beamte mit Achtung begegnen; keine herabsetzenden und verächtlich machenden Äußerungen, wohl aber Interessen gegenüber Vorgesetzten mit Nachdruck und Kritik verfolgen dürfen;[819]
- Beschwerden, Anzeigen von Verfehlungen sind auf dem Dienstweg in sachlicher Form zu melden – keine Flucht in die Öffentlichkeit;[820]
- Vorbildfunktion als Vorgesetzter;
- Pflicht zur Wahrheit bei dienstlichen Äußerungen;[821]
- Beachtung von Gesetzen und anderen Rechtsvorschriften, insbesondere keine Straftaten oder Ordnungswidrigkeiten im Dienst;
- Schuldenmachen;[822]
- Sittliches Verhalten, z.B. keine sexuellen Belästigungen oder Kontakte am Arbeitsplatz;[823]
- Äußeres Erscheinungsbild (insbesondere Tätowierungen, Frisuren und Ohrringe bei Männern).[824]

Eine **Verletzung** dieser Pflichten kommt dann in Betracht, wenn das Verhalten des Beamten geeignet ist, achtungs- oder vertrauensschädigend zu wirken; auf den tatsächlichen Eintritt eines solchen Schadens kommt es hingegen nicht an.[825]

---

816 Metzler-Müller in Metzler-Müller/Rieger/Seeck/Zentgraf, § 34 BeamtStG, Anm. 4
817 Metzler-Müller in Metzler-Müller/Rieger/Seeck/Zentgraf, § 34 BeamtStG, Anm. 4; Reich, § 34 BeamtStG, Rn. 13
818 Plog/Wiedow m.w.N. § 61 BBG, Rn. 27 f.
819 Kümmel, § 34 BeamtStG, Rn. 22
820 BVerwGE 81, 365-370; Biletzki, ZBR 1998, S. 84, 85
821 BVerwG, Urt. v. 27.08.1997, Az. 1 D 49/96 (juris) = BVerwGE 113, 118-127
822 Zahlreiche Beispiele bei Biletzki, ZBR 1998, S. 84, 90 m.w.N.
823 Zahlreiche Beispiele bei Biletzki, ZBR 1998, S. 84, 91 m.w.N.
824 Zahlreiche Hinweise bei Biletzki, ZBR 1998, S. 84 ff. und Wichmann, in Wichmann/Langer, Abschnitt 8, Rn. 207
825 Biletzki, ZBR 1998, S. 84, 85

254 Wie die nachfolgenden Beispiele zeigen, ist gerade das äußere Erscheinungsbild des Beamten ein stets aktuelles Thema. Während nach überkommener Auffassung die Beamten in Bezug auf ihr Erscheinungsbild ihrer Aufgabe entsprechend so auftreten mussten, dass ihnen der Respekt nicht versagt wird, haben sich die Anschauungen darüber, was eine „korrekte" Erscheinung ist, im Zuge des gesellschaftlichen Wandels stark verändert und tun dies immer noch.[826] Einigkeit besteht allerdings darüber, dass dies abhängig vom konkreten Amt und der Stellung des Beamten ist und dabei gewisse Mindeststandards gelten.[827]

Beispiele:
- Ohrschmuck bei Zollbeamten kann für diesen Verwaltungszweig zu Ansehensminderung führen BVerfG NJW 1990, S. 2266, 2267).
- Irokesen-Haarschnitt eines Soldaten stellt keinen Verstoß gegen die Pflicht aus § 34 S. 3 BeamtStG dar BVerwGE 67, 66, 69). Gleiches gilt für einen Karl-Lagerfeld-Zopf eines Polizeibeamten (VGH Kassel, RiA 1997, S. 36 ff.; a.A. Biletzki, ZBR 1998, S. 84, 88)
- Tragen von Kleidung in den Bhagwan-Farben kann einer Lehrerin wegen eines Verstoßes gegen § 34 S. 3 BeamtStG untersagt werden (BayVGH, ZBR 1986, S. 82 f.).
- Eine großflächige Tätowierung eines „mexikanischen Zuckerschädels" lässt keine dahingehende Annahme auf die Wesenszüge und Verhaltensweisen des Tätowierten zu, die nicht mehr der Achtung und dem Vertrauen gerecht werden, die der Beruf des Polizeivollzugsbeamten erfordert (VG Düsseldorf, Urt. v. 05.08.2014, Az. 2 K 778/14, Rn. 32 [juris]).
- Bitte des Vorgesetzten an Untergebene, ihm beim Umzug zu helfen, beeinträchtigt die Unvoreingenommenheit und stellt einen Verstoß dar (Fürst in GKÖD, Bd. I, § 54 BBG, Rn. 14 ff.)

255 Wie bereits oben ausgeführt, ist eine Pflichtverletzung und damit ein Verstoß gegen die außerdienstliche Wohlverhaltenspflicht durch die Regelung in **§ 47 Abs. 1 S. 2 BeamtStG** beschränkt. Danach liegt nur dann ein Dienstvergehen und damit eine disziplinarrechtlich relevante Pflichtverletzung vor, wenn das Verhalten des Beamten im Privatbereich nach den **Umständen des Einzelfalls in besonderem Maße geeignet** ist, das Vertrauen in einer für sein Amt oder für das gesamte Berufsbeamtentum an sich bedeutsamen Weise zu beeinträchtigen. Bezugspunkt ist das konkret-funktionelle Amt (Dienstposten).[828] D.h., ob eine Pflichtverletzung vorliegt, hängt von der Stellung des Beamten in der Verwaltung ab bzw. davon, wie nah der Bezug des Fehlverhaltens zu den dem Beamten übertragenen Dienst- und Obhutspflichten ist (abstrakter Dienstbezug[829]).[830]

Das Vertrauen **des Dienstherrn oder der Allgemeinheit** sind in einem besonderen Maße beeinträchtigt, wenn das Fehlverhalten erheblich über das übliche Maß einer außerdienstlichen Pflichtverletzung hinausgeht.[831] Hierzu reicht es, wenn das Verhalten hierfür grundsätzlich geeignet ist; auf die tatsächlichen Auswirkungen kommt es hier ebenso wenig an wie bei innerdienstlichen Verletzungen der Wohlverhaltenspflicht.[832]

---

[826] Kümmel, § 34 BeamtStG, Rn. 23; Wahlers, ZBR 2009, S. 116, 116
[827] Biletzki, ZBR 1998, S. 84, 87
[828] Baßlsperger, PersV 2015, S. 10, 11
[829] Baßlsperger, PersV 2015, S. 10, 12
[830] Metzler-Müller in Metzler-Müller/Rieger/Seeck/Zentgraf, § 34 BeamtStG, Anm. 4. 2
[831] BVerwG, Urt. v. 30.08.2000, Az. 1 D 37/99 (juris) = BVerwGE 112, 19-29
[832] Baßlsperger, PersV 2015, S. 10, 12

Im **außerdienstlichen Bereich** (Freizeit des Beamten) besteht daher vor allem die Pflicht zu gesetzmäßigem Verhalten.[833] Mögliche Pflichtverletzungen können daher

- Vermögensdelikte,
- leichtfertiges Schuldenmachen,
- Trunkenheit am Steuer,
- Unfallflucht oder
- schwerwiegende Straftaten sein.[834]

Ein außerdienstdienstliches Fehlverhalten wurde beispielsweise in den nachfolgenden Fällen festgestellt bzw. verneint.

Beispiele:
- Vermögensstraftat eines Kassenbeamten ist ein Verstoß gegen die außerdienstliche Wohlverhaltenspflicht (BayVGH, Urt. v. 19.04.2006, Az. 16a D 4/2853 juris]).
- Eine Unfallflucht eines Verkehrspolizisten stellt ebenfalls einen derartigen Verstoß dar (Bsp. bei Baßlsperger, PersV 2015, S. 10,13).
- Bitte eines Vorgesetzten an Mitarbeiter, beim Umzug zu helfen.
- Bei Besitz kinderpornographischer Schriften eines Zollinspektors im privaten Bereich **fehlt** es an einem abstrakten Dienstbezug, und daher handelt es sich hierbei nicht um ein außerdienstliches Dienstvergehen (BVerwG, Urt. v. 19.08.2010, Az. 2 C 13/19 [juris]); etwas anderes gilt bei einem Lehrer (BVerwG, Urt. v. 19.08.2010, Az. 5/10 [juris]).

7. BERATUNGS-, UNTERSTÜTZUNGS- UND GEHORSAMSPFLICHT

Literaturhinweise zur Vertiefung: Günther, Hellmuth, Der Beamte, seine Folgepflicht und die fachliche Weisung eines gekauften Vorgesetzen, JA 2013, S. 672 ff.; Leuze, Dieter, Hierarchie, Gehorsams- und Remonstrationspflicht des Beamten, DÖD 1995, S. 1 ff.; Rux, Johannes, Zu den Voraussetzungen für die Verbindlichkeit dienstlicher Anordnungen, DÖV 2002, 985 ff.; Simianer, Robert, Gehorsam und Verantwortung im Beamtenverhältnis, ZBR 20014, S. 149 ff.; Steiner, Harald, Beratung und Unterstützung – Zentrales beamtenrechtliches Handlungsgebot im Beziehungsfeld zum Vorgesetzen, ZBR 2014, S. 109 ff.

Nach § 35 S. 1 BeamtStG hat der Beamte seine Fach- und Dienstvorgesetzen zu **beraten** und 256
zu **unterstützen**.

Diese Verpflichtung ist umfassend zu verstehen und gilt auch gegenüber gleich- und nachgeordneten Mitarbeitern.[835] Der Beamte soll also aus eigener Initiative aktiv werden und an der Willensbildung mitwirken.[836] Er ist gerade nicht nur Befehlsempfänger, sondern vielmehr eigenverantwortlich Handelnder, der sich sachkundig, konstruktiv und kritisch mitdenkend

833 Leppek, Rn. 171
834 Leppek, Rn. 171; Metzler-Müller in Metzler-Müller/Rieger/Seeck/Zentgraf, § 34 BeamtStG, Anm. 4.2; Wichmann, in Wichmann/Langer, Abschnitt 8, Rn. 208
835 Leppek, Rn. 177; Metzler-Müller in Metzler-Müller/Rieger/Seeck/Zentgraf, § 35 BeamtStG, Anm. 2
836 Steiner, ZBR 2014, S. 109, 111; **a.A.** Reich, § 35 BeamtStG, Rn. 1

an der Aufgabenerfüllung beteiligt.[837] Diese Beratungspflicht soll verhindern, dass der Vorgesetzte eine Fehlentscheidung trifft, und sichert damit auch die neutrale, gerechte und am Gemeinwohl orientierte Amtsführung. Der Beamte hat den Vorgesetzten somit in allen dienstlichen Angelegenheiten im Hinblick auf **Recht- und Zweckmäßigkeit** zu beraten, Bedenken zu äußern[838] und eigene Lösungsvorschläge zu entwickeln.[839]

Die mit der Beratungspflicht einhergehende Unterstützungspflicht sichert ab, dass der Vorgesetzte, der naturgemäß nicht alle Details eines Vorgangs kennen kann, in tatsächlicher und rechtlicher Hinsicht in allen wesentlichen Vorgängen umfassend informiert ist und damit eine rechtmäßige und sachgerechte Entscheidung treffen kann.[840] Sie erstreckt sich auf den gesamten dienstlichen Bereich. Der Umfang dieser Pflicht hängt allerdings stets vom Einzelfall ab.

257 § 35 S. 1 BeamtStG enthält als dritte Komponente eine **Auskunftspflicht**. Diese erstreckt sich auf all jene dienstlichen und außerdienstlichen Informationen, an denen ein dienstliches Interesse besteht,[841] ausgenommen sind jedoch Auskünfte, die den Beamten selbst straf- oder disziplinarrechtlich belasten würden[842] oder wenn der Beamte zur Geheimhaltung verpflichtet ist[843].

258 Die aus § 35 S. 2 BeamtStG folgende **Gehorsamspflicht oder Weisungsgebundenheit** ist konstitutiv für die Stellung des Beamten in der Behördenhierarchie.[844] Danach muss ein Beamter die **Anordnungen** bzw. **Weisungen** seines Vorgesetzten ausführen und die **allgemeinen Richtlinien** befolgen, es sei denn, er ist wegen Satz 3 von dieser Folgepflicht befreit. Weisungsfrei sind beispielsweise Mitglieder des Landesrechnungshofes oder des Landespersonalausschusses.

Anordnungen beziehen sich in der Regel auf Einzelweisungen in einem konkreten Sachverhalt, durch die dem Beamten ein bestimmtes Tun oder Unterlassen aufgegeben wird.[845] Sie können eine sachlich-fachliche oder eine persönliche Dimension haben. Anordnungen bzgl. der persönlichen Lebensführung sind nur ausnahmsweise zulässig, wenn sie sich auf dienstliche Erfordernisse beziehen, denn andernfalls kann sich der Beamte in aller Regel auf seine Grundrechte berufen.[846]

Allgemeine Richtlinien sollen hingegen eine unbestimmte Vielzahl von Fällen regeln.[847] Richtlinien sind allgemeine, verwaltungsinterne Regelungen, die für eine unbestimmte Vielzahl von Fällen aufgestellt wurden und im Innenverhältnis verbindliche Vorgaben enthalten.[848]

259 Der Weisung muss der Beamte jedoch nur nachkommen, wenn der **sachlich und örtlich zuständige Vorgesetzte** die Weisung ausspricht. Diese Anforderung ergibt sich u.a. schon aus § 3

837 Wichmann, in Wichmann/Langer, Abschnitt 8, Rn. 210; Plog/Wiedow, § 62 BBG, Rn. 4; Steiner, ZBR 2014, S. 109, 111
838 Wichmann, in Wichmann/Langer, Abschnitt 8, Rn. 210
839 Steiner, ZBR 2013, S. 370, 375
840 Kümmel, § 35 BeamtStG, Rn. 2; Steiner, ZBR 2014, S. 109, 112
841 Wichmann, in Wichmann/Langer, Abschnitt 8, Rn. 210; v. Roetteken in v. Roetteken/Rothländer, § 35 BeamtStG, Rn. 72 ff.
842 v. Roetteken in v. Roetteken/Rothländer, § 35 BeamtStG, Rn. 80 ff.
843 Metzler-Müller in Metzler-Müller/Rieger/Seeck/Zentgraf, § 35 BeamtStG, Anm. 2
844 Battis, § 62 BBG, Rn. 3; Hilg, apf 2012, S. 330, 333
845 Kümmel, § 35 BeamtStG, Rn. 9
846 Metzler-Müller in Metzler-Müller/Rieger/Seeck/Zentgraf, § 35 BeamtStG, Anm. 3. 3
847 Battis, § 62 BBG, Rn. 4
848 Kümmel, § 35 BeamtStG, Rn. 13

Abs. 3 NBG, denn Vorgesetzter ist nur, wer dafür zuständig ist, dem Beamten für die dienstliche Tätigkeit Weisungen zu erteilen; andere Weisungen stehen dem Vorgesetzen also von vornherein nicht zu. Aber auch der **Weisungsempfänger** muss in dieser Angelegenheit **sachlich und örtlich zuständig** sein und die Anweisung muss zu **dienstlichen Zwecken** ergangen und dabei **nicht** erkennbar **rechtswidrig** sein.[849] Gegenstand von Weisungen sind oftmals Konkretisierungen der Dienstleistungspflicht (Arbeitszeitregelungen etc.) oder betreffen die Amtsführung.[850]

Allgemeine Weisungen sind in der Regel als rechtmäßig anzusehen. Problematisch können jedoch spezielle Einzelweisungen sein. Auch eine solche spezielle Anordnung muss der Beamte – ggfs. sogar mit erhöhter Sorgfalt – stets auf ihre Rechtmäßigkeit hin prüfen, denn auch insoweit trägt er nach § 36 S. 1 BeamtStG die volle persönliche Verantwortung. Er muss sich also fragen, ob das abverlangte Verhalten strafbar oder ordnungswidrig wäre, gegen die Menschenwürde verstieße (siehe § 36 Abs. 2 S. 4 BeamtStG) oder ob im Zeitpunkt des Erlasses der Anordnung eine **offensichtliche oder schwerwiegende Rechtswidrigkeit** vorläge.[851] **Offensichtlich rechtswidrig** ist eine Anordnung aber nur dann, wenn dies quasi für jedermann erkennbar ist.[852] In allen anderen Fällen, also selbst bei rechtswidrigen Anordnungen und sogar bei verfassungswidrigen Weisungen, unterliegt der Beamte der Gehorsamspflicht.[853] Diese enge Auslegung soll die Funktionsfähigkeit der Verwaltung absichern, denn wenn bei jeder ungeklärten Rechtsfrage, sei sie auch noch so unbeachtlich, eine abweichende Rechtsauffassung die Folgepflicht hemmen könnte, dann wäre eine ordnungsgemäße Aufgabenerfüllung unmöglich.[854]

Beispiel:
Eine schwere Rechtswidrigkeit liegt vor, wenn die Anordnung sittenwidrig durch Bestechung erlangt wurde und die verlangte Baugenehmigung offensichtlich rechtswidrig gewesen wäre (VG Berlin, Beschl. v. 10.02.1988, Az. Disz 76/85 [juris] sowie Günther, Jura 2013, S. 672, 673).

Während sich der Beamte gegen fachliche Weisungen von Vorgesetzen – mangels Verwal- 260
tungsaktqualität – nur mit Hilfe der Remonstration nach § 36 BeamtStG zur Wehr setzen kann, sind Anordnungen des Dienstvorgesetzten im persönlichen Bereich mit den bekannten verwaltungsgerichtlichen Klagen angreifbar.[855] Welches Rechtsmittel greift, hängt davon ab, ob ein Verwaltungsakt vorliegt oder nicht. Wird in subjektive Rechte des Beamten – also seine persönliche Rechtsstellung – eingegriffen, hat die Anordnung Außenwirkung und stellt einen mit der Anfechtungsklage angreifbaren Verwaltungsakt dar; geht es um behördenorganisatorische Fragen, fehlt es an der Außenwirkung, sodass sich der Beamte ggf. mit Hilfe von Leistungs-, Feststellungs- oder Unterlassungsklage zur Wehr setzen muss.[856]

---

849 Battis, § 62 BBG, Rn. 4; Leppek, Rn. 178; Kümmel, § 25 BeamtStG, Rn. 9

850 Metzler-Müller in Metzler-Müller/Rieger/Seeck/Zentgraf, § 35 BeamtStG, Anm. 3.3

851 Günther, Jura 2013, S. 672, 676

852 Rux, DÖV 2002, S. 985, 986

853 BVerfG, Beschl. v. 07.11.1994, Az. 2 BvR 1117/94 (juris); BayVGH, Beschl. v. 02.11.2011, Az. 6 CE 11.1346, Rn. 12 (juris)

854 BayVGH, Beschl. v. 20.07.2015, Az. 16b DZ 15/542, Rn. 4 (juris)

855 Simianer, ZBR 2004, S. 149, 154

856 Metzler-Müller in Metzler-Müller/Rieger/Seeck/Zentgraf, § 35 BeamtStG, Anm. 5; Kümmel, § 35 BeamtStG, Rn. 15

8. PFLICHT ZUM RECHTMÄSSIGEN HANDELN/REMONSTRATIONSPFLICHT

Literaturhinweise zur Vertiefung: Felix, Dagmar, Die Bedeutung des Remonstrationsverfahrens für den Rechtsschutz des Beamten, ZBR 1994, S. 18 ff.; Günther, Hellmuth, Remonstration als Pflicht, Obliegenheit, Recht des Beamten, DÖD, 2013, S. 309 ff.; Leuze, Dieter, Hierarchie, Gehorsams- und Remonstrationspflicht des Beamten, DÖD 1995, S. 1 ff.; Quambusch, Erwin, Die unakzeptierte Remonstrationspflicht – Über ein Krankheitssymptom des Rechtsstaats, PersV 2003, S. 364 ff. und 440

261 Nach § 36 Abs. 1 BeamtStG tragen die Beamten für ihre dienstlichen Handlungen die **volle persönliche Verantwortung**, und zwar auch dann, wenn sie einer Anordnung (Einzel- oder allgemeine Weisung)[857] ihres Vorgesetzten gefolgt sind.[858] Dieses Prinzip soll das Rechtsstaatsprinzip absichern und gewährleisten, dass der Beamte, der nach Art. 20 Abs. 3 GG an Gesetz und Recht gebunden ist, jede Entscheidung sorgfältig auf ihre Rechtmäßigkeit hin überprüft.[859] Die **Prüfpflicht** hat eine objektive und eine subjektive Komponente, d.h., ihr Umfang bestimmt sich einerseits danach, was von einem Beamten der jeweiligen Laufbahn unter Berücksichtigung des ihm übertragenen Amtes im konkret-funktionellen Sinne verlangt werden kann, andererseits wird aber auch auf individuelle Kenntnisse und Fähigkeiten abgestellt.[860] Verstößt der Beamte schuldhaft gegen diese Prüfpflicht, haftet er für die Folgen. Diese volle Verantwortung ist für den Beamten jedoch dann problematisch, wenn er auf Weisung handelt, selbst aber eine andere Entscheidung getroffen hätte. Diesen Konflikt löst das Gesetz mit Hilfe des in § 36 Abs. 2 und 3 BeamtStG normierten **Rechts auf Remonstration**, das nicht nur ein Recht, sondern eine **Pflicht** ist.[861] Hat der Beamte Bedenken gegen die Rechtmäßigkeit, ggf. auch Zweckmäßigkeit[862] einer Anordnung, muss er dies **unverzüglich** auf dem Dienstweg, d.h. ohne schuldhaftes Zögern (§ 121 Abs. 1 S. 1 BGB), gegenüber seinem Vorgesetzten geltend machen.[863] **Bedenken** liegen vor, wenn der Beamte gegen die Anordnung zumindest teilweise vernünftige Zweifel hegt.[864] Solange der Vorgesetzte über die Remonstration noch nicht entschieden hat, ist die Folgepflicht ausgesetzt.[865]

Das Verfahren ist zweistufig und formlos, d.h., es kann mündlich, auch fernmündlich oder per E-Mail geführt werden.[866] Wird die Anordnung aufrechterhalten, und bestehen die Bedenken fort, muss sich der Beamte an den **nächsthöheren Vorgesetzten** wenden. Bestätigt dieser – nach Anhörung des Beamten – die Anordnung des Vorgesetzten, muss der Beamte die Anordnung – auch wenn sie rechtswidrig ist – ausführen und ist von der eigenen Verantwortung befreit, § 36 Abs. 2 S. 3 BeamtStG. Nach § 36 Abs. 2 S. 5 BeamtStG kann der Beamte verlangen, dass die Bestätigung der Anordnung schriftlich erfolgt. Gibt es keinen nächsthöheren Vorgesetzten, ist das Remonstrationsverfahren nur einstufig (**str.**).[867]

---

[857] Kümmel, § 36 BeamtStG, Rn. 5; Günther, DÖD 2013, S. 309, 311

[858] Baßlsperger, Kap. 13, Rn. 60

[859] Kümmel, § 36 BeamtStG, Rn. 4; Reich, § 36 BeamtStG, Rn. 3

[860] Leuze, DÖD 1995, S. 1, 7

[861] **H.M.** Hilg, apf 2012, S. 330, 334; Günther, DÖD 2013, S. 309, 311

[862] Wichmann in Wichmann/Langer, Abschnitt 8, Rn. 211

[863] v. Roetteken in v. Roetteken/Rothländer, § 36 BeamtStG, Rn. 74

[864] Metzler-Müller in Metzler-Müller/Rieger/Seeck/Zentgraf, § 36 BeamtStG, Anm. 3

[865] Reich, § 36 BeamtStG, Rn. 6

[866] Simianer, ZBR 2004, S. 149, 152

[867] Kümmel, § 36 BeamtStG, Rn. 7; **a.A.** Metzler-Müller in Metzler-Müller/Rieger/Seeck/Zentgraf, § 36 BeamtStG, Anm. 3; v. Roetteken in v. Roetteken/Rothländer, § 36 BeamtStG, Rn. 83

Letzteres gilt allerdings nicht, wenn das aufgetragene Verhalten **strafbar** oder **ordnungswidrig** ist und die Strafbarkeit oder Ordnungswidrigkeit für den Beamten **erkennbar ist** oder wenn hierdurch **die Würde des Menschen verletzt würde** (§ 36 Abs. 2 S. 4 BeamtStG) oder es sich um **offenkundig rechtswidrige Weisungen**[868] handelt.
Bei **Gefahr im Verzug** kann das Remonstrationsverfahren abgekürzt werden. Da es hier grundsätzlich nicht um den persönlichen Rechtsstatus des Beamten geht, steht ihm auch kein Rechtsschutz gegen eine solche Anordnung des Vorgesetzten oder des nächsthöheren Dienstvorgesetzten zu.

II. Besondere Dienstpflichten

Zu den besonderen Dienstpflichten gehören: 262

- die Leistung des Diensteides (§ 38 BeamtStG, § 47 NBG),
- die Verschwiegenheitspflicht (§ 37 BeamtStG),
- das Verbot der Annahme von Belohnungen und Geschenken (§ 42 BeamtStG, § 49 NBG),
- besondere Tätigkeitsbeschränkungen bei Nebentätigkeiten (§ 40 BeamtStG, §§ 70 ff. NBG) und der Amtsausübung (§ 39 BeamtStG, § 48 NBG),
- Einhaltung des Dienstweges (§ 104 NBG),
- Tragen besonderer Kleidung (§ 56 NBG) und
- bestimmte Aufenthaltsbeschränkungen (§§ 54, 55 NBG).

1. DIENSTEID

Der Beamte ist **nach** der Begründung eines Beamtenverhältnisses verpflichtet, einen **Dienst-** 263
eid zu leisten, § 38 BeamtStG. Nach § 38 Abs. 2 und 3 BeamtStG i.V.m. § 47 Abs. 2 und 3 NBG kann der Beamte auch ein **Gelöbnis** ableisten, nämlich dann, wenn der Beamte erklärt, dass er aus Glaubens- oder Gewissensgründen keinen Eid leisten kann oder ein Ausnahmefall nach § 7 Abs. 3 BeamtStG vorliegt.
Die Eidespflicht ist quasi die **erste Dienstpflicht** nach der Ernennung, mit der der Beamte bestätigt, seine Amtspflichten gewissenhaft zu erfüllen. Das BeamtStG sieht nur eine Verpflichtung auf das Grundgesetz vor; den weiteren Inhalt legt § 47 Abs. 1 S. 1 NBG fest. Der Beamte kann den Eid mit oder ohne religiöse Beteuerung ableisten, § 47 Abs. 1 S. 2 NBG.
In aller Regel nimmt der Dienstvorgesetzte den Eid ab. Verweigert der Beamte den Eid, ist der Beamte nach § 23 Abs. 1 Nr. 1 BeamtStG zu entlassen. Vergisst allerdings die Ernennungsbehörde den Eid abzunehmen, kann die Eidesleistung jederzeit nachgeholt werden.[869]

2. VERSCHWIEGENHEITSPFLICHT

Literaturhinweise zur Vertiefung: Bohnert, Joachim, Der beschuldigte Amtsträger zwischen Aussagefreiheit und Verschwiegenheitspflicht, NStZ 2004, S. 301 ff.; Brock, Martin, Neue Regeln für Whistleblower im öffentlichen Dienst – Folgen der Heinisch-Entscheidung des EuGH vom EuGH 21.07.2011, öAT 2011, S. 243 ff.; Peters, Butz, Der öffentlich

[868] BVerfG, NVwZ 1995, S. 680; BVerwG, ZBR 2002, S. 139, 140 f.
[869] Metzler-Müller in Metzler-Müller/Rieger/Seeck/Zentgraf, § 38 BeamtStG, Anm. 2

Bedienstete als Zeuge vor einem parlamentarischen Untersuchungsausschuss – Aussagegenehmigung, Vorbereitung, Vernehmung –, DÖV 2014, S. 10 ff.; Herold, Nico, Die beamtenrechtliche Zulässigkeit des „Whistleblowing", ZBR 2013, S. 8 ff.; Müller, Falk, Die Verschwiegenheitspflicht im öffentlichen Dienst, öAT 2012, S. 102 ff.; Thiele, Willi, Die sogenannte Flucht in die Öffentlichkeit, DöD 1985, S. 145 ff.

264 Nach § 37 BeamtStG haben **Beamte** über eine bei ihrer **amtlichen Tätigkeit** oder **bei Gelegenheit bekannt gewordenen dienstlichen Angelegenheit Verschwiegenheit zu bewahren**, und zwar auch nach dem Ausscheiden aus dem Beamtenverhältnis. Die beamtenrechtliche Schweigepflicht wird durch bestimmte verfahrensrechtliche Schutzvorschriften, wie z.B. § 30 VwVfG, § 30 AO, § 35 SGB I, ergänzt. Die Verschwiegenheitspflicht ist ein hergebrachter Grundsatz des Berufsbeamtentums,[870] der einerseits der Sicherung der Funktionsfähigkeit der Verwaltung dient, aber auch dem Schutz der Bürger.[871] Sie steht im Interessenwiderstreit zum Informationsbedürfnis der Allgemeinheit bzw. der Presse, kann aber als allgemeines Gesetz i.S.v. Art. 5 Abs. 2 GG Grundrechtseingriffe rechtfertigen.[872]

Von der Verschwiegenheitspflicht werden alle Beamten erfasst, also unabhängig von der Art des Beamtenverhältnisses, und zwar lebenslang und über den Bereich eines Dienstherrn hinaus (siehe auch § 37 Abs. 1 S. 2 BeamtStG).[873] Sie erstreckt sich auf alle **dienstlichen Angelegenheiten**, allerdings nicht gegenüber Vorgesetzten und anderen Mitarbeitern, die ebenfalls mit der Sache befasst sind.[874] Die Angelegenheit muss dem Beamte aufgrund seiner amtlichen Tätigkeit oder sonst im Dienst bekannt geworden sein (**sog. Amtskausalität**). Die Amtskausalität liegt stets vor, wenn dem Beamten die dienstliche Angelegenheit in Ausübung des konkret-funktionellen Amtes bekannt geworden ist, aber eben auch schon dann, wenn dies nur anlässlich der Dienstausübung (bei Gelegenheit der Dienstausübung, z.B. durch Belauschen eines Gesprächs) erfolgt ist. Es spielt dabei auch keine Rolle, ob er von der Sache aus eigener Erkenntnis, Zufall oder von Kollegen erfahren hat.[875] Nicht relevant sind jedoch Angelegenheiten, die er in seiner Freizeit erfährt.[876]

Angelegenheit ist alles, was sinnlich wahrgenommen werden kann, also Tatsachen, Gegenstände, Erkenntnisse, d.h. Planungen, Äußerungen, der Erhalt von Akten, Modellen oder Arbeitsergebnisse.[877] **Tatsachen** liegen vor, wenn sie dem Beweis zugänglich sind.

Der Beamte verstößt gegen diese Pflicht, wenn er die Verschwiegenheit **nicht bewahrt**.

Allerdings gilt die Verschwiegenheitspflicht nach § 37 Abs. 2 Nr. 1 und Nr. 2 BeamtStG **nicht**
- bei Mitteilungen, die im dienstlichen Verkehr geboten sind und
- bei Tatsachen, die entweder offenkundig sind oder ihrer Bedeutung nach keiner Geheimhaltung bedürfen.

---

870 BVerwG, Urt. v. 24.06.1982, Az. 2 C 19/81 (juris); BVerwG, Urt. v. 25.02.1971; Az. 2 C 11/70 (juris) = BVerwGE 37, 265, 268 f.
871 Kümmel, § 37 BeamtStG, Rn. 3
872 Battis, § 67 BBG, Rn. 5
873 Siehe auch Metzler-Müller in Metzler-Müller/Rieger/Seeck/Zentgraf, § 37 BeamtStG, Anm. 1
874 BGH, Urt. v. 16.01.1961, Az. 3 ZR 210/59 (juris) = BGH 34, 184
875 Leppek, Rn. 181; Reich, § 37 BeamtStG, Rn. 3
876 Metzler-Müller in Metzler-Müller/Rieger/Seeck/Zentgraf, § 37 BeamtStG, Anm. 2.1
877 Metzler-Müller in Metzler-Müller/Rieger/Seeck/Zentgraf, § 37 BeamtStG, Anm. 2.1

Unter **dienstlichem Verkehr** ist das Zusammenwirken sowohl innerhalb einer Behörde als auch zwischen verschiedenen Behörden zu verstehen, soweit diese in einem Verfahren tätig sind oder eine Behörde die andere in einer dienstlichen Angelegenheit um Auskunft bzw. Stellungnahme ersucht (Amtshilfe).[878] Tatsachen sind **offenkundig**, wenn sie allgemein bekannt sind oder verständige und erfahrene Menschen regelmäßig – ohne weiteres – Kenntnis haben oder sich durch Benutzung allgemein zugänglicher Quellen Kenntnis verschaffen können, wie bei Veröffentlichungen.[879] **Keiner Geheimhaltung** bedürfen Tatsachen, die bedeutungslos sind, d.h. deren Bekanntwerden unter keinem vernünftigen Gesichtspunkt öffentliche oder private Belange beeinträchtigen kann (z.B. Speiseplan der Behördenkantine[880]).

Nach **§ 37 Abs. 2 Nr. 3** BeamtStG gilt Absatz 1 gegenüber zuständigen obersten Dienstbehörden, Strafverfolgungsbehörden oder sonstigen durch Landesrecht bestimmten Behörden oder Stellen **nicht**, wenn ein durch Tatsachen begründeter Verdacht einer Korruptionsstraftat nach §§ 331 bis 337 StGB besteht. In diesen Fällen wird die Verschwiegenheitspflicht demzufolge ausgesetzt. Fraglich ist jedoch, wann ein solcher **begründeter** Verdacht besteht. Ein **Verdacht** verlangt keine Gewissheit, schließt aber „Verdächtigungen ins Blaue hinein" und wissentlich unwahre Anzeigen aus.[881] Der Beamte muss demnach nach verständiger Würdigung davon ausgehen, dass hinreichende Anhaltspunkte für eine solche Straftat vorliegen.[882] Die Mitteilung ist an die in Nr. 3 genannten Stellen zu richten, ein darüber hinausgehendes Recht auf Mitteilung an die Öffentlichkeit (sog. Whistleblowing) besteht grundsätzlich nicht.[883]

Darüber hinaus gilt gemäß § 37 Abs. 2 S. 2 BeamtStG für Beamte, die jedermann treffende 265
Pflicht (§ 138 StGB), geplante Straftaten anzuzeigen und die besondere Beamtenpflicht, bei Gefahr für die freiheitliche demokratische Grundordnung für diese einzutreten. Insoweit muss die Verschwiegenheitspflicht also zurücktreten.

§ 37 Abs. 3 S. 1 BeamtStG stellt klar, dass die Verschwiegenheitspflicht auch bei **Aussagen** vor 266
Gericht und außergerichtlich gilt. Also selbst wenn der Beamte berechtigt war, eine Straftat anzuzeigen, bedarf es im weiteren Verfahren einer **vorherigen** Genehmigung.[884] Aussagen können mündlich, schriftlich oder elektronisch erfolgen – und zwar im gerichtlichen Verfahren u.a. als Zeuge, Kläger, Beklagter oder außergerichtlich bei der Polizei, Staatsanwaltschaft oder bei dem Ermittlungsführer im Rahmen eines Disziplinarverfahrens.[885]
Zuständig für die Erteilung der Aussagegenehmigung ist grundsätzlich der jeweilige Dienstherr bzw. der letzte Dienstherr, siehe § 37 Abs. 3 S. 2 BeamtStG. In Niedersachsen ist nach § 3 Abs. 2 NBG der jeweilige Dienstvorgesetzte für Entscheidungen in persönlichen Angelegenheiten zuständig und damit auch für Aussagegenehmigungen. Der Dienstvorgesetzte repräsentiert insoweit den Dienstherrn.

Die Erteilung der Genehmigung steht grundsätzlich im **Ermessen**, wobei der Dienstherr das Geheimhaltungsinteresse gegen das Offenbarungsinteresse abzuwägen und in einen

[878] Battis, § 67 BBG, Rn. 8
[879] BGH St 48, 28 ff.
[880] Wichmann in Wichmann/Langer, Abschnitt 8, Rn. 205
[881] BVerfG, Beschl. v. 02.07.2001, Az. 1 BvR 2049/00 (juris) = NZA 2001, S. 888 ff.; Herold, ZBR 2013, S. 8, 12
[882] v. Roetteken in v. Roetteken/Rothländer, § 37 BeamtStG, Rn. 102 f.
[883] Siehe Herold, ZBR 2013. S. 8, 12 ff.; Brock, öAT 2011, S. 243, 245 ff.
[884] v. Roetteken in v. Roetteken/Rothländer, § 37 BeamtStG, Rn. 173
[885] Siehe hierzu Metzler-Müller in Metzler-Müller/Rieger/Seeck/Zentgraf, § 37 BeamtStG, Anm. 4

angemessenen Ausgleich zu bringen hat.[886] Aus § 37 Abs. 4 und 5 BeamtStG ergeben sich bei gerichtlichen Aussagen oder gleichgestellten Vorbringen gesetzliche Grenzen für das Ermessen. Nach **Satz 4** darf eine Genehmigung **als Zeuge** nur versagt werden, wenn die Aussage dem Wohl des Bundes oder eines Landes Nachteile bereiten würde oder die Erfüllung öffentlicher Interessen ernstlich gefährdet oder erheblich erschwert werden würde.[887] Hierbei reicht es nicht, wenn es dem Wohl einer Gemeinde oder eines Gemeindesverbands erhebliche Nachteile bereitet, da deren Belange nicht das Land als Ganzes beeinträchtigen.[888] Letztlich ist das Interesse an einer umfassenden **Wahrheitsfindung** mit den Staatswohlinteressen in Ausgleich zu bringen, wobei die Wahrheitsfindung grundsätzlich höher zu gewichten ist.[889]

Absatz 5 regelt die Versagung für den Fall, dass der Beamte **selbst Partei** des Verfahrens ist oder die Aussage seinen **berechtigten Interessen** dient. In diesem Fall ist eine Versagung nur dann möglich, wenn dienstliche Rücksichten dies **unabweisbar erfordern**, d.h., es gilt ein noch strengerer Maßstab als in Absatz 4, da es um die persönlichen Belange des Beamten geht. Die Aussagegenehmigung wird vom Prozessgericht eingeholt. Adressat ist gleichwohl der Beamte, der sich bei Nichterteilung mit Hilfe der Verpflichtungsklage zur Wehr setzen kann,[890] da es sich bei der Genehmigung um einen Verwaltungsakt[891] handelt.

267 Schlussendlich enthält Absatz 6 noch die Pflicht zur **Herausgabe** von Materialien, wie amtliche Schriftstücke, Zeichnungen etc. Diese Pflicht besteht auch nach Beendigung des Beamtenverhältnisses fort und trifft gemäß § 37 Abs. 6 S. 2 BeamtStG sogar die Erben und Hinterbliebenen, soweit diese im Besitz der Unterlagen sind. Ob die Unterlagen in schriftlicher Form vorliegen oder elektronisch gespeichert sind, spielt dabei keine Rolle. Der Beamte ist allerdings erst nach Aufforderung verpflichtet, die o.g. Gegenstände an den Dienstherrn herauszugeben. Weigert er sich, kann der Dienstherr seinen Herausgabeanspruch im Wege der allgemeinen Leistungsklage vor dem Verwaltungsgericht (54 BeamtStG) geltend machen.

3. VERBOT DER ANNAHME VON BELOHNUNGEN UND GESCHENKEN

Literaturhinweise zur Vertiefung: Reinecke, Birgit, Herausgabe von Schmiergeldern im öffentlichen Dienst, ZTR 2008, S. 414 ff.; Schrapper, Ludger, Wider den Anschein der Käuflichkeit, DÖD 2012, S. 49 ff.; Quambusch, Erwin, Spenden als Gegenleistung für Beamtenhandeln, PersV 2008, S. 56 ff.

268 Nach § 42 BeamtStG ist es Beamten, unabhängig von der Art und auch nach der Beendigung des Beamtenverhältnisses, verboten, **Belohnungen, Geschenke oder sonstige Vorteile** für sich oder eine dritte Person in Bezug auf ihr Amt **zu fordern, sich versprechen zu lassen oder anzunehmen**. Diese Vorschrift soll das Vertrauen der Öffentlichkeit in die unparteiische Amtsführung unterstützen, indem schon der Anschein vermieden werden soll, dass Beamte für persönliche

[886] BVerwG, Urt. v. 24.06.1982, Az. 2 C 91/81 (juris) = BVerwGE 66, 39; Metzler-Müller in Metzler-Müller/Rieger/Seeck/Zentgraf, § 37 BeamtStG, Anm. 4.1; v. Roetteken in v. Roetteken/Rothländer, § 37 BeamtStG, Rn. 186
[887] Siehe hierzu Metzler-Müller in Metzler-Müller/Rieger/Seeck/Zentgraf, § 37 BeamtStG, Anm. 5.2 m.w.N.
[888] OVG Lüneburg, DVBl. 1966, S. 544
[889] BVerwG, Beschl. v. 13.08.1999, Az. 2 VR 1/99, Rn. 30 (juris) = BVerwGE 109, 258-268
[890] Metzler-Müller in Metzler-Müller/Rieger/Seeck/Zentgraf, § 37 BeamtStG, Anm. 4. 1; Wichmann in Wichmann/Langer, Abschnitt 8, Rn. 2; **a.A.** Kümmel, § 37 BeamtStG, Rn. 20 und 24
[891] v. Roetteken in v. Roetteken/Rothländer, § 37 BeamtStG, Rn. 189 m.w.N.

Vorteile im Rahmen der Amtsführung empfänglich sind.[892] Diese Pflicht wird durch die §§ 331 ff. StGB ergänzt, ist allerdings unabhängig von der Verwirklichung eines Straftatbestandes.

Belohnungen, Geschenke und **sonstige Vorteile** sind alle wirtschaftlichen und nichtwirtschaftlichen Vorteile, die dem Beamten unmittelbar oder mittelbar gewährt werden, auf die er so keinen Rechtsanspruch hat und die seine persönliche, rechtliche oder wirtschaftliche Lage verbessern.[893] Zwischen diesen drei Begriffen wird nicht trennscharf unterschieden, dennoch sollen dadurch die verschiedenen Handlungsalternativen des Verbots deutlich werden. Der Begriff des „sonstigen Vorteils" umfasst die anderen beiden Begriffe und dient als Auffangtatbestand. Die freiwillige Zuwendung von Sachwerten ist dann als **Geschenk** zu bewerten, wenn eine gleichwertige Gegenleistung des Beamten nicht erfolgt oder erwartet wird.[894] **Belohnungen** liegen vor, wenn hierdurch die Lage des Beamten oder eines Dritten aus seiner Sphäre objektiv verbessert wird und damit ein amtliches Verhalten des Beamten honoriert werden soll.[895] 269

Beispiele:
- Überlassung eines Gebäudes zur unbeschränkten Nutzung = Geschenk (BVerwG, Urt. v. 25.02.1997, Az. 1 D 22/96, Rn. 18 [juris]).
- Besonders günstige Konditionen bei Erwerb eines Kfz = Geschenk (BVerwGE 113, 229, 230 ff.).
- Wissenschaftliche Ehrung mit Preisgeld = Geschenk (BVerwG, Urt. v. 20.01.2000, Az. 2 C 19/99 [juris]).
- Zuwendung aufgrund letztwilliger Verfügung = Belohnung/Geschenk (BVerwG, Urt. v. 14.12.1995, Az. 2 C 27/94, Rn. 23 [juris]).*

* Weitere Beispiele bei Schrapper, DöD 2012, S. 49, 51

In Niedersachsen werden weitere Details in dem Gemeinsamen RdErl. d. MI, d. StK u. d. übr. Min. v. 1.9.2009 – 15.3-03102/2.4 – vom 1. September 2009 (Nds. MBl. 2009, S. 822, 874) in der geänderten Fassung vom 14.10.2014 (Nds. MBl. 2014, S. 641) geregelt. Allerdings gilt dieser gemeinsame Runderlass unmittelbar nur für die Landesbeamten; eine entsprechende Anwendung wird den Gemeinden, Landkreisen und den sonstigen Körperschaften, Anstalten und Stiftungen des öffentlichen Rechts allerdings empfohlen.

Diese Vorteile dürfen die Beamten weder **fordern, noch sich versprechen lassen oder annehmen**. Die **Annahme** des Vorteils liegt in der Entgegennahme der Zuwendung oder der sonstigen Vergünstigung.[896] Es bedarf dabei keiner Annahmeerklärung oder einer sonstigen Tätigkeit des Beamten. Es genügt auch ein mittelbarer Zufluss (z. B. an Angehörige), wenn der Beamte davon weiß und dies hinnimmt. Weiß der Beamte zunächst nicht, dass ihm ein Vorteil zugewendet wurde, so liegt eine Annahme auch dann vor, wenn die Zuwendung nach 270

[892] BVerwGE 100, 175; Metzler-Müller in Metzler-Müller/Rieger/Seeck/Zentgraf, § 42 BeamtStG, Anm. 1; Schrapper, DöD 2012, S. 49, 50
[893] BVerwGE 111, 35, 38; Metzler-Müller in Metzler-Müller/Rieger/Seeck/Zentgraf, § 42 BeamtStG, Anm. 2; v. Roetteken in v. Roetteken/Rothländer, § 42 BeamtStG, Rn. 16
[894] BVerwG Urt. v. 25.02.1997, Az. 1 D 22/96, Rn. 18 (juris)
[895] v. Roetteken in v. Roetteken/Rothländer, § 42 BeamtStG, Rn. 21
[896] v. Roetteken in v. Roetteken/Rothländer, § 42 BeamtStG, Rn. 30

Kenntnisnahme nicht unverzüglich zurückgegeben wird; eine Erklärung, die Zuwendung nicht annehmen zu wollen, ersetzt die Rückgabe nicht.[897] Eine **Forderung** liegt vor, wenn der Beamte eine Amtshandlung von der Vorteilsgewährung abhängig macht.[898] Das „**sich versprechen lassen**" ist schon das Inaussichtstellen von wirtschaftlichen Vorteilen.[899] Beiden Tathandlungen ist gemein, dass der Vorteil letztlich gar nicht erlangt werden muss, d.h., der Tatbestand ist bereits dann verwirklicht, wenn seitens des Beamten die Forderung erhoben wird oder das Angebot des Versprechenden ergeht.[900]

271 Zudem erfordert die Vorteilsnahme einen **Amtsbezug**. Dieser liegt vor, wenn die zuwendende Person sich davon leiten lässt, dass der Beamte ein bestimmtes Amt, auch Nebenamt, bekleidet (hat).[901] Dabei reicht es aus, dass das von dem Beamten wahrgenommene Amt „mitkausal" ist.[902] Eine Zuwendung wird mit Bezug auf die dienstliche Tätigkeit gewährt, wenn die den Vorteil gewährende Person dadurch erreichen möchte, dass der Beamte in seiner Amtsstellung eine Handlung vornimmt oder unterlässt, unabhängig davon, ob der Beamte in seinem Haupt- oder Nebenamt handlungsberechtigt ist.[903]

272 Nach § 42 Abs. 1 S. 2 BeamtStG können Ausnahmen von dem oben dargestellten Verbot erteilt werden, die sodann die Pflichtwidrigkeit der Vorteilsnahme entfallen lassen. Die Zustimmung muss stets vor der Annahme bzw. des Sichversprechenlassens erteilt worden sein.[904] Die Zustimmung, die im pflichtgemäßen Ermessen des Dienstherrn steht, kann entweder für den Einzelfall oder in genereller Form erfolgen. Im gemeinsamen Runderlass (s.o.) findet sich – aus Gründen der Korruptionsbekämpfung – unter Ziffer 3 ein grundsätzliches **Annahmeverbot** für bestimmte Vorteile. Diesem Verbot unterliegen beispielsweise Bargeld, die Gewährung besonderer Vergünstigungen, erbrechtliche Begünstigen, unverhältnismäßige Vergütungen bei Nebentätigkeiten. Eine **allgemeine Zustimmung** gilt hingegen u.a. für Massenwerbeartikel bis zu einem Wert von 10 Euro, übliche Bewirtung, Geschenke im Kollegenkreis. Eine Zustimmung zu einer Forderung eines Vorteils ist hingegen immer ausgeschlossen, da ein solches Verhalten zugleich eine eigennützige Amtsführung darstellt, die gegen § 34 S. 1 BeamtStG verstoßen würde.[905]

Nach § 49 S.1 NBG ist für die Zustimmung in Niedersachsen die oberste Dienstbehörde oder die letzte oberste Dienstbehörde zuständig. Bei den Landesbeamten ist gemäß § 3 Abs. 1 NBG die oberste Behörde des Dienstherrn, in deren Bereich der Beamte tätig ist, zuständig. Für die Kommunal- oder Körperschaftsbeamten gilt insoweit § 3 Abs. 6 NBG, der die Zuständigkeit, den dort berufenen Organen zuweist. Im Kommunalbereich wäre oberste Dienstbehörde der Beamten die Vertretung. Allerdings sieht § 49 S. 2 NBG eine Übertragung an nachgeordnete Stellen

897 v. Roetteken in v. Roetteken/Rothländer, § 42 BeamtStG, Rn. 30; Nds. MBl. 2009, S. 822, 874, Ziffer 2.3 in der geänderten Fassung vom 14.10.2014 (Nds. MBl. 2014, S. 641)
898 Metzler-Müller in Metzler-Müller/Rieger/Seeck/Zentgraf, § 42 BeamtStG, Anm. 3
899 Metzler-Müller in Metzler-Müller/Rieger/Seeck/Zentgraf, § 42 BeamtStG, Anm. 3
900 OVG NRW, Urt. v. 03.03.2002, Az. 15d A 2046/00.O, Rn. 14 (juris); Schrapper, DöD 2012, S. 49, 51
901 Schrapper, DöD 2012, S. 49, 52
902 St. Rspr. BVerwGE 100, 172 , 176
903 Reich, § 42 BeamtStG, Rn. 6
904 BVerwG, Urt. v. 20.02.2002, Az. 1 D 19/01 (juris); v. Roetteken in v. Roetteken/Rothländer, § 42 BeamtStG, Rn. 10; Battis, § 70 BBG, Rn. 8; so auch Nds. MBl. 2009, S. 822, 874 in der geänderten Fassung vom 14.10.2014 (Nds. MBl. 2014, S. 641)
905 BT-Drs. 16/4027, zu § 43 des Entwurfs, S. 33

vor. Für diesen Fall sieht das NKomVG in § 107 Abs. 6 S. 1 eine grundsätzliche Verweisung an den höheren Dienstvorgesetzten vor, der für die übrigen Beamten der Hauptausschuss wäre.

Nach § 42 Abs. 2 BeamtStG besteht eine Herausgabepflicht, soweit nicht der Verfall angeordnet 273 wurde oder das pflichtwidrig Erlangte anderweitig auf den Staat übergegangen ist. Der strafrechtliche Verfall nach § 73 StGB verdrängt also den Herausgabeanspruch. Der Dienstherr muss den Herausgabeanspruch gegenüber dem Beamten hinreichend geltend machen, d.h., es besteht kein Automatismus. Anders als das BBG enthält weder das BeamtStG noch das NBG eine Regelung über den Umfang der Herausgabepflicht.[906] Dennoch erfolgt die Herausgabe – mangels anderweitiger Regelungen – entsprechend den bereicherungsrechtlichen Vorschriften der §§ 812 ff. BGB. Den Auskunftsanspruch sieht das BVerwG quasi als Annex zur Herausgabepflicht an.[907]

4. NEBENTÄTIGKEITSBESCHRÄNKUNGEN

Nach § 40 S. 1 BeamtStG sind **Nebentätigkeiten** anzeigepflichtig. Alle weiteren Regelungen 274 hat der Bundesgesetzgeber den Ländern überlassen. Hierzu siehe oben Rn. 36.

5. WEITERE PFLICHTEN

Literaturhinweise zur Vertiefung: Detmer, Hubert, „Residenzpflicht" für Universitätsprofessoren?, ZBR 1995, S. 189 ff.; Günther, Hellmuth, Residenzpflicht, ZBR 1993, S. 225 ff.; von Komorowski, Alexis, Grundlagen des gemeindlichen Dienstwohnungsrechts, RiA 2000, 237 ff.; Kunz, Wolfgang, Die Kleiderordnung des öffentlichen Dienstes, RiA 1993, 21 ff.

a. Einhaltung des Dienstwegs

Der Beamte muss bei Anträgen und Beschwerden nach § 104 Abs. 1 S. 1 NBG den **Dienstweg** 275 einhalten. Der Dienstweg zur Wahrung des persönlichen Rechtsschutzes ist in Satz 2 geregelt. Richtet sich die Beschwerde gegen den unmittelbaren Vorgesetzten oder Dienstvorgesetzten, kann sich der Beamte direkt an die übergeordnete Stelle wenden.

b. Wohnungswahl

Grundsätzlich kann der Beamte seine **Wohnung** dort wählen, wo er möchte; eine **sog. Residenz-** 276 **pflicht** gibt es nicht mehr.[908] Ausnahmen ergeben sich allerdings für bestimmte Fälle aus § 59 Abs. 1 BeamtStG für alle Beamten oder aus § 111 NBG für Polizeivollzugsbeamte. Im Übrigen hat der Beamte seine Wohnung so zu wählen, dass die ordnungsgemäße Wahrnehmung der Dienstgeschäfte nicht beeinträchtigt ist. Er muss die Wohnung also so wählen, dass er pünktlich zum Dienst erscheinen kann, ohne übermäßig beeinträchtigt zu sein.[909] Eine weitergehende Ver-

---

906 Der Entwurf zum NBG enthielt sowohl einen ausdrücklichen Auskunftsanspruch als auch eine Regelung zum Umfang des Herausgabeanspruchs (siehe Nds. LT-Drs. 16/655, zu § 49 NBG, S. 121).

907 BVerwG, Urt. v. 31.01.2002, Az. 2 C 6/01, Rn. 12 (juris) = BVerwGE 115, 389-393

908 Leppek, Rn. 182 b

909 BVerwG, Beschl. v. 07.03.1991, Az. 2 B 28/91, Rn. 8 (juris)

pflichtung an den Beamten stellt eine rechtswidrige Einschränkung des Rechts auf Freizügigkeit dar, und selbst eine freiwillige Selbstverpflichtung ist bei Nichteinhaltung nicht sanktionierbar.[910]

277 Wenn die **dienstlichen Verhältnisse** es erfordern, kann der Dienstherr gemäß § 54 Abs. 2, 1. Alt NBG den Beamten anweisen, seine Wohnung innerhalb einer bestimmten Entfernung zur Dienststelle zu wählen. Bei der Frage, ob dienstliche Gründe vorliegen, ist ein strenger Maßstab anzulegen, da eine derartige Weisung einen Eingriff in das Recht auf Freizügigkeit nach Art. 11 GG enthält.[911] Daher kommt eine solche Weisung nur dann in Betracht, wenn die Dienstaufgabe regelmäßig ein unverzügliches Erscheinen erfordert.[912]

278 Noch dringender müssen die Gründe bei der Anweisung sein, **eine Dienstwohnung zu beziehen** (§ 54 Abs. 2, 2. Alt. NBG), da hier das Recht auf Freizügigkeit vollständig eingeschränkt wird. Nach I Ziffer 2 der NDWV[913] dürfen Dienstwohnungen nur zugewiesen werden, wenn die Anwesenheit oder Einsatzbereitschaft des Beamten an der Dienststätte auch außerhalb der Arbeitszeit sichergestellt sein muss und er deshalb im Dienstgebäude oder in seiner unmittelbaren Nähe wohnen muss. Als Beispiel wird hier regelmäßig der Revierförster im Außendienst genannt.[914]

279 Ergänzt werden diese Regelungen durch § 55 NBG, **sog. Präsenzpflicht**. Danach kann der Beamte angewiesen werden, während der dienstfreien Zeit erreichbar zu sein und sich in der Nähe des Dienstortes aufzuhalten, wenn **besondere** und **dringende** dienstliche Verhältnisse es erfordern. Durch den Begriff „soweit" wird nach der Gesetzesbegründung sichergestellt, dass dieser Eingriff in das Aufenthaltsbestimmungsrecht des Beamten nur solange gilt, wie das Erfordernis andauert.[915] Regelmäßig ist die Präsenzpflicht zeitlich begrenzt.[916] Wichtigster Anwendungsfall des § 55 NBG ist die **Rufbereitschaft**, in der der Beamte verpflichtet ist, jederzeit erreichbar zu sein, um seine Dienstgeschäfte unmittelbar auf Abruf aufnehmen zu können.[917] Die Pflicht zur Erreichbarkeit beinhaltet darüber hinaus die Pflicht, den Dienstort zeitnah erreichen zu können und sich dienstfähig zu erhalten.[918] Welcher Zeitraum ausreichend ist, kommt auf die Art der Dienstgeschäfte an.
Dringende dienstliche Verhältnisse liegen tatbestandsmäßig vor, wenn zum Schutz wichtiger Rechtsgüter und zugunsten des Allgemeinwohls eine zeitnahe Dienstaufnahme erforderlich ist, so z.B. bei Feuerwehrleuten, Polizisten oder auch im Bereich des Ordnungsamts.

c. Tragen von Dienstkleidung

280 Der Beamte ist gemäß § 56 Abs. 2 NBG verpflichtet, nach näherer Bestimmung durch die oberste Dienstbehörde, **Dienstkleidung** zu tragen, soweit das üblich oder erforderlich ist. **Dienstkleidung** ist eine einheitliche, von der privaten abweichende Kleidung, die ein Beam-

---

910 BVerwG, Beschl. v. 07.03.1991, Az. 2 B 28/91, Rn. 8 (juris); Kumpfert, RdJB 1992, S. 109 f.; Wichmann in Wichmann/Langer, Abschnitt 8, Rn. 209
911 Kümmel, § 54 NBG, Rn. 4
912 Kümmel, § 54 NBG, Rn. 4
913 Nds. MBl. Nr. 18/2013, S. 363
914 Günther, ZBR 1993, S. 225, 232
915 Nds. LT-Drs. 16/655, S. 122 f.
916 Günther, ZBR 1993, S. 225, 235
917 Wichmann in Wichmann/Langer, Abschnitt 8, Rn. 209
918 Kümmel, § 55, Rn. 9

ter im Dienst oder aus dienstlichen Gründen trägt, zur Kennzeichnung als Angehöriger einer bestimmten Verwaltung oder als Träger einer bestimmten Funktion.[919] Sie kann auch lediglich aus einem einzigen Kleidungsstück bestehen.[920] Schutzkleidung ist keine Dienstkleidung.[921]

Eine Anordnung zum Tragen von Dienstkleidung ist nur dann rechtmäßig, wenn Dienstkleidung üblich oder erforderlich ist. **Üblich** ist sie, wenn sich eine auch in der Öffentlichkeit bekannte und akzeptierte Verwaltungstradition für bestimmte Beamtengruppen herausgebildet hat.[922] **Erforderlich** ist das Tragen von Dienstkleidung, wenn dies dem Zweck dient, bestimmte Beamtengruppen als Träger öffentlicher Aufgaben erkennbar zu machen und dies für die Aufgabenerfüllung unabdingbar ist.[923] Hier ist beispielsweise an Beamte im Ordnungsamt zu denken. Ist eine der beiden Alternativen erfüllt, enthält § 56 Abs. 2 NBG eine Tragepflicht,[924] welche sich aber ohnehin schon aus der Folgepflicht ergibt.

Das Recht, das Tragen von Dienstkleidung anzuordnen, auch durch Verwaltungsvorschrift,[925] liegt bei der obersten Dienstbehörde. Für die Landesbeamten ergibt sich aus § 3 Abs. 1 NBG, wer diese Funktion ausübt; bei den Kommunen aus § 3 Abs. 6 NBG i.V.m. § 107 Abs. 5 S. 1 und 3 NKomVG. Das Anordnungsrecht schließt das Recht ein, festzulegen, welche persönlichen Accessoires etc. der Beamte dazu aus Gründen der Wahrung der Einheitlichkeit des äußeren Erscheinungsbildes tragen bzw. nicht tragen darf.[926] Hierbei ist der Dienstherr allerdings gehalten, den gesellschaftlich veränderten Anschauungen Rechnung zu tragen.[927]

Selbst unabhängig von einer Kleidervorschrift hat der Dienstherr das Recht, das Tragen 281
bestimmter Kleidungs- und/oder Schmuckstücke zu untersagen, wobei oftmals ein Widerstreit zu den Grundrechten des Beamten aus Art. 2, 4 Abs. 1 oder 5 GG besteht. In letzter Zeit zeigt sich dieses Problem vor allem beim Verbot des Tragens eines Kopftuchs oder anderer Verschleierungen sowie bei großflächigen Tattoos.[928] Da das BVerfG im sog. Kopftuchstreit u.a. die Auffassung vertreten hat, dass es einer gesetzlichen Grundlage bedürfe, das Tragen eines Kopftuches zu verbieten,[929] hat der Gesetzgeber in Niedersachsen mit § 56 Abs. 1 NBG eine entsprechende gesetzliche Grundlage geschaffen, die allerdings nicht das Tragen des Kopftuches verbietet, sondern nur weitergehende Verhüllungen.[930]

---

919 Battis, § 74 BBG, Rn. 2; Kunz, RiA 1993, S. 21, 21
920 Kunz, RiA 1993, S. 21, 21
921 Kümmel, § 56 NBG, Rn. 5
922 Kümmel, § 56 NBG, Rn. 6
923 Kümmel, § 56 NBG, Rn. 6
924 BVerwG, Urt. v. 25.01.1990, Az. 2 C 45/87, Rn. 14 (juris) = BVerwGE 84, 287-292
925 BVerwG, Urt. v. 25.01.1990, Az. 2 C 45/87, Rn. 14 (juris) = BVerwGE 84, 287-292
926 BVerwG, Urt. v. 25.01.1990, Az. 2 C 45/87, Rn. 19 (juris) = BVerwGE 84, 287-292
927 BVerfG, Kammerbeschl. v. 10.01.1991, Az. 2 BvR 550/90, Rn. 7 (juris); Wichmann in Wichmann/Langer, Abschnitt 8, Rn. 207; so auch Corsmeyer in GKöD, Bd. I K, § 74 BBG, Rn. 5
928 OVG NRW, Beschl. v. 14.07.2016, Az. 6 B 540/16 (juris)
929 BVerfGE 108, 282, 306 ff.
930 Weitergehende Ausführungen und Literaturhinweise siehe Wichmann in Wichmann/Langer, Abschnitt 8, Rn. 207.

D. FOLGEN VON PFLICHTVERLETZUNGEN

282 Hat ein Beamter eine der oben dargestellten Pflichten verletzt, stellt sich für den Dienstherrn regelmäßig die Frage, wie er damit umgehen soll. Es stehen ihm für die Aufgabe verschiedene Mittel zur Verfügung. Hierbei ist zwischen disziplinarrechtlichen, sonstigen dienst- bzw. beamtenrechtlichen, vermögensrechtlichen und strafrechtlichen Folgen zu differenzieren.

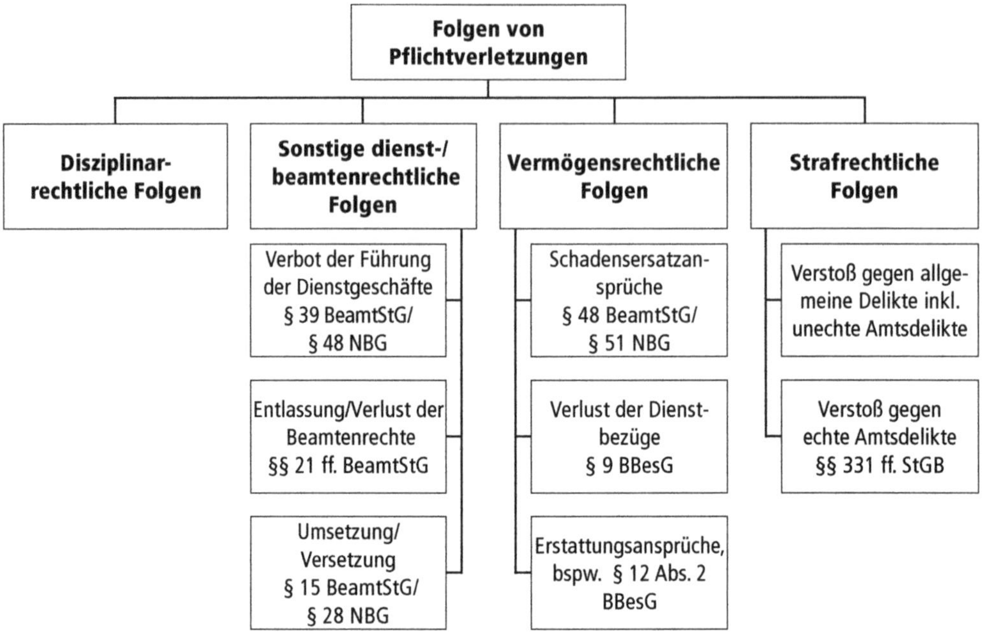

Abbildung 20 – Folgen von Pflichtverletzungen

I. Disziplinarrechtliche Folgen

Literaturhinweise zur Vertiefung: Baßlsperger, Maximilian, Die Nebentätigkeit des Beamten als Dienstvergehen, PersV 2015, S. 130 ff.; ders., Außerdienstliche Pflichtverletzungen von Beamten, PersV 2015, S. 10 ff.; Fleig, Meinrad, Neue gesetzliche Regelungen im Disziplinarrecht, NVwZ 1998, S. 470 ff.; Hasse, Lutz, Mein ist der PC und also auch die Daten – vom Irrtum des Dienstherrn bzw. Vorgesetzten, apf 2014, S. 65 ff.; Herrmann, Gunnar, Grundzüge des beamtenrechtlichen Disziplinarverfahrens, StRR 2015, S. 1 ff.; Herrmann, Klaus/Soiné, Michael, Aufklärung von Dienstvergehen außerhalb des Disziplinarrechts?, NVwZ 2012, S. 845 ff.; Hilg, Günter, Grundstrukturen des öffentlichen Dienstrechts im Bund und Ländern, Teil 16, apf 2012, S. 330 ff. und Teil 17, apf 2012, S. 354 ff.; Jehke, Christian/Gallert, Jan, Disziplinarrechtliche Konsequenzen von Steuerhinterziehung und Selbstanzeige durch Beamte, DStR 2014, S. 1476 ff.; Pflaum, Ulrich, Schuldprinzip und Disziplinarrecht, ZBR 2013, S. 187 ff.; Weiß, Hans-Dietrich, Pornografisches Fehlverhalten als Dienstvergehen, ZBR 2014, S. 114 ff.

283 Das Disziplinarrecht hat in erster Linie das Ziel, dienstliche Verfehlungen der Beamten zu ahnden, um damit die Leistungsfähigkeit der Verwaltung zu sichern.[931] Es soll also nicht bestrafen,

[931] Claussen/Benneke/Schwandt, Rn. 8

sondern den Beamten anhalten, pflichtgemäß zu handeln.[932] Dabei erfüllt es drei wesentliche Funktionen: Die **Lösungsfunktion** soll das Beamtenverhältnis beenden, wenn es sich um eine schwerwiegende Verfehlung handelt, die **Ordnungsfunktion** soll den Beamten anhalten, seine Pflichten in Zukunft ordnungsgemäß zu erfüllen, und die **Schutzfunktion** soll den Beamten vor willkürlichen Angriffen von Vorgesetzten schützen.[933] Darüber hinaus wird vertreten, dass das Disziplinarrecht einen vierten Zweck beinhaltet, nämlich den der **Abschreckung**.[934]
Ob das Verhalten eines Beamten disziplinarrechtlich von Relevanz ist, hängt davon ab, ob der Beamte ein **Dienstvergehen** gemäß § 47 BeamtStG begangen hat. Dieses **sog. materielle Disziplinarrecht** regelt vordringlich die Frage, ob das Verhalten oder Unterlassen des Beamten als ein Dienstvergehen anzusehen ist.[935] Darüber hinaus erfasst es auch die in den Disziplinargesetzen geregelten Disziplinarmaßnahmen.[936] Welches Verfahren zur Aufklärung und Verfolgung eines Pflichtverstoßes gilt, regelt das **formelle Disziplinarrecht**, welches in den Landesdisziplinargesetzen geregelt ist.

1. VORLIEGEN EINES DIENSTVERGEHENS

§ 47 BeamtStG legt fest, dass die schuldhafte Verletzung der dem Beamten obliegenden Pflichten 284
ein Dienstvergehen ist. Daraus folgt der **Grundsatz der Einheit des Dienstvergehens**, der besagt, dass auch dann, wenn der Beamte durch einen Verhaltenskomplex mehrere Pflichten verletzt hat, er nur ein Dienstvergehen begangen hat, das mit einer Disziplinarmaßnahme geahndet wird.[937] Nicht mehr erforderlich ist allerdings, dass mehrere Disziplinarverfahren gleichzeitig entschieden werden. Vielmehr soll es nach Auffassung des BVerwG ausreichen, dass im letzten Verfahren bei der angemessenen Disziplinarmaßnahme eine einheitliche Würdigung erfolgt.[938]

Die Voraussetzungen des Dienstvergehens sind folgende:
- Beamteneigenschaft: Anwendbarkeit des § 47 BeamtStG auf aktive Beamte, Ruhestandsbeamte und Beamte mit Versorgungsbezügen,
- Verletzung einer oder mehrerer Dienstpflichten, die **keine Bagatelle** darstellen,
- durch eine Handlung (= Handlung oder Unterlassen),
- Rechtswidrigkeit und
- Verschulden.

Der Beamte muss sowohl zum Zeitpunkt der Pflichtverletzung als auch im Zeitpunkt der Ahndung **die Beamteneigenschaft** haben.[939] Für Ruhestandsbeamte gelten die Besonderheiten des § 47 Abs. 2 BeamtStG.

Bei der Frage, ob eine Pflichtverletzung vorliegt, ist wegen § 47 Abs. 1 S. 2 BeamtStG nicht nur entscheidend, ob eine der bereits oben aufgezeigten Pflichten verletzt wurde, sondern auch, ob es sich um eine **innerdienstliche** oder **außerdienstliche** Pflichtverletzung handelt.

---

932 Bieler/Lukat, NDiszG – Kommentar, Einleitung B, Rn. 1
933 Claussen/Benneke/Schwandt, Rn. 14-17
934 Bieler/Lukat, NDiszG – Kommentar, Einleitung B, Rn. 2
935 Hilg, apf, 2012, S. 330, 330
936 Claussen/Benneke/Schwandt, Rn.21; Hilg, apf 2012, S. 330, 330
937 BVerwG, Beschl. v. 29.07.1985, Az. 1 DB 36/85 (juris) = BVerwGE 83, 59-60; Hilg, apf, 2012, S. 330, 330
938 BVerwG, Beschl. v. 29.07.2009, Az. 2 B 15/09 (juris)
939 Hilg, apf, 2012, S. 330, 331

Es ist also stets zu fragen, ob eine materielle Dienstbezogenheit gegeben ist, also ein enger sachlicher Zusammenhang mit den dienstlichen Aufgaben vorliegt, oder ob es sich um rein privates Verhalten des Beamten handelt.[940]

Innerdienstlich sind Pflichtverletzungen, die während der Dienstausübung oder im Dienstgebäude erfolgen. Einige Verhaltensweisen werden zwar typischerweise außerhalb des Dienstes begangen, doch besteht regelmäßig eine so enge funktionale Beziehung zum Dienst, dass sie innerdienstlicher Natur sind, wie z.B. Pflichten aus Nebentätigkeiten, Gewährung von privaten Vorteilen oder beleidigende oder ehrverletzende Äußerungen über Facebook oder andere Medien.[941] Innerdienstliche Pflichtverletzungen beinhalten grundsätzlich eine disziplinarrechtliche Relevanz. Es sind lediglich **Bagatellverfehlungen und Arbeitsfehler** auszusortieren, da diese trotz des Pflichtverstoßes keinen ausreichenden Unrechtsgehalt aufweisen.[942]

Beispiel:
Gelegentliche Verspätung des Beamten ist als Bagatelle zu werten (VG Hannover, Beschl. vom 31.01.1989, Az. DK 21/88 [juris]).

Hat das Verhalten keinerlei Bezug zum Dienst und tritt der Beamte quasi als Privatmann in Erscheinung, wie jeder andere Bürger auch, handelt es sich um ein außerdienstliches Verhalten.[943] Ein außerdienstliches Verhalten (z.B. Internetbetrügereien eines Beamten) kann gemäß § 34 S. 3 i.V.m. § 47 Abs. 1 S. 2 BeamtStG nur dann geahndet werden, wenn sich die **Vertrauensbeeinträchtigung auf das Amt des Beamten** bezieht, wobei das Vertrauen in sein Amt das Vertrauen des Dienstherrn oder der Allgemeinheit meint.[944]

Liegt danach ein pflichtwidriges außerdienstliches Fehlverhalten vor, muss dieses gemäß § 47 Abs. 1 S. 2 BeamtStG zudem in **besonderem Maße geeignet sein, das Vertrauen in einer für das Amt bedeutsamen Weise zu beeinträchtigen**.[945] Dies ist der Fall, wenn erstens das Verhalten von allgemeiner Bedeutsamkeit ist und zweitens es auch ganz konkret geeignet ist, das Vertrauen zu beeinträchtigen.[946] **Allgemeine Bedeutsamkeit** weist ein Verhalten auf, wenn es deutlich über das Maß hinausgeht, das bei außerdienstlichen Verfehlungen ohnehin schon gegeben ist.[947] Für den Einzelfall ist eine **erhebliche Vertrauensbeeinträchtigung** insbesondere dann gegeben, wenn aufgrund des Verhaltens vergleichbare Verstöße auch innerhalb des Dienstes mehr als wahrscheinlich sind.[948] Da all jene Definitionen viele unbestimmte Rechtsbegriffe enthalten und somit schwer handhabbar sind, hat die Rechtsprechung versucht Leitlinien aufzustellen, wann das Maß erfüllt ist. Danach erfüllen in der Regel allenfalls strafbare Verhaltensweisen diese Anforderungen, und zwar grundsätzlich auch nur dann, wenn der Beamte wegen einer vorsätzlich begangenen außerdienstlichen Straftat verurteilt wird, für die das Strafgesetzbuch zumindest eine **mittelschwere Strafdrohung** (Freiheitsstrafe bis

[940] BVerwG, Urt. v. 21.08.1996, Az. 1 D 66/95 (juris). Zur Abgrenzung siehe oben Rn. 251 ff.
[941] Baßlsperger, PersV 2015, S. 10, 12
[942] Bieler/Lukat, NDiszG – Kommentar, Einleitung B, Rn. 7; Herrmann, SRR 2015, S. 4, 5
[943] Bieler/Lukat, NDiszG – Kommentar, Einleitung B, Rn. 15 ff.
[944] Bieler/Lukat, NDiszG – Kommentar, Einleitung B, Rn. 7; Baßlsperger, PersV 2015, S. 10, 11 f.
[945] BVerwG, Urt. v. 30.08.2000, Az. 1 D 37/99, Rn. 18 (juris)
[946] BVerwG, Urt. v. 30.08.2000, Az. 1 D 37/99, Rn. 18 (juris)
[947] Baßlsperger, PersV 2015, S. 10, 11
[948] BVerwG, Urt. v. 26.02.1992, Az. 1 D 29/91 (juris); Bieler/Lukat, NDiszG – Kommentar, Einleitung B, Rn. 19

zu zwei Jahren) vorsieht,[949] und sie entweder einen **Bezug zum Dienstbereich** des Beamten aufweisen, das **Vermögen des Staates mindern**, es sich um **eine besonders schwere Straftat handelt** oder **Straftaten wiederholt** begangen werden.[950]

Beispiele:
- Sexualdelikt eines Lehrers zum Nachteil von Kindern (OVG Schleswig-Holstein, Urt. v. 14.03.2016, Az. 14 LB 8/13 [juris]).
- Steuerhinterziehung eines Finanzbeamten (VG Münster, Urt. v. 27.05.2014, Az. 13 K 2614/13.O [juris]). *

* Weitere Beispiele siehe Jehke/Gallert, DStR 2014, S. 1476, 1477

Lediglich in absoluten Ausnahmefällen kann auch nicht strafrechtlich relevantes Verhalten 285
ein außerdienstliches Dienstvergehen darstellen.

Beispiel:
Das Angebot sexueller Dienste als Domina ist – ungeachtet der dem Schutz von Prostituierten dienenden Regelung ihrer Rechtsverhältnisse durch Gesetz vom 20. Dezember 2001 (BGBl. I 2001, S. 3983) – mit dem Bild einer im Außendienst tätigen Steuerbeamtin schlechthin unvereinbar (VG Berlin, Urt. v. 11.06.2008, Az. 80 A 17/07, Rn. 25 f. [juris]).

Die Dienstpflichtverletzung muss durch ein kausal zurechenbares **Tun oder Unterlassen** eingetreten sein.[951] Hier ist – wie im Strafrecht – auf den Schwerpunkt der Vorwerfbarkeit abzustellen.

Weiterhin ist erforderlich, dass der Beamte **rechtswidrig** gehandelt hat. Dies ist regelmäßig 286
indiziert, es sei denn es liegen Rechtfertigungsgründe vor. Hier ist vor allem an § 35 S. 2 BeamtStG zu denken an. Darüber hinaus greifen wegen der Einheit der Rechtsordnung aber auch alle allgemeinen Rechtfertigungsgründe, wie z.B. § 32 StGB, § 127 StPO.[952]

Der Beamte muss auch **schuldhaft** gehandelt haben. Das setzt zunächst eine vorsätzliche oder 287
fahrlässige Begehung der Pflichtverletzung voraus. **Vorsätzlich** handelt, wer bewusst und gewollt das Verhalten, das die Pflichtverletzung darstellt, verwirklicht. Dabei wird die Kenntnis von der Pflicht nicht zum Vorsatz gerechnet. **Fahrlässig** handelt derjenige, der die im Verkehr erforderliche Sorgfalt außer Acht lässt, zu welcher der Beamte nach den Umständen des Einzelfalls und den persönlichen Kenntnissen und Fähigkeiten verpflichtet und imstande ist.[953]

Daneben muss der Beamte auch **schuldfähig** im Sinne des § 20 StGB gewesen sein, und es dürfen zu seinen Gunsten keine **Schuldausschließungsgründe** (beispielsweise §§ 17, 33 oder 35 StGB) greifen. Hier ist vor allem an den Verbotsirrtum nach § 17 StGB zu denken. Ein solcher liegt vor, wenn der Beamte über die Pflichtwidrigkeit seines Verhaltens irrt und dieser Irrtum

[949] BVerwG, Urt. v. 19.08.2010, Az. 2 C 13/10 (juris)
[950] Claussen/Benneke/Schwandt, Rn. 364 ff. m.w.N.
[951] Hilg, apf, 2012, S. 330, 331
[952] Hilg, apf, 2012, S. 330, 335
[953] Hilg, apf, 2012, S. 330, 336

für ihn auch nicht vermeidbar war. Letzteres liegt allerdings nur vor, wenn unter Ausnutzung aller zur Verfügung stehenden Erkenntnismittel und unter Anspannung des Gewissens der Beamte nicht in der Lage gewesen ist, das Unrecht zu erkennen.[954]
Liegen alle Voraussetzungen vor, hat der Beamte ein Dienstvergehen begangen, das nach § 47 Abs. 3 BeamtStG nach den jeweils geltenden Disziplinargesetzen verfolgt wird.

2. GRUNDZÜGE DES DISZIPLINARVERFAHRENS IN NIEDERSACHSEN

288 Nach § 47 Abs. 3 BeamtStG obliegt es den Ländern Disziplinargesetze zu erlassen. Die Disziplinargesetze der Länder orientieren sich stark am Bundesdisziplinargesetz und folgen den dort erarbeiteten Grundsätzen.

a. Zuständigkeit

289 Wer in Niedersachsen **Disziplinarbehörde** ist, regelt § 5 NDiszG. Für Landesbeamte ist nach § 5 Abs. 1 S. 1 NDiszG die **oberste Disziplinarbehörde** die **oberste Dienstbehörde**. Nach Satz 2 ist sie auch höhere Disziplinarbehörde und Disziplinarbehörde, soweit in § 75 Nr. 1 NDiszG nichts anderes bestimmt ist.[955]

Für die Beamten der **kommunalen Gebietskörperschaften** und alle der Aufsicht des Landes unterstehenden juristischen Personen des öffentlichen Rechts mit Dienstherrenfähigkeit ist nach § 5 Abs. 2 NDiszG abgestuft **der Dienstvorgesetzte als Disziplinarbehörde**, der **höhere Dienstvorgesetzte als höhere Disziplinarbehörde** oder **die Aufsichtsbehörde als oberste Disziplinarbehörde** zuständig. Etwas anderes gilt gemäß Abs. 3 gegenüber den Hauptverwaltungsbeamten.

b. Einleitung des Verfahren

290 Die Disziplinarbehörde **hat** nach § 18 Abs. 1 NDiszG ein Disziplinarverfahren einzuleiten, wenn ein **hinreichender Tatverdacht** oder **ein Antrag des Beamten** besteht (**sog. Legalitätsprinzip**) und keine Ausnahme nach Absatzes 2 vorliegt. Ein hinreichender Tatverdacht existiert, wenn konkrete Anhaltspunkte eine Pflichtverletzung wahrscheinlich erscheinen lassen. Beruhen die Verdachtsmomente nicht auf eigenen Erkenntnissen der Behörde, sind ggfs. vorab Ermittlungen durchzuführen.[956] Die Einleitung des Verfahrens ist nach § 18 Abs. 1 S. 3 NDiszG aktenkundig zu machen.

Ausnahmsweise ist gemäß § 18 Abs. 2 Nr. 1 NDiszG **kein** Ermittlungsverfahren einzuleiten, wenn wegen einer strafrechtlichen Verurteilung oder wegen eines Freispruchs nach § 15 NDiszG oder nach § 16 NDiszG wegen Zeitablaufs keine Maßnahme mehr verhängt werden darf. Nach § 18 Abs. 2 Nr. 1 NDiszG kommt die Einleitung auch dann nicht in Betracht, wenn eine

[954] BGH St 2, 194
[955] Zahlreiche Ministerien haben insoweit besondere Verordnungen über die Zuständigkeit erlassen (siehe Bieler/Lukat, NDiszG – Kommentar, Anhänge zu § 75 NDiszG).
[956] Siehe hierzu Herrmann/Soiné, NVwZ 2012, S. 845 ff.

Disziplinarmaßnahme nicht angezeigt ist. Dies ist regelmäßig **bei Bagatellen** der Fall. Wird zeitgleich ein strafrechtliches Ermittlungsverfahren durchgeführt, kann gemäß § 23 Abs. 1 NDiszG das bereits eingeleitete Disziplinarverfahren ausgesetzt werden; bei Durchführung eines Strafverfahrens ist es auszusetzen.
Ist das Verfahren eingeleitet, erhält der Beamte eine Mitteilung über die Einleitung des Verfahrens und eine erste Möglichkeit, sich zur Sache zu äußern, § 21 NDiszG.

c. Ermittlungen im Disziplinarverfahren

Im Disziplinarverfahren ist der Sachverhalt nach § 22 NDiszG – wie in einem Strafverfahren – von Amts wegen aufzuklären (**sog. Amtsermittlungsgrundsatz**). Danach sind die belastenden, die entlastenden und die Umstände zu ermitteln, die für die Bemessung einer Disziplinarmaßnahme bedeutsam sind. 291

Der Dienstvorgesetzte als Disziplinarbehörde muss die Ermittlungen nicht in Person vornehmen. Vielmehr kann er einen geeigneten Mitarbeiter mit den Ermittlungen (**sog. Ermittlungsführer**) beauftragen, der nach § 35 BeamtStG weisungsgebunden ist. Bevor die Ermittlungen aufgenommen werden, hat sich dieser aktenkundig zu machen und Überlegungen anzustellen, wo Ermittlungsbedarf besteht.[957]

Ist wegen der Pflichtverletzung parallel ein rechtskräftiges Urteil in einem Straf- oder Bußgeldverfahren oder ein rechtskräftiger Strafbefehl ergangen und wurden insoweit tatsächliche Feststellungen getroffen, sind diese gemäß § 24 Abs. 1 S. 1 NDiszG **bindend**, es sei denn, sie sind offenbar unrichtig (§ 24 Abs. 1 S. 2 NDiszG). Tatsächliche Feststellungen in einem sonstigen gesetzlichen Verfahren (z.B. in einem strafrechtlichen Ermittlungsverfahren)[958] können gemäß § 24 Abs. 2 NDiszG ohne weitere Prüfung dem Disziplinarverfahren zugrunde gelegt werden.

Hat der Ermittlungsführer sich ein Bild über die Aktenlage gemacht, stehen ihm verschiedene Handlungsmöglichkeiten zur Verfügung, um seinem Auftrag nach §§ 22 NDiszG gerecht zu werden. Im Rahmen des Ermittlungsverfahrens können nach § 25 Abs. 1 NDiszG Ermittlungs- oder Strafakten beigezogen oder in Augenschein genommen werden, Zeugen und Sachverständige vernommen sowie schriftliche dienstliche Auskünfte eingeholt werden. Über die Beweiserhebung sind nach § 29 Abs. 1 NDiszG Protokolle zu fertigen. Dies gilt auch für die Anhörung des beschuldigten Beamten, der im Rahmen der Einleitungsverfügung nach § 21 Abs. 2 NDiszG die Möglichkeit erhält, zu den Vorwürfen Stellung zu nehmen. Neben der Beweiserhebung kann der Ermittlungsführer auch die Herausgabe von Unterlagen verlangen sowie unter den in § 28 NDiszG genannten strengen Voraussetzungen Beschlagnahmen und Durchsuchungen vornehmen.

Nachdem der Ermittlungsführer seine Ermittlungen abgeschlossen hat, wird dem beschuldigten Beamten das Ergebnis der Ermittlungen bekannt gegeben, und er erhält Gelegenheit zur abschließenden Äußerung nach § 21 Abs. 4 NDiszG. Darüber hinaus hat der Beamte das Recht, sich eines Beistands oder Bevollmächtigten zu bedienen, Akten einzusehen, was aus § 29 VwVfG folgt, sowie selbst Beweisanträge zu stellen oder an Ermittlungshandlungen teilzunehmen.

---

[957] Bieler/Lukat, Rn. 25
[958] Herrmann, StRR 2015, S. 4, 5

d. Abschlussentscheidung und Maßnahmen

292 Auf Grundlage des Abschlussberichts, der Feststellungen über die Person und den ermittelten Sachverhalt, die Prüfung, ob ein Dienstvergehen vorliegt oder nicht und die entscheidungserheblichen Umstände enthält,[959] muss der Dienstvorgesetzte als Disziplinarbehörde seine abschließende Entscheidung treffen. Je nachdem, zu welchem Ergebnis die Ermittlungen gekommen sind, stehen nach den §§ 14 i.V.m. 32 ff. NDiszG verschiedene Abschlussentscheidungen zur Verfügung:

- Einstellung nach § 32 NDiszG
- Erlass einer Disziplinarverfügung, § 33 NDiszG,
- Erhebung einer Disziplinarklage, § 34 NDiszG

293 Eine Einstellung **muss** gemäß § 32 Abs. 1 S. 1 Nr. 1 NDiszG erfolgen, wenn kein Dienstvergehen nachgewiesen werden kann, oder eine Disziplinarmaßnahme nach § 32 Abs. 1 S. 1 Nr. 2 NDiszG nicht angezeigt (bei **sog. Bagatellverfehlungen**) oder nach Nr. 3-6 nicht zulässig ist. Letzteres ist regelmäßig der Fall, wenn es eine Verurteilung im Strafverfahren oder durch Strafbefehl gegeben hat und nur eine Maßnahme ausgesprochen werden würde, die durch Disziplinarverfügung ergehen könnte (**Verbot der Doppelbestrafung**). Gleiches gilt bei einem rechtskräftigen Freispruch. Lediglich dann, wenn das Verhalten ein Dienstvergehen darstellt, ohne dabei einen Straftatbestand zu erfüllen, kann nach § 15 Abs. 3 NDiszG dennoch eine Disziplinarmaßnahme ausgesprochen werden (**sog. disziplinarer Überhang**)[960]. Weiterer Einstellungsgrund ist u.a. die Entlassung aus dem Beamtenverhältnis. Der Tod des Beamten beendet das Verfahren kraft Gesetzes. Nach § 32 Abs. 1 S. 3 NDiszG erfolgt die mit Gründen versehene Einstellung schriftlich und ist zuzustellen.

294 Im Rahmen einer **Disziplinarverfügung nach § 33 NDiszG** stehen der Disziplinarbehörde als zulässige Disziplinarmaßnahmen der Verweis (§ 7 NDiszG), die Geldbuße (§ 8 NDiszG) oder die Kürzung der Dienstbezüge oder des Ruhegehalts (§§ 9, 12 NDiszG) zur Verfügung. Nach § 33 Abs. 2 NDiszG werden der Verweis oder die Geldbuße von der Disziplinarbehörde ausgesprochen. Allein diese beiden Disziplinarmaßnahmen können nach § 6 Abs. 1 S. 2 NDiszG gegenüber Beamten auf Widerruf oder Probe verhängt werden. Steht ein schwereres Dienstvergehen und damit eine weitergehende Disziplinarmaßnahme im Raum, kommt eine Entlassung nach § 23 Abs. 3 Nr. 1 oder Abs. 4 BeamtStG in Betracht (siehe Rn. 341 ff., 357). Die Kürzung der Dienstbezüge wird gemäß § 33 Abs. 3 NDiszG von der nach § 34 Abs. 2 NDiszG zuständigen Disziplinarbehörde festgesetzt, stellt aber gleichwohl eine Disziplinarverfügung dar.

Ein Verweis ist nach § 7 NDiszG ein **schriftlicher Tadel** eines bestimmten Verhaltens. Die Geldbuße ist nach § 8 NDiszG die Verpflichtung zur **Zahlung eines Geldbetrages** bis zur Höhe von 2.500 Euro. Nach § 9 Abs. 1 S.1 NDiszG ist die Kürzung der Dienstbezüge deren **bruchteilmäßige Verminderung** um höchstens ein Fünftel und auf längstens drei Jahre. Damit einhergehend ist in Absatz 4 ein Beförderungsverbot verbunden. Eine Disziplinarverfügung ist zu begründen und dem Beamten zuzustellen, § 33 Abs. 6 NDiszG.

---

[959] Bieler/Lukat, Rn. 101 ff.

[960] Hermann, StRR, S. 1, 4

Soll eine Zurückstufung (§ 10 NDiszG), also eine Versetzung in ein Amt mit geringerem Endgrundgehalt, die Entfernung aus dem Beamtenverhältnis (§ 11 NDiszG) oder die Aberkennung des Ruhegehalts (§ 13 NDiszG) erfolgen, hat nach § 34 Abs. 1 NDiszG die zuständige Disziplinarbehörde (Klagebehörde) nach Absatz 2 Disziplinarklage zu erheben. Für die Kommunalbeamten ist die zuständige Klagebehörde gemäß § 34 Abs. 2 Nr. 2 NDiszG die höhere Disziplinarbehörde, also nach § 5 NDiszG der höhere Dienstvorgesetzte, d.h. der Verwaltungsausschuss nach § 107 Abs. 5 S. 3 NKomVG. Bei den Landesbeamten ergibt sich die Zuständigkeit aus den jeweils einschlägigen Zuständigkeitsverordnungen nach § 75 Nr. 1 NDiszG. Die Aufgabe der Disziplinargerichtsbarkeit ist gemäß § 41 NDiszG den Verwaltungsgerichten übertragen, die besondere Disziplinarkammern einzurichten haben. Das gerichtliche Verfahren ist in den §§ 41 bis 71 NDiszG detailliert geregelt und folgt weitgehend den verwaltungsgerichtlichen Grundsätzen. 295

e. Bemessung der Disziplinarmaßnahme

Die Entscheidung darüber, welche Disziplinarmaßnahme angemessen ist, ergeht gemäß § 14 Abs. 1 S. 1 NDiszG nach pflichtgemäßem **Ermessen**. Nach den Sätzen 2 und 3 sind im Rahmen des Ermessens die Schwere des Dienstvergehens und das Persönlichkeitsbild des Beamten zu berücksichtigen. Nach Satz 4 **soll** auch der Umfang der Vertrauensbeeinträchtigung in die Ermessenserwägungen einbezogen werden. Zur Orientierung hat die Rechtsprechung allerdings Kriterien entwickelt, wie ein bestimmtes Fehlverhalten einzustufen ist.[961] 296

Die **Schwere des Dienstvergehens** lässt sich u.a. aus der Eigenart und Bedeutung der verletzten Pflichten (Kern-, Haupt- oder Nebenpflichten), Dauer und Häufigkeit des Verstoßes, den Umständen der Tatbegehung, Form und Gewicht des Verschuldens, den Motiven für den Verstoß und den Folgen für den dienstlichen Bereich bzw. nach der Höhe von eingetretenen Schäden bestimmen.[962]

Soweit das **Persönlichkeitsbild** in die Überlegungen einzustellen ist, wird hiervon das gesamte dienstliche und außerdienstliche Verhalten erfasst.[963] Als Kriterien kommen insoweit die persönlichen Verhältnisse, das Verhalten vor der Tat, das Nachtatverhalten (hat der Beamte Reue gezeigt, den Schaden wiedergutgemacht etc.) und Vorbelastungen in Betracht.[964]

Im Hinblick auf die **Vertrauensbeeinträchtigung** des Dienstherrn oder der Allgemeinheit ist ein objektiver Maßstab anzulegen, d.h., es kommt nicht darauf an, wie der konkrete Dienstherr oder einzelne Personen das Verhalten bewerten, sondern darauf, ob der Dienstherr aus Sicht eines objektiven Dritten auch zukünftig noch auf die ordnungsgemäße Pflichterfüllung vertrauen kann.[965] Dies hängt u.a. ab vom allgemeinen Status des Beamten, seinem Tätigkeitsbereich innerhalb der Verwaltung und der konkret ausgeübten Funktion.[966]

---

961 Siehe hierzu die Darstellung bei Baßlsperger, PersV 2015, S. 10, 15 f.

962 BVerwG, Urt. v. 20.10.2005, Az. 2 C 12.04 (juris) = BVerwGE 124, 252; Hermann, StRR, S. 1, 3; Bieler/Lukat, NDiszG – Kommentar, Einleitung § 14, Rn. 19 ff.; Claussen/Benneke/Schwandt, Rn. 419 ff. mit zahlreichen Details

963 Bieler/Lukat, NDiszG – Kommentar, Einleitung § 14, Rn. 25

964 Bieler/Lukat, NDiszG – Kommentar, Einleitung § 14, Rn. 27

965 Bieler/Lukat, NDiszG – Kommentar, Einleitung § 14, Rn. 28

966 BVerwG, Urt. v. 29.05.2008, Az. 2 C 59/07, Rn. 15 (juris)

Nach § 14 Abs. 2 NDiszG ist ein Beamter, der durch ein **schweres Dienstvergehen** das **Vertrauen des Dienstherrn** oder der Allgemeinheit **endgültig verloren** hat, aus dem Beamtenverhältnis zu entlassen (**sog. Untragbarkeitsgrundsatz**)[967]. In diesem Fall steht dem Dienstherrn **kein** Ermessen zu. Die Entfernung aus dem Beamtenverhältnis setzt – neben der Schwere des Dienstvergehens – aber auch, ebenso wie bei Absatz 1, die umfassende Würdigung des Persönlichkeitsbildes des Beamten voraus, um einen endgültigen Vertrauensverlust feststellen zu können.[968] Ob ein schweres Dienstvergehen vorliegt, ergibt sich aus dem Eigengewicht der Verfehlung (s.o.). Regelmäßig nimmt die Rechtsprechung ein solches nur an, wenn es sich um schwerstwiegende Dienstpflichtverletzungen handelt.[969]

Zweite Voraussetzung ist der endgültige Verlust des Vertrauens des Dienstherrn oder der Allgemeinheit, wobei auch hier eine objektive Betrachtung vorzunehmen ist (s.o.). Ein **endgültiger Vertrauensverlust** ist dann anzunehmen, wenn aufgrund der prognostischen Gesamtwürdigung auf der Grundlage aller im Einzelfall bedeutsamen be- und entlastenden (z.B. überlange Verfahrensdauer) Umstände der Schluss gezogen werden muss, dass der Beamte auch in Zukunft in erheblicher Weise gegen Dienstpflichten verstoßen wird oder bei einem Fortbestehen des Beamtenverhältnisses nicht wiedergutzumachende Schäden für das Ansehen des Berufsbeamtentums eintreten.[970] Es stellt sich also stets die Frage, ob der Beamte untragbar geworden ist.

Obwohl es sich hier um eine gebundene Entscheidung handelt, prüft die Rechtsprechung in einem dritten Schritt, ob die disziplinarische Höchstmaßnahme im Einzelfall auch **verhältnismäßig** ist.[971]

Beispiele für die Entfernung aus dem Dienst:
- Kollegendiebstahl (BayVGH, Urt. v. 11.05.2016, Az. 16a D 13.1540 [juris]).
- Entfernung eines Beamten aus dem Beamtenverhältnis wegen seines gefestigten nationalsozialistischen Weltbildes (VG Wiesbaden, Urt. v. 11.05.2016, Az. 28 K 976/13.WI.D [juris]).
- Unentschuldigtes Fernbleiben eines Beamten vom Dienst über einen langen Zeitraum (VG Wiesbaden, Urt. v. 10.03.2016, Az. 25 K 485/14.WI.D [juris]).
- Polizeibeamter; Entfernung aus dem Dienst wegen Rotlichtmilieukontakten (VG Trier, Urt. v. 17.11.2015, Az. 3 K 2121/15.TR [juris]). *

* Weitere Beispiele bei Bieler/Lukat, Rn. 127; Claussen/Bennecke/Schwandt, Rn. 443 ff.

II. Sonstige dienstrechtliche Folgen

Literatur zu Vertiefung: Fleig, Meinrad, Nochmals: Mißbilligende Äußerungen im Beamten- und Disziplinarrecht, DöD 1993, S. 54 ff.; ders. Mißbilligende Äußerungen im Beamten- und Disziplinarrecht, DöD 1992, S. 129 ff.; Haller, Robert/Steffens, Rainer, die beamtenrechtliche Mißbilligung, DöD 1994, S. 224 ff.; Hilg, Günter, Grundstrukturen des neuen Dienstrechts im Bund und Ländern, Teil 9, apf 2012, S. 263 ff.; Hoffmann, Jan Martin, Das Verbot der Führung der Dienstgeschäfte nach § 39 BeamtStG und die vorläufige Dienstenthebung, NdsVBl. 2014, S. 39 ff.; Lopacki, Helmut, Die

[967] Bieler/Lukat, NDiszG – Kommentar, Einleitung § 14, Rn. 30
[968] BVerwG, Urt. v. 20.10.2005, Az. 2 C 12/04 (juris) = BVerwGE 124, 252-265
[969] BVerwG, Urt. v. 29.10.2013, Az. 1 D 1/12 (juris)
[970] Grundlegend BVerwG, Urt. v. 20.10.2005, Az. 2 C 12/04 (juris); Hermann, StRR, S. 1, 3
[971] OVG Rheinland-Pfalz, Urt. v. 08.03. 2016, Az. 3 A 10861/15, Rn. 83 (juris); VG Ansbach, Beschl. v. 20.07.2016, Az. AN 13b DS 6/01107, Rn. 110 ff. (juris)

schriftliche mißbilligende Äußerung des Dienstvorgesetzen, PersV 1995, S. 49 ff.; Rogosch, Konrad, Verbot der Führung der Dienstgeschäfte, HPJ 1996, S. 3 ff.;

Als dienstrechtliche Folgen kommen neben den üblichen Personalmaßnahmen, wie Personalgespräch, Tadel, Ermahnung oder **Mißbilligung** vor allem die **Umsetzung oder Versetzung** in Betracht, wenn der Beamte in seiner Abteilung oder der Dienststelle nicht mehr tragbar ist. Eine Mißbilligung ist mangels Erwähnung im NDiszG keine Disziplinarmaßnahme,[972] sondern eine Personalmaßnahme eigener Art, die aus der Leitungs-, Aufsichts- und Weisungsbefugnis folgt.[973] **Missbilligungen** sind mündliche oder schriftliche Äußerungen des Dienstvorgesetzten (nicht Vorgesetzten) in schriftlicher Form, die ein zurückliegendes Verhalten des Beamten beanstanden und ggfs. die Aufforderung an den Beamten enthalten, sich zukünftig korrekt zu verhalten.[974] Mit dem Hinweis, dass er sich in Zukunft korrekt verhalten müsse und andernfalls schwerwiegendere Sanktionen drohen, kommt der Dienstherr auch seiner Fürsorgepflicht nach.[975] Mißbilligungen sind Verwaltungsakte, gegen die sich der Beamte mit Rechtsmitteln zur Wehr setzen kann. 297

Handelt es sich um einen Beamten auf Widerruf oder Probe, der eine schwerere Pflichtverletzung begangen hat, muss der Dienstherr eine **Entlassung** in Erwägung ziehen, wenn die disziplinarischen Möglichkeiten ausgereizt sind. Überdies kann der Dienstherr **die Führung der Dienstgeschäfte** auf Grundlage des § 39 S. 1 BeamtStG **verbieten** oder den Beamten nach § 38 Abs. 1 NDiszG **vorläufig des Dienstes entheben**.
Die beiden letztgenannten Vorschriften stellen Sofortmaßnahmen dar, aufgrund derer dem Beamten sein Recht auf Ausübung seines Amtes untersagt werden kann.

1. VERBOT DER FÜHRUNG DER DIENSTGESCHÄFTE GEMÄSS § 39 BEAMTSTG

Nach § 39 S. 1 BeamtStG kann aus zwingenden dienstlichen Gründen die Führung der Dienstgeschäfte verboten werden. Hierbei handelt es sich um eine repressive Maßnahme, die im Volksmund als „**Suspendierung**" bekannt ist und ein Mittel der Personalführung darstellt. 298

Auf Tatbestandsseite müssen zwingende dienstliche Gründe vorliegen. Dieser unbestimmte Rechtsbegriff ist voll gerichtlich überprüfbar und lässt keinen Beurteilungsspielraum zu.[976] **Zwingende dienstliche Gründe** liegen nach der Rechtsprechung dann vor, „*wenn eine weitere Ausübung der Dienstgeschäfte durch den Beamten zumindest im Augenblick nicht vertretbar erscheint, weil andernfalls mit großer Wahrscheinlichkeit schwerwiegende Beeinträchtigungen der Funktionsfähigkeit der Verwaltung, Dritter oder des Beamten selbst im Falle der Fortführung der Dienstgeschäfte drohen*".[977] Auf ein vorwerfbares Fehlverhalten des Beamten kommt es dabei nicht an.[978] Es reichen rein objektive Umstände, die den Dienstherrn zur dienstrechtlichen „Gefahrenabwehr" veran-

[972] Siehe hierzu § 6 S. 2 BDG
[973] OVG Lüneburg, NVwZ-RR 2013, S. 652, 655; Wichmann in Wichmann/Langer, Abschnitt 9, Rn. 264; Fleig, DÖD 1992, S. 129, 130
[974] Fleig, DÖD 1992, S. 129, 129; Haller/Steffens, DÖD 1994, S. 224, 224
[975] Haller/Steffens, DÖD 1994, S. 224, 227
[976] Hoffmann, NdsVBl. 2014, S. 39, 39
[977] OVG Lüneburg, NVwZ-RR 2010, S. 492
[978] Metzler-Müller in Metzler-Müller/Rieger/Seeck/Zentgraf, § 39 BeamtStG, Anm. 1

lassen.[979] Daher ist seitens des Dienstherrn auch keine erschöpfende Aufklärung erforderlich, sondern es genügt, wenn der zuständige Vorgesetzte **im Zeitpunkt der Anordnung** aufgrund der vorliegenden Erkenntnisse zu der begründeten Überzeugung gelangt, dass dienstliche Gründe **ein sofortiges Handeln erfordern** und das Verbot der Ausübung des Dienstes nach § 39 Satz 1 BeamtStG zwingend geboten ist.[980] Zweck dieser Regelung ist es nämlich, einen Beamten von der Dienstausübung fernzuhalten, wenn dies für ihn oder die Behörde zu akuten Nachteilen führen kann, z.B. bei Verdacht einer schweren Straftat des Beamten, (un-)berechtigten Presseangriffen, Verhalten, das dem Ansehen der Behörde, in der der Beamte tätig ist, schadet, etc.[981]

299 Kommt der Dienstherr zu dem Ergebnis, dass tatbestandlich zwingende dienstliche Gründe vorliegen, kann er nach **pflichtgemäßem Ermessen** das Verbot verfügen, wobei dieses in aller Regel auf Null reduziert sein dürfte. Somit besteht nur in Bezug auf die Dauer noch ein Ermessen. Allerdings ist auch dem Grundsatz der Verhältnismäßigkeit Rechnung zu tragen, der mitunter eine Suspendierung trotz Vorliegens von zwingenden dienstlichen Gründen verbieten kann, weil noch andere mildere Mittel zur Verfügung stehen oder es an der Angemessenheit im engeren Sinne fehlt.[982]

300 Im Falle eines Verbots sind die Dienstleistungspflicht und das Amtsführungsrecht des Beamten suspendiert; weitere Pflichten und Rechte, wie z.B. der Anspruch auf Besoldung, bleiben bestehen. **§ 48 NBG** sieht überdies die Möglichkeit vor, dass dem Beamten auch das Betreten der Diensträume, das Tragen von Dienstkleidung etc. verboten wird und die Herausgabe von dienstlich empfangenen Sachen verlangt werden kann.
Die Maßnahme dauert gemäß § 39 S. 2 BeamtStG **maximal drei Monate** und kann jederzeit seitens des Dienstherrn aufgehoben werden. Sie muss aufgehoben werden, wenn keine zwingenden dienstlichen Gründe mehr vorliegen. Die Drei-Monats-Frist berechnet sich analog §§ 187, 188 BGB. Während der Suspendierung hat der Dienstherr die Möglichkeit, Ermittlungen anzustellen und die Maßnahmen einzuleiten, die zur Behebung der „dienstlichen Schwierigkeiten" erforderlich sind.[983] Das Verbot endet automatisch, wenn nicht bis zum Ablauf von drei Monaten ein Disziplinarverfahren oder ein sonstiges auf Rücknahme der Ernennung oder Beendigung des Beamtenverhältnisses gerichtetes Verfahren eingeleitet worden ist. Zu beachten ist jedoch, dass allein die Einleitung von disziplinarischen Ermittlungen nicht zu der Verlängerung nach Satz 2 führt, vielmehr ist die Erhebung einer Disziplinarklage erforderlich.[984] Eine Verlängerung ohne die Einleitung eines Verfahrens nach Satz 2 ist in derselben Sache nicht möglich. Dies dient vor allem dem Schutz des Beamten, der nicht zeitlich unbegrenzt eine eigentlich vorläufige Maßnahme hinnehmen soll, und fordert damit den Dienstherrn auf, zügig seine Ermittlungen aufzunehmen und abzuschließen, damit der Beamte nicht unnötig lange von der Amtsausübung ausgeschlossen ist.[985]

979 BVerwGE 63, 32, 34; Metzler-Müller in Metzler-Müller/Rieger/Seeck/Zentgraf, § 39 BeamtStG, Anm. 2.1; Hoffmann, NdsVBl. 2014, S. 39, 40
980 OVG Sachsen, Beschl. v. 14.02.2012, Az. 2 A 133/11, Rn. 7 (juris)
981 Eine detaillierte Aufzählung findet sich u.a. bei Metzler-Müller in Metzler-Müller/Rieger/Seeck/Zentgraf, § 39 BeamtStG, Anm. 2.1. und Kümmel, § 39 BeamtStG, Rn. 7.
982 OVG NRW, Beschl. v. 17.06.2013, Az. 6 A 2586/12, Rn. 14 (juris); Rogosch, HPJ 1996, S. 3, 3 ff.; Kümmel, § 39 BeamtStG, Rn. 8
983 OVG Münster, ZBR 1962, S. 13, 14
984 Kohde in v. Roetteken/Rothländer, § 39 BeamtStG, Rn. 57 f.
985 Hoffmann, NdsVBl. 2014, S. 39, 43

Nach § 3 Abs. 5 NBG ist der Dienstvorgesetzte für die Entscheidung nach § 39 BeamtStG zuständig. Die Entscheidung ist dem einzelnen Beamten gegenüber zu erklären, wobei eine schriftliche Bekanntgabe nach § 37 VwVfG ausreichend ist. Da es sich um einen belastenden Verwaltungsakt handelt, ist es sinnvoll, diesen auch schriftlich mit Begründung zu erlassen. Eine Anhörung nach § 28 VwVfG ist ebenfalls notwendig. In der Regel wird die sofortige Vollziehung nach § 80 VwGO angeordnet.

Dem Beamten steht gegenüber dieser Maßnahme der Rechtsweg zu den Verwaltungsgerichten offen. Er kann entweder Widerspruch, soweit dieser noch vorgesehen ist, oder – wie in Niedersachsen – sofort Anfechtungsklage erheben.

2. VORLÄUFIGE DIENSTENTHEBUNG GEMÄSS § 38 ABS. 1 NDISZG

Die vorläufige Dienstenthebung gemäß § 38 Abs. 1 NDiszG stellt ebenfalls eine Sofortmaß- 301
nahme dar, die als **disziplinarische Nebenfolge** auf Tatbestandsseite allerdings bereits ein bestehendes Disziplinarverfahren erfordert. Zudem wird in § 38 Abs. 1 Nr. 1 und 2 NDiszG gefordert, dass entweder

- nach einer **prognostischen Einschätzung auf Entfernung aus dem Dienstverhältnis** entschieden werden wird oder
- durch ein Verbleiben im Dienst der Dienstbetrieb oder die Ermittlungen **wesentlich beeinträchtigt würde** und die vorläufige Dienstenthebung nicht außer Verhältnis zu der Pflichtverletzung steht.

Bei Nummer 1 hat die Klagebehörde nach § 34 Abs. 2 NDiszG, die für den Ausspruch der Maßnahme zuständig ist, summarisch zu prüfen, ob im Zeitpunkt des Maßnahmeerlasses eine überwiegende Wahrscheinlichkeit für die Entfernung aus dem Dienst spricht.[986] Da eine Entfernung, wie bereits erörtert, nur bei schweren Dienstvergehen in Betracht kommt, muss bei der Entscheidung über eine vorläufige Dienstenthebung überschlägig eine Ermessensprüfung anhand der Grundsätze des § 14 NDiszG vorgenommen werden (hierzu s.o. Rn. 296).
Nummer 2 lässt auch dann eine Dienstenthebung zu, wenn eine Entfernung nicht überwiegend wahrscheinlich ist, es sich also nicht um ein schweres Dienstvergehen handelt. Dann muss der Verbleib aber zu einer wesentlichen Beeinträchtigung des Dienstes oder der Ermittlungen führen, und es muss mindestens eine mittlere Disziplinarmaßnahme, wie z.B. die Kürzung der Dienstbezüge, wahrscheinlich sein.[987] Eine Beeinträchtigung ist dann zu erwarten, wenn Verdunkelungs- oder Wiederholungsgefahr besteht oder die Funktionsfähigkeit des Dienstbetriebs, z.B. durch Störung des Dienstfriedens, bedroht ist und nicht durch andere Maßnahmen wie Umsetzung, Versetzung oder Abordnung beseitigt werden kann.[988]

Liegen die Tatbestandsvoraussetzungen vor, steht der Klagebehörde zwar Ermessen zu, doch findet hier – ebenso wie bei § 39 BeamtStG – eine **erhebliche Ermessensreduzierung** statt.[989]

---

[986] Hoffmann, NdsVBl. 2014, S. 39, 41
[987] OVG Lüneburg, Beschl. v. 25.03.2013, Az. 19 ZD 4/14 (juris)
[988] Bieler/Lukat, NDiszG – Kommentar, Einleitung § 38, Rn. 4
[989] OVG Lüneburg, Beschl. v. 12.02.2008, Az. 20 ZD 11/07 (juris); Hoffmann, NdsVBl. 2014, S. 39, 41

302 Die Dienstenthebung schließt den Beamten von der Wahrnehmung seines Dienstpostens aus. Zur Beachtung der Pflichten bleibt der Beamte ebenso verpflichtet wie der Dienstherr zur Gewährung der Rechte. Lediglich das Recht auf Alimentation kann nach § 38 Abs. 2 NDiszG eingeschränkt werden.

303 Streitig ist die Frage, in welchem Verhältnis diese beiden Sofortmaßnahmen zueinander stehen.[990] Nach zutreffender Auffassung handelt es sich um zwei nebeneinander stehende Maßnahmen, die zwar oftmals beide möglich sein dürften, aber wegen der unterschiedlichen Tatbestandsvoraussetzungen eben doch nebeneinander stehen,[991] sodass sich der Dienstherr entscheiden muss, welche Maßnahme er ergreifen will.

III. Vermögensrechtliche Folgen

Literatur zu Vertiefung: Beckmann, Jörg, Zum Schadensersatz des Dienstherrn gegen den Beamten, ZBR 2004, S. 109 ff.; Günther, Hellmuth, Beamtenhaftung gegenüber dem Dienstherrn, RiA 2012, S. 247 ff.; Günther, Jörg-Michael, Zur Haftung beamteter Lehrer beim Verlust von Schulschlüsseln, ZBR 2014, S. 337 ff.; Hilg, Günter, Grundstrukturen des neuen Dienstrechts im Bund und in den Ländern, Teil 14, apf 2012, S. 263 ff. und Teil 15, apf 2012, S. 289 ff.; Hofmann, Bernhard, Zur Haftung von Beamten und Tarifbeschäftigten des öffentlichen Dienstes im Verhältnis zum Dienstgeber, ZTR 1995, S. 99 ff.; Simianer, Robert, Vermögensrechtliche Haftung des Beamten dem Dienstherrn gegenüber, ZBR 1993, S. 33 ff.

304 Neben den dienstrechtlichen Folgen können Pflichtverletzungen auch **vermögensrechtliche Auswirkungen** haben. Einerseits ist an den **Verlust von Dienstbezügen** nach § 1 Abs. 2 NBesG i.V.m. § 9 BBesG zu denken sowie an **Erstattungsansprüche**, andererseits an die Pflicht des Beamten nach § 48 BeamtStG, für Schäden aufzukommen, die er durch eine vorsätzliche oder grob fahrlässige Pflichtverletzung beim Dienstherrn oder einem Dritten verursacht hat.

Ein Erstattungsanspruch kommt vor allem aus § 12 Abs. 2 BBesG i.V.m. § 1 NBesG (§ 16 Abs. 2 NBESG – Entwurf)[992] in Betracht, wenn überhöhte Besoldungszahlungen erfolgt sind. Für andere Leistungen nach dem NBG gilt gemäß § 87 NBG das Gleiche. Die Rückzahlungspflicht richtet sich nach den Vorschriften über die Herausgabe einer ungerechtfertigten Bereicherung.

1. HAFTUNG NACH § 48 BEAMTSTG

305 Der Beamte haftet nach § 48 BeamtStG sowohl für die Schäden, die unmittelbar beim Dienstherrn eingetreten sind (**sog. Eigenschäden**) als auch für **Fremdschäden**, die der Dienstherr gemäß § 839 BGB i.V.m. Art. 34 GG im Außenverhältnis zunächst übernommen hat. Fremdschäden sind mittelbare Schäden beim Dienstherrn. Als Ursache hierfür kommt insbesondere eine Amtspflichtverletzung nach § 839 BGB in Betracht, aber auch eine Schadensersatzpflicht aus zugerechneten vertraglichen Pflichtverletzungen oder unerlaubten Handlungen sowie aus Gefährdungshaftung.[993]

[990] Streitstand siehe Hoffmann, NdsVBl. 2014, S. 39, 42 f.
[991] Zu den Einzelheiten siehe OVG Lüneburg, Beschl. v. 20.04.2010, Az. 5 ME 282/09 (juris); Hoffmann, NdsVBl. 2014, S. 39, 42 f.
[992] Nds. LT-Drs. 17/3512
[993] Einzelheiten siehe hierzu Schnellenbach, § 8, Rn. 3 ff.; Hilg, apf 2012, S. 263, 265

Voraussetzung für den Haftungsanspruch ist, dass

- ein Beamter im statusrechtlichen Sinne,
- grob fahrlässig oder vorsätzlich sowie
- rechtswidrig
- durch ein adäquat kausales Verhalten eine Pflichtverletzung begeht und hierdurch
- ein Schaden nach § 249 ff. BGB analog entsteht,
- der die Kausalitätsanforderungen erfüllt.

Voraussetzung ist, dass ein **Beamter im dienst- oder statusrechtlichen Sinn** die Pflichtverletzung begeht; auf die Art des Beamtenverhältnisses kommt es dabei nicht an.[994] Ruhestandsbeamte können zur Haftung herangezogen werden, wenn im Zeitpunkt der Pflichtverletzung diese (nachwirkende) Pflicht bestanden hat.[995]

Der Beamte muss durch Tun oder Unterlassen eine dem Dienstherrn gegenüber bestehende **Pflicht schuldhaft verletzt**, also ein Dienstvergehen begangen haben.[996] Zu den einzelnen Pflichtverletzungen siehe oben Rn. 237 ff.
Die Handlung des Beamten muss **vorsätzlich** oder **grob fahrlässig** begangen worden sein. Vorsätzlich handelt der Beamte, der bewusst und gewollt den Tatbestand der Pflichtverletzung verwirklicht und sich über die Pflichtwidrigkeit im Klaren ist.[997] Der Begriff der groben Fahrlässigkeit ist in § 277 BGB legal definiert und als Außerachtlassen der im Verkehr erforderlichen Sorgfalt in besonderem Maße zu verstehen. Wann im Einzelfall eine grobe Fahrlässigkeit vorliegt, ist oftmals schwer zu entscheiden.[998] Dabei sind subjektive Umstände in erheblichem Maße zu berücksichtigen.[999]

Grundsätzlich indiziert das pflichtwidrige Verhalten des Beamten die **Rechtswidrigkeit**. Lediglich dann, wenn ein Rechtfertigungsgrund greift, z.B. nach erfolgloser Remonstration, ist diese Voraussetzung nicht erfüllt.[1000]

Beispiele für haftungsauslösende Pflichtverletzungen:

- Haftung für Kassenfehlbestände (BVerwG, Urt. v. 16.07.1998, Az. 2 C 12/98 [juris]).
- Kollision mit einem anderen Verkehrsteilnehmer im Bereich einer für das polizeiliche Einsatzfahrzeug durch Rotlicht gesperrten mehrspurigen Kreuzung, kann selbst bei eingeschaltetem Blaulicht und Martinshorn bei einer polizeilichen Einsatzfahrt auf grober Fahrlässigkeit des den Dienstwagen führenden Polizisten beruhen (VG Neustadt/Weinstraße, Urt. v. 18.03.2014, Az. 1 K 602/13.NW 8 [juris]).

---

994 Hilg, apf 2012, S. 263, 265

995 BVerwG, Beschl. v. 18.09.2007, Az. 1 DB 5/06, Rn. 16 (juris); Metzler-Müller in Metzler-Müller/Rieger/Seeck/Zentgraf, § 48 BeamtStG, Anm. 1

996 Metzler-Müller in Metzler-Müller/Rieger/Seeck/Zentgraf, § 48 BeamtStG, Anm. 3.2; Simianer, ZBR 1993, S. 33, 38

997 BVerwGE 70, 296, 299; Schnellenbach, § 8, Rn. 23

998 Siehe hierzu ausführlich Simianer, ZBR 1993, S. 33, 41 ff.

999 Siehe Metzler-Müller in Metzler-Müller/Rieger/Seeck/Zentgraf, § 48 BeamtStG, Anm. 3.3 und Schnellenbach, § 8, Rn. 24 ff. mit vielen Beispielen.

1000 Baßlsperger, Kap. 15, Rn. 7; Hilg, apf 2012, S. 263, 266

Durch die Pflichtverletzung muss beim Dienstherrn ein **Schaden** entstanden sein. Hier ist auf den im Zivilrecht geltenden Begriff des Schadens zurückzugreifen. Danach wird grundsätzlich der Vermögensschaden ersetzt. Dieser besteht nach der Rechtsprechung in einem Vergleich zwischen der Vermögenslage, wie sie sich infolge der Pflichtverletzung darstellt, und der Vermögenslage, die ohne das schädigende Ereignis bestanden hätte (**sog. Differenzmethode**).[1001] Der Schaden kann ein Eigenschaden des Dienstherrn sein oder, wie eingangs erwähnt, auch ein mittelbarer wegen Fremdschädigung.

Des Weiteren ist eine doppelte Kausalität erforderlich. Einerseits muss zwischen dem Verhalten des Beamten und der Pflichtverletzung die **haftungsbegründende Kausalität** vorliegen, und zum anderen bedarf es einer Kausalität zwischen Pflichtverletzung und Schaden (**sog. haftungsausfüllende Kausalität**). Die haftungsbegründende Kausalität ist gegeben, wenn nach allgemeiner Wahrscheinlichkeit das relevante Verhalten zu der jeweiligen Pflichtverletzung führen kann.[1002] Derselbe Maßstab gilt auch für die haftungsausfüllende Kausalität. Bei der Frage nach der Adäquanz stellt sich demzufolge stets die Frage, ob nach dem gewöhnlichen Lauf der Dinge der Eintritt der Pflichtverletzung bzw. des Schadens zu erwarten war.[1003]

Liegen die tatbestandlichen Voraussetzungen vor, ist der Beamte zum Ersatz des entstandenen Schadens verpflichtet. Hierbei ist zu berücksichtigen, dass nach § 48 S. 2 BeamtStG bei mehreren Schadensverursachern diese als Gesamtschuldner haften. Zudem muss sich der Dienstherr analog § 254 Abs. 1 BGB ein etwaiges Mitverschulden bei der Schadensentstehung anrechnen lassen und seiner Schadensminderungspflicht analog § 254 Abs. 2 BGB nachkommen.

Die Verjährung richtet sich nach dem Verweis in § 51 NBG nach den Vorschriften der §§ 195 bis 199 BGB mit den in § 51 S. 2 NBG geregelten Besonderheiten.

306 Für die **Geltendmachung des Anspruchs** stehen dem Dienstherrn verschiedene Möglichkeiten zur Verfügung.[1004] Zuständig für die Geltendmachung ist grundsätzlich nach § 3 Abs. 2 NBG der Dienstvorgesetzte. Während Regressansprüche wegen Amtspflichtverletzung nur mittels **zivilrechtlicher Leistungsklage** geltend gemacht werden können, da hier allein der Weg zu den Zivilgerichten eröffnet ist (§ 71 Abs. 2 Nr. 2 GVG), kann der Dienstherr bei Eigenschäden oder Regressansprüchen wegen nichthoheitlicher Tätigkeit wählen, wie er den Anspruch geltend macht. Er kann den Anspruch entweder per **Leistungsbescheid oder Leistungsklage** geltend machen.[1005] Es steht im Ermessen des Dienstherrn, auf welches Mittel er zurückgreift. Rechnet er damit, dass er mit dem Leistungsbescheid nicht zum Erfolg kommen wird, kann er sogleich Klage erheben. Ein weiteres – oft sehr effektives – Mittel ist die Aufrechnung analog § 387 ff. BGB mit dem Besoldungsanspruch. Dieses Recht folgt unmittelbar aus § 11 Abs. 2 S. 1 BBesG i.V.m. § 1 NBesG (§ 14 Abs. 2 S. 1 NBesG – Entwurf),[1006] sofern die Ansprüche der Pfändung unterliegen.[1007]

1001 BGH Z 98, 212, 217

1002 Metzler-Müller in Metzler-Müller/Rieger/Seeck/Zentgraf, § 48 BeamtStG, Anm. 3.5

1003 Hilg, apf 2012, S. 263, 266

1004 Zu den Einzelheiten siehe vor allem Hilg, apf 2012, S. 263, 268; Baßlsperger, Kapitel 15, Rn. 14 ff.; Schnellenbach, § 8, Rn. 52 ff.; Metzler-Müller in Metzler-Müller/Rieger/Seeck/Zentgraf, § 48 BeamtStG, Anm. 6.3; Wichmann, in Wichmann/Langer, Abschnitt 9, Rn. 261.

1005 Hilg, apf 2012, S. 263, 268; Schnellenbach, § 8, Rn. 56 ff.; Baßlsperger, Kap. 15, Rn. 14 ff.

1006 Nds. LT-Drs. 17/3512

1007 Baßlsperger, Kap. 15, Rn. 16

2. VERLUST DER DIENSTBEZÜGE

Nach § 9 BBesG i.V. m. § 1 NBESG (§ 11 NBesG – Entwurf)[1008] verliert der Beamte bei schuldhaftem Fernbleiben vom Dienst kraft Gesetzes seinen Anspruch auf Besoldung. Nach der Gesetzesbegründung handelt es sich um die Nachfolgeregelung des bisherigen § 9 BBesG und stellt inhaltlich eine Einschränkung des Alimentationsprinzips außerhalb einer disziplinarrechtlichen Beurteilung dar.[1009] Der Verlust gilt nach Satz 2 auch für ein Fernbleiben von Teilen eines Tages, wobei nach der Rechtsprechung die kleinste Einheit eine Stunde ist.[1010] Der Verlust der Bezüge ist nach Satz 3 aus Gründen der Rechtssicherheit gegenüber dem Beamten durch Verwaltungsakt festzustellen. Die Höhe des Verlustes bemisst sich anteilig im Verhältnis der Tage/Stunden des Fernbleibens zu den Tagen/Stunden des jeweiligen Kalendermonats. Fraglich ist, wann ein Fernbleiben vom Dienst tatbestandlich vorliegt. Nach § 67 NBG darf ein Beamter nur mit Genehmigung dem Dienst fernbleiben, es sei denn, er ist wegen Krankheit oder aus anderem wichtigen Grund gehindert, seine Dienstpflicht zu erfüllen. Als **Dienst** wird die Pflicht des Beamten verstanden, seine individuell konkretisierten Dienstpflichten am rechten Ort zur rechten Zeit zu erbringen.[1011] Kommt der Beamte dieser Pflicht schuldhaft und ohne rechtfertigenden Grund nicht nach, **bleibt er dem Dienst im Sinne des § 67 NBG fern.** Ob und wann ein Beamter zeitlich seine Dienstpflicht zu erbringen hat, folgt aus den jeweils geltenden Arbeitszeitverordnungen und den jeweiligen Regeln beim Dienstherrn. Örtlich setzt das Fernbleiben eine Abwesenheit am Dienstort voraus.[1012] Eine mangelhafte Dienstleistung, z.B. wegen übermäßigen Alkoholkonsums, stellt daher kein Fernbleiben vom Dienst dar, sondern einen Verstoß gegen die Pflicht zum vollen persönlichen Einsatz nach § 34 S. 1 BeamtStG. 307

IV. Strafrechtliche Folgen

Literatur zur Vertiefung: Geppert, Klaus, Amtsdelikte, Jura 81, S. 42 ff.; Wegner, Kilian/ Rönnau, Thomas, Grundwissen – Strafrecht: Amtsträger, Jus 2015, S. 505 ff.;

Eine Pflichtverletzung kann auch strafrechtliche Konsequenzen nach sich ziehen. Ein Beamter kann wie jeder andere Bürger auch Straftaten begehen und dafür bestraft werden, was u.a. auch den Verlust der Beamtenrechte zur Folge haben kann, s.u. Rn. 368 ff. 308

Der Beamte unterliegt jedoch strengeren Anforderungen als der „Normalbürger", denn er kann anders als dieser wegen der Begehung von **echten** und **unechten Amtsdelikten** bestraft werden. Der 30. Abschnitt des StGB trägt die Überschrift „Amtsdelikte" und erfasst weitgehend die im StGB enthaltenen echten (eigentlichen) und unechten (uneigentlichen) Amtsdelikte.

Echte Amtsdelikte sind all jene Delikte, die nur von einem Amtsträger bzw. einem für den öffentlichen Dienst besonders Verpflichteten begangen werden können. Wer Amtsträger im strafrechtlichen Sinne ist, ergibt sich dabei aus § 11 StGB. Der weite strafrechtliche Beam-

1008 Nds. LT-Drs. 17/3512
1009 Nds. LT-Drs. 17/3512, S. 125
1010 BayVGH, Beschl. v. 01.08.1984, Az. 16 C 84 A.1278 (juris) = ZBR 1985, S. 62, 63
1011 BVerwG, Beschl. v. 11.05.2000, Az. 1 DB 35/99 (juris) = BVerwGE 111, 153-161
1012 Kümmel, § 67 NBG, Rn. 5

tenbegriff will alle Personen erfassen, die Aufgaben der öffentlichen Verwaltung erfüllen, und mit der Einführung besonderer Delikte sicherstellen, dass diese Personen ihre Machtbefugnisse nicht missbrauchen.[1013] Es geht also einerseits um den Schutz des Vertrauens der Bevölkerung in die Lauterkeit des öffentlichen Dienstes und andererseits um die Sicherung der Funktionsfähigkeit der Verwaltung.[1014] Amtsdelikte sind beispielsweise die Vorteilsnahme § 331 StGB, die Bestechlichkeit § 332, Rechtsbeugung § 339 StGB und die Falschbeurkundung im Amt § 348 StGB.

Unechte Amtsdelikte sind Delikte, die eigentlich von jedermann begangen werden können, nur für Amtsträger einen höheren Strafrahmen vorsehen. Sie sind also Strafschärfungstatbestände.[1015] Diese Verschärfung ist gerechtfertigt, denn ein Beamter soll als solcher die Rechtsordnung bewahren und sie gerade nicht angreifen.[1016]

1013 Wichmann in Wichmann/Langer, Abschnitt 3, Rn. 47
1014 Heine/Eisele in Schönke/Schröder, Vor § 331, Rn. 1
1015 Heine/Eisele in Schönke/Schröder, Vor § 331, Rn. 6
1016 Heine/Eisele in Schönke/Schröder, Vor § 331, Rn. 6

KAPITEL 4 BEENDIGUNG DES BEAMTENVERHÄLTNISSES

Literaturhinweis zur Vertiefung: Hilg, Günter, Grundstrukturen des neuen Dienstrechts im Bund und in den Ländern, Teil 6, apf 2012, S. 1 ff.

Das Beamtenstatusgesetz nennt in § 21 vier Gründe, die zu einer Beendigung von Beamten- 309
verhältnissen führen:

- die Entlassung (Nr. 1),
- den Verlust der Beamtenrechte (Nr. 2),
- die Entfernung nach den Disziplinargesetzen (Nr. 3) sowie
- den Eintritt oder die Versetzung in den Ruhestand (Nr. 4).

Damit entspricht die neue Regelung weitgehend der Vorgängerregelung in § 21 BRRG a.F. bzw. § 35 NBG a.F. Nicht mehr erwähnt wird lediglich **der Tod** des Beamten, da die Beendigung des Beamtenverhältnisses in diesem Falle die logische Konsequenz ist, die sich aus den Regelungen anderer Vorschriften und der „Natur der Sache" ergibt.[1017]

[1017] BT-Drs. 16/4027, S. 27; Leppek, Rn. 147, Hilg, apf 2012, S. 1, 1

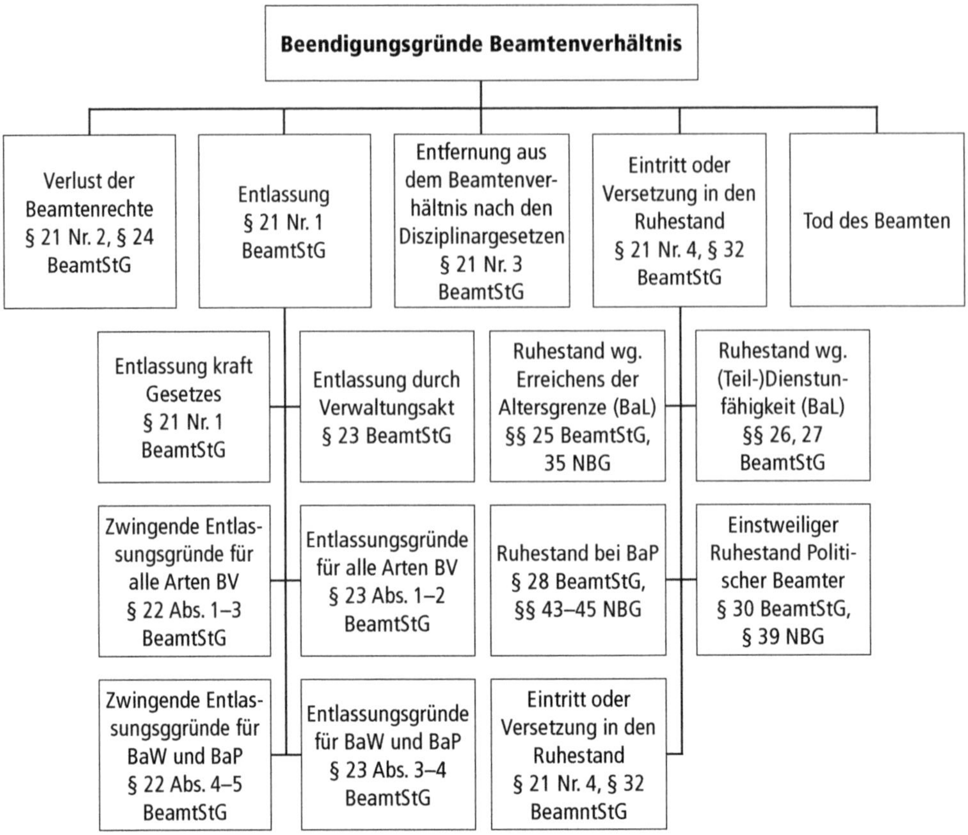

Abbildung 21 – Übersicht Beendigung Beamtenverhältnis

Das Verfahren, einzuhaltende Fristen, Zuständigkeiten, Rechtsfolgen sowie vom Beamtenstatusgesetz offen gelassene Fragen oder ausdrücklich dem Landesgesetzgeber zugestandene Inhalte werden durch Landesrecht geregelt. Für Niedersachsen finden sich die relevanten Bestimmungen in §§ 30-45 NBG.

Die Aufzählung in § 21 BeamtStG ist abschließend, weitere Beendigungsgründe, auch in Spezialgesetzen, dürfen nicht eingeführt werden (ausdrücklich § 59 BRRG a.F.).[1018] Lediglich für Ehrenbeamte oder Beamte auf Zeit können aufgrund landes- oder bundesrechtlicher Vorschriften (§§ 82 ff. NKomVG, § 6 NBG)[1019] abweichende Regelungen erlassen werden. Grund für diese restriktive Handhabung ist die Sicherung der Unabhängigkeit des Beamten. Der weitreichende Entlassungsschutz soll ihn bei der Ausübung seines Amtes und gegenüber seinen Vorgesetzten ausreichend vor Willkür schützen mit der Folge, dass er seine ihm vom Grundgesetz zugedachte Funktion, im politischen Kräftespiel eine stabile, gesetzestreue, neutrale und unabhängige Verwaltung zu sichern, wahrnehmen kann.[1020] Für die Beendigung gilt der Vorbehalt des Gesetzes (Art. 20 Abs. 3 GG).[1021]

[1018] BVerfGE 8, 332, 352 f.; BVerfGE 7, 155, 163; BVerfG, Urt. v. 30.07.2003, Az. 2 BvR 2116/01, Rn. 4 (juris)

[1019] Seeck in Metzler-Müller/Rieger/Seeck/Zentgraf, § 21 BeamtStG, Anm. 1.1

[1020] BVerfG, Urt. v. 30.07.2003, Az. 2 BvR 2116/01, Rn. 4 (juris); BVerfGE 39, 196, 201; 70, 69, 80; Hilg, apf 2012, S. 1, 1; Seeck in Metzler-Müller/Rieger/Seeck/Zentgraf, § 2 BeamtStG, Anm. 1.1; Baßlsperger, Kap. 10, Rn. 1

[1021] v. Roetteken in v. Roetteken/Rothländer, § 21 BeamtStG, Rn. 5

A. ENTLASSUNG

Die einzelnen materiellen Entlassungstatbestände sind in § 22 und § 23 BeamtStG geregelt. 310
Einige Tatbestände gelten für alle Beamten, andere wiederum nur für einige Arten von Beamtenverhältnissen. Dies hängt u.a. mit dem unterschiedlichen Grad der Schutzbedürftigkeit des Beamten zusammen. Kurz gesagt, je lockerer die Bindung zwischen Beamten und Dienstherrn ist (also bei den Beamten auf Widerruf oder Probe), desto eher kommt eine Entlassung in Betracht.

Eine weitere Einteilung ergibt sich daraus, dass in § 22 BeamtStG die Entlassung kraft Gesetzes eintritt, während die Fälle des § 23 BeamtStG regelmäßig einer Entscheidung per Verwaltungsakt bedürfen.

Ob eine Entlassung rechtmäßig erfolgt ist, wird anhand des bekannten Prüfmusters für verwaltungsrechtliche Entscheidungen beurteilt,[1022] d.h., es ist neben der materiellen Rechtslage auch auf die formelle Rechtmäßigkeit einer Entscheidung einzugehen. Hier kann weitgehend auf das VwVfG zurückgegriffen werden, wobei allgemeine beamtenrechtliche Besonderheiten zu berücksichtigen sind sowie die in den Landesgesetzen zur Entlassung normierten Besonderheiten; siehe §§ 30 ff. NBG in Niedersachsen.

I. Entlassung kraft Gesetzes, § 22 BeamtStG

Literaturhinweise zur Vertiefung: Kremer, Eduard, Das vollendete 65. Lebensjahr – Verlängerung der Lebensarbeitszeit für Beamte?, DÖD 1991, S. 121 ff.; Püttner, Günter, Altersgrenzen im Beamtenrecht, DVBl 1997, S. 259 ff.; Schmidt, Jörg, Die Beendigung des Beamtenverhältnisses nach nicht bestandener Zwischen- oder Abschlussprüfung, VBl.BW 1990, S. 209 ff.; Summer, Rudolf, Änderung des Rechts über den Eintritt in den Ruhestand durch die Beamtenversorgungsrechtsreform von 1992, ZBR 1993, S. 17 ff.

Die Entlassung kraft Gesetzes tritt automatisch, also ohne weiteres Zutun des Dienstherrn, ein. 311
Eine mögliche Entscheidung der zuständigen Behörde hat insofern nur feststellenden Charakter. Grundsätzlich gelten die Entlassungstatbestände des § 22 Abs. 1 und 2 BeamtStG für alle Arten von Beamtenverhältnissen; die Absätze 3 bis 5 knüpfen hingegen jeweils an eine spezielle Art an.

1. VERLUST DER STAATSANGEHÖRIGKEIT

Gemäß **§ 22 Abs. 1 Nr. 1** BeamtStG sind Beamte – mit Ausnahme der in § 7 Abs. 3 BeamtStG 312
geregelten Fälle – entlassen, wenn die Voraussetzungen des § 7 Abs. 1 Nr. 1 BeamtStG nicht mehr vorliegen, d.h. sie

- weder Deutsche i.S.v. Art. 116 GG,
- noch EU-Angehörige oder
- Angehörige eines anderen in § 7 Abs. 1 Nr. 1 b und c BeamtStG genannten Staates

mehr sind.

[1022] Wichmann in Wichmann/Langer, Abschnitt 10, Rn. 276

Das Beamtenverhältnis endet ohne weiteren Vollzugsakt mit dem Verlust der deutschen oder anderweitigen o.g. Staatsangehörigkeit. Maßgeblicher Zeitpunkt ist der Verlust der bisherigen Staatsangehörigkeit.[1023] Lediglich dann, wenn der Beamte eine andere EU-Staatsangehörigkeit oder Staatsangehörigkeit gem. § 7 Abs. 1 Nr. 1 BeamtStG annimmt, endet das Beamtenverhältnis nicht,[1024] da der Beamte dann weiterhin die persönlichen Ernennungsvoraussetzungen erfüllt. Anders ist es in den Fällen, in denen die deutsche Staatsangehörigkeit wegen der Art der Aufgaben nach § 7 Abs. 2 BeamtStG unabdingbar ist. Hier greift tatbestandlich zwar auch § 22 Abs. 1 Nr. 1 BeamtStG, doch wird dieser von § 23 Abs. 2 BeamtStG, der insoweit lex specialis ist, verdrängt.[1025]

Die deutsche Staatsangehörigkeit geht gemäß § 17 StAG u.a. verloren durch
- Entlassung,
- Erklärung,
- Verzicht,
- Erwerb einer ausländischen Staatsangehörigkeit,
- Annahme als Kind eines Ausländers oder
- Eintritt in die Streitkräfte oder einen vergleichbaren bewaffneten Verband eines ausländischen Staates.

Der Verlust der Staatsangehörigkeit für Beamte aus anderen Staaten richtet sich nach den in diesem Staat geltenden Regelungen.[1026]

2. ERREICHEN DER ALTERSGRENZE

313 Nach **§ 22 Abs. 1 Nr. 2 BeamtStG** endet das Beamtenverhältnis bei Erreichen der Altersgrenze, wenn es nicht durch Eintritt in den Ruhestand endet. Die Festlegung der allgemeinen Regelaltersgrenze ist Sache des Landesgesetzgebers. In Niedersachsen endet das Beamtenverhältnis gemäß § 35 Abs. 2 NBG im Regelfall mit Ablauf des Monats, in dem das 67. Lebensjahr vollendet wird. Sonderreglungen gibt es für Lehrer und Polizeivollzugsbeamte. Grundsätzlich treten gemäß § 25 BeamtStG nur Beamte auf Lebenszeit in den Ruhestand.

Daraus folgt, dass **Beamte auf Widerruf und auf Probe** regelmäßig mit Erreichen der Regelaltersgrenze zu entlassen sind.[1027] Bei Beamten auf Probe kann zwar ausnahmsweise eine Ruhestandsversetzung nach § 28 BeamtStG in Betracht kommen, doch fällt diese grundsätzlich nicht mit dem Zeitpunkt des Erreichens der Regelaltersgrenze zusammen, sodass es bei dem soeben genannten Grundsatz bleibt.

Für **Beamte auf Lebenszeit** hat dieser Entlassungstatbestand nur dann Bedeutung, wenn die 5-jährige Wartezeit gem. § 32 BeamtStG i.V.m. § 4 Abs. 1 Nr. 1 NBeamtVG bei Erreichen der Re-

[1023] Zängl in Weiss/Niedermaier/Summer/Zängl, § 22 BeamtStG, Rn. 9
[1024] BT-Drs. 16/4027, zum Entwurf von § 23 BeamtStG, S. 27
[1025] Seeck in Metzler-Müller/Rieger/Seeck/Zentgraf, § 22 BeamtStG, Anm. 2; Zängl in Weiss/Niedermaier/Summer/Zängl, § 22 BeamtStG, Rn. 37
[1026] Seeck in Metzler-Müller/Rieger/Seeck/Zentgraf, § 22 BeamtStG, Anm. 2
[1027] So die wohl **h.M.** siehe v. Roetteken in v. Roetteken/Rothländer, § 22 BeamtStG, Rn. 44; **a.A.** Schnellenbach, § 5, Rn. 1

gelaltersgrenze noch nicht erfüllt ist. Insoweit ist § 22 Abs. 1 Nr. 2 BeamtStG lex specialis zu § 23 Abs. 1 S. 1 Nr. 2 BeamtStG.[1028] Bei der Berechnung der **Mindestdienstzeit** sind alle Dienstzeiten des Beamten vom Tag der ersten Berufung in das Beamtenverhältnis an zu berücksichtigen, soweit sie ruhegehaltfähig sind (§ 6 NBeamtVG), also auch schon Zeiten im Beamtenverhältnis auf Widerruf. Wegen der im Beamtenrecht enthaltenen Höchstaltersgrenzen für eine Einstellung hat dieser Entlassungsgrund letztlich aber keine große Relevanz. Lediglich dann, wenn der Beamte wegen längerer Beurlaubungen oder Ruhens des Beamtenverhältnisses nicht die erforderliche Wartezeit erfüllt, spielt dieser Entlassungstatbestand eine gewisse Rolle.

Ob und wann **Beamte auf Zeit** in den Ruhestand treten, kann der Landesgesetzgeber regeln. In Niedersachsen ergibt sich dies aus § 7 Abs. 3 NBG. Danach treten Beamte auf Zeit ebenfalls mit Erreichen der Altersgrenze in den Ruhestand, es sei denn, sie sind entlassen. Entlassen sind all jene, die die fünfjährige Wartefrist bei Erreichen der Regelaltersgrenze noch nicht erreicht haben.

Grundsätzlich gilt diese Regelung auch für **Ehrenbeamte**.[1029] Nach § 5 Abs. 2 BeamtStG besteht aber die Möglichkeit, die Rechtsverhältnisse der Ehrenbeamten landesrechtlich anders zu regeln. Zwar gilt in Niedersachsen die Regelaltersgrenze grundsätzlich auch für Ehrenbeamte, doch werden diese bei Erreichen der Altersgrenze nicht in den Ruhestand versetzt, sondern stattdessen – unabhängig von ihrer Dienstzeit – gemäß § 6 Abs. 3 NBG verabschiedet.[1030] Dies ist auch interessengerecht, da sich hier keine versorgungsrechtlichen Ansprüche ergeben.

3. BEGRÜNDUNG EINES ÖFFENTLICH-RECHTLICHEN DIENST- ODER AMTSVERHÄLTNISSES BEI EINEM ANDEREN DIENSTHERRN

Nach § 22 Abs. 2 BeamtStG ist der Beamte (aus seinem bestehenden Beamtenverhältnis)[1031] 314
entlassen, wenn er ein neues **öffentlich-rechtliches Dienst- (i.S.v. § 3 Abs. 1 BeamtStG) oder Amtsverhältnis** zu einem anderen (deutschen)[1032] Dienstherrn oder zu einer Einrichtung ohne Dienstherrnfähigkeit begründet.

Zweck dieser Regelung ist die Sicherung der **Pflicht zur vollen Hingabe**, die als hergebrachter Grundsatz des Berufsbeamtentums in § 34 S. 1 BeamtStG als Pflicht zum vollen persönlichen Einsatz normiert ist.[1033] Aus diesem Grundsatz folgt nämlich, dass der Beamte seine volle Arbeitskraft für seinen Dienstherrn verwenden soll. Diese Verpflichtung kann er aber im Hinblick auf beide Dienstherren nicht erfüllen, sodass nach dem Willen des Gesetzgebers nur das **neuere Beamtenverhältnis** fortbestehen soll, mit Ausnahme der Sonderfälle des Doppelbeamtenverhältnisses (siehe Rn. 73).[1034]

[1028] v. Roetteken in v. Roetteken/Rothländer, § 23 BeamtStG, Rn. 53

[1029] v. Roetteken in v. Roetteken/Rothländer, § 22 BeamtStG, Rn. 36, **a.A.** Zängl in Weiss/Niedermaier/Summer/Zängl, § 22 BeamtStG, Rn. 41

[1030] Kümmel, § 6 NBG, Rn. 5

[1031] Dies ergibt sich aus dem Wortlaut zwar nicht unmittelbar, ist aber unumgänglich. Keine Rolle spielt die Art des Beamtenverhältnisses. So auch Schnellenbach, § 5, Rn. 1

[1032] OVG Münster in ZBR 1984, S. 338; Schnellenbach, § 5, Rn. 1

[1033] v. Roetteken in v. Roetteken/Rothländer, § 22 BeamtStG, Rn. 46; Seeck in Metzler-Müller/Rieger/Seeck/Zentgraf, § 22 BeamtStG, Anm. 1

[1034] Zängl in Weiss/Niedermaier/Summer/Zängl, § 22 BeamtStG, Rn. 42 f.

Erfasst werden sämtliche öffentlich-rechtlichen Dienstverhältnisse, d.h. die Ernennung in ein anderes **Beamten- oder Richterverhältnis**, ein **Soldatenverhältnis** sowie **sonstige Dienstverhältnisse öffentlicher Art**, wie z.B. das faktische öffentlich-rechtliche Dienstverhältnis[1035]. Darüber hinaus gilt diese Regelung auch für **Amtsverhältnisse.**[1036] Hierunter fallen beispielsweise die Bestellung zum Notar (§ 8 BNotO) sowie die Tätigkeit als Landesminister, Parlamentarischer Staatssekretär bzw. Bundestags- oder Landtagsabgeordneter (§ 5 Abs. 1 NAbgG). Während bei der Bestellung zum Notar das Beamtenverhältnis nur ausnahmsweise bestehen bleiben kann, ist das Regel-Ausnahme-Verhältnis bei den Amtsverhältnissen rund um ein politisches Mandat genau andersherum. Hier kommt es zumeist nicht zur Entlassung kraft Gesetzes, sondern während des Mandats ruht das ursprüngliche Beamtenverhältnis (§ 69 Abs. 2 NBG i.V.m. §§ 5 ff. AbgG). **Nicht** erfasst wird die Eingehung eines **privatrechtlichen Arbeitsverhältnisses** (§ 611 BGB).[1037]

Dieses neue öffentlich-rechtlich ausgestaltete Dienst- oder Amtsverhältnis muss entweder zu **einem anderen Dienstherrn** oder einer **sonstigen Einrichtung ohne Dienstherreneigenschaft** begründet werden. Der Wechsel in ein anderes Dienstverhältnis bei demselben Dienstherrn löst daher nicht die Rechtsfolge der Entlassung gemäß § 22 Abs. 2 BeamtStG aus.[1038] **Dienstherrenfähig** ist neben den in § 2 BeamtStG genannten Dienstherren selbstverständlich auch der Bund.[1039] Da ausländische Staaten ebenso wie zwischen-, inter- und supranationale sowie kirchliche Einrichtungen keine Dienstherrenfähigkeit nach deutschem Recht haben, unterfallen jene der zweiten Alternative, sind also **Einrichtungen ohne Dienstherreneigenschaft.**[1040]

315 **Ausnahmen** von der Entlassung kraft Gesetzes sieht der Gesetzgeber vor, wenn

- etwas anderes im Einvernehmen mit dem neuen Dienstherrn oder der Einrichtung angeordnet oder durch Landesrecht bestimmt ist,[1041]
- ein Beamtenverhältnis auf Widerruf oder ein Ehrenbeamtenverhältnis begründet wird (§ 22 Abs. 2 S. 2 BeamtStG) oder
- gesetzlich etwas anderes normiert ist (§§ 14, 15 BeamtStG, §§ 27 und 28 NBG).

Da der Gesetzgeber die Auffassung vertritt, dass bei der Eingehung eines **Beamtenverhältnisses auf Widerruf oder eines Ehrenbeamtenverhältnisses** die Verpflichtung zur vollen Hingabe nicht dauerhaft bzw. nicht vollständig betroffen ist, knüpft er hieran nicht die Entlassungsfolge. Da einem Beamten auf Probe oder Lebenszeit nach § 8 Nds. SUrlVO Urlaub für den Erwerb einer Befähigung für eine andere Laufbahn oder zum Erwerb der Zugangsvoraussetzungen für ein anderes Einstiegsamt gewährt werden kann, ist ihm auch zu ermöglichen, einen damit verbundenen Vorbereitungsdienst im Beamtenverhältnis auf Widerruf abzuleisten, ohne entlassen zu werden. Einen Rechtsanspruch kann er hieraus allerdings nicht herleiten.[1042]

[1035] Siehe hierzu ausführlich Zängl in Weiss/Niedermaier/Summer/Zängl, § 22 BeamtStG, Rn. 50.

[1036] Weitere Beispiele bei v. Roetteken in v. Roetteken/Rothländer, § 22 BeamtStG, Rn. 50 f.

[1037] Reich, § 22 BeamtStG, Rn. 6

[1038] Hier kommt bei der Berufung in ein Beamtenverhältnis auf Zeit jedoch ein Fall des § 22 Abs. 3 BeamtStG in Betracht.

[1039] Reich, § 22 BeamtStG, Rn. 7

[1040] Reich, § 22 BeamtStG, Rn. 7; Seeck in Metzler-Müller/Rieger/Seeck/Zentgraf, § 22 BeamtStG, Anm. 4.3; v. Roetteken in v. Roetteken/Rothländer, § 22 BeamtStG, Rn. 54 f.; Zängl in Weiss/Niedermaier/Summer/Zängl, § 22 BeamtStG, Rn. 57

[1041] Vgl. hierzu v. Roetteken in v. Roetteken/Rothländer, § 22 BeamtStG, Rn. 69 ff.

[1042] Zängl in Weiss/Niedermaier/Summer/Zängl, § 22 BeamtStG, Rn. 59

Beispiel:
Kreisinspektor K, der nach seinem Vorbereitungsdienst beim Landkreis G in das Beamtenverhältnis auf Probe übernommen wurde, stellt fest, dass die Verwaltungstätigkeit ihn nicht erfüllt, und bewirbt sich daher für einen Vorbereitungsdienst bei der Feuerwehr. Am 29.04.2016 erhält K von der Stadt G die Ernennungsurkunde zum Brandmeister-Anwärter mit Wirkung zum 01.05.2016. Aus Angst, man könne ihm Steine in den Weg legen, hat er seinen Dienstherrn nicht über seine beruflichen Schritte informiert. K möchte wissen, wie sich die Ernennung zum Brandmeister-Anwärter auf sein bestehendes Beamtenverhältnis auswirkt.

Lösung:
Bei dem neuen Beamtenverhältnis handelt es sich um ein Widerrufsbeamtenverhältnis nach § 4 Abs. 4 a BeamtStG. K ist Brandmeister-Anwärter, befindet sich also im Vorbereitungsdienst und ist damit Beamter auf Widerruf (siehe § 2 APVO-Feu, § 17 Abs. 1 S. 2 NLVO). Nach § 22 Abs. 2 S. 2 BeamtStG stellt diese Einstellung in ein Beamtenverhältnis auf Widerruf gerade keinen gesetzlichen Entlassungsgrund dar.

Da es sich bei dem neuen Dienstverhältnis um eine anzeigepflichtige Nebentätigkeit handelt, müsste der Beamte diese Nebentätigkeit jedoch gemäß § 40 BeamtStG, § 72 NBG dem alten Dienstherrn gegenüber anzeigen. Kommt er dieser Anzeigepflicht nicht nach, liegt hierin ein Dienstvergehen nach § 47 Abs. 1 BeamtStG, das disziplinarrechtlich geahndet werden kann bzw. eine Entlassung gemäß § 23 Abs. 3 S. 1 BeamtStG nach sich ziehen könnte und gemäß § 73 Abs. 2 NBG eine Untersagung der Nebentätigkeit rechtfertigen kann.

Zudem könnte es Probleme mit der Anwesenheitspflicht nach § 67 NBG geben.

Zeigt der Beamte das neue Dienstverhältnis an, wird es Probleme mit der „Fünftel-Regelung" aus § 73 Abs. 1 S. 3 NBG geben mit der Folge, dass dem „alten" Dienstherren gar nichts anderes übrig bleibt, als die Nebentätigkeit, also die Tätigkeit als Widerrufsbeamter, zu untersagen.

Wegen der möglichen disziplinarrechtlichen Folgen infolge von Dienstpflichtverletzungen ist es dem Beamten daher zu raten, entweder sich von seinem alten Dienstherrn für die Ausbildungszeit beurlauben zu lassen oder seine Entlassung nach § 23 Abs. 1 Nr. 4 BeamtStG zu beantragen und sich sodann von dem neuen Dienstherrn ernennen zu lassen.

Zu einer Entlassung kommt es auch dann nicht, wenn der alte Dienstherr im Einvernehmen mit dem neuen Dienstherrn oder der neuen Einrichtung die Fortdauer des alten Beamtenverhältnisses anordnet. Gemäß § 30 Abs. 2 NBG ist hierfür die oberste Dienstbehörde zuständig (siehe Rn. 57). Die Anordnung ist nicht formgebunden, sollte aber stets schriftlich erfolgen. Sie muss vor dem Eintritt der Wirksamkeit des neuen Dienst- oder Amtsverhältnisses ausgesprochen worden sein, eine Heilung ist nicht möglich.[1043] Eine solche Anordnung kann der

[1043] Seeck in Metzler-Müller/Rieger/Seeck/Zentgraf, § 22 BeamtStG, Anm. 4.4; Reich, § 22 BeamtStG, Rn. 8

alte Dienstherr jedoch verweigern; er wird sie regelmäßig aber dann erteilen, wenn dies auch für ihn Vorteile hat.

Ebenfalls keine Entlassung tritt ein, wenn der Beamte eine **Nebentätigkeit** ausübt. Für eine Nebenbeschäftigung folgt dies schon aus dem Grundsatz, dass privatrechtliche Beschäftigungsverhältnisse grundsätzlich nicht zu der Entlassungsfolge führen. Für die Ausübung von **Nebenämtern** bei demselben Dienstherrn gilt dasselbe. Aber auch die Ausübung von Nebenämtern bei anderen Dienstherren kann die Entlassungsfolge regelmäßig nicht auslösen, denn solche Tätigkeiten zeichnen sich dadurch aus, dass sie gerade nicht hauptberuflich ausgeübt werden und damit gerade kein Interessenkonflikt zu der hauptamtlichen Tätigkeit und der Loyalität des Beamten zu seinem Dienstherrn des Hauptamtes existiert.

316 Hinsichtlich des Verfahrens gelten keine Abweichungen zu § 22 Abs. 1 BeamtStG. Die Entlassungswirkung tritt mit Ablauf des Tages ein, der dem Tag des Wirksamwerdens der neuen Ernennung vorausgeht.[1044]

4. BERUFUNG IN EIN ZEITBEAMTENVERHÄLTNIS BEI DEMSELBEN DIENSTHERRN

317 Mit der Begründung eines Beamtenverhältnisses auf Zeit, z.B. eines kommunalen Wahlbeamtenverhältnisses, wird ein bereits bestehendes Beamtenverhältnis, egal welcher Art, bei demselben Dienstherrn kraft Gesetzes gemäß **§ 22 Abs. 3 BeamtStG** beendet, denn es soll ein Nebeneinander von zwei hauptberuflichen Beamtenverhältnissen vermieden werden.[1045] Voraussetzung ist allerdings, dass das neue Beamtenverhältnis auf Zeit wirksam begründet wurde.[1046]

> **Beispiel:**
> Ein Kreisrat, Beamter auf Lebenszeit beim Landkreis K, lässt sich zum Landrat des Landkreises K wählen. Sein bisheriges Lebenszeitbeamtenverhältnis erlischt nach § 22 Abs. 3 BeamtStG.

Mit der Berufung in das Beamtenverhältnis auf Zeit kommt es zu einer Zäsur, die grundsätzlich den weiteren Werdegang des Beamten bestimmen soll. Da aber gerade dann, wenn es sich um ein Wahlamt handelt oder eine Maximalzeit für das Beamtenverhältnis auf Zeit festgelegt ist, für den Inhaber des Amtes nach Ablauf der Zeit die Zukunft ungewiss ist und dadurch auch die Bereitschaft von Beamten, sich für solche Ämter zu bewerben, sinken würde, steht dem Landesgesetzgeber die Möglichkeit offen, eine Regelung zu erlassen, die die widerstreitenden Interessen in Ausgleich bringen kann.

In Niedersachsen hat der Gesetzgeber mit § 30 Abs. 3 NBG der obersten Dienstbehörde die Möglichkeit eingeräumt („kann"), die Fortdauer des Beamtenverhältnisses neben dem

---

1044 v. Roetteken in v. Roetteken/Rothländer, § 22 BeamtStG, Rn. 87

1045 Seeck in Metzler-Müller/Rieger/Seeck/Zentgraf, § 22 BeamtStG, Anm. 5; Zängl in Weiss/Niedermaier/Summer/Zängl, § 22 BeamtStG, Rn. 67

1046 v. Roetteken in v. Roetteken/Rothländer, § 22 BeamtStG, Rn. 93

Beamtenverhältnis anzuordnen. Abweichende Regelungen können sich auch aus anderen Gesetzen, beispielsweise § 28 Abs. 3 NHG, ergeben. Ob ein Doppelbeamtenverhältnis durch **Ruhen**, **Beurlaubung** oder im Wege einer **Teilabordnung** des alten Beamtenverhältnisses vermieden werden kann, ist jeweils individuell zu prüfen.

Ob dann, wenn eine **Leitungsfunktion** gemäß § 4 Abs. 2 b BeamtStG **im Beamtenverhältnis auf Zeit** ausgeübt wird, der Anwendungsbereich des § 22 Abs. 3 BeamtStG überhaupt eröffnet ist, ist streitig.[1047] Einigkeit besteht jedoch darüber, dass in diesen Fällen eine Regelung zu treffen ist, die die Entlassungsfolge vermeidet, da im Anschluss an eine erfolgreiche Erprobung das Leitungsamt im Beamtenverhältnis auf Lebenszeit ausgeübt werden soll.

5. BEI BEAMTEN AUF WIDERRUF MIT ABLEGEN DER DEN VORBEREITUNGSDIENST ABSCHLIESSENDEN PRÜFUNG

Das Beamtenverhältnis auf Widerruf gemäß § 4 Abs. 4 a BeamtStG endet nach **§ 22 Abs. 4** 318 **BeamtStG** mit Ablauf des Tages der Ablegung oder dem endgültigen Nichtbestehen der für die Laufbahn vorgeschriebenen Prüfung, sofern durch Landesrecht nichts anderes bestimmt ist. Mit der automatischen Beendigung ist also weder der Widerruf des Beamtenverhältnisses noch eine Entlassungsverfügung vonnöten. Vielmehr tritt ohne weiteres Zutun des Dienstherrn die Beendigungsfolge ein, wenn die tatbestandlichen Voraussetzungen vorliegen. Motiv für diese Regelung ist, dass das Beamtenverhältnis auf Widerruf dem Erwerb einer bestimmten Qualifikation dient und mit Bestehen oder endgültigem Nichtbestehen dieser Zweck entweder erreicht wurde oder unmöglich geworden ist und damit auch kein Bedürfnis mehr für ein Beamtenverhältnis auf Widerruf existiert.

Gleichberechtigte Beendigungstatbestände sind das **Bestehen bzw. Ablegen** sowie das **endgültige Nichtbestehen** der den Vorbereitungsdienst abschließenden Prüfung. Alle weiteren Details sind wegen der Kompetenzverteilung aus Art. 74 Abs. 1 Nr. 27 GG den Ländern vorbehalten. Hierbei haben die Länder beispielsweise die Freiheit, das Widerrufsbeamtenverhältnis nicht oder nicht sofort enden zu lassen.[1048]

Nach § 30 Abs. 4 NBG sind Beamte auf Widerruf im Vorbereitungsdienst entlassen, wenn sie 319
die den Vorbereitungsdienst abschließende Prüfung oder Zwischenprüfung

- **endgültig nicht bestanden haben**. Die Entlassung tritt automatisch mit Ablauf des Tages ein, an dem dem Beamten das Nichtbestehen der den Vorbereitungsdienst abschließenden Prüfung oder Zwischenprüfung bekannt gegeben wird (§ 30 Abs. 4 S. 1 Nr. 2 NBG). Maßgebend ist also die **Bekanntgabe des Prüfungsergebnisses** gegenüber dem Beamten, da der Verwaltungsakt erst dann seine Wirksamkeit gemäß §§ 43 Abs. 1 S. 1, 41 Abs. 1 S. 1 VwVfG entfaltet. Eine interne Feststellung reicht also nicht aus.
- **bestanden haben**. Gemäß § 30 Abs. 4 S. 2 NBG aber nicht vor Ablauf der für den Vorbereitungsdienst im Allgemeinen oder im Einzelfall festgesetzten Zeit.

[1047] **Dafür**: Seeck in Metzler-Müller/Rieger/Seeck/Zentgraf, § 22 BeamtStG, Anm. 5; **a.A.** v. Roetteken in v. Roetteken/Rothländer, § 22 BeamtStG, Rn. 58; Zängl in Weiss/Niedermaier/Summer/Zängl, § 22 BeamtStG, Rn. 70

[1048] Reich, § 22 BeamtStG, Rn. 13

320 Da § 22 Abs. 4 BeamtStG, § 30 Abs. 4 NBG alle Widerrufsbeamtenverhältnisse erfasst, die darauf abzielen, eine Laufbahnbefähigung zu erwerben, ist in den jeweiligen Ausbildungs- und Prüfungsverordnungen zunächst zu ermitteln, welche **Art von Prüfung** den Vorbereitungsdienst abschließt. In der **Fachrichtung „Allgemeine Dienste"** ergibt sich die Art der abzulegenden Prüfung aus der APVO-AD-VerwD. Die Beamten, die eine Ausbildung in der Laufbahngruppe 1, 2. Einstiegsamt absolvieren, müssen beispielsweise eine **Laufbahnprüfung** nach den Vorschriften der §§ 15-25 APVO-AD-VerwD absolvieren und diese mit mindestens ausreichend bestehen (§ 20 Abs. 4 APVO-AD-VerwD). Die Laufbahnbewerber für das 1. Einstiegsamt der Laufbahngruppe 2 hingegen müssen gemäß § 27 Abs. 2 APVO-AD-VerwD eine **Bachelorprüfung** nach den Anforderungen der APVO-AD-VerwD bestehen (§ 33 Abs. 2 S. 1 APVO-AD-VerwD). Anders als bei der Laufbahnprüfung werden die Prüfungsleistungen dort als Modul- bzw. Teilmodulprüfungen während des gesamten Studiums abgelegt. Zukünftige Lehrer müssen eine **Staatsprüfung** absolvieren; die Einzelheiten richten sich nach der APVO-Lehr.
Ob eine Prüfung bestanden ist oder nicht, richtet sich ebenfalls nach den vorgenannten Ausbildungs- und Prüfungsverordnungen. Regelmäßig ist eine bestimmte Gesamtnote zu erreichen. Inspektor-Anwärter in der Fachrichtung „Allgemeine Dienste" müssen gemäß § 33 Abs. 2 und § 33 Abs. 1 S. 1 APVO-AD-VerwD alle Modul- oder Teilmodulprüfungen mindestens mit der Note „ausreichend" oder mit „bestanden" bewertet bekommen haben. Wird die Mindestnote erzielt, ist die Prüfung **bestanden**.

Eine Prüfung ist **endgültig nicht bestanden**, wenn nach der maßgebenden Prüfungsordnung für die Prüfung keine Wiederholungsmöglichkeit mehr besteht.[1049] Dies kann im Rahmen der Bachelorprüfung eine einzelne Modul- oder Teilmodulprüfung betreffen.[1050] Ist diese endgültig nicht bestanden, ist damit die gesamte Bachelorprüfung nicht bestanden (§ 33 Abs. 3 APVO-AD-VerwD). Keine Rolle spielt dabei, ob die Prüfungsentscheidung bestandskräftig ist oder nicht. Selbst, wenn der Prüfling die Entscheidung erfolgreich angreift, ändert dies nichts an der Entlassungsfolge.[1051]

Im Falle des Bestehens folgt in Niedersachsen die Entlassung nicht unmittelbar mit der Bekanntgabe (s.o.), sondern erst mit Ablauf des Vorbereitungsdienstes (§ 17 Abs. 4 S. 2 NLVO). Die **allgemeine Dauer** des Vorbereitungsdienstes ergibt sich – je nach Laufbahngruppe und Einstiegsamt – aus § 21 Abs. 1 und 2 und § 26 Abs. 1 bis 3 NLVO sowie den einschlägigen Ausbildungs- und Prüfungsvorschriften, die nach Maßgabe des Laufbahnrechts speziellere Ausführungen enthalten. Die im Einzelfall festgesetzte Zeit hängt von möglichen Anrechnungstatbeständen ab oder davon, ob sich im Fall der Wiederholung von Prüfungsleistungen der Vorbereitungsdienst verlängert hat.

Eine Entlassungsverfügung ist ebenso wenig erforderlich wie eine Mitteilung des Dienstherrn.

1049 Reich, § 22 BeamtStG, Rn. 13

1050 Beschl. OVG Münster, Beschl. v. 04.08.2009, Az. 6 B 948/09, Rn. 9 (juris); v. Roetteken in v. Roetteken/Rothländer, § 22 BeamtStG, Rn. 102

1051 BVerwG, Beschl. v. 30.01.1986, Az. 2 C 27/85, Rn. 16 (juris); v. Roetteken in v. Roetteken/Rothländer, § 22 BeamtStG, Rn. 107; Reich, § 22 BeamtStG, Rn. 13

6. BERUFUNG IN EIN BEAMTENVERHÄLTNIS AUF PROBE MIT LEITENDER FUNKTION

Nach § 22 Abs. 5 BeamtStG endet das (Doppel-)Beamtenverhältnis auf Probe nach § 4 Abs. 3 b BeamtStG in einem Amt mit leitender Funktion 321

- mit Ablauf der Probezeit oder
- der Versetzung zu einem anderen Dienstherrn.

Regelmäßig besteht neben dem Beamtenverhältnis auf Probe in leitender Funktion ein Beamtenverhältnis auf Lebenszeit (**Doppelbeamtenverhältnis**). In Niedersachsen ist dieses Lebenszeitbeamtenverhältnis gemäß § 5 Abs. 3 S. 1 NBG sogar regelmäßig Voraussetzung für die Übertragung einer Leitungsfunktion in einem Beamtenverhältnis auf Probe. Dieses überlagerte Beamtenverhältnis ruht nach § 5 Abs. 4 S. 1 und 2 NBG während der Dauer der Probezeit.

Das Beamtenverhältnis auf Probe **endet mit Ablauf der Probezeit**. Die Probezeit dauert gemäß § 5 Abs. 1 S. 2 NBG regelmäßig zwei Jahre. Eine Verlängerung ist nach Satz 5 - anders als die Verkürzung nach den Sätzen 3 und 4 - nicht möglich. Bewährt sich der Beamte, **muss** ihm gemäß § 5 Abs. 6 S. 1 NBG das Amt mit leitender Funktion auf Dauer im Beamtenverhältnis auf Lebenszeit übertragen werden. Bewährt er sich nicht, endet das Beamtenverhältnis spätestens mit Zeitablauf oder davor durch Entlassung gemäß § 23 Abs. 3 S. 1 Nr. 2 BeamtStG, und das überlagerte Beamtenverhältnis lebt wieder auf.

Das Beamtenverhältnis auf Probe endet auch mit der **Versetzung zu einem anderen Dienstherrn**. Grund hierfür ist, dass bei derartigen Führungsämtern mit dem ebenfalls bestehenden Lebenszeitbeamtenverhältnis eine besonders enge Verbindung zu dem „alten" Dienstherrn besteht. Wird der Beamte nun versetzt, besteht das alte Beamtenverhältnis zwar fort, aber es ist einerseits sehr fraglich, ob bei dem neuen Dienstherrn überhaupt ein vergleichbares Amt existiert, und andererseits ist die o.a. besondere Bindung zu dem alten Dienstherrn gerade nicht mehr vorhanden.[1052] Eine dienstherreninterne Versetzung von einer Landesbehörde zur anderen ist hingegen ohne diese Entlassungsfolge möglich, wenn neues und altes Amt vergleichbar sind;[1053] siehe auch § 5 Abs. 5 NBG.

Anders als das Bundesrecht enthält § 22 Abs. 5 BeamtStG keine weiteren Entlassungsregelungen für Beamte auf Probe in Führungsämtern. Dies ist weitestgehend unproblematisch, weil zumindest alle Entlassungsgründe, die nicht nach der Art des Beamtenverhältnisses unterscheiden, auch für diese Beamtenverhältnisse gelten und damit die Fälle der Entfernung aufgrund von Disziplinargesetzen und das Erreichen der Altersgrenze über andere Entlassungstatbestände möglich ist.

[1052] v. Roetteken in v. Roetteken/Rothländer, § 22 BeamtStG, Rn. 118; Seeck in Metzler-Müller/Rieger/Seeck/Zentgraf, § 22 BeamtStG, Anm. 7.2.2

[1053] Seeck in Metzler-Müller/Rieger/Seeck/Zentgraf, § 22 BeamtStG, Anm. 7.2.2

7. FORMELLE ASPEKTE

322 Auch wenn die Entlassung kraft Gesetzes mit dem Eintritt des Entlassungsgrundes erfolgt, ist es zulässig, wenn der Landesgesetzgeber aus Gründen der Rechtssicherheit regelt, dass das Vorliegen der gesetzlich normierten Voraussetzungen und der durch Gesetz eintretenden Rechtsfolge durch **Verwaltungsakt festzustellen** ist.[1054] Die zuständige Stelle stellt daher gemäß § 30 Abs. 1 NBG **deklaratorisch fest**, dass die Entlassungsvoraussetzungen vorliegen, und **bestimmt den Tag der Beendigung** des Beamtenverhältnisses.[1055] Diese Feststellung ist mittels Anfechtungsklage (§ 42 Abs. 1 VwGO, § 54 Abs. 2 BeamtStG i.V.m. § 105 Abs. 1 S. 1 NBG) gerichtlich angreifbar.[1056]
Bei der Beendigung nach § 22 Abs. 4 und 5 BeamtStG ist jedwede Feststellung entbehrlich.

323 **Zuständig** für diese Feststellung ist gemäß § 30 Abs. 1 NBG die **oberste Dienstbehörde oder die von ihr bestimmte Behörde.** Die oberste Dienstbehörde kann diese Befugnis delegieren. Nach § 3 Abs. 4 NBG richten sich die Zuständigkeiten nach dem Aufbau der Verwaltung. Auf Landesebene sind oberste Dienstbehörde i.S.v. § 3 Abs. 1 NBG damit entweder die Staatskanzlei oder das zuständige Ministerium. Auch wenn in Art. 38 Abs. 2 NV das Recht zur Entlassung grundsätzlich der Landesregierung zugewiesen wird, steht § 3 Abs. 2 NBG einer Delegation an die Staatskanzlei sowie die Ministerien nichts entgegen. Darüber hinaus hat die niedersächsische Landesregierung durch Beschluss die Übertragung der Zuständigkeit für dienstrechtliche Befugnisse auf die obersten Landesbehörden und diesen nachgeordnete Behörden in weitem Umfang vorgenommen.[1057] Hierunter fällt auch die Zuständigkeit bei Entlassungen, nicht aber gemäß Ziff. 1.2 des gemeinsamen Runderlasses, die sich direkt aus beamtenrechtlichen Vorschriften ergebenden Zuständigkeiten bei Entscheidung der obersten Dienstbehörde oder der von ihr bestimmten Behörde über das Vorliegen der Voraussetzungen des § 22 Abs. 1, 2 oder 3 BeamtStG für die Entlassung kraft Gesetzes (§ 30 NBG).

Im kommunalen Bereich wurde diese Befugnis der obersten Dienstbehörde kraft Gesetzes delegiert. Denn nach § 107 Abs. 6 S. 1 NKomVG ist der **höhere Dienstvorgesetzte** zuständig, wenn in beamtenrechtlichen Vorschriften die oberste Dienstbehörde ermächtigt wird, die ihr obliegenden Aufgaben auf andere Behörden zu übertragen. Diese in § 107 Abs. 6 NKomVG geregelte beamtenrechtliche Sonderzuständigkeit führt im Zusammenwirken mit Abs. 5 dazu, dass in Bezug auf den **Hauptverwaltungsbeamten** die **Vertretung als höherer Dienstvorgesetzter** (§ 107 Abs. 5 S. 1 NKomVG) die vorgenannte Feststellung zu treffen hat; für die **übrigen Beamten** ist **der Verwaltungsausschuss als deren höherer Dienstvorgesetzter** zuständig (§ 107 Abs. 5 S. 3 NKomVG).

324 Bei all diesen Entlassungstatbeständen fehlt es an einem Entscheidungsspielraum, da die Entlassung kraft Gesetzes eintritt. Daher ist auch kein Raum für besondere Schutzvorschriften gegen die Entlassung. Es greifen daher weder die Schutzvorschriften wegen Mutterschutz[1058]

1054 Nds. LT-Drs. Niedersachen 16/655, S. 112 zu § 30 NBG

1055 Baßlsperger/Labenski, S. 159; **a.A.** v. Roetteken in v. Roetteken/Rothländer, § 22 BeamtStG, Rn. 128, 130

1056 v. Roetteken in v. Roetteken/Rothländer, § 22 BeamtStG, Rn. 132, **a. A.** Hilg, apf 2012, S. 1, 2, der als statthafte Klageart die Feststellungsklage nach § 43 VwGO ansieht.

1057 Gem. RdErl. d. MI, d. StK u. d. übr. Min. v. 28. 11. 2012 Nds. MBl. 2012 Nr. 46, S. 1242, ber. 2013 S. 891, geändert durch Verwaltungsvorschrift vom 17.05.2016 (Nds. MBl. 2016 Nr. 23, S. 648)

1058 BVerfGE 44, 211, 215; v. Roetteken in v. Roetteken/Rothländer, § 22 BeamtStG, Rn. 122 ff.

und Elternzeit[1059] (siehe auch §§ 81 NBG i.V.m. 4, 8 MuSchEltZV), noch gibt es Beteiligungsrechte der Vertretungsorgane (Personalrat, Jugend- und Auszubildendenvertretung, Schwerbehindertenvertretung etc.).[1060]

II. Entlassung durch Verwaltungsakt

Neben den Entlassungsgründen kraft Gesetzes sieht § 23 BeamtStG weitere Entlassungsgründe 325
vor, die durch Verwaltungsakt zu vollziehen sind. Während alle Entlassungsgründe nach § 23 Abs. 1 BeamtStG zwingend sind („Beamte **sind** zu entlassen, ..."), d.h. dem Dienstherrn kein Ermessen einräumen, handelt es sich bei den weiteren Gründen nach den Absätzen 2 bis 4 um Ermessensentscheidungen („Beamte **können** ...").[1061] Bei den Ziffern 1, 2, 3 und 5 sind wesentliche dienstliche Belange betroffen, die nach Auffassung des Gesetzgebers eine Entlassung zwingend erfordern. Ziffer 4 ist hingegen ein Entlassungsgrund, der die persönlichen Interessen des Beamten berücksichtigt. Sämtliche Entlassungsalternativen in den Absätzen 1 und 2 gelten für alle Arten von Beamtenverhältnissen. In § 23 Abs. 3 BeamtStG gibt es darüber hinaus besondere Entlassungsgründe für Beamte auf Probe und in § 23 Abs. 4 BeamtStG einen weiteren Entlassungstatbestand für Beamte auf Widerruf.

1. VERWEIGERUNG DES DIENSTEIDES

Nach § 23 Abs. 1 Nr. 1 BeamtStG ist ein Beamter zu entlassen, der seiner Pflicht, den nach § 38 326
BeamtStG vorgeschriebenen **Eid** oder ein anstelle dessen zu leistendes Gelöbnis abzulegen, nicht nachkommt. Die Pflicht zur Eidesleistung besteht **nach der Ernennung**[1062] und soll sicherstellen, dass der Beamte seine aus dem Beamtenverhältnis resultierenden besonderen Pflichten erfüllt.[1063] Der Entlassungsgrund beruht auf der Annahme, dass der Beamte, der schon seine erste Verpflichtung ablehnt, auch in Zukunft seinen Pflichten nicht im gewünschten Maße nachkommen wird.[1064] Die Gründe für die Verweigerung spielen keine Rolle.[1065] Allerdings muss der Beamte zur Eidesleistung aufgefordert worden sein.[1066] Hat der Dienstherr vergessen die Eidesleistung abzunehmen, kann diese jederzeit nachgeholt werden.

Die Entlassung wird mit der Zustellung der Entlassungsverfügung wirksam, § 32 Abs. 2 S. 2 NBG.

1059 v. Roetteken in v. Roetteken/Rothländer, § 22 BeamtStG, Rn. 126

1060 Siehe auch Baßlsperger/Labenski, S. 159; v. Roetteken in v. Roetteken/Rothländer, § 22 BeamtStG, Rn. 127 f.

1061 Seeck in Metzler-Müller/Rieger/Seeck/Zentgraf, § 23 BeamtStG, Anm. 1

1062 v. Roetteken in v. Roetteken/Rothländer, § 23 BeamtStG, Rn. 37

1063 Seeck in Metzler-Müller/Rieger/Seeck/Zentgraf, § 22 BeamtStG, Anm. 2.1; Reich, § 23 BeamtStG, Rn. 6

1064 Seeck in Metzler-Müller/Rieger/Seeck/Zentgraf, § 23 BeamtStG, Anm. 2.1; Baßlsperger/Labenski, S. 164; Lenders, § 23 BeamtStG,

1065 BVerwG, Urt. v. 20.10.1965, Az. VI C 60.64 (juris); v. Roetteken in v. Roetteken/Rothländer, § 23 BeamtStG, Rn. 35

1066 v. Roetteken in v. Roetteken/Rothländer, § 23 BeamtStG, Rn. 33

2. NICHTERFÜLLUNG DER WARTEZEIT

Literaturhinweis zur Vertiefung: Götzkes, Vera, Der Anspruch des Beamten auf Versetzung in den einstweiligen Ruhestand, DöD 2009, S. 273 ff.

327 § 23 Abs. 1 Nr. 2 BeamtStG sieht vor, dass Beamte, die die **versorgungsrechtliche Wartezeit**, die § 32 BeamtStG fordert, nicht erreicht haben, zu entlassen sind. Hiermit kommt das Prinzip zum Ausdruck, dass nur der Beamte in den Ruhestand versetzt werden kann, der einen lebenslangen Anspruch auf ein Ruhegehalt hat.[1067] Besteht ein solcher Anspruch nicht, ist die Versetzung in den Ruhestand ausgeschlossen, und der Beamte ist zu entlassen.[1068]

Die Wartezeit beträgt gemäß § 4 Abs. 1 S. 1 Nr. 1 NBeamtVG fünf Jahre. Die versorgungsrechtlich relevante Dienstzeit wird nach § 6 Abs. 1 NBeamtVG vom Zeitpunkt der ersten Berufung an berechnet, also schon ab der Ernennung zum Beamten auf Widerruf. Darüber hinaus sollen nach § 10 NBeamtVG sogar Zeiten beruflicher Tätigkeit im Beschäftigtenstatus bei öffentlich-rechtlichen Arbeitgebern berücksichtigt werden. Die Wartefrist gilt sowohl für die **Versetzung in den endgültigen** als auch in den **einstweiligen Ruhestand.**[1069] Sie ist allerdings nach § 4 Abs. 1 S. 1 Nr. 2 NBeamtVG entbehrlich, wenn die Dienstunfähigkeit infolge Krankheit, Verwundung oder Beschädigung ohne grobes Verschulden des Beamten eingetreten ist.

Folgende Fälle der Versetzung sind denkbar:

- Versetzung von Beamten auf Lebenszeit in den einstweiligen Ruhestand nach §§ 30 Abs. 1 und 31 Abs. 1 BeamtStG;
- Versetzung von Beamten auf Lebenszeit wegen oder infolge Dienstunfähigkeit nach §§ 25, 26 Abs. 1 BeamtStG;
- Versetzung von Beamten auf Probe wegen Dienstunfähigkeit gemäß § 28 Abs. 2 BeamtStG;[1070]
- Versetzung von Beamten auf Zeit nach § 6 BeamtStG, § 7 Abs. 3 NBG.

Liegt ein Fall der Dienstunfähigkeit vor, kommt es oftmals zu Überschneidungen zwischen § 23 Abs. 1 Nr. 2 und 3 BeamtStG, was dazu führt, dass Nr. 2 die größte Bedeutung für die Fälle der (Nicht-)Versetzung in den einstweiligen Ruhestand aufweist. Für den Fall, dass der Beamte auf Lebenszeit bis zum Erreichen der Altersgrenze die gesetzliche Wartezeit nicht mehr erfüllt, ist § 22 Abs. 1 Nr. 2 BeamtStG lex specialis.

Auch wenn § 23 Abs. 1 Nr. 2 BeamtStG grundsätzlich keine Einschränkung in Bezug auf die Art von Beamtenverhältnissen vornimmt, findet diese Alternative auf Widerrufsbeamte ebenso wenig Anwendung wie auf Ehrenbeamte, da diese nicht in den Ruhestand versetzt werden können.[1071] Bei Widerrufsbeamten kommt ggfs. ein Rückgriff auf § 23 Abs. 4 BeamtStG in Betracht.

[1067] v. Roetteken in v. Roetteken/Rothländer, § 23 BeamtStG, Rn. 46

[1068] BVerwGE 110, 173, 175

[1069] Seeck in Metzler-Müller/Rieger/Seeck/Zentgraf, § 23 BeamtStG, Anm. 2.2

[1070] Eine Versetzung in den Ruhestand nach § 28 Abs. 1 BeamtStG findet auch ohne Erfüllung der Wartezeit statt, sodass bei Vorliegen der Tatbestandsvoraussetzungen keine Entlassung in Betracht kommt.

[1071] v. Roetteken in v. Roetteken/Rothländer, § 23 BeamtStG, Rn. 47

3. ENTLASSUNG WEGEN DIENSTUNFÄHIGKEIT

Literaturhinweise zur Vertiefung: Allgaier, Edwin, Zur Frage der Entlassung bzw. Zurruhesetzung von Probebeamten wegen Dienstunfähigkeit nach §§ 46 I, II, § 31 I Nr. 3 BBG, DÖD 1999, S. 222 ff.; Baßlsperger, Maximilian, Die Beendigung von Beamtenverhältnissen wegen Krankheit, ZBR 2010, S. 73 ff.; Kenntner, Markus, Dienstunfähigkeit, ZBR 2015, S. 181 ff.; Loebel, Hans-Christoph, Die Dienstunfähigkeit des Beamten, RiA 2005, 58 ff.; ders., Die Dienstunfähigkeit des Beamten, RiA 1999, S. 19 ff.; ders. Die Dienstunfähigkeit des Beamten – Über den juristischen Begriff und den medizinischen Befund, RiA 2005, S. 105 ff.

Ist ein Beamter - egal welcher Art sein Beamtenverhältnis ist -[1072] **dauernd dienstunfähig** 328 und endet sein Beamtenverhältnis **nicht durch Versetzung in den Ruhestand**, ist er gemäß **§ 23 Abs. 1 Nr. 3 BeamtStG** zu entlassen.

a. Fallkonstellationen bei Dienstunfähigkeit

Grundsätzlich wird ein **Beamter auf Lebenszeit bei Dienstunfähigkeit** gemäß § 26 Abs. 1 S. 1 329 BeamtStG in den Ruhestand versetzt. Ist die bereits zuvor beschriebene Wartezeit nicht erfüllt, kann die Ruhestandsversetzung jedoch nicht erfolgen,[1073] und an deren Stelle tritt die Entlassung nach § 23 Abs. 1 Nr. 3 BeamtStG. Gleiches gilt wegen § 6 BeamtStG auch für **Beamte auf Zeit**.

Daneben kommt oftmals auch eine Entlassung gemäß § 23 Abs. 1 Nr. 2 BeamtStG wegen Nichterfüllung der versorgungsrechtlichen Wartezeit in Frage mit der Folge, dass dem Dienstherrn die Wahl zwischen beiden Tatbeständen eingeräumt wird. Da Niedersachsen - anders als z.B. Bayern - für beide Alternativen dieselben Entlassungsfristen in § 31 Abs. 2 NBG vorgesehen hat, ist die Wahl insoweit nicht eingeschränkt.[1074] Allerdings ist Nr. 3 deswegen als vorrangige Spezialregelung anzusehen, weil § 23 Abs. 1 S. 2 BeamtStG festlegt, dass bei diesem Entlassungsgrund der Grundsatz „**Rehabilitation vor Entlassung**" greift.[1075] Damit hat der Dienstherr, ebenso wie bei der Zurruhesetzung, vorab zu prüfen, ob eine anderweitige Verwendung gemäß § 26 Abs. 2 BeamtStG möglich ist, also ob dem Beamten ein anderes Amt derselben, einer entsprechenden oder gleichwertigen Laufbahn übertragen werden kann, wobei auch eine geringerwertige Tätigkeit in Frage kommt.

Vergleichbar ist die Situation bei **Beamten auf Probe**, bei denen zwar grundsätzlich eine Ruhestandsversetzung nach § 28 Abs. 2 BeamtStG möglich wäre, diese aber wegen Nichterfüllung der versorgungsrechtlichen Wartezeit, die hier eingehalten werden muss,[1076] letztlich doch scheitern kann. Auch hier sind wiederum beide Entlassungstatbestände - mit den o.a. Besonderheiten - anwendbar.[1077]

Hat ein **Beamter auf Probe**, der dauernd - nicht dienstbedingt - dienstunfähig ist, die **versorgungsrechtliche Wartezeit** bereits erfüllt, kommen alternativ bis zu vier Handlungsmöglichkeiten für den Dienstherrn in Betracht: 330

1072 Zängl in Weiss/Niedermaier/Summer/Zängl, § 23 BeamtStG, Rn. 21
1073 Seeck in Metzler-Müller/Rieger/Seeck/Zentgraf, § 23 BeamtStG, Anm. 2.3
1074 Umkehrschluss aus Baßlsperger, Kap. 10, Rn. 49
1075 v. Roetteken in v. Roetteken/Rothländer, § 23 BeamtStG, Rn. 56.
1076 BayVGH Urt. v. 18.07.1998, Az. 3 CS 96.2244 (juris)
1077 Ähnlich Schnellenbach, § 5, Rn. 31; Seeck in Metzler-Müller/Rieger/Seeck/Zentgraf, § 23 BeamtStG, Anm. 2.3

1. eine **anderweitige Verwendung** gemäß §§ 28 Abs. 3, 26 Abs. 1 S. 3, Abs. 2 und 3, 27 BeamtStG,
2. die **Zurruhesetzung** nach § 28 Abs. 2 BeamtStG oder
3. **eine Entlassung** wegen Dienstunfähigkeit gemäß § 23 Abs. 1 Nr. 3 BeamtStG oder
4. **eine Entlassung** wegen mangelnder gesundheitlicher Eignung nach § 23 Abs. 3 S. 1 Nr. 2 BeamtStG.

Wegen des Grundsatzes „Rehabilitation vor Versorgung" muss der Dienstherr zunächst eine anderweitige Verwendung prüfen.[1078] Kommt diese nicht in Betracht, ist sein Auswahlermessen auf die drei anderen Alternativen begrenzt.[1079] Nur wenn eine Zurruhesetzung nach § 28 Abs. 2 BeamtStG nicht möglich ist, muss die Entlassung – als gebundene Entscheidung – erfolgen. Besondere Relevanz hat dieser Tatbestand vor allem dann, wenn die **beamtenrechtliche Probezeit bereits abgelaufen** ist und die Feststellung der gesundheitlichen Nichteignung im Rahmen der Bewährungsfeststellung nicht mehr möglich ist.[1080]

Befindet sich der **Beamte auf Probe noch in der Probezeit**, dann kann die Entlassung auch auf § 23 Abs. 3 S. 1 Nr. 2 BeamtStG gestützt werden, der die mangelnde gesundheitliche Eignung ausreichen lässt. Beide Entlassungstatbestände stehen dann nebeneinander.[1081] Da die Anforderungen an die gesundheitliche Eignung geringer sind als an die Dienstunfähigkeit, kann der Dienstherr – ohne die Frage der Dienstunfähigkeit abklären zu lassen – den Beamten wegen mangelnder gesundheitlicher Eignung entlassen.[1082] Der Dienstherr hat in den Fällen, in welchen der Beamte mehrere Entlassungstatbestände erfüllt, im Rahmen seines pflichtgemäßen Ermessens, grundsätzlich ein Wahlrecht, auf welchen Tatbestand er die Entlassung stützen will.[1083] Bestehen an der Dienstunfähigkeit jedoch keinerlei Zweifel, ist der Dienstherr aus Gründen der Fürsorge verpflichtet, die Entlassung auf den für den Beamten günstigeren § 23 Abs. 1 Nr. 3 BeamtStG zu stützen.[1084] Entscheidet sich der Dienstherr dafür, die Entlassung auf die Dienstunfähigkeit zu stützen, muss er diese Entscheidung ohne schuldhaftes Zögern treffen und umsetzen.[1085]

331 **Beamte auf Widerruf** können wegen Dienstunfähigkeit nicht in den Ruhestand versetzt werden, sodass sie zwingend – außer bei einer anderweitigen Verwendungsmöglichkeit – zu entlassen sind.[1086] Damit ist dem Dienstherrn bei dieser Fallgestaltung auch der Rückgriff auf § 23 Abs. 4 BeamtStG verwehrt, der ein Ermessen einräumt.[1087]

1078 Schnellenbach, § 5, Rn. 32

1079 Schnellenbach, § 5, Rn. 32; BVerwG, NVwZ-RR 1989, S. 560, 561

1080 OVG Münster Beschl. v. 22.05.2006, Az. 6 A 1072/04, Rn. 7 ff. (juris); OVG Rheinland-Pfalz, Urt. v. 07.11.1984, NVwZ 1985, S. 926, 926 f.; v. Roetteken in v. Roetteken/Rothländer, § 23 BeamtStG, Rn. 59; Baßlsperger, ZBR 2010, S. 73, 76

1081 BVerwG, Beschl. v. 17.10.1989, Az. 2 B 133/89, Rn. 5 (juris); v. Roetteken in v. Roetteken/Rothländer, § 23 BeamtStG, Rn. 59

1082 OVG Münster, Beschl. v. 22.05.2006, Az. 6 A 1072/04, Rn. 9 (juris);

1083 Hess. VGH Beschl. v. 22.06.1999, Az. 1 TG 1524/99, Rn. 5 (juris); Schnellenbach, § 5, Rn. 21; v. Roetteken in v. Roetteken/Rothländer, § 23 BeamtStG, Rn. 59; siehe auch Baßlsperger, ZBR 2010, S. 73, 75

1084 BVerwG, Urt. v. 16.11.1989, Az. 2 C 50/87 (juris)

1085 v. Roetteken in v. Roetteken/Rothländer, § 23 BeamtStG, Rn. 59; Zängl in Weiss/Niedermaier/Summer/Zängl, § 23 BeamtStG, Rn. 28

1086 So auch Baßlsperger, ZBR 2010, S. 73, 75

1087 v. Roetteken in v. Roetteken/Rothländer, § 23 BeamtStG, Rn. 60

Ehrenbeamte sind gemäß § 23 Abs. 1 Nr. 3 BeamtStG i.V.m. § 6 Abs. 3 S. 2 NBG zu verabschieden, was einer Entlassung gleichkommt. Hierbei handelt es sich um eine zwingende Regelung, die auch nicht unter dem Vorbehalt der anderen Verwendbarkeit steht, da Ehrenämter nicht auf den Erwerb ausgerichtet sind und daher nicht eines besonderen Schutzes bedürfen.[1088] 332

b. Vorliegen der Dienstunfähigkeit

Die Voraussetzungen der Dienstunfähigkeit ergeben sich aus § 26 Abs. 1 BeamtStG. Nach Satz 1 ist der Beamte dienstunfähig, wenn er wegen seines körperlichen Zustands oder aus gesundheitlichen Gründen zur Erfüllung seiner Dienstpflichten dauernd unfähig ist. Satz 2 stellt eine Vermutungsregel auf, dass auch derjenige dienstunfähig ist, der eine gewisse Zeit keinen Dienst getan hat und die Wiederherstellung der Dienstfähigkeit ungewiss ist. Für besondere Beamtengruppen können die Länder gemäß § 26 Abs. 1 S. 4 BeamtStG besondere Regelungen zur Beurteilung des Vorliegens der Dienstunfähigkeit formulieren. Niedersachsen hat in § 110 NBG eine derartige Regelung zur Polizeivollzugsdienstunfähigkeit vorgenommen. Das Verfahren zur Feststellung der Dienstunfähigkeit richtet sich nach §§ 43 ff. NBG, der dann auch im Falle der Entlassung beachtet werden muss. 333

Maßstab für die Beurteilung ist das **abstrakt-funktionelle Amt**, welches der Beamte innegehabt hat.[1089] Es kommt also darauf an, ob der Beamte die seinem Status (Laufbahnfachrichtung und -gruppe, Besoldungsgruppe etc.) entsprechenden Aufgaben dauerhaft wahrnehmen kann. Eine Entlassung wegen Dienstunfähigkeit kommt auch dann in Betracht, wenn die Dienstunfähigkeit bei der Ernennung positiv bekannt war. Allerdings kommt diese wegen des Grundsatzes von Treu und Glauben und der Fürsorgepflicht nur dann in Betracht, wenn unter keinen Umständen eine Zurruhesetzung möglich ist.[1090]

4. AUF ANTRAG DES BEAMTEN

Literaturhinweis zur Vertiefung: Günther, Hellmuth, Entlassung auf Antrag, ZBR 1994, S. 197 ff.

Nach § 23 Abs. 1 Nr. 4 BeamtStG steht jedem Beamten – egal welcher Art das Beamtenverhältnis ist – jederzeit das **Recht** zu, seine **Entlassung zu verlangen**. Voraussetzung ist lediglich, dass ein Beamtenverhältnis noch besteht.[1091] Dieses Recht auf Entlassung gehört zu den hergebrachten Grundsätzen des Berufsbeamtentums.[1092] Dem Antrag des Beamten **muss** nachgekommen werden, d.h., der Dienstherr hat grundsätzlich keine Möglichkeit, den Beamten gegen seinen Willen länger an sich zu binden. Anders als bei der Kündigung muss der Dienstherr bei der Entlassung selbst noch mitwirken, bevor diese Wirksamkeit entfaltet,[1093] und zwar indem er eine Entlassungsverfügung fertigt (= **rechtsgestaltender mitwirkungsbedürftiger Verwaltungsakt**).[1094] 334

[1088] v. Roetteken in v. Roetteken/Rothländer, § 23 BeamtStG, Rn. 61

[1089] Ständige Rspr. BVerwG, Urt. v. 30.03.2005, Az. 2 C 4/04, Rn. 9 (juris); Urt. v. 23.09.2004, Az. 2 C 27/03, Leitsatz (juris)

[1090] v. Roetteken in v. Roetteken/Rothländer, § 23 BeamtStG, Rn. 64 ff.

[1091] Zängl in Weiss/Niedermaier/Summer/Zängl, § 23 BeamtStG, Rn. 29

[1092] Reich, § 23, BeamtStG, Rn. 9; Zängl in Weiss/Niedermaier/Summer/Zängl, § 23 BeamtStG, Rn. 31

[1093] v. Roetteken in v. Roetteken/Rothländer, § 23 BeamtStG, Rn. 101 m.w.N.

[1094] OVG Lüneburg, OVGE 44, 492, 493; v. Roetteken in v. Roetteken/Rothländer, § 23 BeamtStG, Rn. 102

335 Der Anspruch auf Entlassung ist ein **höchstpersönliches Recht** des Beamten, was dazu führt, dass er den Antrag selbst stellen muss und damit keinen Vertreter beauftragen kann. Bei dem Entlassungsantrag handelt es sich um eine **einseitige, empfangsbedürftige Willenserklärung.**[1095] Demzufolge gelten sämtliche Vorschriften über Willenserklärungen nach dem BGB in analoger Anwendung.[1096]

Die Erklärung muss inhaltlich bestimmt sein, also – ggf. nach Auslegung – den Wunsch nach Entlassung unmissverständlich zum Ausdruck bringen und darf keine Einschränkungen, Vorbehalte oder Bedingungen enthalten.[1097] Der Antrag muss allerdings nicht als solcher bezeichnet werden.[1098]

Der Antragsteller muss **geschäftsfähig** sein, es sei denn, es liegt ein Fall des § 113 BGB analog vor.[1099] Ist der Antragsteller geschäftsunfähig, ist der Antrag unwirksam.[1100] Ergeht gleichwohl eine Entlassungsverfügung, so ist diese gem. § 44 Abs. 1 VwVfG nichtig.[1101]

Nach § 23 Abs. 1 Nr. 4 BeamtStG bedarf die Erklärung der **Schriftform**. Hierbei handelt es sich um ein gesetzliches Schriftformerfordernis. Grund hierfür ist, dass der Beamte vor Übereilung geschützt werden soll, da die Entlassung weitreichende Folgen hat.[1102] Die Erklärung muss also analog § 126 BGB eigenhändig vom Antragsteller unterschrieben worden sein; andernfalls ist die Erklärung analog § 125 S. 1 BGB nichtig. Nach § 3 a Abs. 2 VwVfG genügt auch eine qualifizierte elektronische Signatur. Nach Auffassung des Gesetzgebers wird auch insoweit dem Übereilungsschutz Genüge getan,[1103] anders als bei mündlichen Anträgen oder solchen per E-Mail oder SMS.[1104]

Der Antrag muss gegenüber dem Dienstvorgesetzten erklärt werden, § 31 Abs. 1 S.1 NBG. Er wird wirksam, wenn er mit Wissen und Wollen des Beamten seinem Dienstvorgesetzten zugeht.[1105] Der **Zugang** beurteilt sich analog § 130 Abs. 1 BGB.

Unterliegt der Beamte bei der Abfassung der Entlassungserklärung einem unbewussten Willensmangel, kann er den Entlassungsantrag analog §§ 142, 119, 120, 123 BGB – also auch mündlich – anfechten. Eine wirksame **Anfechtungserklärung** führt dazu, dass der Entlassungsantrag als von Anfang an unwirksam gilt mit der Folge, dass die Entlassung so keinen Bestand haben kann. Einige Vertreter in der Literatur meinen, dass diese Rechtsfolge nur greift, wenn ein besonders schwerwiegender Fehler vorliegt.[1106] Die **überwiegende Auffassung in**

1095 Baßlsperger, Kap. 10, Rn. 29; Zängl in Weiss/Niedermaier/Summer/Zängl, § 23 BeamtStG, Rn. 36
1096 Seeck in Metzler-Müller/Rieger/Seeck/Zentgraf, § 23 BeamtStG, Anm. 2.4
1097 BVerwG, Urt. v. 25.01.1984, DöD 1985, S. 106, 107; v. Roetteken in v. Roetteken/Rothländer, § 23 BeamtStG, Rn. 137
1098 Baßlsperger, Kap. 10, Rn. 37
1099 BVerwG, Urt. v. 06.11.1969, Az. II C 110.67 Rn. 13 (juris); v. Roetteken in v. Roetteken/Rothländer, § 23 BeamtStG, Rn. 134 f.
1100 Verwaltungsgerichtshof Baden-Württemberg, Urt. v. 17.04.2000, Az. 4 S 1588/98, Rn. 14 (juris)
1101 VGH Baden-Württemberg, Beschl. v. 17.04.200, Az. 4 S 1588/98 Rn. 13, 17 (juris); v. Roetteken in v. Roetteken/Rothländer, § 23 BeamtStG, Rn. 204 m.w.N.
1102 v. Roetteken in v. Roetteken/Rothländer, § 23 BeamtStG, Rn. 143
1103 BT-Drs. 16/4027, zu § 24, S. 27
1104 Kümmel, § 32, Rn. 8
1105 Zängl in Weiss/Niedermaier/Summer/Zängl, § 23 BeamtStG, Rn. 49
1106 Baßlsperger, Kap. 10, Rn. 40 f.; ähnlich Reich, § 23 BeamtStG, Rn. 9

Rechtsprechung und Literatur geht jedoch zu Recht davon aus, dass bei der Anfechtung eine Entlassungsverfügung nichtig ist, da es an einem wirksamen Antrag fehlt.[1107]

Die Entlassung wirkt in der Regel zu dem von dem Beamten gewünschten **Entlassungstermin** (§ 31 Abs. 1 S. 3 NBG), es sei denn, die landesrechtlichen Verfahrensregelungen erlauben Modifizierungen. Nach § 31 Abs. 1 S. 4 NBG kann die Entlassung bis zu drei Monate nach der Antragstellung hinausgeschoben werden, damit die Amtsgeschäfte ordnungsgemäß erledigt werden können. Bei Lehrkräften und Hochschulpersonal gelten gemäß § 31 Abs. 1 S. 4, 2. HS NBG weitere Besonderheiten. 336

Nach § 31 Abs. 1 S. 2 NBG kann, solange die Entlassungsverfügung noch nicht zugestellt ist, binnen zwei Wochen nach Zugang des Antrags beim Dienstvorgesetzten der **Antrag zurückgenommen** werden. Der mündliche (str.) oder schriftliche Antrag muss fristgerecht dem Dienstvorgesetzten zugehen. Aus Gründen der Fürsorge hat der Dienstherr diese Zwei-Wochen-Frist abzuwarten bevor er die Entlassung verfügt, damit dem Beamten auch die vollen zwei Wochen zur Verfügung stehen.[1108] Mit Zustimmung der Entlassungsbehörde nach § 32 Abs. 1 NBG kann der Antrag auch noch nach Ablauf dieser Frist zurückgenommen werden; allerdings nur so lange, bis die Entlassungsverfügung zugestellt wurde. Grund für diese weitergehende Rücknahmemöglichkeit ist abermals der Übereilungsschutz. Fällt dem Beamten vor Zustellung der Entlassungsverfügung auf, dass bei ihm ein Willensmangel vorgelegen hat, sollte er den Antrag zurücknehmen, anstatt den schwierigen Weg über die Anfechtung zu wählen. Dies gebietet ihm schon der Grundsatz zur gegenseitigen Rücksichtnahme im Dienst- und Treueverhältnis. Ist die Entlassungsverfügung schon zugestellt, kommt eine Rücknahme der Erklärung grundsätzlich nicht mehr in Betracht, da die Zustimmung des Antragstellers nur bis zum Erlass des Verwaltungsaktes erforderlich ist.[1109] Solange die Entlassungsverfügung noch keine innere Wirksamkeit erlangt hat, kann der Dienstherr diese auf Antrag des Beamten dennoch aufheben. Mit Eintritt der inneren Wirksamkeit kann der Dienstherr den einmal erlassenen Verwaltungsakt nur noch zurücknehmen, widerrufen oder eine neuerliche Ernennung vornehmen, soweit die jeweiligen Voraussetzungen dazu vorliegen. Rein vorsorglich sollte der Beamte, wenn er mit der Entlassung nicht einverstanden ist, diese – je nachdem – mit einem Anfechtungswiderspruch oder einer Anfechtungsklage[1110] angreifen, damit keine Bestandskraft erreicht wird.[1111] 337

5. EINSTELLUNG NACH ERREICHEN DER ALTERSGRENZE

Nach § 23 Abs. 1 Nr. 5 BeamtStG ist ein Beamter, der nach Erreichen der Altersgrenze in ein Beamtenverhältnis berufen wurde, zu entlassen. Die Vorschrift verweist auf die landesrechtlich geregelten Altersgrenzen. Nach § 35 Abs. 2 S. 1 NBG tritt ein Beamter grundsätzlich mit Ablauf des Monats in den Ruhestand, in dem er das 67. Lebensjahr vollendet.[1112] Erfüllt der 338

1107 RGZ 141, 240, 258; Günther, ZBR 1994, S. 194, 205 f.; v. Roetteken in v. Roetteken/Rothländer, § 23 BeamtStG, Rn. 205

1108 Zängl in Weiss/Niedermaier/Summer/Zängl, § 23 BeamtStG, Rn. 53

1109 BVerwG, 17.09.1996, ZBR 1997, S. 20, 20; v. Roetteken in v. Roetteken/Rothländer, § 23 BeamtStG, Rn. 158

1110 In Niedersachsen ist wegen § 54 BeamtStG, § 105 Abs. 1 S. 1 NBG sofort Anfechtungsklage zu erheben.

1111 Baßlsperger, Kap. 10, Rn. 42

1112 Nach §§ 109, 155, 116 NBG gelten für Beamte im Polizei- und Justizvollzugsdienst sowie im feuerwehrtechnischen Dienst andere Altersgrenzen.

Beamte bei Erreichen der Altersgrenze nicht die versorgungsrechtliche Wartezeit, ist er nach § 22 Abs. 1 Nr. 2 BeamtStG zu entlassen. Da also mit Erreichen der Altersgrenze das Beamtenverhältnis, egal ob durch Entlassung oder Ruhestandsversetzung, beendet wird, kann es nicht zulässig sein, noch ein neues Beamtenverhältnis zu begründen.[1113] Stellt der Dienstherr gleichwohl einen Beamten ein, wäre das Beamtenverhältnis zwar rechtswidrig, aber wirksam, sodass dieses aus Sicht des Gesetzgebers „verbotene" Beamtenverhältnis durch Entlassung beendet werden muss.

Dieser Entlassungsgrund gilt grundsätzlich für alle Arten von Beamtenverhältnissen, hat aber wegen der geltenden Altersgrenzen für Beamte auf Widerruf und Probe regelmäßig keine Relevanz. Für Ehrenbeamte gilt nach § 6 Abs. 4 NBG dieser Entlassungstatbestand nicht.

6. VERLUST DER DEUTSCHENEIGENSCHAFT

339 Verliert ein Beamter die deutsche Staatsangehörigkeit, ist diese aber wegen der ihm übertragenen Aufgaben unabdingbar (§ 7 Abs. 2 BeamtStG), **kann** der Beamte gemäß § 23 Abs. 2 BeamtStG entlassen werden.
Tatbestandsmäßig fordert dieser Entlassungstatbestand, dass dem Beamten zumindest noch eine Staatsangehörigkeit i.S.v. § 7 Abs. 1 Nr. 1 BeamtStG verbleibt, da ansonsten das Beamtenverhältnis schon kraft Gesetzes nach § 22 Abs. 1 Nr. 1 BeamtStG erlöschen würde.
§ 23 Abs. 2 BeamtStG räumt dem Dienstherrn Ermessen ein. Das Ermessen ist umfassend und bezieht sich einerseits darauf, ob die Bewertung der Aufgaben, die dem Beamten zugewiesen sind, immer noch als solche Aufgaben einzustufen sind, die nur einem Deutschen anvertraut werden können, und andererseits darauf, ob nicht eine anderweitige Verwendung des Beamten möglich ist (sog. Ultima-ratio-Grundsatz).[1114]

7. WEITERE ENTLASSUNGSMÖGLICHKEITEN BEI BEAMTEN AUF PROBE

Literaturhinweise zur Vertiefung: Bartha, Dieter, Die Entlassung eines Beamten auf Probe wegen eines Dienstvergehens, ZBR 1985, S. 217 ff.; ders., Die Beteiligung des Personalrats bei der Entlassung von Beamten auf Probe und auf Widerruf, PersV 1987, S. 494 ff.; Bongartz, Matthias/Rogmann, Achim, Gibt es den ewigen Beamten auf Probe?, RiA 1994, S.9 ff.; Fricke, Hanns-Christian/Schütte, Matthias, Die gesundheitliche Eignung für eine Verbeamtung – Eine Rechtsprechungsübersicht für die Verwaltungspraxis, DÖD 2012, S. 121 ff.; Günther, Hellmuth; Spezifika der Entlassung von Probebeamten, ZBR 1985, S. 321 ff.; Hillebrecht, Martin, Die gesundheitliche Eignung für ein öffentliches Amt bei Übergewicht und Adipositas, ZBR 2011, S. 84 ff.; Lotz, Klaus, Die Beendigung der beamtenrechtlichen Probezeit bei mangelnder gesundheitlicher Eignung, VR 2000, S. 234 ff.; Wittkowski, Bernd, Maßgeblicher Zeitpunkt für die Beurteilung der gesundheitlichen Eignung von Probebeamten, NVwZ 2014, S. 376 ff.

340 Neben den bereits erörterten Entlassungsgründen, die für alle Arten von Beamtenverhältnissen gelten, gibt es in **§ 23 Abs. 3 BeamtStG** und **§ 30 Abs. 2 BeamtStG** weitere, besondere Entlassungstatbestände für Beamte auf Probe. Diese stehen selbständig nebeneinander.[1115]

1113 Zängl in Weiss/Niedermaier/Summer/Zängl, § 23 BeamtStG, Rn. 64

1114 v. Roetteken in v. Roetteken/Rothländer, § 23 BeamtStG, Rn. 223, Baßlsperger, Kap. 10, Rn. 63; Zängl in Weiss/ Niedermaier/ Summer/Zängl, § 23 BeamtStG, Rn. 74

1115 BVerwGE 62, 280, 286; v. Roetteken in v. Roetteken/Rothländer, § 23 BeamtStG, Rn. 228

Erfasst werden beide Arten des Probebeamtenverhältnisses gemäß § 4 Abs. 3 BeamtStG.[1116] Die Probezeit dient dazu, die Eignung, Befähigung und fachliche Leistung festzustellen, damit das Beamtenverhältnis in ein solches auf Lebenszeit umgewandelt werden kann. Da aber nur solche Beamte, die den Anforderungen genügen, in das Beamtenverhältnis auf Lebenszeit berufen werden dürfen (§ 10 BeamtStG), muss es dem Dienstherrn möglich sein, sich von den Beamten, die diese Anforderungen nicht erfüllen, zu trennen.[1117] Diesem Zwecke dient § 23 Abs. 3 BeamtStG. Andererseits hat der Beamte auf Probe auch schon eine recht enge Bindung zu seinem Dienstherrn und ist in aller Regel zur weiteren Verwendung auf Lebenszeit eingestellt worden, sodass er auch eines gewissen Schutzes bedarf. Auch diesen Schutzzweck beachten die aufgezeigten Entlassungstatbestände.[1118]

Die Vorschrift räumt dem Dienstherrn Ermessen ein. Dieses bezieht sich gemäß § 40 VwVfG grundsätzlich auf das Auswahl- und das Entschließungsermessen. Allerdings dient das Ermessen („kann") vor allem dazu, die verschiedenen Handlungsalternativen bei einer Entlassung deutlich zu machen, und bedeutet nicht, dass in jedem Fall eine Ermessensentscheidung zu treffen ist; im Einzelfall kann eine Ermessensreduzierung auf null vorliegen mit der Folge, dass eine Pflicht zur Entlassung besteht.[1119] Das Ermessen bezieht sich aber auch auf die Wahl des Entlassungstatbestandes, falls mehrere Tatbestände erfüllt sind.[1120] Erfüllt der Beamte auf Probe beispielsweise die Voraussetzungen für die Entlassung wegen eines Dienstvergehens, wird regelmäßig auch von einer mangelnden Eignung auszugehen sein, sodass auch der Entlassungstatbestand des § 23 Abs. 3 S. 1 Nr. 2 BeamtStG erfüllt sein wird. Ist Letzteres der Fall, hat der Dienstherr die freie Wahl, auf welchen Grund er die Entlassung stützt.[1121]

a. Entlassung wegen Begehens eines Dienstvergehens

Nach § 23 Abs. 3 S. 1 Nr. 1 BeamtStG kann im Falle **der Begehung eines Dienstvergehens**, 341 das bei Beamten auf Lebenszeit mindestens eine Kürzung der Dienstbezüge zur Folge hätte, eine Entlassung erfolgen. Vorausgesetzt wird also, dass der **Beamte auf Probe** ein **„mittleres bis schweres" Dienstvergehen** gemäß § 47 Abs. 1 BeamtStG begangen hat. Da bei Beamten auf Probe regelmäßig, so auch § 6 Abs. 1 S. 2 NDiszG, nur der Verweis und die Geldbuße als Disziplinarmaßnahmen verhängt werden können, muss vor allem bei schwereren Verstößen ein anderes Mittel, nämlich die Entlassung, zur Verfügung stehen. Die Beurteilung, ob das Dienstvergehen bei Lebenszeitbeamten zu einer Kürzung der Bezüge geführt hätte oder sogar eine darüber hinausgehende Disziplinarmaßnahme angezeigt wäre, bemisst sich wegen § 47 Abs. 3 BeamtStG nach Landesdisziplinarrecht.

Dieser Entlassungstatbestand gilt für alle Probebeamtenverhältnisse, selbst dann noch, wenn 342 die **laufbahnrechtliche Probezeit** bereits abgelaufen ist.[1122] Für Beamte auf Probe nach § 4

[1116] Seeck in Metzler-Müller/Rieger/Seeck/Zentgraf, § 23 BeamtStG, Anm. 4
[1117] BVerfGE 43, 154, 166; BVerfG NVwZ 1990, S. 853
[1118] Zängl in Weiss/Niedermaier/Summer/Zängl, § 23 BeamtStG, Rn. 84
[1119] BVerwG, Urt. v. 31.05.1990; Az. 2 C 35/88, Rn. 23 (juris)
[1120] BVerwGE 62, 280, 286; OVG Münster, RiA 1992, S. 210, 211; VGH Kassel, NVwZ 1190, S. 387; v. Roetteken in v. Roetteken/Rothländer, § 23 BeamtStG, Rn. 228
[1121] BVerwG, Urt. v. 28.04.1983, Az. 2 C 89/81, Rn. 19 (juris); Zängl in Weiss/Niedermaier/Summer/Zängl, § 23 BeamtStG, Rn. 170
[1122] Baßlsperger, Kap. 10, Rn. 69; v. Roetteken in v. Roetteken/Rothländer, § 23 BeamtStG, Rn. 244

Abs. 3 b BeamtStG, also solche, die für ein Führungsamt erprobt werden, gilt dieser Entlassungstatbestand jedoch nur entsprechend, soweit der Beamte daneben noch ein – möglicherweise ruhendes – (Doppel-)Beamtenverhältnis innehat. Entscheidend ist für solche Beamte nämlich das zeitgleich bestehende Lebenszeitbeamtenverhältnis, wie auch die klarstellende Regelung in § 73 a Abs. 1 S. 1 NDiszG zeigt.

343 Voraussetzung der Entlassung ist das Vorliegen einer Dienstpflichtverletzung, die den Tatbestand des Dienstvergehens erfüllt. Damit eine derartige objektive Feststellung auch getroffen werden kann, ist gemäß 31 Abs. 3 S. 1 NBG in analoger Anwendung der Vorschriften des NDiszG,[1123] namentlich der §§ 21 bis 30 NDiszG, der Sachverhalt aufzuklären.[1124] Auf Grundlage der wesentlichen Ergebnisse der Ermittlungen hat die nach Landesrecht zuständige Behörde – in Niedersachen wegen § 32 Abs. 1 NBG also die Ernennungsbehörde nach § 8 Abs. 1 oder 2 NBG – in einem **ersten Schritt** das Dienstvergehen zu bewerten und zu klären, welche disziplinarische Maßnahme mit Sicherheit in einem Disziplinarverfahren verhängt worden wäre.[1125] Es ist also eine **hypothetische Feststellung** des Disziplinargerichts bzw. der entscheidenden Disziplinarbehörde zu treffen, in der selbstverständlich auch die Maßstäbe des § 14 NDiszG zu beachten sind. Hierbei sind alle Erkenntnismittel auszuschöpfen.[1126] Zudem haben sich die zuständigen Behörden an der disziplinarrechtlichen Rechtsprechung der Verwaltungsgerichte bzw. der Entscheidungspraxis der zuständigen Disziplinarbehörden zu orientieren.[1127] Danach muss mindestens eine Kürzung der Dienstbezüge sicher feststehen.

344 Im **zweiten Schritt** hat die zuständige Entlassungsbehörde nach pflichtgemäßem Ermessen zu entscheiden, ob der Beamte entlassen wird oder nicht.[1128] Diese Ermessensentscheidung ist von den Gerichten voll überprüfbar. Auch wenn die Vorschrift der Entlassungsbehörde Ermessen einräumt, ist die Entlassung, bei Vorliegen der Tatbestandsvoraussetzungen, die vom Gesetzgeber gewünschte Rechtsfolge, sodass ein Belassen des Beamten mit der Folge der Ernennung zum Beamten auf Lebenszeit nur in ganz besonders atypischen Fällen in Frage kommt.[1129] Wäre ein Lebenszeitbeamter bei einem entsprechenden Dienstvergehen aus dem Dienst entfernt worden, ist das Ermessen in aller Regel „auf null" reduziert.[1130] Dies entspricht auch dem Zweck der Vorschrift, nämlich die Übernahme von ungeeigneten Personen in das Beamtenverhältnis auf Lebenszeit zu verhindern, um die Funktionsfähigkeit des öffentlichen Dienstes zu gewährleisten.[1131]

1123 Da es sich hier formal nicht um ein Disziplinarverfahren handelt, bedarf es dieser Verweisung auf das Disziplinarrecht.

1124 Daneben ist wegen des Legalitätsprinzips in aller Regel ein Disziplinarverfahren einzuleiten.

1125 BVerwGE 62, 280, 282; Seeck in Metzler-Müller/Rieger/Seeck/Zentgraf, § 23 BeamtStG, Anm. 4.1

1126 Schnellenbach, § 5, Rn. 7; Günther, ZBR 1985, S. 321, 326

1127 BVerwGE 62, 280, 282; Seeck in Metzler-Müller/Rieger/Seeck/Zentgraf, § 23 BeamtStG, Anm. 4.1; Baßlsperger, Kap. 10, Rn. 66; ebenso mit zahlreichen Beispielen v. Roetteken in v. Roetteken/Rothländer, § 23 BeamtStG, Rn. 271 und Schnellenbach, § 5, Rn. 8; Günther, ZBR 1985, S. 321, 325

1128 v. Roetteken in v. Roetteken/Rothländer, § 23 BeamtStG, Rn. 273

1129 BVerwGE 66, 19, 25; Zängl in Weiss/Niedermaier/Summer/Zängl, § 23 BeamtStG, Rn. 121; Günther, ZBR 1985, S. 321, 327

1130 BVerwGE 26, 228, 233 f.; Seeck in Metzler-Müller/Rieger/Seeck/Zentgraf, § 23 BeamtStG, Anm. 4.1; Schnellenbach, § 5, Rn. 11

1131 BVerwG, Urt. v. 25.01.2001, ZBR 2002, S. 48, 50

Beispiele:
- Unentschuldigtes Fernbleiben eines Beamten vom Dienst über mehrere Jahre (VG Wiesbaden, Urt. v. 10.03.2016, Az. 25 K 485/14.WI.D [juris]).
- Unangemessenes, stalking-ähnliches Verhalten gegenüber mehreren Kolleginnen (VG Neustadt/Weinstraße, Beschl. v. 25.09.2015, Az. 1 L 658/15.NW [juris]).
- Sexuell motivierte Facebook-Kommunikation mit einem Kind mit strafrechtlicher Relevanz (VG Meiningen, Beschl. v. 17.12.2013, Az. 1 E 455/13 Me [juris]).
- Ausübung einer genehmigungsbedürftigen Nebentätigkeit über Jahre ohne Anzeige der Nebentätigkeit (VG München, Urt. v. 21.04.2010, Az. M 5 K 09.3637 [juris]).
- Außerdienstlicher Cannabiskonsum (VG Ansbach, Beschl. v. 23.06.2016, Az. AN 13b DS 16.00859 [juris]).
- Trunkenheitsfahrt mit Unfallflucht (BVerwG, Urt. v. 22.06.1982, Az. 2 C 44/80 [juris] = BVerwGE 66, 19-25).
- Umfangreicher gewerblicher Internethandel ohne Nebentätigkeitsgenehmigung über Jahre = Entfernung aus dem Dienst (OVG Rheinland-Pfalz, Urt. v. 28.04.2008, Az. 3 A 11334/07 [juris]).

Verfügt der Dienstherr die Entlassung, entfaltet sie gemäß § 32 Abs. 2 S. 1 NBG mit dem Ablauf des Monats Wirksamkeit, der dem Monat folgt, in dem die Entlassungsverfügung zugestellt wurde. Es gibt demzufolge eine gewisse Auslauffrist, um die Folgen für den Beamten abzumildern. Zuvor ist gemäß § 65 Abs. 1 Nr. 17 NPersVG der Personalrat zu beteiligen.[1132] Beteiligung bedeutet Zustimmung nach § 68 Abs. 1 NPersVG. Handelt es sich um einen Schwerbehinderten oder einen diesem gleichgestellten Beamten, muss zudem das Integrationsamt gemäß § 85 SGB IX zustimmen und nach § 95 Abs. 2 S. 1, 1. HS SGB IX die Schwerbehindertenvertretung angehört werden.[1133]

Der Entlassungsbehörde steht nach § 31 Abs. 3 S. 2 und 3 NBG überdies das Recht zu, den Beamten **vorläufig** des **Dienstes zu entheben** und ggfs. die Hälfte der Bezüge einzubehalten.[1134] Bezüglich der Tatbestandsvoraussetzungen sei hier auf die Ausführungen zur vorläufigen Dienstenthebung nach § 38 NDiszG verwiesen (siehe Rn. 301 ff.).

b. Nichtbewährung in der Probezeit

Der wohl häufigste Entlassungsgrund ist die Nichtbewährung des Beamten auf Probe nach **§ 23 Abs. 3 S. 1 Nr. 2 BeamtStG**. Dieser Entlassungsgrund ist erforderlich, da zum Beamten auf Lebenszeit nur ernannt werden darf, wer sich als **Beamter auf Probe bewährt hat (§ 10 BeamtStG)**. Nur dann, wenn der Beamte in der Probezeit gezeigt hat, dass er allen an ihn künftig in seiner Laufbahn zu stellenden Anforderungen gewachsen ist, er sich also „bewährt" hat, ist die Berufung in das Beamtenverhältnis auf Lebenszeit der Allgemeinheit gegenüber zu verantworten. Andernfalls ist er zu entlassen, es sei denn, es kommt ausnahmsweise die Verlängerung der Probezeit, die Übernahme in eine niedrigere Laufbahn oder eine anderweitige Verwendung nach § 26 Abs. 2 BeamtStG in Betracht. 345

1132 VG Lüneburg, Urt. v. 12.11.2003, Az. 1 A 15/00, Rn. 13 (juris)
1133 Wichmann, in Wichmann/Langer, Abschnitt 10, Rn. 277
1134 Zu den Einzelheiten siehe v. Roetteken in v. Roetteken/Rothländer, § 23 BeamtStG, Rn. 260 ff.

346 Voraussetzung für diesen Entlassungstatbestand ist, dass sich der Beamte noch in der **laufbahnrechtlichen Probezeit** befindet oder sie gerade abgeschlossen hat.[1135] Sinn und Zweck der laufbahnrechtlichen Probezeit ist es, dem Beamten auf Probe grundsätzlich während der gesamten – regelmäßigen oder auch verlängerten – Probezeit die Möglichkeit zu geben, seine Eignung nachzuweisen.[1136] Deshalb kann die Feststellung der mangelnden Bewährung nur auf Eignungsmängel, die während der laufbahnrechtlichen Probezeit aufgetreten sind, gestützt werden. Die **Dauer** der Probezeit ist gemäß § 19 Abs. 2 S. 1 NBG festgesetzt und dauert regelmäßig drei Jahre. Sie wird auch nicht durch krankheitsbedingte Fehlzeiten oder Zeiten des gesetzlichen Mutterschutzes unterbrochen.[1137] Verhaltensweisen nach Ende der Probezeit dürfen in keiner Weise berücksichtigt werden.[1138] Gleichwohl steht dem Beamten kein Anspruch auf Ableistung der vollen Probezeit zu, wenn sich schon vorher zeigt, dass er ungeeignet ist.[1139] Steht seine **Nichtbewährung** also bereits **vor Ablauf der Probezeit** fest, hat der Dienstherr den Beamten aufgrund seiner Fürsorgepflicht ohne ungebührliche Verzögerung zu entlassen.[1140]

Existieren hingegen auch am Ende der Probezeit noch Zweifel an der Geeignetheit, steht dem Dienstherrn eine angemessene Überlegungsfrist zu.[1141] Dieser Zeitraum, der dem Dienstherrn eingeräumt wird, um die in Rede stehenden Feststellungen und Entscheidungen zu treffen, richtet sich nach den Umständen des Einzelfalls und ist insbesondere davon abhängig, ob die Sache entscheidungsreif ist.[1142] Sie bemisst sich genauer gesagt danach, wie viel Zeit im jeweiligen Einzelfall für die Feststellung des für diese Entscheidung erheblichen Sachverhalts und für den Entschluss über die Rechtsfolge, mithin für eine sorgfältige Abwägung aller Umstände, erforderlich ist.[1143]

Bei der Feststellung der Bewährung handelt es sich um einen **unbestimmten Rechtsbegriff**, der die tatbestandlichen Voraussetzungen der ermessensbasierten Eignungs**beurteilung** vorzeichnet.[1144] Es handelt sich damit also um eine **Prognoseentscheidung**.[1145] Das Urteil über die Bewährung des Probebeamten besteht in der prognostischen Einschätzung des Dienstherrn, ob der Beamte den Anforderungen, die mit der Wahrnehmung der Ämter[1146] seiner Laufbahn verbunden sind, voraussichtlich gerecht werden wird (siehe § 7 Abs. 1 S. 1 und S. 2 NLVO, § 19 Abs. 3 NBG).[1147] Die Gerichte sind also nur befugt zu überprüfen, ob der Dienstherr die gesetzlichen Grenzen des ihm zustehenden **Beurteilungsspielraums** verkannt

---

1135 BVerwG, Urt. 25.02.1993, Az. 2 C 27/90, ZBR 1993, S. 243, 244; Wichmann, in Wichmann/Langer, Abschnitt 10, Rn. 282; v. Roetteken in v. Roetteken/Rothländer, § 23 BeamtStG, Rn. 288 f.

1136 BVerwGE 85, 177, 181; v. Roetteken in v. Roetteken/Rothländer, § 23 BeamtStG, Rn. 310

1137 OVG Rheinland-Pfalz, Beschl. v. 26.06 2012, Az. 2 B 10469/12, Rn. 21 (juris)

1138 BVerwG, Urt. 25.02.1993, Az. 2 C 27/90, ZBR 1993, S. 243, 244; v. Roetteken in v. Roetteken/Rothländer, § 23 BeamtStG, Rn. 313

1139 BVerwGE 11, 139, 141; 85, 177, 180; v. Roetteken in v. Roetteken/Rothländer, § 23 BeamtStG, Rn. 311

1140 BVerwGE 19, 344, 348; 85, 177, 184; 108, 64, 70; Wichmann in Wichmann/Langer, Abschnitt 10, Rn. 282; Baßlsperger, ZBR 2010, S. 73, 77

1141 BVerwG, Urt. v. 25.02.1993, Az. 2 C 27/90, ZBR 1993, S. 243, 244; BVerwGE 19, 344, 348; Wichmann, in Wichmann/Langer, Abschnitt 10, Rn. 282

1142 OVG Berlin-Brandenburg, Urt. v. 08.04.2010, Az. OVG 4 B 66.09, Rn. 39 (juris); Baßlsperger, ZBR 2010, S. 73, 77

1143 OVG Berlin-Brandenburg, Urt. v. 08.04.2010, Az. OVG 4 B 66.09, Rn. 39 (juris); Günther, ZBR 1985, S. 321 f.

1144 BVerwGE 106, 263, 266; 85, 1777, 180; Wichmann, in Wichmann/Langer, Abschnitt 10, Rn. 282; v. Roetteken in v. Roetteken/Rothländer, § 23 BeamtStG, Rn. 290

1145 Statt vieler BVerwG, Urt. v. 18.07.2001, Az. 2 A 5/00, Rn. 16 (juris) = ZBR 2002, S. 184

1146 Entscheidend ist also das abstrakt-funktionelle Amt.

1147 Seeck in Metzler-Müller/Rieger/Seeck/Zentgraf, § 23 BeamtStG, Anm. 4.2.1

hat, er einen unrichtigen Sachverhalt zugrunde gelegt hat oder allgemeine Wertungsmaßstäbe missachtet oder sonst sachfremde Erwägungen angestellt hat.[1148]

Zu bewerten sind gemäß § 19 Abs. 3 NBG, § 8 NLVO in der Probezeit:

- Eignung,
- Befähigung und
- fachliche Leistung.

Zu den Einzelheiten siehe Rn. 138 ff.

Während die unbestimmten Rechtsbegriffe „Eignung“ und „Befähigung“ selbst schon zukunftsbezogene Begriffe sind, ist der der „Leistung“ vergangenheitsbezogen. Daher reicht es für das Tatbestandsmerkmal der Nichtbewährung nicht aus, festzustellen, dass die fachlichen Leistungen des Beamten mangelhaft waren, es muss auch jeweils gewürdigt werden, warum in Zukunft mit nicht ausreichenden Leistungen zu rechnen ist. Auch wenn dem Dienstherrn ein weiter Beurteilungsspielraum zusteht und es ihm nicht gestattet ist, den zum Ende der Probezeit festgestellten Leistungen ein stärkeres Gewicht beizumessen als den zu Beginn gezeigten, darf dies nicht so weit gehen, dass er die Feststellung einer endgültigen Nichtbewährung nur auf einen Zeitraum von wenigen Monaten stützt; vielmehr muss die gesamte laufbahnrechtliche Probezeit in den Blick genommen werden.[1149]

Beispiele mangelnder Eignung:

- Außerdienstliches Fehlverhalten in Diskothek; Beleidigung; Alkoholisierung eines Polizeivollzugsbeamten (Bay VGH, Beschl. v. 08.04.2013, Az. 3 CS 13.289 [juris]).
- Fehlende fachliche und charakterliche Eignung; mangelnde Unterrichtsplanung; keine stabile Lehrerpersönlichkeit; beratungsresistent bzgl. erzieherischer Inkompetenz (VG Ansbach, Beschl. v. 19.03.2013, Az. AN 1 S 13.00363 [juris]).
- Nicht erbrachte Arbeitsquantität; Aufbau von Rückständen (BayVGH, Beschl. v. 19.07.2012, Az. 3 ZB 10.544 [juris]).

Besonderheiten gelten bei der **gesundheitlichen Eignung**. Die Bewährung in gesundheitlicher 347
Hinsicht erfordert, dass sich nach der prognostischen Einschätzung des Dienstherrn künftige Erkrankungen des Beamten und eine dauernde, vorzeitige Dienstunfähigkeit mit einem hohen Grad von Wahrscheinlichkeit ausschließen lassen.[1150] Bleiben nach einer sorgfältigen Aufklärung des Sachverhalts noch **berechtigte Zweifel** bei der Feststellung der Zukunftsprognose, so reicht dies für die Bejahung des Tatbestandsmerkmals „Nichtbewährung“ aus.[1151] Erforderlich ist demnach nicht, dass der Beamte aktuell krank ist, vielmehr reicht es aus, wenn gesundheitliche Mängel festgestellt wurden, die Zweifel an der gesundheitlichen Eignung wecken.[1152]

[1148] BVerwGE 85, 177, 180; OVG Rheinland-Pfalz, Beschl. v. 26.06.2012, Az. 2 B 10469/12 (juris); Wichmann, in Wichmann/Langer, Abschnitt 10, Rn. 282; Seeck in Metzler-Müller/Rieger/Seeck/Zentgraf, § 23 BeamtStG, Anm. 4.2.1

[1149] OVG Rheinland-Pfalz, Beschl. v. 26.06.2012, Az. 2 B 10469/12, Rn. 21 (juris)

[1150] BVerwG, Urt. v. 18.07.2001, Az. 2 A 5/00, Rn. 16 (juris) = ZBR 2002, S. 184; Bay. VGH, Urt. v. 31.03.2009, Az. 15 B 08.2051(juris); VG Ansbach, Urt. v. 11.12.2012, Az. AN 1 K 12.01044, Rn. 43 (juris).

[1151] BVerwG, Urt. v. 20.04.1977, Az. 6 C 109/74; OVG Münster, RiA, 92, 210, 211; Seeck in Metzler-Müller/Rieger/Seeck/Zentgraf, § 23 BeamtStG, Anm. 4.2.1

[1152] Baßlsperger, ZBR 2010, S. 73, 77

Grundlage der Prognose können neben ärztlichen Befunden über Art und Ausmaß der einzelnen gesundheitlichen Beeinträchtigungen auch die gesamten Umstände der Probezeit sein.[1153] Da Zweifel zu Lasten des Beamten gehen, ist weder eine positive Feststellung der gesundheitlichen Nichteignung oder gar die Feststellung der Dienstunfähigkeit, noch eine gesicherte Erkenntnis vom Gesundheitszustand des Beamten erforderlich.[1154]

Beispiele mangelnder gesundheitlicher Eignung:
- Künftiger Verlauf einer chronischen Grunderkrankung nicht in dem Sinne sicher prognostizierbar, dass trotz gegenwärtiger Remissionsphase künftige Folgeerkrankungen, deren gesundheitliche Auswirkungen auf die Dienstfähigkeit nicht absehbar sind, mit hoher (oder zumindest überwiegender) Wahrscheinlichkeit ausgeschlossen werden können (VG Magdeburg; Urt. v. 25.10.2012, Az. 5 A 256/11, Rn. 35 f. [zitiert nach juris]).
- Übergewicht führt allein nicht zu mangelnder gesundheitlicher Eignung (OVG NRW, Beschl. v. 16.05.2011, Az. 1 B 477/11, Rn. 16 [zitiert nach juris]).

Für Schwerbehinderte gemäß § 2 Abs. 1 S. 1 SGB IX und ihnen gleichgestellte Personen (§ 2 Abs. 3 SGB IX) gelten hinsichtlich der Feststellung der gesundheitlichen Eignung nicht die gleichen Maßstäbe wie für nicht behinderte Beamte. Insbesondere dann, wenn, wie in § 14 NLVO, an schwerbehinderte Menschen bei der Einstellung geringere Anforderungen an die körperliche Eignung gestellt werden als bei anderen, muss dieser Maßstab auch bei der Bewährungsfeststellung angewendet werden, da hier andernfalls ein strengerer Maßstab als bei der Einstellung gelten würde.

Das vorgehend genannte Argument muss aber auch bei nicht schwerbehinderten Bewerbern dann gelten, wenn bereits bei ihrer Verbeamtung auf Probe der in Rede stehende gesundheitliche Zustand dem Dienstherrn bekannt war und sich nicht durch neue Erkenntnisse verändert hat.[1155]

348 Die **Feststellung der Bewährung/Nichtbewährung** in der Probezeit nach § 8 NLVO ist kein eigenes Tatbestandsmerkmal. Bei der Feststellung handelt es sich nicht um einen eigenen Verfahrensschritt mit eigener Rechtsqualität (insbesondere nicht um einen Verwaltungsakt), sondern um einen normalen Subsumtionsvorgang, der seine Rechtswirkungen erst mit der jeweils getroffenen Rechtsfolge erhält. Zuständig für die Feststellung ist demzufolge die Behörde, die für die jeweils ins Auge gefasste Maßnahme zuständig ist, z.B. bei einer Entlassung die für die Entlassung zuständige Behörde.[1156]

349 Dem Dienstherrn ist allerdings **trotz des Wortlauts** der vorgenannten Bestimmung für den Fall der mangelnden Bewährung eines Beamten auf Probe in der Probezeit **kein (Entschließungs-)Ermessen** dahingehend eingeräumt worden, diesen Beamten (auf Dauer) im Dienst

1153 BVerwG, Beschl. v. 16.09.1986, Az. 2 B 92/86, Rn. 3 (juris); BVerwG, Urt. v. 18.07.2001, Az. 2 A 5/00, NVwZ-RR 2002, 49

1154 BVerwG, Beschl. v. 16.09.1986, Az. 2 B 92/86, Rn. 3 (juris); BVerwG, Urt. v. 18.07.2001, Az. 2 A 5/00, NVwZ-RR 2002, 49; v. Roetteken in v. Roetteken/Rothländer, § 23 BeamtStG, Rn. 329; Baßlsperger, Kap. 10, Rn. 75

1155 Seeck in Metzler-Müller/Rieger/Seeck/Zentgraf, § 23 BeamtStG, Anm.4.2.1

1156 Plog/Wiedow, § 31 BBG, Rn. 10

zu belassen. Dies würde § 10 BeamtStG widersprechen.[1157] Vielmehr ist der Dienstherr verpflichtet, den Beamten zu entlassen, wenn er zu der Überzeugung gelangt ist, dass der Beamte auf Probe hinsichtlich Eignung, Befähigung und fachlicher Leistung nicht behebbare Mängel aufweist;[1158] es besteht also kein Ermessen des Dienstherrn, einen Beamten, der sich nicht bewährt hat, auf Dauer zu beschäftigen (s.o.).[1159]

Die Kann-Fassung des § 23 Abs. 3 Nr. 2 BeamtStG hat aber insofern Bedeutung, als im Rahmen 350 des **Auswahlermessens** gegebenenfalls zwischen **Entlassung, Verlängerung der Probezeit (§ 19 Abs. 4 NBG, § 9 Abs. 1 NLVO), anderweitiger Verwendung (§ 26 Abs. 2 BeamtStG)** oder **Übernahme in die nächst niedrigere Laufbahn (§ 19 Abs. 4 NBG, § 9 Abs. 2 NLVO)** zu entscheiden ist.[1160] Ein weiteres Auswahlermessen steht dem Dienstherrn nicht zu.

Es muss also je nach Sachlage zwischen den verschiedenen Möglichkeiten entschieden werden: 351

- **Alternative 1: Feststellung, dass sich der Beamte auf Probe bewährt hat**
  Die Feststellung darf grundsätzlich frühestens nach Ablauf der normalen (ggf. mit Anrechnung gekürzten oder längeren oder verlängerten Probezeit) getroffen werden. Danach ist das Beamtenverhältnis zügig in das Beamtenverhältnis auf Lebenszeit umzuwandeln.

- **Alternative 2: Feststellung, dass sich der Beamte noch nicht bewährt hat**
  Kann die Bewährung bis zum Ablauf der regelmäßigen Probezeit noch nicht festgestellt werden, bestehen aber hinreichende Aussichten darauf, dass der Beamte sich noch bewähren wird (§§ 19 Abs. 4 NBG, 9 Abs. 1 Nr. 1-5, 7 II NLVO), dann liegt es im Ermessen des Dienstherrn, die Probezeit nach Landesrecht – auf insgesamt maximal 5 Jahre – zu verlängern.[1161] Die Verlängerung der Probezeit als belastender Verwaltungsakt bedarf einer eindeutigen Erklärung des Dienstherrn, insbesondere auch in Bezug auf die Dauer der Maßnahme.[1162] Dem Beamten ist gemäß § 28 VwVfG Gelegenheit zur Stellungnahme zu geben. Entgegen des ausdrücklichen Wortlauts (vgl. § 9 Abs. 1 NLVO) kann die Entscheidung über die Verlängerung ebenso wie die im nachfolgenden Absatz behandelte Entscheidung über die Entlassung auch noch unmittelbar nach Ablauf der Probezeit getroffen werden.[1163]

- **Alternative 3: Feststellung, dass sich der Probebeamte endgültig nicht bewährt hat**
  Der Beamte hat sich endgültig nicht bewährt. Je nachdem, ob die Probezeit bereits abgelaufen ist oder nicht, hat der Dienstherr darüber zu entscheiden, ob er die Probezeit noch ausschöpft oder ob er den Beamten bereits zu einem früheren Zeitpunkt entlässt. Ist die Probezeit abgelaufen, besteht seitens des Dienstherrn kein Ermessen mehr; der Beamte ist zu entlassen.[1164] Dem Dienstherrn ist es also verwehrt, den Beamten trotz alledem weiter zu

[1157] Günther, ZBR 1985, S. 321, 331
[1158] St. Rspr. BVerwGE 85, 177, 185; Urt. v. 19.03.1998, Az. 2 C 5/97, Rn 35 (juris)
[1159] BVerwGE 85, 177, 185; VG München, Urt. v. 14.06.2016, Az. M 5 K 16.453 (juris)
[1160] BVerwG, Urt. v. 19.03.1998, Az. 2 C 5/97, Rn 35 (juris); Urt. v. 31.05.1990, Az. 2 C 35/88, Rn. 23 (juris); Schnellenbach, Kap. 5, Rn. 23; Seeck in Metzler-Müller/Rieger/Seeck/Zentgraf, § 23 BeamtStG, Anm. 4.2.1
[1161] Schnellenbach, Kap. 5, Rn. 23; Seeck in Metzler-Müller/Rieger/Seeck/Zentgraf, § 23 BeamtStG, Anm. 4.2.1
[1162] OVG Lüneburg, Urt. v. 02.05.1984, Az. 1 OE 54/83 (juris); VGH Baden-Württemberg, Urt. v. 11.09.1979, Az. IV 816/79 (juris); Wichmann, Wichmann/Langer, Abschnitt 10, Rn. 168 f.
[1163] Hess. VGH, DöD 1985, S. 43; Schnellenbach, Kap. 5, Rn. 23, Rn. 130
[1164] BVerwG, Urt. v. 25.02.1993, Az. 2 C 27/90, ZBR 1993, S. 243, 244

beschäftigen.[1165] Lediglich dann, wenn eine Übernahme in die nächst niedrigere Laufbahn möglich ist oder eine anderweitige Verwendung – bei allein fehlender gesundheitlicher Eignung – in Betracht kommt, kann der Dienstherr sein Ermessen dahingehend ausüben.[1166]

- **Alternative 4:** Trifft der Dienstherr keine Feststellung der Bewährung oder Nichtbewährung, oder trifft er zwar die Feststellung, dass sich der Beamte endgültig nicht bewährt hat, trifft aber keine entsprechende Maßnahme, dann kommt dieses Unterlassen einer positiven Bewährungsfeststellung gleich.[1167] Der Dienstherr ist aus Gründen der Fürsorgepflicht nämlich gehalten, alsbald, d.h. unverzüglich, mithin ohne schuldhafte Verzögerung nach Ablauf der Probezeit eine Entscheidung über die Frage der Bewährung herbeizuführen.[1168] Trifft der Dienstherr in der gebotenen Zeit nach Ablauf der laufbahnrechtlichen Probezeit gleichwohl keine ausdrückliche Feststellung über die Nichtbewährung des Beamten, die er diesem zur Kenntnis bringt, und damit keine Entscheidung über die Entlassung, und ordnet er auch nicht die Verlängerung der laufbahnrechtlichen Probezeit an, um eine Entscheidung noch zu verschieben, so entsteht seitens des Beamten ein Vertrauenstatbestand, dass er sich bewährt habe.[1169] Dies gilt vor allem dann, wenn der Dienstherr das Vertrauen in besonderem Maße gefördert hat. Weiß der Beamte aufgrund einer förmlichen Mitteilung allerdings Bescheid, dass er entlassen werden wird, kann er sich bei der späteren Entlassungsverfügung nicht mehr auf das ihm gegenüber entstandene Vertrauen berufen.[1170]

352 Eine **Übernahme in die nächstniedrigere Laufbahn** derselben Fachrichtung, soweit sie landesrechtlich noch existiert, ist mit Zustimmung des Beamten möglich, wenn er hierfür befähigt und geeignet ist, § 9 Abs. 2 NLVO.

Eine weitere ermessenseinschränkende Regelung ist der in § 23 Abs. 3 S. 2 BeamtStG enthaltene Verweis auf eine entsprechende Anwendung von § 26 Abs. 2 BeamtStG, also einer **anderweitigen Verwendung**, soweit die Nichtbewährung allein auf der mangelnden gesundheitlichen Eignung beruht. Diese vorrangige Verwendung ist Ausfluss der Fürsorgepflicht und macht deutlich, dass auch im Rahmen der Entlassungstatbestände der allgemeine Grundsatz „Rehabilitation vor Versorgung bzw. Entlassung“ gilt.[1171]

353 Mangelnde gesundheitliche Eignung verlangt in diesem Kontext jedoch nicht das Vorliegen einer Dienstunfähigkeit, wie sie in § 26 Abs. 1 BeamtStG gefordert wird, da ja nur eine entsprechende Anwendung erfolgt. Liegt nämlich eine Dienstunfähigkeit des Probebeamten vor, ist die Entlassung schon nach § 23 Abs. 1 S. Nr. 3 BeamtStG zu verfügen, soweit eine Ruhestandsversetzung nicht in Betracht kommt. Eine anderweitige Verwendung in derselben Laufbahn ist allerdings nur dann möglich, wenn hierfür die gesundheitliche Eignung besteht[1172] und noch

---

1165 BVerwG, Urt. v. 31.05.1990, Az. 2 C 35/88, Rn. 23 (juris); Günther, ZBR 1985, S. 321, 331
1166 BVerwG, Urt. v. 19.03.1998, Az. 2 C 5/97, Rn 35 (juris); Urt. v. 31.05.1990, Az. 2 C 35/88, Rn. 23 (juris)
1167 BVerwG, Urt. v. 25.02.1993, Az. 2 C 27/90, ZBR 1993, S. 243, 244; Seeck in Metzler-Müller/Rieger/Seeck/Zentgraf, § 23 BeamtStG, Anm. 4.2.1
1168 BVerwG, Urt. v. 25.02.1993, Az. 2 C 27/90, ZBR 1993, S. 243, 244
1169 BVerwG, Urt. v. 25.02.1993, Az. 2 C 27/90, ZBR 1993, S. 243, 244; BVerwGE 19, 344, 349; 85, 177, 183
1170 OVG Rheinland-Pfalz, Beschl. v. 03.06.1986, Az. 2 B 20/86 (juris)
1171 Lenders, § 23 BeamtStG, Rn. 494
1172 VG Augsburg, Beschl. v. 02.05.2012, Az. Au 2 S 12.430, Rn. 40 (juris)

ausreichend viele Einsatzmöglichkeiten verbleiben.[1173] Dies gilt auch für die Übernahme in eine andere Laufbahn. Daneben muss der Dienstherr auch berücksichtigen, ob die Verwendung in einer niedrigeren Laufbahngruppe in Betracht kommt oder eine unterwertige Tätigkeit oder der Verbleib im Einstiegsamt die Entlassung verhindern kann.[1174]

Grundsätzlich gilt dieser Entlassungsgrund auch für **Beamte auf Probe zur Übertragung eines Amtes mit leitender Funktion**. Allerdings sind die Besonderheiten dieses (Doppel-) Beamtenverhältnisses zu berücksichtigen.[1175]

Zur Abmilderung der Folgen hat der niedersächsische Gesetzgeber **Fristen** für die Entlassung normiert und wird damit seiner Fürsorgepflicht gegenüber dem zu entlassenden Beamten gerecht.[1176] Die Entlassung erfolgt gemäß § 31 Abs. 2 Nr. 1 und Nr. 2 NBG, je nach Beschäftigungszeit, mit einer Frist von zwei Wochen zum Monatsschluss bei einer Beschäftigungszeit von drei Monaten und mit einer Frist von sechs Wochen zum Schluss eines Kalendervierteljahres bei einer längeren Beschäftigungszeit.

Hinsichtlich des Verfahrens gelten die zuvor gemachten Ausführungen (im Übrigen siehe unten Rn. 360 ff.).

c. Organisatorische Veränderungen

Führen **organisatorische Veränderungen** dazu, dass das Aufgabengebiet des Probebeamten davon berührt wird, und ist eine anderweitige Verwendung nicht möglich, kann dieser gemäß **§ 23 Abs. 3 S. 1 Nr. 3 BeamtStG** entlassen werden. Während der Beamte auf Lebenszeit in diesem Falle in den einstweiligen Ruhestand versetzt werden kann, rechtfertigen es die finanziellen Interessen des Dienstherrn, den Probebeamten in dieser Situation zu entlassen. 354

In Betracht kommt die Entlassung namentlich bei einer
- Auflösung einer Behörde, d.h. dem völligen Wegfall der Behörde,[1177]
- auf Landesrecht beruhenden wesentlichen Änderung des Aufbaus, d.h. grundlegende organisatorische Änderungen der inneren Einrichtung oder Gliederung,[1178]
- Verschmelzung mit einer anderen Behörde, d.h. die Vereinigung von zwei oder mehr Behörden zu einer neuen Behörde, ohne dass festgestellt werden kann, welche der Behörden fortbesteht und welche nicht,[1179]
- Körperschaftsumbildung, § 16 BeamtStG.

Eine Entlassung kommt jedoch auch nur dann in Betracht, wenn **das Aufgabengebiet des Beamten berührt** wird und **keine anderweitige Verwendung möglich** ist. Der Aufgabenbe- 355

[1173] v. Roetteken in v. Roetteken/Rothländer, § 23 BeamtStG, Rn. 340 m.w.N.
[1174] v. Roetteken in v. Roetteken/Rothländer, § 23 BeamtStG, Rn. 345 ff.
[1175] Zu den Einzelheiten siehe Seeck in Metzler-Müller/Rieger/Seeck/Zentgraf, § 23 BeamtStG, Anm. 4.2.2
[1176] Schnellenbach, Kap. 5, Rn. 26; Reich, § 23 BeamtStG, Rn. 14
[1177] v. Roetteken in v. Roetteken/Rothländer, § 23 BeamtStG, Rn. 380
[1178] RGZ 113, 207, 211 f.; 124, 85, 89
[1179] Summer in GKÖD, § 26 BBG, Rn. 31

reich des Beamten, also sein konkreter Dienstposten, muss entweder wegfallen oder durch die Umbildung erfasst werden.[1180] Wann eine anderweitige Verwendung möglich ist, besagt § 23 Abs. 3 S. 1 Nr. 3 BeamtStG zwar nicht, aber in Bezug auf die Dienstunfähigkeit findet sich in § 26 Abs. 2 BeamtStG eine Definition, die herangezogen werden kann. Danach ist eine anderweitige Verwendung möglich, wenn ein anderes Amt, auch in einer anderen Laufbahn, übertragen werden kann. Nach Auffassung des OVG Niedersachsen ist diese Definition auf die Entlassung wegen organisatorischer Veränderungen übertragbar, da grundsätzlich davon auszugehen sei, dass ein Begriff innerhalb ein und desselben Gesetzeswerkes auch die gleiche Bedeutung habe und auch die Interessenlage vergleichbar sei; hier wie dort gehe es um das letzte Mittel.[1181] Diese Voraussetzungen konkretisieren den Verhältnismäßigkeitsgrundsatz und führen dazu, dass ebenso wie im Arbeitsrecht bei betriebsbedingten Kündigungen die Belange der Beschäftigten angemessen zu berücksichtigen sind und nur als Ultima Ratio die Entlassungsentscheidung gerechtfertigt ist. Danach kommt eine Entlassung nur dann in Betracht, wenn alle anderen Möglichkeiten fehlgeschlagen sind, wobei ein strenger Maßstab anzulegen ist, da ein Probebeamter, der sich bewährt hat, grundsätzlich zu Recht darauf vertraut, in das Beamtenverhältnis auf Lebenszeit berufen zu werden. Dem folgend ist der Dienstherr verpflichtet, in seinem gesamten Geschäftsbereich aktiv nach einem neuen Dienstposten zu suchen, der entweder aktuell oder in naher Zukunft zu besetzen ist.[1182] Gleichwohl steht dem Dienstherrn kein Entschließungsermessen mehr zu, wenn eine anderweitige Verwendung ausgeschlossen ist. Lediglich dann, wenn mehrere Beamte auf Probe betroffen sind und er einige anderweitig verwenden kann, steht ihm ein Auswahlermessen bei der Auswahl der zu entlassenden Beamten zu.[1183]
Um die Entlassungsfolgen weiter abzumildern, besteht nach § 31 Abs. 4 NBG bei Neueinstellungen der Anspruch auf vorrangige (Wieder-)Einstellung bei gleicher Eignung. Ebenso wie im Falle der Nichtbewährung hat der Dienstherr die Entlassungsfristen des § 31 Abs. 2 NBG einzuhalten.

d. Politische Beamte

Literaturhinweis zur Vertiefung: Brinktrine, Ralf, Prozessuale und materiell-rechtliche Fragen bei der Versetzung „politischer Beamter" in den einstweiligen Ruhestand, RiA 2003, S. 15 ff.

356 Soweit politische Beamte i.S.v. § 39 NBG nach Landesrecht auch im Beamtenverhältnis auf Probe eingestellt werden, können sie gemäß § 30 Abs. 2 BeamtStG jederzeit entlassen werden. Dies gilt auch für Beamte auf Lebenszeit, wenn sie die versorgungsrechtliche Wartezeit noch nicht erfüllt haben.

8. BEAMTE AUF WIDERRUF

Literaturhinweise zur Vertiefung: Günther, Hellmuth, Das Beamtenverhältnis auf Widerruf, DÖD 1987, S. 51 ff.; ders. Entlassung von Beamten auf Widerruf, ZBR 1987, S. 129 ff.; Heiden, Helmut/Schmorleiz, Ralf, Die Entlassung aus dem Beamtenverhältnis auf Widerruf – Fallbearbeitung aus dem öffentlichen Dienstrecht –, DVP 2013, S. 467 ff.

1180 Zängl in Weiss/Niedermaier/Summer/Zängl, § 23 BeamtStG, Rn. 177
1181 Nds. OVG, Beschl. v. 01.07.2013, Az. 5 ME 109/13, Rn. 9 f. (http://www.rechtsprechung.niedersachsen.de)
1182 Nds. OVG, Beschl. v. 01.07.2013, Az. 5 ME 109/13, Rn. 11 f. (http://www.rechtsprechung.niedersachsen.de)
1183 Zängl in Weiss/Niedermaier/Summer/Zängl, § 23 BeamtStG, Rn. 179

Beamte auf Widerruf können gemäß **§ 23 Abs. 4 S. 1 BeamtStG** jederzeit entlassen werden. 357 Erfasst werden hiervon alle Widerrufsbeamtenverhältnisse. Nach dem Wortlaut der Vorschrift ist die Entlassung zwar „jederzeit" möglich, sie darf aber nicht willkürlich erfolgen, sondern bedarf eines **sachlichen Grundes.**[1184] Ausreichend ist nach ständiger Rechtsprechung jeder sachliche Grund.[1185] Grundsätzlich kommt eine Entlassung immer dann in Betracht, wenn auch ein Beamter auf Probe wegen eines **Dienstvergehens,**[1186] **mangelnder Bewährung einschließlich mangelnder gesundheitlicher Eignung**[1187] oder **organisatorischer Veränderungen** nach § 23 Abs. 3 BeamtStG entlassen werden würde,[1188] schließlich ist das Widerrufsbeamtenverhältnis in seinem Bestand noch weniger geschützt als das Probebeamtenverhältnis. Keine sachlichen Gründe sind die Einberufung zu Wehrübungen, Schwangerschaft oder Elternzeit.

Dem Dienstherrn ist insoweit also ein **weites Ermessen** eingeräumt, das aber durch Satz 2 für 358 Widerrufsbeamte im Vorbereitungsdienst ganz erheblich eingeschränkt wird. Denn diesen Beamten ist **vorrangig** Gelegenheit zur Beendigung des Vorbereitungsdienstes und zur Ablegung der Prüfung zu geben.[1189] Da die Widerrufsbeamten in aller Regel einen Vorbereitungsdienst ableisten, verdichtet sich die Frage darauf, wann diese ausnahmsweise vor Beendigung des Vorbereitungsdienstes oder vor Ablegung der Prüfung entlassen werden können. Nach der Rechtsprechung ist das Ermessen dahingehend eingeschränkt, dass eine Entlassung nur dann in Betracht kommt, wenn die Gründe unter Beachtung von Sinn und Zweck des Vorbereitungsdienstes geeignet sind, eine vorzeitige Beendigung zu rechtfertigen.[1190] Die Entlassungsgründe können entweder dem **persönlichen Bereich** des Beamten oder dem **dienstlichen Bereich** entstammen.

Dienstliche Gründe können u.a. Stellenabbau, Sparmaßnahmen oder organisatorische Veränderungen sein.[1191]

Eine Entlassung aus **persönlichen Gründen** ist gerechtfertigt, wenn dem Beamten auf Widerruf im Vorbereitungsdienst offensichtlich die Eignung oder Befähigung für die mittels der Ausbildung angestrebte Laufbahn fehlt, wenn er in der Ausbildung nicht hinreichend fortschreitet oder wenn er seine dienstlichen Pflichten erheblich verletzt.[1192] Je nachdem, ob es sich um einen nur laufbahnrechtlich relevanten Vorbereitungsdienst oder – wie bei Lehrern und Juristen – eine allgemeine Ausbildungsstätte für die spätere Berufstätigkeit handelt, ist entweder nur an die laufbahnrechtlichen Anforderungen anzuknüpfen oder seine Ungeeignetheit für das ganze Berufsfeld festzustellen,[1193] beispielsweise bei fehlender Verfassungstreue. Die Anforderungen bzgl. der fachlichen Fähigkeiten (Leistungsmängel) dürfen nicht zu hoch angesetzt werden, denn den Beamten soll die Möglichkeit der Beendigung der Ausbildung

[1184] BVerwG, Beschl. v. 07.09.1990, Az. 2 B 8/90 (juris); Zängl in Weiss/Niedermaier/Summer/Zängl, § 23 BeamtStG, Rn. 189
[1185] BVerwGE 28, 155, 157, 166 f.; 62, 267 f.
[1186] Siehe hierzu die ausführliche Kommentierung bei Zängl in Weiss/Niedermaier/Summer/Zängl, § 23 BeamtStG, Rn. 222 ff.
[1187] Siehe hierzu Baßlsperger, ZBR 2010, S. 73, 78
[1188] BVerwG, Urt. v. 09.06.1981, Az. 2 C 48/78 (juris); Baßlsperger, Kap. 10, Rn. 92; v. Roetteken in v. Roetteken/Rothländer, § 23 BeamtStG, Rn. 422
[1189] OVG NW, Beschl. v. 18.10.2004, Az. 6 B 1073/04 (juris)
[1190] BVerwG, Beschl. v. 09.10.1978, Az. II B 74.77 (juris); VGH BW, ZBR 1961, S. 112, 113
[1191] Zängl in Weiss/Niedermaier/Summer/Zängl, § 23 BeamtStG, Rn. 199 m.w.N
[1192] BVerwG, Urt. v. 09.06.1981, Az. 2 C 48/78, Rn. 7 (juris)
[1193] BVerwG, Urt. v. 09.06.1981, Az. 2 C 48/78, Rn. 7 (juris); Schnellenbach, Kap. 5, Rn. 50 f.; v. Roetteken in v. Roetteken/Rothländer, § 23 BeamtStG, Rn. 439

gegeben werden. Dass die Berufschancen auch bei schlechten Noten besser sind als ohne Abschluss, liegt auf der Hand, sodass eine Entlassung im Hinblick auf die fachliche Komponente nur dann möglich ist, wenn die Leistungen so unzureichend sind, dass der erfolgreiche Abschluss nicht erreichbar erscheint.[1194]

Beispiele:
- Fehlende Zuverlässigkeit wegen Unpünktlichkeit, schlampiger Arbeitsweise etc. (VG Würzburg, Beschl. v. 31.07.2014, Az. W 1 S 14.592 [juris]).
- Entlassung aus dem Beamtenverhältnis auf Widerruf vor Beendigung der Ausbildung wegen fehlender körperlicher Leistungsfähigkeit, um Prüfungsanforderungen (hier 3000-m-Lauf) zu erfüllen (OVG NRW, Beschl. v. 01.10.2015, Az. 6 A 246/15 [juris]).
- **Keine** charakterliche Ungeeignetheit bei außerdienstlicher Rangelei, da diese jugendtypische Züge aufwies (BayVGH, Urt. v. 10.06.2003, Az. 3 CS 03.1398 [juris]).
- **Keine** mangelnde charakterliche Eignung durch das – auch wissentliche – Tragen eines Pullovers einer in der rechtsextremen Szene beliebten Kleidermarke im Hinblick auf den hierdurch erweckten Eindruck, der Träger sei Rechtsextremist (OVG NRW, Beschl. v. 16.08.2016, Az. 6 B 656/16 [juris]).

359 Die fehlende **gesundheitliche oder körperliche Eignung**, alsbald die Prüfung abzulegen, kann ebenfalls die Entlassung des Widerrufsbeamten rechtfertigen.[1195] Die Rechtsprechung hält eine Entlassung für gerechtfertigt, wenn vor Erreichen der Altersgrenze eine Dienstunfähigkeit nicht mit einem hohen Grad an Wahrscheinlichkeit ausgeschlossen werden kann.[1196] Lediglich dann, wenn die Ausbildung eine allgemeine Ausbildungsstätte ist, soll eine Entlassung nur dann gerechtfertigt sein, wenn die gesundheitlichen Beeinträchtigungen derart sind, dass mit einem erfolgreichen Abschluss der Ausbildung nicht gerechnet werden kann.[1197] Nach vorzugswürdiger Auffassung ist jedoch noch einen Schritt weiter zu gehen. Eine Entlassung wäre, wenn der Vorbereitungsdienst eine Ausbildung vermittelt, die später auch Zugang zu Tätigkeiten im Beschäftigtenverhältnis eröffnet, danach nur noch gerechtfertigt, wenn der Beamte wegen der gesundheitlichen Situation seinen Abschluss in absehbarer Zeit nicht mehr erwerben wird.[1198]

Beamte auf Widerruf können gemäß **§ 23 Abs. 4 S. 1 BeamtStG** jederzeit entlassen werden. Erfasst werden hiervon alle Widerrufsbeamtenverhältnisse.
Nach dem Wortlaut der Vorschrift ist die Entlassung „jederzeit" möglich. Sie darf aber nicht willkürlich erfolgen, sondern bedarf eines **sachlichen Grundes**. Ausreichend ist nach ständiger Rechtsprechung jeder sachliche Grund.[1199] Grundsätzlich kommt eine Entlassung immer dann in Betracht, wenn auch ein Beamter auf Probe wegen eines Dienstvergehens, mangelnder Bewährung oder organisatorischer Veränderungen nach § 23 Abs. 3 BeamtStG entlassen werden

1194 So die ständige Rspr. des BVerwG, Beschl. v. 09.10.1978, Az. 2 B 74.77, Buchholz 237.0 § 39 LBG Bd.-W., Nr. 3 m.w.N.; BVerwG, Urt. v. 09.06.1981, Az. 2 C 48/78, Rn. 7 (juris); Schnellenbach, Kap. 5, Rn. 51

1195 OVG NRW, Urt. v. 16.09.2015, Az. 6 B 937/15 (juris)

1196 BayVGH, Beschl. v. 09.06.2008, Az. 3 CS 08.1106, Rn. 34 (juris)

1197 Zängl in Weiss/Niedermaier/Summer/Zängl, § 23 BeamtStG, Rn. 216

1198 BVerwG, Beschl. v. 26.01.2010, Az.2 B 47/09 (juris); OVG NRW, Urt. v. 16.09.2015, Az. 6 B 937/15 (juris); Baßlsperger, ZBR 2010, S. 73, 78; siehe aber auch Zängl in Weiss/Niedermaier/Summer/Zängl, § 23 BeamtStG, Rn. 214 ff.

1199 BVerwGE 28, 155, 157, 166 f.; 62, 267 f.

würde,[1200] schließlich ist das Widerrufsbeamtenverhältnis in seinem Bestand noch weniger geschützt als das Probebeamtenverhältnis. Keine sachlichen Gründe sind die Einberufung zu Wehrübungen, Schwangerschaft oder Elternzeit.

Dem Dienstherrn ist insoweit also ein **weites Ermessen** eingeräumt, das aber durch Satz 2 für Widerrufsbeamte im Vorbereitungsdienst ganz erheblich eingeschränkt wird. Denn diesen Beamten ist **vorrangig** Gelegenheit zur Beendigung des Vorbereitungsdienstes und zur Ablegung der Prüfung zu geben.[1201] Da die Widerrufsbeamten in aller Regel einen Vorbereitungsdienst ableisten, verdichtet sich die Frage, wann diese ausnahmsweise vor Beendigung des Vorbereitungsdienstes oder vor Ablegung der Prüfung entlassen werden können. Nach der Rechtsprechung ist das Ermessen dahingehend **eingeschränkt**, dass eine Entlassung nur dann in Betracht kommt, wenn sie mit dem Sinn und Zweck des Vorbereitungsdienstes vereinbar ist.[1202] Das ist der Fall, wenn dem Beamten auf Widerruf im Vorbereitungsdienst offensichtlich die Eignung oder Befähigung für die mittels der Ausbildung angestrebte Laufbahn fehlt, wenn er in der Ausbildung nicht hinreichend fortschreitet oder wenn er seine dienstlichen Pflichten erheblich verletzt.[1203] Je nachdem, ob es sich um einen nur laufbahnrechtlich relevanten Vorbereitungsdienst oder – wie bei Lehrern und Juristen – eine allgemeine Ausbildungsstätte für die spätere Berufstätigkeit handelt, ist entweder nur an die laufbahnrechtlichen Anforderungen anzuknüpfen oder seine Ungeeignetheit für das ganze Berufsfeld festzustellen,[1204] bspw. bei fehlender Verfassungstreue.

Die Anforderungen bzgl. der fachlichen Fähigkeiten dürfen nicht zu hoch angesetzt werden, denn den Beamten soll die Möglichkeit der Beendigung der Ausbildung gegeben werden. Dass die Berufschancen auch bei schlechten Noten besser sind als ohne Abschluss liegt auf der Hand, sodass eine Entlassung im Hinblick auf die fachliche Komponente nur dann möglich ist, wenn die Leistungen so unzureichend sind, dass der erfolgreiche Abschluss nicht erreichbar erscheint.[1205]
Das Ermessen kann durch landesrechtliche Ausbildungs- und Prüfungsverordnungen näher konkretisiert werden.

9. ENTLASSUNGSVERFAHREN

Abschließend sollen die Fragen der Zuständigkeit, des Verfahrens und der Form geklärt werden. 360
Soweit nicht unter den vorstehenden Ziffern für den jeweiligen Entlassungstatbestand auf Besonderheiten hingewiesen wurde, gelten die nachfolgenden Ausführungen für sämtliche Fälle des § 23 BeamtStG.

1200 BVerwG, Urt. v. 09.06.1981, Az. 2 C 48/78 (juris); Baßlsperger, Kap. 10, Rn. 92; v. Roetteken in v. Roetteken/Rothländer, § 23 BeamtStG, Rn. 422

1201 OVG NW, Beschl. v. 18.10.2004, Az. 6 B 1073/04 (juris)

1202 BVerwG, Beschl. v. 09.10. 1978, Az. II B 74.77 (juris); VGH BW, ZBR 1961, S. 112, 113

1203 BVerwG, Urt. v. 09.06.1981, Az. 2 C 48/78, Rn. 7 (juris)

1204 BVerwG, Urt. v. 09.06.1981, Az. 2 C 48/78, Rn. 7 (juris); Schnellenbach, Kap. 5, Rn. 50 f.; v. Roetteken in v. Roetteken/Rothländer, § 23 BeamtStG, Rn. 439

1205 So die ständige Rspr. des BVerwG, Beschl. v. 09.10.1978, Az. 2 B 74.77, Buchholz 237.0 § 39 LBG Bd.-W., Nr. 3 m.w.N.; BVerwG, Urt. v. 09.06.1981, Az. 2 C 48/78, Rn. 7 (juris); Schnellenbach, Kap. 5, Rn. 51

a. Zuständigkeit

361 **Zuständigkeit für die Entlassung** ist gemäß § 32 Abs. 1 NBG die jeweilige Ernennungsbehörde (hierzu siehe oben Rn. 98 ff.) nach § 8 Abs. 1 und 2 NBG in entsprechender Anwendung.

b. Verfahren

362 Auch das Verfahren wird vom BeamtStG nicht geregelt, sondern ist unter Rückgriff auf das jeweilige Landesrecht oder die allgemeinen verfahrensrechtlichen Bestimmungen zu ermitteln. Grundsätzlich ist der betroffene Beamte vor der belastenden Maßnahme **anzuhören**. Ob dies nun unmittelbar aus § 28 VwVfG folgt, oder aus der in § 45 BeamtStG formulierten Fürsorgepflicht, kann dahinstehen, solange dem Beamten die Möglichkeit gegeben wird, sich zu den vorgetragenen Feststellungen zu äußern.[1206] Eine unterbliebene Anhörung kann gemäß § 45 Abs. 1 Nr. 3, Abs. 2 VwVfG bis zum Abschluss eines verwaltungsgerichtlichen Verfahrens nachgeholt werden.[1207]

Nach § 65 Abs. 1 Nr. 17 NPersVG ist die **Beteiligung des Personalrates** erforderlich; im Fall des § 23 Abs. 1 S. 1 Nr. 3 BeamtStG kann der Beamte die Beteiligung des Personalrates gemäß § 65 Abs. 1 Nr. 14 NPersVG beantragen. Beteiligung bedeutet Zustimmung i.S.v. § 68 Abs. 1 NPersVG. Fehlt die Zustimmung des Personalrates, ist die Entlassung rechtswidrig, aber dennoch wirksam[1208] und kann sogar bis zum Abschluss des Verwaltungsverfahrens, soweit noch ein Widerspruchverfahren vorgesehen ist, bis zum Abschluss des Widerspruchsverfahrens, nachgeholt werden.[1209] Denn auch dann wird der Zweck der Personalratsbeteiligung, nämlich die möglichen Einwände des Personalrates vor der endgültigen Entscheidung zu überdenken, noch erreicht.[1210]

Nach § 20 Abs. 1 S. 1 und 2 NGG bzw. § 9 Abs. 5 NKomVG ist die **Gleichstellungsbeauftragte** bei allen personellen Maßnahmen, die die Gleichstellung von Frauen und Männern und die Vereinbarkeit von Erwerbs- und Familienarbeit berühren können, rechtzeitig zu beteiligen. Da auch Entlassungen Personalmaßnahmen sind, die die Belegschaft insgesamt verändern, ist die Gleichstellungsbeauftragte rechtzeitig vor der Maßnahme zu beteiligen. Wie die Entlassungsbehörde dieser Beteiligungspflicht nachkommt, ergibt sich aus Abs. 4. Grundsätzlich gilt aber auch hier, dass das Unterlassen der Beteiligung eine Entlassung keinesfalls unwirksam werden lässt, sondern allenfalls rechtswidrig.[1211]

Vor der Entlassung eines schwerbehinderten Beamten ist überdies die Beteiligung der **Schwerbehindertenvertretung** nach § 95 Abs. 2 SGB IX in Form der Anhörung erforderlich.[1212] Wurde keine Anhörung durchgeführt, ist eine Entlassung aber grundsätzlich nur dann rechtswidrig, wenn dem Dienstherrn bzgl. der Entlassung ein Beurteilungsspielraum oder Ermessen

---

[1206] BVerfGE 43, 154, 166, 174; v. Roetteken in v. Roetteken/Rothländer, § 23 BeamtStG, Rn. 445 f., Wichmann in Wichmann/Langer, Abschnitt 10, Rn. 277; Schnellenbach, Kap. 5, Rn. 14

[1207] Schnellenbach, Kap. 5, Rn. 14

[1208] v. Roetteken in v. Roetteken/Rothländer, § 23 BeamtStG, Rn. 457; Wichmann in Wichmann/Langer, Abschnitt 10, Rn. 277

[1209] BVerwGE 68, 189, 192; Günther, ZBR 85, S. 321, 323

[1210] BVerwGE 68, 189, 192; Schnellenbach, Kap. 5, Rn. 14

[1211] Zum Streitstand siehe v. Roetteken/Rothländer, § 23 BeamtStG, Rn. 462

[1212] Wichmann in Wichmann/Langer, Abschnitt 10, Rn. 277

zustand.[1213] Bei gebundenen Entscheidungen tritt folglich bei fehlender Beteiligung keine Rechtswidrigkeit ein.[1214] Die Anhörung ist nur in den engen Grenzen des § 95 Abs. 2 Satz 2 SGB IX nachholbar, d.h. die Durchführung des Verfahrens ist auszusetzen, nicht aber kann die Anhörung nachgeholt werden.[1215] Das in der Vergangenheit geltende Anhörungsrecht des Integrationsamtes, das im Fall einer Entlassung eines Beamten vorgesehen war (§ 128 Abs. 2 S. 1 SGB IX alter Fassung), ist durch das Gesetz zur Förderung der Ausbildung und Beschäftigung schwerbehinderter Menschen vom 23. April 2004 (BGBl. I S. 606) ganz entfallen. Die besonderen (privatrechtlichen) Vorschriften über die Kündigung (§§ 85–92 SGB IX) können naturgemäß nicht auf Beamte Anwendung finden.[1216]

Schwangere und Mütter bis vier Monate nach der Entbindung dürfen gemäß § 4 Abs. 1 S. 1 MuSchEltZV[1217] nur mit ihrer Zustimmung entlassen werden. Voraussetzung ist nach S. 2, dass dem Dienstherrn die Schwangerschaft bekannt ist oder binnen einer Zwei-Wochenfrist bekannt gegeben wird. Dieser besondere Schutz von Müttern und **Eltern in Elternzeit** (siehe § 6 Abs. 1 S. 1 MuSchEltZV) folgt aus § 46 BeamtStG i.V.m. § 81 NBG und soll Diskriminierungen vorbeugen.[1218] Also selbst im Falle der Nichteignung nach § 23 Abs. 3. S. 1 Nr. 2 BeamtStG kommt keine Entlassung in Betracht.[1219] Der Schutz gilt allerdings nicht für **gebundene Entlassungsentscheidungen** nach § 23 Abs. 1 und 2 BeamtStG.[1220] Dies ergibt sich aus § 4 Abs. 3 MuSchEltZV, der auf die gesetzlichen und gebundenen Entlassungstatbestände im BBG verweist, und erklärt, dass diese Entlassungstatbestände von diesen Einschränkungen unberührt bleiben. Wegen Dienstunfähigkeit nach § 23 Abs. 1 Nr. 3 BeamtStG dürften Beamte auf Probe und auf Widerruf während der Elternzeit und des Mutterschutzes allerdings nicht entlassen werden, da § 4 Abs. 3 MuSchEltZV nicht auf den gleichlautenden § 34 Abs. 1 S. Nr. 3 BBG verweist.[1221] Der Schutz gilt nach Abs. 2 auch dann nicht, wenn die Mutter oder der Elternteil ein Dienstvergehen begangen hat, das im Falle eines Beamtenverhältnisses auf Lebenszeit zur Entfernung aus dem Beamtenverhältnis führen würde. Hier kann mit Zustimmung der obersten Dienstbehörde die Entlassung verfügt werden. Diese Ausnahmeregelung gilt bekanntermaßen auch im Bereich des Arbeitsrechts, genauer bei außerordentlichen Kündigungen, da als Ultima Ratio in diesem Falle, wo kein Zusammenhang mit der Schwangerschaft besteht, die Kündigung – und damit auch eine Entlassung zulässig sein muss.

c. Form der Entlassung

Die Entlassungsverfügung ist schriftlich zu erlassen (§ 32 Abs. 2 NBG). Dies folgt aus dem 363
Zustellerfordernis.[1222] Die Verletzung der gesetzlich vorgesehenen Schriftform führt dann zur

1213 BVerwG, Beschl. v. 15.02.1990, Az. 1 WB 36/88 = BVerwGE 86, 244-255; BVerwG, Urt. v. 17.09.1981, Az. 2 C 4/79, Rn. 14 (juris)

1214 v. Roetteken in v. Roetteken/Rothländer, § 23 BeamtStG, Rn. 467

1215 BVerwGE 17, 279, 281 ff.; 34, 133, 138

1216 Baßlsperger/Labenski, S. 174; **a.A.** Wichmann in Wichmann/Langer, Abschnitt 10, Rn. 277

1217 Die bundesrechtlichen Normen sind über § 81 NBG für entsprechend anwendbar erklärt.

1218 v. Roetteken in v. Roetteken/Rothländer, § 23 BeamtStG, Rn. 471

1219 VGH Baden-Württemberg, Beschl. v. 02.12.1987, Az. 4 S 1064/87 (juris)

1220 Baßlsperger/Labenski, S. 174

1221 Anders in Bayern: Siehe hierzu Bayerischer Verfassungsgerichtshof, Entscheidung vom 27.06.2011, Az. Vf. 27-VII-10, Rn. 76 (juris)

1222 Wichmann in Wichmann/Langer, Abschnitt 10, Rn. 277

Nichtigkeit, wenn sie aus Schutzgründen zwingend vorgeschrieben ist oder sich die Nichtigkeit sonst aus ihrer Funktion zwingend ergibt. Sie ist dann kraft der gesetzlichen Schriftformregelung Wirksamkeitsvoraussetzung des Verwaltungsakts.[1223] Wegen des schwerwiegenden Eingriffs in die Rechte des betroffenen Beamten dürfte sich der Sinn der Schriftform hier nicht auf eine Klarstellungs- und Beweisfunktion beschränken, sondern im Vordergrund steht der Schutz sowohl des Dienstherrn als auch des Beamten vor übereilten und unüberlegten Erklärungen („Übereilungsfunktion"). Demgemäß ist hier das Schriftformerfordernis Wirksamkeitsvoraussetzung.

Als schriftlicher Verwaltungsakt ist die Entlassung gemäß § 39 Abs. 1 S. 1 VwVfG schriftlich zu begründen,[1224] wobei die Begründung wegen § 45 Abs. 1 Nr. 2 i.V.m. Abs. 2 VwVfG bis zum Ende des gerichtlichen Verfahrens nachholbar ist.

Eine Entlassungsverfügung sollte grundsätzlich mit einer **Rechtsbehelfsbelehrung** versehen werden, es sei denn, sie ist auf Antrag erfolgt.

Da die Entlassungsverfügung dem Beamten nach § 32 Abs. 2 S. 1 NBG **schriftlich bekannt gegeben werden muss**, ist sie dem Beamten nach den Vorschriften des NVwZG, welches auf die §§ 2 bis 10 des VwZG verweist, zuzustellen. Die Zustellung ist daher Voraussetzung für die Erlangung der äußeren Wirksamkeit des Verwaltungsaktes, d.h., solange die Zustellung nicht erfolgt ist oder nachgewiesen werden kann, ist die Entlassung unwirksam.

d. Bestimmtheit

364 Weiterhin muss die Entlassungsverfügung dem **Bestimmtheitsgebot** nach § 37 VwVfG genügen.[1225]

e. Frist

365 Die verschiedenen Tatbestände innerhalb des § 23 BeamtStG führen nach §§ 31 und 32 NBG zu verschiedenen **Entlassungsfristen**. Die Entlassung auf Antrag soll nach § 31 Abs. 1 S. 3 NBG grundsätzlich zum beantragten Zeitpunkt verfügt werden. Nach Satz 4 kann sie jedoch bei Beamten bis zu drei Monate und bei Lehrern und Hochschulpersonal bis zum Ende des laufenden Schulhalbjahrs, Semesters oder Trimesters hinausgeschoben werden. Die Entlassung nach § 23 Abs. 3 S. 1 Nr. 2 und 3 BeamtStG ist je nach Beschäftigungszeit mit einer Frist von zwei Wochen zum Monatsschluss (bei einer Beschäftigungszeit von weniger als drei Monaten) bzw. sechs Wochen zum Schluss eines Kalendervierteljahres bei einer längeren Beschäftigungszeit zulässig (§ 31 Abs. 2 NBG). Im Übrigen gilt § 32 Abs. 2 S. 1 NBG. Danach wirkt die Entlassung mit Ablauf des Monats, in dem die Entlassungsverfügung dem Beamten zugestellt wurde. Nur im Falle der Entlassung wegen eines Dienstvergehens nach § 23 Abs. 3 S. 1 Nr. 1 BeamtStG entfaltet die Entlassung mit ihrer Zustellung Wirkung, § 32 Abs. 2 S. 2 NBG.

[1223] Stelkens/Bonk/Sachs, § 44 VwVfG, Rn. 135
[1224] Wichmann in Wichmann/Langer, Abschnitt 10, Rn. 277
[1225] Wichmann in Wichmann/Langer, Abschnitt 10, Rn. 277

III. Rechtsfolgen der Entlassung

Mit dem Vorliegen der Entlassungsvoraussetzungen ist der Beamte aus dem Beamtenverhältnis entlassen. Ab diesem Zeitpunkt steht ihm auch kein Anspruch mehr auf Besoldung, Versorgung oder sonstige Leistungen zu.[1226] Der Beamte wird allerdings in der gesetzlichen Rentenversicherung nachversichert, § 8 SGB VI. 366

Darüber hinaus bestehen folgende Rechte und Pflichten fort:

- Dem Beamten kann gemäß § 57 Abs. 4 NBG von der für ihn zuletzt zuständigen obersten Dienstbehörde das Recht zur Führung seiner Amtsbezeichnung mit dem Zusatz „a.D." gestattet werden.
- Aus § 77 NBG ergibt sich, dass auch alle mit dem Hauptamt in Zusammenhang stehenden Nebenämter und Nebenbeschäftigungen enden.
- Nach § 53 NBeamtVG kommt die Zahlung eines Übergangsgeldes in Betracht.
- Unterhaltsbeiträge können den geschiedenen Ehegatten, den Kindern oder den Hinterbliebenen von Beamten auf Lebenszeit oder Probe als Kann-Leistung gemäß § 31 NBeamtVG gewährt werden.
- Der Beamte kann gemäß § 59 NBG ein Dienstzeugnis verlangen.
- Aus § 91 Abs. 1 NBG ergibt sich ein Einsichtsrecht in die Personalakte auch nach Beendigung des Beamtenverhältnisses.
- Die Pflicht zur Verschwiegenheit gilt gemäß § 37 Abs. 1 S. 2 BeamtStG auch nach Beendigung des Beamtenverhältnisses fort. Ein Verstoß dagegen kann als Dienstvergehen gemäß § 47 Abs. 2 BeamtStG geahndet werden.
- Amtliche Schriftstücke, Zeichnungen und jedwede Aufzeichnung über dienstliche Vorgänge sind gemäß § 37 Abs. 6 BeamtStG auf Verlangen an den Dienstherrn herauszugeben.
- Das Verbot zur Annahme von Belohnungen und Geschenken besteht auch über die Beendigung hinaus, § 42 Abs. 1 BeamtStG.
- Untersagungsmöglichkeit von Tätigkeiten, die mit der vormals ausgeübten Tätigkeit in Zusammenhang steht, § 41 BeamtStG.

B. INKOMPATIBILITÄT VON AMT UND MANDAT

Ein Beamter mit Dienstbezügen darf nach § 5 Abs. 1 S. 1 NAbgG nicht Mitglied des Niedersächsischen Landtags werden. Legt er das Mandat nicht innerhalb bestimmter Fristen nieder, erklärt der Präsident des Landtages das Mandat für erloschen, § 5 Abs.1 S. 2 NAbgG. Denn der Status eines der Legislative zugehörigen Parlamentariers ist nicht mit dem der Exekutive zugeordneten Beamtenstatus vereinbar.[1227] Das niedersächsische Recht hat in § 5 Abs. 1 S. 3 NAbgG jedoch eine abweichende Regelung vorgesehen, die es den Beamten erlaubt, ihr Beamtenverhältnis ruhen zu lassen bzw. eine ähnliche Regelung zu treffen. Gemäß § 69 Abs. 2 S. 1 NBG ruht in Niedersachsen das Beamtenverhältnis kraft Gesetzes während des Mandats. Gleiches gilt nach § 5 Abs. 1 S. 1 AbgG des Bundes für die gewählten Mitglieder des Bundes- 367

[1226] Baßlsperger/Labenski, S. 176
[1227] Schnellenbach, Kap. 5, Rn. 3

tages und Mitglieder des Europäischen Parlaments (§ 8 Abs. 3 EuAbgG i.V.m. § 5 Abs. 1 S. 1 AbgG des Bundes).

C. VERLUST DER BEAMTENRECHTE

Literaturhinweis zur Vertiefung: Lambrecht, Ute, Der Verlust der Beamtenrechte als Folge einer Strafverurteilung, ZBR 2001, S. 194 ff.; Ismer, Roland/Meßerschmidt, Klaus/Baur, Stefanie, Vor Ernennung begangene Straftaten im Beamtenrecht, DÖV 2014, S. 594 ff.; Herrmann, Klaus, §§ 153, 153a StPO – Erfolg oder Anfang vom Ende des Beamtenverhältnisses?, AnwBl 2015, S. 667 ff.; Jehke, Christian/Gallert, Jan, Disziplinarrechtliche Konsequenzen von Steuerhinterziehung und Selbstanzeige durch Beamte, DStR 2014, S. 1476 ff.

368 Für besonders schwere Verstöße gegen die Rechtsordnung sieht § 24 BeamtStG den Verlust der Beamtenrechte vor. Der Beamte verliert aber nicht nur seine Rechte, sondern vielmehr wird nach § 24 Abs. 1 S. 1 a.E. BeamtStG auch das Beamtenverhältnis mit Rechtskraft des Urteils beendet. Der Beamte verliert seine Rechtsstellung also nicht durch einen dienstrechtlichen Gestaltungsakt, sondern durch eine Entscheidung eines externen Entscheidungsträgers, nämlich durch ein deutsches Strafgericht oder das Bundesverfassungsgericht (§ 24 Abs. 1 S. 2 BeamtStG).
Diese Entscheidung ersetzt somit ein mögliches Entlassungs- oder Disziplinarverfahren[1228] und greift damit in die Personalhoheit des Dienstherrn ein, was nicht unumstritten ist.[1229] Gleichwohl ist der mit dem Verlust verfolgte Zweck, nämlich, dass Personen, die massiv gegen die Rechtsordnung nicht als Hoheitsträger den Staat repräsentieren sollen, gut nachvollziehbar.

I. Verlust durch Urteil

369 Wichtigster – und zugleich umstrittenster (s.o.) – Fall im Rahmen dieser Regelung ist § 24 Abs. 1 S. 1 BeamtStG. Dieser besagt, dass das Beamtenverhältnis mit Rechtskraft eines Strafurteils endet, wenn der **Beamte** in einem **ordentlichen Strafverfahren** durch **das Urteil** eines **deutschen Gerichts**

- wegen einer vorsätzlichen Tat (§ 15 StGB) zu einer Freiheitsstrafe von mindestens einem Jahr verurteilt wird (Nr. 1) oder
- wegen einer staatsgefährdenden Tat nach Nr. 2 zu einer Freiheitsstrafe von mindestens sechs Monaten verurteilt wird oder wegen Bestechlichkeit zu einer Freiheitsstrafe von mindestens sechs Monaten verurteilt wird und sich die Tat auf eine Diensthandlung im Hauptamt bezieht.

Beamter im Sinne des § 24 BeamtStG ist jeder, der zum Verurteilungszeitpunkt aktiver Beamter ist, unabhängig von der Art des Beamtenverhältnisses, einschließlich der Ehrenbeamten und der Beamten auf Zeit.[1230] Das Beamtenverhältnis muss im Zeitpunkt der Rechtskraft des

[1228] v. Roetteken in v. Roetteken/Rothländer, § 24 BeamtStG, Rn. 13, Battis, § 41 BBG, Rn. 2
[1229] Zur Kritik v. Roetteken/Rothländer, § 24 BeamtStG, Rn. 14 f. m.w.N; Lambrecht, ZBR 2001, S. 194, 194.
[1230] Reich, § 24 BeamtStG, Rn. 3

Urteils noch wirksam sein. Es darf also weder nichtig oder rücknehmbar noch seitens des Dienstherrn oder auf Antrag des Beamten beendet worden sein. Auf **Ruhestandsbeamte** findet § 24 BeamtStG keine Anwendung. Diese können aber nach § 71 NBeamtVG ihre Rechte als Ruhestandsbeamten verlieren.

Ein **ordentliches Strafverfahren** hat dann stattgefunden, wenn es vor einem ordentlichen Strafgericht nach den Grundsätzen des Strafprozess- und Gerichtsverfassungsrechts abgehalten wurde.[1231] Hierzu zählen Verfahren nach der StPO und dem GVG, nicht aber nach dem JGG, da nach Jugendstrafrecht keine Freiheitsstrafe verhängt werden kann. Ein solches ordentliches Verfahren setzt zudem regelmäßig voraus, dass vor der Entscheidung eine mündliche Hauptverhandlung durchgeführt worden ist,[1232] d.h. eine Verurteilung im Wege des Strafbefehls reicht nicht aus.

Das Strafverfahren muss mit dem Urteil eines **deutschen Gerichts** enden. Das Gericht muss sich folglich im Bundesgebiet befinden.[1233] Ein Urteil liegt nach § 260 StPO vor, wenn eine Hauptverhandlung durchgeführt wurde. Es muss den in § 260 StPO genannten formalen Anforderungen genügen.[1234] Da im Strafbefehlsverfahren grundsätzlich keine Hauptverhandlung durchgeführt wird, ist der Strafbefehl kein Urteil i.S.v. § 24 Abs. 1 BeamtStG.[1235] Die Verurteilung muss schlussendlich auch **rechtskräftig** sein, damit die in § 24 Abs. 1 BeamtStG ausgesprochene Beendigungsfolge eintritt. Ein Urteil ist rechtskräftig, wenn der Rechtsweg erschöpft oder die Rechtsmittelfrist abgelaufen ist.

Der Beamte muss als Täter oder Teilnehmer zu einer **Freiheitsstrafe** verurteilt worden sein. Die Freiheitsstrafe darf in den Fällen der Nr. 1 nicht weniger als ein Jahr betragen, genau ein Jahr ist aber ausreichend.[1236] Ob der Verurteilung eine Tat oder mehrere Taten zugrundeliegen mit der Folge, dass eine Gesamtfreiheitsstrafe gebildet wird, spielt keine Rolle, solange alle abgeurteilten Taten Vorsatztaten waren; andernfalls muss überprüft werden, ob allein wegen der Vorsatztaten ein Jahr Freiheitsstrafe verhängt worden wäre.[1237] Keine Rolle spielt, ob die Strafe zur **Bewährung** ausgesetzt wurde oder nicht.[1238]

Die Verurteilung muss aber wegen einer **vorsätzlichen Tat** (§ 15 StGB) erfolgt sein. Im Strafrecht wird vom Vorsatz auch der bedingte Vorsatz erfasst.[1239] Zu den Vorsatztaten zählen auch die erfolgsqualifizierten Delikte i.S.d. § 11 Abs. 2 StGB.[1240] Hat der Beamte nur eine Fahrlässigkeitstat begangen, scheidet eine Beendigung nach § 24 Abs. 1 BeamtStG aus,[1241] selbst dann, wenn die Freiheitsstrafe mehr als ein Jahr beträgt.

1231 Reich, § 24 BeamtStG, Rn. 3
1232 VGH Baden-Württemberg, Urt. v. 13.03.2000, Az. D 17 S 19/99 (juris)
1233 Plog/Wiedow, § 24 BeamtStG, Rn. 3
1234 Reich, § 24 BeamtStG, Rn. 3
1235 BVerwG, Urt. v. 08.06.2000, Az. 2 C 20/99, Leitsatz (juris)
1236 VG Frankfurt, Beschl. v. 19.02.2002, Az. 9 G 4878/01 (2), Leitsatz (juris); v. Roetteken in v. Roetteken/Rothländer, § 24 BeamtStG, Rn. 45; Baßlsperger, Kap. 10, Rn. 110
1237 BVerwG, Urt. v. 12.10.1989, Az. 2 C 51/88, Leitsatz (juris); VG Frankfurt, Beschl. v. 19.02.2002, Az. 9 G 4878/01 (2), Rn. 6 (juris); Baßlsperger, Kap. 10, Rn. 110, Battis, § 41 BBG, Rn. 4
1238 BVerwG, Beschl. v. 21.12.1976, Az. II WD 9.76 (juris)
1239 Reich, § 24 BeamtStG, Rn. 4
1240 BVerwGE 34, 353
1241 BVerwG, Urt. v. 12.10.1989, Az. 2 C 51/88, Rn. 15 (juris); v. Roetteken in v. Roetteken/Rothländer, § 24 BeamtStG, Rn. 52

370 Im Falle von **§ 24 Abs. 1 Nr. 2 BeamtStG** muss die Verurteilung auf mindestens **sechs Monate Freiheitsstrafe** lauten und entweder eine der dort genannten **staatsgefährdenden Taten** oder eine Bestechung gemäß § 332 StGB erfolgt sein. Die Strafe von mindestens sechs Monaten muss gerade wegen der genannten Straftaten verhängt worden sein. Liegen der Verurteilung weitere Straftaten zugrunde und wird eine Gesamtfreiheitsstrafe gebildet, muss sich aus dem Urteil ergeben, dass auf die staatsgefährdende Tat oder die Bestechlichkeit eine Freiheitsstrafe von mindestens sechs Monaten entfällt.[1242] Im Übrigen kann auf die vorangegangen Ausführungen sinngemäß verwiesen werden.

Es kommen folgende Katalogtaten in Betracht:
- Friedensverrat §§ 80, 80 a StGB
- Hochverrat, §§ 81-83 a StGB
- Gefährdung des demokratischen Rechtsstaats, §§ 84-91 StGB
- Landesverrat und Gefährdung der äußeren Sicherheit, §§ 93-101 a StGB.

Begeht ein Beamter eine solche staatsgefährdende Tat vorsätzlich, hat er zugleich ein Dienstvergehen gemäß § 47 Abs. 1 S. 2 BeamtStG begangen, denn er hat als Beamter u.a. wegen § 33 S. 3 BeamtStG dafür einzustehen, den demokratischen Rechtsstaat zu verteidigen und gerade nicht ihn anzugreifen. Wird der Beamte wegen eines solchen staatsgefährdenden Delikts zu einer Freiheitsstrafe von mindestens sechs Monaten verurteilt, hat seine Tat einen so großen Unwert, dass pauschal davon auszugehen ist, dass der Beamte für seinen Dienstherrn schlichtweg untragbar geworden ist und damit ein Disziplinarverfahren auf Entfernung entbehrlich ist.[1243]
Neu eingeführt wurde der Tatbestand der **Bestechlichkeit** (§ 332 StGB). Die Tat muss sich allerdings auf eine Diensthandlung im Hauptamt beziehen, was deutlich macht, dass Zweck dieser Neuregelung die Korruptionsbekämpfung ist.[1244] Nach Auffassung des Gesetzgebers „unterhöhlt Korruption das Grundvertrauen der Bürger in den Staat. Ein Beamter, der wegen Bestechlichkeit verurteilt wird, hat das Ansehen des öffentlichen Dienstes in besonderer Weise geschädigt und sich als ungeeignet für das Beamtenverhältnis erwiesen. Die zwingende Rechtsfolge der Beendigung des Beamtenverhältnisses in solchen Fällen soll auch einer größeren Abschreckung dienen. Aus Gründen der Verhältnismäßigkeit wird sie auf Verurteilungen wegen einer im Hauptamt begangenen Bestechlichkeit begrenzt. Soweit die Tat im Rahmen eines Nebenamts oder eines öffentlichen Ehrenamts begangen wurde, bleibt die Entscheidung über die Beendigung des Beamtenverhältnisses im Hauptamt weiterhin der Einzelfallprüfung im Rahmen des Disziplinarverfahrens vorbehalten".[1245]

II. Aberkennung öffentlicher Ämter gemäß § 24 Abs. 1 S. 2, 1. Alt. BeamtStG

371 Das Beamtenverhältnis endet auch, wenn dem Beamten die Fähigkeit aberkannt wird, öffentliche Ämter zu bekleiden. Dies ergibt sich aus § 45 Abs. 3 StGB. § 45 Abs. 1 StGB sieht die Aberkennung

[1242] Zängl in Weiss/Niedermaier/Summer/Zängl, § 24 BeamtStG, Rn. 27
[1243] BVerwG, Urt. v. 28.05.1998, Az. 2 C 3/98, Rn. 16 (juris), v. Roetteken in v. Roetteken/Rothländer, § 24 BeamtStG, Rn. 13
[1244] BT-Drs. 16/4027, S. 28
[1245] BT-Drs. 16/4027, S. 28

und die damit einhergehende Beendigung des Beamtenverhältnisses als gesetzliche Nebenfolge immer dann vor, wenn ein Beamter wegen eines **Verbrechens** zu einer **Freiheitsstrafe von mindestens einem Jahr** verurteilt wurde. Verbrechen sind nach § 12 Abs. 1 StGB rechtswidrige Taten, die im Mindestmaß mit Freiheitsstrafe von einem Jahr oder darüber bedroht sind. Diese automatische Nebenfolge bei der Verurteilung spielt jedoch keine Rolle, da ein Amtsverlust in diesen Fällen schon nach § 24 Abs. 1 S. 1 BeamtStG eintritt. § 45 Abs. 1 StGB ist daher derzeit für die Beendigungsfrage von Beamtenverhältnissen bedeutungslos.
Relevanz hat allerdings § 45 Abs. 2 StGB. Dieser eröffnet die Möglichkeit, als Nebenfolge einer strafgerichtlichen Verurteilung, für die Dauer von zwei bis zu fünf Jahren die Fähigkeit, öffentliche Ämter zu bekleiden und Rechte aus öffentlichen Wahlen zu erlangen, abzuerkennen, soweit das Gesetz dieses vorsieht. Das Gesetz sieht solche Regelungen in §§ 92 a, 101, 102 Abs. 2, 109 ff., 109 i, 129 a Abs. 6, 264 Abs. 6 S. 1 und für Amtsdelikte nach § 358 StGB vor. Die Aberkennung muss ausdrücklich ausgesprochen werden und in der Urteilsformel enthalten sein, § 260 StPO. Die Dauer spielt letztlich keine Rolle, da die Aberkennung das bestehende Beamtenverhältnis endgültig beendet.[1246] Lediglich eine Neubegründung oder ein Wiederaufleben nach beamtenrechtlichen Vorschriften (bspw. im Gnadenwege § 34 NBG) kann das Beamtenverhältnis wiederherstellen.

III. Verwirkung eines Grundrechts

Nach § 24 Abs. 1 S. 2, 2. Alt BeamtStG endet das Beamtenverhältnis auch dann, wenn das Bundesverfassungsgericht (BVerfG) eine Entscheidung trifft, nach der der Beamte ein Grundrecht i.S.v. Art. 18 GG **verwirkt** hat. Nach Art. 18 GG kann ein Grundrecht verwirkt werden, wenn dieses Grundrecht zum Kampf gegen die freiheitliche demokratische Grundordnung missbraucht wurde. Das BVerfG stellt die Verwirkung im Verfahren nach §§ 36-41 BVerfGG fest. Die Beendigungsfolge tritt unabhängig davon ein, ob das BVerfG die Fähigkeit zur Aberkennung öffentlicher Ämter als Nebenfolge gemäß § 39 Abs. 2 BVerfGG angeordnet hat oder nicht, denn die Beendigungsfolge ergibt sich bereits aus § 24 Abs. 1 S. 2, 2. Alt. BeamtStG. 372

IV. Beendigungsfolgen und Rechtsschutz

Die Beendigung des Beamtenverhältnisses tritt kraft Gesetzes ein, und zwar mit der Rechtskraft des Urteils.[1247] Der Personalrat oder andere Vertretungen sind nicht zu beteiligen.[1248] Fraglich ist allerdings, ob gleichwohl noch ein **feststellender Verwaltungsakt** des Dienstherrn erforderlich ist, der dem Beamten mitteilt oder feststellt, dass das Beamtenverhältnis beendet ist. Dies ist umstritten.[1249] Nach wohl überwiegender Meinung kann eine solche Mitteilung bzw. ein feststellender Verwaltungsakt erfolgen, ist aber kein Muss. Insbesondere im Hinblick auf den bedeutenden Rechtsverlust erscheint eine solche Mitteilung gleichwohl sachgerecht, da sie dem Beamten das maßgebende Datum nennt, das aus dem Urteil ja selbst nicht ersichtlich 373

1246 BVerwG, Urt. v. 29.12.1969, Az. VI C 4.65, Rn. 29 (juris) = BVerwGE 34, 353, 358 f.

1247 Ständige Rechtsprechung BVerwG, Urt. v. 08.06.2000, Az. 2 C 20/99, Rn. 11 (juris)

1248 Battis, § 41 BBG, Rn. 9

1249 **Dafür** Baßlsperger Kap. 10, Rn. 118; **dagegen** BVerwG, Urt. v. 29.12.1969, Az.VI C 4.65, Rn. 11(juris) = BVerwGE 34, 353-359; v. Roetteken in v. Roetteken/Rothländer, § 24 BeamtStG, Rn. 72; Battis, § 41 BBG Rn. 8

ist. Streitig ist weiter, ob diese Mitteilung Verwaltungsaktqualität hat oder eine rein deklaratorische Mitteilung ist.[1250] Je nachdem, welcher Meinung man folgt, kann der Beamte sich gegen diese „Mitteilung" mittels Anfechtungsklage[1251] oder Feststellungsklage[1252] gegen den Verlust der Beamtenrechte zur Wehr setzen.

Grundsätzlich ist die Beendigung des Beamtenverhältnisses auf Dauer ausgelegt. Wird allerdings in einem Wiederaufnahmeverfahren nach § 24 Abs. 2 BeamtStG die Entscheidung, die den Verlust der Beamtenrechte zur Folge hatte, aufgehoben, gilt das Beamtenverhältnis als nicht unterbrochen.[1253] Einzelheiten regelt das Landesrecht; für Niedersachsen gilt § 33 NBG.

374 Ebenso wie bei der Beendigung enden auch hier die Ansprüche des Beamten auf Besoldung und Versorgung.[1254] Ist der Beamte schon im Ruhestand, verliert er seine Versorgungsansprüche nach § 71 NBeamtVG. Im Übrigen gleichen die Rechtsfolgen denen in den Entlassungsfällen nach §§ 22, 23 BeamtStG (s.o. Rn. 310 ff.). Lediglich das Recht zur Fortführung der Amtsbezeichnung dürfte regelmäßig nicht gewährt werden, da sich der Beamte durch die Verurteilung als unwürdig erwiesen hat (§ 57 Abs. 4 S. 2 NBG).

375 Fraglich ist indes, ob bzw. wann ein **neues Beamtenverhältnis** begründet werden kann. § 24 BeamtStG gibt hierüber keine Auskunft. Lediglich dann, wenn nach § 45 Abs. 1 oder 2 StGB als strafrechtliche Nebenfolge die Aberkennung aller öffentlichen Ämter stattfindet, kommt für den Zeitraum der Aberkennung keine erneute Berufung in ein Beamtenverhältnis in Betracht.[1255] Eine dennoch ausgesprochene Ernennung wäre wegen § 11 Abs. 1 Nr. 3 b BeamtStG nichtig. Liegt kein Fall der Aberkennung vor, kann der Dienstherr bei Unkenntnis von der Verurteilung die Ernennung gemäß § 12 Abs. 1 Nr. 2 BeamtStG zurücknehmen. Zweifelhaft ist jedoch, ob ein Beamter, der schon einmal seinen Status verloren hat, die charakterliche Eignung aufweist, erneut ins Beamtenverhältnis berufen zu werden. Dies ist letztlich eine Einzelfallentscheidung, die der Dienstherr zu treffen hat. Entscheidet er sich in Kenntnis dieser Umstände für die Einstellung, dann beginnt der Beamte statusmäßig wieder bei „null", also als Beamter auf Probe im Einstiegsamt.[1256]

D. EINTRITT IN DEN RUHESTAND

Literaturhinweise zur Vertiefung: Baßlsperger, Maximilian, Wartezeit und Ruhestand, ZBR 2013, S. 335 ff.; Burth, Josephine, Neuerungen im Bundesbeamtengesetz: Das Gesetz zur Familienpflegezeit und zum flexibleren Eintritt in den Ruhestand, ZBR 2014, S. 192 ff.; Poguntke, David, Das Hinausschieben der Altersgrenze auf Initiative des Beamten, DÖV 2011, S. 561 ff.; Summer, Rudolf, Die Altersgrenze für den Wechsel aus dem aktiven Beamtenverhältnis in den Ruhestand und die individuellen Abweichungen, PersV 2009, S. 164 ff.

[1250] So die **h.M.** BVerwG, Urt. v. 29.12.1969, Az. VI C 4.65, Rn. 11(juris) = BVerwGE 34, 353-359; Wichmann in Wichmann/Langer, Abschnitt 10, Rn. 276, 293; Battis, § 41 BBG, Rn. 9; **a.A.** Zängl in GKÖD, § 48 BBG, Rn. 30

[1251] BVerwG, Urt. v. 29.12.1969, Az. VI C 4.65, Rn. 11 (juris) = BVerwGE 34, 353-359; Baßlsperger, Kap. 10, Rn. 118

[1252] BVerwG, Urt. v. 26.11.1973, Az. VI C 161.73 in Buchholz 232 § 51 BBG Nr. 2, S. 6; Battis, § 48 BBG, Rn. 9

[1253] Weitere Einzelheiten bei v. Roetteken in v. Roetteken/Rothländer, § 24 BeamtStG, Rn. 90 ff.

[1254] Battis, § 41 BBG, Rn. 10 ff.

[1255] Zängl in Weiss/Niedermaier/Summer/Zängl, § 24 BeamtStG, Rn. 48

[1256] Zängl in Weiss/Niedermaier/Summer/Zängl, § 24 BeamtStG, Rn. 49

Des Weiteren endet das Beamtenverhältnis durch Eintritt in den Ruhestand. Hierbei ist 376
zwischen dem Regelfall des dauernden Ruhestands wegen Erreichens der Altersgrenze, dem einstweiligen Ruhestand und den Fällen des Ruhestands wegen Dienstunfähigkeit zu unterscheiden. Mit dieser Zäsur erhält der Beamte statt Besoldung Versorgung nach dem NBeamtVG, ist nicht mehr zur Dienstleistung verpflichtet, und auch die Rechte und Pflichten verändern sich.

Arten des Ruhestandes					
Einstweiliger Ruhestand bei Umbildung oder Auflösung einer Behörde, § 31 BeamtStG/ Einstweiliger Ruhestand von politischen Beamten, § 30 BeamtStG	Dauernder Ruhestand auf Antrag bei Erreichen der Altersgrenze § 37 NBG	Dauernder Ruhestand wegen Erreichens der Altersgrenze § 25 BeamtStG	Dauernder Ruhestand wegen Dienstunfähigkeit § 26 BeamtStG	Teilweiser Ruhestand wegen begrenzter Dienstunfähigkeit § 27 BeamtStG	Ruhestand des Beamten auf Probe § 28 BeamtStG

Abbildung 22 – Übersicht der Arten des Ruhestandes

I. Dauernder Ruhestand wegen Erreichens der Altersgrenze, § 25 BeamtStG

Mit **Erreichen der Altersgrenze**, die der jeweilige Landesgesetzgeber festlegt, tritt ein Beam- 377
ter in den Ruhestand (§ 25 BeamtStG) und sein aktives Beamtenverhältnis endet von selbst, ohne dass es eines weiteren feststellenden Verwaltungsaktes oder einer Mitteilung darüber bedarf.[1257] Dies gilt allerdings nur dann, wenn der Beamte eine Mindestdienstzeit von fünf Jahren geleistet hat; § 32 BeamtStG, § 38 NBG, § 4 I Nr. 1 NBeamtVG.

Diese Vorschrift gilt wegen der bestehenden Altersgrenzen für die Einstellung letztlich nur für **Beamte auf Lebenszeit oder Zeit**. Danach treten grundsätzlich auch kommunale Wahlbeamte unabhängig von ihrer Amtszeit mit Erreichen der Altersgrenze in den Ruhestand, es sei denn, es ist gesetzlich etwas anders bestimmt.[1258] In Niedersachsen gilt lediglich für den Hauptverwaltungsbeamten etwas anderes. Nach § 83 Abs. 1 S. 2 NKomVG gilt für ihn keine Altersgrenze.

Beamte treten gemäß § 35 Abs. 1 S. 1 NBG mit Ablauf des Monats in den Ruhestand, in 378
dem sie die Altersgrenze erreichen. Nach S. 2 treten Lehrkräfte an öffentlichen Schulen mit Ablauf des letzten Monats des Schulhalbjahres, in dem sie die Altersgrenze erreichen,

1257 Siehe Baßlsperger, Kap. 10, Rn. 138. Ebenso wie bei dem Verlust der Beamtenrechte ist auch hier streitig, ob eine mögliche Mitteilung über den Ruhestand als feststellender Verwaltungsakt zu qualifizieren ist. Zum Streitstand siehe oben.

1258 OVG Rheinland-Pfalz, Beschl. v. 20.09.2006, Az. 2 B 10951/06 (juris) in den Ruhestand. Alle Beamten, die nach dem 31.12.1963 geboren sind, erreichen die **Altersgrenze mit Vollendung des 67. Lebensjahres**, § 35 Abs. 2 NBG. Sonderregelungen gelten für Schwerbehinderte. Für bestimmte Berufsgruppen gelten ebenfalls abweichende Altersgrenzen, z.B. für Beamte im feuerwehrtechnischen Dienst und im Justizvollzugsdienst. Diese erreichen die Altersgrenze mit Vollendung des 60. Lebensjahres (§§ 115 Abs.1 und § 116 Abs. 1 NBG) und Beamte im Polizeivollzugsdienst mit Vollendung des 62. Lebensjahres (§ 109 Abs. 1 NBG). Die Berechnung des Zeitpunkts, wann das 67. Lebensjahr vollendet ist, erfolgt analog §§ 187 Abs. 2 und 188 Abs. 2 BGB. Demnach wird das Lebensjahr immer am Tag vor dem Geburtstag vollendet.

379 Nach § 36 NBG besteht die Möglichkeit, den **Ruhestand** um insgesamt drei Jahre **hinauszuschieben, § 36 Abs. 3 S. 1 NBG**. Während Absatz 1 die Dienstzeitverlängerung **auf Antrag** des Beamten behandelt, wird in Absatz 2 dem Dienstherrn die Möglichkeit eingeräumt, bei dienstlichem Interesse den Beamten mit dessen Zustimmung weiter zu beschäftigen. § 36 NBG verfolgt den Zweck, die starren Altersgrenzen aufzuweichen und damit der Demografie entgegenzuwirken.[1259] Der Antrag erfordert keine bestimmte Form, muss aber gemäß § 36 Abs. 1 S. 3 NBG spätestens sechs Monate vor dem Eintritt in den Ruhestand gestellt werden. Dem Antrag des Beamten auf Hinausschiebung des Ruhestandes ist stattzugeben, wenn dienstliche Interessen nicht entgegenstehen; es besteht also ein Rechtsanspruch seitens des Beamten.[1260] Allerdings handelt es sich bei der Frage der entgegenstehenden dienstlichen Interessen um einen unbestimmten Rechtsbegriff, der dem Dienstherrn einen recht weiten Beurteilungsspielraum eröffnet.[1261] Unter **dienstlichen Interessen** sind ebenso wie bei der (Alters-) Teilzeit personelle, organisatorische, haushaltswirtschaftliche oder verwaltungspolitische Aspekte zu verstehen, die eine ordnungsgemäße Erfüllung der Aufgaben der Verwaltung sichern sollen.[1262] Entgegenstehende Gründe können demzufolge dienstliche oder Gründe in der Person des Beamten sein.[1263]

Der Eintritt in den Ruhestand kann nach § 36 Abs. 2 NBG wegen **dienstlicher Gründe** mit Zustimmung des Beamten hinausgeschoben werden. In diesem Fall geht die Initiative vom Dienstherrn aus. Auch bei dem Begriff der „dienstlichen Gründe" geht es um die o.a. Aspekte. Sind die jeweiligen dienstlichen oder persönlichen Aspekte für die Funktionsfähigkeit der Verwaltung bedeutsam, liegen relevante dienstliche Gründe vor.

380 Exkurs: Altersgrenzen als Problem der Diskriminierung

Literaturhinweise zu Vertiefung: Baßlsperger, Maximilian, Altersdiskriminierung durch Beamtenrecht – Rechtsprobleme und Lösungsansätze nach Inkrafttreten des Beamtenstatusgesetzes, ZBR 2008, S. 339 ff.; Rombach, Annett, „Age Concern Germany": Zur gemeinschaftsrechtlichen (Un-)Zulässigkeit von Altershöchstgrenzen im öffentlichen Dienst, NVwZ 2010, S. 102 ff.; Summer, Rudolf, Die Altersgrenze für den Eintritt in den Ruhestand: Probleme durch Europarecht, ZBR 2007, S. 368 ff.

1259 Kümmel, § 36 NBG, Rn.2
1260 Nds. LT-Drs. 16/3207, S. 138
1261 OVG NRW, Beschl. v. 29.04.2013, Az. 6 B 443/13, Rn. 26 (juris)
1262 BVerwGE 120, 382
1263 Siehe hierzu die Ausführungen unter Rn. 358

In den letzten Jahren wurden die gesetzlich festgelegten „starren" Altersgrenzen vielfach als Problem der Altersdiskriminierung angesehen und damit als Verstoß gegen die Richtlinie 2000/78/EG bzw. als eine Ungleichbehandlung wegen des Alters gemäß § 1 AGG.[1264] Im Ergebnis stützt der EuGH diese Feststellung.[1265] Allerdings vertritt er – und ihm nachfolgend auch die deutschen Verwaltungsgerichte[1266] – die Auffassung, dass eine solche Ungleichbehandlung nach § 10 Abs. 1 S. 3 Nr. 5 AGG gerechtfertigt sein kann, wenn die mit der Altersgrenze verfolgten Ziele objektiv und angemessen sind, wobei der EuGH den Mitgliedstaaten einen weiten Ermessensspielraum einräumt.[1267] Dies untermauert der EuGH, indem er als legitime Ziele des deutschen Gesetzgebers sowohl politische als auch wirtschaftliche, soziale, demografische oder haushaltspolitische Ziele anerkennt.[1268]

II. Dauernder Ruhestand auf Antrag bei Erreichen der Antragsaltersgrenze

Der Verzicht des Bundesgesetzgebers, eine allgemeingültige Altersgrenze festzulegen, eröff- 381
net den Ländern neben der Festlegung einer allgemeinen Altersgrenze auch die Möglichkeit, eine Altersgrenze festzulegen, mit deren Erreichen dem Beamten das Recht, einen Antrag auf vorzeitigen Ruhestand zu stellen, eingeräumt wird. Seit dem 1. Januar 2012 können Beamte in Niedersachsen gemäß § 37 Abs. 1 S. 1 NBG mit Vollendung des 60. Lebensjahres einen Antrag auf Versetzung in den vorzeitigen Ruhestand stellen. Hierunter ist der vollständige Wechsel in den Ruhestand gemeint, nicht eine mögliche Altersteilzeit, die sich nach den Regelungen in § 63 NBG richtet und lediglich eine Absenkung der Arbeitszeit enthält, aber gerade nicht das Ende des aktiven Dienstverhältnisses.
Der Antrag ist grundsätzlich formlos möglich, sollte aus Beweisgründen jedoch besser schriftlich gestellt werden. Bei dem Antrag handelt es sich ebenso wie bei dem Antrag auf Entlassung aus dem Beamtenverhältnis um eine Willenserklärung, die den Anforderungen des Zivilrechts genügen muss. Weitere Voraussetzung nach § 38 Abs. 1 NBG ist, dass der Beamte bei Versetzung in den Ruhestand die Voraussetzung für die Gewährung von Ruhegehalt nach § 4 NBeamtVG erfüllt, also eine mindestens fünfjährige Dienstzeit abgeleistet hat.

Über den Antrag entscheidet die Ernennungsbehörde (§ 38 Abs. 2 S. 1, § 8 Abs. 1 und 2 NBG) nach pflichtgemäßem Ermessen durch begünstigenden Verwaltungsakt.[1269] Der Personalrat muss gemäß §§ 65 Abs. 1 Nr. 113, 68 Abs. 1 NPersVG dieser Maßnahme zustimmen, wenn der Beamte die Beteiligung des Personalrats beantragt hat. Handelt es sich um einen schwerbehinderten Antragsteller, ist überdies gemäß § 95 Abs. 2 S. 1 SGB IX die Schwerbehindertenvertretung zu beteiligen.

Die Versetzungsverfügung (in der Praxis oftmals eine entsprechende Urkunde) ist dem Beamten nach dem NVwZG zuzustellen. Sollte sich der Beamte zwischen Antragstellung und

---

1264 VG Frankfurt, Urt. v. 20.08.2012, Az. 9 K 4663/11.F (juris); v. Roetteken in v. Roetteken/Rothländer, § 25 BeamtStG, Rn. 39
1265 EuGH, Urt. v. 21.07.2011, Az. C 159/10 und C 160/10 (juris)
1266 OVG Rheinland-Pfalz, Urt. v. 13.04.2011, Az. 2 A 11447/10, Rn. 34 (juris)
1267 EuGH, Urt. v. 21.07.2011, Az. C 159/10 und C 160/10 (juris); EuGH, Urt. v. 16.10.2007, NZA 2007, S. 1219, 1222
1268 EuGH, Urt. v. 21.07.2011, Az. C 159/10 und C 160/10 (juris) „Fuchs und Köhler"; EuGH, Urt. v. 16.10.2007, NZA 2007, S. 1219, 1222 „Palacios de la Villa"; EuGH, Urt. v. 13.09.201, NZA 2011, S. 1039, 1044 „Prigge"
1269 Lenders/Peters/Weber, § 52 BBG, Rn. 462

Beginn des Ruhestandes doch noch anders entscheiden, kann die Entscheidung gemäß § 38 Abs. 2 S. 2 NBG bis zum Beginn des Ruhestandes zurückgenommen werden. Der Ruhestand des Beamten beginnt nach § 38 Abs. 3 NBG entweder mit Ablauf des Monats, in dem dem Beamten die Verfügung über die Versetzung in den Ruhestand zugestellt worden ist, oder zu einem anderen Zeitpunkt, wenn sich die Parteien darauf verständigt haben.

III. Einstweiliger Ruhestand

Literaturhinweis zur Vertiefung: Traulsen, Christian, Versetzung des Landtagsdirektors in den einstweiligen Ruhestand, VBlBW 2012, S. 208 ff.

382 Die Möglichkeit, Beamte in den einstweiligen Ruhestand zu versetzen, besteht entweder bei der Umbildung oder Auflösung von Behörden oder bei politischen Beamten.

1. UMBILDUNG ODER AUFLÖSUNG VON BEHÖRDEN

383 Nach § 31 BeamtStG können **Beamte auf Lebenszeit** oder **Zeit** (siehe § 6 BeamtStG, § 7 Abs. 3 S. 2 NBG) in den einstweiligen Ruhestand versetzt werden, wenn entweder

- eine Behörde aufgelöst wird,
- auf einer auf Landesrecht beruhenden Vorschrift eine wesentliche Änderung des Aufbaus einer Behörde eingetreten ist oder
- eine Verschmelzung von zwei oder mehr Behörden vorgenommen wurde.

Eine vergleichbare Möglichkeit eröffnet § 18 Abs. 2 BeamtStG für den Fall der länderübergreifenden Körperschaftsumbildung nach § 16 BeamtStG.
Da es sich bei der Versetzung in den einstweiligen Ruhestand um eine Maßnahme handelt, die im Widerspruch zum Grundsatz der Lebenszeitanstellung steht, ist diese Maßnahme auf Einzelfälle begrenzt, und deren Voraussetzungen sind restriktiv auszulegen.[1270]
Voraussetzung für die Anwendung des § 31 BeamtStG ist also eine der folgenden Organisationsänderungen:

- die **vollständige Auflösung der Behörde**, d.h. ein gänzlicher Wegfall und nicht nur der Wegfall einzelner oder überwiegender Abteilungen, eine Umbenennung oder Verlegung an einen anderen Ort;
- die **wesentliche** bzw. **grundlegende** organisatorische **Änderung** der inneren Einrichtung und Gliederung **der Behörde**, z.B. die erhebliche Änderung der Zahl oder Struktur der Abteilungen, nicht aber die bloße Änderung der Geschäftsverteilung, wobei diese Entscheidung auf einer landesrechtlichen Vorschrift beruhen muss;
- die **Verschmelzung** von Behörden desselben Dienstherrn zu einer neuen Behörde.[1271]

Zudem muss gerade das dem Beamten übertragene Aufgabengebiet durch die Änderung oder Auflösung berührt werden, also sein **konkreter Dienstposten**, den er im Hauptamt

[1270] BT-Drs. 16/4027 zu § 32 des Entwurfs, S. 30
[1271] Seeck in Metzler-Müller/Rieger/Seeck/Zentgraf, § 31 BeamtStG, Anm.3

besetzt, und es darf keine anderweitige Verwendbarkeit im Wege der Umsetzung, Versetzung nach Landesrecht, ggfs. auch in ein niedrigeres Amt, möglich sein. Nach § 41 NBG ist weitere Voraussetzung, dass aus Anlass der Auflösung oder Umbildung Planstellen eingespart werden.
Liegen alle Voraussetzungen vor, entscheidet der Dienstherr nach pflichtgemäßem **Ermessen**, ob und ggfs. welche der Beamten er in den einstweiligen Ruhestand versetzt.

Dieser belastende Verwaltungsakt ist dem Beamten nach § 42 S. 2 NBG zuzustellen und entfaltet mit dem Zeitpunkt der Zustellung, wenn nicht ein anderer Termin genannt wird, spätestens aber drei Monate nach Ablauf der Zustellung, seine Wirkung. Der Dienstherr muss binnen Jahresfrist nach der Organisationsentscheidung § 41 S. 2 NBG die Entscheidung über den einstweiligen Ruhestand treffen, danach ist ihm eine solche Entscheidung verwehrt. Vorab ist der Beamte gemäß § 28 VwVfG anzuhören. Bei der Ruhestandsversetzung selbst ist der Personalrat zwar nicht zu beteiligen, aber bei der vorhergehenden Organisationsentscheidung hat die Dienstelle nach § 75 I Nr. 8 NPersVG das Benehmen mit dem Personalrat herzustellen.

Überdies enthält § 31 Abs. 2 BeamtStG **eine sog. Reaktivierungspflicht** für den Dienstherrn, wenn ein der bisherigen Tätigkeit entsprechendes Amt zu besetzen ist, für das der Beamte geeignet ist.

2. POLITISCHE BEAMTE

§ 30 BeamtStG regelt die Rechtsstellung der politischen Beamten. Welche – eng begrenzten – 384
Ämter darunter fallen, wird landesrechtlich in § 39 NBG geregelt. Dies sind der Staatssekretär, der Sprecher der Landesregierung, der Präsident des Landespräsidiums für Polizei, Brand- und Katastrophenschutz, der Verfassungsschutzpräsident sowie der Polizeipräsident. Nach § 30 Abs. 1 S. 1 BeamtStG können politische Beamte, die Beamte auf Lebenszeit sind, jederzeit in den einstweiligen Ruhestand versetzt werden.

Funktion der politischen Beamten ist es, in fortdauernder Übereinstimmung mit der politischen Führung dafür zu sorgen, dass die politischen Ziele Eingang in die Spitze der Beamtenhierarchie erhalten und dort umgesetzt werden.[1272] Diese Beamten haben also eine bestimmte Vertrauensstellung inne, die im Störfalle jederzeit aufgehoben werden können muss. Jederzeit bedeutet, dass das zuständige Organ, in Niedersachsen gemäß § 39 Abs. 2 NBG die Landesregierung, den politischen Beamten zu jedem Zeitpunkt in den einstweiligen Ruhestand versetzen kann, und dass hierfür auch keine bestimmten Gründe erforderlich sind. Eine Grenze setzt hier aber das Willkürverbot.[1273] Typischerweise wird der Grund in der fehlenden Übereinstimmung liegen. Darüber hinaus ist eine Ruhestandsversetzung aber auch dann gerechtfertigt, wenn die Eignung des Beamten durch sein dienstliches oder auch außerdienstliches Verhalten eine vertrauensvolle Zusammenarbeit erheblich belastet.[1274]

[1272] BVerwGE 52, 33, 35; Seeck in Metzler-Müller/Rieger/Seeck/Zentgraf, § 30 BeamtStG, Anm. 2.1; Battis, § 54 BBG, Rn. 2
[1273] Seeck in Metzler-Müller/Rieger/Seeck/Zentgraf, § 30 BeamtStG, Anm. 2.6
[1274] BVerwGE 52, 33, 35; BVerwG, Urt. v. 17.09.1981, Az. 2 C 12/80, Rn. 20 (juris)

Nach § 30 Abs. 3 BeamtStG gelten die Regelungen über den Ruhestand. Das Beamtenverhältnis endet also mit dem Eintritt oder der Versetzung in den Ruhestand. Grundsätzlich erhält der Beamte nur noch eine Beamtenversorgung und gerade keine Besoldung mehr. Zu den Einzelheiten sei hier aber auf die versorgungs- und besoldungsrechtlichen Vorschriften im jeweiligen Landesrecht verwiesen. Anders als bei den „normalen" Ruhestandsbeamten kommt eine Reaktivierung nach § 31 Abs. 2 BeamtStG oder den Vorschriften des § 29 Abs. 2 bis 6 BeamtStG solange in Betracht, bis die Beamten die gesetzliche Altersgrenze erreichen. Erreichen sie die Altersgrenze, gelten die Beamten als in den dauernden Ruhestand versetzt, § 30 Abs. 4 BeamtStG.

IV. Dauernder Ruhestand wegen Dienstunfähigkeit

Literaturhinweise zur Vertiefung: Baßlsperger, Maximilian, Die Beendigung von Beamtenverhältnissen wegen Krankheit, ZBR 2010, S. 73 ff.; Kenntner, Markus, Dienstunfähigkeit, ZBR 2015, S. 181 ff.; Lopacki, Helmut, Anforderungen an ärztliche Gutachten im Kontext mit der Versetzung in den vorzeitigen Ruhestand, ZBR 2014, S. 153 ff.; Rittig, Steffen, Die neuen Maßstäbe des Bundesverwaltungsgerichts zur Beurteilung der gesundheitlichen Eignung von Beamten und die prozessualen Folgen, DÖV, S.1054 ff.; Schaumberg, Torsten, Der Einfluss des betrieblichen Eingliederungsmanagements auf die Versetzung eines Beamten auf Lebenszeit wegen Dienstunfähigkeit in den Ruhestand, ASR 2014, S. 144 ff.

385 Ist ein **Beamter auf Lebenszeit** dienstunfähig, ist er gemäß § 26 Abs. 1 S. 1 BeamtStG in den Ruhestand zu versetzen, es sei denn, es kommt eine andere Verwendung des Beamten in Betracht, siehe Absätze 2 und 3. Diese Regelung gilt wegen § 6 BeamtStG auch für **Beamte auf Zeit**. Voraussetzung ist auch hier, dass die Beamten die **versorgungsrechtliche Wartezeit** von fünf Jahren nach § 32 BeamtStG, § 4 Abs. 1 Nr. 1 NBeamtVG **erfüllt haben**, da sonst der Entlassungstatbestand aus § 23 Abs. 1 Nr. 2 BeamtStG greift.

Beamte auf Probe können nur unter den besonderen Voraussetzungen des § 28 BeamtStG in den Ruhestand versetzt werden, Widerrufsbeamte überhaupt nicht. Diese sind vielmehr im Falle der Dienstunfähigkeit gemäß § 23 Abs. 4 BeamtStG zu entlassen.

Von Dienstunfähigkeit spricht das Gesetz in drei Fällen:
- ärztlich nachgewiesene Dienstunfähigkeit (§ 26 Abs. 1 S. 1 BeamtStG),
- vermutete Dienstunfähigkeit (§ 26 Abs. 1 S. 2 BeamtStG),
- funktionelle Dienstunfähigkeit (§ 26 Abs. 2 und 3 BeamtStG).

1. ÄRZTLICH NACHGEWIESENE DIENSTUNFÄHIGKEIT

386 Die ärztlich nachgewiesene Dienstunfähigkeit liegt vor, wenn der Beamte wegen
- seines körperlichen Zustandes oder
- aus gesundheitlichen Gründen

zur **Erfüllung seiner Dienstpflichten dauernd** unfähig ist.

Es kommen also sowohl körperliche als auch gesundheitliche, geistige oder psychische Ursachen in Betracht,[1275] aber gerade nicht fachliche Mängel[1276] oder eine allgemeine Arbeitsunlust[1277]. Hierunter fallen neben akuten Krankheiten auch dauernde Behinderungen und sonstige Gebrechen,[1278] die dauerhaft bestehen oder zumindest über einen Zeitraum von sechs Monaten.[1279]
Der Begriff der Dienstunfähigkeit ist allerdings spezifisch beamtenrechtlicher Art. Er stellt – im Unterschied zu den rentenversicherungsrechtlichen Begriffen Berufsunfähigkeit und Erwerbsunfähigkeit bzw. Erwerbsminderung – nicht allein auf die Person des Beamten ab, sondern knüpft auch an die Bedürfnisse des Dienstherrn, dabei insbesondere an die Auswirkungen auf den Dienstbetrieb, an.[1280] Dementsprechend kommt es nicht allein und ausschlaggebend auf Art und Ausmaß der einzelnen körperlichen Gebrechen oder sonstigen gesundheitlichen Einschränkungen, die objektiven ärztlichen Befunde und deren medizinische Qualifikation als solche an, sondern darauf, ob der Beamte aufgrund seiner gesamten Konstitution zur Erfüllung seiner Dienstpflichten dauernd unfähig ist.[1281] Es müssen also Tatsachen vorliegen, aus denen sich zumindest für die Vergangenheit ergibt, dass der Beamte seine Dienstgeschäfte gar nicht, nur zeitweise, nur teilweise oder qualitativ oder quantitativ unzureichend erfüllt.[1282] Maßstab ist hierbei nicht allein der zuletzt innegehabte konkret-funktionelle Dienstposten, sondern das **Amt im abstrakt-funktionellen Sinne**.[1283] Diese Nichterfüllbarkeit der Dienstpflichten muss auch **dauernd** bestehen. Hiervon ist auszugehen, wenn der Dienstherr aufgrund der vorliegenden Erkenntnisse die Überzeugung gewinnen muss, der Beamte werde auf absehbare Zeit seine Aufgaben nicht wahrnehmen können.[1284]

Die Dienstunfähigkeit wird grundsätzlich durch eine ärztliche Untersuchung festgestellt, §§ 43 Abs. 1, 45 NBG. Weigert sich der Beamte oder bestehen Zweifel an der Dienstunfähigkeit, kann der Dienstherr eine solche Untersuchung nach § 43 Abs. 1 S. 2 NBG auch anordnen. Der Arzt teilt der Stelle, die ihn beauftragt hat, die tragenden Feststellungen und Gründe des Ergebnisses der ärztlichen Untersuchung mit, soweit deren Kenntnis unter Beachtung des Grundsatzes der Verhältnismäßigkeit für die zu treffende Entscheidung erforderlich ist, § 45 Abs. 2 S. 1 NBG.

2. VERMUTETE DIENSTUNFÄHIGKEIT

Bei der vermuteten Dienstunfähigkeit gibt es ebenfalls zwei Fallkonstellationen. Nach § 26 387
Abs. 1 S. 2 BeamtStG kann ein Beamter entweder als dienstunfähig angesehen werden, wenn er

---

1275 Baßlsperger, Kap. 10, Rn. 161

1276 v. Roetteken in v. Roetteken/Rothländer, § 26 BeamtStG, Rn. 33

1277 BVerwG, Urt. v. 26.02.2003, Az. 1 DB 1/03 (juris);

1278 Seeck in Metzler-Müller/Rieger/Seeck/Zentgraf, § 26 BeamtStG, Anm. 2.2.1

1279 v. Roetteken in v. Roetteken/Rothländer, § 26 BeamtStG, Rn. 64, Battis, § 44 BBG, Rn. 5

1280 Siehe hierzu ausführlich zur Interessenlage Summer in Weiss/Niedermaier/Summer/Zängl, § 26 BeamtStG, Rn. 5

1281 OVG Münster, Urt. v. 17.09.2003, Az. 1 A 1069/01, Rn. 44 (juris)

1282 BVerwGE 21, 240, 243 f.

1283 OVG Münster, Urt. v. 17.09.2003, Az. 1 A 1069/01, Rn. 46 ff. (juris); Summer in Weiss/Niedermaier/Summer/Zängl, § 26 BeamtStG, Rn. 14

1284 BVerwGE 16, 285, 288; Wichmann in Wichmann/Langer, Abschnitt 10, Rn. 288

- infolge Erkrankung innerhalb von sechs Monaten mehr als drei Monate keinen Dienst getan hat und keine Aussicht besteht, dass er innerhalb der landesrechtlich festgelegten Frist von sechs Monaten[1285] nach § 43 Abs. 2 NBG wieder voll dienstfähig sein wird oder
- er sich ohne hinreichenden Grund weigert, zur amtsärztlichen Untersuchung zu gehen, § 43 Abs. 1 S. 3 NBG.

In diesen Fällen muss die Dienstunfähigkeit vom Dienstherrn also nicht voll nachgewiesen werden, sondern es reicht aus, dass die o.g. Tatbestandsvoraussetzungen vorliegen.[1286] Danach muss der Beamte zumindest drei Monate und einen Tag, egal ob zusammenhängend oder mit Unterbrechungen in dem Sechs-Monats-Zeitraum, krankheitsbedingt gefehlt haben und eine Prognose erfolgen, die zu dem Ergebnis führt, dass er auch in weiteren sechs Monaten nicht wieder voll dienstfähig sein wird.[1287] Diese Prognose kann nur mittels ärztlichen Gutachtens erfolgen.[1288] Zweck dieser Regelung ist die erleichterte Zurruhesetzung von Beamten, die durch längere Krankheitsausfälle den Dienstbetrieb stören.[1289] Ob der Dienstherr sich auf diese Erleichterung beruft, steht in seinem Ermessen. Allerdings muss er dabei die Vorgaben aus § 84 Abs. 2 SGB IX beachten. Denn immer dann, wenn Beschäftigte – worunter auch Beamte zu verstehen sind – innerhalb eines Jahres länger als sechs Wochen ununterbrochen oder wiederholt arbeitsunfähig geworden sind, ist ein sog. betriebliches Eingliederungsmanagement (BEM) durchzuführen, das das Ziel verfolgt, eine dauerhafte Dienstunfähigkeit abzuwenden. Führt der Dienstherr, obwohl geboten, kein BEM durch, hat er sein Ermessen nicht fehlerfrei ausgeübt und kann seine Ruhestandsverfügung allenfalls auf § 26 Abs. 1 S. 1 BeamtStG stützen.[1290]

3. FUNKTIONELLE DIENSTUNFÄHIGKEIT

388 Nach § 26 Abs. 1 S. 3 BeamtStG soll von der Versetzung in den Ruhestand abgesehen werden, wenn eine anderweitige Verwendung nach den Absätzen 2 und 3 sowie § 27 BeamtStG möglich ist. Es gilt also der Grundsatz „**Rehabilitation vor Versorgung**".[1291] Das Wort „soll" bedeutet, dass im Regelfall eine Zurruhesetzung nicht in Frage kommt, sondern nur in einem atypischen Fall von dieser Regelvorgabe abgewichen werden darf.[1292] Es ist also vor der Ruhestandsversetzung stets zu prüfen, ob eine anderweitige Verwendung möglich ist.

Das BeamtStG bietet insoweit verschiedene Möglichkeiten der anderweitigen Verwendung an:
- Übertragung eines anderen Amtes derselben oder einer anderen Laufbahn mit Zustimmung des Beamten, § 26 Abs. 2 S. 1 BeamtStG.[1293]
- Übertragung eines anderen Amtes derselben oder einer anderen Laufbahn ohne Zustimmung des Beamten im Bereich desselben Dienstherrn, § 26 Abs. 2 S. 2 BeamtStG.

[1285] Nach § 110 NBG gilt für Polizeivollzugsbeamte eine Zwei-Jahres-Frist
[1286] v. Roetteken in v. Roetteken/Rothländer, § 26 BeamtStG, Rn. 93
[1287] Battis, § 44 BBG, Rn. 7
[1288] VG Saarlouis, NVwZ-RR 2009, S. 31
[1289] Battis, § 44 BBG, Rn. 7
[1290] VG Frankfurt a.M., Urt. v. 11.11.2011, Az. 9 L 3208/11 F., Rn. 9 ff. (juris); v. Roetteken in v. Roetteken/Rothländer, § 26 BeamtStG, Rn. 126
[1291] Baßlsperger, Kap. 10, Rn. 171; Battis, § 44 BBG, Rn. 10
[1292] v. Roetteken in v. Roetteken/Rothländer, § 26 BeamtStG, Rn. 128
[1293] Zu weiteren Einzelheiten siehe Baßlsperger in Weiss/Niedermaier/Summer/Zängl, § 26 BeamtStG, Rn. 34

- Übertragung eines anderen Amtes derselben oder einer anderen Laufbahn mit/ohne Zustimmung des Beamten nebst Qualifizierungsmaßnahme, § 26 Abs. 2 S. 3 BeamtStG.
- Übertragung einer geringerwertigen Tätigkeit im Bereich desselben Dienstherrn unter Beibehaltung des Amtes ohne Zustimmung des Beamten, § 26 Abs. 3 BeamtStG.[1294]
- Begrenzte Dienstfähigkeit in einem Umfang von mindestens der Hälfte der regelmäßigen Arbeitszeit, § 27 Abs. 1 BeamtStG.[1295]
- Begrenzte Dienstfähigkeit in einem Umfang von mindestens der Hälfte der regelmäßige Arbeitszeit mit Zustimmung des Beamten in einer geringerwertigen Tätigkeit, § 27 Abs. 2 BeamtStG.

All diese Maßnahmen stehen unter dem Vorbehalt, dass der Beamte hierfür die jeweils erforderliche gesundheitliche Eignung mitbringt. Ist dies nicht der Fall, ist der Beamte in den Ruhestand zu versetzen.

4. RUHESTANDSVERSETZUNGSVERFAHREN

Entweder geht die Initiative zur Ruhestandsversetzung vom Beamten selbst oder von seinem 389
Dienstherrn aus. Ist letzteres der Fall, spricht man von einer sog. Zwangspensionierung. Da es sich dann um einen belastenden Verwaltungsakt handelt, der besonders weit in die Schutzrechte des Beamten eingreift, ist hier ein besonderes Verfahren vonnöten, das den Beamten vor voreiligen Maßnahmen schützen soll.[1296]

Zuständig für die Ruhestandsversetzung ist nach § 38 Abs. 2 S. 1 NBG die Ernennungsbehörde. Diese wird gemäß § 43 Abs. 3 NBG erst dann tätig, wenn der Dienstvorgesetzte nach Einholung eines ärztlichen Gutachtens und Ausübung des pflichtgemäßen Ermessens vorschlägt, den Beamten in den Ruhestand zu versetzen.[1297] Bestehen Zweifel an der Dienstunfähigkeit, ist der Beamte nach § 43 Abs. 1 S. 2 NBG verpflichtet, sich ärztlich untersuchen zu lassen, um eine Dienstunfähigkeit feststellen zu können. Die Durchführung der Untersuchung ist in § 45 NBG geregelt. Darüber hinaus können auch andere Beweise erhoben werden (§ 43 Abs. 1 S. 1, 2. HS NBG).

Die Ruhestandsverfügung ist dem Beamten nach § 38 Abs. 2 S. 2 NBG zuzustellen. Vorab sind auch hier nach § 65 Abs. 1 Nr. 13, 68 Abs. 1 NPersVG der Personalrat zu beteiligen, wenn der Beamte dies beantragt, und die Schwerbehindertenvertretung gemäß § 95 Abs. 2 SGB IX anzuhören. Die Ruhestandsversetzung entfaltet gemäß § 38 Abs. 3 S. 1 NBG in dem auf die Zustellung der Verfügung folgenden Monat ihre Wirkung mit der Folge, dass ab diesem Zeitpunkt gemäß § 43 Abs. 4 S. 1 NBG die das Ruhegehalt übersteigenden Bezügeanteile einbehalten werden.

1294 Zu weiteren Einzelheiten siehe Baßlsperger in Weiss/Niedermaier/Summer/Zängl, § 26 BeamtStG, Rn. 35

1295 Zu weiteren Einzelheiten siehe Baßlsperger in Weiss/Niedermaier/Summer/Zängl, § 27 BeamtStG, Rn. 5 ff.

1296 Wichmann in Wichmann/Langer, Abschnitt 10, Rn. 288 mit genaueren Ausführungen zum Verfahren. Sie auch Baßlsperger, Kap. 10, Rn. 179 ff.

1297 Wichmann in Wichmann/Langer, Abschnitt 10, Rn. 290

V. Teilweiser Ruhestand wegen begrenzter Dienstunfähigkeit

390 Ein weiteres Mittel, den Grundsatz „**Rehabilitation vor Versorgung**" umzusetzen, ist die Feststellung der Teildienstfähigkeit nach § 27 BeamtStG und der damit einhergehende Einsatz des Beamten in einem zeitlich verminderten Maß, ggf. auch gegen seinen Willen. Mit Zustimmung des Beamten nach § 27 Abs. 2 S. 2 BeamtStG kann ihm sogar eine geringerwertige Tätigkeit übertragen werden.

Ist der Beamte zumindest teildienstfähig, „soll" von der Versetzung in den Ruhestand Abstand genommen werden.[1298] Teildienstfähig ist er, wenn er seine Dienstpflichten mit **mindestens der Hälfte seiner regelmäßigen Arbeitszeit** erfüllen kann. Ob der Beamte tatsächlich in der Lage ist, die Arbeit zu erfüllen, unterliegt einer prognostischen Einschätzung des Dienstherrn, die sich allerdings ebenso wie bei der Feststellung der Dienstunfähigkeit auf ein ärztliches Gutachten stützen muss.[1299] Nach Vorliegen des amtsärztlichen Gutachtens sind die Personalstellen daher grundsätzlich verpflichtet, die Dienstzeit der prozentualen Dienstfähigkeit entsprechend herabzusetzen und – gemeinsam mit dem Beamten – auch eine zeitliche Aufteilung der Stunden festzulegen, die der dienstlichen Verwendbarkeit entspricht.[1300]

Die Feststellung der begrenzten Dienstfähigkeit wird nach § 43 Abs. 5 S. 1 NBG von der Stelle getroffen, die für die Ruhestandsversetzung zuständig gewesen wäre. Da gemäß § 38 Abs. 2 S. 1 NBG die Ernennungsbehörde für Ruhestandsversetzungen zuständig ist, stellt folglich die Ernennungsbehörde die begrenzte Dienstfähigkeit nach § 27 Abs. 1 BeamtStG fest. Nach § 43 Abs. 5 S. 2 NBG gelten für das Verfahren zur Feststellung der begrenzten Dienstfähigkeit die Vorschriften über die Feststellung der Dienstunfähigkeit entsprechend (s.o.).

Ist der Beamte im Rahmen seiner Möglichkeiten gemäß § 27 BeamtStG tätig, erhält er die Besoldung, die ihm nach seiner anteiligen Tätigkeit zusteht. Wären die Versorgungsbezüge höher als die anteilige Besoldung, erhält der Beamte zusätzlich die Differenz bis zur Versorgungsgrenze.[1301]

VI. Ruhestand des Beamten auf Probe gemäß § 28 Abs. 1 und 2 BeamtStG

391 Grundsätzlich kommt eine Ruhestandsversetzung wegen Dienstunfähigkeit nur bei Beamten auf Lebenszeit oder auf Zeit in Betracht. Ein Beamter auf Probe, der dienstunfähig ist, ist regelmäßig nach § 23 Abs. 1 Nr. 3 BeamtStG zu entlassen. Allerdings haben **Beamte auf Probe** nach § 28 Abs. 1 BeamtStG einen Anspruch auf Versetzung in den Ruhestand, wenn die **Dienstunfähigkeit infolge eine Dienstbeschädigung** eingetreten ist. Darüber hinaus kann der Dienstherr nach § 28 Abs. 2 BeamtStG den Beamten auf Probe auch **aus anderen Gründen** der Fürsorge ausnahmsweise in den Ruhestand versetzen.

[1298] Reich, § 27 BeamtStG, Rn. 1
[1299] Baßlsperger, Kap. 10, Rn. 211
[1300] Baßlsperger in Weiss/Niedermaier/Summer/Zängl, § 27 BeamtStG, Rn. 5
[1301] Baßlsperger, Kap. 10, Rn. 214

§ 28 BeamtStG erfasst alle **Probebeamtenverhältnisse** nach § 4 Abs. 3 BeamtStG.[1302] Ob ein Beamter auf Probe **dienstunfähig** ist, ergibt sich aus den allgemeinen Bestimmungen des § 26 BeamtStG (s.o. Rn. 387 ff.). Prüfungsmaßstab ist also auch hier vordringlich das abstrakt-funktionelle Amt. Welche Anforderungen an das Amt eines Probebeamten zu stellen sind, ist Sache der Verwaltung und wird anhand des Aufgabenbereichs bestimmt.[1303]

Zudem gilt auch bei der Ruhestandsversetzung von Beamten auf Probe der Grundsatz „**Rehabilitation vor Versorgung**", der durch den Verweis auf § 26 Abs. S. 3, Abs. 2 und 3 und § 27 BeamtStG in § 28 Abs. 3 BeamtStG zum Ausdruck kommt.[1304] Der Dienstherr hat daher im Falle der Dienstunfähigkeit eines Beamten auf Probe vorrangig die Pflicht zu prüfen, ob der Beamte nicht - statt entlassen oder in den Ruhestand versetzt zu werden - anderweitig eingesetzt werden kann (bis hin zur unterwertigen Beschäftigung), es sei denn, ihr Zweck kann wegen der Schwere oder Art der Erkrankung von vornherein nicht erreicht werden.[1305] Bei der anderweitigen Verwendung eines Probebeamten kommt es nach der Rechtsprechung darauf an, *ob der Betroffene noch für einen ausreichend großen Teil der Dienstposten der gesamten bisherigen Laufbahn oder für eine andere Laufbahn, für die der Beamte die Befähigung besitzt oder voraussichtlich erwerben wird, mit insgesamt geringeren gesundheitlichen Anforderungen gesundheitlich geeignet ist.*[1306] Diese weitgehende Verpflichtung wird allerdings hinsichtlich der laufbahnrechtlichen Grundsätze als problematisch angesehen.[1307]
Ist ein solcher anderweitiger Einsatz nicht möglich, stellt sich die Frage, ob ein Fall der Dienstbeschädigung (§ 28 Abs. 1 BeamtStG) oder ein anderer Grund (§ 28 Abs. 2 BeamtStG) vorliegt.

Die Ruhestandsversetzung wegen Dienstbeschädigung nach § 28 Abs. 1 BeamtStG hat folgende Voraussetzungen: 392

1. Vorliegen einer Dienstbeschädigung,
2. Eintritt der Dienstbeschädigung ohne grobes Verschulden des Beamten,
3. Dienstunfähigkeit infolge der Dienstbeschädigung.

Beispielsfall:
Stadtinspektor B (24 Jahre alt), der Beamter auf Probe ist, verunglückt auf einer privaten Abenteuerreise und ist auf Grund eines schwerwiegenden Körperschadens dauerhaft unfähig, seinen Dienstpflichten nachzukommen.

Abwandlung:
Stadtinspektor A, der Beamter auf Probe ist, verunglückt auf der Hinfahrt zum Dienst und erleidet dasselbe Schicksal wie Stadtinspektor B.

1302 Summer in Weiss/Niedermaier/Summer/Zängl, § 28 BeamtStG, Rn. 3
1303 BVerwG, Urt. v. 17.10.1966, ZBR 1967, S. 148; VGH Kassel, Entscheidung v. 21.08.1962, DÖV 1964, S. 32; Summer, ZBR 1993, S. 17, 21
1304 Seeck in Metzler-Müller/Rieger/Seeck/Zentgraf, § 28 BeamtStG, Anm. 1
1305 BVerwG, Urt. v. 26.03.2009, Az. 2 C 73/08, Rn. 25 (juris) = BVerwGE 133, 297-310
1306 BVerwG, Urt v. 30.10.2013, Az. 2 C 16/12, Rn. 40 (juris) = BVerwGE 148, 204-217
1307 Seeck in Metzler-Müller/Rieger/Seeck/Zentgraf, § 28 BeamtStG, Anm. 4

393 **Dienstbeschädigung** ist ein körperlicher, geistiger oder seelischer Zustand, den sich der Beamte durch Krankheit, Verwundung oder sonstige Beschädigung ohne grobes Verschulden bei Ausübung oder aus Veranlassung des Dienstes zugezogen hat.[1308] **Krankheit** ist dabei jeder regelwidrige Körper- oder Geisteszustand, der ärztlicher Behandlung bedarf.[1309] **Verwundung** ist die Beeinträchtigung der körperlichen Unversehrtheit durch äußere Ereignisse.[1310] **Sonstige Beschädigungen** sind vergleichbare Ereignisse, insbesondere des geistigen und seelischen Zustandes.[1311] Eine Dienstbeschädigung ist u.a. jeder Dienstunfall i.S.v. § 34 NBeamtVG,[1312] allerdings ist der Begriff der Dienstbeschädigung weiter als der des Dienstunfalls. Hier wie dort bedarf es eines äußeren Ereignisses, welches die Beschädigung auslöst.

Die Dienstbeschädigung muss **bei Ausübung oder aus Veranlassung des Dienstes** erfolgt sein. Der Begriff „**in Ausübung des Dienstes**" meint, dass der Beamte bei der Dienstbeschädigung seinen Dienst versehen haben muss, wobei Dienst alle Verrichtungen meint, die der Beamte aus seinem Amt heraus vorzunehmen hat.[1313] Der Begriff „in Ausübung des **Dienstes**" ist weiter als der Begriff des Dienstes in § 34 Abs. 1 NBeamtVG und umfasst nicht nur Dienstunfälle, sondern auch die ihnen gesetzlich gleichgestellten Fallkonstellationen aus § 34 Abs. 2 bis 4 NBeamtVG, also Dienstreisen, Wegeunfälle und Berufskrankheiten.[1314] Zwischen der Beschädigung und der dienstlichen Verrichtung muss ein unmittelbarer Zusammenhang bestehen.

In der anderen Variante reicht es bereits aus, wenn die Dienstbeschädigung „**aus Veranlassung**" des Dienstes eingetreten ist. Es wird nur ein loser mittelbarer Zusammenhang mit dem Dienst verlangt.[1315] Die Beschädigung muss aber gerade deswegen eingetreten sein, weil der Beamte Beamter ist. Daher ist dieses Tatbestandsmerkmal selbst dann erfüllt, wenn ein Beamter außerhalb seines Dienstes wegen seiner Zugehörigkeit zum öffentlichen Dienst angegriffen und verletzt wird.[1316]

In beiden Alternativen muss zwischen der Dienstunfähigkeit, der Beschädigung und der Dienstausübung ein Ursachenzusammenhang bestehen, d.h. die Dienstunfähigkeit muss **kausal** auf die Dienstbeschädigung zurückzuführen sein bzw. zumindest die wesentlichste von mehreren Ursachen sein.[1317] Wie im Zivilrecht trägt der Beamte die **Beweislast** für die anspruchsbegründenden Tatbestandsvoraussetzungen.[1318]

Die Dienstbeschädigung darf des Weiteren nicht durch **grobes Verschulden** des Beamten eingetreten sein, was vom Dienstherrn zu beweisen ist, da dieses Merkmal anspruchsausschlie-

1308 v. Roetteken in v. Roetteken/Rothländer, § 28 BeamtStG, Rn. 23; Battis, § 49 BBG; Rn. 3
1309 v. Roetteken in v. Roetteken/Rothländer, § 26 BeamtStG, Rn. 100
1310 v. Roetteken in v. Roetteken/Rothländer, § 28 BeamtStG, Rn. 23
1311 v. Roetteken in v. Roetteken/Rothländer, § 28 BeamtStG, Rn. 23
1312 BVerwGE 17, 59
1313 BVerwGE 16, 206, 209
1314 v. Roetteken in v. Roetteken/Rothländer, § 28 BeamtStG, Rn. 24; Battis, § 49 BBG, Rn. 4
1315 Battis, § 49 BBG, Rn. 4
1316 v. Roetteken in v. Roetteken/Rothländer, § 28 BeamtStG, Rn. 29
1317 Seeck in Metzler-Müller/Rieger/Seeck/Zentgraf, § 28 BeamtStG, Anm. 2
1318 Summer in Weiss/Niedermaier/Summer/Zängl, § 28 BeamtStG, Rn. 10

ßend ist.[1319] Ein solches grobes Verschulden ist anzunehmen, wenn der Beamte vorsätzlich oder grob fahrlässig gehandelt hat. Grobe Fahrlässigkeit liegt vor, wenn jemand die im Verkehr erforderliche Sorgfalt in besonderem Maße außer Acht gelassen hat.

Ist der Tatbestand erfüllt und kommt keine anderweitige Verwendung nach Absatz 3 in Betracht, ist der Beamte in den Ruhestand zu versetzen, d.h. dem Beamten steht insoweit ein Rechtsanspruch zu. Auf die fünfjährige versorgungsrechtliche Wartezeit kommt es dabei nicht an, § 4 Abs. 1 Nr. 2 NBeamtVG.

Beispiel:
Ausgangsfall: Im vorliegenden Fall handelt es sich um einen Unfall, also um eine Verwundung oder zumindest um eine sonstige Beschädigung. Es fehlt aber eindeutig am Tatbestandsmerkmal „bei Ausübung oder aus Veranlassung des Dienstes". Hier liegt also **keine Dienstbeschädigung** i.S.v. § 28 Abs. 1 BeamtStG vor. Eine Ruhestandsversetzung nach § 28 Abs.1 BeamtStG scheidet also aus. Eine Ruhestandsversetzung könnte jedoch nach § 28 Abs. 2 BeamtStG in Betracht kommen.

Abwandlung: Der Unfall auf dem Weg zum Dienst gilt gemäß § 34 Abs. 2 NBeamtVG als Dienst mit der Folge, dass hier ein Fall der Dienstbeschädigung vorliegt, die kausal auf die Ausübung des Dienstes zurückzuführen ist. Die Dienstunfähigkeit ist auch kausale Folge der Dienstbeschädigung und wurde nicht durch ein grobes Verschulden des A verursacht. Demnach ist der Beamte – es sei denn, er ist anderweitig verwendbar – nach § 28 Abs. 1 BeamtStG in den Ruhestand zu versetzen.

Nach § 28 Abs. 2 BeamtStG **kann** der Beamte auf Probe in den Ruhestand versetzt werden, 394
wenn er aus **anderen Gründen** – außerhalb der dienstlichen Sphäre –[1320] dienstunfähig geworden ist (sog. fakultative Versetzung in den Ruhestand) und der Beamte eine Dienstzeit von fünf Jahren abgeleistet hat (§ 32 BeamtStG, § 4 Abs. 1 Nr. 1 NBeamtVG).

Bei der Ermessensentscheidung ist der Zweck der Vorschrift, nämlich dem ausscheidenden Beamten eine Versorgung zukommen zu lassen, um damit der beamtenrechtlichen Fürsorgepflicht zu genügen, zu beachten.[1321] Der **Ausnahmecharakter** der Vorschrift erfordert beachtliche Umstände des Einzelfalles, die in etwa ein gleiches Gewicht haben müssen wie die Gründe des Absatzes 1.[1322] Im Rahmen der **Ermessenserwägungen** spielen deshalb die Notwendigkeit und Angemessenheit einer Versorgung eine Rolle. Hierbei sind das Lebens- und Dienstalter, der Grad der Versorgungsbedürftigkeit und die wirtschaftliche Lage sowie die Bewährung und Würdigkeit des Beamten von Belang.[1323] Auch haushaltsmäßige Erwägungen können in die Bewertung einfließen.[1324] Im Allgemeinen wird eine Versorgungsbedürftigkeit ausscheiden, wenn der Beamte nicht erwerbsunfähig ist oder seinen Interessen durch Nachversicherungs-

---

[1319] Battis, § 49 BBG; Rn. 4
[1320] Seeck in Metzler-Müller/Rieger/Seeck/Zentgraf, § 28 BeamtStG, Anm. 3
[1321] BVerwG, Urt. v. 14.10.1965, Az. II C 3.63, Rn. 33 (juris) = BVerwGE 22, 215-221
[1322] BVerwG, Urt. v. 16.11.1989, Az. 2 C 50/87 (juris)
[1323] BVerwGE 22, 215, 19; Seeck in Metzler-Müller/Rieger/Seeck/Zentgraf, § 28 BeamtStG, Anm. 3; Battis, § 49 BBG, Rn. 6
[1324] ebenda

ansprüche hinreichend Rechnung getragen werden kann.[1325] Auch ein mögliches Verschulden kann zuungunsten des Beamten in die Erwägungen eingestellt werden. Hat der Beamte die Dienstunfähigkeit sogar durch grobes Verschulden oder vorsätzlich herbeigeführt, scheidet eine Zurruhesetzung nach Absatz 2 aus, da der Beamte sonst eine bessere Behandlung als bei Dienstbeschädigung nach § 28 Abs. 1 BeamtStG erfahren würde.[1326] Nur wenn die Entscheidung durch sachwidrige Erwägungen beeinflusst ist, ist eine Entlassung des Beamten, als einzig verbliebene Alternative, fehlerhaft. Zuständig für die Entscheidung ist gemäß § 38 Abs. 2 S. 1 NBG die für die Ernennung zuständige Behörde nach § 8 Abs. 1 oder 2 NBG.

Beispiel:
B ist auf einer privaten Abenteuerreise verunglückt und dienstunfähig geworden. Damit hat er ein gewisses Risiko selbst veranlasst, auch wenn dieses Verhalten noch nicht den Grad der groben Fahrlässigkeit erreicht hat. Der Zweck von § 28 Abs. 2 BeamtStG ist, dem Beamten eine Versorgung zukommen zu lassen, wenn und soweit es nach den Umständen des Einzelfalles notwendig und angemessen erscheint, um damit der Fürsorgepflicht des Dienstherrn zu genügen. Beachtliche Umstände des Einzelfalles sind in diesem Zusammenhang das Lebensalter, das Dienstalter, die wirtschaftliche Lage, besonders der Grad der Versorgungsbedürftigkeit des Beamten, seine Bewährung und Würdigkeit. Hier steht nur das junge Alter des Beamten fest (siehe hierzu BVerwG, Urt. v. 06.04.1989, Az. 2 C 83/86 [juris]). Dieses führt grundsätzlich eher dazu, dass eine Ruhestandsversetzung abgelehnt wird; hier wäre es aber erforderlich, dass der Dienstherr weitere Aspekte in seine Überlegungen einbezieht und dann nach pflichtgemäßem Ermessen entscheidet.

VII. Folgen

395 Wichtigste Folge des Ruhestands ist, dass der Beamte lebenslänglich ein Ruhegehalt erhält, § 4 Abs. 2 NBeamtVG bzw. Unfallruhegehalt nach §§ 40, 41 NBeamtVG. Ist der Beamte wegen Dienstunfähigkeit in den Ruhestand versetzt worden, ist nach § 29 BeamtStG im Falle der Wiederherstellung der Dienstfähigkeit eine Reaktivierung des Beamten denkbar. Da der Ruhestand nur das aktive Dienstverhältnis beendet, wird das Beamtenverhältnis nur umgewandelt mit der Folge, dass auch im Ruhestandsverhältnis besondere Rechte und Pflichten fortexistieren.

Demnach haben Ruhestandsbeamte folgende Rechte und Pflichten:
- Fortführung ihrer letzten Amtsbezeichnung mit dem Zusatz a.D., § 57 Abs. 3 NBG,
- Anspruch auf die Erteilung eines Dienstzeugnisses, § 59 NBG,
- Einsichtsrecht in ihre Personalakte, § 91 Abs. 1 NBG,
- Pflicht, bestimmte Nebentätigkeiten anzuzeigen, § 41 BeamtStG,
- Pflicht zur Amtsverschwiegenheit, § 38 Abs. 1 BeamtStG und zur Herausgabe von Unterlagen, § 38 Abs. 5 BeamtStG,
- Verbot der Annahme von Belohnungen und Geschenken, § 42 BeamtStG.

[1325] BVerwG, Urt. v. 06.04.1989, Az. 2 C 83/86 (juris); v. Roetteken in v. Roetteken/Rothländer, § 28 BeamtStG, Rn. 51

[1326] v. Roetteken in v. Roetteken/Rothländer, § 28 BeamtStG, Rn.54, Schnellenbach, § 5, Rn. 32

E. MUSTER VON URKUNDEN ÜBER DIE BEENDIGUNG DES BEAMTENVERHÄLTNISSES

Die nachfolgenden Mustertexte für Ernennungen orientieren sich durchgängig am Gem. RdErl. d. MI, d. StK u. d. übr. Min. v. 28.11.2012, Nr. 46, S. 1242, ber. 2013 S. 891, geändert durch Verwaltungsvorschrift vom 17.05.2016 (Nds. MBl. 2016 Nr. 23, S. 648)

Eintritt in den Ruhestand kraft Gesetzes

(Behörde)

Frau/Herr ....
tritt – nach Erreichen der Altersgrenze – mit Ablauf des
.... in den Ruhestand.
Für ihre/seine treuen Dienste spreche ich ihr/ihm
Dank und Anerkennung aus.

(Ort und Datum)

(Siegel)

Unterschrift

Versetzung in den Ruhestand

Im Namen der/des (Behörde)
versetze ich
Frau/Herrn ....
– auf ihren/seinen Antrag – mit Ablauf des
.... in den Ruhestand.
Für ihre/seine treuen Dienste spreche ich ihr/ihm
Dank und Anerkennung aus.

(Ort und Datum)

(Siegel)

Unterschrift

Versetzung in den einstweiligen Ruhestand

Im Namen der/des (Behörde) versetze ich Frau/Herrn .... mit Ablauf des .... in den einstweiligen Ruhestand. Für ihre/seine treuen Dienste spreche ich ihr/ihm Dank und Anerkennung aus. (Ort und Datum) (Siegel) Unterschrift

Entlassung kraft Gesetzes wegen Erreichens der Altersgrenze

(Behörde) Frau/Herr .... ist – nach Erreichen der Altersgrenze – mit Ablauf des .... aus dem Beamtenverhältnis entlassen. Für ihre/seine treuen Dienste spreche ich ihr/ihm Dank und Anerkennung aus. (Ort und Datum) (Siegel) Unterschrift

Entlassung kraft Gesetzes wegen Ablaufs der Amtszeit und nicht erneuter Berufung in dasselbe Amt im unmittelbaren Anschluss

(Behörde) Frau/Herr .... ist mit Ablauf des .... aus dem Beamtenverhältnis entlassen. Für ihre/seine treuen Dienste spreche ich ihr/ihm Dank und Anerkennung aus. (Ort und Datum) (Siegel) Unterschrift

Entlassung wegen Dienstunfähigkeit

Im Namen der/des (Behörde)
entlasse ich
Frau/Herrn ....
mit Ablauf des
.... aus dem Beamtenverhältnis.
Für ihre/seine treuen Dienste spreche ich ihr/ihm
Dank und Anerkennung aus.

(Ort und Datum)

(Siegel)

Unterschrift

Entlassung auf Antrag aus dem Beamtenverhältnis auf Lebenszeit oder auf Zeit

Im Namen der/des (Behörde)
entlasse ich
Frau/Herrn ....
– auf ihren/seinen Antrag – mit Ablauf des
.... aus dem Beamtenverhältnis.
Für ihre/seine treuen Dienste spreche ich ihr/ihm
Dank und Anerkennung aus.

(Ort und Datum)

(Siegel)

Unterschrift

Verabschiedung aus dem Ehrenbeamtenverhältnis

Im Namen der/des (Behörde)
verabschiede ich
Frau/Herrn ....
mit Ablauf des
.... aus dem Ehrenbeamtenverhältnis.
Für ihre/seine treuen Dienste spreche ich ihr/ihm
Dank und Anerkennung aus.

(Ort und Datum)

(Siegel)

Unterschrift

Ausscheiden aus dem Ehrenbeamtenverhältnis durch Zeitablauf

(Behörde) Das Ehrenbeamtenverhältnis der Frau/des Herrn .... ist mit Ablauf des .... durch Zeitablauf beendet. Für ihre/seine treuen Dienste spreche ich ihr/ihm Dank und Anerkennung aus. (Ort und Datum) (Siegel) Unterschrift

KAPITEL 5 ÜBERBLICK ÜBER DEN BEAMTENRECHTLICHEN RECHTSSCHUTZ

Literaturhinweise zur Vertiefung: Hilg, Günter, Grundstrukturen des neuen Dienstrechts im Bund und in den Ländern, Teil 7, 8 und 9 apf 2012, S. 33 ff., S. 65 ff. und 97 ff.

Dem Beamten muss ebenso – wie jedem anderen Bürger auch – effektiver Rechtsschutz zur 396
Verfügung stehen, um seine persönlichen Interessen gegenüber seinem Dienstherrn geltend zu machen. Beamten stehen hierfür verschiedene **gerichtliche** und **außergerichtliche** Rechtsbehelfe zur Verfügung. Rechtsbehelfe sind von der Rechtsordnung bereitgestellte verfahrensmäßige Instrumente, um Entscheidungen oder sonstiges Verhalten der Legislative, Exekutive oder Judikative überprüfen zu lassen.[1327] Fachliche Weisungen kann der Beamte hingegen nur im Wege der Remonstration geltend machen (siehe Rn. 261).

A. NICHTFÖRMLICHE (FORMLOSE) RECHTSBEHELFE (= AUSSERGERICHTLICHER RECHTSSCHUTZ)

Formlose Rechtsbehelfe sind alle Maßnahmen, die der Betroffene ohne Einhaltung besonderer 397
Form-, Verfahrens- und Fristbestimmungen gegenüber seinem Dienstherrn ergreifen kann. Diese sind allesamt außergerichtlicher Art. Bei all diesen Rechtsbehelfen hat der Beamte zwar Anspruch auf Entscheidung in angemessener Zeit, nicht aber darauf, dass sich die angerufene Stelle auch inhaltlich mit der Sache beschäftigt.[1328] Sie müssen – wegen § 34 S. 3 BeamtStG – in sachlicher Form vorgebracht werden.

In Betracht kommen hier u.a. die Gegenvorstellung/-erklärung, Aufsichts- und Dienstaufsichtsbeschwerde sowie ein besonderes Antrags- und Beschwerderecht.

Die **Gegenvorstellung** richtet sich an die Stelle, die über den beanstandeten Vorgang ent- 398
schieden hat, beispielsweise über eine dienstliche Beurteilung, und ist auf die Aufhebung oder Änderung der Maßnahme gerichtet.[1329]

[1327] Gunkel/Hoffmann, Beamtenrecht in NRW, S. 475
[1328] BVerfGE 2, 225, 230
[1329] Leppek, Rn. 263

399 Daneben hat der Beamte nach § 104 Abs. 1 S. 1 NBG das Recht, Anträge und Beschwerden vorzubringen. Hierbei hat er gemäß § 104 Abs. 1 S. 1, 2. HS den Dienstweg einzuhalten. Ein **Antrag** zielt auf eine noch zu erlassende Maßnahme. Die **Beschwerde** wendet sich gegen eine bereits erlassene Maßnahme, z.B. eine Umsetzung. Der Beschwerdeweg bis zur obersten Dienstbehörde steht nach Satz 2 offen.

Will der Beamte sich an die Aufsichtsbehörde wenden, stellt dies eine Aufsichtsbeschwerde dar. Hierbei wird zwischen Dienst- und Fachaufsichtsbeschwerde unterschieden. Die **Fachaufsichtsbeschwerde** wendet sich an die übergeordnete Behörde und enthält die Bitte, die angegriffene Entscheidung auf ihre sachliche Richtigkeit zu überprüfen. Mit der **Dienstaufsichtsbeschwerde** verlangt der Beamte, dass ein persönliches Verhalten eines Bediensteten beanstandet wird.[1330]

400 Weitere außergerichtliche Rechtsbehelfe sind die **Anrufung der Personalvertretung** gemäß § 59 Nr. 4 NPersVG oder der **Gleichstellungsbeauftragten** nach dem NGG oder § 9 NKomVG. Bei Problemen kann sich der Beamte beim Personalrat beschweren, der dann seinerseits, wenn er die Beschwerde für berechtigt hält, in Verhandlungen mit der Dienststelle eintreten und auf eine Erledigung hinwirken kann. Vergleichbar hierzu sind Beschwerden bei der **Schwerbehindertenvertretung** (§ 95 Abs. 1 S. 2 Nr. 3 SGB IX), der Gleichstellungsbeauftragten oder der **Antidiskriminierungsstelle des Bundes** (§ 27 AGG).

Beamte können sich nach § 19 NDSG auch an den **Datenschutzbeauftragten** wenden, wenn sie meinen, durch die Verarbeitung ihrer personenbezogenen Daten in ihren Rechten durch eine Stelle verletzt worden zu sein.

Daneben steht allen Beamten das **allgemeine Petitionsrecht aus Art. 17 GG** zu. Dieses gewährt jedoch ebenfalls nur einen formellen Bescheidungsanspruch, aber keine Prüfpflicht seitens der befassten Stelle.

B. FÖRMLICHE RECHTSBEHELFE

401 **Förmliche** Rechtsbehelfe sind solche, die in einem gesetzlich geregelten Verfahren gegen die beanstandete Entscheidung in der Regel zu einer gerichtlichen Entscheidung führen. Hier stehen gerichtliche und außergerichtliche Rechtsbehelfe zur Verfügung.

I. Das Widerspruchsverfahren

402 Zu den förmlichen Rechtsbehelfen gehört auch der Widerspruch nach § 68 VwGO. Allerdings gelten für das Widerspruchsverfahren im Beamtenrecht einige Besonderheiten. Nach § 54 Abs. 2 BeamtStG ist das Vorverfahren grundsätzlich vor allen Klagen durchzuführen, es sei

[1330] Leppek, Rn. 263

denn, der Landesgesetzgeber hat nach § 54 Abs. 2 S. 2 BeamtStG geregelt, dass ein solches nicht erforderlich ist. Hiervon hat Niedersachsen Gebrauch gemacht. Vor Erhebung einer Klage aus dem Beamtenverhältnis bedarf es daher gemäß § 105 Abs. 1 S. 1 NBG **keiner Nachprüfung in einem Vorverfahren**, es sei denn, es geht um Maßnahmen, denen die Bewertung einer Leistung im Rahmen einer berufsbezogenen Prüfung zugrunde liegt, für dienstliche Beurteilungen und für Maßnahmen in besoldungs-, versorgungs-, altersgeld-, beihilfe-, heilfürsorge-, reisekosten-, trennungsgeld- und umzugskostenrechtlichen Angelegenheiten (Satz 2).
Der Widerspruch ist bei der Behörde, die die Regelung getroffen hat, einzulegen (§ 70 Abs. 1 S. 1 VwGO), also bei der dienstvorgesetzten Stelle. Über den Widerspruch entscheidet wegen § 54 Abs. 3 S. 1 BeamtStG die oberste Dienstbehörde (in Kommunen richtet sich dies nach § 107 Abs. 5 S. 1 oder 3 NKomVG).

Der Widerspruch ist begründet, wenn der Verwaltungsakt rechtswidrig ist, der Beamte in seinen Rechten verletzt ist und der Aufhebungsanspruch nach § 46 VwVfG nicht ausgeschlossen ist; ferner, wenn der Verwaltungsakt rechtmäßig, aber unzweckmäßig ist.

II. Klageverfahren

Nach erfolgloser Durchführung des Vorverfahrens oder wegen § 105 NBG unmittelbar, kann der Beamte gerichtlich gegen die Entscheidung vorgehen. Hierfür stehen ihm verschiedene Klagen zur Verfügung. Da nach § 54 Abs. 1 BeamtStG für alle Klagen und Widersprüche von **Beamten, Bewerbern auf Beamtenstellen, Ruhestandsbeamten, früheren Beamten, Hinterbliebenen und Dienstherren** der **Verwaltungsrechtsweg** eröffnet ist, steht dem Klagenden das gesamte Portfolio verwaltungsgerichtlicher Klagen zur Verfügung. 403

Daher ist stets zu fragen, welches Klageziel verfolgt wird, um den statthaften Rechtsbehelf zu ermitteln. In Betracht kommen Anfechtungs-, Verpflichtungs-, Allgemeine Leistungs- und Unterlassungs-, Feststellungs- und Fortsetzungsfeststellungsklage sowie die Verfahren des einstweiligen Rechtsschutzes nach § 80 Abs. 5 und 123 VwGO. Hier gelten im Grunde die bekannten Grundlagen des Verwaltungsprozessrechts.[1331]

[1331] Siehe Hilg, apf 2012, S. 33, 34 ff.; ders., apf 2012, S, 65, 65 ff. und ders., apf 2012, S. 97, 97 ff.

ANHANG GESETZESSYNOPSE

§ *	Überschrift **	Niedersachsen	Bremen	Hamburg	Schleswig-Holstein	Mecklenburg-Vorpommern
1	Geltungsbereich	Dieses Gesetz gilt ergänzend zum Beamtenstatusgesetz (BeamtStG) für die Beamtinnen und Beamten 1. des Landes (Landesbeamtinnen und Landesbeamte), 2. der Gemeinden und Gemeindeverbände (Kommunalbeamtinnen und Kommunalbeamte) sowie 3. der sonstigen der Aufsicht des Landes unterstehenden Körperschaften, Anstalten und Stiftungen des öffentlichen Rechts (Körperschaftsbeamtinnen und Körperschaftsbeamte).	Zusatz: (2) gilt nicht für öffentlich-rechtliche Religionsgesellschaften und ihre Verbände	Zusatz: (2) gilt nicht für öffentlich-rechtliche Religionsgesellschaften und ihre Verbände	Zusatz: (2) gilt nicht für öffentlich-rechtliche Religionsgesellschaften und ihre Verbände. [2]Diesen bleibt es überlassen, die Rechtsverhältnisse ihrer Beamtinnen und Beamten sowie Seelsorgerinnen und Seelsorger entsprechend zu regeln.	Zusatz: (2) gilt nicht für öffentlich-rechtliche Religionsgesellschaften und ihre Verbände (3) Geltung unterschiedslos für Personen beiderlei Geschlechts, soweit nicht ausdrücklich etwas anderes bestimmt ist
2	Verleihung der Dienstherrnfähigkeit durch Satzung	[1]Dienstherrnfähigkeit kann auch durch Satzung verliehen werden. [2]Diese bedarf der Genehmigung der obersten Aufsichtsbehörde, die im Einvernehmen mit dem für Inneres zuständigen Ministerium entscheidet.	Genehmigung nur durch Senat.	Genehmigung nur durch Senat.	Genehmigung nur durch oberste Aufsichtsbehörde.	[1][…] [2]Die Bestimmungen der Kommunalverfassung zur Rechtsaufsicht bleiben unberührt mit der Maßgabe, dass bei Anstalten des öffentlichen Rechts im kreisangehörigen Raum das Benehmen mit dem Innenministerium herzustellen ist.
3	Oberste Dienstbehörden, Dienstvorgesetzte u. Vorgesetzte	Siehe Gesetz	Inhaltlich gleich, wobei Abs. 1 S. 2 näher auf die Dienstbehörde für die Stadt/das Land eingeht und in Abs. 1 S. 3 näher auf die Dienstbehörde für die Körperschaften/Anstalten eingegangen wird.	Inhaltlich sind insbesondere Abs. 1 bis 4 gleich.	Inhaltlich gleich, abweichender Wortlaut.	Absätze 1 u. 2 regeln konkreter wer oberste Dienstbehörde und wer Dienstvorgesetzter ist.
4	Vorbereitungsdienst	Siehe Gesetz	Inhaltlich gleich, abweichender Wortlaut.	Inhaltlich gleich, abweichender Wortlaut; Zusätzliche Regelungen bzgl. der Auswahl (Auswahlkriterien, Vorgehen bei Ranggleichheit).	Inhaltlich gleich, abweichender Wortlaut. Zusatz: (3) Rechtsreferendarinnen und Rechtsreferendare erhalten eine monatliche Unterhaltsbeihilfe	Inhaltlich gleich, abweichender Wortlaut.

5	Beamtinnen und Beamte auf Probe in Ämtern mit leitender Funktion (§§ 4, 22 BeamtStG)	(1) [1]Ein Amt mit leitender Funktion wird zunächst unter Berufung in das Beamtenverhältnis auf Probe übertragen. [2]Die regelmäßige Probezeit dauert zwei Jahre. [3]Zeiten, in denen der Beamtin oder dem Beamten die leitende Funktion bereits übertragen worden ist, können auf die Probezeit angerechnet werden. [4]Die Probezeit kann bei besonderer Bewährung, auch neben einer Anrechnung nach Satz 3, verkürzt werden, jedoch insgesamt nicht auf weniger als ein Jahr. [5]Eine Verlängerung der Probezeit ist nicht zulässig. Abs. 2 bis 8 siehe Gesetz	Inhaltlich gleich, abweichender Wortlaut in Abs. 2.	Inhaltlich gleich, abweichender Wortlaut; zusätzlich, regelt Abs, 7 die Entlassung aus dem Beamtenverhältnis auf Probe nach Abs. 1.	Inhaltlich gleich, abweichender Wortlaut.	
6	Ehrenbeamtinnen und Ehrenbeamte	Verweis auf § 35. Hier wird die Altersgrenze mit der Vollendung des 67. Lebensjahres erreicht.	Zusatz in Absatz 2: Ernennung setzt Wahl durch die Stadtverordnetenversammlung voraus	Inhaltlich gleich, abweichender Wortlaut.	[…] (2) Verabschiedung nach Vollendung des 65. Lebensjahres …	**Hier § 5** Inhaltlich gleich, abweichender Wortlaut; zusätzlich: Abs. 1 Nr. 1: […] bei nach der Kommunalverfassung gewählten Ehrenbeamten bedarf deren Verabschiedung ihrer Zustimmung.
7	Beamtinnen und Beamte auf Zeit	Siehe Gesetz	Konkretere Regelungen bzgl. der Wahl der Beamtinnen und Beamten auf Zeit. Im Übrigen nahezu identischer Wortlaut.	Konkretere Regelungen zur Begründung des Beamtenverhältnisses auf Zeit.	Inhaltlich gleich; zusätzliche Regelungen.	**Hier § 6** Inhaltlich gleich, abweichender Wortlaut.
8	Zuständigkeit für die Ernennung, Wirkung der Ernennung	Siehe Gesetz	**Hier § 9** Inhaltlich gleich; abweichender Wortlaut.	**Hier § 9** Inhaltlich weitgehend gleich.	**Hier § 9** Inhaltlich weitgehend gleich.	Inhaltlich gleich, aber **zusätzliche Regelungen in Abs. 1 und Abs. 6:**
9	Stellenausschreibung, Feststellung der gesundheitlichen Eignung	(1) [1]Die Bewerberinnen und Bewerber sollen durch Stellenausschreibung ermittelt werden. [2]Einer Einstellung soll eine öffentliche Ausschreibung vorausgehen. (2) Die gesundheitliche Eignung für die Berufung in ein Beamtenverhältnis auf	**Hier § 10** Inhaltlich gleich, abweichender – teils detaillierter – Wortlaut; zusätzlich regeln Abs. 2 – 7 Ausnahmen von der Ausschreibungspflicht	**Hier § 10** Inhaltlich gleich, abweichender Wortlaut. Zusatz: (1)… [3]Die gesetzlichen Vorschriften über die Auswahl von Beamtinnen und	**Hier § 10** Inhaltlich gleich, abweichender Wortlaut. Zusatz: (1)… Unberührt bleiben die gesetzlichen Vorschriften über die Auswahl der	Inhaltlich gleich, abweichender Wortlaut und zusätzliche Regelungen in Abs. 1 S.3 und Abs. 3 (bzgl. Schwerbehinderte).

		Lebenszeit oder in ein anderes Beamten- oder Beschäftigungsverhältnis mit dem Ziel der späteren Verwendung im Beamtenverhältnis auf Lebenszeit ist aufgrund einer ärztlichen Untersuchung festzustellen; § 45 gilt entsprechend.		Beamten auf Zeit bleiben unberührt. Zusätzliche Regelungen in Absatz 3.	Wahlbeamtinnen und Wahlbeamten der Gemeinden, Kreise, Ämter und der sonstigen Körperschaften, Anstalten und Stiftungen des öffentlichen Rechts sowie das Gleichstellungsgesetz vom 13. Dezember 1994	
10	Benachteiligungsverbot, genetische Untersuchungen	Siehe Gesetz	**Hier § 23**	**Hier § 23** Inhaltlich sind Abs. 1–4 wie Bremen	**Hier § 23** Inhaltlich sind Abs. 1–4 wie Bremen	**Hier § 23** Konkretere Angaben in den Absätzen 2–3
11	Feststellung der Nichtigkeit der Ernennung, Verbot der Führung der Dienstgeschäfte	Siehe Gesetz	Inhaltlich gleich, abweichender Wortlaut.	Inhaltlich gleich, abweichender Wortlaut.	Inhaltlich gleich, abweichender Wortlaut.	**Hier § 10** Inhaltlich gleich, abweichender Wortlaut; zusätzlich (1) […] [2]Die Feststellung der Nichtigkeit ist dem Beamten **oder im Fall seines Todes den versorgungsberechtigten Hinterbliebenen** schriftlich bekannt zu geben.
12	Rücknahme der Ernennung	(1) [1]Die Rücknahme der Ernennung wird von der für die Ernennung zuständigen Behörde vorgenommen und bedarf der Schriftform. [2]Für die Rücknahme der Ernennung im Fall des § 12 Abs. 1 Nr. 2 BeamtStG findet § 48 Abs. 4 des Verwaltungsverfahrensgesetzes (VwVfG) keine Anwendung. (2) § 11 Abs. 3 und 4 gilt entsprechend	Inhaltlich gleich, abweichender Wortlaut; zusätzlich in **Abs. 1 S. 2: Sechs-Monatsfrist** in den Fällen des § 12 Abs. 1 Nr. 3 und 4 und in **Abs. 1 S. 3**: Die Rücknahme der Ernennung ist auch nach Beendigung des Beamtenverhältnisses zulässig.	Inhaltlich wie Bremen.	Inhaltlich wie Bremen.	**Hier § 11** Inhaltlich wie Bremen.
13	Laufbahn	Siehe Gesetz	Inhaltlich gleich, abweichender Wortlaut.	Inhaltlich gleich, abweichender Wortlaut.	Inhaltlich gleich, abweichender Wortlaut. Zusätzliche Regelung in Absatz 5.	Inhaltlich gleich, abweichender Wortlaut.
14	Zugangsvoraussetzungen zu den Laufbahnen	Siehe Gesetz	Inhaltlich gleich, abweichender Wortlaut.	Inhaltlich gleich, abweichender Wortlaut.	Inhaltlich gleich, abweichender Wortlaut. Zusatz in Abs. 5	Inhaltlich gleich, abweichender Wortlaut.

15	Im Bereich eines anderen Dienstherrn erworbene Laufbahnbefähigung	(1) Bewerberinnen und Bewerber, die eine Laufbahnbefähigung nach den Vorschriften eines anderen Landes oder des Bundes erworben haben, besitzen auch, soweit erforderlich nach einer Unterweisung oder Durchführung von Qualifizierungsmaßnahmen, die Befähigung für die Laufbahn nach diesem Gesetz, die der Laufbahn, für die eine Befähigung erworben wurde, unter Berücksichtigung der Bildungsvoraussetzungen und der fachlichen Ausrichtung zuzuordnen ist. (2) Abweichend von Absatz 1 haben Bewerberinnen und Bewerber, die nicht in ein Beamtenverhältnis berufen worden sind, die Laufbahnbefähigung für eine Laufbahn nach diesem Gesetz nur dann, wenn die Laufbahnvorschriften dies bestimmen.	Inhaltlich gleich, abweichender Wortlaut.	Inhaltlich gleich, abweichender Wortlaut und zusätzliche Regelung in: (2) […] [2]Wurde ein Ausbildungs- oder Beschäftigungsverhältnis nicht begründet, entscheidet die oberste Dienstbehörde über eine Anerkennung der Befähigung.	Inhaltlich gleich, abweichender Wortlaut.	Inhaltlich gleich, abweichender Wortlaut und zusätzlich Regelung in: (2) […] [2]Soweit erforderlich, kann der Beamte verpflichtet werden, zusätzliche Qualifizierungsmaßnahmen zu absolvieren.
16	Erwerb der Befähigung für eine Laufbahn durch Anerkennung im Ausland erworbener Berufsqualifikationen	Inhaltlich gleich, abweichender Wortlaut; zusätzliche Regelungen in Abs. 1.	Inhaltlich gleich, abweichender Wortlaut; zusätzliche Regelungen in Abs. 1.	Inhaltlich gleich, abweichender Wortlaut; zu-sätzliche Regelungen in Abs. 2 (Beherrschung deutsche Sprache) und 3.	Inhaltlich wie Hamburg. Allerdings **keine Regelungen hinsichtlich der Beherrschung der deutschen Sprache.**	Inhaltlich gleich, abweichender Wortlaut; zusätzliche Regelungen in Abs. 2 (Beherrschung deutsche Sprache).
17	Andere Bewerberinnen und andere Bewerber	Siehe Gesetz	Inhaltlich gleich, teilweise abweichender Wortlaut, insbes. ist die Befähigung durch den Landesbeamtenausschuss festzustellen. Es sind aber keine vergleichbaren Regelungen zu Abs. 3 und 4 vorhanden.	Inhaltlich gleich, abweichender Wortlaut. Es sind aber keine vergleichbaren Regelungen zu Abs. 3 und 4 vorhanden.	Inhaltlich gleich, abweichender Wortlaut, insbes. ist die Befähigung durch den Landesbeamtenausschuss festzustellen. Es sind aber keine vergleichbaren Regelungen zu Abs. 3 und 4 vorhanden.	Inhaltlich gleich, abweichender Wortlaut, insbes. ist die Befähigung durch den Landesbeamtenausschuss oder ein von ihm bestimmter unabhängiger Unterausschuss festzustellen. Der Ministerpräsident stellt die Befähigung für die Staatssekretäre fest. Es sind aber keine vergleichbaren Regelungen zu Abs. 3 und 4 vorhanden.

18	Einstellung	Siehe Gesetz	Inhaltlich gleich, abweichender Wortlaut; zusätzlich [2]2. [Abweichend von Satz 1 kann] … für Beamtinnen und Beamte im Sinne des § 37, die Direktorin oder den Direktor bei der Bürgerschaft sowie die Mitglieder des Rechnungshofs der Freien Hansestadt Bremen oder … [auch eine Einstellung in einem höheren Amt vorgenommen werden.]	Inhaltlich gleich, abweichender Wortlaut; zusätzlich [2]2. [Abweichend von Satz 1 kann] … für Beamtinnen und Beamte im Sinne des § 37 oder … [auch eine Einstel-lung in einem höheren Amt vorgenommen werden.]	Inhaltlich wie Hamburg.	Inhaltlich wie Hamburg.
19	Probezeit	(1) Probezeit ist die Zeit im Beamtenverhältnis auf Probe, während der sich die Beamtin oder der Beamte nach Erwerb oder Feststellung der Befähigung für die Laufbahn bewähren soll. (2) [1]Die regelmäßige Probezeit dauert drei Jahre. [2]Zeiten beruflicher Tätigkeit innerhalb oder außerhalb des öffentlichen Dienstes können auf die Probezeit angerechnet werden, soweit die Tätigkeit nach Art und Bedeutung der Tätigkeit in der Laufbahn gleichwertig ist. [3]Die Mindestprobezeit beträgt in der **Laufbahngruppe 1 sechs Monate** und in der **Laufbahngruppe 2 ein Jahr**. [4]Die Mindestprobezeit kann unterschritten werden, wenn die nach Satz 2 anrechenbaren Zeiten im Beamten- oder Richterverhältnis mit Dienstbezügen abgeleistet worden sind. Abs. 2 bis 6 siehe Gesetz.	Inhaltlich gleich, abweichender Wortlaut; zusätzlich (3) […] [2]Bei Entlassung wegen mangelnder Bewährung oder Verkürzung der Probezeit ist eine Bewertung ausreichend. Es sind keine Regelungen enthalten, die dem Abs. 6 entsprechen	Inhaltlich wie Bremen.	Inhaltlich gleich, abweichender Wortlaut; zusätzlich (3) Eignung, Befähigung und fachliche Leistung der Beamtin oder des Beamten sind zweimal im Rahmen einer dienstlichen Beurteilung zu bewerten. [3]Bei Entlassung wegen mangelnder Bewährung oder Verkürzung der Probezeit ist eine Beurteilung ausreichend. Es sind keine Regelungen enthalten, die dem Abs. 6 entsprechen.	Inhaltlich gleich, abweichender Wortlaut; keine Differenzierung der Mindestprobezeitdauer zwischen Laufbahngruppe 1 und Laufbahngruppe 2 (2) [3]Die **Mindestprobezeit beträgt ein Jahr**; sie kann im Einzelfall mit Zustimmung des Landesbeamtenausschusses unterschritten werden… Es sind keine Regelungen enthalten, die dem Abs. 6 entsprechen.
20	Beförderung	(1) Beförderung ist eine Ernennung, durch die der Beamtin oder dem Beamten ein anderes Amt mit höherem Endgrundgehalt übertragen wird. (2) Die Beförderung setzt die Feststellung der Eignung für das höhere Amt nach einer **Erprobungszeit von**	Inhaltlich gleich, allerdings beträgt die Erprobungszeit **sechs Monate** und der Landesbeamtenausschuss kann **Ausnahmen** zulassen; zusätzlich (2) Eine Beförderung	Inhaltlich gleich, abweichender Wortlaut; zusätzlich (2) Eine Beförderung ist nicht zulässig … 2. **während der Probezeit.**	Inhaltlich gleich, abweichender Wortlaut; zusätzlich (2) Eine Beförderung ist nicht zulässig 1. **während der Probezeit**, …	Inhaltlich gleich, abweichender Wortlaut; zusätzlich (1) […] [2]Die Beförderung eines Beamten, der die Befähigung für das erste Einstiegsamt einer Laufbahn besitzt, in ein Amt

		mindestens drei Monaten Dauer voraus; dies gilt nicht für Beamtinnen und Beamte auf Zeit, für Beamtinnen und Beamte, die nach § 30 Abs. 1 Satz 1 BeamtStG in den einstweiligen Ruhestand versetzt werden können, und für Mitglieder des Landesrechnungshofs. (3) [1]Eine Beförderung ist nicht zulässig 1. vor Ablauf eines Jahres seit Beendigung der Probezeit und 2. vor Ablauf eines Jahres seit der letzten Beförderung, es sei denn, dass das derzeitige Amt nicht durchlaufen zu werden braucht. [2]Ämter, die regelmäßig zu durchlaufen sind, dürfen nicht übersprungen werden. [3]Abweichend von Satz 1 Nr. 1 ist eine Beförderung bereits nach Ablauf der in § 19 Abs. 2 Satz 3 vorgeschriebenen Mindestprobezeit zulässig, wenn die Beamtin oder der Beamte hervorragende Leistungen gezeigt hat. Abs. 4 und 5 siehe Gesetz.	ist nicht zulässig 1. **während der Probezeit**, … 3. vor Feststellung der Eignung für das höhere Amt durch Erprobung in einer **Erprobungszeit von mindestens sechs Monaten** Dauer … (3) Der **Landesbeamtenausschuss** kann Ausnahmen von Absatz 2 zulassen. Es sind keine Regelungen i.S.d. Abs. 5 enthalten.	**Es sind keine Regelungen i.S.d. Abs. 5 enthalten.**	4. **vor Ablauf von zwei Jahren seit der letzten Beförderung,** es sei denn, dass das derzeitige Amt nicht durchlaufen zu werden braucht. (3) Der Landesbeamtenausschuss kann Ausnahmen von Absatz 2 zulassen. Es sind keine Regelungen i.S.d. Abs. 5 enthalten.	oberhalb des zweiten Einstiegsamtes dieser Laufbahn ist **nur zulässig, wenn er zuvor erfolgreich an Qualifizierungsmaßnahmen teilgenommen hat**, die ihn in Verbindung mit den bisher wahrgenommenen beruflichen Tätigkeiten zu einer erfolgreichen Wahrnehmung der Aufgaben des höheren Amtes befähigen. (2) Eine Beförderung ist nicht zulässig 1. während der Probezeit, […] 3. vor Feststellung der Eignung für einen höher bewerteten Dienstpos-ten in einer **Erprobungszeit (§ 21 = sechs Monate)** (4) Der **Landesbeamtenausschuss** kann Ausnahmen von Absatz 2 Satz 1 und Absatz 3 zulassen. **Es sind keine Regelungen i.S.d. Abs. 5 enthalten.**
21	Aufstieg	Siehe Gesetz	Inhaltlich gleich, abweichender Wortlaut.	Inhaltlich gleich, abweichender Wortlaut.	Inhaltlich gleich, abweichender Wortlaut.	
22	Fortbildung	Siehe Gesetz	Inhaltlich gleich, abweichender Wortlaut.	Inhaltlich gleich, abweichender Wortlaut.	Inhaltlich gleich, abweichender Wortlaut.	Inhaltlich gleich, abweichender Wortlaut.
23	Laufbahnwechsel	Siehe Gesetz	**Hier § 24**	**Hier § 24**	**Hier § 24**	**Hier § 24** Zusätzliche Regelung in Absatz 2.
24	Kommunale Hochschule für Verwaltung in Niedersachsen	Siehe Gesetz	**Hier § 115** Auf Beamtinnen und Beamte an Hochschulen finden die allgemeinen Vorschriften dieses Gesetzes	Keine Regelung	Keine Regelung	Keine Regelung

			Anwendung, soweit in diesem Abschnitt, im Bremischen Hochschulgesetz oder im Bremischen Gesetz über die Hochschule für Öffentliche Verwaltung nichts anderes bestimmt ist.			
25	Laufbahnverordnung	Die **Landesregierung** regelt durch Verordnung die Einzelheiten der Laufbahnen, insbesondere 1. die Gestaltung der Laufbahnen und die regelmäßig zu durchlaufenden Ämter, 2. den Erwerb der Laufbahnbefähigung, insbesondere a) die über die gesetzlichen Mindestvoraussetzungen hinausgehenden Zugangsvoraussetzungen und b) die Ausgestaltung und Dauer öffentlich-rechtlicher Ausbildungsverhältnisse außerhalb eines Vorbereitungsdienstes einschließlich der sich daraus ergebenden Rechte und Pflichten, 3. die Ausgestaltung und Dauer eines Vorbereitungsdienste, soweit die Regelung der Dauer des Vorbereitungsdienstes nicht einer Verordnung nach § 26 überlassen bleibt, 4. allgemeine Dienstbezeichnungen im Vorbereitungsdienst, 5. Notenstufen für Prüfungen im Vorbereitungsdienst, 6. die Notwendigkeit einer besonderen Ausbildung und Prüfung für besondere Aufgabenbereiche in einer Laufbahn, 7. Voraussetzungen für die Einstellung in einem höheren Amt als einem Einstiegsamt, 8. Höchstaltersgrenzen für die Einstellung in einen Vorbereitungsdienst und in ein Beamtenverhältnis auf Probe,	Der **Senat** regelt unter Berücksichtigung der §§ 13 bis 24 durch Rechtsverordnung die nähere Ausgestaltung der Laufbahnen, insbesondere 1. die Gestaltung der Laufbahnen und die regelmäßig zu durchlaufenden Ämter (§ 13), 2. der Erwerb der Laufbahnbefähigung (§§ 14 bis 17); dabei sind auch die Mindestdauer eines Vorbereitungsdienstes und einer hauptberuflichen Tätigkeit zu regeln, 3. die Durchführung von Prüfungen, einschließlich der Prüfungsnote, 4. Voraussetzungen für die Einstellung in einem höheren Amt als einem Einstiegsamt (§ 18 Satz 2 Nummer 1), 5. die Probezeit, insbesondere ihre Verlängerung und Anrechnung von Zeiten hauptberuflicher Tätigkeit auf die Probezeit (§ 19), 6. die Voraussetzungen und das Verfahren für Beförderungen und den Aufstieg (§§ 20, 21),	Inhaltlich wie Bremen; zusätzlich Nr. **9. Grundsätze für dienstliche Beurteilungen (§ 10 Absatz 4)**	Inhaltlich gleich, abweichender Wortlaut; zusätzlich Nr. **9. Grundsätze für dienstliche Beurteilungen (§ 10 Absatz 4),** **12. Besonderheiten für Beamtinnen und Beamte nach § 1 Abs. 1 Nr. 2 und 3.** (2) Die **Landesregierung** erlässt durch Verordnung nach Absatz 1 die Vorschriften, die für alle Laufbahnen einheitlich gelten sollen (Allgemeine Laufbahnverordnung). Darüber hinaus erforderliche Vorschriften erlässt die für die Gestaltung der **jeweiligen Laufbahn zuständige oberste Landesbehörde im Einvernehmen mit der Ministerpräsidentin oder dem Ministerpräsidenten** durch Verordnung nach Absatz 1.	Inhaltlich gleich, abweichender Wortlaut; zusätzlich (1) Die **Landesregierung und obersten Landesbehörden** werden ermächtigt, unter Berücksichtigung der §§ 12 bis 24 durch Rechtsver-ordnung Vorschriften für die Laufbahnen (Laufbahnverordnungen) zu erlassen. Regelungen, die für mehrere Laufbahnen einheitlich gelten, sind in der Allgemeinen Laufbahnverordnung zu treffen, die von der Landesregierung erlassen wird. Die **übrigen Laufbahnverordnungen erlassen die für die Gestaltung der Laufbahn zuständigen obersten Landesbehörden im Einvernehmen mit dem Innenministerium.** Sind Ämter einer Laufbahn im Geschäftsbereich mehrerer obersten Landesbehörden vorhanden, bestimmt das Innenministerium im Benehmen mit den obersten Landesbehörden die für die Gestaltung dieser Laufbahn zuständige oberste Landesbehörde.

		9. die Probezeit, insbesondere ihre Verlängerung und die Anrechnung von Zeiten beruflicher Tätigkeit, das Erfordernis des Ablegens einer Prüfung zur Feststellung der Bewährung sowie gesetzlich nicht bestimmte Folgen der Feststellung der Nichtbewährung, 10. Voraussetzungen für Beförderungen und für den Aufstieg, 11. Voraussetzungen für den Laufbahnwechsel, 12. Grundsätze für dienstliche Beurteilungen, 13. Ausgleichsmaßnahmen zugunsten von Schwerbehinderten Menschen und 14. die Fortbildung sowie Inhalte von Personalentwicklungs- und Personalführungsmaßnahmen.	7. Voraussetzungen für den Laufbahnwechsel (§ 24), 8. Grundsätze der Fortbildung (§ 22), 9. Einzelheiten des Nachteilsausgleichs (§ 23), 10. Ausgleichsmaßnahmen zugunsten von schwerbehinderten Menschen.			(2) … 3. die Einstellungsvoraussetzungen für andere Bewerber (§ 17), … 13. soweit erforderlich, besondere Regelungen für **Kommunal- und Körperschaftsbeamte.**
26	Ausbildungs- und Prüfungsverordnungen	Siehe Gesetz	Inhaltlich gleich, abweichender Wortlaut.	Inhaltlich gleich, abweichender Wortlaut.	Inhaltlich gleich, abweichender Wortlaut.	Inhaltlich gleich, abweichender Wortlaut.
27	Abordnung	Siehe Gesetz	**Hier §§ 27, 28** **§ 27:** Siehe Gesetz **§ 28:** Inhaltlich wie § 27 NBG, abweichender Wortlaut.	**Hier §§ 27,28** **§ 27:** Siehe Gesetz **§ 28:** Inhaltlich wie § 27 NBG, abweichender Wortlaut.	**Hier §§ 27,28** **§ 27:** Siehe Gesetz **§ 28:** Inhaltlich wie § 27 NBG, abweichender Wortlaut.	**Hier §§ 27,28** **§ 27:** Siehe Gesetz **§ 28:** Inhaltlich wie § 27 NBG, abweichender Wortlaut.
28	Versetzung	Siehe Gesetz	**Hier §§ 27, 29** Inhaltlich gleich, abweichender Wortlaut.	**Hier §§ 27, 29** Inhaltlich gleich, abweichender Wortlaut; zusätzlich (5) Die notwendige Zustimmung der Beamtin oder des Beamten zu einer Versetzung bedarf der Schriftform.	**Hier §§ 27, 29** Inhaltlich gleich, abweichender Wortlaut.	**Hier §§ 27, 29** Inhaltlich gleich, abweichender Wortlaut.

29	Körperschafts-umbildung	Siehe Gesetz	Keine Regelung	Es wird lediglich das Wort Körperschaftsumbildung in der Überschrift des Abschnittes 4 genannt.	Es wird lediglich das Wort Körperschaftsumbildung in der Überschrift des Abschnittes 4 genannt.	Keine Regelung
30	Entlassung kraft Gesetzes	Abs. 1 bis 3 siehe Gesetz. (4) [1]Beamtinnen und Beamte auf Widerruf im Vorbereitungsdienst sind mit dem Ablauf des Tages aus dem Beamtenverhältnis entlassen, an dem ihnen 1. das Bestehen der den Vorbereitungsdienst abschließenden Prüfung oder 2. das endgültige Nichtbestehen der den Vorbereitungsdienst abschließenden Prüfung oder einer Zwischenprüfung bekannt gegeben wird. [2] Im Fall des Satzes 1 Nr. 1 endet das Beamtenverhältnis jedoch frühestens mit dem Ablauf der für den Vorbereitungsdienst im Allgemeinen oder im Einzelfall festgesetzten Zeit.	Inhaltlich gleich, abweichender Wortlaut; zusätzlich (4) Beamtinnen und Beamte auf Widerruf im Vorbereitungsdienst sind mit dem Ablauf des Tages aus dem Beamtenverhältnis entlassen, an dem ihnen 1. das Bestehen der den Vorbereitungsdienst abschließenden Prüfung oder **im Falle des § 14 Absatz 1 Nummer 2** die Feststellung, **dass das Ziel des Vorbereitungsdienstes erreicht wurde** oder 2. das endgültige Nichtbestehen der den Vorbereitungs-dienst abschließenden Prüfung oder vorgeschriebenen Zwischenprüfung oder im Falle des § 14 Absatz 1 Nummer 2 die Feststellung, dass das Ziel des Vorbereitungsdienstes nicht erreicht wurde, bekannt gegeben worden ist. Im Fall von Satz 1 Nummer 1 endet das Beamtenverhältnis jedoch frühestens nach Ablauf der für den Vorbereitungsdienst im Allgemeinen oder im Einzelfall	Inhaltlich gleich, abweichender Wortlaut; zusätzlich (4) Beamtinnen und Beamte auf Widerruf im Vorbereitungsdienst sind mit dem Ablauf des Tages aus dem Beamtenverhältnis entlassen, an dem ihnen 1. das Bestehen der den Vorbereitungsdienst abschließenden Prüfung oder, soweit eine Prüfung nicht vorgeschrieben ist, die anderweitige Feststellung des erfolgreichen Abschlusses oder 2. das endgültige Nichtbestehen einer für den erfolgreichen Abschluss des Vorbereitungsdienstes notwendigen Prüfung oder die endgültige Feststellung des Fehlens eines für den Abschluss notwendigen Leistungsnachweises bekannt gegeben worden ist. Im Fall von Satz 1 Nummer 1 endet das Beamtenverhältnis jedoch frühestens nach Ablauf der für den Vorbereitungsdienst im Allgemeinen oder im Einzelfall festgesetzten Zeit.	Inhaltlich gleich, abweichender Wortlaut; zusätzlich (3) Beamtinnen oder Beamte des Landes, die zu Hochschullehrerinnen oder Hochschullehrern sowie zu wissenschaftlichen und künstlerischen Mitarbeiterinnen oder Mitarbeitern im Beamtenverhältnis auf Zeit oder zu Präsidentinnen oder Präsidenten oder zu Kanzlerinnen oder Kanzlern einer Hoch-schule ernannt werden, sind abweichend von § 22 Abs. 3 BeamtStG für die Dauer des Beamtenverhältnisses auf Zeit oder der Wahlzeit unter Fortfall der Dienstbezüge zu beurlauben.	Inhaltlich gleich, abweichender Wortlaut; allerdings wird in **Abs. 1** zwischen **Kommunalbeamten und Körperschaftsbeamten** und ich **Abs. 2** zwischen **Landesbeamten** unterschieden.

			festgesetzten Zeit. Der Senat kann durch Rechtsverordnung vorsehen, dass das Beamtenverhältnis trotz Vorliegens der Voraussetzungen nach Satz 1 Nummer 1 fortgesetzt wird.			
31	Entlassung durch Verwaltungsakt	Siehe Gesetz	Inhaltlich gleich, abweichender Wortlaut; zusätzlich (2) […] [2]Als Beschäftigungszeit gilt die Zeit ununterbrochener Tätigkeit im Beamtenverhältnis auf Probe bei demselben Dienstherrn.	Inhaltlich wie Bremen, abweichender Wortlaut.	Inhaltlich wie Bremen, abweichender Wortlaut.	Inhaltlich gleich, abweichender Wortlaut; zusätzlich (5) Ist ein Beamter nach § 23 Absatz 3 Satz 1 Nummer 3 des Beamtenstatusgesetzes entlassen worden, ist er bei Neueinstellungen auf seine Bewerbung bei gleichwertiger Eignung vorrangig zu berücksichtigen.
32	Zuständigkeit für die Entlassung, Zeitpunkt und Wirkung der Entlassung	Siehe Gesetz	Inhaltlich gleich, abweichender Wortlaut. Zusatz: (2) … [2]Sie dürfen die Amtsbezeichnung und die im Zusammenhang mit dem Amt verliehenen Titel nur führen, wenn ihnen die Erlaubnis nach § 57 Abs. 4 erteilt wor-den ist.	Inhaltlich gleich, abweichender Wortlaut. Zusatz: (2) … [2] Sie dürfen die Amtsbezeichnung und die im Zusammenhang mit dem Amt verliehenen Titel nur führen, wenn ihnen die Erlaubnis nach § 58 Absatz 4 er-teilt worden ist.	Inhaltlich gleich, abweichender Wortlaut. Zusatz: (2) … [2]Sie dürfen die Amtsbezeichnung und die im Zusammenhang mit dem Amt verliehenen Titel nur führen, wenn ihnen die Erlaubnis nach § 57 Abs. 4 erteilt worden ist.	Inhaltlich gleich, abweichender Wortlaut. Zusätzliche Regelung: (2) … [2]Er darf die Amtsbezeichnung und die im Zusammenhang mit dem Amt verliehenen Titel nur führen, wenn ihm die Erlaubnis nach § 59 Absatz 4 erteilt worden ist.
33	Wirkung des Verlustes der Beamtenrechte und eines Wiederaufnahmeverfahrens	Siehe Gesetz	Inhaltlich gleich, abweichender Wortlaut.	Inhaltlich gleich, abweichender Wortlaut.	Inhaltlich gleich, abweichender Wortlaut.	Inhaltlich gleich, abweichender Wortlaut.
34	Gnadenrecht	Der **Ministerpräsidentin oder dem Ministerpräsidenten** steht hinsichtlich des Verlustes der Beamtenrechte (§ 24 BeamtStG) das Gnadenrecht zu.	Inhaltlich gleich, wobei dem **Senat** das Gnadenrecht zusteht.	Inhaltlich gleich, wobei dem **Senat** das Gnadenrecht zusteht; zusätzlich	Inhaltlich gleich; zusätzlich (2) Wird im Gnadenwege der Verlust der Beamtenrechte in vollem Umfang beseitigt, gilt von diesem	Inhaltlich gleich, abweichender Wortlaut

				(2) Wird im Wege der Begnadigung der Verlust der Beamtenrechte in vollem Umfang beseitigt, gelten von diesem Zeitpunkt an § 24 Absatz 2 BeamtStG und § 33 Absatz 2 entsprechend.	Zeitpunkt ab § 33 Abs. 2 bis 4 entsprechend.	
35	Ruhestand wegen Erreichens der Altersgrenze	(2) [1]Soweit gesetzlich nichts anderes bestimmt ist, wird die Altersgrenze mit Vollendung des **67. Lebensjahres** erreicht. [2]Beamtinnen und Beamte, die vor dem 1.Januar 1947 geboren sind, erreichen die Altersgrenze abweichend von Satz 1 mit Vollendung des 65. Lebensjahres. Im Übrigen siehe Gesetz.	Inhaltlich gleich, abweichender Wortlaut. Zusätzliche Regelungen in den Absätzen 4 bis 6.	Inhaltlich gleich, abweichender Wortlaut. Zusätzliche Regelung in Absatz 3 für Beamtinnen und Beamte auf Lebenszeit und in Abs. 5 bzgl. eines Antrags auf Hinausschieben des Ruhestands.	Inhaltlich gleich, abweichender Wortlaut. Zusätzliche Regelung in Absatz 5 für hauptamtliche Wahlbeamtinnen und Wahlbeamte.	Inhaltlich gleich, abweichender Wortlaut. Zusätzliche Regelung in Absatz 4 für Kommunale Wahlbeamte.
36	Hinausschieben des Ruhestandes	Siehe Gesetz	**Hier § 35 Abs. 4 (siehe § 35 NBG).**	**Hier § 35 Abs. 4 (siehe § 35 NBG).**	**Hier § 35 Abs. 4 (siehe § 35 NBG).**	**Hier § 35 Abs. 4 (siehe § 35 NBG).**
37	Ruhestand auf Antrag	(1) [1]Beamtinnen und Beamte auf Lebenszeit können auf Antrag in den Ruhestand versetzt werden, wenn sie das **60. Lebensjahr** vollendet haben. [2]Vor dem 1.Januar 2012 ist eine Versetzung in den Ruhestand auf Antrag abweichend von Satz 1 nur zulässig, wenn die Beamtin oder der Beamte 1. das **63. Lebensjahr** vollendet hat oder 2. **schwerbehindert** im Sinne des § 2 Abs. 2 des Neunten Buchs des Sozialgesetzbuchs (SGB IX) ist und das **60. Lebensjahr** vollendet hat. (2) § 35 Abs. 1 Satz 2 gilt entsprechend	**Hier § 36** (1) Beamtinnen und Beamte auf Lebenszeit können auf Antrag in den Ruhestand versetzt werden, wenn sie **das 63. Lebensjahr** vollendet haben. § 35 Absatz 1 Satz 4 gilt entsprechend.	**Hier § 36** (1) [1]Beamtinnen und Beamte auf Lebenszeit können auf Antrag in den Ruhestand versetzt werden, wenn sie 1. **schwerbehindert im Sinne des § 2 Absatz 2 des** … sind und das **62. Lebensjahr** vollendet haben oder 2. **das 63. Lebensjahr** vollendet haben Zusätzliche Regelungen für schwerbehinderte in Absatz 2.	**Hier § 36** (1) Beamtinnen und Beamte auf Lebenszeit o-der auf Zeit können auf Antrag in den Ruhestand versetzt werden, wenn sie **das 63. Lebensjahr** vollendet haben. Zusätzliche Regelungen für schwerbehinderte in den Absätzen 3–4.	**Hier § 36** (1) [1]Der Beamte auf Lebenszeit kann auf seinen Antrag in den Ruhestand versetzt werden, wenn er **das 63. Lebensjahr** vollendet hat. (2) [1]Der Beamte auf Lebenszeit, der **schwerbehindert im Sinne des § 2 Absatz 2** des Neunten Buches Sozialgesetzbuch ist, kann auf seinen Antrag in den Ruhestand versetzt werden, wenn er **das 62. Lebensjahr** vollendet hat
43	Verfahren zur Feststellung der Dienstunfähigkeit und der begrenzten Dienstfähigkeit	Siehe Gesetz	**Hier § 41** Inhaltlich gleich, abweichender Wortlaut.	**Hier § 41** Inhaltlich gleich, abweichender Wortlaut.	**Hier § 41** Inhaltlich gleich, abweichender Wortlaut. Zusatz in Abs. 5	**Hier § 41** Inhaltlich gleich, abweichender Wortlaut.

44	Wiederherstellung der Dienstfähigkeit	(1) Die Frist, innerhalb derer Ruhestandsbeamtinnen und Ruhestandsbeamte nach § 29 Abs. 1 BeamtStG bei wiederhergestellter Dienstfähigkeit die erneute Berufung in das Beamtenverhältnis verlangen können, beträgt fünf Jahre.	**Hier § 43** Inhaltlich gleich, abweichender Wortlaut.	**Hier § 43** Inhaltlich gleich, abweichender Wortlaut.	**Hier § 43** (1) Die Frist, innerhalb derer Ruhestandsbeamtinnen oder Ruhestandsbeamte bei wiederhergestellter Dienstfähigkeit die erneute Berufung in das Beamtenverhältnis verlangen können (§ 29 Abs. 1 BeamtStG), beträgt zehn Jahre. Zusätzliche Regelungen in den Absätzen 2 und 3.	**Hier § 43** Inhaltlich gleich, abweichender Wortlaut.
45	Ärztliche Untersuchungen	Siehe Gesetz	**Hier § 44** Inhaltlich gleich, abweichender Wortlaut.	**Hier § 44** Inhaltlich gleich, abweichender Wortlaut. Insbesondere enthält die Vorschrift keine Regelung über etwaige Kopien des Untersuchungsberichts an die/den Beamten/innen i.S.d. § 45 III S. 2 NBG.	**Hier § 44** Inhaltlich gleich, abweichender Wortlaut. Insbesondere enthält Vorschrift keine Regelung über etwaige Kopien des Untersuchungsberichts an die/den Beamten/innen i.S.d. § 45 III S. 2 NBG und die Art und Weise (versiegelt o.ä.) der Weitergabe an die Personalakte.	**Hier § 44** Inhaltlich gleich, abweichender Wortlaut.
46	Verschwiegenheitspflicht	Siehe Gesetz	Inhaltlich gleich, abweichender Wortlaut. Zusatz: (1) Die Genehmigung nach § 37 Absatz 3 des Beamtenstatusgesetzes erteilt die oder der Dienstvorgesetzte oder, wenn das Beamtenverhältnis beendet ist, die oder der letzte Dienstvorgesetzte.	Inhaltlich wie Bremen. Zusätzliche Regelungen in Absatz 3. (3) Auskünfte an die Presse erteilen die Senatorinnen oder Senatoren der Senatsämter und Fachbehörden, die Präsidentin bzw. der Präsident des Rechnungshofs sowie die Leiterinnen oder Leiter der landesunmittelbaren Körperschaften, Anstalten und Stiftungen des öffentlichen Rechts. Sie können dieses Recht auf andere Personen übertragen	Inhaltlich wie Bremen; zusätzlich (1) Die Kontaktstelle zur Bekämpfung der Korruption in Schleswig-Holstein ist eine außerdienstliche Stelle im Sinne des § 37 Abs. 2 Satz 1 Nr. 3 BeamtStG.	Hier § 47 Inhaltlich wie Bremen; zusätzlich (1) […] [2]Über die Genehmigung in den Fällen nach § 37 Absatz 4 Satz 1 und Absatz 5 Satz 1 des Beamten-statusgesetzes entscheidet bei Landräten, Bürgermeistern sowie Amts- und Verbandsvorstehern die Rechtsaufsichtsbehörde.

47	Diensteid	Siehe Gesetz	Inhaltlich gleich, abweichender Wortlaut.	Inhaltlich gleich, abweichender Wortlaut.	Inhaltlich gleich, abweichender Wortlaut. Zusatz: (5) Die gesetzlichen Vorschriften über die Vereidigung der kommunalen Wahlbeamtinnen und Wahlbeamten bleiben unberührt.	**Hier § 48** Inhaltlich wie Hamburg, abweichender Wortlaut.
48	Folgen eines Verbots der Führung der Dienstgeschäfte (§ 39 BeamtStG)	Siehe Gesetz	Inhaltlich gleich, abweichender Wortlaut.	Inhaltlich gleich, abweichender Wortlaut; zusätzlich: (1) Über das Verbot der Führung der Dienstgeschäfte nach § 39 BeamtStG entscheidet die oder der Dienstvorgesetzte oder die oder der höhere Dienstvorgesetzte.	Inhaltlich wie Hamburg, abweichender Wortlaut.	**Hier § 49** Inhaltlich wie Hamburg, abweichender Wortlaut.
49	Verbot der Annahme von Belohnungen und Geschenken (§ 42 BeamtStG)	Siehe Gesetz	Inhaltlich gleich, abweichender Wortlaut. In Absatz 2 zusätzliche Regelung bzgl. des Herausgabeanspruchs. Zusätzliche Regelung in Absatz 3 bzgl. Annahme von Titel, Orden und Ehrenzeichen.	Inhaltlich wie Bremen, abweichender Wortlaut; **zusätzlich § 50 für Titel**: Die Beamtin oder der Beamte darf Titel, Orden und Ehrenzeichen von einem ausländischen Staatsoberhaupt oder einer ausländischen Regierung nur mit Genehmigung des Senats annehmen.	Inhaltlich wie die Abs. 1–2 des BremBG. Allerdings sind keine Angaben für die Annahme von Titeln, Orden etc. enthalten.	**Hier § 50** Inhaltlich wie die Abs. 1–2 des BremBG. Allerdings sind keine Angaben für die Annahme von Titeln, Orden etc. enthalten.
51	Schadensersatz (§ 48 BeamtStG)	Siehe Gesetz	Inhaltlich gleich, abweichender Wortlaut.	**Hier § 52** Inhaltlich gleich, abweichender Wortlaut.	Inhaltlich gleich, abweichender Wortlaut.	**Hier § 52** Inhaltlich gleich, abweichender Wortlaut.
53	Ausschluss von der Amtsausübung	Die §§ 20 und 21 VwVfG gelten entsprechend für dienstliche Tätigkeiten außerhalb eines Verwaltungsverfahrens	Zusatz: Satz 1 gilt nicht für Personen, die einem der in § 20 Absatz 1 Satz 1 Nummer 5 des Bremischen Verwaltungsverfahrensgesetzes genannten Organe in amtlicher Eigenschaft angehören.	**Hier § 54** Zusatz: … [2]Satz 1 gilt nicht für Personen, die einem der in § 20 Absatz 1 Satz 1 Nummer 5 HmbVwVfG genannten Organe in amtlicher Eigenschaft angehören.		**Hier § 54** Zusatz: [2]Satz 1 gilt nicht für Personen, die einem der in § 20 Absatz 1 Satz 1 Nummer 5 des Landesverwaltungsverfahrensgesetzes genannten Organe in amtlicher Eigenschaft angehören.

54	Wohnungswahl, Dienstwohnung	Siehe Gesetz	**Hier § 55** Inhaltlich gleich, abweichender Wortlaut.	Inhaltlich gleich, abweichender Wortlaut.	Inhaltlich gleich, abweichender Wortlaut.	**Hier § 56** Inhaltlich gleich, abweichender Wortlaut.
55	Aufenthalt in erreichbarer Nähe	Siehe Gesetz	Inhaltlich gleich, abweichender Wortlaut.	**Hier in § 56** Inhaltlich gleich, abweichender Wortlaut; zusätzlich […] [2]Das Nähere, insbesondere ob und inwieweit Zeiten der Rufbereitschaft auf die regelmäßige Arbeitszeit anzurechnen sind, regelt der Senat in der Rechtsverordnung nach § 61 Absatz 4.	Inhaltlich gleich, abweichender Wortlaut.	**Hier § 57** Inhaltlich gleich, abweichender Wortlaut.
56	Bekleidung im Dienst	Siehe Gesetz	Inhaltlich gleich, abweichender Wortlaut. Insbesondere erhalten Beamten/innen Dienst- oder Schutzkleidung oder Ausrüstung **unentgeltlich**.	**Hier § 57** Inhaltlich wie Bremen.	Inhaltlich gleich, wobei die Vorschriften über die Dienstkleidung die zuständige **oberste Landesbehörde** erlässt.	**Hier § 58** Inhaltlich gleich, wobei die Vorschriften über die Dienstkleidung der zuständige **Ministerpräsident** erlässt und er die Ausübung dieser Befugnis auf andere Stellen übertragen kann.
57	Amtsbezeichnung	Siehe Gesetz	Inhaltlich gleich, abweichender Wortlaut.	**Hier § 58** Inhaltlich gleich, abweichender Wortlaut.	Inhaltlich gleich, abweichender Wortlaut; zusätzlich Abs. 2 S. 3.	**Hier § 59** Inhaltlich gleich, abweichender Wortlaut.
58	Dienstjubiläen	Siehe Gesetz	Inhaltlich gleich, abweichender Wortlaut.	**Hier § 59** Inhaltlich gleich, abweichender Wortlaut.	Inhaltlich gleich, abweichender Wortlaut. Zusatz: Die Beamtinnen und Beamten werden bei Dienstjubiläen durch Aushändigung einer Dankurkunde geehrt	**Hier § 60** Inhaltlich gleich, abweichender Wortlaut.
59	Dienstzeugnis	Siehe Gesetz	Inhaltlich gleich, abweichender Wortlaut; insbesondere konkretere Regelung.	**Hier § 60** Inhaltlich gleich, abweichender Wortlaut.	Inhaltlich gleich, abweichender Wortlaut; insbesondere konkretere Regelung.	**Hier § 61** Inhaltlich gleich, abweichender Wortlaut; insbesondere konkretere Regelung.

60	Regelmäßige Arbeitszeit, Bereitschaftsdienst, Mehrarbeit	(1) Die regelmäßige Arbeitszeit darf im Jahresdurchschnitt **40 Stunden** in der Woche nicht überschreiten. (2) … (3) … Werden sie durch eine dienstlich angeordnete oder genehmigte Mehrarbeit im Umfang **von mehr als einem Achtel der individuellen wöchentlichen Arbeitszeit im Monat** beansprucht … (4) …	Inhaltlich gleich, abweichender Wortlaut. Insbesondere nicht enthalten ist die Regelung des Abs. 4.	**Hier § 61** Inhaltlich wie Bremen.	(1) Die regelmäßige Arbeitszeit darf wöchentlich im Durchschnitt **41 Stunden** nicht überschreiten. (3) … Werden sie durch eine dienstlich angeordnete oder genehmigte Mehrarbeit **mehr als fünf Stunden im Monat über die regelmäßige Arbeitszeit** hinaus beansprucht.	**Hier § 62** (1) Die regelmäßige Arbeitszeit darf wöchentlich im Durchschnitt **41 Stunden** nicht überschreiten.
61	Teilzeitbeschäftigung	Siehe im Gesetz	Inhaltlich gleich, abweichender Wortlaut. Insbesondere nicht enthalten ist Regelung des Abs. 4.	**Hier § 62** Wie Bremen.	Inhaltlich wie Bremen; zusätzlich (1) […] [2]Unter den gleichen Voraussetzungen kann die Teilzeitbeschäftigung auch in der Weise bewilligt werden, dass die Teilzeitarbeit über einen Zeitraum bis zu sieben Jahren gewährt und dabei der Teil, um den die Arbeitszeit ermäßigt ist, zu einem ununterbrochenen Zeitraum zusammengefasst wird, der am Ende der bewilligten Teilzeitbeschäftigung liegen muss.	**Hier § 63** Inhaltlich wie Bremen; zusätzlich (3) Wird eine Reduzierung der Arbeitszeit beantragt, ist der Beamte schriftlich auf die Folgen reduzierter Arbeitszeit hinzuweisen, insbesondere auf die Folgen für Ansprüche aufgrund beamtenrechtlicher Regelungen. Der Hinweis ist aktenkundig zu machen.
62	Teilzeitbeschäftigung und Urlaub aus familiären Gründen	(1) … 1. Teilzeitbeschäftigung mit **mindestens einem Viertel** der regelmäßigen Arbeitszeit.. 2. Urlaub ohne Dienstbezüge..	Inhaltlich gleich, abweichender Wortlaut.	**Hier § 63** 1. Teilzeitbeschäftigung mit mindestens einem Viertel der regelmäßigen Arbeitszeit 2. Urlaub ohne Dienstbezüge bis **zur Dauer von drei** Jahren mit der Möglichkeit der Verlängerung…	(1) … 1. Teilzeitbeschäftigung mit mindestens **30 %** der regelmäßigen Arbeitszeit 2. Urlaub ohne Dienstbezüge bis zur Dauer von 15 Jahren zu bewilligen, wenn sie mindestens Zusätzliche Regelungen in Absatz 1.	**Hier § 64** (1) Einem Beamten mit Dienstbezügen kann auf Antrag Teilzeitbeschäftigung mit mindestens der Hälfte der regelmäßigen Arbeitszeit und bis zur jeweils beantragten Dauer bewilligt werden, soweit dienstliche Gründe nicht entgegenstehen.

						(2) Einem Beamten mit Dienstbezügen ist auf Antrag, wenn zwingende dienstliche Gründe nicht entgegenstehen, Teilzeitbeschäftigung mit mindestens einem Viertel der regelmäßigen Arbeitszeit zu bewilligen, wenn er mindestens
63	Altersteilzeit	(1) [1]Beamtinnen und Beamten mit Dienstbezügen kann auf Antrag für einen Zeitraum, der sich auf die Zeit bis zum Beginn des Ruhestands erstrecken muss, eine altersabhängige Teilzeitbeschäftigung (Altersteilzeit) bewilligt werden, wenn sie das **60. Lebensjahr** vollendet haben und dringende dienstliche Belange nicht entgegenstehen … **höchstens jedoch 60 vom Hundert der durchschnittlichen Arbeitszeit der letzten drei Jahre** …	Zusätzliche Regelung in Absatz 3: Sogenanntes „Blockmodell“ möglich.	Keine Regelungen.	(1) Beamtinnen und Beamten mit Dienstbezügen kann auf Antrag, der sich auf die Zeit bis zum Beginn des Ruhestandes erstrecken muss, Teilzeitbeschäftigung mit 60 % der bisherigen Arbeitszeit bewilligt werden, wenn die Beamtin oder der Beamte **das fünfundfünfzigste Lebensjahr** vollendet hat und zwingende dienstliche Belange nicht entgegenstehen (Altersteilzeit)	**Hier § 65** (1) [1]Beamten mit Dienstbezügen kann auf Antrag, der sich auf die Zeit bis zum Beginn des Ruhestandes erstrecken muss, Teilzeitbeschäftigung als Altersteilzeit mit der Hälfte der bisherigen Arbeitszeit, **höchstens der Hälfte der in den letzten zwei Jahren vor Beginn der Altersteilzeit durchschnittlich zu leistenden Arbeitszeit,** bewilligt werden, wenn 1. der Beamte **das 55. Lebensjahr vollendet** hat, In Absatz 2 sog. Teilzeitmodell oder Blockmodell möglich. Zusätzliche Regelungen in Absätzen 3–5.
64	Urlaub ohne Dienstbezüge	(1) Beamtinnen und Beamten mit Dienstbezügen kann auf Antrag Urlaub ohne Dienstbezüge 1. bis zur Dauer von **insgesamt sechs Jahren oder** 2. nach Vollendung des 50. Lebensjahres für einen Zeitraum, der sich auf die Zeit bis zum Beginn des	Inhaltlich gleich, abweichender Wortlaut.	Inhaltlich gleich, abweichender Wortlaut.	Inhaltlich gleich, abweichender Wortlaut.	Hier § 66 (1) Einem Beamten mit Dienstbezügen kann auf Antrag 1. Urlaub ohne Dienstbezüge bis zur Dauer von insgesamt zehn Jahren oder

		Ruhestandes erstreckt, bewilligt werden, wenn dienstliche Belange nicht entgegenstehen.				2. nach Vollendung des fünfzigsten Lebensjahres und einer Beschäftigungszeit im öffentlichen Dienst von mindestens 15 Jahren Urlaub ohne Dienstbezüge, der sich auf die Zeit bis zum Beginn des Ruhestandes erstrecken kann, bewilligt werden, wenn dienstliche Gründe nicht entgegenstehen. Zusätzliche Regelungen in den Absätzen 2–4.
65	Höchstdauer von Urlaub und unterhälftiger Teilzeitbeschäftigung	(1) … dürfen insgesamt die Dauer von 15 Jahren nicht überschreiten…	Inhaltlich gleich, abweichender Wortlaut.	(1) … dürfen insgesamt die **Dauer von siebzehn Jahren** nicht überschreiten …	Inhaltlich gleich, abweichender Wortlaut.	**Hier § 67** Inhaltlich gleich, abweichender Wortlaut.
66	Hinweispflicht	Siehe Gesetz	Hinweispflicht und Benachteiligungsverbot. Zusätzliche Regelung in Absatz 2.	Hinweispflicht und Benachteiligungsverbot.	Hinweispflicht und Benachteiligungsverbot.	Keine Regelung.
67	Fernbleiben vom Dienst	Siehe Gesetz	(1) […] **oder durch eine vorhergehende gesetzliche Verpflichtung** gehindert sind, ihre Dienstpflichten zu erfüllen. (2) inhaltlich gleich, Wortlaut abweichend; Satz 3 entfällt	(1) Beamtinnen oder Beamte dürfen dem Dienst nicht ohne Genehmigung ihrer oder ihres Dienstvorgesetzten fernbleiben. (2) Inhaltlich gleich, Wortlaut abweichend	Zusatz: (2) … die Kosten dieser Untersuchung trägt der Dienstherr	**Hier § 55** (2) … die Kosten dieser Untersuchung trägt der Dienstherr
68	Erholungsurlaub und Sonderurlaub	Siehe Gesetz	Inhaltlich gleich, abweichender Wortlaut.	Inhaltlich gleich, abweichender Wortlaut.	Inhaltlich gleich, abweichender Wortlaut.	Inhaltlich gleich, abweichender Wortlaut.
69	Wahlvorbereitungsurlaub, Mandatsurlaub	(3) … 1. die Arbeitszeit bis auf **ein Viertel** der regelmäßigen Arbeitszeit zu ermäßigen…	**Hier: Mandatsurlaub**	**Hier: Wahlvorbereitungs- und Mandatsurlaub**	**Hier: Mandatsurlaub**	**Hier: Wahlvorbereitungs- und Mandatsurlaub**

	und Teilzeitbeschäftigung zur Ausübung des Mandats			(3) … 1. die Arbeitszeit bis auf **dreißig vom Hundert** der regelmäßigen Arbeitszeit zu ermäßigen oder.	(2) … 1. die Arbeitszeit bis auf **30 %** der regelmäßigen Arbeitszeit zu ermäßigen; die Dienstbezüge sind entsprechend zu kürzen …	(2) … 1. die Arbeitszeit bis auf **30 Prozent** der regelmäßigen Arbeitszeit zu ermäßigen …
70	Nebentätigkeit	Siehe Gesetz	Wortlaut gleich.	Abs. 1–3: Wortlaut gleich; zusätzlich (4) [1]Als Nebentätigkeit gilt nicht die **Ausübung eines Mandats in der hamburgischen Bürgerschaft**, […]	Wortlaut gleich.	Abs. 1–3: Wortlaut gleich; zusätz-lich (4) […] [2]Die Übernahme eines öffentlichen Ehrenamtes ist **binnen Monatsfrist** schriftlich mitzuteilen.
71	Pflicht zur Übernahme einer Nebentätigkeit	Siehe Gesetz	Inhaltlich gleich, Wortlaut abweichend.	Inhaltlich gleich, Wortlaut abweichend.	Inhaltlich gleich, Wortlaut abweichend.	Inhaltlich gleich, Wortlaut abweichend.
72	Anzeigefreie Nebentätigkeiten	Siehe Gesetz	Inhaltlich gleich, Wortlaut und Aufbau abweichend.	(1) Inhaltlich gleich, Wortlaut abweichend; zusätzlich (2) […], bei einer Tätigkeit in Organen von Selbsthilfeeinrichtungen der Beamtinnen und Beamten auch über die Entgelte und geldwerten Vorteile hieraus, schriftlich Auskunft erteilt.	Inhaltlich gleich, Wortlaut und Aufbau abweichend.	(1) […] 3. […] sowie die Tätigkeit in Organen und Gremien der kommunalen Landesverbände […]
73	Verbot einer Nebentätigkeit	… [3]Die Voraussetzung des Satzes 2 Nr. 1 liegt in der Regel vor, wenn die zeitliche Beanspruchung durch eine oder mehrere Nebentätigkeiten acht Stunden in der Woche überschreitet.	(1) … Die Voraussetzung des Satzes 2 Nummer 1 gilt in der Regel als erfüllt, wenn die zeitliche Beanspruchung durch eine oder mehrere Nebentätigkeiten acht Stunden in der Woche, bei Lehrtätigkeit fünf Wochenstunden überschreitet. Zusätzliche Regelungen über Lehrtätigkeit **sowie**	Zusätzliche Regelung in Absatz 2 über schriftstellerische, wissenschaftliche oder künstlerische Tätigkeiten oder Vortragstätigkeiten.	Zusätzliche Regelung in Absatz 2 über schriftstellerische, wissenschaftliche oder künstlerische Tätigkeiten oder Vortragstätigkeiten.	Zusätzliche Regelung in Absatz 2 über schriftstellerische, wissenschaftliche oder künstlerische Tätigkeiten oder Vortragstätigkeiten.

			schriftstellerische, wissenschaftliche oder künstlerische Tätigkeiten oder Vortragstätigkeiten in Abs. 2			
75	Verfahren	Siehe Gesetz	[3][…] jede Änderung ist unverzüglich **schriftlich** anzuzeigen.	[3][…] jede Änderung ist unverzüglich **schriftlich** anzuzeigen.	Zusätzliche Regelung in Absatz 2.	Zusatz: … [4]Im Ausnahmefall kann der Dienstvorgesetzte die Frist nach Satz 3 um einen Monat verlängern.
78	Verordnungsermächtigung	Siehe Gesetz	Zusatz: 3. wann eine Tätigkeit als unentgeltlich im Sinne des § 72 Absatz 1 Nummer 4 anzusehen ist. 5. […] das Entgelt kann pauschaliert und in einem Hundertsatz des aus der Nebentätigkeit erzielten Bruttoeinkommens festgelegt werden **und bei unentgeltlich ausgeübter Nebentätigkeit entfallen**, 6. dass die Beamtin oder der Beamte verpflichtet werden kann, **nach Ablauf eines jeden Kalenderjahres** der oder dem Dienstvorgesetzten die ihr oder ihm zugeflossenen Entgelte und geldwerten Vorteile aus Nebentätigkeiten anzugeben.	vgl. Bremen (ohne Nr. 3)	vgl. Bremen (ohne Nr. 3)	vgl. Bremen (ohne Nr. 3)
79	Tätigkeit nach Beendigung des Beamtenverhältnisses	Siehe Gesetz	Zusatz: (2) Das Verbot nach § 41 Satz 2 des Beamtenstatusgesetzes wird durch die	Zusatz: (2) Das Verbot nach § 41 Satz 2 BeamtStG wird durch die letzte Dienstvorgesetzte	Zusatz: (2) Zuständig für die Untersagung nach § 41 Satz 2 BeamtStG ist die oder der	Zusatz: (2) Das Verbot nach § 41 Satz 2 des Beamtenstatusgesetzes wird durch den

			letzte Dienstvorgesetzte oder den letzten Dienstvorgesetzten ausgesprochen.	oder den letzten Dienstvorgesetzten ausgesprochen.	letzte Dienstvorgesetzte.	letzten Dienstvorgesetzten ausgesprochen.
81	Mutterschutz und Elternzeit	Die für Beamtinnen und Beamte des Bundes geltenden Rechtsvorschriften über den Mutterschutz und die Elternzeit sind entsprechend anzuwenden	Inhaltlich gleich, abweichender Wortlaut.	[…] [2]Während der Elternzeit haben Beamtinnen und Beamte Anspruch auf Krankenfürsorgeleistungen.	Inhaltlich gleich, abweichender Wortlaut.	[…] [2]Während der Elternzeit hat der Beamte Anspruch auf Leistungen nach § 80.
82	Arbeitsschutz	(1) Die aufgrund der §§ 18 und 19 des Arbeitsschutzgesetzes erlassenen Verordnungen der Bundesregierung gelten entsprechend. (2) [1]Soweit öffentliche Belange dies zwingend erfordern, insbesondere zur Aufrechterhaltung oder Wiederherstellung der öffentlichen Sicherheit, kann die Landesregierung durch Verordnung für bestimmte Tätigkeiten des öffentlichen Dienstes bestimmen, dass die Vorschriften des Arbeitsschutzgesetzes und der in Absatz 1 genannten Verordnungen ganz oder zum Teil nicht anzuwenden sind. [2]In der Verordnung ist festzulegen, wie die Sicherheit und der Gesundheitsschutz bei der Arbeit unter Berücksichtigung der Ziele des Arbeitsschutzgesetzes auf andere Weise gewährleistet werden. (3) Das Jugendarbeitsschutzgesetz gilt für jugendliche Beamtinnen und Beamte entsprechend.	(1) Inhaltlich gleich, abweichender Wortlaut (2) [1]Soweit öffentliche Belange dies zwingend erfordern, insbesondere zur Aufrechterhaltung oder Wiederherstellung der öffentlichen Sicherheit, kann der Senat durch Rechtsverordnung für bestimmte Tätigkeiten des öffentlichen Dienstes, insbesondere bei der Polizei, der Feuerwehr oder den Zivil- und Katastrophenschutzdiensten, bestimmen, dass die Vorschriften des Arbeitsschutzgesetzes ganz oder zum Teil nicht anzuwenden sind. […] (3) […] [2]Soweit die Eigenart des Polizeivollzugsdienstes und die Belange der inneren Sicherheit es erfordern, kann der Senat durch Rechtsverordnung Ausnahmen von den Vorschriften des Jugendarbeitsschutzgesetzes für jugendliche Polizeivollzugsbeamtinnen und Polizeivollzugsbeamte bestimmen.	Abs. 1-3: vgl. Bremen (inhaltlich), abweichender Wortlaut.	(1) Die im Bereich des Arbeitsschutzes aufgrund der §§ 18 und 19 des Arbeitsschutzgesetzes vom 7. August 1996 (BGBl. I S. 1246), zuletzt geändert durch Artikel 15 Abs. 89 des Gesetzes vom 5. Februar 2009 (BGBl. I S. 160), erlassenen Verordnungen der Bundesregierung gelten für die Beamtinnen und Beamten entsprechend, soweit nicht die Landesregierung durch Verordnung Abweichendes regelt. (2) [1]Die Landesregierung kann durch Verordnung für bestimmte Tätigkeiten des öffentlichen Dienstes, insbesondere bei der Polizei und den Feuerwehren bestimmen, dass die Vorschriften des Arbeitsschutzgesetzes ganz oder zum Teil nicht anzuwenden sind, soweit öffentliche Belange dies zwingend erfordern, insbesondere zur Aufrechterhaltung oder Wiederherstellung der öffentlichen Sicherheit. 2[…]	(1) vgl. Schleswig-Holstein (inhaltlich), abweichender Wortlaut. (2) [1]Die Landesregierung kann durch Rechtsverordnung für bestimmte Tätigkeiten im öffentlichen Dienst, insbesondere bei der Polizei, der Feuerwehr, den Zivil- und Katastrophenschutzdiensten oder dem Verfassungsschutz bestimmen, dass die Vorschriften des Arbeitsschutzgesetzes (Artikel 1 des Gesetzes zur Umsetzung der EG-Rahmenrichtlinie Arbeitsschutz und weiterer Arbeitsschutz-Richtlinien vom 7. August 1996) ganz oder zum Teil nicht anzuwenden sind, soweit öffentliche Belange dies zwingend erfordern, insbesondere zur Aufrechterhaltung oder Wiederherstellung der öffentlichen Sicherheit. [2][…] (3) [1]Das Jugendarbeitsschutzgesetz vom 12. April 1976 (BGBl. I S. 965), zuletzt geändert durch Verordnung vom

			(4) Die Regelung über genetische Untersuchungen und Analysen zum Arbeitsschutz nach § 20 Absatz 1, 2 und 4 des Gendiagnostikgesetzes gilt entsprechend.		(3) vgl. Bremen (inhaltlich), abweichender Wortlaut	31. Oktober 2006 (BGBl. I S. 2407), gilt für jugendliche Beamte entsprechend. [2]Soweit die Eigenart des Polizeivollzugsdienstes und die Belange der inneren Sicherheit es erfordern, kann die Landesregierung durch Rechtsverordnung Ausnahmen von den Vorschriften des Jugendarbeitsschutzgesetzes für jugendliche Polizeivollzugsbeamte bestimmen.
83	Ersatz von Sach- und Vermögensschäden	Siehe Gesetz	**Hier: Ersatz von Sachschäden** (3) Anträge auf Leistungen nach Absatz 1 und 2 sind innerhalb von **drei Monaten** nach Eintritt des Schadens schriftlich zu stellen.	**Hier: Ersatz von Sachschäden** (3)1 Anträge auf Leistungen nach den Absätzen 1 und 2 sind innerhalb von **drei Monaten** nach …	**Hier: Ersatz von Sachschäden** (3) Anträge auf Leistungen nach Absatz 1 und 2 sind innerhalb von **drei Monaten** nach Eintritt des Schadens schriftlich zu stellen. **Zusätzlich § 83a Erfüllung durch den Dienstherrn bei Schmerzensgeldansprüchen**	**Hier: Ersatz von Sachschäden**
84	Reisekostenvergütung	Siehe Gesetz	**Reise- und Umzugskosten** Regelung durch Gesetz.	**Reise- und Umzugskosten** Regelung durch Gesetz.	**Reise- und Umzugskosten** Zusätzliche Regelungen in den Nr. 1–5.	Keine Regelung
85	Umzugskostenvergütung	Siehe Gesetz.	**Hier § 84** Regelung durch Gesetz.	**Hier § 84** Verweis auf das Bundesumzugskostengesetz.	**Hier § 84** Verweis auf das Bundesgesetz mit entsprechenden Maßgaben (vgl. oben)	Keine Regelung
86	Trennungsgeld	Siehe Gesetz	Keine Regelung	**Verweis in § 84** Konkreteres wird durch das **Bundesumzugskostengesetz** geregelt	Keine Regelung	Keine Regelung

88	Personaldatenverarbeitung, Inhalt der Personalakten sowie Zugang zu Personalakten	Siehe Gesetz	**Hier § 85** Zusatz: Absätze 5–7	**Hier § 85** Zusätzliche Regelungen in den Absätzen 5 und 6.	**Hier § 85** Zusätzliche Regelung in Absatz 5 (Verweis auf Gendiagnostikgesetz)	**Hier § 85** Zusatz: (2) … [3]Wird bei einer vollständig elektronisch geführten Personalakte auf die Papierform verzichtet, ist jedes gespeicherte elektronische Dokument mit einer qualifizierten elektronischen Signatur nach dem Signaturgesetz vom 16. Mai 2001 (BGBl. I S. 876), zuletzt geändert durch Artikel 4 des Gesetzes vom 26. Februar 2007 (BGBl. I S. 179), zu versehen. 4Die Signierung mit einem Pseudonym, das die Identifizierung der Person des Signaturschlüsselinhabers nicht ermöglicht, ist nicht zulässig. Zusätzliche Regelung in Absatz 5.
90	Anhörung	Siehe Gesetz	**Hier § 87** Wortlaut gleich	**Hier § 87** Wortlaut gleich	**Hier § 87** (1) Wortlaut gleich (2) Der Beamtin oder dem Beamten ist jede Beurteilung zu eröffnen und mit ihr oder ihm zu erörtern, bevor sie in die Personalakte aufgenommen wird. Die Beamtin oder der Beamte kann sich dazu äußern. Die Äußerung der Beamtin oder des Beamten ist zur Personalakte zu nehmen.	**Hier § 86** Wortlaut gleich
91	Einsichtnahme in Personalakten	Siehe Gesetz	**Hier § 88** Abs. 1–2: Wortlaut gleich	**Hier § 88** Abs. 1–3: Wortlaut gleich	**Hier § 88** Abs. 1–3: Wortlaut gleich	**Hier § 87** Abs. 1–2: Inhaltlich gleich,

			(3) […] Auszüge, Abschriften, Ablichtungen, Ausdrucke **oder elektronische Kopien** gefertigt werden. […]	(4) Beamtinnen und Beamte haben ein Recht auf Einsicht auch in andere Akten, die personenbezogene Daten über sie enthalten und für ihr Dienstverhältnis verarbeitet **oder genutzt werden**, soweit gesetzlich nichts anderes bestimmt ist; […]	Abs. 4: vgl. Hamburg	Wortlaut abweichend (3) […] Dem Beamten ist auf Verlangen ein Ausdruck der zu seiner Person elektronisch gespeicherten Personalaktendaten zu überlassen. Abs. 4: vgl. Hamburg
92	Vorlage von Personalakten und Auskunft aus Personalakten	Siehe Gesetz	**Hier § 89**	**Hier § 89**	**Hier § 89** Zusätzliche Regelung in Absatz 1 S. 4 und 5.	**Hier § 88**
93	Entfernung von Unterlagen aus Personalakten	(1) … 2. falls sie für die Beamtin oder den Beamten ungünstig sind oder ihr oder ihm nachteilig werden können, auf ihren oder seinen Antrag nach **zwei Jahren** zu entfernen.	**Hier § 90** Inhaltlich gleich, abweichender Wortlaut. Mit Verweis auf die § 16 Absatz 3 und 4 Satz 1 des Bremischen Disziplinargesetz	**Hier § 90** (1) […] 2. […], auf ihren Antrag **nach drei Jahren** zu entfernen und zu vernichten; […] Mit Verweis auf § 79 HmbDG	**Hier § 90** vgl. Hamburg Mit Verweis auf die Tilgungsvorschriften des Landesdisziplinargesetzes	**Hier § 89** Inhaltlich gleich, abweichender Wortlaut. Mit Verweis auf § 18 Absatz 3 und Absatz 4 Satz 3 des Landesdisziplinargesetzes
94	Aufbewahrungsfristen	(2) [1]Unterlagen über Beihilfen, Heilfürsorge, Heilverfahren, Unterstützungen, Erkrankungen, Reise- und Umzugskostenvergütungen sowie Trennungsgeld sind **fünf Jahre**, Unterlagen über **Erholungsurlaub drei Jahre** nach Ablauf des Jahres … … Abweichend von Satz 2 sind Unterlagen, die zur Durchführung des Verfahrens nach dem Gesetz über Rabatte für Arzneimittel benötigt werden, unverzüglich nach Abschluss dieses Verfahrens zurückzugeben oder zu vernichten.	**Hier § 91** (2) … Über den aus Satz 2 folgenden Zeitpunkt hinaus dürfen Unterlagen über die Verordnung von Arzneimitteln für den in § 86 Satz 5 genannten Zweck weitere zwölf Monate aufbewahrt werden.	**Hier § 91** (2) inhaltlich gleich, ohne Angabe von: Heilfürsorge, Heilverfahren und Trennungsgelder -	**Hier § 91** (2) [1]Unterlagen über Beihilfen, Heilfürsorge, Heilverfahren, Unterstützungen, **Erholungsurlaub**, Erkrankungen, Umzugs- und Reisekosten sind **fünf Jahre** … [2]Abweichend von Satz 1 sind Unterlagen über die Verordnung von Arzneimitteln **spätestens 12 Monate**, andere Unterlagen, aus denen die Art einer Erkrankung ersichtlich ist, **spätestens drei Monate**	**Hier § 90** (2) [1]Zahlungsbegründende Unterlagen über Beihilfen, Heilfürsorge, Heilverfahren, Unterstützungen, Erkrankungen, Umzugs- und Reisekosten sind **sechs Jahre** …

					nach Abschluss der Bearbeitung zurückzugeben oder zu vernichten. Zusätzliche Regelung in Absatz 5.	
95	Automatisierte Verarbeitung von Personalakten	Siehe Gesetz	**Hier § 92** Inhaltlich weitgehend gleich, anderer Wortlaut.	**Hier § 92** Inhaltlich weitgehend gleich, anderer Wortlaut.	**Hier § 92** Inhaltlich weitgehend gleich, anderer Wortlaut.	**Hier § 91** Inhaltlich weitgehend gleich, anderer Wortlaut.
96	Beteiligung der Spitzenorganisationen (§ 53 BeamtStG)	Siehe Gesetz	**Hier § 93** Zusatz: (2) … Für die Teilnahme an diesen Gesprächen ist den Beamtinnen und Beamten die erforderliche Dienstbefreiung unter Belassung der Bezüge zu gewähren.	**Hier § 93** Zusatz: (1) … [2]Das Beteiligungsverfahren kann zwischen dem Senat und den Spitzenorganisationen der zuständigen Gewerkschaften und der Berufsverbände vereinbart werden.	**Hier § 93** Zusatz: (3) … [4]Das Nähere des Beteiligungsverfahrens kann zwischen der Landesregierung und den Spitzenorganisationen durch Vereinbarung ausgestaltet werden.	**Hier § 92** In Absatz 4 zusätzliche Regelung für kommunale Landesverbände.
97	Aufgaben des Landespersonalausschusses	Siehe Gesetz	**Hier § 94**	**Hier § 94** Zusätzliche, detaillierte Regelungen über die Aufgaben des Landespersonalausschusses in Abs. 2 und 3.	**Hier § 94** Zusatz bzgl. Aufgaben: (2) … 1. Zu Beschwerden von Beamtinnen und Beamten und zurückgewiesenen Bewerberinnen und Bewerbern in Angelegenheiten von grundsätzlicher Bedeutung Stellung zu nehmen..	**Hier § 96** In Absatz 1 ein konkrete Aufgaben des Landesbeamtenausschusses. In Absatz 2 Regelung bzgl. der Berichterstattung.
98	Mitglieder	(1) [1]Der Landespersonalausschuss besteht aus **neun Mitgliedern und neun stellvertretenden Mitgliedern**. [2]Ständige Mitglieder sind die Präsidentin oder der Präsident des Landesrechnungshofs als vorsitzendes Mitglied sowie die Leiterin oder der Leiter der Dienstrechtsabteilung des für Inneres zuständigen Ministeriums und die Leiterin oder der Leiter der Dienstrechtsabteilung des Finanz-	**Hier § 95** (1) Der Landesbeamtenausschuss besteht aus **sechs ordentlichen und sechs stellvertretenden Mitgliedern**. (2) … Die nicht ständigen ordentlichen und stellvertretenden Mitglieder werden für die Dauer von fünf	**Hier § 95** (1) Der Landespersonalausschuss besteht aus **acht ordentlichen Mitgliedern und acht stellvertretenden Mitgliedern**. (2) … [3]Die sechs weiteren ordentlichen Mitglieder und ihre Stellvertreter werden vom Senat auf die Dauer	**Hier § 95** (1) Der Landesbeamtenausschuss besteht aus **neun Mitgliedern**. (3) [1]Die übrigen Mitglieder werden von der Landesregierung auf die Dauer von vier Jahren berufen, **davon ein Mitglied aus dem Kreise der Richterinnen**	**Hier § 94** (1) Der Landesbeamtenausschuss besteht aus neun ordentlichen und neun stellvertretenden Mitgliedern (2) Ständige ordentliche Mitglieder sind der Staatssekretär des Innenministeriums, der Präsident des Landesrechnungshofes, ein Präsident eines Gerichtes

		ministeriums. [3]Sie werden durch ihre Vertreterin oder ihren Vertreter im Amt vertreten. (2) [1]Die sechs weiteren Mitglieder werden von der Landesregierung für die Amtszeit von **vier Jahren berufen, davon zwei Mitglieder aufgrund von Vorschlägen der kommunalen Spitzenverbände und vier Mitglieder aufgrund von Vorschlägen des Deutschen Gewerkschaftsbundes** – Bezirk Niedersachsen – Bremen – Sachsen-Anhalt – und des NBB Niedersächsischer Beamtenbund und Tarifunion. [2]Satz 1 gilt für die Berufung der weiteren stellvertretenden Mitglieder entsprechend. [3]Die Vorschläge sollen jeweils zur Hälfte Frauen und Männer enthalten.	Jahren vom Senat bestellt. Nach Ablauf ihrer Amtszeit setzen sie ihre Tätigkeit bis zur Neubestellung der Mitglieder fort. (3) Ordentliche Mitglieder sind zwei Beamtinnen oder Beamte der Laufbahngruppe 2. Sie werden durch Beamtinnen oder Beamte der Laufbahngruppe 2 vertreten. Eines der ordentlichen Mitglieder und eines der stellvertretenden Mitglieder werden auf Vorschlag des Magistrats der Stadtgemeinde Bremerhaven bestellt. (4) **Die weiteren drei ordentlichen Mitglieder und ihre Stellvertreterinnen oder Stellvertreter werden aufgrund von Vorschlägen der Spitzenorganisationen der Gewerkschaften im Lande Bremen bestellt**, wobei ein Mitglied Beamtin oder Beamter der Stadtgemeinde Bremerhaven sein soll.	von drei Jahren berufen; von diesen jeweils vier auf Vorschlag der Spitzenorganisationen der zuständigen Gewerkschaften.	**und Richter der Verwaltungsgerichtsbarkeit, eine weitere Beamtin oder ein weiterer Beamter, zwei Mitglieder aufgrund von Vorschlägen der Spitzenorganisationen der zuständigen Gewerkschaften und Berufsverbände auf Landesebene und zwei Mitglieder aufgrund von Vorschlägen der kommunalen Landesverbände des Landes Schleswig-Holstein**. [2]Für die übrigen Mitglieder sind entsprechend den vorstehenden Vorschriften Stellvertreterinnen oder Stellvertreter zu berufen.	und der Leiter der für das Beamtenrecht zuständigen Abteilung des Innenministeriums. (3) [1]**Der Präsident eines Gerichts und die übrigen ordentlichen und die stellvertretenden Mitglieder werden vom Ministerpräsidenten für die Dauer von fünf Jahren berufen …** (5) [1]Den Vorsitz im Landesbeamtenausschuss führt der Staatssekretär des Innenministeriums. [2]Seine Vertretung ist durch die Geschäftsordnung zu regeln.
99	Rechtsstellung der Mitglieder	Siehe Gesetz	**Hier § 96** Inhaltlich gleich, Wortlaut abweichend.	**Hier § 96** Zusätzliche Regelung in Absatz 3.	**Hier § 96** Inhaltlich gleich, Wortlaut abweichend.	**Hier § 95** Zusatz: (2) … 2. auf Antrag eines berufenen Mitglieds, wenn hierfür triftige Gründe vorliegen … Zusätzliche Regelung in Absatz 3.

100	Geschäftsordnung und Verfahren	Siehe Gesetz	**Hier § 97**	**Hier § 97** Zusätzliche Regelungen in den Absätzen 2 und 3.	**Hier § 97**	**Hier § 97** Zusätzliche Regelungen in den Absätzen 3 und 4.
101	Beschlüsse	(1) [1]Der Landespersonalausschuss ist beschlussfähig, wenn **mindestens sechs Mitglieder anwesend sind**. [2]Beschlüsse werden mit der Mehrheit der abgegebenen Stimmen gefasst. [3]Bei Stimmengleichheit entscheidet die Stimme des Vorsitzenden Mitglieds.	**Hier § 98** (2) Beschlüsse werden mit Stimmenmehrheit gefasst; zur Beschlussfähigkeit ist die Anwesenheit **von mindestens vier Mitgliedern erforderlich**. Bei Stimmengleichheit entscheidet die Stimme der oder des Vorsitzenden. **(3) Der Landesbeamtenausschuss hat das Recht, Beschlüsse von allgemeiner Bedeutung zu veröffentlichen.**	**Hier § 98** Abs. 1-2: inhaltlich gleich, Wortlaut abweichend Abs. 3: vgl. Bremen	**Hier § 98** (2) [1]Beschlüsse werden mit Stimmenmehrheit gefasst; zur Beschlussfähigkeit ist die Anwesenheit von **mindestens fünf Mitgliedern** erforderlich. … [3]Beschlüsse können auch schriftlich oder elektronisch im Umlaufverfahren gefasst werden. [4]Das Nähere regelt die Geschäftsordnung. Abs. 3: vgl. Bremen	**Hier § 98** (1) [1]Zur Beschlussfähigkeit ist die Anwesenheit von **mindestens fünf Mitgliedern** erforderlich … [3]Ist die rechtzeitige mündliche Behandlung einer Angelegenheit nicht möglich, kann ein Beschluss auch im schriftlichen Umlaufverfahren gefasst werden; die Sätze 1 und 2 gelten entsprechend. Abs. 3: vgl. Bremen
104	Anträge und Beschwerden	Siehe Gesetz	**Hier § 101** Inhaltlich gleich, Wortlaut abweichend	**Hier § 101** Abs. 1-2: inhaltlich gleich, Wortlaut abweichend (3) Beamtinnen und Beamte können Eingaben unmittelbar an den Landespersonalausschuss richten.	**Hier § 101** Inhaltlich gleich, Wortlaut abweichend	**Hier § 101** Inhaltlich gleich, Wortlaut abweichend
105	Verwaltungsrechtsweg	Siehe Gesetz	**Hier § 102** (1) wie Abs. 1. S. 1 (2) Inhaltlich wie Abs. 2, Wortlaut abweichend.	**Hier § 102** Inhaltlich wie Abs. 2, Wortlaut abweichend.	**Hier § 102** Inhaltlich wie Abs. 2, Wortlaut abweichend.	**Hier § 102** Inhaltlich wie Abs. 2, Wortlaut abweichend; zusätzlich auch Verbot einer Nebentätigkeit (§ 73) ohne aufschiebende Wirkung
107	Beamtinnen und Beamte beim Landtag	Siehe Gesetz	Entfällt	**Hier § 105**	**Hier § 106**	**Hier § 106** Zusatz: [4]Er erlässt die Bestimmungen über die Dienstkleidung der Landtagsbeamten.

108	Laufbahnen der Fachrichtung Polizei	Siehe Gesetz	**Hier § 107: Laufbahnen der Polizeivollzugsbeamtinnen und -beamten** Inhaltlich entsprechend (Abweichungen von den Vorschriften der §§ 14, 21 möglich), Wortlaut abweichend	**Hier § 106: Polizeivollzugsbeamtinnen und Polizeivollzugsbeamte, Einheitslaufbahn** Zusätzliche Regelungen in den Absätzen 1 bis 3.	**Hier § 107: Laufbahnen der Polizeivollzugsbeamtinnen und Polizeivollzugsbeamten** Inhaltlich entsprechend (Abweichungen von den Vorschriften der §§ 14, 20 Abs. 2 Satz 2 und §§ 21, 30 Abs. 4 möglich), Wortlaut abweichend	**Hier § 107: Laufbahnen der Polizeivollzugsbeamten** Inhaltlich entsprechend (Abweichungen von den Vorschriften der §§ 14 und 24 Abs. 2 möglich), Wortlaut abweichend
109	Altersgrenze der Polizeivollzugsbeamtinnen und Polizeivollzugsbeamten, Altersteilzeit	(1) Eine Beamtin oder ein Beamter in einer Laufbahn der Fachrichtung Polizei (Polizeivollzugsbeamtin oder Polizeivollzugsbeamter) erreicht die **Altersgrenze mit Vollendung des 62. Lebensjahres**. (2) [1]Die Altersgrenze nach Absatz 1 verringert sich um **ein Jahr**, wenn die Polizeivollzugsbeamtin oder der Polizeivollzugsbeamte mindestens **25 Jahre** im Wechselschichtdienst … … [2]Die Polizeivollzugsbeamtin oder der Polizeivollzugsbeamte hat s**pätestens vier Jahre** vor Erreichen …	**Hier § 108: Altersgrenze** Zusätzliche Regelungen bzgl. Altersgrenze von Polizeivollzugsbeamten/innen **auf Lebenszeit**.	**Hier § 108: Altersgrenze** Für die Polizeivollzugsbeamtinnen und Polizeivollzugsbeamten bildet das **vollendete 60. Lebensjahr** die Altersgrenze.	**Hier § 108: Altersgrenze** In Absatz 2 zusätzliche Regelungen bzgl. der Altersgrenze von Polizeivollzugsbeamten/innen **auf Lebenszeit** .	**Hier § 108: Altersgrenze** (1) … 2. die sich in einem **Amt der Laufbahngruppe 2 oberhalb des 2. Einstiegsamtes befinden, mit Vollendung des 64. Lebensjahres** (4) [1]Die Regelaltersgrenze verringert sich für Polizeivollzugsbeamte **um einen Monat für jeweils zwei vollständig erbrachte Jahre im Wechselschichtdienst** … … [6]Der Beamte hat spätestens **fünf Jahre** vor Erreichen der in Absatz 1 …
110	Dienstunfähigkeit der Polizeivollzugsbeamtinnen und Polizeivollzugsbeamten	Siehe Gesetz	**Hier § 109: Polizeidienstunfähigkeit**	**Hier § 109: Polizeidienstunfähigkeit**	**Hier § 109: Polizeidienstunfähigkeit**	**Hier § 109: Gesundheitliche Vorsorge, Polizeidienstunfähigkeit** Zusätzliche Regelung in Absatz 1.
111	Gemeinschaftsunterkunft und Gemeinschaftsverpflegung	Siehe Gesetz	**Hier § 110: Gemeinschaftsunterkunft** (1) Inhaltlich gleich, Wortlaut abweichend	**Hier § 110: Gemeinschaftsunterkunft** Abs. 1-2 wie Bremen (entsprechend)	**Hier § 110: Gemeinschaftsunterkunft** Abs. 1-2 wie Bremen (entsprechend)	**Hier § 110: Gemeinschaftsunterkunft** Abs. 1-2 wie Bremen (entsprechend)

			(2) Inhaltlich gleich, Wortlaut abweichend; zusätzlich ²Für die übrigen Polizeivollzugsbeamtinnen und Polizeivollzugsbeamten können unter den Voraussetzungen des § 62 Absatz 1 Ausnahmen von Absatz 1 zugelassen werden.	(3) Das Nähere bestimmt der Senat durch Rechtsverordnung.	(3) ¹Die Unterkunft wird unentgeltlich gewährt. ²§ 43 Abs. 2 SHBesG bleibt unberührt.	
112	Verbot der politischen Betätigung in Uniform	Siehe Gesetz	Wortlaut gleich	**Hier § 113** Wortlaut gleich. Zusatz: ²… und die Teilnahme an Veranstaltungen, die ausschließlich der Förderung der Arbeits- und Wirtschaftsbedingungen dienen (Artikel 9 Absatz 3 GG).	Keine Regelung	**Hier § 113** Wortlaut gleich. Zusatz: ²… und für Demonstrationen, die im Zusammenhang mit dem Dienstverhältnis stehen.
113	Ausstattung der Polizeivollzugsbeamtinnen und Polizeivollzugsbeamten	Siehe Gesetz	Keine Regelung	**Hier § 111: Dienstkleidung** Zusatz (1) … **unentgeltliche Ausstattung**, (2) Das Nähere regelt die oberste Dienstbehörde.	**Hier § 111: Dienstkleidung** Zusatz: (2) Das Nähere regelt das Innenministerium im Einvernehmen mit dem Finanzministerium.	**Hier § 111: Dienstkleidung, Ersatz von Sachschäden** (1) Inhaltlich gleich, sowie zusätzliche Regelungen für Beamte des Kriminalpolizeidienstes. (2) ¹Von § 83 Absatz 1 kann abgewichen werden, soweit die besondere Art des Dienstes dies erfordert …
114	Heilfürsorge für Polizeivollzugsbeamtinnen und Polizeivollzugsbeamte	(1) … ²Auf die Besoldung der Heilfürsorgeberechtigten wird für deren Absicherung durch die Heilfürsorge monatlich ein Betrag in Höhe von **1,6 vom Hundert des jeweiligen Grundgehalts** angerechnet.	**Hier § 111: Heilfürsorge** (1) … ²Das Nähere, insbesondere den Umfang **der freien Heilfürsorge**, regelt die oberste Dienstbehörde durch Rechtsverordnung.	**Hier § 112: Heilfürsorge** (1) … ²Heilfürsorge ist Sachbezug im Sinne des § 13 Absatz 1 des Hamburgischen Besoldungsgesetzes und wird mit einem monatlichen Betrag in Höhe von **1, 4 v. H. des jeweiligen Grundgehalts** auf die Besoldung angerechnet. Zusätzliche Regelungen in den Absätzen 3 u. 4.	**Hier § 112: Heilfürsorge** In Absatz 1 wird konkret aufgeführt wann Heilfürsorge gewährt wird.	**Hier § 112: Heilfürsorge** In Absatz 1 wird konkret aufgeführt wann Heilfürsorge gewährt wird.

115	Beamtinnen und Beamte des Feuerwehrdienstes	(1) [1]Die Beamtinnen und Beamten in einer Laufbahn der Fachrichtung Feuerwehr, die im Brandbekämpfungs- und Hilfeleistungsdienst stehen (Beamtinnen und Beamte im Einsatzdienst), erreichen die Altersgrenze mit der Vollendung des 60. Lebensjahres. [2]Sie können mit ihrer Zustimmung zu dem Zeitpunkt, mit dem sie wegen Erreichens der Altersgrenze in den Ruhestand treten würden, in ein Amt einer anderen Laufbahn versetzt werden, für die sie die Befähigung besitzen. Im Übrigen siehe Gesetz.	**Hier § 113: Beamtinnen und Beamte der Berufsfeuerwehr** … (3) Für Beamtinnen und Beamten der Berufsfeuerwehren der Laufbahngruppe 1 bildet die Vollendung des 60. Lebensjahres die Altersgrenze.	**Hier § 114: Beamtinnen und Beamte der Feuerwehr** Verweis auf allgemein geltende Vorschriften sowie §§ 107 Abs. 1, 108, 109, 111, 113	**Hier § 113: Beamtinnen und Beamte des feuerwehrtechnischen Dienstes** (1) [1]Für die Beamtinnen und Beamten des feuerwehrtechnischen Dienstes, die im Brandbekämpfungs- und Hilfeleistungsdienst (Einsatzdienst) stehen, bildet die Vollendung des 60. Lebensjahres die Altersgrenze. [2]Zum Einsatzdienst kann auch der Einsatz im Rettungsdienst gehören.	**Hier § 114: Beamte der Berufsfeuerwehren** Verweis auf §§ 108, 109, 11 Abs. 1 S. 1, 112, 113 und § 108 unter Berücksichtigung des Schichtdienstes
116	Beamtinnen und Beamte im Justizvollzug und Justizwachtmeisterdienst	(1) Die im Justizvollzugsdienst sowie im Werkdienst des Justizvollzugs tätigen Beamtinnen und Beamten der Laufbahngruppe 1 erreichen die Altersgrenze mit **der Vollendung des 60. Lebensjahres**	**Hier § 114: Beamtinnen und Beamte des Justizvollzugs** (1) Für Beamtinnen und Beamte des allgemeinen Vollzugs- und Werkdienstes der Laufbahngruppe 1 sowie des Justizvollzugsdienstes der Laufbahngruppe 2 mit dem ersten Einstiegsamt, einschließlich der Besoldungsgruppe A 13, bildet die Altersgrenze die **Vollendung des 62. Lebensjahres**	**Hier § 115: Beamtinnen und Beamte des Strafvollzugsdienstes** (1) Auf die Strafvollzugsbeamtinnen und Strafvollzugsbeamten sind die für Beamtinnen und Beamte allgemein geltenden Vorschriften dieses Gesetzes anzuwenden. **Abs. 2** mit Verweis auf allgemein geltende Vorschriften und § 108 bei Laufbahngrupp 1	**Hier § 114: Beamtinnen und Beamte des Strafvollzugs** Verweis auf § 108, 109 mit Altersgrenze der Laufbahngruppe 1 mit der **Vollendung des 62. Lebensjahres**	**Hier § 115: Beamte des Strafvollzugsdienstes** Verweis auf § 108: Altersgrenze der Laufbahngruppe 1 mit **der Vollendung des 62 Lebensjahres**.

*/** bezogen auf das NBG
Niedersächsisches Beamtengesetz (NBG): Fundstelle: Beck-Online; Verkündungsstand 17.10.2016
Bremisches Beamtengesetz (BremBG): Fundstelle: Beck-Online; Verkündungsstand: 06.07.2016
Beamtengesetz Schleswig-Holstein (ShLBG): Fundstelle: Beck-Online; Verkündungsstand: 06.07.2016
Beamtengesetz Mecklenburg-Vorpommern (MVLBG): Fundstelle: Beck-Online; Verkündungsstand: 06.07.2016
Hamburgisches Beamtengesetz (HmbBG): Fundstelle: Beck-Online; Rechtsstand: 06.07.2016

§ *	Überschrift **	Niedersachsen	Bremen	Hamburg	Schleswig-Holstein	Mecklenburg-Vorpommern
1	Geltungsbereich	Diese Verordnung gilt für die Landesbeamtinnen und Landesbeamten, die Kommunalbeamtinnen und Kommunalbeamten sowie die Körperschaftsbeamtinnen und Körperschaftsbeamten (§ 1 des Niedersächsischen Beamtengesetzes – NBG).	(1) Inhaltlich gleich, abweichender Wortlaut. Zusätzliche Regelung in Absatz 2 (Für welche Personen die Verordnung nicht gilt)	(1) Inhaltlich gleich, abweichender Wortlaut. Zusätzliche Regelung in Absatz 2 (Für welche Personen die Verordnung nicht gilt)	(1) Inhaltlich gleich, abweichender Wortlaut. Zusätzliche Regelungen in den Absätzen 2 und 3 (Für welche Personen die Verordnung nicht gilt)	(1) Inhaltlich gleich, abweichender Wortlaut. Zusätzliche Regelung in Absatz 2 bis 5 (Für welche Personen die Verordnung nicht gilt)
2	Leistungsgrundsatz, Personalentwicklungs- und Personalführungsmaßnahmen	Siehe Gesetz	Abs. 1-2: Inhaltlich gleich, abweichender Wortlaut. Zusatz Absatz 3: (3) Über die Einführung und Ausgestaltung der Personalentwicklungsmaßnahmen entscheidet die oberste Dienstbehörde.	Zusatz: (1) Entscheidungen über die Einstellung, **Übertragung von Dienstposten**, … **ohne Rücksicht auf Geschlecht, sexuelle Identität und Orientierung, Abstammung, Rasse, Glauben**, … Weitere zusätzliche Regelungen in den Absätzen 2 und 3.	Eignung, Befähigung und fachliche Leistung sind durch Personalentwicklungsmaßnahmen zu fördern. **Personalentwicklung zielt darauf ab, das Leistungs- und Befähigungspotenzial aller Beamtinnen und Beamten zu erkennen, zu erhalten und verwendungs- und entwicklungsbezogen sowie unter Berücksichtigung der persönlichen Zielsetzungen zu fördern; dabei sollen die Ziele und Anforderungen sowie der Bedarf der Verwaltung mit den persönlichen Erwartungen in Einklang gebracht werden.**	(1) Die Entscheidung über Einstellung, **Übertragung eines höherwertigen Dienstpostens, Berufung in das Beamtenverhältnis auf Lebenszeit**, Beförderung und Aufstieg ist nach Eignung, Befähigung und fachlicher Leistung einschließlich Qualifizierung zu treffen. Weitere zusätzliche Regelungen in den Absätzen 2 bis 5.
3	Regelmäßig zu durchlaufende Ämter	Siehe Gesetz	(1) Regelmäßig zu durchlaufen sind alle Ämter einer Laufbahn, die in der **Besoldungsordnung A** aufgeführt sind. Voraussetzung für die Übertragung eines Amtes der **Besoldungsordnung B** ist das	Absätze 2 und 3 weitgehend inhaltlich gleich. Zusätzliche Regelungen in den Absätzen 1 und 4.	Absatz 2 weitgehend inhaltlich gleich. Zusätzliche Regelungen in den Absätzen 1, 3 bis 7.	**Hier § 24** Zusätzliche Regelungen in den Absätzen 3 bis 7.

			Erreichen eines Amtes der **Besoldungsgruppe A 16** oder der **Besoldungsgruppe R 2**. Ämter, die Zwischenbesoldungsgruppen zugeordnet sind, sind nicht zu durchlaufen.			
4	Laufbahnbefähigung	Siehe Gesetz	Konkretere Angaben zum Erwerb der Laufbahnbefähigung.	Konkretere Angaben zum Erwerb der Laufbahnbefähigung in Absatz 2. Zusätzliche Regelungen in Absatz 3.	In Absatz 1 Nr. 1 bis 8 konkretere Angaben zum Erwerb der Laufbahnbefähigung . Zusätzliche Regelungen in Absatz 3.	**Hier § 5** In Absatz 2 Nr. 1 bis 9 konkretere Angaben zum Erwerb der Laufbahnbefähigung. Zusätzliche Regelungen in Absatz 3.
5	Einstellung in einem höheren Amt	Siehe Gesetz	Inhaltlich gleich, abweichender Wortlaut.	entfällt	entfällt	**Hier § 27** Inhaltlich gleich; zusätzlich ist geregelt, dass die **oberste Dienstbehörde über die Entscheidung der Einstellung bestimmt.**
6	Laufbahnwechsel	Für die Entscheidung, ob ein Laufbahnwechsel nach § 23 Abs. 2 Satz 1 NBG zulässig ist, sind die Ausbildung, die zum Erwerb der bisherigen Laufbahnbefähigung geführt hat, die sonstigen Qualifizierungen und die bisherigen beruflichen Tätigkeiten zu berücksichtigen.	**Hier § 24** Inhaltlich gleich, abweichender Wortlaut.	**Hier § 7** Insgesamt in Abs. 1-3 konkreter, als § 6 NLVO.	Inhaltlich gleich, abweichender bzw. konkretere Reglungen in Absätzen 2 bis 4.	**Hier § 37** In Abs. 1 ist zusätzlich geregelt, dass neben den erforderlichen Qualifikationen für einen erfolgreichen Laufbahnwechsel **eine Einführung in die neue Laufbahn stattfindet, wobei der Wechsel schon vor Einführung vollzogen werden kann.**
7	Probezeit	Siehe Gesetz	**Hier § 6** Zusätzliche Regelung in Absatz 5: … Soweit die anrechenbare Zeit nach Satz 1 im	**Hier § 5** Zusätzliche Regelungen in den Absätzen 4 und 5.	**Hier § 8** Inhaltlich gleich, abweichender Wortlaut, teilweise konkrete Regelungen,	**Hier § 28** Inhaltlich gleich, teils konkretere Regelungen, **insb. in Abs. 1, 2, 3 S. 4,**

			Beamten- oder Richterverhältnis mit Dienstbezügen abgeleistet worden ist, kann die Mindestprobezeit unterschritten werden. Es ist jedoch mindestens ein Jahr in einem Dienstverhältnis zum einstellenden Dienstherrn zu leisten …		**insb. in Abs. 1 S. 4, 2, 3, und 4:**	**5 und 6.**
8	Feststellung der Bewährung	Siehe Gesetz	**Hier § 7** Regelt auch die Verlängerung der Probezeit	**Hier § 5 Abs. 3–6** Abs. 1–2: Inhaltlich gleich, teils sind konkretere Ausführungen insbes. zur Verlängerung der Probezeit enthalten.	Zusätzliche Regelungen in den Absätzen 2 bis 6.	**Hier § 29** Inhaltlich gleich, teils sind konkretere Regeln enthalten:
9	Verlängerung der Probezeit	(1) [1]Die Probezeit kann im Einzelfall verlängert werden, wenn die Bewährung insbesondere wegen 1. Mängeln bei den erbrachten Leistungen, 2. nicht einwandfreier Führung, 3. Krankheit, 4. Wechsels des Dienstherrn oder 5. längerer Beurlaubung bis zum Ende der Probezeit noch nicht festgestellt werden kann. [2]Sie kann auch auf Antrag der Beamtin oder des Beamten verlängert werden. [3]Die Verlängerung der Probezeit nach Satz 1 Nrn. 1 und 2 ist nur zulässig, wenn anzunehmen ist, dass sich die Beamtin oder der Beamte bis zum Ende der verlängerten Probezeit bewähren wird. Absatz 2 siehe Gesetz.	**Hier § 7 Abs. 3** Inhaltlich gleich, bloß abweichender Wortlaut; Insbesondere beträgt die **Höchstdauer der Verlängerung 5 Jahre.**	**Hier § 5 Abs. 2** Inhaltlich gleich, abweichender Wortlaut; Insbesondere beträgt die **Höchstdauer der Verlängerung 5 Jahre.**	**Hier § 8 Abs. 4** (4) Die Probezeit kann um **höchstens zwei Jahre verlängert werden, wenn die Bewährung bis zum Ablauf der Probezeit nicht festgestellt werden kann; sie darf jedoch insgesamt fünf Jahre nicht überschreiten.** Die Frist verlängert sich um die Zeit einer Beurlaubung ohne Dienstbezüge mit Ausnahme der unter § 7 Abs. 2 Nr. 1 und 2 genannten Tätigkeiten.	**Hier § 29 Abs. 3** (3) Die Probezeit kann bis zu einer **Höchstdauer von fünf Jahren** verlängert werden, wenn zum Ende der regelmäßigen Probezeit 1. die fachliche oder persönliche Eignung wegen a) längerer Beurlaubung unter Fortzahlung der Dienstbezüge oder krankheitsbedingter Fehlzeiten, b) Wechsel des Dienstherrn oder c) eines noch nicht abgeschlossenen Strafverfahrens, Disziplinarverfahrens oder Verfahrens nach § 31 Absatz 3 des Landesbeamtengesetzes oder 2. die gesundheitliche Eignung noch nicht festgestellt werden kann. Zusatz in Absatz 4.

10	Erprobungszeit	(1) … Die Erprobungszeit nach § 20 Abs. 2 NBG dauert für **Ämter der Besoldungsgruppen A 3 bis A 13 drei** und im Übrigen sechs Monate **Verlängerung bis zu 1 Jahr** möglich Absatz 2 siehe Gesetz	**Hier § 8** … Die Erprobungszeit nach § 20 Absatz 2 Nummer 3 des Bremischen Beamtengesetzes dauert bei der Übertragung von **Ämtern bis zur Besoldungsgruppe A 12 sechs Monate**, im Übrigen zwölf Monate. Sie kann in entsprechender Anwendung des § 7 Absatz 3 bis zu einer **Höchstdauer von einem Jahr und sechs Monaten** verlängert werden.	**Hier § 6 in den Absätzen 1–2.** (1) Beamtinnen und Beamte, die ihre Eignung für einen höher bewerteten Dienstposten nach § 20 Absatz 2 Nummer 1 erster Halbsatz HmbBG nachzuweisen haben, sollen eine Erprobungszeit von mindestens **sechs Monaten in den Dienstgeschäften des höheren Amtes leisten** … Die Erprobungszeit kann in entsprechender Anwendung von § 5 Absatz 5 bis zur **Höchstdauer von einem Jahr verlängert** werden **…**	Keine Regelung	**Hier § 30** Zusätzliche Regelungen in den Absätzen 2 bis 6.
11	Wahrnehmung von Ämtern mit Führungsverantwortung	[1]Die Wahrnehmung eines Amtes mit Führungsverantwortung setzt eine Führungskräftequalifizierung voraus. [2]Liegt diese bei Übertragung des Amtes noch nicht vor, so ist sie nachzuholen.	**Hier § 9 Abs. 2** (2) Für die Verleihung eines Beförderungsamtes kann die oberste Dienstbehörde Qualifizierungserfordernisse festlegen. Dabei kann nach Ämtern sowie nach den Anforderungen bestimmter Dienstposten oder Gruppen von Dienstposten unterschieden werden. Die Verleihung eines Amtes mit Führungsverantwortung setzt eine Führungskräftequalifizierung voraus. Liegt diese bei Übertragung des Amtes noch nicht vor, ist sie nachzuholen.	**Hier § 6 Abs. 3** (3) Die Übertragung von Beförderungsämtern kann an besondere Qualifikationen gebunden werden; dabei kann nach Ämtern sowie nach den Anforderungen bestimmter Dienstposten oder Gruppen von Dienstposten unterschieden werden.	**Hier § 9 Abs. 3** (3) Die Übertragung von Ämtern mit Führungsverantwortung soll in der Regel erst nach Ableisten einer Führungskräftequalifizierung erfolgen. Ist eine Führungskräftequalifizierung vor der Übertragung eines Amtes mit Führungsverantwortung nicht erfolgt, soll sie nachgeholt werden.	**Hier § 33 Abs. 3** (3) Ein Amt mit leitender Funktion nach § 21 Absatz 2 des Landesbeamtengesetzes darf erstmalig nur übertragen werden, wenn die Beamtin oder der Beamte eine Führungskräftefortbildung (§ 36 Absatz 1 Satz 2 Nummer 5), deren Umfang mindestens 60 Stunden betragen muss, absolviert hat. Bei jeder nachfolgenden Übertragung von Ämtern mit leitender Funktion ist zu prüfen, inwieweit die bereits abgelegte Führungskräftefortbildung für die künftigen Führungsaufgaben noch ausreicht. Soweit dies nicht der Fall ist, ist

						die Übertragung des neuen Amtes mit leitender Funktion nur nach einer ergänzenden Führungskräftefortbildung zulässig. Die Sätze 1 bis 3 gelten nicht für Beamtinnen und Beamte nach § 37 des Landesbeamtengesetzes sowie für Mitglieder des Landesrechnungshofes.
12	Beförderungsvoraussetzungen	Siehe Gesetz	**Hier § 9** Inhaltlich gleich, abweichender Wortlaut	**Hier § 6 Abs. 3 und 4** Inhaltlich gleich, abweichender Wortlaut.	**Hier §§ 10, 10 a** Inhaltlich weitgehend gleich, abweichender Wortlaut. **Des Weiteren § 10 a mit Regelungen**	**Hier § 34 für die Beförderungsämter der Laufbahngruppe 1.** Inhaltlich gleich, abweichender Wortlaut. **Des weiteren § 35 für die Beförderungsämter der Laufbahngruppe 2.** Zusätzliche Regelungen in den Absätzen 2 u. 4.
13	Beförderung zum Ausgleich von Verzögerungen des beruflichen Werdegangs	(2) [1]Beim Vorliegen der Voraussetzungen nach Absatz 1 verkürzt sich die Dauer des Beförderungsverbotes nach § 20 Abs. 3 Satz 1 Nr. 1 NBG je Kind um die tatsächliche Verzögerung, **höchstens jedoch um ein Jahr, bei mehreren Kindern höchstens um drei Jahre**. (5) Die Dauer des Beförderungsverbotes nach § 20 Abs. 3 Satz 1 Nr. 1 NBG verkürzt sich 1. beim Vorliegen der Voraussetzungen nach Absatz 4 Nr. 1 um die Zeiten des geleisteten Grundwehr- oder Zivildienstes **oder freiwilligen Wehrdienstes nach**	**Hier § 11** Inhaltlich gleich, abweichender Wortlaut.	**Hier § 9** Abs. 1 und 2: inhaltlich gleich, abweichender Wortlaut. Zusätzliche Regelungen in den Absätzen 3 bis 5.	**Hier § 12** Insgesamt inhaltlich gleich, abweichender und konkreterer Wortlaut. Insbesondere wird ein Ausgleich nur für **einem Zeitraum von zwei Jahren, bei mehreren Kindern insgesamt für höchstens drei Jahre berücksichtigt.**	**Hier § 32** Insgesamt inhaltlich gleich, abweichender und konkreterer Wortlaut. Insbesondere kann als **Ausgleich je Kind die tatsächliche Verzögerung bis zu einem Zeitraum von einem Jahr angerechnet werden. Werden in einem Haushalt mehrere Kinder gleichzeitig betreut, wird für denselben Zeitraum der Ausgleich nur einmal gewährt** und bei einer Anwendung von

		§ 58b des Soldatengesetzes, Zeiten für geleistete Dienste, aufgrund derer der Beamte wegen § 14b oder § 14c ZDG nicht zum Zivildienst herangezogen wurde, sowie weitere Zeiten, die aufgrund der geleisteten Dienste zu einer späteren Einstellung geführt haben, höchstens jedoch um ein Jahr Im Übrigen siehe Gesetz.				§ 23 Absatz 2 des Landesbeamtengesetzes können insgesamt **höchstens drei Jahre berücksichtigt werden**.
14	Schwerbehinderte Menschen	Siehe Gesetz	**Hier § 12** Inhaltlich gleich, abweichender Wortlaut.	**Geregelt in § 9 Abs. 5** (5) […] [2]**Einer für die Einstellung in einen Vorbereitungsdienst oder in das Beamtenverhältnis auf Probe vorgesehenen Höchstaltersgrenze ist bei Schwerbehinderten ein Zeitraum von fünf Jahren hinzuzurechnen.**	**Hier § 14** Inhaltlich gleich, abweichender Wortlaut.	**Hier § 3** Inhaltlich gleich, abweichender Wortlaut.
15	Erwerb der Laufbahnbefähigung	Siehe Gesetz	**Hier § 13** Inhaltlich gleich, abweichender Wortlaut.	Keine Regelung	Keine Regelung	Keine Regelung
16	Höchstalter für die Einstellung in ein Beamtenverhältnis	(1) [1]In das Beamtenverhältnis auf Widerruf kann in den Vorbereitungsdienst eingestellt werden, wer das **40. Lebensjahr, als schwerbehinderter Mensch das 45. Lebensjahr**, noch nicht vollendet hat. … nach Satz 1 je Kind oder Pflegefall um **drei Jahre bis zu einem Höchstalter von 46 Jahren**. Im Übrigen siehe Gesetz.	**Hier § 17** Inhaltlich gleich, abweichender Wortlaut.	**Hier § 11 Abs. 1 und § 5** (1) In den **Vorbereitungsdienst** kann vorbehaltlich der Regelungen zum Nachteilsausgleich (§ 9) eingestellt werden, wer die für die jeweilige Laufbahn und das zugeordnete Einstiegsamt vorgeschriebenen Bildungsvoraussetzungen erfüllt und **das 40. Lebensjahr noch nicht vollendet hat**. …	Keine Regelung	**Hier § 8 a** Inhaltlich gleich, jedoch abweichende Altersangaben: (1) In den Vorbereitungsdienst kann eingestellt werden, wer das 35. Lebensjahr noch nicht vollendet hat. Abweichend davon können **Schwerbehinderte und ihnen gleichgestellte Menschen in den Vorbereitungsdienst eingestellt werden, wenn sie das 38. Lebensjahr noch**

				§ 5 (1) In das Beamtenverhältnis auf Probe zur Ableistung einer Probezeit nach § 19 Absatz 1 HmbBG dürfen vorbehaltlich der Regelungen über den Nachteilsausgleich (§ 9) Laufbahnbewerberinnen und Laufbahnbewerber und andere Bewerberinnen und Bewerber in der Regel nicht mehr berufen werden, die das **45. Lebensjahr** vollendet haben.		**nicht vollendet haben**.
17	Vorbereitungsdienst	Siehe Gesetz	**Hier § 17**	**Hier § 11**	**Hier § 15** Zusätzliche Regelungen in den Absätzen 6-7.	**Hier § 10 und § 11** Inhaltlich weitgehend gleich.
18	Laufbahnprüfung	Siehe Gesetz	**Hier § 19** Inhaltlich gleich, abweichender Wortlaut. […] **(2) Gegenstand der Laufbahnprüfung sind im Falle des § 18 Absatz 3 nur die Ausbildungsinhalte des berufspraktischen Teils des Vorbereitungsdienstes.**	**Hier § 11 Abs. 3-5** Inhaltlich gleich, abweichender Wortlaut. […] **(5) Nähere Bestimmungen zum Vorbereitungsdienst treffen die Ausbildungs- und Prüfungsvorschriften unter Berücksichtigung dieser Verordnung und der besonderen Laufbahnverordnungen.**	**Hier § 16** Inhaltlich gleich, abweichender Wortlaut. […] **(3) Die Laufbahnprüfung kann einmal wiederholt werden, sofern in den Ausbildungs- und Prüfungsordnungen nicht eine zweite Wiederholungsmöglichkeit geregelt ist.**	**Hier § 9** Ähnliche Regelungen in den Absätzen 1 bis 5.
20	Bildungsvoraussetzungen	Siehe Gesetz	**Hier § 14 Abs. 1**	**Hier § 10 Abs. 1 und 2**	Hier § 15 für den einfachen Dienst. Hier § 18 für den mittleren Dienst.	**Hier § 6**
21	Vorbereitungsdienst	Siehe Gesetz	**Hier § 16 Abs. 1 und 2** Inhaltlich gleich, abweichender Wortlaut.	**Hier § 12** Abs. 1–3: Inhaltlich gleich, abweichender Wortlaut.	Hier § 16 für den einfachen Dienst.	**Hier § 10** In Absatz 3 zusätzliche

			Allerdings wird keine Mindestvorbereitungsdienstzeit geregelt.	Zusätzliche Regelung in Absatz 4 für Laufbahnen der Laufbahngruppe 1 mit besonderen Anforderungen.	Hier § 19 für den mittleren Dienst Abs. 1 bis 3: Inhaltlich gleich, abweichender Wortlaut […] (3) [3]Es ist jedoch ein **Vorbereitungsdienst von mindestens einem Jahr abzuleisten.**	Regelungen für Laufbahnen des Technischen Dienstes und des Feuerwehrdienstes.
22	Unmittelbar für die Laufbahn qualifizierende Aus- oder Fortbildung	Siehe Gesetz	Hier § 20 Absatz 1. Verweis auf Anlage 2. Inhaltlich gleich, abweichender Wortlaut.	Hier § 15 Absatz 1. Inhaltlich gleich, abweichender Wortlaut.	Keine Regelung	**Hier § 13** Konkretere Regelungen in den Absätzen 1 und 2.
23	Berufsausbildung in Verbindung mit beruflicher Tätigkeit	(1) … mit einer beruflichen Tätigkeit für das zweite Einstiegsamt einer Laufbahn der **Laufbahngruppe 1** qualifizieren … (2) … (3) [1]Die berufliche Tätigkeit muss **zwei Jahre gedauert haben**, wenn nicht in Anlage 2 etwas anderes bestimmt ist …	**Hier § 15: Berufsausbildung, hauptberufliche Tätigkeit** Zusatz in Absatz 4: (4) Über den Erwerb der Laufbahnbefähigung nach den Absätzen 1 bis 3 entscheidet die oberste Dienstbehörde. Die Laufbahn ist in der Entscheidung zu bezeichnen.	**Hier § 14: Berufs- oder Hochschulausbildung und hauptberufliche Tätigkeit** Zusätzliche Regelung in Absatz 3.	**Hier: § 14 Hauptberufliche Tätigkeit**	**Hier § 12: Hauptberufliche Tätigkeit** (5) [1]Die Dauer der hauptberuflichen Tätigkeit beträgt für das z**weite Einstiegsamt der Laufbahngruppe 1 mindestens zwei Jahre sowie für die Laufbahngruppe 2 mindestens drei Jahre** …
24	Bildungsvoraussetzungen	(1) [1]Bildungsvoraussetzung für das erste Einstiegsamt der Laufbahngruppe 2 ist ein **mit einem Bachelorgrad abgeschlossenes Hochschulstudium oder ein gleichwertiger Abschluss**. [2]Abweichend von Satz 1 genügt für die Zulassung zu einem Vorbereitungsdienst **eine Hochschulzugangsberechtigung nach § 18**	**Hier: § 20 Unmittelbar für die Laufbahn qualifizierende Bildungsgänge oder Hochschulstudien** Verweis auf Anlage 2 für Näheres.	**Hier § 10 Absatz 3.** **(3) Für eine Laufbahn der Laufbahngruppe 2 ist als Bildungsvoraussetzung die Hochschulzugangsberechtigung oder ein von der zuständigen Behörde**	**Hier § 20** Inhalt gleich, Wortlaut abweichend.	**Hier § 7** (1) [1]Bildungsvoraussetzung für das erste Einstiegsamt der Laufbahngruppe 2 ist **1. eine zu einem Hochschulstudium berechtigende Schulbildung oder**

		des Niedersächsischen Hochschulgesetzes, wenn der Abschluss nach Satz 1 innerhalb des Vorbereitungsdienstes erworben werden soll. (2) Bildungsvoraussetzung für das zweite Einstiegsamt der Laufbahngruppe 2 ist ein mit einem **Mastergrad** oder einem gleichwertigen Abschluss abgeschlossenes Hochschulstudium. (3) Die Studiengänge müssen **geeignet sein, in Verbindung mit einem Vorbereitungsdienst oder einer beruflichen Tätigkeit die Laufbahnbefähigung zu vermitteln**. (4) [1]In Anlage 3 ist bestimmt, in welchen Studiengängen ein abgeschlossenes Hochschulstudium unmittelbar für eine Laufbahn der Laufbahngruppe 2 qualifiziert (§ 15 Abs. 2 Satz 2), und in welchen dieser Fälle mit welcher Dauer eine Einführung in die Laufbahnaufgaben (§ 14 Abs. 3 Satz 3 NBG) erforderlich ist. [2]Eine erforderliche Einführung in die Laufbahnaufgaben erfolgt in einem öffentlich-rechtlichen Ausbildungsverhältnis, auf das die für Beamtinnen und Beamte auf Widerruf im Vorbereitungsdienst geltenden Vorschriften einschließlich der Vorschriften über Unfallfürsorge entsprechend anzuwenden sind; an die Stelle der Anwärterbezüge (§ 59 Abs. 2 Satz 1 des Bundesbesoldungsgesetzes) tritt eine Unterhaltsbeihilfe in der Höhe des Anwärtergrundbetrages, den Beamtinnen und Beamte im Vorbereitungsdienst für das jeweilige Einstiegsamt der Laufbahn erhalten.		**als gleichwertig anerkannter Bildungsstand nachzuweisen.**		2. ein als gleichwertig anerkannter Bildungsstand. [2]Die Bildungsvoraussetzung erfüllt, wer die Hochschulzugangsberechtigung (§§ 18 und 19 des Landeshochschulgesetzes) mindestens für einen Studiengang, der mit einem Bachelorgrad oder einem gleichwertigen Abschluss abschließt, besitzt.

25	Studium in Verbindung mit beruflicher Tätigkeit	Siehe Gesetz	Keine Regelung	**Hier § 15 Abs. 2**	Keine Regelung	Keine Regelung
26	Vorbereitungsdienst	(1) [1]Der Vorbereitungsdienst für das erste Einstiegsamt einer Laufbahn der Laufbahngruppe 2 **dauert mindestens ein Jahr und höchstens zwei Jahre**. (3) Der Vorbereitungsdienst für das zweite Einstiegsamt einer Laufbahn der Laufbahngruppe 2 dauert zwei Jahre. (5) Bei der Anrechnung von Zeiten nach Absatz 4 beträgt die Mindestdauer eines Vorbereitungsdienstes 1. nach Absatz 1 sechs Monate und 2. nach Absatz 3 ein Jahr in den Fällen des Absatzes 4 Satz 1 Nrn. 1 und 2 und sechs Monate in Fällen des Absatzes 4 Satz 1 Nr. 3.	**Hier § 16** Abs. 1–2: Regelungen für Laufbahngruppe 1 (3) [1]Für Laufbahnen der Laufbahngruppe 2 dauert der Vorbereitungsdienst für das erste Einstiegsamt **drei Jahre** und vermittelt […]. [3]Die berufspraktischen Studienzeiten umfassen die Ausbildung in fachbezogenen Schwerpunktbereichen der Laufbahn; **der Anteil der praktischen Ausbildung darf eine Dauer von zwölf Monaten nicht unterschreiten**.	**Hier § 13** (1) [1]Die Dauer eines Vorbereitungsdienstes in Laufbahnen der Laufbahngruppe 2 im ersten Einstiegsamt **beträgt drei Jahre** … (2) [1]Die Dauer eines Vorbereitungsdienstes in Laufbahnen der Laufbahngruppe 2 im zweiten Einstiegsamt **beträgt fünf Jahre**. (4) … Es ist ein Vorbereitungsdienst von **mindestens einem Jahr abzuleisten**. Zusätzliche Regelung in Absatz 3 bzgl. Laufbahnen der Laufbahngruppe 2 mit besonderen Anforderungen.	**Hier § 21** (1) [1]Für Laufbahnen der Laufbahngruppe 2 dauert der Vorbereitungsdienst für das erste Einstiegsamt **drei Jahre** und vermittelt […] (2) [1]Für Laufbahnen der Laufbahngruppe 2 dauert der Vorbereitungsdienst für das zweite Einstiegsamt **mindestens zwei Jahre**. [2]**In den Ausbildungs- und Prüfungsordnungen können abweichende Regelungen getroffen werden; die Mindestdauer beträgt ein Jahr**. [3] …	**Hier § 11** (1) [1]Der Vorbereitungsdienst für das erste Einstiegsamt **dauert drei Jahre**. (2) … (3) [1]Der Vorbereitungsdienst für das zweite Einstiegsamt **dauert mindestens zwei Jahre**.
27	Justiz	Siehe Gesetz	**Hier § 21** Zusätzliche Regelungen in den Absätzen 2 u. 3.	Keine Regelung	Keine Regelung	Keine Regelung
28	Feuerwehr	Siehe Gesetz	Keine Regelung	Keine Regelung	**Hier § 23**	Keine Regelung
32	Allgemeine Dienste	[1]Die Befähigung für die Laufbahn der Laufbahngruppe 2 der Fachrichtung Allgemeine Dienste hat auch, wer die Befähigung zum Richteramt erworben hat. [2]Sie eröffnet den Zugang für das zweite Einstiegsamt.	**Hier § 23** Inhaltlich gleich, abweichender Wortlaut	Keine Regelung	**Hier § 22** (1) Inhaltlich gleich, abweichender Wortlaut. Zusätzliche Regelungen in den Absätzen 2 bis 4.	Keine Regelung
33	Regelaufstieg	Siehe Gesetz (5) von der Aufstiegsprüfung kann abgesehen werden, wenn	**Hier § 25** (1) bis (2) Inhaltlich gleich, abweichender Wortlaut.	Keine Regelung	Keine Regelung	**Hier § 39: Regulärer Aufstieg** (1) Zum Auswahlverfahren

		1. die Beamtin oder der Beamte zum Zeitpunkt der Zulassung zum Aufstieg das 50. Lebensjahr vollendet hat und 2. zu erwarten ist, dass die Beamtin oder der Beamte nach den in der Einführungszeit gezeigten Leistungen Aufgaben der neuen Laufbahn wahrnehmen kann.	(3) [1]Die zugelassenen Beamtinnen und Beamten werden in Aufgaben der neuen Laufbahn in einem **dreijährigen dienstbegleitenden Aufstiegslehrgang**, der mindestens 1100 Unterrichtsstunden umfassen muss, eingeführt. [2]**Während der Einführungszeit werden der Beamtin oder dem Beamten Aufgaben der neuen Laufbahn übertragen.** […] In Absatz 4 konkretere Angaben bzgl. der Dauer der Einführungszeit (3 Jahre), der Fachausbildung (min. 18 Monate) und der praktischen Ausbildung (mindestens 1 Jahr).			für den regulären Aufstieg kann zugelassen werden, wer **1. mindestens ein Beförderungsamt oberhalb des zweiten Einstiegsamtes seiner Laufbahn erreicht hat und** **2. in der letzten Regelbeurteilung mindestens mit der zweithöchsten Note beurteilt worden ist.** Abweichende Regelungen in den Absätzen 2 bis 8.
34	Praxisaufstieg	Siehe Gesetz (1) Beamtinnen und Beamte mit der Befähigung für eine Laufbahn der Laufbahngruppe 1 können eine auf einen bestimmten Aufgabenbereich beschränkte Laufbahnbefähigung für die Laufbahn der Laufbahngruppe 2 derselben Fachrichtung durch Feststellung der oder des Dienstvorgesetzten erwerben, wenn 1. sie sich in einem Amt der Besoldungsgruppe A 9 **oder mindestens fünf Jahre in einem Amt der Besoldungsgruppe A 8** bewährt haben, 2. sie seit mindestens zwei Jahren und sechs Monaten überwiegend	**Hier § 27** Inhalt weitgehend gleich, abweichender Wortlaut Zusatz: (1) … 1. ihre Eignung, Befähigung und fachliche Leistung dies rechtfertigen.	Keine Regelung	Keine Regelung	**Hier § 41** (1) Zum Auswahlverfahren für den Praxisaufstieg kann zugelassen werden, wer **1. sich in einer Dienstzeit von mindestens 20 Jahren bewährt hat…** **3. in den letzten beiden Regelbeurteilungen mindestens mit der zweithöchsten Note beurteilt worden ist, wobei mindestens die letzte Regelbeurteilung in dem Endamt der**

		Aufgaben der Laufbahngruppe 2 wahrgenommen und sich dabei bewährt haben und auch künftig diese Aufgaben wahrnehmen sollen **und** 3. die oberste Dienstbehörde oder die von ihr bestimmte Stelle ein dienstliches Bedürfnis für den Einsatz der Beamtin oder des Beamten in dem Aufgabenbereich festgestellt hat.				**Laufbahngruppe 1 erfolgt sein muss.**
35	Regelungsbereich	Siehe Gesetz	Keine Regelung	Keine Regelung	**Hier § 30: Anwendungsbereich** Inhaltlich weitgehend gleich, abweichender Wortlaut.	**Hier § 15: Anwendungsbereich** Inhaltlich weitgehend gleich, abweichender Wortlaut.
36	Anerkennungsvoraussetzung	Siehe Gesetz (2) Auf Antrag können die Befähigungs- und Ausbildungsnachweise unter den in Artikel 4f Abs. 1 und 2 der Richtlinie 2005/36/EG genannten Voraussetzungen als auf einen bestimmten Aufgabenbereich der Laufbahn beschränkte Laufbahnbefähigung anerkannt und die Übertragung bestimmter Beförderungsämter ausgeschlossen werden (partieller Zugang). (4) Die Anerkennung für das zweite Einstiegsamt der Laufbahngruppe 2 nach den Absätzen 1 bis 3 kann verweigert werden, wenn die Antragstellerin oder der Antragsteller über einen Befähigungs- oder Ausbildungsnachweis verfügt, der nach Artikel 11 Buchst. a der Richtlinie 2005/36/EG eingestuft ist.	Keine Regelung	Keine Regelung	**Hier § 31** Inhaltlich ähnlich, partieller Zugang gleich, Wortlaut abweichend.	**Hier § 16** Inhaltlich ähnlich, Wortlaut abweichend.

37	Ausgleichsmaßnahmen	Siehe Gesetz (3) Ein Defizit liegt vor, wenn 1. die bisherige Ausbildung sich auf Fächer bezieht, die sich wesentlich von denen unterscheiden, die in Niedersachsen vorgeschrieben sind, oder 2. die in Niedersachsen für den Erwerb der Laufbahnbefähigung, bezogen auf das jeweilige Einstiegsamt, zu erfüllenden Voraussetzungen die Wahrnehmung eines umfangreicheren Aufgabenfeldes ermöglichen als der reglementierte Beruf im Herkunftsstaat der Antragstellerin oder des Antragstellers und dieser Unterschied in einer besonderen vorgeschriebenen Ausbildung besteht und sich auf Fächer bezieht, die sich wesentlich von denen unterscheiden, die von den Nachweisen abgedeckt werden, die die Antragstellerin oder der Antragsteller vorlegt. Fächer unterscheiden sich wesentlich, wenn die durch sie vermittelten Kenntnisse, Fähigkeiten und Kompetenzen eine wesentliche Voraussetzung für die Ausübung des Berufs sind und bei denen die bisherige Ausbildung der Antragstellerin oder des Antragstellers wesentliche Abweichungen hinsichtlich des Inhalts gegenüber der für den Erwerb der Laufbahnbefähigung in Niedersachsen, bezogen auf das jeweilige Einstiegsamt, geforderten Ausbildung aufweist.	Keine Regelung	Keine Regelung	**Hier § 34** Im Detail unterschiedlich. Differenzierte Regelungen zu Defiziten und Unterscheidung von Fächern bestehen nicht.	**Hier § 19** Im Detail unterschiedlich. Differenzierte Regelungen zu Defiziten und Unterscheidung von Fächern bestehen nicht.
38	Eignungsprüfung	Siehe Gesetz	Keine Regelung	Keine Regelung	**Hier § 35** Inhaltlich weitgehend gleich, abweichender Wortlaut.	**Hier § 20** Inhaltlich weitgehend gleich, abweichender Wortlaut.

40	Antrag und Verfahren	Siehe Gesetz	Keine Regelung	Keine Regelung	**Hier § 32: Antrag** **Hier § 37: Verfahren** Inhaltlich weitgehend gleich, abweichender Wortlaut.	**Hier § 17 Antrag** **Hier § 22: Verfahren** Inhaltlich weitgehend gleich, abweichender Wortlaut.
41	Berufsbezeichnung	Siehe Gesetz Beim Erwerb einer beschränkten Laufbahnbefähigung (§ 36 Abs. 2) wird abweichend von Satz 1 die Berufstätigkeit unter der Berufsbezeichnung des Herkunftsstaates in deutscher Übersetzung ausgeübt.	Keine Regelung	Keine Regelung	**Hier § 38** Inhaltlich gleich	**Hier § 23** Satz 1 identisch
42	Verwaltungszusammenarbeit	Siehe Gesetz	Keine Regelung	Keine Regelung	**§ 38a** Inhaltlich gleich, abweichender Wortlaut.	Keine Regelung
43	Laufbahnbefähigung nach den Vorschriften eines anderen Landes oder des Bundes	Siehe Gesetz	**Hier § 28** Inhaltlich gleich bzw. ähnlich, abweichender Wortlaut.	Keine Regelung	Keine Regelung	**Hier § 14** Inhaltlich gleich bzw. ähnlich, abweichender Wortlaut.
44	Dienstliche Beurteilung	Siehe Gesetz	Keine Regelung	Keine Regelung	**Hier §§ 39-42**	**Hier §§ 42-45**
45	Fortbildung	Siehe Gesetz	**Hier § 10** Zusatz: (3) Absatz 1 Satz 1 gilt entsprechend für Beamtinnen und Beamte, die sich in Elternzeit befinden oder nach § 62 Absatz 1 Nummer 2 des Bremischen Beamtengesetzes beurlaubt sind.	Keine Regelung	**Hier 11** Inhaltlich über die Regelungen in Niedersachsen hinausgehend.	**Hier § 36** Zusätzliche Aufführungen in Absatz 1. Zusätzliche Regelungen in den Absätzen 2 und 3.
47	Doppelbeamtenverhältnis	[1]Wird eine Beamtin oder ein Beamter zur Ableistung des Vorbereitungsdienstes oder einer Probezeit beurlaubt und in ein Beamtenverhältnis auf Widerruf oder auf Probe berufen, so bleibt das bereits bestehende Beamtenverhältnis unberührt.	Keine Regelung	Keine Regelung	Keine Regelung	Keine Regelung

		[2]Wird die Bewährung am Ende der Probezeit festgestellt, so ist die Beamtin oder der Beamte auf Antrag aus dem zusätzlichen Beamtenverhältnis zu entlassen und anschließend in die neue Laufbahn oder in ein anderes Einstiegsamt ihrer oder seiner Laufbahn zu übernehmen.				

*/** bezogen auf die NLVO.
Niedersächsische Laufbahnverordnung (NLVO); Fundstelle: Beck-Online; Verkündungsstand: 17.10.2016
Bremische Laufbahnverordnung (BremLVO); Fundstelle: Beck-Online; Verkündungsstand: 06.07.2016
Hamburgische Laufbahnverordnung (HmbLVO); Fundstelle: Beck-Online; Rechtsstand: 06.07.2016
Laufbahnverordnung Schleswig-Holstein; Fundstelle: Beck-Online Verkündungsstand: 06.07.2016
Allgemeine Laufbahnverordnung Mecklenburg - Vorpommern (ALVO-MV); Fundstelle: Beck-Online; Verkündungsstand: 06.07.2016

STICHWORTVERZEICHNIS

Die angegebenen Zahlen beziehen sich auf die Randnummern im Buch: